concorsi
superiori

Concorso
COMUNE DI MESSINA
341 posti
MANUALE
per la prova PRESELETTIVA e SCRITTA

NLD CONCORSI

FINITO DI STAMPARE NEL MESE DI GENNAIO 2023 DA:
Torgraf
Galatina (LE)

Via De Lillo 2/B Zona industriale - 70056 Molfetta (BA)

ISBN **978-88-3358-910-7**

PREMESSA

Il Manuale **Concorso Comune di Messina - 341 posti** è uno strumento completo per la preparazione ai concorsi pubblicati sulla Gazzetta Ufficiale Regione Sicilia - Sezione Concorsi n. 18 del 30/12/2022 - per l'assunzione a tempo pieno e indeterminato di 341 unità. In particolare, il volume è consigliato per la preparazione alla **prova preselettiva e scritta** per i seguenti **profili:**

- **n.79 Funzionari Amministrativi Cat. D1;**
- **n.50 Istruttori Amministrativi Cat. C1.**

Per ricoprire le materie richieste dal bando, il manuale presenta le seguenti **parti:**

- **Diritto costituzionale, con particolare riferimento al Titolo V della Costituzione;**
- **Diritto degli enti locali;**
- **Diritto amministrativo (completo del Testo unico in materia di società a partecipazione pubblica - Decreto legislativo 19 agosto 2016, n. 175);**
- **Ordinamento istituzionale, finanziario e contabile degli Enti Locali;**
- **Documentazione amministrativa;**
- **Disciplina degli appalti e dei contratti nella pubblica amministrazione;**
- **Norme generali in materia di pubblico impiego;**
- **Elementi di diritto penale con riguardo ai reati contro la Pubblica Amministrazione.**

Il Volume è aggiornato ai **più recenti interventi legislativi**, compreso il d. lgs. 23 dicembre 2022, n. 201, di *Riforma dei servizi pubblici loc*ali.
Con le opportune integrazioni, il testo si rivela essere un ottimo strumento di studio anche per i restanti profili che presentano in **gran parte materie comuni** a quelle trattate nel presente manuale.
Completa il testo, l'innovativo **simulatore online**, accessibile con la password presente all'interno del volume, che permette al concorsista di esercitarsi con infinite simulazioni.

AUTORI

La presente edizione è stata curata e aggiornata da:

Dott. **Mattia Cherubini**: Elementi di disciplina degli enti pubblici locali;
Dott.ssa **Sara Piancastelli**: ordinamento finanziario e contabile delle regioni; elementi di diritto penale con riguardo ai reati contro la Pubblica Amministrazione.

SOMMARIO

PARTE I
DIRITTO COSTITUZIONALE

CAPITOLO 5
I DIRITTI E I DOVERI COSTITUZIONALI 52

PARTE II
ELEMENTI DI DISCIPLINA DEGLI ENTI PUBBLICI LOCALI

PARTE V
NOZIONI IN MATERIA DI DOCUMENTAZIONE AMMINISTRATIVA

PARTE I
DIRITTO COSTITUZIONALE

SOMMARIO

Capitolo 1
ORDINAMENTO GIURIDICO, STATO, FORME DI STATO E DI GOVERNO

SOMMARIO:

1. Il diritto costituzionale

Il **diritto costituzionale** è la branca del diritto pubblico avente per oggetto la **Costituzione**, ossia il testo che, racchiudendo le norme fondamentali che governano la comunità, è la *legge fondamentale* dell'ordinamento giuridico, in posizione di prevalenza rispetto a qualsiasi altra legge.

L'**oggetto** specifico del **diritto costituzionale** può essere diviso in **quattro aree**:

- le **fonti del diritto**, ossia gli atti e i fatti idonei a produrre norme giuridiche;
- l'**organizzazione costituzionale dello Stato**, ossia i rapporti tra i vari organi costituzionali (Parlamento, Governo, Presidente della Repubblica, etc.) e tra l'apparato dello Stato e i cittadini;
- le **libertà** ed i **diritti costituzionali**;
- la **giustizia costituzionale**.

2. L'ordinamento giuridico

Qualsiasi **organizzazione sociale** deve dotarsi di un **ordinamento giuridico** che assicuri lo svolgersi della convivenza tra i membri che la compongono, disciplinandone le relazioni. L'ordinamento giuridico è quindi il complesso delle **regole di condotta** che si applicano all'interno di un determinato **gruppo sociale**, entro un determinato **ambito territoriale** di riferimento. Esso si compone di un insieme di **norme vincolanti** (perché **obbligatorie** per tutti i consociati) e **giuridiche** (perché qualificano le varie condotte umane, determinando ciò che è lecito, illecito, doveroso, obbligatorio, permesso, vietato, sanzionato).

3. La norma giuridica

▶ 3.1. Definizione.

L'ordinamento giuridico si compone di una pluralità di **norme giuridiche**. Ciascuna norma giuridica indica, preventivamente, la condotta che ciascun individuo deve porre in essere ovvero quella che è vietato tenere. Talune norme, quindi, *prescrivono*, cioè impongono, di tenere certe condotte; altre norme *vietano* di porre in essere alcuni comportamenti.

Esempio

L'art. 20 c.c. prescrive che gli amministratori delle associazioni convochino l'assemblea una volta l'anno per l'approvazione del bilancio. L'art. 1476 c.c. prescrive al venditore di consegnare la cosa venduta al compratore. L'art. 1582 c.c. vieta al locatore di compiere sulla cosa data in locazione innovazioni che diminuiscano il godimento da parte del conduttore.

▶ 3.2. I caratteri della norma giuridica

Le norme giuridiche, in quanto dirette ad orientare i comportamenti così assicurando la pacifica convivenza, possiedono taluni caratteri che le distinguono dalle altre regole di condotta.

▶ 3.2.1. Generalità e astrattezza

In primo luogo, le norme giuridiche non sono rivolte a questo o quel soggetto, né si occupano di fatti o comportamenti specifici, ma possiedono i caratteri della *generalità* ed *astrattezza*.
Sono **generali** perché si rivolgono non ad un singolo soggetto ma ad una categoria o classe di agenti (il proprietario, il locatore, il figlio naturale, ecc.): in tal modo prescrivono o vietano determinati comportamenti a *tutti* coloro che hanno la qualifica indicata dalla norma o si trovano nella situazione da quella descritta, senza dunque discriminazioni.
Le norme giuridiche sono anche **astratte**, regolamentando non una specifica *situazione concreta*, ma una *fattispecie astratta*, una categoria o classe di situazioni (la vendita, il deposi to, la locazione, ecc.).

Esempio

L'art. 575 del codice penale dispone che chiunque si renda responsabile di omicidio è punito con la reclusione non inferiore a 21 anni. Non si fa riferimento all'uccisione di un determinato soggetto ma alla fattispecie astratta di chi sopprime la vita di un uomo. Tutti sono così posti in condizione di prevedere le conseguenze penali cui andrebbe incontro ponendo in essere un fatto concreto di omicidio.

In quanto generali e astratte le norme giuridiche *uniformano* i comportamenti della collettività a *modelli generali di convivenza*, al contempo consentendo ai singoli di *conoscere in anticipo* quali condotte l'ordinamento giuridico ammette (o impone) e quali vieta.

▶ 3.2.1.1. Le deroghe: norme eccezionali e leggi provvedimento

Non mancano, tuttavia, deroghe ai caratteri di generalità e astrattezza. È quanto accade con le norme c.d. *singolari* o *del caso concreto*, tra le quali le *norme eccezionali* e le c.d. *leggi provvedimento*.
Sono **norme eccezionali** quelle che, anziché riguardare categorie o classi di situazioni (ad esempio, prevedendo per tutti coloro che hanno redditi superiori ad un certo importo l'obbligo di pagare imposte in una determinata misura), prendono in considerazione situazioni specifiche e concrete dettando, solo per queste, regole *ad hoc*.

Esempio

È quanto accade allorché con legge si prevede – solo per chi vive in un determinato Comune colpito da evento sismico – l'esonero temporaneo o la sospensione del pagamento delle tasse. Si tratta di leggi che fanno eccezione alla norma generale che, per tutti coloro che hanno redditi superiori ad un certo importo, prevede l'obbligo di pagare imposte e di farlo in una determinata misura

Sono **leggi provvedimento** quelle che, anziché possedere i descritti caratteri della generalità ed astrattezza, sono approvare in luogo di provvedimenti amministrativi, in quanto provvedono concretamente su casi e rapporti specifici

Esempio

È quanto accade laddove con legge (anziché con provvedimento amministrativo) si dispone l'espropriazione di un determinato complesso immobiliare appartenente ad un soggetto ben individuato o si approva il calendario venatorio.

▶ 3.2.2. Imperatività o obbligatorietà

In quanto prescrivono o vietano, le norme giuridiche presentano il carattere dell'**imperatività o obbligatorietà**, facendo sorgere nei destinatari il *dovere giuridico di osservarle*, ponendo in essere il comportamento imposto o evitando di tenere la condotta vietata.

▶ 3.2.2.1. Violazione delle norme: rimedi e sanzioni

La stessa legge prevede, peraltro, *rimedi*, da un lato, e *conseguenze negative* (*sanzioni*), dall'altro, per il caso di **violazione** delle norme giuridiche.
È importante *distinguere tra rimedi e sanzioni*.
In primo luogo, l'ordinamento giuridico con le sue norme si preoccupa di assicurare, per l'ipotesi in cui il soggetto obbligato a tenere una certa condotta non la ponga in essere, meccanismi diretti ad *imporgli di fare quel che era tenuto a fare ma non ha fatto*. Si tratta dei **rimedi** predisposti dalle norme giuridiche per rendere **coercibile** l'obbligo imposto a taluni, *qualora non spontaneamente eseguito*.
La stessa legge, tuttavia, con l'obiettivo di dare forza e rendere più incisivo e credibile il comando o il divieto, prevede a carico di chi non osservi l'uno o l'altro, conseguenze negative di diverso tipo: sono, queste, le **sanzioni** previste con la *finalità di punire chi non rispetterà la norma giuridica*, in modo da rendere più persuasiva la stessa e temibile la reazione dello Stato per l'ipotesi di violazione. Le sanzioni, quindi, diversamente dai rimedi, non sono previste dalla legge per assicurare che sia data esecuzione anche forzosamente all'obbligo non spontaneamente eseguito, né per garantire il risarcimento dei danni da altri subiti, ma per intimidire il destinatario dell'obbligo o del divieto con la minaccia di conseguenze a *finalità solo afflittive, non riparatorie*.

Esempio

> *Se Francesco ruba il televisore di Giovanni va incontro alla pena del carcere fino a tre anni. Si tratta di una sanzione prevista dall'art. 624 c.p. non per consentire a Giovanni di recuperare il televisore o per ottenere il risarcimento dei danni che ha subito, ma solo per indurre Francesco a non rubare perché preoccupato del rischio di vedere limitata la sua libertà personale in conseguenza del furto.*

▶ 3.2.2.2. Classificazioni: norme prescrittive, sanzionatorie, rimediali, organizzative, proibitive, precettive, permissive, dispositive, suppletive, cogenti, perfette o imperfette

Le norme giuridiche prevedono normalmente, pertanto, tanto obblighi e divieti, quanto sanzioni. Si distinguono quindi in:
- norme c.d. **prescrittive**, che indicano la condotta da tenere o dalla quale astenersi;
- norme **sanzionatorie**, che invece prevedono le sanzioni da applicare a chi viola le norme prescrittive.

Le norme prescrittive e quelle sanzionatorie non esauriscono, tuttavia, il ventaglio delle norme di cui si compone l'ordinamento giuridico; molte di queste non sono dirette né a prevedere obblighi o divieti, né a porre sanzioni. Molte norme giuridiche infatti rispondono ad altre funzione, essendo in particolare dirette a:
- *disciplinare i rimedi* (**norme rimediali**) che è possibile attivare per l'ipotesi di violazione delle norme prescrittive;
- *organizzare lo Stato* (**norme organizzative**), chiamato a svolgere i suoi molteplici compiti, tra cui anche quelli consistenti nell'applicare e nell'eseguire le sanzioni (per esempio, i compiti del giudice penale che applica la pena a chi ha

rubato o dei vigili urbani che applicano la sanzione amministrativa pecuniaria a chi ha attraversato con il rosso o della polizia penitenziaria che porta in carcere il condannato alla pena della reclusione).

Ulteriori distinzioni sono quelle tra norme:

– **proibitive**, **precettive** o **permissive** a seconda che contengano un divieto ("non rubare"), un comando ("paga le tasse"), o concedono una facoltà;
– **dispositive**, **suppletive** o **cogenti (o imperative)**, a seconda che possano o meno essere derogate su accordo di due o più consociati;
– **perfette** o **imperfette**, a seconda che siano o meno dotate di una sanzione.

4. Lo Stato. Nozione e caratteri: originarietà, sovranità, indipendenza, fini generali, necessarietà

Lo Stato è la forma attraverso cui un *popolo* stanziato su un *territorio* si da un'*organizzazione* che abbia i seguenti caratteri:

- **originaria**, perché trova in *se stessa* il fondamento della sua esistenza e legittimazione, senza quindi derivare e dipendere dalla volontà di un ordinamento superiore;
- **sovrana**, detenendo la *potestà d'imperio*, che impone in tutto il territorio e nei confronti di tutti coloro che ad esso appartengono;
- **indipendente**, perché non riconosce alcuna autorità superiore ed essendo in posizione di *parità* con gli altri ordinamenti dello stesso tipo;
- **politica a fini generali**, perché diretta a soddisfare gli interessi dell'intera collettività;
- **necessaria**, l'appartenenza alla stessa prescindendo dalla volontà dei singoli, in quanto disciplinata dalla legge.

▶ 4.1. Gli elementi costitutivi dello Stato

Lo Stato si compone di tre elementi costitutivi, che devono **necessariamente sussistere**: il **popolo** (elemento personale); il **territorio** (elemento spaziale); la **sovranità** (elemento organizzativo).

▶ 4.1.1. Il popolo

Il **popolo** è una collettività che, con caratteri di *stabilità*, *necessarietà*, *generalità*, è assoggettata, entro un determinato territorio, ad un potere effettivo ed indipendente.

Non ne fanno parte quindi:

- coloro che sono sottoposti al potere dello Stato solo *temporaneamente*, sicché difetta il carattere della *stabilità* (per es., gli stranieri di passaggio per l'Italia);
- i *residenti stabili* in un determinato territorio ma *privi di cittadinanza*, sicché manca il carattere della *necessarietà* potendo quei soggetti sottrarsi al vicolo in ogni momento;
- coloro che sono sì sottoposti al potere dello Stato in modo stabile e necessario, ma *solo per una parte dei loro rapporti* sicché manca il carattere della *generalità* (per es., lo straniero che contrae matrimonio nel territorio dello Stato).

▶ 4.1.1.1. Popolo, popolazione, Nazione

Dal concetto di popolo va, dunque, tenuto distinto quello di **popolazione**, per tale intendendosi il complesso di soggetti che, pur risiedendo stabilmente nel territorio dello Stato ed essendo assoggettati alle sue leggi, non ne fanno parte, perché **privi di cittadinanza** (*stranieri cittadini di un altro Stato* e *apolidi*, ossia coloro che non hanno cittadinanza di alcuno Stato).
Dalla nozione di popolo va distinta anche quella di **nazione**, con cui si indica un gruppo caratterizzato da *comunanza di razza, lingua, cultura, costumi tradizioni e religione*. La distinzione tra popolo e nazione spiega perché possono esistere **Stati plurinazionali**, i cui cittadini appartengono, cioè, a nazioni distinte.

Esempio

In Svizzera, per esempio, pure essendo unico lo Stato ed il popolo, convivono persone di differente nazionalità, italiana, tedesca e francese: si ha uno Stato plurinazionale. Parimenti in Spagna con baschi e catalani.

▶ 4.1.1.2. Cittadinanza italiana

L'appartenenza al popolo e, quindi, allo Stato presuppone la **cittadinanza**, uno *status* che comporta la titolarità di diritti e l'assoggettamento a doveri.
L'acquisto della **cittadinanza italiana**, secondo la legge 5 febbraio 1992, n. 91, può aver luogo:

- ***iure sanguinis***, se si nasce o si è adottati da cittadini italiani;
- ***iure soli***, se si nasce nel territorio italiano da genitori ignoti o apolidi;
- **per naturalizzazione**, sulla base di un decreto del Presidente della Repubblica che può così concederla al *cittadino di uno Stato dell'Unione europea* che risiede legalmente in Italia da almeno quattro anni o a *persona extra comunitaria* che risiede legalmente in Italia da almeno dieci anni;
- **per beneficio di legge**, per la persona extracomunitaria nata in Italia, che vi ha risieduto legalmente senza interruzioni fino alla maggiore età, se dichiara di voler acquisire la cittadinanza entro un anno dalla suddetta data;
- **per estensione**, per il coniuge, straniero o apolide, di cittadino italiano, se, per due anni dal matrimonio, risiede legalmente in Italia o dopo tre anni dal matrimonio se residente all'estero e sempre che non intervengano scioglimento, annullamento o cessazione degli effetti civili del matrimonio.

Nel 1992 il Trattato di Maastricht ha introdotto la **cittadinanza europea**, che si acquista automaticamente con l'acquisizione della cittadinanza di uno Stato membro dell'Unione e **si aggiunge** (e non si sostituisce) alla cittadinanza nazionale. La cittadinanza europea attribuisce la libertà di circolare e soggiornare nel territorio dell'Unione, il diritto di voto e di essere eletti alle elezioni comunali e per il Parlamento europeo nello Stato membro in cui si risiede, il diritto di presentare petizioni al Parlamento europeo e di rivolgersi alle Istituzioni europee.

▶ 4.1.2. Il territorio

Il **territorio**, sul quale il popolo deve essere stanziato, è il *secondo elemento costitutivo dello Stato*, che è infatti identificato, e distinto dagli altri Stati, proprio in base ad esso.
Ne fanno parte:
- la **terraferma**, ossia la porzione di territorio delimitata da confini naturali (come fiumi o montagne) o da confini artificiali (come, invece, può essere un muro);
- le **acque interne**, quindi i laghi, i fiumi, i torrenti, compresi nei confini;
- lo **spazio aereo sovrastante** al territorio;
- il **sottosuolo**;
- il **mare territoriale**, ossia la porzione di mare adiacente alle coste che si estende fino a dodici miglia dalla costa;
- la **zona economica esclusiva,** rappresentata da una porzione di mare adiacente al mare territoriale, all'interno della quale lo Stato vanta diritti di carattere economico;
- la **piattaforma continentale**: ossia, la parte del fondale marino contigua al territorio degli Stati.

▶ 4.1.2.1. Eccezioni al principio della territorialità: extraterritorialità, territorio fluttuante, immunità

Eccezioni al principio della territorialità sono rappresentate:
- dall'**extraterritorialità**, finzione giuridica in base alla quale le navi e gli aeromobili militari (c.d. **territorio fluttuante**) sono assoggettati alle leggi dello Stato del quale battono bandiera;
- dall'**immunità territoriale,** che si ha quando una porzione del territorio statale risulta parzialmente immune od esente dalla potestà d'imperio dello Stato (si pensi alle sedi delle rappresentanze diplomatiche straniere, per le quali vale la norma consuetudinaria internazionale espressa dal brocardo "*ne impediatur legatio*").

▶ 4.1.3. La sovranità, interna ed esterna

La sovranità dello Stato si manifesta come:
- **sovranità interna**, con cui si intende il potere di imperio dello Stato, comprensivo del poter di usare la forza alle condizioni definite dalla legge, all'interno del proprio territorio;
- **sovranità esterna**, con cui si indica, invece, l'indipendenza dello Stato rispetto a qualsiasi altro Stato.

I due concetti sono tra loro strettamente legati: lo Stato, infatti, non potrebbe esercitare nei propri confini il proprio potere supremo se non fosse, all'esterno, indipendente da altri Stati.

5. Forme di Stato e di Governo: differenze e interferenze concettuali

Con l'espressione **forma di Stato** si fa riferimento al *rapporto che intercorre tra governanti (le autorità che detengono i poteri supremi) e governati*.
Diversa, invece, è la nozione di **forma di governo** con cui si indica il modo in cui, all'interno dello Stato, *sono distribuiti i poteri tra i diversi organi* e in cui si atteggiano i rapporti tra gli stessi.
Le due nozioni, pure distinte, sono tra loro non poco collegate: la circostanza che la forma di Stato sia, per esempio, di tipo liberale – perché connotata dal particolare rilievo riconosciuto alle libertà dei singoli e all'esigenza che le stesse siano protette – condiziona l'organizzazione e la distribuzione dei poteri, ossia la forma di governo. Anche a garanzia delle libertà individuali, infatti, la forma di governo dello Stato liberale ruota attorno ad un sistema di separazione dei poteri, volto per l'appunto a limitare il potere di ciascuno degli organi costituzionali, realizzando un equilibrio tra gli stessi.

▶ 5.1. Le forme di Stato. I differenti criteri di classificazione

Differenti sono i criteri utilizzati per classificare le forme di Stato possibili.

▶ 5.1.1. Stato unitario, stato regionale, stato federale

Utilizzando quello che fa riferimento al **tipo di struttura interna**, unitaria o pluralistica, dello Stato, si distingue tra:
- **Stato unitario**, che esercita il potere sovrano in modo accentrato su tutto il territorio e che si caratterizza, quindi, per l'attribuzione delle funzioni pubbliche ai soli organi dello Stato centrale;
- **Stato regionale**, nel quale talune funzioni legislative e amministrative sono, in applicazione del principio autonomistico o del decentramento politico, riconosciute a enti territoriali;
- **Stato federale**, che si caratterizza perché, a fianco del governo centrale, operano governi locali, di natura statale, che conservano tutti i poteri non espressamente trasferiti al centro (Stati Uniti d'America). A differenza dello Stato regionale, quello federale è caratterizzato dalla presenza di una Camera di rappresentanza territoriale, ossia da un organo federale che rappresenta gli Stati membri e che concorre all'esercizio della funzione legislativa federale.

▶ 5.1.2. Stato feudale, stato assoluto, stato di polizia, stato di diritto, stato autoritario

Applicando il criterio relativo al **modo in cui si atteggiano i rapporti tra governanti e governati nella definizione dell'indirizzo politico**, oltre che il modo in cui sono riconosciuti e tutelati i diritti e le libertà dei cittadini, si distingue tra:
- **Stato feudale** (detto anche **patrimoniale**), che si caratterizza perché non c'è distinzione tra il patrimonio del re e il patrimonio dello Stato, il territorio essendo di proprietà del sovrano e dei feudatari; nessuna garanzia, peraltro, è riconosciuta ai diritti dei singoli nei rapporti con il potere pubblico;

- **Stato assoluto**, nel quale lo Stato si identifica nel sovrano, titolare esclusivo di tutti i poteri; la sua volontà è la principale fonte del diritto, nel senso che tutto ciò che il sovrano vuole ha efficacia di legge;
- **Stato di polizia**, nel quale il compito del sovrano è quello di ricercare e promuovere il benessere dei cittadini, ai quali è peraltro riconosciuta una tutela giurisdizionale dei propri diritti, ancorché limitatamente al campo patrimoniale (non va confuso, pertanto, con lo **Stato poliziesco ad impronta autoritaria**);
- **Stato di diritto** che, segnando il definivo tramonto della figura del sovrano come concepita nello Stato assoluto, ossia svincolato dalle leggi (*legibus solutus*) e detentore illimitato di tutti i poteri, si caratterizza per l'assoggettamento alla legge di tutti, compresi i detentori dei poteri pubblici. Si caratterizza, pertanto, per la *divisione dei poteri*, in particolare legislativo, esecutivo e giurisdizionale; la *soggezione alla legge* di tutti i poteri e organi dello Stato; la previsione e la tutela, già in Costituzione, delle *libertà individuali*; l'*indipendenza dei giudici*; l'*uguaglianza dei cittadini davanti alla legge*;
- **Stato autoritario** (o **totalitario**), tipico dell'Italia fascista e della Germania nazionalsocialista, è caratterizzato per un regime politico che controlla ogni potere dello Stato e che aspira al dominio totale di ogni ambito della società. La collettività nazionale è guidata da un capo carismatico che la rappresenta, ma che, al contempo, la priva di ogni libertà fondamentale. Lo Stato autoritario non conosce il pluralismo dei partiti politici, essendo ammesso un solo partito di massa.

▶ 5.1.3. Stato liberale, stato socialista, stato sociale

Applicando il criterio relativo al **modo con cui si definisce l'interesse pubblico che lo Stato deve perseguire soprattutto in economia**, si distingue tra:

- **Stato liberale** che si caratterizza per il rilievo e la protezione assegnati alle libertà dei singoli, inclusa quella di iniziativa economica. Lo Stato interviene, dunque, in campo economico solo per dettare un nucleo minimo di regole idonee a garantire il gioco della libera concorrenza, confidando nell'idoneità del libero mercato ad assicurare e massimizzare il benessere sociale;
- **Stato socialista** (o del socialismo reale), che, agli antipodi rispetto a quello liberale, si caratterizza per l'abolizione della proprietà privata dei mezzi di produzione e per la soppressione della libertà di iniziativa economica privata. È direttamente allo Stato che spetta il compito di gestire i mezzi di produzione del reddito e di realizzarne un'equa distribuzione tra i cittadini;
- **Stato sociale**, nel quale l'azione delle autorità pubbliche è diretta al superamento di quelle diseguaglianze sociali che impediscono il pieno godimento dei diritti civili e politici e l'effettiva partecipazione alla vita democratica. Nello Stato sociale sono, quindi, riconosciuti, accanto alle tradizionali libertà dell'individuo, i c.d. diritti sociali (come il diritto alla salute o al lavoro).

La **Costituzione italiana**, a differenza di quella tedesca o di quella spagnola, non usa espressamente la formula "Stato sociale"; eppure, tra le pagine della nostra Carta fondamentale viene delineato uno Stato che corregge il mercato e compensa con i suoi interventi i risultati derivanti dalla sola logica economica dello scambio (BIN-

PITRUZZELLA). Ed infatti, mentre da un lato essa riconosce e garantisce la proprietà privata e l'iniziativa economica privata, dall'altro impone doveri di solidarietà politica, economica e sociale (si vedano gli artt. 2, co. 2, 3, co. 2, 41, co. 1, e 42, co. 2, Cost.).

▶ 5.2. Le forme di governo: classificazioni. Monarchia costituzionale, governo presidenziale, governo semipresidenziale, governo direttoriale, governo parlamentare

Le più importanti **forme di governo** sono quelle della monarchia costituzionale, del governo presidenziale, del governo direttoriale e del governo parlamentare. È utile indicare i tratti essenziali di ciascuno prima di delineare natura e caratteri della nostra forma di governo.

La **monarchia costituzionale** si caratterizza per la presenza di due organi fondamentali:

- il **re**, cui spetta il potere esecutivo (esercitato tramite ministri da lui direttamente nominati);
- il **Parlamento**, cui compete, invece, il potere legislativo.

Anche il **sistema presidenziale** si contraddistingue per la presenza di due organi fondamentali, entrambi *eletti direttamente dal popolo*, ossia: il **Presidente della Repubblica**, titolare della funzione esecutiva e di indirizzo politico; il **Parlamento**, cui spetta la funzione legislativa. Attualmente, tale forma di governo – che realizza una separazione di poteri tra Presidente (titolare della funzione esecutiva e di quella di indirizzo politico), Parlamento (cui compete la funzione legislativa, nonché di frequente quella di controllo sulle funzioni presidenziali) e magistrati (che esercitano la funzione giurisdizionale) – caratterizza il sistema degli **Stati Uniti d'America**.

La **forma di governo semipresidenziale** si colloca a metà strada tra il modello presidenziale e quello parlamentare. Si contraddistingue, infatti, in quanto al contempo caratterizzata dall'elezione diretta del Presidente della Repubblica da parte del popolo (tipico del sistema presidenziale) e dal rapporto di fiducia tra Parlamento e Governo (tipico del sistema parlamentare). È forma di governo che oggi connota il **sistema francese**.

Nella **forma di governo direttoriale** sono previsti due organi fondamentali: il Parlamento e il Governo (detto Direttorio). Il Direttorio è eletto dal Parlamento, senza che tuttavia si instauri tra i due organi costituzionali un rapporto di fiducia: i membri del Direttorio, infatti, restano in carica per tutta la durata della legislatura, senza che possano essere revocati dal Parlamento. In tale forma di governo manca il Capo dello Stato, le cui funzioni sono svolte dal Direttorio, cui compete la suprema autorità di governo. Il sistema è attualmente in vigore in **Svizzera**.

La **forma di governo parlamentare** è caratterizzata dalla necessaria compresenza di quattro elementi: il Governo, cui spetta il potere esecutivo; il Capo dello Stato, con numerose funzioni, tra cui quella di nomina del Governo, oltre che di controllo e intervento in momenti di "crisi" del sistema; il Parlamento, titolare della funzione legislativa e della determinazione dell'indirizzo politico della Nazione; il corpo elettorale, chiamato ad eleggere il Parlamento.

Il fondamentale tratto caratteristico dei sistemi parlamentari è il **rapporto di fiducia** che lega Governo e Parlamento. Il Governo, infatti, per poter iniziare a svolgere le proprie funzioni deve ottenere la fiducia del Parlamento, con il voto della maggioranza dei membri del

Parlamento. Tale fiducia deve poi anche essere successivamente mantenuta. Se, infatti, il Parlamento revoca la fiducia (mediante un apposito voto, detto di sfiducia), il Governo è obbligato a dimettersi. In tali momenti di crisi istituzionale il Capo dello Stato è chiamato ad assumere un ruolo importante: spetta al Capo dello stato, infatti, nominare un nuovo Governo ovvero sciogliere le Camere e indire nuove elezioni, qualora manchi in Parlamento una maggioranza che possa dare la fiducia al nuovo Governo.

▶ 5.3. Il modello italiano

La Costituzione italiana ci consegna un **particolare sistema di tipo parlamentare**.
Il modello italiano si ispira ai caratteri tipici dei Governi parlamentari:
- la **funzione legislativa** è riservata collettivamente alle Camere (art. 70 Cost.), secondo il modello del bicameralismo perfetto;
- il **potere esecutivo** è attribuito al Governo, che lo esercita collegialmente, sotto la direzione e la responsabilità del Presidente del Consiglio (art. 95 Cost.);
- esiste un **rapporto di fiducia** fra Parlamento e Governo e ne consegue la responsabilità politica del secondo nei confronti del primo (art. 94).

Oltre a questi caratteri che l'Italia condivide con altri Paesi che hanno scelto il sistema parlamentare, la nostra Costituzione adotta **alcune misure che vanno a mitigare, razionalizzandolo, il parlamentarismo cd. "puro" e rendono peculiare la forma di Governo italiana**. Si pensi, ad esempio, alla specificità del ruolo del Presidente della Repubblica, collocato in posizione di imparzialità rispetto ai tre tradizionali poteri dello Stato, senza alcuna connotazione politica, escluso dalla determinazione dell'indirizzo politico e, perciò, politicamente irresponsabile, motivo per cui i suoi atti debbono essere controfirmati dai ministri proponenti. Ancora, sono caratteristici del sistema italiano la presenza di un quarto organo costituzionale, la Corte costituzionale, a cui viene affidato il compito di pronunciarsi sulla legittimità delle leggi e degli atti aventi forza di legge statali e regionali; l'introduzione del *referendum* abrogativo, tipico istituto di democrazia diretta, attraverso il quale è dato ai cittadini il potere di opporsi alle leggi del Parlamento o il decentramento politico-amministrativo avanzato.

Scheda di sintesi

- Il **diritto costituzionale** è quella branca del diritto pubblico che studia le norme fondamentali relative all'organizzazione dello Stato e i rapporti tra autorità pubblica e consociati, contenute nella Costituzione.
- **L'ordinamento giuridico** si compone di un insieme di norme vincolanti, obbligatorie, giuridiche.
- Una **norma è giuridica** quando è caratterizzata da generalità, astrattezza, innovatività, coercibilità.

Capitolo 2
L'ITALIA E LE RELAZIONI INTERNAZIONALI: L'UNIONE EUROPEA

SOMMARIO:

1. L'Italia e le relazioni internazionali

La sovranità degli Stati contemporanei è soggetta ad alcuni **limiti** derivanti dall'**appartenenza degli Stati ad ordinamenti internazionali o sovranazionali**, quali ad esempio l'Unione Europea, le cui norme travalicano i confini nazionali ed incidono sempre di più sul funzionamento degli ordinamenti nazionali (v. art. 11 Cost.).
Tra i principi fondamentali la Costituzione colloca quelli relativi alle modalità con cui l'Italia, ferma la sua sovranità, deve agire nello scacchiere internazionale, nei rapporti, quindi, con gli altri Stati e le organizzazioni internazionali.

2. Il diritto internazionale: gli artt. 10 e 117 Cost

L'Italia partecipa, infatti, alla **comunità internazionale**, accettando quel complesso di norme e principi che regolano i rapporti intercorrenti tra gli Stati e le organizzazioni internazionali e che prende il nome di **diritto internazionale**.
Ai sensi dell'art. 10 Cost., "*L'ordinamento giuridico italiano si conforma alle norme del diritto internazionale generalmente riconosciute*", ossia regole generali vincolanti per tutti i membri della comunità internazionale.
Ancor più estesa la portata applicativa dell'art. 117, co. 1, Cost, secondo cui Parlamento e Governo, ma anche le Regioni, devono rispettare, nell'esercizio della potestà legislativa di cui sono titolari, tutti gli "*obblighi internazionali*" (art. 117, co. 1, Cost.), non solo, quindi, quelli discendenti dalle regole generalmente riconosciute (diritto internazionale **consuetudinario**), ma anche quelli imposti dai trattati o accordi cui l'Italia ha aderito (diritto internazionale **pattizio**).

3. Limitazioni di sovranità: l'art. 11 Cost.

L'appartenenza dell'Italia a ordinamenti internazionali e sovranazionali può comportare, peraltro, l'accettazione di limitazioni alla sovranità statale.
L'art. 11 Cost. prevede, infatti, che l'Italia "*consente, in condizioni di parità con gli altri Stati, alle limitazioni di sovranità necessarie ad un ordinamento che assicuri la pace e la giustizia fra le Nazioni; promuove e favorisce le organizzazioni internazionali rivolte a tale scopo*".
La disposizione ha costituito la base giuridica della partecipazione dell'Italia alle organizzazioni internazionali, tra cui l'ONU e l'Unione europea.
In particolare, il riferimento che l'art. 11 Cost. fa alle limitazioni di sovranità ha giustificato una significativa *cessione di competenze e poteri*, già appartenuti alle istituzioni italiane, a beneficio della Comunità europea, prima, e dell'Unione europea, poi, avvenuta nel 1957 al momento dell'entrata in vigore dei trattati istitutivi, e poi ulteriormente incrementata nel processo di integrazione europea.

4. L'Unione europea

L'**Unione europea** (UE) è un'organizzazione internazionale, ossia un'associazione di Stati realizzata tramite accordi (denominati trattati internazionali), che riunisce la maggioranza dei paesi del continente europeo: è composta attualmente da **28 Stati membri**.

▶ 4.1. Origini ed evoluzione del percorso di integrazione europea

Il percorso di integrazione europea ha inizio nel 1951 con la stipula del trattato di istituzione della **Comunità europea del carbone e dell'acciaio** (CECA) tra sei paesi dell'Europa occidentale (Francia, Germania, Italia, Belgio, Lussemburgo e Paesi Bassi).
L'iniziativa è diretta ad introdurre un'amministrazione congiunta nella produzione di materie prime (il carbone e l'acciaio) considerate di rilevanza strategica per l'andamento dell'economia, oltre che normalmente utilizzate per la preparazione ad eventuali conflitti bellici.
Il processo di cooperazione europea prosegue con l'estensione ad altri settori economici: nel 1957 i medesimi paesi fondatori della CECA stipulano i **Trattati di Roma**, istituendo la **Comunità europea per l'energia atomica** (Euratom) e la **Comunità economica europea** (CEE), quest'ultima con compiti più ampi. La CEE, infatti, si estende non più a singoli settori produttivi ma a tutte le attività economiche in generale. Nasce con l'obiettivo di instaurare un **mercato comune**, fondato sulla **libera circolazione** di merci, servizi, lavoratori e capitali tra gli Stati membri e sul perseguimento di **politiche comuni in materia economica**.
Per assicurare il funzionamento delle istituite Comunità e consentire loro di operare nei settori attribuiti, i Trattati prevedono un puntuale assetto organizzativo, ruotante attorno a quattro organi (denominati **istituzioni**): il Consiglio, la Commissione, l'Assemblea parlamentare e la Corte di giustizia.
L'integrazione europea *si rafforza progressivamente*, con l'allargamento a nuovi Stati e con l'introduzione di modifiche ai Trattati istitutivi.

Le tappe intermedie sono segnate dall'adozione di *quattro diversi Trattati*: l'Atto unico europeo (1986), il Trattato di Maastricht (1992), il Trattato di Amsterdam (1997), il Trattato di Nizza (2001).
L'**Atto unico europeo** rilancia l'obiettivo di unificazione economica fondato sulla realizzazione di un mercato unico inteso come *spazio senza frontiere* tra gli Stati membri: l'intenzione è di eliminare ogni intralcio per gli scambi intracomunitari e fondere i singoli mercati nazionali in un solo mercato interno.
Con il **Trattato di Maastricht** nasce l'**Unione europea**, disegnata come un'entità di dimensione più ampia, nel cui contesto sono ricondotte le Comunità già esistenti (CECA, Euratom e CEE). Quest'ultima, in particolare, assume la denominazione di Comunità europea (CE), *perdendo la connotazione esclusivamente economica*: il suo campo di attività risulta infatti esteso a *settori non puramente economici* (la salute, l'ambiente, la ricerca scientifica e la cultura). All'Unione europea sono riconosciute, in particolare, competenze nei settori della *politica estera e della sicurezza*, con l'ambizione della creazione di un *sistema di difesa comune*, della *giustizia* e degli *affari interni*.
Sul *versante economico*, il Trattato di Maastricht promuove il rafforzamento dell'obiettivo di unificazione attraverso la *creazione di un'unione economica monetaria*: getta le basi di un percorso che porterà, a far data dal 1 gennaio 2012, all'adozione di una **moneta unica** (l'**euro**) tra gli Stati membri; è quanto, del resto, impone l'istituzione della Banca centrale europea con sede a Francoforte che, con le banche centrali nazionali, concorre al *Sistema europeo delle Banche centrali*, cui sono riconosciuti decisive competenze in materia di regolazione della moneta e dei prezzi.
Il Trattato di Maastricht avvia, inoltre, un **percorso di identità comune tra i cittadini degli Stati membri**: attribuisce a questi ultimi la *cittadinanza europea* (in aggiunta a quella nazionale), con il riconoscimento di alcuni *diritti* (tra cui, ad esempio, quello di eleggere i rappresentanti del Parlamento europeo e quello di circolare liberamente in qualsiasi Paese aderente).
Il **Trattato di Amsterdam**, oltre ad introdurre nuovi settori e materie di intervento comunitario (ad esempio, la promozione dell'occupazione e la cooperazione giudiziaria), apporta alcune modifiche all'assetto delle istituzioni europee per favorire l'efficiente funzionamento dell'Unione (anche in vista dell'allagamento della base partecipativa agli Stati dell'Europa orientale).
L'opera di revisione dell'apparato istituzionale prosegue con il **Trattato di Nizza** che, proprio nell'ottica del rafforzamento delle modalità di funzionamento delle istituzioni comunitarie, ridimensiona i casi in cui è necessaria l'unanimità degli Stati per l'assunzione delle relative deliberazioni.
Contestualmente, è emanata la *Carta dei diritti fondamentali dell'Unione europea* (cd. **Carta di Nizza**), che attesta l'interesse del sistema comunitario per la **tutela dei diritti dell'uomo**, tematica tradizionalmente riservata alle Costituzioni nazionali e trascurata dagli originari Trattati istitutivi. La Carta dei diritti fondamentali è un documento di estrema importanza, anche se soltanto **con il Trattato di Lisbona** è stata incorporata nel diritto comunitario primario (con valore equivalente a quello dei Trattati istitutivi), assumendo **forza giuridica vincolante**.
Nel 2007 è adottato il **Trattato di Lisbona**, il più recente intervento di modifica dei Trattati istitutivi. L'innovazione principale è il *superamento della distinzione soggettiva* (risalente al Trattato di Maastricht) *tra Comunità europea ed Unione europea*:

resta un'unica entità (di carattere sovranazionale, in quanto distinta dagli Stati partecipanti) con la denominazione di **Unione europea** (UE). Quest'ultima non solo assorbe le competenze della Comunità ma al contempo estende il suo ambito di intervento a settori ulteriori.

Con il Trattato di Lisbona sono stati introdotti nuovi strumenti ed istituti volti a garantire all'Unione **maggiore democrazia, efficienza, tutela dei diritti e poteri sul piano internazionale**. In particolare:

- nell'ottica di assicurare una maggiore democrazia e trasparenza, vengono *incrementati i poteri del Parlamento europeo* (organo dell'UE a legittimazione democratica, essendo i suoi componenti eletti direttamente dai cittadini degli Stati membri);
- è disciplinata la cd. *iniziativa dei cittadini*, ovvero la possibilità consentita ad un gruppo di almeno un milione di cittadini di un certo numero di Stati membri di sollecitare la Commissione (organo esecutivo dell'UE, formato da un commissario per ciascuno Stato) formulando proposte normative, da sottoporre alle istituzioni competenti all'adozione di atti normativi (Parlamento europeo e Consiglio dell'Unione);
- per la prima volta, il Trattato di Lisbona riconosce espressamente agli Stati membri la possibilità, in qualsiasi momento, di *recedere dall'Unione*;
- al fine di garantire un'Europa più efficiente, vengono *accelerati i metodi di lavoro e semplificate le norme di voto* introducendo, ad esempio, il criterio della maggioranza qualificata (55% degli Stati membri che rappresentino il 65% della popolazione dell'Unione) per l'adozione degli atti in seno al Consiglio dell'Unione (che riunisce i rappresentanti governativi di ciascuno Stato membro);
- è introdotta la figura dell'*Alto rappresentante dell'UE per gli affari esteri e la politica di sicurezza comune*;
- quanto alla *tutela dei diritti fondamentali*, al fine di garantire una migliore protezione dei cittadini europei, la *Carta di Nizza* è *comunitarizzata*, rendendo giuridicamente vincolanti i diritti in essa sanciti;
- infine, è consacrato espressamente per la prima volta il *primato del diritto dell'Unione sul diritto interno di ciascuno Stato membro*.

La base associativa dell'Unione europea si è ristretta nel 2020 con l'uscita del **Regno Unito**, che ha esercitato la c.d. **facoltà di recesso** ammessa dall'art. 50 del Trattato di Lisbona), a seguito di una consultazione popolare svoltasi a livello nazionale (**Brexit**).

▶ 4.2. Le competenze dell'Unione europea

Gli ambiti di competenza dell'Unione europea, ossia i settori in cui quest'ultima può operare, sono definiti dai Trattati istitutivi.

Opera, al riguardo, il c.d. **principio di attribuzione** in forza del quale l'UE può operare nelle *sole materie ad essa espressamente attribuite dai Trattati*, per il raggiungimento degli obiettivi dai medesimi individuati; i settori non assegnati all'Unione, invece, sono lasciati alla competenza di ciascuno Stato membro.

I Trattati, a seconda del modo in cui l'UE può intervenire nella singola materia, distinguono tra competenza esclusiva e competenza concorrente.

▶ 4.2.1. La competenza esclusiva

Alcuni settori sono, infatti, attribuiti alla **competenza esclusiva** dell'Unione: gli Stati membri non possono intervenirvi di propria iniziativa (se non su autorizzazione espressa dell'Unione).
Alla competenza esclusiva dell'Unione è, per esempio, assegnata la materia dell'**unione doganale**, intesa come area commerciale unica (senza frontiere) in cui circolano liberamente tutte le merci, tanto se prodotte in Europa quanto se fabbricate in Paesi terzi. In quest'area, è soppressa qualsiasi barriera economica negli scambi commerciali tra i diversi Paesi membri; è quindi eliminata la possibilità di imporre un prelievo di denaro (denominato **dazio**) al transito di un prodotto da un Paese ad un altro. Una *tariffa doganale* colpisce, invece, le merci che provengono da paesi terzi e va corrisposta direttamente all'Unione.
Tra le materie appartenenti alla competenza esclusiva dell'Unione vi è, inoltre, quella (anch'essa fondamentale per il corretto funzionamento del mercato interno) della **concorrenza**. Spetta quindi all'Unione definire le regole volte a promuovere un confronto competitivo delle imprese sul mercato.

▶ 4.2.2. La competenza concorrente

Altri settori, invece, sono assegnati alla c.d. **competenza concorrente** dell'Unione: il potere di agire *coesiste* in capo all'Unione e agli Stati membri. Quando l'UE decide di operare, i singoli Paesi vedono progressivamente limitarsi le proprie possibilità di intervento; se l'Unione omette di attivarsi, ciascuno Stato resta libero di operare.
In queste materie, la scelta dell'UE di intraprendere un'iniziativa dipende da una valutazione sulle possibilità di raggiungimento dell'obiettivo posto dai Trattati. L'intervento in sede europea è preferito, in particolare, quando l'obiettivo può essere meglio conseguito a livello dell'Unione piuttosto che a livello nazionale.
Rientra in tale ambito, ad esempio, la materia relativa alla **protezione dei consumatori**: l'eventuale intervento dell'Unione impedisce agli Stati membri di agire in termini difformi.
Anche l'**ambiente** rientra tra le materie a competenza concorrente. L'Unione europea dispone delle competenze per intervenire in tutti gli ambiti della politica ambientale, come ad esempio l'inquinamento dell'aria e dell'acqua, la gestione dei rifiuti e i cambiamenti climatici. La politica dell'Unione in materia di ambiente si fonda, tra l'altro, sul principio della precauzione e su quello per cui chi inquina paga.
Tra le materie assegnate alla competenza concorrente stanno assumendo importanza via via crescente quelle della **cooperazione giudiziaria e di polizia**, nonché quella della **sicurezza interna**.

▶ 4.3. Le istituzioni dell'Unione europea

L'Unione europea agisce attraverso i suoi organi (denominati **istituzioni**), che svolgono compiti distinti. Nel processo di integrazione si è assistito ad un rafforzamento dell'apparato organizzativo dell'UE di pari passo al progressivo ampliamento degli ambiti di intervento e dell'allargamento della base associativa.
Nel sistema attuale, le istituzioni europee sono **sette**.

▶ 4.3.1. Il Parlamento europeo

Il **Parlamento europeo**, con sede a Strasburgo, è con il Consiglio dell'UE l'**organo decisionale** dell'Unione. Il Parlamento europeo esercita, infatti, la c.d. **funzione legislativa**, congiuntamente al Consiglio dell'Unione: concorre, in particolare, all'adozione delle decisioni finali dell'UE, costituite da *atti normativi* destinati a trovare applicazione e a produrre effetti nell'ambito degli Stati membri.
Unitamente al Consiglio dell'Unione, il Parlamento europeo approva il *bilancio dell'UE*, ossia il documento contenente l'indicazione delle entrate finanziarie e delle spese necessarie per assicurare il funzionamento dell'Unione.
Esercita, inoltre, una *funzione di controllo* sulle altre istituzioni dell'Unione europea: in particolare, esamina costantemente le relazioni che la Commissione è tenuta ad inviargli (relazione annuale generale, relazioni sull'esecuzione del bilancio, ecc.), può sottoporre Commissione e Consiglio a delle interrogazioni e può arrivare ad approvare, a maggioranza di due terzi dei voti espressi e a maggioranza dei membri dell'Assemblea, una *mozione di sfiducia* alla Commissione, tenuta conseguentemente a dimettersi.
Elegge, inoltre, *il Presidente della Commissione*, proposto dal Consiglio europeo.
I suoi 751 componenti sono **eletti direttamente** dai cittadini degli Stati membri, chiamati a votare ogni cinque anni.
Il Parlamento europeo costituisce quindi un *organo rappresentativo* della cittadinanza dell'UE.

▶ 4.3.2. Il Consiglio dell'UE

Il **Consiglio dell'Unione europea** concorre all'esercizio della *funzione legislativa*: partecipa all'adozione degli atti normativi e allo svolgimento della *funzione di bilancio*, congiuntamente al Parlamento europeo. Il Consiglio coordina, inoltre, *le politiche economiche generali degli Stati membri*; *conclude gli accordi internazionali* tra l'Unione ed altri Stati o organizzazioni internazionali; *elabora la politica estera e di sicurezza comune dell'Unione europea*.
Quanto alla composizione, include i rappresentanti governativi (ossia, i ministri) di tutti i paesi dell'UE.

▶ 4.3.3. Il Consiglio europeo

Il **Consiglio europeo** è un organo distinto dal Consiglio dell'Unione: nonostante la denominazione simile, svolge funzioni diverse (oltre a presentare una *composizione differente*). In particolare, il Consiglio europeo è formato dai capi di Stato o di governo dei paesi dell'UE e si riunisce per definire le principali priorità, le strategie comuni, gli orientamenti politici generali dell'Unione, le risorse da mettere a disposizione nel perseguire gli obiettivi: svolge, quindi, una **funzione di indirizzo politico dell'Unione**.

▶ 4.3.4. La Commissione europea

La **Commissione europea** partecipa all'esercizio della **funzione legislativa**,

svolgendo un *ruolo di iniziativa*: propone al Parlamento europeo e al Consiglio dell'Unione nuovi atti normativi e programmi nell'interesse dell'Unione.
La Commissione europea è soprattutto il perno del **sistema amministrativo** dell'Unione europea. È, infatti, l'**organo esecutivo** dell'UE: assicura l'*attuazione degli atti normativi* adottati dal Parlamento e dal Consiglio dell'UE, *gestisce le politiche* e *il bilancio* dell'Unione (occupandosi, ad esempio, delle procedure di assegnazione dei finanziamenti europei).
La Commissione garantisce, inoltre, la *corretta applicazione del diritto dell'Unione*: verifica se uno Stato membro non ha rispettato un obbligo derivante dalle disposizioni dei Trattati e, quando riscontra una violazione, emette un parere nei confronti dello Stato interessato affinché tenga il comportamento dovuto.
La Commissione può svolgere *compiti di controllo* anche nei riguardi dei soggetti operanti all'interno degli Stati membri: vigila, in particolare, sull'attuazione delle norme europee in materia di concorrenza tra le imprese.
La Commissione è formata da un *componente per ciascuno Stato*: la designazione è proposta dal governo nazionale e approvata dal Parlamento europeo. Ciascun commissario, nello svolgimento delle funzioni attribuite alla Commissione, non rappresenta la posizione del proprio Paese di provenienza ma *agisce in piena indipendenza*, nell'interesse generale dell'Unione.

▶ 4.3.5. La Corte di giustizia

La **Corte di giustizia** svolge **funzioni giurisdizionali e di controllo**: garantisce che gli atti normativi dell'Unione siano interpretati ed applicati in modo uniforme all'interno degli Stati membri.
In particolare, se un giudice nazionale ha dubbi riguardo all'interpretazione di un atto dell'UE può chiedere chiarimenti alla Corte di giustizia.
Inoltre, se uno Stato dell'UE non applica correttamente le norme dell'Unione, la Commissione europea o un altro Paese può sottoporre la questione alla Corte.
La Corte di regola *risolve le controversie tra istituzioni dell'UE e Stati membri*: ad esempio, la Corte può pronunciarsi quando un Paese non rispetta uno specifico obbligo imposto agli Stati membri.
La Corte è costituita da un *giudice per ciascuno Stato membro*, assistiti da alcuni avvocati generali con il compito di formulare pareri sulle questioni di diritto sottoposte all'esame della Corte.

▶ 4.3.6. La Corte dei Conti e la Banca centrale europea

La **Corte dei Conti**, composta da un cittadino di ciascuno Stato membro, esercita un **controllo contabile**: esamina le entrate e le spese dell'Unione, in funzione dell'equilibrio complessivo.
La **Banca centrale europea** (BCE), con sede a Francoforte, è, invece, un organo specializzato: le sue funzioni sono limitate a un solo settore di intervento dell'UE, ossia quello dell'unione economica e monetaria. In particolare, la BCE autorizza l'emissione dell'euro per gli Stati che hanno scelto di aderire alla moneta unica.
Più in generale, la Banca centrale cura il *mantenimento della stabilità dei prezzi*, favorendo in tal modo la crescita e l'occupazione.

▶ 4.4. Le fonti del diritto dell'Unione europea

Nell'ordinamento dell'Unione europea si distinguono:
- il *diritto originario*, che comprende i *trattati istitutivi* delle Comunità originarie, i *trattati di modifica*;
- il *diritto derivato*, che comprende tutti gli *atti giuridici emanati dalle istituzioni europee*, primi tra tutti *regolamenti, direttive, decisioni, raccomandazioni e pareri*.

▶ 4.4.1. Il diritto originario

I trattati si collocano al vertice della piramide delle fonti dell'Unione europea. Con il Trattato di Lisbona l'originaria Comunità europea ha lasciato il posto all'Unione europea e oggi i trattati in vigore sono il *Trattato sull'Unione europea* (TUE) e il *Trattato sul funzionamento dell'Unione europea* (TFUE). Mentre nel primo sono confluite *le disposizioni di natura costitutiva e organizzativa*, nel TFUE sono confluite *disposizioni applicative* del TUE e disposizioni che riguardano le *singole politiche dell'Unione*.
I trattati hanno un'*efficacia diretta* all'interno degli ordinamenti dei Paesi membri:
- tutte le norme dei Trattati producono *effetti cd. verticali*, cioè riconoscono, in capo alle persone (individui o imprese), *diritti azionabili nei confronti degli Stati membri*;
- alcune norme dei Trattati, quelle a carattere assoluto ed incondizionato, producono anche *effetti cd. orizzontali*, sicché il cittadino dei singoli Stati può farle valere anche nei confronti di un'altra persona (individuo o impresa).

▶ 4.4.2. Il diritto derivato

Con l'espressione *diritto derivato* si indicano gli atti che gli organi dell'Unione sono abilitati ad emanare per attuare e rendere concretamente operative le previsioni contenute nei Trattati istitutivi. Ai sensi dell'**art. 288 TFUE**, sono i regolamenti, le direttive, le decisioni, le raccomandazioni, i pareri.
Nell'adozione degli atti sono coinvolte tre istituzioni dell'Unione: il Parlamento europeo e il Consiglio dell'UE, che assumono congiuntamente la decisione finale; la Commissione, che sottopone una proposta all'esame delle altre due istituzioni.
La categoria principale è quella degli **atti normativi** con **portata vincolante**: obbligano i destinatari (persone o Stati membri) a rispettare le regole di comportamento contenute negli atti stessi.
Gli atti vincolanti dell'UE possono assumere tre forme: regolamenti, direttive, decisioni.

▶ 4.4.2.1. Regolamento

Il **regolamento** è un atto *direttamente applicabile nell'intera Unione europea*, ossia all'interno di tutti gli Stati membri: vincola, in particolare, la generalità dei soggetti (cittadini e imprese) appartenenti ai diversi paesi dell'Unione.
Non è necessario che il singolo Stato adotti un atto diretto a recepire a livello interno le

norme poste nel regolamento europeo: quest'ultimo, infatti, è immediatamente operativo in tutti i paesi UE.
Attraverso il regolamento si introducono quindi regole identiche nel complesso degli Stati membri dell'UE.
Il regolamento europeo, in quanto *immediatamente applicabile* in ciascun Paese, può *attribuire diritti o imporre obblighi direttamente in capo ai soggetti operanti all'interno dello Stato*.

▸ 4.4.2.2. Direttiva

La **direttiva** è un atto che fissa un obiettivo da realizzare per tutti gli Stati membri: è quindi rivolta esclusivamente ai Paesi UE (e non immediatamente ai soggetti stabiliti nel singolo Stato).
Spetta poi a ciascun Paese definire entro un termine determinato (di regola, due anni) come raggiungere tali obiettivi, attraverso l'adozione di un atto interno: l'attività richiesta allo Stato, sulla base di quanto previsto dai Trattati istitutivi, costituisce il c.d. **recepimento** della direttiva in ambito nazionale.
La direttiva pone quindi un obbligo di risultato in capo allo Stato membro, che resta libero di individuare, con un proprio atto interno, i mezzi per conseguire la finalità individuata a livello europeo. L'adozione di un atto a livello nazionale consente, in particolare, di dare attuazione in ciascuno Stato alla direttiva europea, specificandone i contenuti: le regole poste dall'atto nazionale, in quanto dirette a realizzare l'obiettivo indicato dalla direttiva, rendono quest'ultima applicabile all'interno dello Stato membro.
La direttiva non pone direttamente obblighi in capo ai singoli (cittadini o imprese di ciascuno Stato membro), essendo rivolta esclusivamente ai Paesi: obblighi a carico dei soggetti possono essere imposti dall'atto di recepimento nazionale, ove ritenuti necessari per il raggiungimento dell'obiettivo individuato a livello europeo.
Se il singolo Stato omette di recepire una direttiva europea nel termine previsto, secondo quanto previsto dai Trattati istitutivi, la Corte di giustizia UE può pronunciarsi, su iniziativa della Commissione europea o di un altro Stato membro, per accertare il mancato adempimento dell'obbligo gravante sul Paese: l'attività di recepimento è, infatti, imposta dai Trattati istitutivi a ciascuno Stato membro. Se il Paese prosegue nel suo atteggiamento inerte, omettendo di adottare un atto interno di recepimento, la Corte può nuovamente pronunciarsi, condannando lo Stato al pagamento di una somma di denaro a titolo di penalità.
I giudici europei hanno tuttavia riconosciuto un meccanismo di tutela invocabile dal singolo individuo a fronte del mancato recepimento di una direttiva da parte dello Stato di appartenenza, con una storica pronuncia adottata dalla Corte di giustizia negli anni Novanta.
Poiché l'attività di recepimento da parte dello Stato di appartenenza è necessaria perché una persona si veda riconosciuto nei confronti di tutti gli altri individui il diritto attribuito dall'atto europeo (e possa farlo valere dinanzi a un giudice nazionale), la Corte di giustizia ha ammesso la possibilità per ciascuna persona di rivolgersi al giudice nazionale per chiedere la condanna dello Stato al risarcimento del danno che dimostri di aver subito per il mancato recepimento della direttiva, quando possa ritenersi che la direttiva stessa individua in modo specifico il contenuto del diritto attribuito (**direttiva c.d. dettagliata**).

▶ 4.4.2.3. Decisione

La **decisione** è un atto che può avere *destinatari di tipo diverso*.
In primo luogo, può rivolgersi agli *Stati* oppure a *individui e imprese*.
Inoltre, può avere *carattere generale* (quando è indirizzata a tutti gli Stati o alla generalità delle persone di ciascun paese), oppure *individuale* (se è rivolta a un singolo Stato oppure a soggetti determinati).
Le decisioni *rivolte a un destinatario specifico* (al singolo Stato o a soggetti determinati) operano in via diretta, senza la necessità che il relativo contenuto sia recepito a livello nazionale tramite un atto adottato dallo Stato interessato.
Le decisioni di *carattere generale* (rivolte, ad esempio, a tutti gli Stati membri) possono invece richiedere l'adozione di un atto a livello nazionale, ove sia necessario introdurre regole specifiche per completare il contenuto della decisione eventualmente formulato in termini generici.
Al pari del regolamento e della direttiva, la decisione è un *atto vincolante per i suoi destinatari*. Tuttavia, potendo rivolgersi a soggetti specificamente individuati, *non sempre presenta carattere normativo*: quando è destinata a persone determinate, infatti, non introduce regole generali di comportamento (applicabili all'intera collettività) ma disciplina un singolo caso concreto.

▶ 4.4.2.4. I rapporti tra diritto dell'Unione e diritto interno

Per quanto riguarda gli **atti unionali direttamente applicabili,** quali **i regolamenti e le direttive *self-executing*** (quelle, cioè, che impongono obblighi chiari, precisi e incondizionati), viene loro riconosciuta in forza dell'art. 11 Cost. **immediata e completa prevalenza sulle norme interne confliggenti**, anche di rango costituzionale, salve le ipotesi estreme dei **"controlimiti"** rappresentati dai principi supremi dell'ordinamento e dei diritti inviolabili dell'uomo. Si tratta di atti ai quali deve esser riconosciuta una **forza para-costituzionale**, posto che si collocano in una "**posizione mediana**" tra i superiori **principi fondamentali** e le **"comuni" norme costituzionali**, inferiori.
La capacità delle norme UE di produrre effetti diretti negli ordinamenti nazionali si salda con il **principio della *primauté***: quando una norma comunitaria direttamente efficace "incontra" una norma interna incompatibile, la *primauté* impone che la norma comunitaria prevalga su quella interna. La prevalenza del diritto unionale comporta la **disapplicazione delle norme nazionali ad opera di ogni operatore del diritto** e, dunque, non solo da parte dei **giudici**, ma anche da parte dei **pubblici funzionari** che si trovino a doverle applicare. Il primato del diritto UE opera anche nei confronti degli **organi legislativi**, non tanto nel senso di creare un obbligo di vera e propria disapplicazione, ma piuttosto nel senso di imporre la **non adozione di atti in contrasto con norme europee,** anche rispetto alle direttive non ancora recepite, precludendo l'emanazione di disposizioni che possano comprometterne il risultato.

Capitolo 3
LE FONTI DEL DIRITTO

SOMMARIO:

1. Fonti del diritto: nozioni e distinzioni. Fonti di produzione e sulla produzione

Le norme che compongono l'ordinamento sono *prodotte mediante atti o fatti* idonei a crearle e, in tal modo, a *modificare e innovare* lo stesso ordinamento giuridico.
Gli atti o i fatti idonei a produrre norme giuridiche sono detti **fonti del diritto** (più precisamente **fonti di produzione**, *perché abilitate a produrre norme*).
Sono dette, invece, **fonti sulla produzione** le norme che *abilitano* taluni atti o fatti a produrre norme giuridiche, prevedendo chi può porli in essere e quale procedimento va seguito: le fonti sulla produzione, quindi, regolano il *modo* in cui taluni soggetti possono produrre norme, prevedendo e disciplinando il relativo procedimento di formazione.
Così, ad esempio l'art. 76 della Costituzione, laddove disciplina il procedimento di adozione del decreto legislativo, è una fonte sulla produzione.
Tipico atto idoneo a produrre norme giuridiche – e quindi **fonte di produzione** – è la **legge**. La sua idoneità a produrre norme è infatti disposta dalle norme della Costituzione (articoli 70 e seguenti), che prevedono *chi* deve concorrere al *procedimento di formazione della legge* (Camera, Senato, Presidente della Repubblica) e *come* lo stesso deve svolgersi: queste ultime norme della Costituzione, pertanto, costituiscono **fonti sulla produzione**.

▶ 1.1. Fonti atto e fonti fatto

Le fonti di produzione si distinguono in:
- **fonti fatto**, *comportamenti* spontanei della collettività, considerati idonei a produrre norme giuridiche qualora ricorrano certe condizioni (ripetizione dei comportamenti per un apprezzabile periodo temporale, c.d. *diuturnitas*, nella convinzione che siano *obbligatori e dovuti*, c.d. *opinio iuris ac necessitatis*);
- **fonti atto**, *atti* normativi che creano, modificano o estinguono norme giuridiche. Trovano, di regola, la loro formulazione in un testo normativo (*fonti scritte*, ad esempio, la legge, il decreto-legge, ecc).

▶ 1.2. Fonti di cognizione, necessarie e non necessarie.

Dalle fonti *di e sulla* produzione si distinguono, inoltre, le **fonti di cognizione**, che consentono di conoscere le fonti di produzione e che si distinguono in:
- **fonti di cognizione necessarie**, perché condizionano l'entrata in vigore di una norma. Tipica ipotesi è costituita dalla *pubblicazione in Gazzetta ufficiale*: dopo l'approvazione delle Camere, il testo di legge deve essere promulgato dal Presidente della Repubblica e poi pubblicato in Gazzetta. Salvo eccezioni espressamente previste dalla legge stessa, entra in vigore decorso un termine di 15 giorni – c.d. *vacatio legis* – dalla pubblicazione;
- fonti di **cognizione non necessarie** (o notiziali), che non condizionano l'entrata in vigore delle norme giuridiche, essendo dirette solo a renderle conoscibile (per esempio, l*e raccolte di usi da parte delle Camere di commercio*).

2. Le fonti del diritto in Italia

Le fonti di produzione nel nostro ordinamento sono:
- la Costituzione;
- le leggi costituzionali;
- le leggi ordinarie;
- gli atti aventi forza di legge (nel dettaglio, i decreti-legge ed i decreti legislativi);
- le norme di diritto internazionale;
- i Trattati, i regolamenti e le direttive dell'Unione europea;
- le leggi regionali;
- i regolamenti, del potere esecutivo e degli enti autonomi;
- le consuetudini.

3. I rapporti tra le fonti e i criteri di risoluzione delle antinomie

L'**antinomia** (dal greco *anti-nomoi*) è una **situazione di incompatibilità tra due norme** che pongono conseguenze giuridiche diverse ed incompatibili per una medesima fattispecie, per cui l'applicazione dell'una esclude l'applicazione dell'altra (CELOTTO). Affinché possa parlarsi di antinomie è necessario che le norme in conflitto siano entrambe **giuridiche** e **vigenti**; inoltre, dette norme devono **appartenere allo stesso ordinamento** e devono **avere lo stesso ambito di validità sotto i profili temporale, spaziale, personale e materiale** (CELOTTO).

▶ 3.1. I criteri di risoluzione delle antinomie

Spesso le norme sono soltanto apparentemente contraddittorie e le antinomie si dissolvono mediante l'**interpretazione**. Quando ciò non accade, tuttavia, spetta all'interprete il compito di stabilire quale sia la norma applicabile al caso concreto, operando una vera e propria **scelta** in applicazione dei **criteri di risoluzione delle antinomie**.

▶ 3.1.1. Il criterio cronologico

In applicazione del **criterio cronologico**, espresso dal brocardo latino *lex posterior derogat priori*, tra due norme in contrasto si deve preferire quella più recente, la quale produce l'**abrogazione** di quella più antica. Il criterio cronologico opera per risolvere i conflitti tra norme poste da fonti dello stesso tipo; non si applica tuttavia quando la norma precedente ha carattere speciale o eccezionale. L'abrogazione della norma posteriore può essere (**art. 15 Preleggi**):
- **espressa**, quando avviene "*per dichiarazione espressa del legislatore*" o a seguito di referendum;
- **tacita per incompatibilità**, quando le nuove disposizioni sono incompatibili con le precedenti,
- **implicita (per nuova disciplina dell'intera materia)**, quando la nuova normativa regola l'intera materia già regolata dalla legge anteriore.

▶ 3.1.2. Il criterio gerarchico

In applicazione del **criterio gerarchico**, espresso dal brocardo latino *lex superior derogat legi inferiori*, tra due norme in contrasto si deve preferire quella gerarchicamente superiore:
- la **Costituzione** prevale sulle leggi e sugli atti aventi forza di legge (si veda l'art. 134 Cost.);
- le **leggi** prevalgono sui regolamenti (art. 4 Preleggi);
- i **regolamenti** sulle **consuetudini** (art. 8 Preleggi).

Il criterio gerarchico si applica a fronte di conflitti tra norme che provengono da fonti diverse, cioè quando norme poste da fonti di rango inferiore contrastano con norme di rango superiore.

▶ 3.1.3. Il criterio di specialità

In applicazione del **criterio di specialità**, espresso dal brocardo latino *lex specialis derogat generali; lex posterior generalis non derogat legi priori speciali*, tra due norme in contrasto si deve preferire quella speciale, anche se quella generale è successiva.

▶ 3.1.4. Il criterio della competenza

Il **criterio della competenza** prevede che tra due norme tra loro incompatibili, poste la prima da una fonte competente e la seconda da fonte incompetente, sia applicabile la prima. Il criterio della competenza rileva, per esempio, nei rapporti tra legge ordinaria e regolamenti parlamentari: l'organizzazione interna delle Camere è infatti riservata aa questi ultimi da espressa previsione costituzionale (artt. 64 e 72 Cost.).

4. La Costituzione

Approvata dall'Assemblea costituente ed entrata in vigore il 1° gennaio 1948, la **Costituzione** è la *legge fondamentale* del nostro ordinamento giuridico, in posizione di prevalenza rispetto a qualsiasi altra legge.
Adottata da un'apposita Assemblea (l'Assemblea costituente), ha segnato il *passaggio* dal vecchio regime monarchico, e dalle posizioni fasciste che ne avevano caratterizzato l'ultimo ventennio, al *nuovo sistema repubblicano*.

► 4.1. La struttura

La Costituzione si compone di **139 articoli** (di cui 5, in specie gli artt. 115, 124, 128, 129 e 130, abrogati e non sostituti dalla legge cost. n. 3 del 2001), cui si aggiungono ulteriori 18 articoli, elencati con i numeri romani, che contengono le "*Disposizioni transitorie e finali*", volte a disciplinare il passaggio dallo Statuto Albertino alla Carta costituzionale repubblicana.
Quanto alla Costituzione, è divisa in **due Parti**, precedute da una parte introduttiva, contenenti i **Principi fondamentali**, enunciati nei primi 12 articoli.
I **Principi fondamentali** rappresentano l'ossatura della Costituzione definendo le caratteristiche di fondo dell'ordinamento costituzionale italiano e fungendo, quindi, da guida nell'interpretazione delle altre parti: forma repubblicana, democraticità del sistema, riconoscimento dei diritti umani, principio di uguaglianza, centralità del lavoro, principio di unicità dello Stato e di autonomia alla base dell'assetto regionale, libertà di religione ma non confessionalità statale, legame con la Comunità internazionale per la promozione della pace anche a costo di cessioni di sovranità. Si tratta di principi destinati a caratterizzare il *volto del sistema costituzionale*, come tali non modificabili neanche con la procedura aggravata definita dal richiamato art. 138 Cost.
La **Parte prima** della Costituzione (artt. da 13 a 54) si intitola **Diritti e doveri dei cittadini** ed è divisa in **quattro Titoli**, rispettivamente concernenti i:
- **rapporti civili** (sono consacrati i diritti di libertà dei singoli individui, ossia le prerogative relative alle principali espressioni della personalità umana, tra cui le libertà *individuali* personale, di domicilio, di comunicazione, di circolazione, religiosa, di manifestazione del pensiero, e quelle *collettive* di riunione e associazione);
- **rapporti etico-sociali** (sono disciplinate, in uno ai diritti sociali alla salute e allo studio, le principali formazioni sociali nelle quali l'individuo realizza la sua personalità, quali la famiglia e la scuola);
- **rapporti economici** (è individuato il lavoro come elemento portante per lo sviluppo della società e sono consacrate le libertà economiche, in particolare il diritto di proprietà e la libertà di iniziativa economica privata);
- **rapporti politici** (sono prese in considerazione le relazioni concernenti la vita politica, con la affermazione dei *diritti politici* strumentali alla partecipazione

democratica alla vita politica, tra cui quelli di elettorato, associazione in partiti politici, petizione, accesso agli uffici pubblici, così come dei *doveri costituzionali*, primo tra tutto quello tributario di concorso alle spese pubbliche).

La **Parte seconda** (artt. da 55 a 139) è, invece, intitolata **Ordinamento della Repubblica**, e si occupa della descrizione dell'organizzazione dello Stato, così come delle Regioni e degli enti territoriali.

Quanto alle 18 **disposizioni transitorie e finali**, escluse quelle contenenti regole *transitorie* (da I a IX), che hanno esaurito quindi la loro efficacia, hanno ancora efficacia, invece, quelle c.d. *finali*, tra cui le tre norme – XII, XIII, XIV – che, da un lato, esprimono una chiara condanna del disciolto regime fascista, vietandone la riorganizzazione *sotto qualsiasi forma*, dall'altro prevedono restrizioni per i discendenti della casa reale italiana, talune delle quali tuttavia abrogate con legge cost. n. 1 del 2002.

▶ 4.2. I caratteri: votata, scritta, lunga, programmatica, rigida

La nostra è una Costituzione:

- **votata** (e *non ottriata* come era lo Statuto albertino), perché *non concessa* da alcun monarca, ma, al contrario, elaborata e approvata da una Assemblea Costituente, i cui deputati sono stati eletti direttamente dal popolo;
- **scritta**, perché le sue disposizioni sono consacrate in un documento solenne, anziché essere il frutto (come per le Costituzioni *consuetudinarie*) di consuetudini osservate nel tempo dalla collettività, non raccolte in una Carta;
- **lunga**, perché sono esplicitati e descritti nel dettaglio non solo i principi, i diritti e i doveri dei cittadini, ma anche i meccanismi che regolano la vita del Paese;
- **programmatica**, perché contiene non solo norme puntuali, ma anche principi e obiettivi da attuare, con atti legislativi e, più in generale, con quelli di tutti gli organi ed apparati pubblici;
- **rigida** (*e non flessibile* a differenza dello Statuto Albertino), perché alle norme in essa contenute è attribuita una forza superiore a quella delle leggi ordinarie; consegue, da un lato, che queste ultime sono dichiarate illegittime dalla Corte costituzionale se contengono regole contrastanti con i principi e le regole della Carta; dall'altro, che modifiche della Costituzione possono essere introdotte non con il normale procedimento di approvazione delle leggi ordinarie, ma con un procedimento che richiede maggioranze più elevate e nel quale, a certe condizioni, può essere consultato l'elettorato con lo strumento del referendum (è la c.d. *procedura aggravata* disciplinata dall'art. 138 Cost.).

5. Le leggi di revisione costituzionale e le altre leggi costituzionali

La **revisione costituzionale**, pure affidata allo stesso organo al quale spetta la funzione legislativa ordinaria (Parlamento), richiede quindi un *procedimento aggravato*. A norma dell'art. 138, co. 1, Cost., le leggi di revisione della Costituzione (volte a modificarla) e le altre leggi costituzionali (dirette ad integrare il testo costituzionale) sono adottate con **due successive deliberazioni** ad intervallo non minore di tre mesi, e sono approvate a **maggioranza assoluta** dei componenti di ciascuna Camera **nella seconda votazione.** Le peculiarità che aggravano la procedura di formazione delle leggi costituzionali

consistono quindi:
- nella **doppia deliberazione**, sicché la proposta di legge costituzionale deve essere *approvata due volte da ciascuna Camera* con un intervallo tra un'approvazione e l'altra non inferiore a tre mesi;
- nella necessità dell'**approvazione a maggioranza assoluta** dei componenti di ciascuna Camera nelle seconda deliberazione;
- nella possibilità che, conclusa la doppia deliberazione, 500.000 elettori, cinque Consigli regionali o un quinto dei componenti ciascuna Camera chiedano che, entro tre mesi dalla pubblicazione della legge in Gazzetta ufficiale, questa sia sottoposta a referendum popolare (c.d. **referendum popolare confermativo**).

Il referendum non può essere chiesto qualora nella seconda deliberazione sia stata raggiunta la *maggioranza di due terzi* dei componenti di ciascuna Camera.
Ai fini della validità del referendum costituzionale, non è richiesto un quorum di partecipazione, essendo sufficiente che la legge sia approvata dalla maggioranza dei voti validi.
Evidenti sono le **differenze tra referendum costituzionale previsto dall'art. 138 Cost. e referendum abrogativo di cui all'art. 75 Cost**.
Il referendum costituzionale ha, infatti, *carattere eventuale e facoltativo*, sospendendo l'entrata in vigore della legge; quello abrogativo, invece, è diretto ad abrogare una legge già entrata in vigore. Ai fini della validità del referendum costituzionale, inoltre, a differenza del referendum abrogativo, non è prescritto un *quorum di partecipazione*, per cui è sufficiente che la legge sia approvata dalla maggioranza dei voti validi.

▶ 5.1. I limiti alla revisione costituzionale

Non tutte le disposizioni costituzionali possono essere modificate, sia pure ricorrendo alla procedura aggravata. Esistono, invero, dei limiti alla revisione, che possono essere variamente classificati.

▶ 5.1.1. Il limite espresso: la forma repubblicana

Per espressa previsione dell'art. 139 Cost., non possono essere introdotte, neanche con la procedura aggravata, modifiche alla **forma repubblicana**, espressione con la quale si richiama non solo il concetto di *repubblica* in contrapposizione a quello di *monarchia* e, quindi, i principi di *elettività* e *temporaneità* del Presidente della Repubblica (a fronte del carattere *ereditario* e *permanente* proprio della carica del Re), ma anche il carattere *democratico* del sistema costituzionale affermato nell'articolo di apertura del testo costituzionale laddove attribuisce la titolarità del potere sovrano al popolo (art. 1 Cost.). L'art. 139 Cost. è, infatti, una norma introdotta in chiaro contrasto con il precedente regime politico – monarchico e fascista – e in funzione di garanzia, volta a frapporre un argine al rischio di un ritorno alla forma istituzionale che il voto popolare del 2 giugno 1946 aveva rifiutato.

▶ 5.1.2. I limiti impliciti

Accanto al limite *esplicito* frapposto dall'art. 139 Cost., sussiste un *limite implicito* di immodificabilità delle norme di principio su cui poggia l'intero sistema costituzionale: si tratta dei c.d. *principi supremi* che non possono essere sovvertiti o modificati nel loro contenuto essenziale neanche con il procedimento aggravato di revisione disciplinato dall'art. 138 Cost., appartenendo all'essenza dei valori fondanti della Costituzione. Così non possono essere oggetto di modifica i principi: di eguaglianza (art. 3); lavorista (art. 1, art. 4); di inviolabilità della persona umana (art. 13); di unicità ed indivisibilità della Repubblica (art. 5); di libertà, che si riflette nei vari diritti civili e politici riconosciuti e garantiti ai cittadini.

6. Le leggi ordinarie

Per **leggi ordinarie** si intendono gli atti deliberati dal Parlamento secondo il procedimento disciplinato dagli artt. 70 e seguenti Cost. È possibile distinguere tra:

- **leggi in senso formale**, ossia gli atti normativi adottati ai sensi degli artt. 70 ss. Cost.;
- **leggi in senso materiale**, ossia tutti gli atti che presentano un contenuto normativo (nel senso di generalità, astrattezza, innovatività), indipendentemente da chi li abbia adottati. In questa nozione rientrano anche gli atti con forza di legge adottati dal Governo (decreti legislativi e decreti-legge).

Le leggi ordinarie hanno **forza o valore di legge** e ciò significa che:

- la legge può modificare o abrogare qualsiasi disposizione vigente, eccezion fatta per quelle di rango costituzionale;
- la legge non può essere modificata né tantomeno abrogata da fonti di livello inferiore;
- le leggi sono soggette al controllo di costituzionalità della Corte costituzionale;
- le leggi possono essere oggetto di referendum abrogativo *ex* art. 75 Cost.

La potestà legislativa primaria è attribuita "collettivamente" alle **due Camere** del **Parlamento** (art. 70 Cost.), che la esercitano *con eguali poteri*, in omaggio al principio del *bicameralismo perfetto* che caratterizza il nostro sistema parlamentare.

54È allora opportuno iniziare lo studio dall'esame del procedimento di formazione delle leggi ordinarie per poi passare all'illustrazione delle peculiarità che caratterizzano invece, aggravandolo, il procedimento da seguire per l'approvazione delle leggi costituzionali, oltre che dei limiti che comunque il Parlamento non può superare nell'apportare modifiche alla Costituzione.

▶ 6.1. Il procedimento di formazione

Il procedimento legislativo si articola in una serie di **fasi**, tutte necessarie per l'approvazione della legge. Sono le fasi:

- *dell'iniziativa;*
- *istruttoria;*
- *deliberativa;*
- *integrativa dell'efficacia con la promulgazione e la pubblicazione.*

▶ 6.1.1. Fase dell'iniziativa. Iniziativa riservata e iniziativa vincolata

L'**iniziativa legislativa** consiste nel potere riconosciuto a determinati soggetti di

presentare disegni, proposte o progetti di legge all'una o all'altra Camera, sottoponendo un testo legislativo suddiviso in articoli.
Ai sensi dell'art. 71 Cost., *l'iniziativa legislativa appartiene al Governo, a ciascun membro delle Camere ed agli organi ed enti ai quali sia conferita da legge costituzionale.*
Le disposizioni costituzionali assegnano l'iniziativa legislativa: al Governo; ai singoli parlamentari; a 50.000 elettori; al Cnel; alle Regioni.
Nella prassi gli atti d'iniziativa governativa sono denominati *disegni di legge*; quelli d'iniziativa parlamentare *proposte di legge*; gli atti d'iniziativa di altri soggetti *progetti di legge*.
In alcuni settori, la Costituzione riserva al Governo il potere di iniziativa (**iniziativa riservata**, per esempio per **i** disegni di legge relativi al bilancio di previsione e al rendiconto generale o per quelli diretti a regolare i rapporti tra lo Stato e le confessioni religiose); in altri, oltre a riservare in capo al Governo il potere di iniziativa, la Costituzione vincola il Governo imponendogli di presentare il disegno di legge (**iniziativa vincolata**, per esempio per i disegni di legge di conversione dei decreti legge).

▶ 6.1.2. Fase istruttoria e deliberativa

Il progetto di legge presentato ad una delle Camere è assegnato ad una o più (riunite) Commissioni permanenti competenti per materia. Il compito che la Commissione è chiamata ad esercitare nel successivo *iter* di formazione della legge è del tutto diverso a seconda che si segua l'uno o l'atro dei **tre tipi di procedimento** previsti dall'art. 72 Cost.:

- **ordinario**, nel quale la Commissiona opera in *sede referente*;
- **decentrato**, nel quale svolge il lavoro in *sede deliberante*;
- **misto**, con la Commissione che opera in *sede redigente*.

Il **procedimento legislativo ordinario** è descritto dall'art. 72, co. 1 Cost. ai sensi del quale ogni disegno di legge, presentato ad una Camera è (...) esaminato da una commissione e poi dalla Camera stessa, che l'approva articolo per articolo e con votazione finale.
Il progetto di legge è quindi preliminarmente esaminato e discusso dalla commissione legislativa competente che, svolge il suo lavoro **in sede referente**, preparando la successiva attività dell'Assemblea.
Prima della trasmissione del testo, tuttavia, la commissione esamina il singolo progetto o più progetti con il medesimo oggetto (esame congiunto), lo approva articolo per articolo votando gli eventuali emendamenti, ossia le proposte di modifica al testo originario.
Esaurita tale fase preliminare, la commissione trasmette all'assemblea il testo del disegno di legge accompagnato dalla relazione di maggioranza, da eventuali relazioni di minoranza, nonché dal testo dei pareri espressi da altre commissioni.
A questo punto l'assemblea procede con la discussione sulle linee generali del testo nel suo complesso, con l'intervento dei relatori, del rappresentante del Governo e dei singoli parlamentari; a ciascun parlamentare o al Governo è riconosciuta anche in assemblea la possibilità di presentare proposte di emendamento volte a eliminare o modificare disposizioni già presenti nel testo (emendamenti soppressivi o modificativi) o ad aggiungerne di nuove (emendamenti aggiuntivi).

Si passa quindi alla votazione articolo per articolo e poi alla votazione finale sull'intero testo del progetto; la votazione avviene normalmente a scrutinio palese con il singolo parlamentare tenuto a dichiarare il proprio voto a voce o per alzata di mano; quando sia richiesto da un certo numero di parlamentari lo scrutinio è segreto, il singolo parlamentare esprimendo il suo voto in modo anonimo. Il testo risulta approvato se ha ottenuto il voto favorevole della maggioranza richiesta per l'approvazione in legge.
Nel diverso **procedimento decentrato** la commissione, operando questa volta **in sede deliberante o legislativa**, approva direttamente il testo di legge non limitandosi ad esaminare e a discutere il progetto, come invece accade nel procedimento ordinario. Il procedimento decentrato si svolge quindi in tutte le sue fasi in seno alla commissione, senza che intervenga l'assemblea. L'art. 72, co. 3, Cost. prevede che siano i regolamenti di ciascuna Camera a stabilire in quali casi e forme l'esame e l'approvazione dei disegni di legge sono deferiti a commissioni.
La finalità sottesa alla possibilità che alcune leggi siano approvate direttamente in Commissione è senza dubbio quella di evitare un eccesso di carico per l'assemblea. La Costituzione, tuttavia, ha limitato il ricorso a tale procedura, con due distinte modalità.
Da un lato, il procedimento ordinario è obbligatorio (cd. **riserva di assemblea**), ai sensi dell'art. 72, co. 4, Cost., per talune tipologie di disegni di legge, in particolare quelli in materia costituzionale, elettorale, di delegazione legislativa, di autorizzazione a ratificare trattati internazionali, di approvazione di bilanci e consuntivi.
Dall'altro e in ogni caso, l'art. 72, co. 3, Cost. prevede che fino al momento dell'approvazione definitiva, il progetto può essere spostato in assemblea qualora lo richiedano il Governo, un decimo dei componenti della camera, un quinto dei membri della commissione (c.d. **richiesta di rimessione in assemblea**).
Nel **procedimento misto**, infine, si ha una ripartizione di funzioni tra commissione (che opera **in sede redigente**) e assemblea: in linea generale, alla commissione è affidata la redazione e l'approvazione dei singoli articoli, all'assemblea l'approvazione del testo di legge nel suo complesso.

▶ 6.1.3. Promulgazione e pubblicazione. Il potere presidenziale di rinvio alle Camere

La legge approvata dalle Camere è trasmessa al Presidente della Repubblica per la **promulgazione**.
La **promulgazione** e la successiva **pubblicazione** in Gazzetta ufficiale integrano l'ultima fase del procedimento di formazione della legge. Questa fase è detta *integrativa dell'efficacia* perché la legge è ormai *perfetta* con l'approvazione delle Camere, ma non ancora *idonea a produrre effetti* in assenza per l'appunto di promulgazione e pubblicazione.
Ai sensi dell'art. 73 Cost., la **promulgazione** delle leggi deve avvenire con decreto del Presidente della Repubblica *entro un mese* dall'approvazione del progetto ad opera delle Camere.
Entro lo stesso termine il Presidente può tuttavia **rinviare la legge alle Camere** con un *messaggio* con cui, indicati i motivi per cui ha ritenuto di non dover promulgare la legge, chiede una *nuova deliberazione* (art. 74 Cost.).
È quanto il Presidente può fare laddove ravvisi *ragioni di non conformità della legge o di alcune sue norme con la Costituzione*.

Le Camere alle quali la legge è stata rinviata dal Presidente sono però libere di accogliere o meno i suoi rilievi potendo riapprovare la legge senza modifiche e inviarla nuovamente al Presidente che sarà in questo caso obbligato alla promulgazione (art. 74, co. 2, Cost.).
Il Presidente può però rifiutare la promulgazione laddove, in considerazione del *rilevante contrasto della legge con la Costituzione*, ritenga che la sua promulgazione possa costituire alto tradimento o attentato alla Costituzione (art. 90 Cost.).
Al di fuori di tali ipotesi eccezionali, il Capo dello Stato dispone, dunque, di un *mero potere di rinvio e non già di un potere di veto*.
Una volta promulgata, la legge è trasmessa al Ministro della giustizia che appone il *visto* così attestando la regolarità formale del documento e il *sigillo* dello Stato. La legge è quindi **pubblicata** non oltre 30 giorni dalla promulgazione:

- nella *Raccolta ufficiale degli atti normativi* per ragioni di certezza del diritto: il testo che entra in vigore è infatti quello in essa inserito ed il numero della legge è quello della sua inserzione nella Raccolta ufficiale;
- nella *Gazzetta Ufficiale della Repubblica* per assicurane la *diffusione e conoscenza* (è una forma di *pubblicità-notizia*).

La legge **entra in vigore** – divenendo così obbligatorio osservarla – nel *quindicesimo giorno successivo a quello della pubblicazione nella Gazzetta Ufficiale* (cd. ***vacatio legis***), salvo che la legge stessa non prescriva un termine minore o maggiore. Decorso il termine di *vacatio*, si presume che tutti i suoi destinatari la conoscano, sicché tutti sono tenuti comunque ad osservarla senza che si possa invocare la mancata conoscenza (*ignorantia legis non excusat*).

7. Gli atti con forza di legge del Governo

La Costituzione attribuisce anche al Governo *potestà legislativa*, il potere cioè di adottare atti che, nella scala gerarchica delle fonti, si collocano sullo stesso piano delle leggi del Parlamento: atti, quindi, **con forza di legge**. Si tratta dei *decreti legislativi* e dei *decreti-legge*.
La Costituzione, tuttavia, riserva in ogni caso alla *legge formale del Parlamento* taluni ambiti, non consentendo che in questi intervenga il Governo, con decreti legislativi o decreti legge. Sono i casi nei quali la Costituzione pone **riserve di legge formale**, imponendo che la materia sia disciplinata esclusivamente con legge approvata dalle Camere: si pensi alla legge di autorizzazione alla ratifica dei trattati internazionali *ex* art. 80 Cost. o alla legge di approvazione del bilancio *ex* art. 81 Cost.

▶ 7.1. Il decreto legislativo

In parziale deroga alla regola generale secondo cui la potestà legislativa è esercitata collettivamente dalle due Camere (art. 70 Cost.,), l'art. 77 Cost. prevede che l'esercizio della funzione legislativa può essere *delegata al Governo con legge del Parlamento* che definisca l'oggetto della delega e i principi e criteri direttivi cui lo stesso deve attenersi.
Il Governo, pertanto, può emanare decreti legislativi solo quando l'esercizio della funzione legislativa gli venga *espressamente delegato* dalle Camere a mezzo di una legge che assume il nome di *legge delega* (o *legge di delegazione*).
Legge delega e decreto legislativo sono due atti tra loro collegati.

Con la **legge delega** le Camere delegano al Governo l'esercizio della funzione legislativa.
Ai sensi dell'art. 76 Cost., la legge delega deve indicare:
- l'*oggetto definito* sul quale il Governo potrà legiferare, ossia la *materia* sulla quale può intervenire la disciplina governativa; è consentito peraltro delegare una pluralità di oggetti distinti suscettibili di separata disciplina mediante più decreti legislativi successivi (cd. *esercizio frazionato della delega*);
- i **principi e dei criteri direttivi** ai quali il Governo dovrà attenersi nel predisporre i decreti legislativi;
- il **limite di tempo** entro il quale il Governo potrà emanare i suddetti decreti; ove il termine previsto per l'esercizio della delega ecceda i due anni (cd. *delega ultrabiennale*), il Governo è tenuto a richiedere il parere delle Camere sugli schemi di decreti delegati.

La violazione delle indicazioni di oggetto e tempo, nonché l'inosservanza dei principi e criteri direttivi, comporta l'illegittimità costituzionale del decreto legislativo per **eccesso di delega**; in particolare, il decreto legislativo risulterà in contrasto con la legge delega (c.d. norma interposta) e, quindi, con l'art. 76 Cost., che ne impone il rispetto nell'esercizio della potestà legislativa delegata al Governo.
Il **decreto legislativo** è, quindi, l'atto che il Governo adotta a seguito della delega. È emanato dal Presidente della Repubblica, previa deliberazione del Consiglio dei Ministri, ed è pubblicato in Gazzetta ufficiale. In quanto atto avente forza di legge, è *sottoposto al controllo di legittimità costituzionale* ai sensi dell'art. 134 Cost.

▶ 7.2. Il decreto-legge

A norma dell'art. 77 Cost., il **decreto legge** è un *provvedimento provvisorio con forza di legge* che il Governo può adottare, sotto la sua responsabilità, in casi straordinari di necessità e di urgenza: il decreto entra immediatamente in vigore dal momento della sua pubblicazione in Gazzetta Ufficiale. Il decreto-legge, infatti, deliberato dal Consiglio dei Ministri ed emanato dal Presidente della Repubblica, è immediatamente pubblicato in Gazzetta Ufficiale.
Diversamente dal decreto legislativo, che presuppone l'approvazione di una legge delle Camere di delega al Governo della funzione legislativa, con il decreto legge il Governo esercita la potestà legislativa direttamente e sotto la propria responsabilità.

▶ 7.2.1. Necessità e urgenza

Il Governo può adottare il decreto-legge solo in presenza di **casi straordinari di necessità e di urgenza** che impediscano alle Camere di intervenire tempestivamente (attraverso il lungo procedimento di formazione della legge). È necessario quindi che:
- la situazione sia assolutamente imprevedibile (**straordinarietà**);
- non sia possibile il ricorso a nessun altro strumento normativo (**necessità**);
- le norme abbiano immediata applicazione (**urgenza**).

La sussistenza dei presupposti richiesti dall'art. 72, co. 2, Cost., per l'adozione dei decreti-legge (necessità ed urgenza) è oggetto di un possibile **controllo demandato a più organi**.

In primo luogo, il *Presidente della Repubblica* può esercitare tale controllo rifiutando l'emanazione del decreto in caso di *mancanza evidente* o *erronea valutazione* di siffatti presupposti da parte del Governo.
Successivamente, in sede di conversione del decreto legge, le *Camere* esercitano un controllo (essenzialmente politico) sull'esistenza dei presupposti.
Infine, la *Corte costituzionale* è competente a verificare la sussistenza dei presupposti di necessità e urgenza nel condurre il controllo di legittimità costituzionale che le è demandato, come tale diverso da quello operato dal Parlamento in sede di conversione, a carattere invece squisitamente politico. La mancanza dei presupposti determina non solo l'invalidità originaria del decreto, ma anche della eventuale *legge di conversione*.

Focus

LA REITERAZIONE DEI DECRETI-LEGGE

Laddove il decreto non sia stato convertito perchè è invano decorso il termine di 60 giorni, può il Governo adottare un nuovo decreto-legge con le stesse norme contenute in quello che ha perso efficacia? È questo il meccanismo della reiterazione che si ha per l'appunto quando il decreto-legge riproduce senza variazioni sostanziali il contenuto di un decreto non convertito; un meccanismo che rischia di comportare un'elusione della Costituzione laddove prevede l'efficacia temporalmente limitata del decreto legge (60 giorni). Sarebbe sufficiente, infatti, che il Governo riproducesse le disposizioni di un decreto-legge non convertito nel testo identico di un nuovo decreto-legge approvato prima della scadenza del precedente. La Corte costituzionale, con una importante sentenza del 1995 (n. 360), ha dichiarato illegittima la reiterazione perché volta ad alterare la natura provvisoria della decretazione di urgenza, a neutralizzare il carattere straordinario dei requisiti della necessità e dell'urgenza e ad attenuare la sanzione della perdita retroattiva di efficacia del decreto non convertito. Perché una reiterazione possa dirsi legittima è necessario che sussista una diversità sostanziale dei contenuti normativi tra i due decreti oppure che sussistano presupposti di necessità ed urgenza davvero nuovi e diversi da quelli che hanno giustificato l'emanazione del decreto non convertito.

▶ 7.2.2. Limiti alla decretazione di urgenza

La Costituzione vieta in ogni caso l'emanazione di decreti legge in taluni ambiti. Anche in presenza dei suindicati presupposti di necessità ed urgenza, il Governo non può infatti mediante decreto-legge:
- conferire *deleghe legislative*, per le quali è necessaria la legge delle Camere (art. 76 Cost.);
- disciplinare le *materie indicate nell'art. 72, co. 4, Cost.* (costituzionale ed elettorale, autorizzazione alla ratifica di trattati internazionali, approvazione di bilanci e consuntivi);
- regolare i *rapporti giuridici sorti sulla base dei decreti non convertiti*, essendo al riguardo richiesta una legge delle Camere (c.d. legge di sanatoria).

▶ 7.2.3. La conversione in legge

Il giorno stesso della sua pubblicazione in Gazzetta Ufficiale, il decreto-legge deve essere presentato per la **conversione** alle Camere che, anche se sciolte, sono

appositamente convocate e si riuniscono entro cinque giorni.
Il Governo presenta, quindi, alle Camere un *disegno di legge di conversione in legge* del decreto-legge. L'approvazione della legge di conversione deve aver luogo entro 60 giorni dalla pubblicazione del decreto-legge, che altrimenti *perde efficacia retroattivamente*, cioè sin dalla sua entrata in vigore. In caso di mancata conversione del decreto-legge, le Camere possono tuttavia regolare con legge i *rapporti giuridici sorti sulla base dei decreti non convertiti*: si parla di cd. *legge di sanatoria* degli effetti del decreto-legge non convertito.

8. Il *referendum* popolare

Il **referendum** è il più importante ed efficace dei tre strumenti di democrazia diretta, ossia di *diretta partecipazione del popolo all'assunzione delle decisioni pubbliche*. Gli altri sono il diritto di petizione e l'iniziativa legislativa popolare.
L'ordinamento prevede differenti tipologie di referendum:

- il **referendum abrogativo** delle leggi ordinarie e degli atti aventi valore di legge (art. 75 Cost.);
- il **referendum costituzionale** che, ai sensi dell'art. 138 Cost., può inserirsi nel procedimento di formazione delle leggi di revisione costituzionale e delle leggi costituzionali (si rinvia al precedente **par. 6**);
- i **referendum territoriali**, in materia di creazione, fusione o modifiche territoriali di Regioni ovvero di creazione o di modifiche territoriali (con legge regionale) dei Comuni (artt. 132 e 133 Cost.);

▶ 8.1. Il referendum abrogativo

Solo il **referendum abrogativo** costituisce **fonte del diritto**, in quanto dotato di innovare in modo autonomo l'ordinamento, mediante l'abrogazione di preesistenti leggi o atti avente forza di legge.
Con il *referendum* abrogativo il corpo elettorale è infatti chiamato al voto per decidere se una determinata legge dello Stato debba continuare a produrre i suoi effetti, oppure, se, al contrario debba essere eliminata dall'ordinamento (cioè **abrogata**).
Ai sensi dell'art. 75 della Costituzione, il *referendum* abrogativo è indetto quando lo richiedono cinquecentomila elettori o cinque Consigli regionali. I promotori del *referendum* devono presentare la richiesta alla Corte di Cassazione, deputata ad accertare la regolarità delle firme (**controllo formale**): in caso di esito favorevole, spetta alla Corte costituzionale valutare l'ammissibilità del quesito referendario (**controllo sostanziale**). Ai sensi dell'art. 75 Cost., infatti, non è ammesso *referendum* per le leggi *tributarie* e di *bilancio*, di *amnistia* e *indulto*, di *autorizzazione a ratificare trattati internazionali*. La proposta referendaria è approvata se alla votazione partecipa la maggioranza dei cittadini aventi diritto al voro e se è raggiunta la maggioranza dei voti espressi.
Si tratta di uno strumento che, in quanto destinato solo ad *abrogare* leggi approvate dal Parlamento, non anche a *promuovere o ad approvare nuove leggi*, ha carattere *correttivo* del meccanismo di democrazia rappresentativa, consentendo al popolo di manifestare una *volontà diversa* rispetto a quella che i suoi rappresentanti hanno espresso con l'approvazione della legge da abrogare.

▶ 8.1.1. Il procedimento referendario

La **l. n. 352 del 1970** disciplina il **procedimento referendario**, articolandolo in **quattro fasi**:

- la **fase preparatoria:** l'iniziativa referendaria spetta, ai sensi del primo comma dell'art. 75 Cost., a 500.000 elettori o a 5 Consigli regionali. Per quanto attiene la richiesta popolare, un comitato di promotori (un gruppo di almeno dieci cittadini iscritti nelle liste elettorali) raccoglie le firme in appositi fogli vidimati e deposita il quesito referendario presso la cancelleria della Corte di Cassazione. Nel caso di richiesta regionale, invece, il quesito va approvato dai Consigli di almeno cinque Regioni e depositato presso la medesima cancelleria tramite appositi delegati;
- la **fase del controllo**: quello di regolarità spettante all'Ufficio centrale per il referendum, costituito presso la Corte di cassazione; e quello di ammissibilità demandato alla Corte costituzionale;
- la **fase costitutiva**, con l'indizione del referendum con decreto del Presidente della Repubblica, su deliberazione del Consiglio dei ministri, in una data compresa tra il 15 aprile ed il 15 giugno. La legge è abrogata se è raggiunto un doppio *quorum, partecipativo* e *deliberativo*: deve cioè *partecipare alla votazione la maggioranza degli aventi diritto al voto* (**quorum partecipativo**); *dei voti validamente espressi la maggioranza deve aver votato a favore* del quesito referendario (**quorum deliberativo**);
- la **fase dichiarativa** del risultato referendario: se il risultato del referendum è *favorevole*, il Presidente della Repubblica dichiara con proprio decreto l'intervenuta abrogazione dell'atto oggetto del quesito referendario. Il decreto è immediatamente pubblicato sulla Gazzetta Ufficiale e l'abrogazione opera dal giorno successivo a quello della pubblicazione del d.P.R., a meno che il Capo dello Stato non disponga che abbia effetto in un momento successivo, ma comunque non oltre il 60° giorno dalla citata pubblicazione. Se, invece, l'esito è *negativo* (perché non è raggiunto il *quorum* partecipativo o perché il risultato è contrario all'abrogazione), il Ministro della Giustizia né dà notizia sulla Gazzetta Ufficiale e il quesito non può essere riproposto prima che siano trascorsi cinque anni.

9. I regolamenti parlamentari

I **regolamenti parlamentari** sono atti distinti di ciascuna delle elle due Camere, per la cui adozione (e modifica) è richiesta la maggioranza assoluta (art. 64 Cost.). Il rapporto tra la legge e i regolamenti parlamentari può essere ricostruito in termini di **competenza**. Ai regolamenti parlamentari è, infatti, riservata la competenza **in materia di organizzazione e funzionamento delle Camere e la disciplina del procedimento legislativo**: gli artt. 64 e 72 Cost. istituiscono una vera e propria **"riserva"** in favore dei regolamenti parlamentari, nella quale neppure la legge ordinaria potrebbe validamente interferire. I regolamenti parlamentari non sono soggetti al sindacato della Corte costituzionale.

10. Principio di legalità e riserva di legge

Per concludere in tema di livello primario delle fonti, è necessario soffermarsi sul principio di legalità e sulla riserva di legge.
Il principio di legalità regola **i rapporti tra potere legislativo e potere esecutivo** e impone che **ogni atto (sia amministrativo che normativo) dell'Esecutivo debba essere adottato sulla base di una previa norma di legge**, cioè di una precedente norma emanata dal potere legislativo, che stabilisca preventivamente e in modo generale e astratto i casi in cui quell'atto può essere adottato. Il principio in esame può essere inteso in due accezioni:
- **principio di legalità *in senso formale***, per cui è sufficiente che i poteri dell'Esecutivo siano basati su una norma di legge che li preveda e li autorizzi, senza bisogno che questa norma disciplini, altresì, le modalità di esercizio del potere;
- **principio di legalità *in senso sostanziale***, secondo cui non solo ogni atto del potere esecutivo deve essere emanato sulla base di una norma di legge che previamente lo preveda e lo autorizzi, ma questa norma deve definire anche **criteri e modalità** di esercizio del potere.

In applicazione del principio di legalità la Costituzione prevede espressamente alcune ipotesi di **riserva di legge**, che ricorre tutte le volte in cui l'unica fonte abilitata, dalla Costituzione, a disciplinare una determinata materia è la legge. La *ratio* dell'istituto della riserva di legge è da individuare innanzitutto nella **garanzia per i cittadini** che determinate materie siano normate soltanto dal Parlamento eletto dal popolo stesso.
Si parla di **riserva di legge formale** qualora una determinata materia deve essere regolata esclusivamente tramite la fonte "legge", come previsto per la legge di sanatoria degli effetti del decreto-legge non convertito *ex* art. 77, ult. co., Cost., ovvero per la legge di autorizzazione alla ratifica dei trattati internazionali *ex* art. 80 Cost., o ancora per la legge di approvazione del bilancio *ex* art. 81 Cost. Più spesso, tuttavia, si ammette che la materia coperta da riserva di legge possa essere disciplinata **anche da altri atti con forza di legge (decreto-legge e decreto legislativo;** si veda *Corte cost. n. 39/1971*).

11. Le fonti secondarie

Si rinvia, per la disamina, a Parte III, Cap. 4, par. 2

Scheda di sintesi

La Costituzione della Repubblica Italiana entrò in vigore il 1° gennaio 1948: Si compone di **139 articoli** (di cui 5, in specie gli artt. 115, 124, 128, 129 e 130, abrogati e non sostituti dalla legge cost. n. 3 del 2001), cui si aggiungono ulteriori 18 articoli, elencati con i numeri romani, che contengono le "*Disposizioni transitorie e finali*".
La **Parte Prima** è dedicata ai diritti e ai doveri del cittadino (artt. 13-28 rapporti civili; artt. 29-34 rapporti etico-sociali; artt. 35-47 rapporti economici; artt.

48-54 rapporti politici); la **Parte Seconda** (artt. 55-139) regola l'ordinamento della Repubblica.
La Costituzione italiana è **scritta**, perché le sue disposizioni sono consacrate in un documento solenne; **lunga**, perché sono esplicitati e descritti nel dettaglio non solo i principi, i diritti e i doveri dei cittadini, ma anche i meccanismi che regolano la vita del Paese; **programmatica**, perché contiene non solo norme puntuali, ma anche principi e obiettivi da attuare; **rigida**, perché alle norme in essa contenute è attribuita una forza superiore a quella delle leggi ordinarie. Ne consegue, da un lato, che queste ultime sono dichiarate **illegittime** dalla Corte costituzionale se contengono regole contrastanti con i principi e le regole della Carta; dall'altro, che modifiche della Costituzione possono essere introdotte **non con il normale procedimento di approvazione** delle leggi ordinarie. Ai sensi dell'art. 139 inoltre, la forma repubblicana **non può essere oggetto di revisione costituzionale**.

Capitolo 4
I PRINCIPI COSTITUZIONALI

SOMMARIO:

1. I principi

I primi **12 articoli** della Costituzione italiana enunciano i **principi fondamentali** dell'ordinamento giuridico della Repubblica. Posti in apertura del testo costituzionale, definiscono le caratteristiche di fondo dell'ordinamento costituzionale italiano e fungono, quindi, da guida nell'interpretazione delle altre parti. Delineano il *volto del sistema costituzionale*, come tali non modificabili neanche con la procedura aggravata definita dal richiamato art. 138 Cost.

2. Il principio democratico

Il **principio democratico** è collocato in apertura, all'art. 1. In esso si stabilisce, al comma 1, che "*L'Italia è una Repubblica democratica, fondata sul lavoro*" e, al comma 2, che "*La sovranità appartiene al popolo, che la esercita nelle forme e nei limiti della Costituzione*".
Il termine **democrazia** deriva dal corrispondente termine greco composto da *demos* (popolo) e *kratos* (forza, potere, governo) e significa, quindi, **governo *del* popolo.**
Si tratta del *concetto minimo di democrazia*, ossia quello dell'autogoverno o dell'autodeterminazione del popolo: non è un sistema democratico, pertanto, quello nel quale qualcuno governa *per* il popolo, senza essere in qualche forma *designato dal popolo* o comunque *collegato al popolo*. La democrazia, intesa come governo *del* popolo, presuppone quindi la *partecipazione del popolo al governo*, ossia alla creazione e all'applicazione delle regole della comunità.
Senonché, il governo del popolo è solo il denominatore comune di molteplici e distinte

concezioni di democrazia. Il popolo può infatti, in astratto, *governare in forma diretta* (**democrazia diretta**) ovvero *delegando il potere a propri rappresentanti* (**democrazia rappresentativa**), secondo il moderno principio di *rappresentanza politica*, che si è imposto per diverse ragioni, prima tra tutte l'estensione territoriale e la popolosità degli Stati, non compatibili con forme solo dirette di esercizio della sovranità popolare.
Tanto chiarito, la nostra Costituzione consacra il principio democratico in apertura, chiarendo che la sovranità appartiene al popolo e, al contempo precisando, che lo stesso popolo la esercita nelle forme e rispettando i limiti indicati nella stessa Carta fondamentale (art. 1).
Il popolo, quindi, *non è un sovrano assoluto*. Il comma 2 dell'art. 1 Cost. dispone che il popolo esercita la sovranità non solo *"nelle forme"*, ma anche *"nei limiti della Costituzione"*.
La Costituzione e i principi in essa enunciati rappresentano, dunque, il confine al di là del quale il popolo non è legittimato a esercitare il potere sovrano di cui pure dispone.
La Costituzione prevede, in tale prospettiva, alcuni **meccanismi di garanzia**.
Tra questi, oltre alla non modificabilità della Costituzione se non osservando una procedura legislativa aggravata, peraltro in ogni caso inidonea a mettere in discussione principi supremi e non rivedibili (forma repubblicana o, per esempio, principio democratico, principio di uguaglianza), viene in considerazione la previsione di un meccanismo di *giustizia costituzionale*, esercitata da un organo apposito, la **Corte costituzionale**.

▶ 2.1. Democrazia e rappresentanza

Il popolo, al quale la sovranità appartiene, può esercitarla con modalità diverse, in particolare governando in forma diretta (**democrazia diretta**) ovvero delegando il potere a propri rappresentanti (**democrazia rappresentativa**),
Perché si tratti di autentica **democrazia rappresentativa** è necessario che tra i rappresentanti, chiamati a governare *per* il popolo, e il popolo stesso sussistano *meccanismi di collegamento* per effetto dei quali le decisioni dei primi possano considerarsi in qualche modo espressione della volontà del secondo.
La Costituzione italiana affida principalmente tale collegamento tra rappresentanti e popolo, da un lato, al **meccanismo elettorale** con le sue regole di funzionamento, dall'altro, all'attività dei **partiti politici** cui per l'appunto compete di intermediare tra cittadini e istituzioni rappresentative, concorrendo con metodo democratico alla determinazione della politica nazionale (art. 49 Cost).

▶ 2.2. Il diritto di voto

Tanto la democrazia rappresentativa con le elezioni quanto la democrazia diretta con il *referendum* presuppongono che ai cittadini sia riconosciuto il **diritto di voto** (detto anche **diritto di elettorato attivo**).
Di esso si occupa specificamente l'art. 48 Cost. che lo qualifica non solamente come un diritto, ma anche come un **dovere civico**, in tal modo responsabilizzando i cittadini, invitandoli a partecipare alla vita pubblica e politica del Paese. Il mancato esercizio del diritto di voto non è tuttavia sanzionato, sicché è consentita l'*astensione*.

▶ 2.2.1. Il suffragio universale

La Costituzione, fissando uno dei principi cardine del sistema democratico, quello del **suffragio universale**, riconosce *l'elettorato attivo*, ossia il diritto di essere elettore, senza alcuna restrizione di ceto, censo, istruzione, sesso: possono partecipare alle elezioni dei propri rappresentanti, infatti, tutti i *cittadini* che hanno la maggiore età, fissata dalla legge al 18° anno di età (**requisiti positivi**).
A seguito dell'entrata in vigore della **Legge Costituzionale 18 ottobre 2021, n. 1** è stato modificato l'articolo 58 della Costituzione, in materia di elettorato per l'elezione del Senato della Repubblica. La riforma, in particolare, ha modificato l'età minima per eleggere i senatori portandola da 25 a 18 anni.
È espressamente vietata, conseguentemente, ogni forma di limitazione se non per:

- incapacità civile, ma la legge ordinaria ha ammesso all'elettorato attivo anche gli interdetti e gli inabilitati, sicché questo limite non è operante;
- sentenze penali irrevocabili di condanna per determinati reati individuati dalla legge;
- indegnità morale individuate dalla legge (per es., coloro che sono sottoposti a misure di sicurezza detentive).

▶ 2.2.2. I caratteri del voto

La Costituzione indica *come* il diritto di voto deve essere esercitato, stabilendo che il voto è:

- **personale**, non potendo essere delegato e dovendo l'elettore recarsi fisicamente nel seggio dove deve essere identificato con l'esibizione della *tessera elettorale*. Tuttavia, gli elettori con impedimenti fisici (i ciechi, i soggetti affetti da paralisi, ecc.) possono esercitare il diritto di voto con l'aiuto di persona di fiducia.
- **eguale**, ciascun voto avendo lo stesso valore di tutti gli altri, quale che sia la posizione personale, sociale ed economica dell'elettore; non sono quindi ammessi il voto *plurimo* (con attribuzione al voto espresso da taluni elettori di un valore superiore all'unità) o il voto *multiplo* (ossia il riconoscimento in capo a taluni elettori di votare in più circoscrizioni elettorali).
- **libero**, ciascun elettore dovendo essere libero di votare come ritiene opportuno senza subire condizionamenti o pressioni.
- **segreto**, da esprimere quindi, a tutela della libertà del voto, con talune cautele (schede anonime da barrare in apposite cabine chiuse per iscritto), la cui violazione può comportare nullità del voto.

Dal diritto di elettorato *attivo* va distinto il **diritto di elettorato passivo**, consistente nel *diritto di candidarsi alle elezioni e di essere votato*.

▶ 2.3. Democrazia e partiti politici

Componente essenziale del sistema di democrazia rappresentativa è costituita dai **partiti politici** cui compete di intermediare tra cittadini e istituzioni rappresentative e ai quali tutti i cittadini possono associarsi per partecipare alla vita politica del Paese.
I partiti politici non sono, quindi, organi dello Stato, ma **associazioni private di**

persone accomunate da ideologia e interessi, che, con un'organizzazione stabile, partecipano alla vita democratica concorrendo alla definizione dell'indirizzo politico del Paese: la natura privata è garanzia di autonomia dei partiti, voluta dai Costituenti in reazione all'esperienza fascista che aveva imposto un controllo sui partiti, salvo poi a dichiararli fuori legge.
La *libertà di partecipare tramite i partiti* è garantita, oltre che dall'art. 18 Cost., che sancisce la più ampia libertà dei cittadini di associarsi liberamente, per fini che non sono vietati dalla legge penale, dall'art. 49 Cost., in forza del quale tutti i cittadini hanno diritto di associarsi liberamente in partiti, per concorrere con **metodo democratico** a determinare la politica nazionale.
La libertà dei cittadini di associarsi in partiti politici comprende, ovviamente, anche quella di non farlo. L'unico limite è individuato dalla stessa Costituzione che, con la XII Disposizione transitoria e finale, vieta espressamente la ricostituzione del disciolto partito fascista.

3. Il principio di uguaglianza

L'art. 3 della Costituzione consacra il **principio di uguaglianza**, enunciandolo in una duplice accezione, quella formale e quella sostanziale.
Quanto all'**uguaglianza formale**, è utile considerare che alcune differenze innegabilmente ci sono e il principio costituzionale di uguaglianza non è affatto diretto ad eliminarle, quanto, viceversa, ad evitare che le stesse siano utilizzate per discriminare, ossia per introdurre *diversità di trattamento fondate su quelle*. In questa prima prospettiva, l'art. 3, co. 1, Cost. dispone che "*Tutti i cittadini hanno pari dignità sociale e sono eguali davanti alla legge, senza distinzione di sesso, di razza, di lingua, di religione, di opinioni politiche, di condizioni personali e sociali*".
Senonché, altre tipologie di diversità, pure oggettivamente esistenti, non possono essere tollerate se pongono alcune persone o intere fasce della popolazione in condizione economiche e sociali di particolare difficoltà e debolezza. È necessario rimuoverle anche se per farlo vanno introdotti *trattamenti di favore* rivolti solo a chi versa in quelle condizioni di difficoltà, non anche a tutti gli altri. L'uguaglianza, in questa seconda e ben differente accezione, giustifica e, talvolta impone, *trattamenti diseguali*. È la c.d. **uguaglianza sostanziale** enunciata al comma 2 dello stesso art. 3 secondo cui "*È compito della Repubblica rimuovere gli ostacoli di ordine economico e sociale, che, limitando di fatto la libertà e l'eguaglianza dei cittadini, impediscono il pieno sviluppo della persona umana e l'effettiva partecipazione di tutti i lavoratori all'organizzazione politica, economica e sociale del Paese*".
È un compito che la Costituzione assegna alla **Repubblica**, intesa come insieme dei poteri pubblici, così segnando il passaggio da una forma di Stato che si limita a garantire il rispetto delle *libertà* (**Stato liberale**) ad una che si impegna, invece, anche a soddisfare i diritti sociali, ossia pretese ad ottenere, a certe condizioni, prestazioni sociali, di tipo per esempio scolastico o sanitario (**Stato sociale**).

▶ 3.1. Il divieto di discriminazioni

Quanto all'uguaglianza formale, l'art. 3, co. 1, Cost., dopo aver disposto che "*Tutti i cittadini hanno pari dignità sociale e sono eguali davanti alla legge"*, detta **sei specifici e tassativi divieti di discriminazioni**, vietando *distinzioni* fondate su *sesso, razza, lingua, religione, opinioni politiche, condizioni personali e sociali*.

▶ 3.1.1. Sesso

Il divieto di discriminazioni in base al **sesso** è posto a tutela non solo della donna, ma anche dell'uomo e trova principale applicazione:

- nell'ambito della *famiglia*, con la previsione costituzionale dell'uguaglianza morale e giuridica dei coniugi (art. 29 Cost.);
- nei *rapporti di lavoro*, con la riconosciuta parità di trattamento tra lavoratori di sesso diverso (art. 37 Cost.) e dell'accesso agli uffici pubblici e alle cariche elettive in condizioni.

▶ 3.1.2. Razza

La previsione in Costituzione del divieto di discriminazioni fondato sulla **razza** affonda le radici nei crimini razziali (soprattutto, contro gli ebrei).

▶ 3.1.3. Lingua e protezione delle minoranze linguistiche

Il divieto di discriminazione in base alla **lingua** si associa all'obbligo che la Repubblica ha assunto di *tutelare le minoranze linguistiche* (art. 6). In Italia, vivono *comunità di cittadini di lingua non italiana*: ad esempio, in Valle d'Aosta e in alcune parti del Piemonte, si parla francese, in Friuli alcuni parlano lo sloveno, mentre in Trentino Alto-Adige sono il tedesco e il ladino le lingue dominanti. Oggi, in attuazione del divieto consacrato all'art. 3 e della previsione dell'art. 6 si è giunti a riconoscere, in determinate zone del Paese, il **bilinguismo**: è quanto accade, in particolare, nelle regioni del Trentino Alto-Adige e della Valle D'Aosta, indicate, infatti, anche in Costituzione, all'art. 116, con la doppia denominazione di "*Trentino-Alto Adige/Südtirol*" (italiano/tedesco) e di "*Valle d'Aosta/Vallée d'Aoste*" (italiano/francese).
La legge n. **482 del 1999** impegna la Repubblica alla tutela della lingua e della cultura delle popolazioni albanesi, catalane, germaniche, greche, slovene, croate e di quelle parlanti il francese, il franco-provenzale, il friulano, il ladino, l'occitano e il sardo. L'attribuzione dello *status* di **minoranze linguistiche** comporta la titolarità di **un'ampia gamma di diritti linguistici**, come ad esempio la possibilità di impiegare la lingua come strumento di insegnamento o come materia curricolare nelle scuole materne, elementari e secondarie inferiori, nelle pubbliche adunanze; per gli atti ufficiali dello Stato, delle Regioni, degli enti locali territoriali e non territoriali.

▶ 3.1.4. Religione e libertà delle confessioni religiose. Il principio di laicità

Il divieto di discriminazione in base alla **religione** va letto in stretta connessione con il principio di *eguale libertà di tutte le confessioni religiose davanti alla legge* (previsto dall'art. 8 Cost. e su cui quindi poggia il principio di *laicità o non confessionalità dello Stato*) e con il principio di *libertà religiosa* (art. 19 Cost.), che garantisce a tutti il *diritto*

di professare liberamente il proprio credo religioso in tutte le possibili manifestazioni (**libertà religiosa**). Le disposizioni richiamate segnano, dunque, il passaggio da uno Stato **confessionale** (come era lo Stato italiano quando era vigente lo Statuto albertino che considerava la "*religione cattolica, apostolica e romana*" la *sola* religione di Stato) ad uno **Stato laico**, nel quale nessuna religione è considerata religione ufficiale dello Stato e tutte le confessioni sono egualmente libere.
Il principio di uguaglianza in base alla religione soffre, tuttavia, limitazioni per effetto delle deroghe contenute agli articoli 7 e 8 della Costituzione stessa, che contemplano un *sistema differenziato* nei rapporti, da un lato, tra lo Stato e la Chiesa cattolica (regolati dai **Patti Lateranensi**, espressamente richiamati dall'art. 7), e dall'altro, tra lo Stato e tutte *le altre confessioni religiose* (disciplinati direttamente dalla legge ancorché sulla base di intese con le rappresentanze delle confessioni).

▶ 3.1.5. Opinioni politiche

Il divieto di discriminazione secondo le **opinioni politiche** è coessenziale alla democrazia, che presuppone, per l'appunto, che sia riconosciuta e garantita a tutti la libertà di esprimere le proprie idee. Immediate specificazioni di tale divieto sono la *libertà di manifestazione del pensiero* (art. 21 Cost.), il *divieto di privare il cittadino della propria capacità giuridica, della cittadinanza e del nome per motivi politici* (art. 22 Cost.) e il riconoscimento dell'*uguaglianza formale e sostanziale del voto* (art. 48).

▶ 3.1.6. Condizioni personali e sociali

Infine, il divieto di discriminazione in base alle **condizioni personali e sociali** impedisce l'approvazione di leggi *ad personam* e di privilegio.

4. Il principio lavorista

La Costituzione considera il **lavoro** come condizione per la piena realizzazione personale e l'effettiva partecipazione democratica. Dopo aver enunciato nell'articolo di apertura che "*L'Italia è una Repubblica democratica fondata sul lavoro*" (art. 1, co. 1), la Costituzione dispone che "*La Repubblica riconosce a tutti i cittadini il diritto al lavoro e promuove le condizioni che rendano effettivo questo diritto*" (art. 4) e che "*tutela il lavoro in tutte le sue forme ed applicazioni*" (art. 35).
Il diritto al lavoro è quindi il *primo diritto sociale*: un diritto tuttavia che non è consentito far valere contro lo Stato, per quanto l'occupazione dei cittadini sia un obiettivo che la Costituzione impone alla Repubblica di perseguire anche mediante le diverse forme attraverso cui si realizza l'intervento pubblico nell'economia (politiche occupazionali).
Il lavoro non è concepito tuttavia solo come diritto del singolo, ma anche come *dovere di partecipare e contribuire al progresso sociale*. Ai sensi dell'art. 4, co. 2, Cost., infatti, "*Ogni cittadino ha il dovere di svolgere, secondo le proprie possibilità e la propria scelta, un'attività o una funzione che concorra al progresso materiale o spirituale della società*". Non si tratta, tuttavia, di un *dovere coercibile*, non potendo certo considerarsi legittimo il *lavoro coatto*, tristemente conosciuto nei regimi autoritari.

5. Unità, autonomia e decentramento

Ai sensi dell'art. 5 Cost. "*La Repubblica, una e indivisibile, riconosce e promuove le autonomie locali; attua nei servizi che dipendono dallo Stato il più ampio decentramento amministrativo; adegua i principi e i metodi della sua legislazione alle esigenze dell'autonomia e del decentramento*".
Valorizzando i principi apparentemente contrastanti enunciati nella disposizione richiamata si è detto che l'Italia è uno **Stato unitario politicamente decentrato**, organizzato attorno a tendenze diverse, ma certo non inconciliabili:
- l'**unità** e l'**indivisibilità** della Repubblica;
- la valorizzazione delle **autonomie territoriali** e del **decentramento amministrativo**.

▶ 5.1. La riforma del Titolo V e la valorizzazione del principio autonomistico

Una decisa spinta verso l'attuazione del principio autonomistico si è avuta con la riforma del Titolo V, approvata con legge costituzionale 18 ottobre 2001, n. 3, intervenuta ad ampliare le funzioni legislative delle Regioni, nonché quelle amministrative di queste e degli enti territoriali minori.
Un'attestazione plastica dell'organizzazione della Repubblica attorno al principio autonomistico si ha nell'art. 114, co. 1, Cost., che, come riformulato dalla richiamata legge 18 ottobre 2001, n. 3, dispone che "*La Repubblica è costituita dai Comuni, dalle Province, dalle Città metropolitane, dalle Regioni e dallo Stato*". Tra lo Stato e gli altri enti territoriali non vi è un quindi un rapporto di gerarchia: Stato, Regioni, Province, Città metropolitane, Comuni concorrono, infatti, a costituire la Repubblica in un rapporto di *pari dignità*.

▶ 5.2. Il principio di sussidiarietà

Il principio autonomistico è alla base della disciplina dettata dall'art. 118, co. 1, Cost.: anch'esso riscritto dalla legge 18 ottobre 2001, n. 3, stabilisce che le funzioni amministrative devono essere distribuite fra lo Stato e gli altri enti territoriali nel rispetto del principio di sussidiarietà (c.d. *sussidiarietà verticale*), dovendosi preferire pertanto il livello di governo territorialmente più vicino ai cittadini salvo che si riveli inadeguato o insufficiente per i compiti da svolgere.

6. Cultura e ricerca. L'ambiente nella Costituzione

Tra i principi fondamentali l'art. 9 Cost. pone, in primo luogo, quello della **promozione dello sviluppo della cultura e della ricerca scientifica e tecnica** (comma 1), così impegnando la Repubblica a favorire il progresso culturale e scientifico; nei successivi articoli 33 e 34 sono, invece, indicate le principali misure da adottare e le modalità da osservare nel condurre tale compito di promozione, in specie quelle della *libertà dell'arte e della scienza e del relativo insegnamento, del diritto allo studio e della libertà di accesso alla scuola* ("*La scuola è aperta a tutti*").
La lettura congiunta dell'art. 9, co. 1, e dell'art. 33, induce quindi a ritenere che,

nell'attribuire alla Repubblica compiti di promozione culturale, la Costituzione non ammetta un'ingerenza del potere pubblico rispetto alla spontanea evoluzione della vita culturale, con la formazione di un'*arte o di una scienza di Stato*, certo non compatibile con il principio di *libertà dell'arte e della scienza e del relativo insegnamento* (art. 33, co. 1, Cost.); il compito di promozione culturale deve, piuttosto, tradursi in interventi pubblici diretti ad assicurare la piena realizzazione della *libertà in campo artistico e scientifico e il pluralismo culturale*, quale metodo di crescita della personalità dei singoli e della collettività.

▶ 6.1. La tutela del paesaggio e del patrimonio storico-artistico. La valorizzazione

Lo stesso art. 9, al comma 2, prevede che la Repubblica è tenuta a tutelare il paesaggio e il patrimonio storico-culturale, prodotto dalle attività culturali nel corso della storia della Nazione e divenuto patrimonio della Nazione stessa. Il **Codice dei beni culturali** (approvato con decreto legislativo 22 gennaio 2004, n. 42) stabilisce che il patrimonio culturale è costituito dai beni culturali e dai beni paesaggistici: i **beni culturali** sono le cose immobili e mobili che presentano interesse artistico, storico, archeologico, etnoantropologico, archivistico e bibliografico; i **beni paesaggistici** gli immobili e le aree costituenti espressione dei valori storici, culturali, naturali, morfologici ed estetici del territorio
Per **tutela** deve intendersi non solo la *preservazione dell'integrità fisica del bene culturale*, ma anche, in una prospettiva dinamica e non solo statica, la *valorizzazione* della funzione propria del bene culturale, ossia la sua massima fruibilità per il singolo e la collettività. Al riguardo, il Codice dei beni culturali prevede che la **valorizzazione** consiste nell'incentivare *la conoscenza del patrimonio culturale* e nell'assicurarne *le migliori condizioni di utilizzazione e fruizione pubblica al fine di promuovere lo sviluppo della cultura*. Che è quanto può essere realizzato con attività eterogenee, alcune delle quali insistono direttamente sul bene culturale (ad es., l'organizzazione di mostre ed esposizioni), mentre altre hanno delle ricadute indirette sul bene e sono organizzate per consentirne una migliore fruizione o diffusione della sua conoscenza (ad es., i servizi per il pubblico nei musei, l'organizzazione di campagne pubblicitarie, le sponsorizzazioni).

▶ 6.2. L'ambiente in Costituzione. Le novità introdotte dalla L. cost., 11 febbraio 2022, n. 1

Prima del 2022, mancava nell'art. 9 Cost. un esplicito riferimento **all'ambiente**. In assenza, in questi decenni si è ritenuto che, nonostante il silenzio della Costituzione, l'ambiente avesse un implicito riconoscimento come valore di rango costituzionale. A tale esito si era pervenuti mediante un'interpretazione congiunta dell'art. 9 con l'art. 32 Cost. che impegna la Repubblica a tutelare la **salute**: si era conseguentemente sostenuto che la Costituzione riconoscesse un vero e proprio **diritto all'ambiente salubre** (azionabile dinanzi al giudice allorché si lamentino lesioni dello stesso dovute per esempio ad altrui azioni di inquinamento), cui corrisponde un dovere pubblico di protezione del patrimonio ambientale. Nel 2001 il riferimento all'ambiente era stato inserito in Costituzione all'art. 117, co. 2, lett s, ma al solo fine di riconoscere la *competenza esclusiva dello Stato* (non anche delle Regioni) ad occuparsene mediante l'emanazione di leggi.

La **l. cost., 11 febbraio 2022, n. 1**, integrando **l'art. 9 Cost.**, il disegno di legge in esame introduce tra i principi fondamentali la tutela dell'ambiente, della biodiversità e degli ecosistemi, anche nell'interesse delle future generazioni. Stabilisce, altresì, che la legge dello Stato disciplina i modi e le forme di tutela degli animali.
La stessa legge del 2022 ha modificato, inoltre, **l'art. 41 Cost.**, prevedendo che l'iniziativa economica non possa svolgersi in modo da recare danno alla salute e all'ambiente e che la legge determina i programmi e i controlli opportuni perché l'attività economica pubblica e privata possa essere indirizzata e coordinata a fini ambientali.

7. L'Italia e le relazioni internazionali

Tra i principi fondamentali la Costituzione colloca quelli che attengono alle modalità con cui l'Italia, ferma la sua sovranità, deve agire nello scacchiere internazionale, nei rapporti, quindi, con gli altri Stati e le organizzazioni internazionali: rapporti da improntare a regole di *collaborazione, se non di integrazione*, non compatibili con politiche volte ad affermare la supremazia sulle altre Nazioni esaltando l'identità nazionale.
L'Italia partecipa, infatti, alla **comunità internazionale**, accettando quel complesso di norme e principi che regolano i rapporti intercorrenti tra gli Stati e le organizzazioni internazionali e che prende il nome di **diritto internazionale**.
Ai sensi dell'art. 10 Cost., "*L'ordinamento giuridico italiano si conforma alle norme del diritto internazionale generalmente riconosciute*", ossia regole generali vincolanti per tutti i membri della comunità internazionale. Ancor più estesa la portata applicativa dell'art. 117, co. 1, Cost, secondo cui Parlamento e Governo, ma anche le Regioni, devono rispettare, nell'esercizio della potestà legislativa di cui sono titolari, tutti gli "*obblighi internazionali*" (art. 117, co. 1, Cost.), non solo, quindi, quelli discendenti dalle *regole generalmente riconosciute* (diritto internazionale **consuetudinario**), ma anche quelli imposti dai trattati o accordi cui l'Italia ha aderito (diritto internazionale **pattizio**).
L'appartenenza dell'Italia a ordinamenti internazionali e sovranazionali può comportare, peraltro, l'accettazione di limitazioni alla sovranità statale.
L'art. 11 Cost. prevede, infatti, che l'Italia "*consente, in condizioni di parità con gli altri Stati, alle limitazioni di sovranità necessarie ad un ordinamento che assicuri la pace e la giustizia fra le Nazioni; promuove e favorisce le organizzazioni internazionali rivolte a tale scopo*".

▶ 7.1. Il ripudio della guerra

Tra le regole da osservare nei rapporti internazionali, il successivo art. 11 Cost. pone direttamente quella che vieta il ricorso alla guerra "*come strumento di offesa alla libertà degli altri popoli e come mezzo di risoluzione delle controversie internazionali*".
Il che non significa che l'Italia non possa mai entrare in guerra; l'art. 78 Cost., infatti, lo ammette espressamente laddove dispone che è necessaria una delibera delle Camere perché sia dichiarato, da parte del Presidente della Repubblica (art. 87, co. 9, Cost.) lo stato di guerra. Il citato art. 11 vieta però che la guerra sia utilizzata dallo Stato come *strumento di aggressione di altri popoli e di soluzione delle controversie internazionali*, la cui definizione va affidata, pertanto, a metodi diversi, di tipo principalmente diplomatico o economico.

8. La condizione giuridica dello straniero

L'art. 10 Cost dispone che "*La condizione giuridica dello straniero è regolata dalla legge in conformità con le norme e i trattati internazionali.*
Lo straniero, al quale sia impedito nel suo paese l'effettivo esercizio delle libertà democratiche garantite dalla Costituzione italiana, ha diritto d'asilo nel territorio della Repubblica secondo le condizioni stabilite dalla legge.
Non è ammessa l'estradizione dello straniero per reati politici".
La legge italiana – tenuta al rispetto dei Trattati internazionali nel disciplinare la condizione dello straniero – distingue tra cittadini di uno Stato membro dell'Unione europea, *liberi di circolare e di soggiornare nel territorio degli Stati membri*, e cittadini c.d. *extracomunitari* (ossia di Stati non appartenenti all'Unione europea), il cui ingresso e permanenza in Italia sono condizionati al conseguimento rispettivamente del *visto di ingresso* e del *permesso di soggiorno*.
Tra questi ultimi, peraltro, la legge italiana distingue a seconda che si tratti di migranti per motivi economici e *migranti involontari*, costretti da gravi contingenze del proprio Paese a lasciarlo e a rifugiarsi in Italia.

▶ 8.1. La protezione di chi è perseguitato nel Paese di origine

Già la Costituzione riconosce il diritto di asilo allo *straniero al quale sia impedito nel suo paese l'effettivo esercizio delle libertà democratiche*.
La legge accorda una robusta protezione al **rifugiato**: a differenza che per l'asilo, il riconoscimento dello *status* di rifugiato non presuppone solo che nel Paese di origine siano generalmente violate le libertà fondamentali, ma che lo straniero abbia subito, o abbia il fondato timore di poter subire, *specifici atti di persecuzione* per motivi di razza, religione, nazionalità, appartenenza ad un determinato gruppo sociale o opinione politica. Il riconoscimento dello *status* comporta una intensa protezione dello straniero, con la tutela dell'unità del nucleo familiare e il rilascio di un permesso di soggiorno che consente l'accesso al lavoro e allo studio, l'accesso all'istruzione, l'assistenza sanitaria e sociale, il rilascio di documenti di viaggio, la libertà di circolazione all'interno del territorio nazionale, benefici relativi all'alloggio.
Una protezione *sussidiaria* è accordata a coloro che, privi dei requisiti per il riconoscimento dello *status* di rifugiato, perché non sono in grado di dimostrare di essere oggetto di specifici atti di persecuzione, corrono tuttavia il rischio effettivo di subire un danno grave se ritornassero nel Paese di origine. Sono considerati *danni gravi*: a) la condanna a morte o all'esecuzione della pena di morte; b) la tortura o altra forma di pena o trattamento inumano o degradante ai danni del richiedente nel suo Paese di origine; c) la minaccia grave e individuale alla vita o alla persona di un civile derivante dalla violenza indiscriminata in situazioni di conflitto armato interno o internazionale.

▶ 8.2. Il divieto di estradizione

Ad esigenze di protezione risponde il divieto costituzionale di **estradizione** per reati politici.
L'**estradizione** è la procedura con cui lo Stato consegna (**estradizione passiva**) un

individuo presente sul suo territorio a un altro Stato che ne abbia fatto richiesta (**estradizione attiva**), perché quest'ultimo possa in suo danno essere eseguita una pena detentiva (estradizione *esecutiva*) o perché possa essere sottoposto a un processo (estradizione *processuale*). In Italia, a concedere l'estradizione è il Ministro di Giustizia, previa decisione del giudice competente. All'interno dell'Unione europea, l'estradizione è stata tuttavia sostituita dal mandato di arresto europeo, ossia una *decisione solo giudiziaria* emessa da uno Stato membro dell'UE per consentire l'arresto e la consegna da parte di altro Stato membro di un soggetto da assoggettare all'esecuzione di una pena ovvero di una misura di sicurezza.

Scheda di sintesi

Il **principio democratico** è collocato in apertura, all'art. 1. In esso si stabilisce, al comma 1, che "L'Italia è una Repubblica democratica, fondata sul lavoro" e, al comma 2, che "La sovranità appartiene al popolo, che la esercita nelle forme e nei limiti della Costituzione". La Costituzione e i principi in essa enunciati rappresentano, dunque, il confine al di là del quale il popolo non è legittimato a esercitare il potere sovrano di cui pure dispone.
L'art. 3 Cost. consacra il **principio di eguaglianza**, distinguendo l'eguaglianza formale e l'eguaglianza sostanziale. Per il principio di **eguaglianza formale** tutti sono eguali davanti alla legge, senza che siano consentite discriminazioni per motivi di sesso, razza, lingua, religione, opinioni politiche, condizioni personali e sociali. In omaggio al principio di **eguaglianza sostanziale**, il comma 2 dell'art. 3 Cost. prevede che è compito della Repubblica rimuovere gli ostacoli di ordine economico e sociale, che, limitando di fatto la libertà e l'eguaglianza dei cittadini, impediscono il pieno sviluppo della persona umana e l'effettiva partecipazione di tutti i lavoratori all'organizzazione politica, economica e sociale del Paese.
Tra i principi fondamentali vi è quello **lavorista**, posto dall'art. 1 Cost. secondo cui l'Italia è una Repubblica democratica, fondata sul lavoro, e dall'art. 4 Cost. che riconosce "*a tutti i cittadini*" il *diritto al lavoro*.
Valorizzando principi apparentemente contrastanti, l'art. 5 Cost. dispone che l'Italia è uno **Stato unitario politicamente decentrato**, organizzato attorno a due tendenze diverse, ma certo non inconciliabili: l'**unità** e l'**indivisibilità** della Repubblica; la valorizzazione delle **autonomie territoriali** e del **decentramento amministrativo**.
Tra i principi fondamentali l'art. 9 Cost. pone quello della **promozione dello sviluppo della cultura e della ricerca scientifica e tecnica** (comma 1), così impegnando la Repubblica a favorire il progresso culturale e scientifico; nei successivi articoli 33 e 34 sono, invece, indicate le principali misure da adottare e le modalità da osservare nel condurre tale compito di promozione, in specie quelle della *libertà dell'arte e della scienza e del relativo insegnamento, del diritto allo studio e della libertà di accesso alla scuola* ("*La scuola è aperta a tutti*").
La **l. cost., 11 febbraio 2022, n. 1**, integrando l'art. **9 Cost**., il disegno di legge in esame introduce tra i principi fondamentali la tutela dell'ambiente, della

biodiversità e degli ecosistemi, anche nell'interesse delle future generazioni. Stabilisce, altresì, che la legge dello Stato disciplina i modi e le forme di tutela degli animali. La stessa legge del 2022 ha modificato, inoltre, l'art. **41 Cost**., prevedendo che l'iniziativa economica non possa svolgersi in modo da recare danno alla salute e all'ambiente e che la legge determina i programmi e i controlli opportuni perché l'attività economica pubblica e privata possa essere indirizzata e coordinata a fini ambientali.
Tra i principi fondamentali la Costituzione consacra quelle che attengono alle **relazioni internazionali dell'Italia**. Ai sensi dell'art. 10 Cost., "*L'ordinamento giuridico italiano si conforma alle norme del diritto internazionale generalmente riconosciute*", ossia regole generali vincolanti per tutti i membri della comunità internazionale. Ancor più estesa la portata applicativa dell'art. 117, co. 1, Cost, secondo cui Parlamento e Governo, ma anche le Regioni, devono rispettare, nell'esercizio della potestà legislativa di cui sono titolari, tutti gli "*obblighi internazionali*" (art. 117, co. 1, Cost.), non solo, quindi, quelli discendenti dalle *regole generalmente riconosciute* (diritto internazionale **consuetudinario**), ma anche quelli imposti dai trattati o accordi cui l'Italia ha aderito (diritto internazionale **pattizio**). L'appartenenza dell'Italia a ordinamenti internazionali e sovranazionali può comportare, peraltro, l'accettazione di limitazioni alla sovranità statale. L'art. 11 Cost. prevede, infatti, che l'Italia "*consente, in condizioni di parità con gli altri Stati, alle limitazioni di sovranità necessarie ad un ordinamento che assicuri la pace e la giustizia fra le Nazioni; promuove e favorisce le organizzazioni internazionali rivolte a tale scopo*".
L'art. 10, co. 2, 3 e 4, Cost. disciplina la condizione dello **straniero**. La disciplina di principio è stabilita dal comma 2, nel quale si afferma che "*la condizione giuridica dello straniero è regolata dalla legge in conformità delle norme e dei trattati internazionali*". Il comma 3 è specificamente dedicato ai titolari del **diritto di asilo**: "*Lo straniero, al quale sia impedito nel suo paese l'effettivo esercizio delle libertà democratiche garantite dalla Costituzione italiana, ha diritto d'asilo nel territorio della Repubblica secondo le condizioni stabilite dalla legge*". Il comma 4 pone il **divieto di estradizione** dello straniero per reati politici.

Capitolo 5
I DIRITTI E I DOVERI COSTITUZIONALI

SOMMARIO:

1. I diritti inviolabili

L'art. 2 Cost. afferma che "*La Repubblica riconosce e garantisce i diritti inviolabili dell'uomo sia come singolo sia nelle formazioni sociali ove si svolge la sua personalità*".

Prima ancora di *garantire*, la Costituzione *riconosce* quindi i diritti *inviolabili* dell'uomo.
La formula impiegata (*"La Repubblica riconosce ..."*) attesta la *preesistenza dei diritti riconosciuti rispetto all'ordinamento*, in quanto logicamente anteriori a ogni istituzione politica e a ogni potere politico. Si tratta dei cd. *diritti fondamentali*, necessari per assicurare il *libero sviluppo della personalità*: obiettivo per il cui raggiungimento la Repubblica si impegna a rimuovere gli ostacoli di ordine economico e sociale che ad esso si frappongano (art. 3, co. 2, Cost.).
Proprio perché *preesistono* allo Stato non possono essere dallo stesso eliminati; il che spiega la relativa *inviolabilità*.
Le disposizioni che li prevedono e disciplinano non possono quindi essere eliminate e sostanzialmente riviste:
- non dal *legislatore ordinario* perché hanno rango costituzionale;
- non attraverso il *procedimento di revisione costituzionale* di cui all'art. 138 Cost.; la Corte costituzionale, infatti, ha individuato nei diritti in questione, o quanto meno nel *contenuto minimo degli stessi*, un limite al potere di revisione costituzionale, avendo gli stessi carattere fondante del sistema democratico voluto dal Costituente.

▶ 1.1. Garanzie dei diritti inviolabili

La Repubblica, oltre a *riconoscere* i diritti inviolabili dell'uomo, li *garantisce* (art. 2 Cost.).
Diversi sono i meccanismi di garanzia approntati dalla Costituzione, sia pure in modo differenziato per i singoli diritti.
Volendo passare in rassegna i principali congegni di protezione, vengono in considerazione:

▶ 1.1.1. Riserva di legge

Per effetto della **riserva di legge**, *solo la legge* può introdurre limitazioni ai diritti. È quanto previsto per la libertà personale (art. 13, co. 2, 3 e 5, Cost.), domiciliare (art. 14, co. 2, Cost.) e la libertà di comunicare riservatamente (art. 15, co. 2, Cost.). In talune ipotesi, peraltro, la Costituzione non si limita a prevedere che solo con legge possano essere introdotte limitazione, ma indica espressamente le *condizioni* in presenza delle quali la legge stessa può farlo ovvero gli *scopi* per i quali le limitazioni possono essere introdotte dalla legge: si parla di **riserva di legge rinforzata o aggravata**. È quel che accade per la libertà di domicilio (nei casi contemplati dal comma 3 dell'art. 14 Cost.), la libertà di circolazione (art. 16 Cost.) e la libertà di associazione (art. 18 Cost.).

▶ 1.1.2. Riserva di giurisdizione

La **riserva di giurisdizione**: prevista per le restrizioni della libertà personale, di domicilio, di corrispondenza e di stampa (artt. 13, co. 2 e 3, 14, co. 2, 15, co. 2, 21, co. 3 e 4, Cost.), comporta che le stesse possono essere applicate solo *"per atto motivato dell'autorità giudiziaria"* (salvi casi eccezionali di urgenza in presenza dei quali le limitazioni possono essere applicate dalle autorità di pubblica sicurezza con atti che comunque perdono efficacia se non convalidati dal giudice entro un ristrettissimo arco temporale). La riserva di giurisdizione è una importante garanzia, richiedendo il necessario intervento di soggetti, i magistrati, di cui la Costituzione assicura l'indipendenza, l'imparzialità e la terzietà (artt. 101 ss. Cost.).

▶ 1.1.3. Tutela giurisdizionale

Ulteriore e centrale meccanismo di garanzia è costituito dalla **tutela giurisdizionale**, con il riconoscimento ai titolari di quelle dei diritti della possibilità di agire e difendersi in giudizio per la loro protezione dinanzi a giudizi indipendenti e imparziali (art. 24 Cost.).

▶ 1.1.4. Sindacato di legittimità costituzionale

A garanzia dei diritto fondamentali opera inoltre il **sindacato di legittimità costituzionale**, con la possibilità di sollecitare il controllo della Corte costituzionale su leggi che comprimano i diritti in violazione della Costituzione.

▶ 1.1.5. I meccanismi di protezione sovranazionale

A questi presidi di garanzia, si affiancano ormai quelli **sovranazionali**. Molti dei diritti riconosciuti in Costituzione sono infatti previsti e protetti anche in Carte sovranazionali, prime tra tutte:

- la *Convenzione europea per la salvaguardia dei diritti dell'uomo e delle libertà fondamentali* (CEDU), adottata nel 1950 dagli Stati membri del Consiglio d'Europa (entrata in vigore il 3 settembre 1953 e ratificata dall'Italia con legge 4 agosto 1955, n. 848);
- la *Carta dei diritti fondamentali dell'unione europea*, adottata a Nizza il 7 dicembre 2000 e divenuta vincolante per gli Stati membri a seguito del Trattato di Lisbona.

▶ 1.1.6. La tutela prevista dalla Cedu

I diritti previsti dalla Cedu, in particolare, sono assistiti da specifiche *garanzie giurisdizionali*, potendo le relative violazioni essere fatte valere dinanzi alla *Corte europea dei diritti dell'uomo*, cui possono ricorrere non solo le Parti contraenti della Convenzione (per violazioni da parte degli altri Stati), ma anche *ogni persona fisica, ogni organizzazione non governativa o gruppo di privati* che pretenda di essere vittima di una violazione. In quest'ultimo caso, la Corte, che non può però essere adita *"se non dopo l'esaurimento delle vie di ricorso interne"* (art. 35 CEDU), accerta se uno Stato ha violato la Convenzione non rispettando uno specifico diritto umano e si pronuncia in via definitiva con **sentenza** alla quale le Parti contraenti *"s'impegnano a conformarsi"* (art. 46 CEDU). Se il diritto interno dello Stato *"non permette che in modo incompleto di riparare le conseguenze"* della violazione, la Corte, se necessario, accorda *"un'equa soddisfazione alla parte lesa"*, condannando lo Stato a *risarcire il danno morale o materiale* al ricorrente (art. 41 CEDU).

▶ 1.2. Bilanciamento dei diritti: non esistono diritti c.d. tiranni

Può accadere che *alcuni diritti fondamentali entrino in conflitto tra loro*. Si pensi ai frequenti casi in cui l'esercizio di talune attività industriali, se da un lato assicura il diritto al lavoro, dall'altro determina il rischio di un inquinamento ambientale: si determina, così, un *conflitto* tra il diritto alla salute previsto dall'art. 32 Cost., da cui si desume quello all'ambiente salubre (il cui pieno rispetto imporrebbe la chiusura degli impianti industriali), e il diritto al lavoro riconosciuto dall'art. 4 Cost. (per la cui tutela sarebbe viceversa opportuna la prosecuzione dell'attività d'impresa). Pure essendo in gioco uno dei diritti più importanti e fondamentali, quale è quello alla salute, si è ritenuto che, a certe condizioni, vi possano essere spazi di bilanciamento dello stesso con quello al lavoro.

Con l'importante sentenza n. 85 del 2003, la Corte costituzionale, intervenendo con riguardo al caso dell'impianto siderurgico tarantino *ex* Ilva, ha sostenuto che *"tutti i diritti fondamentali tutelati dalla Costituzione si trovano in rapporto di integrazione reciproca e non è possibile pertanto individuare uno di essi che abbia la prevalenza assoluta sugli altri"*; se così non fosse uno dei diritti in conflitto si espanderebbe in modo illimitato, diventando "*tiranno*" rispetto agli altri, destinati quindi a soccombere, pure essendo anch'essi espressione della dignità della persona. "*La Costituzione italiana, come le altre Costituzioni democratiche e pluraliste contemporanee, richiede un continuo e vicendevole bilanciamento tra princìpi e diritti fondamentali, senza pretese di assolutezza per nessuno di essi. La qualificazione come "primari" dei valori dell'ambiente e della salute significa pertanto che gli stessi non possono essere sacrificati ad altri interessi, ancorché costituzionalmente tutelati, non già che gli stessi siano posti alla sommità di un ordine gerarchico assoluto. Il punto di equilibrio, proprio perché dinamico e non prefissato in anticipo, deve essere valutato – dal legislatore nella statuizione delle norme e dal giudice delle leggi in sede di controllo – secondo criteri di proporzionalità e di ragionevolezza, tali da non consentire un sacrificio del loro nucleo essenziale*".

2. Classificazione dei diritti costituzionali

Prima di esaminarli singolarmente, è utile classificare i diritti costituzionali.

▶ 2.1. Diritti individuali e collettivi

La prima distinzione è desumibile dallo stesso art. 2 Cost. laddove dispone che la Repubblica riconosce e garantisce i diritti dell'uomo sia come *singolo* (principio *personalistico*) sia nelle *formazioni sociali ove si svolge la sua personalità* (principio *pluralistico*).

Oltre alle tradizionali **libertà individuali** (libertà personale, di domicilio, di comunicazione), la Costituzione prevede e disciplina, infatti, le c.d. **libertà collettive**: se certo il singolo ne è titolare, il relativo esercizio richiede il coinvolgimento di più soggetti (libertà di riunione e di associazione, specie politica e sindacale).

L'esercizio delle libertà collettive consente di dar vita ad organizzazione sociali, ossia a quelle formazioni sociali che, in quanto articolazioni intermedie tra il singolo e i pubblici poteri (famiglia, sindacato, partito, chiesa), l'art. 2 Cost. riconosce come veicoli di sviluppo della personalità del *singolo*, fine ultimo del sistema di protezione approntato dalla Costituzione.

▶ 2.2. Diritti liberali o libertà negative e diritti sociali o libertà positive

Altra importante distinzione è quella che contrappone:

- i c.d. diritti **liberali** o **libertà negative**, il cui nucleo fondamentale è nella pretesa ad un comportamento *omissivo* da parte dei pubblici poteri, tenuti a non interferire nella sfera privata dei singoli (cd. libertà *dallo* Stato);
- i c.d. **diritti sociali** o **libertà positive**, con cui si fa valere non più soltanto la pretesa a che i pubblici poteri non intervengano nella sfera privata ma anche quella a che si rendano *attivi* nell'assicurare prestazioni e servizi di cui i singoli hanno *bisogno*, per esempio in materia di salute, istruzione, lavoro, studio, sicurezza sociale (cd. libertà *nello* Stato).

Il riconoscimento di tale diritti di seconda generazione ha storicamente segnato il passaggio dallo *Stato liberale* allo *Stato sociale* o *del benessere* (c.d. *welfare state*).

▶ 2.3. Diritti incondizionati e condizionati o funzionali: le libertà economiche

Infine, se alcuni diritti sono dalla Costituzione riconosciuti *incondizionatamente*, salvi i limiti che al loro esercizio è consentito frapporre (talvolta solo con legge), per altri, invece, la Costituzione, nel riconoscerli, pretende che *il relativo esercizio non si svolga in contrasto con taluni principi o fini* (la libertà di iniziativa economica privata, per esempio, "*non può svolgersi in contrasto con l'utilità sociale o in modo da recare danno alla sicurezza, alla libertà e alla dignità umana*", art. 41, co. 2, Cost.) o rimette alla legge di definire i modi di svolgimento che ne garantiscano la *funzione sociale* (come dispone l'art. 42, co. 2, Cost. per il diritto di proprietà privata).

▶ 2.4. Scheda di sintesi

Sono **libertà individuali**:

- la libertà personale (art. 13 Cost.),
- la libertà di domicilio (art. 14 Cost.),
- la libertà e segretezza delle comunicazioni (art. 15 Cost.),
- la libertà di circolazione e soggiorno (art. 16 Cost.),
- la libertà religiosa (art. 19 Cost.),
- la libertà di manifestazione del pensiero (art. 21 Cost.), cui è correlata la libertà dell'arte, della scienza e dell'insegnamento (art. 33 Cost.).

Sono, invece, **libertà collettive**:

- la libertà di riunione (art. 17 Cost.),
- la libertà di associazione (art. 18 Cost.), cui sono ancorate tanto la libertà di associazione sindacale (art. 39 Cost.), quanto la libertà di associazione in partiti politici (art. 49 Cost.).

Sono da includere nei **diritti sociali**:
- il *diritto al lavoro* (art. 4 Cost.);
- il *diritto alla salute* (art. 32 Cost.), che si specifica, fra l'altro, nel garantire cure gratuite agli indigenti ed implica il diritto alla salubrità dell'ambiente;
- il *diritto allo studio* e, per i capaci e meritevoli, il diritto di raggiungere i gradi più alti degli studi (art. 34 Cost.);
- il *diritto del lavoratore ad una retribuzione* proporzionata alla quantità e qualità del suo lavoro ed in ogni caso sufficiente ad assicurare a sé ed alla sua famiglia un'esistenza libera e dignitosa (art. 36, co. 1 Cost.);
- il diritto del lavoratore al *riposo settimanale ed a ferie annuali retribuite* (art. 36, comma 3, Cost.);
- la *parità dei diritti della donna lavoratrice rispetto al lavoratore* e, a parità di lavoro, il diritto alla stessa retribuzione (art. 37, co. 1, Cost.);
- il *diritto dei minori-lavoratori*, a parità di lavoro, alla parità di retribuzione (art. 37, comma 3, Cost.);
- il *diritto al mantenimento ed all'assistenza sociale* dei cittadini inabili al lavoro, e sprovvisti dei mezzi necessari per vivere (art. 38, co. 1, Cost.);
- il diritto dei lavoratori a che siano preveduti ed assicurati *mezzi adeguati alle loro esigenze di vita in caso di infortunio, malattia, invalidità e vecchiaia, disoccupazione involontaria* (art. 38, co. 2, Cost.);
- il *diritto degli inabili e dei minorati all'educazione ed all'avviamento professionale* (art. 38, co. 3, Cost.).

Infine, nell'ambito delle **libertà economiche** assume particolare rilievo la disciplina costituzionale del diritto di proprietà e la libertà di iniziativa economica privata (artt. 41 e 42 Cost.).

3. Libertà personale

La principale libertà individuale è la *libertà personale*, qualificata come *inviolabile* dall'art. 13 Cost.
Ricomprende tanto la *libertà di movimento*, messa in pericolo da altrui *coercizioni fisiche*, quanto quella *morale*, intesa come pretesa ad autodeterminarsi al riparo da *pressioni psichiche* altrui.
Consiste principalmente nel diritto a non subire arbitrarie limitazioni della libertà di movimento o del diritto ad assumere autonomamente decisioni e scelte. Dispone, infatti, l'art. 13 Cost. che, al di fuori dei casi previsti dalla legge e in assenza di un atto motivato dell'autorità giudiziaria, *non è ammessa forma alcuna di detenzione, di ispezione o perquisizione personale, né qualsiasi altra restrizione della libertà personale*: formula, quest'ultima, volutamente ampia, in quanto volta a ricomprendere nell'ambito del divieto qualsiasi ingerenza arbitraria anche nei processi decisionali del singolo.
A garanzia della libertà personale l'art. 13 Cost. pone la *doppia garanzia* della riserva di giurisdizione e della riserva assoluta di legge.

▶ 3.1. Riserva di giurisdizione e riserva di legge

Qualsiasi forma di detenzione, ispezione, perquisizione o comunque di restrizione della libertà personale, infatti:

- deve essere disposta con *atto motivato del giudice*, giammai, quindi, su ordine del Governo o dell'autorità amministrativa;
- può essere dallo stesso giudice disposta nei *soli casi e modi previsti dalla legge*, a questa spettando in via esclusiva individuare le condotte che giustificano una così grave reazione dell'ordinamento.

▶ 3.1.1. Le tassative deroghe alla riserva di giurisdizione

Solo in *casi eccezionali di necessità e di urgenza*, tassativamente indicati dalla legge, gli ufficiali e gli agenti di polizia giudiziaria possono adottare *provvedimenti provvisori restrittivi della libertà personale*; tali provvedimenti devono essere comunicati entro 48 ore all'autorità giudiziaria e si intendono revocati e restano privi di ogni effetto qualora il giudice non decida sulla *convalida* nelle 48 ore successive (art. 13, co. 3, Cost.). L'intervento del giudice, quindi, è comunque necessario –nella forma della convalida – anche nei casi eccezionali in cui si ammette una restrizione della libertà personale direttamente ad opera della polizia giudiziaria.
I casi nei quali la legge prevede che, in assenza dell'atto motivato del giudice, si possa procedere alla privazione della libertà personale sono:

A. Arresto in flagranza
L'**arresto in flagranza**, disciplinato dagli artt. 380 e seguenti c.p.p. (codice di procedura penale), che, per talune tipologie di reato, prevedono che la polizia giudiziaria ha in taluni casi l'obbligo in altri la facoltà di procedere all'arresto di chi è colto nell'atto di commettere il reato ovvero di chi, subito dopo il reato, è inseguito dalla stessa **polizia giudiziaria**, dalla persona offesa o da altre persone ovvero è sorpreso con cose o tracce dalle quali appaia che egli abbia commesso il reato immediatamente prima (c.d. *stato di flagranza*);

B. Fermo.
Il **fermo dell'indiziato di delitto**, che il Pubblico Ministero o in taluni casi la polizia giudiziaria possono disporre quando sussistono specifici elementi che fanno ritenere fondato il pericolo di fuga (art. 384 c.p.p.).

4. La libertà di domicilio

L'art. 14 Cost. estende alla **libertà di domicilio**, qualificata anch'essa come *inviolabile*, le stesse garanzie prescritte per la libertà personale: eventuali restrizioni, in particolare *ispezioni, perquisizioni e sequestri disposti nel domicilio* possono essere infatti eseguite soltanto *nei casi e nei modi previsti dalla legge* (riserva di legge) e *su ordine del giudice* ovvero allorché su iniziativa della polizia o del Pubblico ministero, con convalida del giudice (*riserva di giurisdizione*).
Il comma 3 dell'art. 14 Cost. prevede, tuttavia, una *deroga* alla disciplina generale, così

depotenziando la tutela domiciliare rispetto a quella personale: taluni atti limitativi del domicilio, quali gli *accertamenti* e le *ispezioni*, possono essere eseguiti infatti senza l'intervento dell'autorità giudiziaria sia pure nei soli casi previsti da *leggi speciali* per *"motivi di sanità e incolumità pubblica o per fini economici o fiscali"* (*riserva di legge assoluta o rinforzata*).

Il bene protetto garantendo la libertà domiciliare è la *riservatezza delle persone*: la nozione di **domicilio** cui fa riferimento l'art. 14 Cost., pertanto, è ampia, ricomprendendo non soltanto il luogo in cui una persona ha stabilito la sede principale dei suoi affari e interessi (art. 43 c.c.), ma anche *qualunque luogo in cui la persona riesca ad isolarsi dal mondo esterno* (ad es., oltre l'abitazione abituale, anche una **dimora** precaria, come una camera d'albergo, la cabina di una nave, un camper, una tenda, ecc.).

5. Libertà di circolazione e soggiorno

A protezione della cd. proiezione spaziale della persona, l'art. 16 Cost. garantisce al cittadino la **libertà di circolare e soggiornare in qualsiasi parte del territorio nazionale**; a completamento del sistema di protezione, l'art. 120 Cost. vieta alle Regioni di introdurre ostacoli alla libera circolazione delle persone tra le Regioni.

L'art. 16 Cost. detta per la libertà di circolazione e soggiorno una disciplina che si differenzia da quella dettata dall'art. 13 Cost. per la libertà personale quanto:

- *ai soggetti titolari*: l'art. 16 fa riferimento ai soli *cittadini*;
- *alle garanzie apprestate ed alle limitazioni consentite*: la libertà di circolazione e soggiorno non è, infatti, coperta da alcuna *riserva di giurisdizione*, ma semplicemente da una *riserva di legge rinforzata* dal momento che l'art. 16 affida alla legge il compito di stabilirne le limitazioni *"in via generale per motivi di sanità e di sicurezza"*.

Sono vietate, però, restrizioni determinate da *ragioni politiche* (art. 16, co. 1, Cost.).

▶ 5.1. Libertà di espatrio

Il comma 2 dell'art. 16 Cost. garantisce altresì la **libertà di espatrio**, ovvero la libertà *"di uscire dal territorio della Repubblica e di rientrarvi"*, non assoggettandola ad alcun limite specifico, se non a quello dell'aver adempiuto gli *obblighi di legge*, dotandosi di passaporto (il cui rilascio non è più rimesso al potere discrezionale dell'autorità di pubblica sicurezza ma deve considerarsi un diritto del cittadino) o di altro documento equipollente (es. carta di identità per gli Stati dell'Unione europea).

▶ 5.2. Libertà di emigrazione

Alla libertà di espatrio è strettamente collegata la **libertà di emigrazione**, ossia il diritto di espatriare per prestare un'attività lavorativa all'estero: la stessa è riconosciuta dall'art. 35, co. 4, Cost., fatti salvi *"gli obblighi stabiliti dalla legge nell'interesse generale"*.

▶ 5.3. Libertà di circolazione e soggiorno nell'UE

La **libertà di circolazione e soggiorno nel territorio degli Stati membri**

dell'Unione europea è oggi riconosciuta ad ogni cittadino dell'Unione (ed anche ai cittadini dei paesi terzi che risiedono legalmente nel territorio di uno Stato membro) dall'art. 45 della Carta dei diritti fondamentali dell'Unione europea, che la inserisce più propriamente nel Capo relativo ai diritti della cittadinanza. Si tratta, nella sostanza, del *primo corollario della cittadinanza europea*, tanto più dopo che con l'*accordo di Schengen* del 1990 sono venuti meno i controlli sulle persone alle frontiere tra la maggior parte dei paesi dell'Unione europea.

6. Libertà di manifestazione del pensiero e di stampa

Esprimere e diffondere liberamente il proprio pensiero è un diritto essenziale del nostro ordinamento costituzionale, concorrendo in modo decisivo a *connotarlo in senso democratico*.
L'art. 21, co. 1, Cost. proclama solennemente la **libertà di manifestare il proprio pensiero** "*con la parola, lo scritto e ogni altro mezzo di diffusione*". Lungimirante è l'espressione utilizzata dal Costituente "*con (...) ogni altro mezzo di diffusione*", che oggi abbraccia anche *internet*, frontiera moderna per la diffusione dell'informazione.

▶ 6.1. Limiti alla libertà di manifestazione del pensiero

Non si tratta tuttavia di una libertà illimitata. Il diritto di manifestare liberamente il proprio pensiero incontra:
- il limite esplicito del **buon costume**, per tale intendendosi il *pudore sessuale* (art. 21, ult. co., Cost.);
- ulteriori limiti derivano dalla necessità di salvaguardare **beni o interessi diversi**, pure garantiti o protetti dalla Costituzione.

Vengono, quindi, in considerazione quelli imposti dalla necessità di proteggere:
- la **reputazione** delle persone, a presidio della quale il codice penale prevede il reato di diffamazione;
- la **riservatezza** altrui, lesa dalla diffusione di notizie che riguardano *aspetti della vita privata di altri*, salvo che si tratti di profili che, coinvolgendo persone pubbliche, non siano di interesse per l'opinione pubblica. A protezione della riservatezza è stata adottata una corposa disciplina, oggi compendiata nel c.d. **Codice della privacy**, che assegna una protezione rafforzata a due categorie di dati personali, i dati c.d. *sensibili* (idonei a rivelare l'origine razziale ed etnica, le convinzioni religiose, filosofiche o di altro genere, le opinioni politiche, l'adesione a partiti, sindacati, associazioni od organizzazioni a carattere religioso, filosofico, politico o sindacale) e i dati c.d. *sensibilissimi* (che rilevano notizie riguardanti lo stato di salute e la vita sessuale);

L'esercizio della libertà di manifestazione del pensiero può entrare in rotta di collisione con interessi a tutela dei quali la legge prevede veri e propri segreti:
- il **segreto di Stato**, riguardante atti, documenti e notizie la cui divulgazione può pregiudicare l'integrità della Repubblica, la difesa delle istituzioni, l'indipendenza dello Stato rispetto ad altri Stati; non possono essere oggetto di segreto di Stato atti di terrorismo o eversivi dell'ordine costituzionale o fatti costituenti i delitti di strage, associazione mafiosa e scambio elettorale politico-mafioso;

- il **segreto d'ufficio**, cui sono sottoposti i dipendenti pubblici, tenuti a non rivelare il contenuto degli atti di ufficio, fermi gli obblighi di trasparenza e la disciplina dell'accesso alla documentazione amministrativa;
- il **segreto investigativo**, che copre gli atti d'indagine compiuti dal pubblico ministero e dalla polizia giudiziaria fino a quando gli stessi non possono essere conosciuti dall'imputato e, in ogni caso, non oltre le indagini preliminari.

▶ 6.2. Libertà della stampa

Una tutela specifica e rafforzata è riconosciuta dalla Costituzione alla **libertà della stampa**.
L'art. 21, co. 2, Cost., sottrae innanzitutto la stampa a *controlli preventivi* (autorizzazioni o censure) prevedendo che "*la stampa non può essere soggetta ad autorizzazioni o censure*".

▶ 6.2.1. Limiti al sequestro preventivo

Lo stesso art. 21, al comma 3, vieta che la stampa possa essere sottoposta a misure di *controllo successivo* alla pubblicazione; in particolare, ai sensi del comma 3, il *sequestro preventivo* della stampa può essere disposto soltanto nel caso si proceda per delitti per i quali la legge sulla stampa lo autorizzi espressamente o nel caso di *stampa clandestina*.
In particolare, i casi nei quali è consentito il sequestro preventivo sono:
– *violazione delle norme sulla registrazione* delle pubblicazioni periodiche e sull'*indicazione dei responsabili* (artt. 3 e 16, L. n. 47/1948);
– stampati osceni o offensivi della *pubblica decenza* ovvero divulganti mezzi atti a procurare l'*aborto* (art. 2, R. d.lgs. n. 561/1946);
– stampa periodica che faccia *apologia del fascismo* (art. 8, L. n. 645/1952);
– violazione delle norme a protezione del *diritto d'autore* (art. 161, L. n. 633/1941).

Tra i casi tassativamente previsti dalla legge non è quindi compreso quello in cui si proceda per il reato di *diffamazione a mezzo stampa*.
Nel caso in cui vi sia *assoluta urgenza* di procedere al sequestro e *non sia possibile il tempestivo intervento dell'autorità giudiziaria*, il successivo comma 4 dell'art. 21 Cost. autorizza l'intervento dell'autorità di polizia con modalità simili a quelle previste dall'art. 13 Cost. Il sequestro della stampa periodica può essere eseguito da ufficiali di polizia giudiziaria, che devono immediatamente, e mai oltre 24 ore, fare denunzia all'autorità giudiziaria. Se questa non lo convalida nelle 24 ore successive, il sequestro s'intende revocato e privo di ogni effetto.

▶ 6.2.2. Diritto ad essere informati e pluralismo dell'informazione

Il riconoscimento costituzionale della libertà di informazione comprende, per interpretazione da tempo seguita anche dalla Corte costituzionale, non solo il *diritto di informare*, ma anche quello di *essere informati* e, in una prospettiva ancora più ampia, l'interesse generale all'informazione, a che i cittadini possano ricevere cioè informazioni

da una pluralità di fonti, per tali intendendosi principalmente i mezzi di comunicazione di massa.
È il principio del **pluralismo dell'informazione**, implicante pluralità di fonti di informazione, libero accesso alle medesime, assenza di ingiustificati ostacoli legali, anche temporanei, alla circolazione delle notizie e delle idee.

▶ 6.2.2.1. La disciplina a garanzia del pluralismo informativo: il Tusmar

Al riguardo, il Testo unico dei servizi di media audiovisivi e radiofonici approvato con d.lgs. 31 luglio 2005, n. 177 (TUSMAR), con l'obbiettivo di prevenire la formazione o il mantenimento di posizioni dominanti e di evitare, quindi, che determinati soggetti assumano un'eccessiva influenza sulla pubblica opinione:
- stabilisce il *numero massimo dei programmi televisivi autorizzabili* (20%) e delle *risorse che possono essere raccolte da un unico soggetto* (il 20% di quelle riferite al sistema integrato delle comunicazioni, il cosiddetto "SIC");
- affida all'*Autorità per le garanzie nelle comunicazioni* (AGCom) il compito di adottare i provvedimenti "*necessari per eliminare o impedire*" il formarsi di posizioni dominanti o comunque lesive del pluralismo all'interno del SIC e dei singoli mercati rilevanti individuati al suo interno.

7. La libertà e la segretezza della corrispondenza

Inviolabile è anche la **libertà e segretezza della corrispondenza** e di ogni altro mezzo di comunicazione (art. 15 Cost.).
La protezione offerta dall'art. 15 Cost. si estende ad *ogni forma di comunicazione* (ricomprendendo, quindi, anche la posta elettronica e le altre forme di comunicazione tramite internet), e *non alla sola corrispondenza* in senso stretto (epistolare).
Inoltre, è tutelato sia il *mittente* che il *destinatario* della comunicazione, a prescindere dal contenuto della comunicazione stessa, nonché dalla forma e dallo strumento utilizzati.
Anche per la corrispondenza è prevista una *doppia riserva*, di *giurisdizione* e di *legge*: le limitazioni alla libertà e segretezza delle comunicazioni possono intervenire, mediante il sequestro e l'intercettazione telefonica, *"soltanto per atto motivato dell'autorità giudiziaria con le garanzie stabilite dalla legge"*.
La tutela costituzionale offerta dall'art. 15 Cost. è ancora più intensa rispetto a quella assicurata dai precedenti artt. 13 e 14 Cost., essendo esclusa, anche in *casi eccezionali di necessità ed urgenza* predeterminati dal legislatore, la possibilità di qualsiasi intervento dell'autorità di pubblica sicurezza (fatto salvo il caso del *fermo postale della corrispondenza*).

8. La libertà di riunione

Tra le liberta collettive, l'art. 17, co. 1, Cost. riconosce il **diritto di riunione**, che si ha quando più persone convergono in un determinato luogo, previo accordo tra di loro o su invito dei promotori, per uno scopo comune.

▶ 8.1. Riunione, assembramento, associazione: differenze

La riunione si differenzia:
- da un mero **assembramento di persone**, trattandosi di un raggruppamento *non occasionale*;
- da un'**associazione**, perché nella riunione manca tanto il *vincolo ideale* che sussiste tra i componenti di una associazione quanto la *stabilità* dell'organizzazione.

▶ 8.2. Riunione e corteo

La libertà di riunione ricomprende, invece, la **libertà di corteo**, dato che il corteo può considerarsi una *riunione in movimento*.

▶ 8.3. I limiti

La libertà di riunione è assoggettata a taluni **limiti**.
In primo luogo, la riunione deve svolgersi "**pacificamente e senza armi**. Qualora l'autorità di pubblica sicurezza verifichi la presenza di armi o comunque elementi di pericolo per l'ordine pubblico può disporre lo scioglimento della riunione.
Un secondo limite, previsto per le sole riunioni destinate a svolgersi in **luogo pubblico** (per es. una strada o una piazza), è costituito dall'**obbligo di preavviso** da comunicare almeno tre giorni prima dello svolgimento. Dato il preavviso, la riunione in luogo pubblico può tenersi nel giorno e nell'ora indicati, senza attendere alcuna decisione dell'autorità di pubblica sicurezza che può tuttavia predisporre un servizio d'ordine ed intervenire, sciogliendo la riunione in corso, quando questa non si svolga più pacificamente e senza armi.
L'autorità può vietare la riunione per *comprovati motivi di sicurezza o di incolumità pubblica*.
Nessun preavviso è prescritto per le c.d. *riunioni elettorali*, nelle quali rientrano i *comizi*.
Quanto alla *natura del preavviso*, non è una *richiesta di autorizzazione*, ma solo un onere a carico dei promotori sicché nessun illecito penale può essere contestato a chi partecipa ad una riunione non preceduta da preavviso, quella partecipazione costituendo esercizio di un diritto costituzionalmente protetto.

▶ 8.4. Riunioni in luogo pubblico, aperto al pubblico privato

È necessario distinguere, al fine di definire la disciplina applicabile, tra:
- **riunioni in luogo privato** (per es. un appartamento privato), cui si può accedere soltanto con il *consenso del soggetto* che ne abbia la giuridica disponibilità, come può essere la riunione in una casa privata;
- **riunioni in luogo aperto al pubblico** (per es. un teatro), cui può accedere *chiunque*, anche se a *determinate condizioni* fissate da chi ne ha la disponibilità giuridica, come può essere il pagamento di un biglietto per assistere ad uno spettacolo teatrale;

- **riunioni in luogo pubblico** (per es. una strada), cui, per sua natura, può liberamente accedere *chiunque*, a prescindere da permessi di sorta. Soltanto queste ultime riunioni, ai sensi dell'art. 17, co. 3, Cost., sono assoggettate all'*obbligo del preavviso* all'autorità di pubblica sicurezza e alla possibilità del *divieto preventivo "per comprovati motivi di sicurezza o di incolumità pubblica"*.

Nessun preavviso, al contrario, è richiesto per le riunioni che si svolgono *in luogo privato o in luogo aperto al pubblico* (art. 17, co. 2, Cost.).

9. La libertà di associazione

L'art. 18 Cost. riconosce ai cittadini il **diritto di associarsi liberamente**, *senza autorizzazione, per fini che non sono vietati ai singoli dalla legge penale*. L'art. 18 Cost. assicura in tal modo alle associazioni una sfera di azione potenzialmente eguale a quella garantita ai singoli individui.

Le associazioni sono *formazioni sociali stabilmente organizzate* costituite al fine di soddisfare determinati *interessi*, non contingenti, *comuni* a tutti coloro che ne fanno parte.

La libertà di associazione si specifica:

a) nella libertà di *costituire* un'associazione;
b) nella libertà di *aderire* ad una associazione;
c) nella libertà di *recedere* da una associazione e di non associarsi.

La garanzia della libertà di associazione va quindi intesa non soltanto nel suo aspetto *positivo*, ma anche in quello *negativo*, ovvero come *libertà di non associarsi*.

▶ 9.1. Limiti: associazioni segrete e paramilitari

Il comma 2 dell'art. 18 Cost. introduce *alcuni limiti specifici* alla libertà di associazione, *vietando* espressamente:

- le **associazione segrete**, per tali intendendosi quelle che perseguono il *fine di condizionare i pubblici poteri*, svolgendo un'attività di interferenza illecita sui processi di decisione politica. Ai sensi della legge n. 17 del 1982, occasionata dalla necessità di procedere allo scioglimento della loggia massonica "Propaganda due" (cd. Loggia P2), tali associazioni, qualora con sentenza irrevocabile ne sia accertata la costituzione, sono sciolte con decreto del Presidente del Consiglio dei ministri, previa deliberazione del Consiglio stesso.
- le *associazioni* **paramilitari**, che *perseguono, anche indirettamente, scopi politici mediante organizzazioni di carattere militare*. Il divieto in questione è stato attuato dal legislatore con il d.lgs. n. 43 del 1948, secondo cui si considerano associazioni di carattere militare quelle costituite mediante l'inquadramento degli associati in corpi, reparti o nuclei, con *disciplina ed ordinamento gerarchico interno* analoghi a quelli militari e con organizzazione atta anche all'impiego collettivo in *azioni di violenza o di minaccia*.

10. La libertà di costituire una famiglia

La Costituzione all'art. 29 dispone che "*La Repubblica riconosce i diritti della famiglia*

come società naturale fondata sul matrimonio". Dal matrimonio, inteso quale scambio di consensi tra uomo e donna, nasce quindi la *famiglia c.d. legittima*.
Lo stesso art. 29 Cost. individua nel principio di *eguaglianza morale e giuridica* tra coniugi il principio cardine destinato a caratterizzare lo svolgersi dei rapporti familiari, salve le deroghe introdotte dalla legge a tutela dell'unità famigliare.
Si tratta di un principio declinato dalla Riforma del diritto di famiglia approvata con l. n. 151 del 1975 che assegna ai coniugi stessi diritti e doveri, l'obbligo reciproco di fedeltà, assistenza morale e materiale, il compito di assumere congiuntamente le decisioni familiari, rivolgendosi al giudice in caso di disaccordo; sul piano patrimoniale, la stessa legge individua nella comunione legale dei beni il regime patrimoniale legale, salvo che espressamente i coniugi optino con specifico accordo per quello della separazione dei ben; nel regime di comunione, cadono in comunione tutti i beni acquistati durante il matrimonio, che appartengono quindi ad entrambi i coniugi.

▶ 10.1. Separazione e divorzio

Il matrimonio *non è più indissolubile*. Con legge 1° dicembre 1970, n. 898, è stato infatti introdotto il *divorzio*, ossia la possibilità per i coniugi di *sciogliere il matrimonio* a condizione che sia decorso un anno dalla separazione se giudiziale o soli sei mesi se questa è stata consensuale (c.d. *divorzio breve*). La *separazione*, che continua ad essere quindi condizione del divorzio, integra una sorta di *sospensione parziale del matrimonio*, facendo cessare la convivenza ma non tutti gli obblighi che gravano sui coniugi. Può essere *consensuale* o *giudiziale*, quest'ultima decisa dal giudice in assenza di accordo tra i coniugi.

▶ 10.2. La famiglia di fatto: le unioni civili e le convivenze di fatto. La legge c.d. Cirinnà

Nonostante l'art. 29 Cost. si riferisca esplicitamente alla famiglia fondata sul matrimonio, la Costituzione appresta tutela anche alla cd. *famiglia di fatto*, certo rientrante tra le formazioni sociali tutelate dall'art. 2 Cost. La giurisprudenza ha da tempo riconosciuto rilevanza giuridica alla famiglia di fatto, riconoscendo come dalla stessa nascano diritti e doveri in capo ai conviventi *more uxorio* nei rapporti personali e patrimoniali tra loro e, entro certi limiti, nei confronti di *terzi* (ad es. la successione nel contratto di locazione a favore del convivente di fatto), nonché nei confronti dei *figli*, oramai del tutto equiparati ai figli nati da genitori coniugati.
La **legge 20 maggio 2016, n. 76** (cd. legge Cirinnà) ha al riguardo regolamentato:
- le **unioni civili tra persone dello stesso sesso**, costituita – mediante dichiarazione di fronte all'ufficiale di stato civile e alla presenza di due testimoni – da due persone maggiorenni dello stesso sesso. Con la costituzione dell'unione le parti acquistano gli stessi diritti e assumono i medesimi doveri dei coniugi, tra cui quelli all'assistenza morale e materiale, alla coabitazione nonché al contributo ai bisogni comuni, ciascuno in relazione alle proprie sostanze e alla propria capacità di lavoro professionale e casalingo. Analogamente, è stabilito che l'indirizzo della vita familiare e la residenza comune siano concordati tra le parti;
- le **convivenze di fatto** tra due persone maggiorenni unite stabilmente da legami affettivi di coppia e di reciproca assistenza morale e materiale e coabitanti

ed aventi dimora abituale nello stesso comune. Sono estese ai conviventi di fatto *alcune prerogative spettanti ai coniugi*. I conviventi possono, inoltre, stipulare un contratto di convivenza, attraverso il quale disciplinare i loro rapporti patrimoniali.

11. La libertà religiosa

La **libertà di religione** consiste nel diritto, attribuito a tutti dall'art. 19 Cost.:
- di *professare liberamente la propria fede religiosa* in qualsiasi forma, individuale o associata (*libertà di professione*). I singoli, pertanto, possono vantare nei confronti dello Stato la pretesa a professare qualunque fede religiosa, ponendo in atto manifestazioni esteriori del proprio pensiero sul destino trascendentale dell'uomo o ad aderire ad una, piuttosto che ad un'altra, confessione religiosa;
- di *farne propaganda* (*libertà di propaganda o di proselitismo*);
- di *esercitarne in privato o in pubblico il culto*, purché non si tratti di riti contrari al buon costume (*libertà di esercizio del culto*). Unico limite è quello della contrarietà al **buon costume.**

La libertà di religione ricomprende (in negativo) quella di non essere costretti a professare una fede religiosa, a farne propaganda, a esercitare alcun culto, nonché quella di non essere credenti.

12. Il diritto alla salute

Il **diritto alla salute**, l'unico diritto che la Costituzione definisce espressamente *fondamentale*, è tutelato dall'art. 32, co. 1, Cost., in quanto *"fondamentale diritto dell'individuo e interesse della collettività"*.
Come *diritto sociale* il diritto alla salute si traduce nella pretesa a ricevere trattamenti sanitari. In tale dimensione, il diritto alla salute assume un *contenuto prevalentemente pretensivo*, come pretesa ad es. ad ottenere un determinato livello di prestazioni a carico del Servizio sanitario nazionale. Il riconoscimento di tale diritto impone di porre rimedio a situazioni prive di tutela, che possano appunto pregiudicare la prestazione delle cure necessarie: al riguardo, ai sensi dell'art. 32, co. 1, la Repubblica assicura "*cure gratuite agli indigenti*".
Sotto tale profilo, il diritto alla salute, *sub specie* di diritto all'assistenza sanitaria, può essere esercitato nei confronti dei soggetti pubblici e privati preposti all'erogazione delle prestazioni sanitarie.
Non si tratta di un ***diritto assoluto***: al di fuori della garanzia minima delle cure gratuite agli indigenti, il diritto ai trattamenti sanitari è garantito compatibilmente con le disponibilità organizzative e finanziarie dello Stato. È possibile perciò che tali prestazioni possano essere gratuite o essere a totale o parziale carico del destinatario.

▶ 12.1. Diritto a non essere curato e trattamenti sanitari obbligatori

Il diritto alla salute riconosciuto dall'art. 32 Cost. presenta, tuttavia, un ulteriore contenuto, questa volta a carattere *oppositivo* (anziché *pretensivo*): è il diritto, questo

assoluto, a non subire lesioni della propria integrità fisica.
Lo stesso art. 32, al comma 2, dispone che "*nessuno può essere obbligato a un determinato trattamento sanitario se non per disposizione di legge*" (cd. diritto a non essere curato): è quindi riconosciuta e tutelata la *libertà dell'individuo di rifiutare qualsiasi trattamento sanitario* che non sia imposto dalla legge.
Eccezionalmente, infatti, la legge impone ai singoli, a tutela della salute collettiva, trattamenti sanitari (c.d. *obbligatori*): per es., i trattamenti relativi alle malattie infettive e contagiose, le vaccinazioni obbligatorie, gli accertamenti di assenza di tossicodipendenza o di sieropositività HIV.

▶ 12.1.1. Autodeterminazione terapeutica e cure di sostegno vitale

Valorizzando il principio dettato dall'art. 32, co, 2., Cost. è stato negli ultimi anni sempre più sostenuto che ciascuno abbia il *diritto di rifiutare qualsiasi cura*, anche quella c.d. di *sostegno vitale*, necessaria, cioè, ad assicurare il mantenimento in vita. Si pensi al caso dei testimoni di Geova che rifiutano l'emotrasfusione anche quando indispensabile per evitare la morte oppure a chi rifiuta la prosecuzione di un trattamento terapeutico che lo tiene in vita.

▶ 12.1.2. Il testamento biologico

Il legislatore è intervenuto, al riguardo, con legge 22 dicembre 2017, n. 219 (*Norme in materia di consenso informato e di disposizioni anticipate di trattamento*), prevedendo in sintesi che:
- ogni persona maggiorenne e capace di intendere e di volere può *rifiutare qualsiasi accertamento diagnostico o trattamento sanitario* indicato dal medico per la sua patologia – o singoli atti del trattamento stesso –, nonché *revocare* in qualsiasi momento il *consenso* prestato, *anche quando la revoca comporti l'interruzione del trattamento, ivi comprese la nutrizione e l'idratazione artificiali*;
- il *medico è tenuto a rispettare la volontà del paziente di rifiutare* il trattamento sanitario ed in conseguenza di quest'obbligo è *esente da ogni responsabilità civile o penale*;
- ogni persona maggiorenne e capace di intendere e di volere può, *in previsione di una eventuale futura incapacità di autodeterminarsi*, esprimere le proprie convinzioni e preferenze in materia di trattamenti sanitari, nonché il consenso o il rifiuto rispetto a scelte diagnostiche o terapeutiche e a singoli trattamenti sanitari, ivi comprese le pratiche di nutrizione e idratazione artificiali (cd. *disposizioni anticipate di trattamento-DAT*).

▶ 12.1.3. Il diritto al suicidio: il caso Dj Fabo e Cappato

Il *diritto di rifiutare le cure* ricomprende anche la pretesa di chi – affetto da *patologia irreversibile*, fonte di sofferenze ritenute intollerabili – intende por fine a tale condizione, non semplicemente con l'interruzione del trattamento terapeutico in atto (per es. staccando la presa al respiratore artificiale, c.d. *eutanasia passiva*), ma mediante un intervento di c.d. *suicidio assistito*, ossia ottenendo assistenza volta a consentirgli,

per esempio, di ingerire una sostanza letale (c.d. *eutanasia attiva*)? E chi lo assiste o aiuta può essere chiamato a rispondere del reato, previsto dall'art. 580 del codice penale, di aiuto al suicidio?
Con sentenza **22 novembre 2019, n. 242**, la Corte costituzionale, intervenendo con riguardo al caso del dj Fabo, ha dichiarato l'**illegittimità costituzionale dell'art. 580 c.p.** «*nella parte in cui* **non esclude la punibilità di chi** ... **agevola l'esecuzione del proposito di suicidio, autonomamente e liberamente formatosi**, *di una* **persona tenuta in vita da trattamenti di sostegno vitale e affetta da una patologia irreversibile**, *fonte di sofferenze fisiche o psicologiche che ella reputa intollerabili, ma pienamente capace di prendere decisioni libere e consapevoli, sempre che tali condizioni e le modalità di esecuzione siano state* **verificate da una struttura pubblica del servizio sanitario nazionale**, *previo parere del comitato etico territorialmente competente*».

13. Il diritto all'istruzione

L'art. 34 Cost. riconosce il **diritto allo studio**, così garantendo da un lato la **libertà di scelta della scuola**, dall'altro, il **diritto a ricevere un insegnamento** e a fruire delle relative prestazioni nel tipo di scuola prescelta.
Nello statuire che ***"la scuola è aperta a tutti"***, l'art. 34, co. 1, Cost. riconosce in via generale l'istruzione come **diritto di tutti i cittadini**.
Le successive disposizioni contenute nell'art. 34 Cost. garantiscono l'**effettività del diritto all'istruzione**:

- nel comma 2 dell'art. 34 Cost., infatti, l'effettività dell'**istruzione dell'obbligo** è garantita dalla sua **gratuità** (*"L'istruzione inferiore, impartita per almeno otto anni, è obbligatoria e gratuita"*);
- nei successivi commi 3 e 4, l'effettività dell'**istruzione superiore**, sino *"ai gradi più alti degli studi"*, è garantita anche a chi, *capace e meritevole*, sia privo di mezzi, mediante *borse di studio, assegni alle famiglie* ed altre *provvidenze pubbliche*, attribuite per *concorso* (*"I capaci e meritevoli, anche se privi di mezzi, hanno diritto di raggiungere i gradi più alti degli studi. La Repubblica rende effettivo questo diritto con borse di studio, assegni alle famiglie ed altre provvidenze, che devono essere attribuite per concorso"*).

▶ 13.1. Scuole pubbliche e libertà di insegnamento

Per garantire il diritto allo studio, lo Stato istituisce, regola, organizza e finanza un *sistema di scuole pubbliche*, senza tuttavia utilizzarlo per veicolare una *cultura di Stato*.
La Costituzione, infatti, assicura la **libertà d'insegnamento** (c.d. *libertà nella scuola*), garantendo al docente un'autonomia circa gli indirizzi e gli orientamenti culturali da elaborare o da seguire, pur nell'ambito dei comuni programmi.
Inoltre, l'art. 33, ult. co., Cost. assicura alle **istituzioni di alta cultura, università ed accademie** il diritto di darsi **ordinamenti autonomi** nei limiti stabiliti dalle leggi dello Stato, attraverso la **potestà statutaria** riconosciuta dal legislatore a garanzia dell'**autonomia universitaria**.

▶ 13.2. Libertà della scuola: le scuole private

Accanto alle scuole pubbliche, peraltro, operano **scuole private**.
L'art. 33, co. 3, Cost., infatti, enuncia il principio del **pluralismo scolastico**, prevedendo che *i privati hanno il diritto di istituire scuole e istituti di educazione* (c.d. *liberta della scuola*).
Il principio implica la coesistenza di **scuole statali per tutti gli ordini e gradi** (art. 33, co. 2) accanto a **scuole ed istituti di educazione**, istituiti, *"senza oneri per lo Stato"*, da **enti e privati** (art. 33, co. 3). Gli istituti privati, ai sensi del successivo comma 4 dell'art. 33, possono, con legge, essere **parificati** a quelli statali. D'altro canto, l'esigenza di fornire agli studenti degli istituti cd. parificati un'adeguata istruzione (analoga a quella degli studenti di istituti statali) è presa in considerazione dalla Costituzione laddove impone che le scuole non statali dell'obbligo assicurino *un trattamento scolastico equipollente a quello degli alunni di scuole statali* (art. 33, co. 4), oltre che prescrivendo *un esame di Stato per l'ammissione ai vari ordini e gradi di scuole o per la conclusione di essi e per l'abilitazione all'esercizio professionale* (art. 33, co. 5).

14. I limiti ai diritti economici

Il passaggio dallo Stato liberale allo *Stato sociale* ha per effetto l'introduzione di limiti all'esercizio dei diritti di libertà economica, pure certo riconosciuti e garantiti. Pur garantendo il diritto di proprietà e la libertà di iniziativa economica privata, la Costituzione prevede quindi la possibilità che l'uno e l'altra siano sottoposti a limiti, laddove necessari o utili per garantire che il relativo esercizio sia compatibile con l'interesse sociale o che non procuri danni.

▶ 14.1. I diritti dei lavoratori

Un primo gruppo di limiti frapposti nell'interesse dei lavoratori alla libertà del datore di lavoro di organizzare e gestire l'attività economica attiene alla **disciplina del rapporto di lavoro**, non rimesso alla sola decisione del datore.
Così, l'art. 36 Cost., al co. 1, prevede che il lavoratore ha diritto ad una **retribuzione proporzionata** alla quantità e quantità del suo lavoro e in ogni caso sufficiente ad assicurare a sé e alla famiglia un'esistenza libera e dignitose.
La Costituzione limita la libertà del datore anche con riferimento ai **contenuti della prestazione** che può pretendere dal lavoratore. Lo stesso art. 36, ai co. 2 e 3, dispone, infatti, che la **durata massima della giornata lavorativa** è stabilita dalla legge. Il lavoratore ha diritto al riposo settimanale e a ferie annuali retribuite e non può rinunziarvi.
Il successivo art. 37 Cost. introduce il **divieto di discriminazioni a danno delle donne e dei minori**, imponendo nel contempo una particolare tutela per la lavoratrice madre (co. 1).
La disposizione prosegue, ai co. 2 e 3, con la previsione dell'impegno della Repubblica ad assicurare con "norme speciali" la **tutela del lavoro dei minori**, ai quali è riconosciuto il diritto, a parità di lavoro, alla parità di retribuzione.

È inoltre rimesso alla legge il compito di stabilire il *limite minimo di età per il lavoro salariato* (fissato, dalla l. n. 977 del 1967, al momento in cui il minore ha concluso il periodo di istruzione obbligatoria).

▶ 14.1.1. Gli strumenti di tutela dei diritti dei lavoratori

La tutela dei diritti dei lavoratori non è tuttavia affidata solo alla legge. La Costituzione riconosce agli stessi lavoratori strumenti, collettivi e individuali, di difesa delle proprie ragioni.

A. I diritti sindacali

Quanto agli strumenti collettivi, l'art. 39 Cost. afferma che l'organizzazione sindacale è libera.
Il **sindacato** è una libera organizzazione di lavoratori (subordinati o indipendenti) o di *datori di lavoro* avente per fine la tutela degli interessi collettivi degli associati.
È quindi costituzionalmente tutelato il diritto dei singoli di:

- **associarsi o di non associarsi** sindacalmente;
- **associarsi ad una piuttosto che ad un'altra organizzazione sindacale**;
- **recedere**, una volta iscritti, qualora lo ritengano opportuno.

La tutela di tali diritti è stata non poco rafforzata con l'approvazione della l. n. 300 del 1970, il cd. **Statuto dei lavoratori**, intervenuto a garantire a tutti i lavoratori la *libertà di costituire associazioni sindacali, di aderirvi e di svolgere attività sindacale all'interno dei luoghi di lavoro* (art. 14), reprimendo nel contempo la *condotta antisindacale del datore di lavoro*.

B. Sindacati e contratti collettivi di lavoro

La Costituzione (art. 39, co. 2, 3 e 4) prevede la possibilità che, sempre che abbiano un'*organizzazione interna a base democratica*, le organizzazioni sindacali acquisiscano personalità giuridica tramite la registrazione presso uffici pubblici; i sindacati registrati possono, rappresentati unitariamente in proporzione dei loro iscritti, stipulare **contratti collettivi di lavoro con efficacia vincolante *erga omnes***, ossia nei confronti di tutti gli appartenenti alla categoria cui il contratto stesso si riferisce (siano o no iscritti al sindacato). Si tratterebbe, pertanto, *di contratti collettivi di diritto pubblico*.
La previsione costituzionale è tuttavia rimasta *inattuata* per volontà delle stesse associazioni sindacali che operano come mere **associazioni non riconosciute** e stipulano *contratti collettivi definiti di diritto comune*: contratti che, pertanto, si applicano nei confronti di quei datori di lavoro e lavoratori aderenti alle associazioni che hanno stipulato il contratto, **vincolando i soli associati**.
Ciò nonostante, una diffusa giurisprudenza ha riconosciuto l'efficacia generale dei contratti collettivi, facendo leva sull'art. 36, co. 1, Cost., laddove prescrive che *la retribuzione debba essere proporzionata e sufficiente*: i giudici ritengono, cioè, che i contratti collettivi siano efficaci anche nei confronti dei non iscritti ai sindacati che li stipulano, nella parte in cui fissano i *trattamenti retributivi minimi*, come tali non derogabili in sede di stipulazione dei singoli *contratti individuali*.

C. Il diritto di sciopero

Tra gli strumenti individuali riconosciuti ai lavoratori per la protezione dei propri

diritti un rilievo significativo assume lo sciopero.
Sciopero è ogni astensione collettiva dal lavoro posta in essere da lavoratori subordinati, con l'intento di ottenere, facendo pressione sugli imprenditori, miglioramenti della situazione economica e contrattuale.
L'art. 40 Cost. dispone che *il diritto di sciopero si esercita nell'ambito delle leggi che lo regolano.*
In assenza di una apposita disciplina legislativa al riguardo – introdotta soltanto con la l. 12 giugno 1990, n. 146, limitatamente alla regolamentazione dell'esercizio dello *sciopero nei servizi pubblici essenziali* – ci si è interrogati in merito all'ampiezza del riconoscimento costituzionale del diritto di sciopero.
Si è ritenuto che il diritto di sciopero va riconosciuto anche quando l'astensione dal lavoro sia posta in essere per effettuare rivendicazioni di tipo **non economico-contrattuale**, ma **politico**, ossia per conseguire dallo Stato (non direttamente dal datore di lavoro) misure non strettamente riguardanti la regolamentazione del rapporto di lavoro, per esempio migliori condizioni generali per i lavoratori o interventi a protezione dell'ambiente.
L'esercizio del diritto di sciopero è adesso disciplinato dalla **l. 12 giugno 1990, n. 146**, per quel che riguarda i **servizi pubblici essenziali**, ossia quelli volti a garantire il godimento dei diritti della persona, costituzionalmente tutelati, alla vita, alla salute, alla libertà ed alla sicurezza, alla libertà di circolazione, all'assistenza ed alla previdenza sociale, all'istruzione ed alla libertà di comunicazione (art. 1). Nell'ambito di tali servizi il diritto di sciopero va esercitato garantendo *l'erogazione di prestazioni indispensabili*, con un *preavviso minimo non inferiore a dieci giorni* e con l'indicazione della *durata dell'astensione dal lavoro*. In assenza di tutto questo, la legge, oltre a prevedere sanzioni disciplinari ed amministrative pecuniarie a carico dei lavoratori, riconosce al Governo il *potere di precettazione*, di ordinare, cioè, di eseguire la prestazione lavorativa.

15. I limiti alla libertà di iniziativa economica privata

L'art. 41 Cost., dopo aver proclamato la **libertà di iniziativa economica privata**, introduce diverse tipologie di limiti al suo libero esercizio, in particolare imponendo:
al comma 2, i **limiti negativi** dell'*utilità sociale*, con cui non può porsi in contrasto, e della *sicurezza*, *libertà* e *dignità umana*, alle quali non può recare danno;
al comma 3, il **limite positivo** dei *fini sociali*, verso i quali la legge può indirizzare e coordinare l'attività economica pubblica e privata, determinando i programmi e i controlli opportuni.

▶ 15.1. Le nazionalizzazioni o collettivizzazioni di imprese

Ulteriori vincoli alla libertà di iniziativa economica privata sono previsti dall'art. 43 Cost., che disciplina **le nazionalizzazioni o le collettivizzazioni** di determinate imprese o categorie di imprese di preminente interesse generale, prevedendo che il legislatore può riservarle originariamente o trasferirle allo *Stato, ad enti pubblici o a comunità di lavoratori o di utenti*.
Condizione perché il trasferimento possa essere operato è, dunque, che le imprese (o

categorie di imprese) si riferiscano a *servizi pubblici essenziali*, a *fonti di energia* od a *situazioni di monopolio* e abbiano carattere di *preminente interesse generale*. È inoltre necessario che il trasferimento avvenga a *fini di utilità generale*.

16. La disciplina costituzionale della proprietà

Anche il diritto di proprietà privata, pure riconosciuto e garantito, è sottoposto a limiti. L'art. 42 Cost., infatti, se da un lato lo riconosce, dall'altro, *non lo dichiara inviolabile*, come faceva, invece, lo Statuto albertino, ammettendo viceversa che possa essere sottoposto a vincoli anche particolarmente penetranti.
Il comma 2 dell'art. 42 Cost., infatti, rimette alla legge la determinazione dei *modi di acquisto, di godimento e dei limiti allo scopo di assicurarne la funzione sociale e di renderla accessibile a tutti*.

▶ 16.1. L'espropriazione per motivi di interesse generale

Il successivo comma 3 dell'art. 42 Cost. precisa, poi, che l'*espropriazione* della proprietà privata è consentita *nei casi preveduti dalla legge, e salvo indennizzo, (...) per motivi d'interesse generale*.
Tre le garanzie che la Costituzione pone a tutela della proprietà rispetto al potere pubblico di esproprio:

- che sia la **legge** a prevedere i casi in cui l'esproprio può aver luogo;
- che a fondamento dell'esproprio sussistano sempre **motivi di interesse generale**;
- che, a compensazione della perdita della proprietà subita dal privato, gli sia corrisposto un **indennizzo**.

17. I doveri costituzionali

L'art. 2 Cost., dopo aver disposto che la Repubblica riconosce e garantisce i diritti inviolabili dell'uomo, chiarisce che la stessa Repubblica richiede l'adempimento dei doveri di solidarietà politica, economica e sociale. La Costituzione impone, quindi, a ciascuno un **approccio di tipo solidaristico**, una disponibilità quindi a concorrere ai problemi della collettività, anche quando ciò comporti una sacrificio della sua sfera personale e patrimoniale.
I richiamati doveri costituzionali sono tradizionalmente distinti in doveri di solidarietà economica e sociale e doveri di solidarietà politica.

▶ 17.1. Doveri di solidarietà economica e sociale

Tra i **doveri di solidarietà in campo economico e sociale** la Costituzione annovera:

- il **dovere del lavoro**, previsto dall'art. 4, co. 2, Cost., quale dovere di svolgere, secondo le proprie possibilità e la propria scelta, un'attività o una funzione che concorra al progresso materiale o spirituale della società: una previsione che si ricollega tanto con la quella di cui al medesimo art. 4, co. 1, con cui si riconosce

il diritto al lavoro, quanto con quella di cui all'art. 1 Cost., che pone il lavoro a fondamento della Repubblica;
- i **doveri dei genitori** di mantenere, istruire ed educare **i figli**, anche se nati fuori del matrimonio, ai sensi dell'art. 30, co. 1, Cost.;
- il **dovere,** sancito dall'art. 32, co. 2, Cost., **di sottoporsi ai trattamenti sanitari** previsti dalla legge a tutela del diritto fondamentale alla salute, nei limiti imposti dal rispetto della persona umana;
- il **dovere di istruzione** nell'ambito della cd. scuola dell'obbligo, posto dall'art. 34, co. 2, Cost., secondo cui *l'istruzione inferiore, impartita per almeno otto anni, è obbligatoria e gratuita*: dovere che va posto in relazione con l'obbligo gravante sulla Repubblica, *ex* art. 33, co. 2, Cost., di istituire *scuole statali per tutti gli ordini e gradi*;
- il **dovere di contribuire alle spese pubbliche**, previsto dall'art. 53 Cost. anche per i non cittadini, a conferma del principio di *universalità del dovere tributario*.

▶ 17.2. Doveri di solidarietà politica

Ai doveri costituzionali di solidarietà politica sono ricondotti invece:
- il **dovere di voto**, definito dall'art. 48, co. 2, Cost. *dovere civico*, il cui mancato adempimento non comporta tuttavia, sulla base della legislazione vigente, conseguenze sanzionatorie;
- il **dovere di difesa della Patria**, che l'art. 52, co. 1, Cost. definisce *sacro dovere del cittadino*.

▶ 17.3. La riserva di legge

A garanzia di coloro sui quali i doveri sono destinati a gravare, l'art. 23 Cost. dispone che *nessuna prestazione personale o patrimoniale può essere imposta se non in base alla legge*.
Si tratta della **garanzia della riserva di legge** volta a neutralizzare il rischio di abusi o discriminazioni dell'amministrazione.

▶ 17.4. Il dovere di difesa della Patria e il servizio militare

L'art. 52, co. 1, Cost., definisce come *sacro dovere del cittadino* quello di **difendere la Patria**.
Si tratta di un dovere a carattere generale, in astratto posto a carico di tutti i cittadini senza distinzioni di sesso o età, non solo in tempo di guerra ma anche in tempo di pace, per esempio in occasione di calamità naturali.
In attuazione della previsione del generale dovere di difendere la patria l'art. 52, co. 2, Cost, prevede quindi l'**obbligo del servizio militare**, precisando che in ogni caso lo stesso non può pregiudicare *la posizione di lavoro del cittadino, né l'esercizio dei diritti politici* e deve essere adempiuto nei *limiti e modi stabiliti dalla legge*. La legge ha tuttavia abolito la *leva militare* sostituendola con un *servizio militare volontario in ferma prefissata*.

L'obbligatorietà del servizio militare rimane confinata, quindi, a due ipotesi:

1. qualora sia deliberato lo stato di guerra ai sensi dell'art. 78 Cost.;

qualora una grave crisi internazionale, nella quale l'Italia sia coinvolta direttamente o in ragione della sua appartenenza ad un'organizzazione internazionale, giustifichi un aumento della consistenza numerica delle forze armate.

▶ 17.5. Il dovere tributario

Tra i doveri di solidarietà quello tributario, assume particolare importanza.
Si tratta del dovere di ciascuno (cittadino e straniero) di concorrere alle spese pubbliche.
Al dovere tributario si è assoggettati non in ragione di ciò che si riceve dallo Stato, ma in ragione della propria **capacità contributiva** (art. 53, co. 1, Cost.), intesa come disponibilità di risorse economiche (reddito e patrimonio) alle quali rapportare il prelievo tributario.
Lo stesso art. 53 Cost., al comma 2, dispone che il sistema tributario, destinato a disciplinare i doveri dei contribuenti, deve essere ispirato a **canoni di progressività**, privilegiando tributi che incidano in modo *più che proporzionale* sui soggetti con maggiore attitudine alla contribuzione, ossia dotati di maggiore ricchezza e *meno che proporzionale* sui soggetti più poveri.

▶ 17.5.1. Progressività e proporzionalità

Il principio di progressività non coincide, quindi, con il principio di **proporzionalità**: mentre quest'ultimo principio comporta solo che chi dispone di più risorse deve pagare di più, quello di progressività impone che la misura media del prelievo aumenti in modo più che proporzionale rispetto all'aumentare della base imponibile.
L'art. 53, co. 2, Cost., dispone tuttavia che il **sistema tributario** deve essere *ispirato* a canoni di progressività. Il che significa che, se certo ai tributi a struttura progressiva va assegnato rilievo centrale e caratterizzante del sistema tributario nel suo complesso, non possono considerarsi in contrasto con la Costituzione singoli tributi per il solo fatto che il relativo regime non fa applicazione del canone della progressività.

Scheda di sintesi

L'art. 2 Cost. afferma che La Repubblica riconosce e garantisce i **diritti inviolabili** dell'uomo sia come singolo sia nelle formazioni sociali ove si svolge la sua personalità. Prima ancora di **garantire**, la Costituzione **riconosce** quindi i diritti *inviolabili* dell'uomo.
Quanto agli **strumenti di tutela**, volti ad impedire che diritti e libertà possano essere ridimensionati o addirittura soppressi, la stessa è affidata alla **riserva di legge, alla riserva di giurisdizione**, ai **meccanismi di tutela giurisdizionale**, al **sindacato di legittimità costituzionale**.
Oltre alle tradizionali **libertà individuali** (libertà personale, di domicilio, di comunicazione), la Costituzione prevede e disciplina le c.d. **libertà collettive**: se certo il singolo ne è titolare, il relativo esercizio richiede il coinvolgimento di

più soggetti (libertà di riunione e di associazione, specie politica e sindacale).
Atra distinzione è quella tra **libertà negative** – consistenti nella pretesa ad un comportamento *omissivo* da parte dei pubblici poteri (le autorità, i governanti), tenuti a non interferire nella sfera privata dei singoli (cd. *libertà dallo Stato*) – e **diritti sociali o libertà positive**, i diritti con cui si fa valere non più soltanto la pretesa a che i pubblici poteri non intervengano nella sfera privata ma anche quella a che gli stessi si rendano attivi nell'assicurare prestazioni e servizi di cui i singoli hanno bisogno.
La libertà individuale è la **libertà personale**, disciplinata dall'art. 13 Cost., la quale consiste sia nella **libertà da ogni coercizione fisica**, sia nella **libertà morale** intesa come autodeterminazione dei singoli. Qualsiasi restrizione della libertà personale può essere disposta **soltanto per atto motivato dell'autorità giudiziaria** (cd. **riserva di giurisdizione**) e **nei soli casi e modi previsti dalla legge** (c.d. **riserva di legge assoluta**).
L'art. 14 Cost. garantisce la libertà di **domicilio**, inteso come **proiezione spaziale della persona**, cui estende le stesse garanzie previste per la libertà personale: le restrizioni di tale libertà (**ispezioni, perquisizioni** e **sequestri**) possono essere effettuate soltanto sotto la duplice garanzia fondamentale della **riserva assoluta di legge** e della **riserva di giurisdizione** (art. 14, co. 2, Cost.).
L'art. 16 Cost. garantisce la **libertà di circolare e soggiornare in qualsiasi parte del territorio nazionale**.
La **libertà e la segretezza della corrispondenza e degli altri mezzi di comunicazione**, disciplinate dall'art. **15 Cost.**, sono **inviolabili**. Come per la libertà personale e per il domicilio, anche in questo caso è prevista una **doppia riserva, di giurisdizione e di legge:** le limitazioni alla libertà e segretezza delle comunicazioni possono infatti avvenire mediante il **sequestro** e l'**intercettazione telefonica**, "*soltanto per atto motivato dell'autorità giudiziaria con le garanzie stabilite dalla legge*".
L'art. 21 Cost. tutela la **libertà di manifestare il proprio pensiero**, che tuttavia incontra il **limite esplicito** del **buon costume**, e quelli **impliciti** derivanti dall'esistenza di beni o interessi diversi parimenti garantiti o protetti dalla Costituzione, quali la reputazione e la riservatezza altrui, il segreto di Stato o il diritto d'autore.
L'art. 17 Cost. riconosce la **libertà di riunione**, pacificamente e senza armi. Se la riunione avviene in luoghi privati o aperti al pubblico non è necessario il preavviso, che invece serve nel caso in cui la riunione avvenga in luogo pubblico.
Le **associazioni** sono **formazioni sociali stabilmente organizzate** costituite al fine di soddisfare determinati interessi, non contingenti, comuni a tutti coloro che ne fanno parte. Sono vietate le associazioni segrete e le associazioni paramilitari.
L'**art. 29 Cost.** pone a fondamento della **famiglia** il **matrimonio**, stabilendo che *"La Repubblica riconosce i diritti della famiglia come società naturale fondata sul matrimonio"* (comma 1). Il successivo comma 2 enuncia il principio dell'**eguaglianza morale e materiale dei coniugi**, la quale può essere tuttavia limitata dalla legge a garanzia dell'unità familiare.
Anche la **famiglia di fatto** è ricompresa tra le "formazioni sociali" tutelate

dall'art. 2 Cost.
La **libertà di religione** consiste nel diritto, a "*tutti*" riconosciuto dall'art. 19 Cost., di **professare liberamente la propria fede religiosa, farne propaganda, esercitarne in privato o in pubblico il culto.**
Il **diritto alla salute**, l'unico diritto che la Costituzione definisce espressamente come "fondamentale", è tutelato dall'art. 32, comma 1, Cost., che lo rappresenta allo stesso tempo come un *diritto dell'individuo* e come *interesse della collettività*.
L'art. 34 Cost. riconosce il **diritto allo studio**, così garantendo da un lato la **libertà di scelta della scuola**, dall'altro, il **diritto a ricevere un insegnamento** e a fruire delle relative prestazioni nel tipo di scuola prescelta.
I doveri costituzionali sono tradizionalmente distinti in **doveri di solidarietà in campo economico-sociale** e **doveri di solidarietà politica.**
Tra i primi la Costituzione annovera il **dovere del lavoro**; l'**obbligo di prestazioni personali e patrimoniali**; i **doveri dei genitori nei confronti dei figli**; il **dovere di sottoporsi ai trattamenti sanitari**; il **dovere di istruzione**; il **dovere di contribuire alle spese pubbliche,** previsto dall'art. 53 Cost. anche per i non cittadini, a conferma del principio dell'universalità del dovere tributario, secondo il duplice criterio della *proporzionalità* in ragione della capacità contributiva di ciascuno e della *progressività delle imposte*.

Capitolo 6
L'ORDINAMENTO DELLA REPUBBLICA

SOMMARIO:

1. Il Parlamento

Il Parlamento è l'**organo rappresentativo**, di diretta emanazione della sovranità popolare in quanto *eletto dal corpo elettorale*. Al parlamento la Costituzione riconosce il *potere legislativo*, il compito cioè di definire le regole di condotta che l'intera comunità è tenuto ad osservare.

▶ 1.1. Il bicameralismo perfetto

A norma dell'art. 55, co. 1, Cost., il Parlamento si compone della **Camera dei deputati** e del **Senato della Repubblica**. Le due Camere svolgono le *stesse funzioni*, in particolare quella *legislativa* e quella di *dare o revocare la fiducia* al Governo. Nell'esercizio dell'una e dell'altra funzione, le due Camere sono in *posizione di sostanziale parità*, nessuna legge e nessuna mozione di fiducia o sfiducia potendo essere approvate in assenza del voto favorevole espresso da ciascuna sullo stesso testo (di legge o mozione).
È quanto si esprime dicendo che quella accolta dalla Costituzione è una forma di **bicameralismo perfetto o paritario**
Al sistema bicamerale perfetto si contrappongono i sistemi di **bicameralismo imperfetto o ineguale**, nei quali, invece, pur essendo il Parlamento composto da due Camere, le stesse non sono in posizione di parità funzionale perché la volontà legislativa di una delle due può prevalere su quella dell'altra o comunque perché a ciascuna delle due sono assegnate funzioni distinte.

▶ 1.2. Le attribuzioni esercitate in modo distinto

Anche nel nostro ordinamento, come visto improntato al bicameralismo perfetto, alcune **competenze sono esercitate da ciascuna Camera in modo autonomo**. Solo per citarne alcune, ciascuna delle due Camere:
- adotta un *proprio regolamento* contenente la disciplina dei lavori, in particolare del procedimento legislativo (artt. 64 e 72 Cost.);
- *elegge il proprio Presidente* e il proprio ufficio di Presidenza (art. 63 Cost.); decide sul possesso dei titoli di ammissione dei propri membri e sulle cause sopravvenute di ineleggibilità ed incompatibilità (art. 66 Cost.);
- delibera in tema di *immunità parlamentari* (art. 68 Cost.), ciascuna per i propri membri;
- può essere *parte di un conflitto di attribuzione tra poteri dello Stato* dinanzi alla Corte Costituzionale;
- può disporre *inchieste su materie di pubblico interesse* (art. 82 Cost.).

▶ 1.3. Differenze tra Camera e Senato

Non mancano peraltro alcune **differenze tra le due Camere**, certo non idonee al alterare la posizione di sostanziale parità delle due Camere. Attengono:
- al *diritto di elettorato passivo* (25 anni per la Camera e 40 per il Senato):
- al *numero dei membri* (400 per la Camera e 200 per il Senato, oltre i senatori a **vita**
- alla *natura*, interamente *elettiva dei deputati*, per una quota minima invece *non elettiva dei senatori*, dei quali *5 nominati a vita* dal Capo dello Stato fra i cittadini che abbiano *illustrato la Patria per altissimi meriti nel campo sociale, scientifico, artistico e letterario* (art. 59, co. 2, Cost.).

► 1.4. Il Parlamento in seduta comune

La Costituzione prevede inoltre che le due Camere, riunite in comune, esercitino in tale composizione alcune specifiche funzioni, tassativamente indicate (art. 55, co. 2, Cost.).
Il **Parlamento in seduta comune** dei membri delle due Camere è un *organo a sé stante, collegiale e permanente*, distinto quindi dal Parlamento come organo complesso (composto dalle due Camere), non preposto all'esercizio della funzione legislativa ma di funzioni di diversa natura, in particolare:

- l'*elezione*, il giuramento e la messa in stato di accusa del Presidente della Repubblica (artt. Rispettivamente 83, 91 e 90);
- l'*elezione di un terzo dei componenti il Consiglio superiore della magistratura (art. 104);*
- l'*elezione di 5 giudici costituzionali* e la compilazione ogni nove anni di un elenco di cittadini aventi i requisiti di eleggibilità a senatore, fra i quali sono sorteggiati, in caso di necessità, i 16 giudici aggregati alla Corte costituzionale per i giudizi in materia penale che riguardano il Presidente della Repubblica (art. 135 Cost.).

Il potere di convocazione del Parlamento in seduta comune spetta al Presidente della Camera dei deputati; il Presidente, l'Ufficio di Presidenza, il regolamento applicabile e la sede della seduta comune sono quelli della Camera.

► 1.5. Organizzazione interna e disciplina

La disciplina dell'organizzazione interna delle Camere e dello svolgimento delle loro funzioni è dettata, *oltre che dalla Costituzione*, nei **regolamenti parlamentari**. Questi ultimi sono adottati da ciascuna delle due Camere a *maggioranza assoluta dei suoi componenti* (art. 64, co. 1, Cost.). I regolamenti parlamentari disciplinano:

- in una prima parte l'*organizzazione e il funzionamento delle Camere*, in particolare il *procedimento di formazione delle leggi*;
- in una seconda, le *procedure di indirizzo, controllo e informazione*, prevalentemente riguardanti i rapporti tra Camere e Governo (mozioni di fiducia e di sfiducia, istituti dell'interrogazione e interpellanza, ecc.).

► 1.5.1. L'Ufficio di Presidenza ed il Presidente

L'Ufficio di Presidenza (al Senato Consiglio di presidenza) e il **Presidente** sono gli organi, eletti da ciascuna Camera tra i suoi componenti, cui compete regolare l'attività complessiva di ciascun ramo del Parlamento.
Il **Presidente** rappresenta la Camera in posizione di imparzialità e di garante, allo stesso tempo, dei diritti delle minoranze e del corretto svolgimento delle attività parlamentari nella dinamica dei rapporti tra maggioranza e opposizione.
Spetta, così, al Presidente assicurare il buon andamento dei lavori dell'assemblea e l'osservanza del regolamento.
La Costituzione assegna espressamente ai Presidenti di Camera e Senato ulteriori funzioni. In particolare:

- il *Presidente del Senato* esercita le funzioni del Presidente della Repubblica, in ogni caso in cui quest'ultimo non possa adempierle (art. 86 Cost.);

- il *Presidente della Camera* presiede il Parlamento in seduta comune (art. 63, co. 2, Cost.);
- *entrambi i Presidenti* devono essere sentiti dal Capo dello Stato prima di procedere allo scioglimento delle Camere (l'art. 88 Cost).

L'**ufficio di Presidenza** è composto da:
- *vicepresidenti*, che sostituiscono il Presidente in caso di assenza o impedimento;
- *segretari*, che sovrintendono alla redazione dei processi verbali delle sedute e coadiuvare il Presidente nelle operazioni di voto;
- *questori*, cui è affidata la cura del buon andamento dell'amministrazione delle Camere e il mantenimento dell'ordine nella sede di ciascuna Camera.

▶ 1.5.2. I gruppi parlamentari

I **gruppi parlamentari** sono *associazioni di deputati o senatori* che, costituiti tendenzialmente sulla base dell'appartenenza ad un medesimo partito o movimento politico, costituiscono organi interni alle Camere cui è riconosciuto un rilievo primario nell'organizzazione e nel funzionamento delle stesse.
I riferimenti costituzionali ai gruppi parlamentari, per quanto scarni, ne attestano non solo la necessaria esistenza, ma anche la necessità che le Commissioni parlamentari, tanto permanenti quanto di inchiesta, siano costituite in modo da *rispecchiare la proporzione dei gruppi* (artt. 72 e 82 Cost).
Per il resto, la disciplina dei gruppi è dettata nei Regolamenti di Camera e Senato che prevedono in primo luogo la necessaria iscrizione ad un gruppo di ciascun parlamentare eletto, tenuto a dichiarare a quale gruppo appartiene subito dopo la rispettiva elezione (*principio dell'appartenenza necessaria del parlamentare ad un gruppo*). Poiché i parlamentari iscritti ad un partito aderiscono allo stesso gruppo, si hanno, di regola, tanti gruppi parlamentari quanti sono i partiti politici rappresentati alle Camere. Il ruolo dei gruppi, infatti, è quello di *cerniera tra i partiti politici e l'istituzione parlamentare*, assicurando la disciplina di partito all'interno di questa, anche orientando il voto degli iscritti al gruppo. Tale attività di indirizzo, tuttavia, non può spingersi fino a neutralizzare il principio di cui all'art. 67 Cost. secondo cui ogni membro del Parlamento rappresenta la Nazione ed esercita le sue funzioni *senza vincolo di mandato*. Il parlamentare è quindi libero di votare secondo gli indirizzi del suo gruppo ma è anche libero di discostarsene.

▶ 1.5.3. Le commissioni parlamentari

Le **commissioni parlamentari** sono organi interni delle Camere composte, di regola, in modo da rispecchiarne la composizione politica. Riproducono in piccolo, quindi, gli equilibri dell'aula.
Si distinguono in:
- *permanenti*, organi necessari con specifiche competenze per materia, in carica per tutta la legislatura;
- *temporanee*, costituite *ad hoc* per l'esame di questioni particolari.

▶ 1.5.4. Le giunte

Le **giunte** sono organi collegiali permanenti, i cui membri sono *nominati direttamente dal Presidente di ciascuna Camera*. Sono:

- la *Giunta per il regolamento* (operante tanto alla Camera quanto al Senato), con il compito di elaborare e proporre all'Assemblea modifiche al regolamento, oltre che di formulare pareri su questioni relative all'interpretazione delle disposizioni regolamentari;
- la *Giunta delle elezioni* (operante tanto alla Camera quanto al Senato, dove si occupa anche delle immunità), con il compito di riferire all'Assemblea sulla regolarità delle operazioni elettorali e sui titoli di ammissione di ogni parlamentare eletto;
- la *Giunta per le autorizzazioni* (alla Camera) e delle *immunità* (al Senato, dove coincide con quella delle elezioni), con il compito di istruire le richieste di autorizzazione *ex* art. 68 Cost. inviate dall'autorità giudiziaria al Presidente di ciascuna Camera.

▶ 1.6. La durata delle Camere: legislatura, proroga e prorogatio

Il termine **legislatura** indica il periodo che va dalla prima riunione delle Camere al giorno del loro scioglimento normale. Ai sensi dell'art. 60, co. 1, Cost., Camera e Senato sono eletti per *cinque anni*.
La durata delle Camere può tuttavia ridursi per effetto dello **scioglimento anticipato** deciso dal Capo dello Stato, dopo aver sentito i rispettivi Presidenti ai sensi dell'art. 88 Cost.
È un potere che il Presidente della Repubblica può esercitare allorché risulti:

- l'*impossibilità di formare una maggioranza stabile* in conseguenza di contrasti tra le forze politiche o comunque dell'eterogeneità politica emersa tra le stesse;
- un contrasto insanabile tra i due rami del Parlamento;
- uno *scollamento tra equilibri politici presenti nelle Camere e il corpo elettorale*, con l'incapacità delle prime di rappresentare il secondo.

Ai sensi dell'art. 88, co. 2, Cost., il potere presidenziale di scioglimento è tuttavia paralizzato durante il c.d. **semestre bianco**, ossia negli *ultimi sei mei del settennato presidenziale*. Divieto previsto nel timore che il Presidente possa esercitare il potere di scioglimento con l'intento di favorire, attraverso elezioni politiche anticipate, la formazione di un Parlamento più favorevole a rieleggerlo.
Il divieto non è più tuttavia senza eccezioni a far data dalla l. costituzionale 4 novembre 1991, n. 1, che ha consentito l'esercizio del potere presidenziale di scioglimento delle Camere anche durante il semestre bianco qualora esso *coincida in tutto o in parte con gli ultimi sei mesi della legislatura*.
Se è ammesso lo scioglimento anticipato delle Camere non è invece consentito che, scaduti i cinque anni della legislatura, non siano indette nuove elezioni: ne risulterebbe leso, infatti, il principio democratico. L'art. 60, co. 2, Cost. stabilisce che unicamente nelle ipotesi eccezionali di guerra sia consentito derogare alla regola che impone di indire comunque nuove elezioni alla scadenza del quinquennio; prevede, infatti, che la durata di ciascuna Camera non può essere **prorogata** se non **per legge** e soltanto **in caso di guerra**.
Dall'istituto della proroga, come visto non ammessa se non in caso di guerra e

comunque previa approvazione di apposita legge, va ben distinto quello della ***prorogatio***, che invece è volto ad assicurare che le Camere in scadenza restino in esercizio finché non sono riunite le nuove. In questo diverso caso, il meccanismo democratico non è in discussione essendo regolarmente indette le elezioni: occorre nel frattempo evitare, tuttavia, un vuoto istituzionale e l'assenza, quindi, di Camere pronte ad affrontare in particolare situazioni di urgenza.
La Costituzione prevede, quindi, un termine massimo per l'elezione delle nuove Camere, pari a settanta giorni dalla fine delle Camere scadute, disponendo che nel frattempo –in omaggio al principio di continuità delle funzioni – sono prorogati i poteri delle precedenti Camere per la normale amministrazione costituzionale e l'esercizio della funzione legislativa indefettibile o urgente (cd. *prorogatio*).

▶ 1.7. Lo status di parlamentare

Allo *status* di parlamentare sono connesse talune importanti prerogative dirette ad assicurare la libertà del singolo parlamentare nell'esercizio delle sue funzioni.

▶ 1.7.1. Senza vincolo di mandato

In tale prospettiva l'art. 67 Cost. dispone che ciascun membro del Parlamento *rappresenta la Nazione* ed esercita le sue funzioni senza **vincolo di mandato**. Il parlamentare, pertanto, in quanto rappresentante dell'intera nazione e non già dei suoi elettori, non può ricevere da questi ultimi disposizioni vincolanti quanto alle modalità di esercizio del mandato. I parlamentari svolgono il loro incarico senza obblighi nei confronti dei partiti e degli stessi cittadini stessi.

▶ 1.7.2. Le immunità parlamentari

La garanzia della libertà del parlamentare nell'esercizio delle sue funzioni prende corpo in una serie di prerogative previste in Costituzione.
L'art. 68 Cost. prevede, al riguardo, le c.d. **immunità del parlamentare** comprensive di:
- un regime di *insindacabilità delle sue opinione e dei voti* espressi nell'esercizio delle funzioni;
- una peculiare disciplina a garanzia dell'*inviolabilità* della persona, del domicilio e della corrispondenza dei membri del Parlamento.

A. L'insindacabilità
Ai sensi dell'art. 68, co. 1, Cost., i membri del Parlamento, anche se cessati dalla carica, *non possono essere chiamati a rispondere per le opinioni espresse ed i voti dati nell'esercizio delle funzioni*.
L'irresponsabilità, civile, penale, amministrativa e disciplinare, del parlamentare è di tipo *assoluto*, non potendo lo stesso rispondere delle opinioni e dei voti coperti da immunità *anche alla cessazione dalla carica*.
Sul **piano procedurale**, a far data dal 1993, per effetto dell'abolizione con legge costituzionale n. 3, dell'autorizzazione a procedere, non è più richiesto il consenso della

Camera di appartenenza perché il parlamentare sia sottoposto a procedimento penale, per esempio per il reato di diffamazione. L'autorità giudiziaria, pertanto, potrà procedere nei confronti del parlamentare per l'eventuale reato di diffamazione, ma dovrà tuttavia fermarsi a fronte della delibera con cui la Camera di appartenenza assume e dichiara che le frasi diffamatorie contestate al parlamentare sono state pronunciate nell'esercizio delle funzioni e sono coperte quindi dal regime di insindacabilità *ex* art. 68, co. 1, Cost. In tal caso, all'Autorità giudiziaria non resta, se ritiene, che sollevare conflitto di attribuzione nei confronti del Parlamento, dinanzi alla Corte costituzionale.
Sempre più frequentemente negli ultimi decenni, l'insindacabilità parlamentare, prevista in Costituzione a garanzia dell'indipendenza del parlamentare nei confronti degli altri poteri (esecutivo e giudiziario), è stata dai singoli membri del parlamento invocata a fronte di dichiarazioni rese non nelle Aule parlamentari o comunque nel compimento degli atti tipici attraverso cui l'attività parlamentare si espleta (per es., interpellanze, interrogazioni), ma in ambiti del tutto estranei, in particolare nel corso di interventi in programmi televisivi, radiofonici e sui social (**dichiarazioni c.d. extra moenia**)
Nella giurisprudenza della Corte costituzionale si è ritenuto che il regime di insindacabilità ed irresponsabilità copre le opinioni espresse nell'esercizio della funzione tipicamente parlamentare (interpellanze, interrogazioni, ecc.), non anche quelle esternate nello svolgimento di *attività lato sensu politica in contesti extraparlamentari* (interviste, comizi, riunioni di partito, incontri con la stampa o con gli elettori.), salvo che queste non presentino un nesso con la funzione parlamentare: è il caso della dichiarazione diffamatoria resa dal parlamentare nel corso di un programma televisivo, quindi al difuori dell'esercizio di funzioni tipicamente parlamentari, ma di *contenuto corrispondente a una dichiarazione resa o a un comportamento tenuto all'interno dell'Aula* (tesi c.d. del **nesso funzionale**).

B. Inviolabilità

L'art. 68 Cost., al comma 2, detta un regime a tutela dell'**inviolabilità** della persona, del domicilio e della corrispondenza del parlamentare.
Nonostante con legge cost. n. 3 del 1993 sia stata **abolita** la c.d. **autorizzazione a procedere,** con la conseguenza che è oggi consentito sottoporre il parlamentare a procedimento penale senza che sia necessaria la deliberazione favorevole della Camera di appartenenza, permangono alcune importanti prerogative di tipo procedurale dirette a proteggere il parlamentare da interventi dell'autorità giudiziaria che abbiano intento intimidatorio o persecutorio (ispirati al cd. *fumus persecutionis*).
Nessun membro del Parlamento, infatti, *senza autorizzazione della Camera alla quale appartiene*, può essere:

a) sottoposto a *perquisizione personale o domiciliare*;
b) *arrestato o altrimenti privato della libertà personale o mantenuto in detenzione*, salvo che in esecuzione di una sentenza irrevocabile di condanna ovvero che sia colto nell'atto di commettere un delitto per il quale è previsto l'arresto obbligatorio in flagranza.
c) sottoposto ad *intercettazioni*, in qualsiasi forma, di conversazioni o comunicazioni ed a *sequestro di corrispondenza*.

A differenza dell'insindacabilità prevista dal comma 1 dell'art. 68 Cost., tale immunità ha un'efficacia temporalmente limitata coprendo il parlamentare per **la durata del mandato parlamentare**.

1.8. Le regole per le elezioni al Parlamento

La Costituzione detta poche regole con riguardo alle elezioni al Parlamento.
Fissando uno dei principi cardine del nostro sistema democratico, quello del **suffragio universale**, riconosce l'**elettorato attivo**, ossia il diritto di essere elettore, a tutti i *cittadini* che hanno la *maggiore età*, senza alcuna restrizione di ceto, censo, istruzione, sesso (artt. 56, co. 1, e 58, co. 1, Cost.); la maggiore età è a tal fine fissata dalla legge al 18° anno per l'elezione dei membri della Camera (**requisiti positivi**).
Sono eleggibili e, dunque, godono del **diritto di elettorato passivo,** tutti gli elettori che nel giorno delle elezioni hanno compiuto 25 anni per quanto riguarda la Camera (art. 56, co. 3, Cost.) e, quanto al Senato, coloro che hanno compiuto il quarantesimo anno di età (art. 58, co. 2, Cost.).

1.9. Il sistema elettorale

Quanto, invece, al sistema di elezione, la Costituzione detta scarne disposizioni così lasciando ampio margine di scelta alla legge ordinaria. Per **sistema elettorale** si intende il complesso di norme che regolano le modalità di scelta dei titolari di un mandato rappresentativo e di ripartizione, quindi, dei seggi per la rappresentanza di un determinato corpo elettorale.
La Costituzione si limita al riguardo a disporre che:

- quanto alle elezioni dei membri della *Camera* dei deputati, le stesse devono essere organizzate su *circoscrizioni plurinominali*, ossia in collegi nei quali gli elettori sono chiamati a scegliere in quella circoscrizione due o più rappresentanti, in considerazione del numero (plurale) dei seggi assegnati al collegio: tra le diverse circoscrizioni vanno quindi ripartiti i seggi complessivi, tenendo conto della popolazione nazionale complessiva e di quella della singola circoscrizione;
- quanto al *Senato*, lo stesso è eletto *su base regionale* (art. 57, co. 1, Cost.);
- una quota del numero complessivo dei membri della Camera (12) e del Senato (6) sono elettri con il voto dei cittadini residenti all'estero, nella *circoscrizione Estero* (art. 48, co. 3, Cost.).

La Costituzione non compie, quindi, una scelta omettendo di definire il sistema elettorale e rimettendo la disciplina alla legge ordinaria, che è a più riprese cambiata.
Volendo citare le tappe della complessa evoluzione legislativa, si sono avuti distinti sistemi di elezione:

- fino al 1993;
- dal 1993 al 2005 (leggi 4 agosto 1993, nn. 276 e 277, c.d. *Mattarellum*);
- dal 2005 al 2014 (l. 21 dicembre 20015, n. 270, c.d. *Calderoli*);
- dal 2017 ad oggi (3 novembre 2017, n. 165, c.d. *Rosatellum*, preceduta dalla l. 6 maggio 2015, n. 52, c.d. *Italicum*, dichiarata tuttavia incostituzionale prima di avere mai applicazione).

1.9.1. Il Rosatellum

Con l. 3 novembre 2017, n. 165, è stato definito il sistema elettorale oggi vigente (c.d **Rosatellum**, dal nome del senatore Ettore Rosato), basata – sia per il Senato, sia per la Camera – su un *meccanismo misto di attribuzione dei seggi*:

- per una *parte maggioritario*, con assegnazione di 147 seggi alla Camera e di 74 seggi al Senato effettuata *in collegi uninominali*, in favore del *candidato più votato*;
- *per altra parte proporzionale*, nell'ambito di *collegi plurinominali*, e con *soglie di sbarramento* al di sotto delle quali si viene esclusi dalla ripartizione dei seggi, pari al 3% dei voti validi per le *liste* che competono da sole, il 10% per le *coalizioni di liste*.

2. Il Governo

Il Governo, composto secondo l'art. 92 Cost. dal *Presidente del Consiglio dei ministri e dai Ministri*, che, a loro volta, costituiscono insieme il *Consiglio dei ministri*, è posto al vertice dell'intero apparato amministrativo dello Stato. In forza del rapporto di fiducia che lo lega alle Camere, è *espressione della maggioranza parlamentare*.

▶ 2.1. Il procedimento di formazione

Il **procedimento di formazione** del Governo si articola in *diverse fasi*, delle quali soltanto quella della nomina e del successivo giuramento sono espressamente disciplinate dalla Costituzione (artt. 92, co. 2, e 93).
All'art. 92, co. 2, la Costituzione prevede infatti che *il Presidente della Repubblica nomina il Presidente del Consiglio dei ministri* e, su proposta di questo, i ministri, soggiungendo al successivo art. 93, che il Presidente del Consiglio dei ministri e i ministri, prima di assumere le funzioni, prestano giuramento nelle mani del Presidente della Repubblica.
Ne deriva che titolare del potere di nomina del Presidente del Consiglio e dei ministri è il Presidente della Repubblica, tenuto a nominare i ministri, tuttavia, su proposta del Presidente del Consiglio.
La nomina è però preceduta da fasi preparatorie, talvolta complesse, non regolamentate da fonti scritte ma da consuetudini costituzionali.
Si tratta delle fasi delle *consultazioni* e del *conferimento dell'incarico*, cui seguono quindi quelle della *nomina* e del *giuramento*.
Le **consultazioni**, con le quali si apre il procedimento di formazione del Governo, sono svolte dal Presidente della Repubblica per raccogliere gli elementi utili a verificare la sussistenza di una maggioranza parlamentare e ad individuare quindi il profilo o il personaggio attorno ai quali quella maggioranza può raccogliersi. A tal fine il Presidente consulta personalità istituzionali (gli *ex* Presidenti della Repubblica e i Presidenti delle Camere) e politiche (le delegazioni dei partiti, i rappresentanti dei gruppi parlamentari), nonché qualsiasi altra figura che possa consentirgli di mettere a fuoco le reali dinamiche parlamentari.
Al termine delle consultazioni, il Presidente della Repubblica conferisce l'**incarico**, generalmente *accettato con riserva*.
Dopo consultazioni per lo più con i partiti, il Presidente del Consiglio incaricato scioglie la riserva:

- accettando definitivamente l'incarico, quando ritiene di essere in grado di

coagulare una maggioranza parlamentare intorno ad un programma di governo e ad una compagine ministeriale da proporre al Presidente della Repubblica per la successiva nomina;
- rinunciando all'incarico, qualora non ravvisi viceversa le condizioni per formare un Governo, in particolare per l'impossibilità obiettiva di ottenere l'appoggio di una maggioranza in Parlamento;

Sciolta positivamente la riserva, il Presidente della Repubblica con tre distinti decreti, controfirmati dal nuovo Presidente del Consiglio, dopo aver accettato le dimissioni del precedente Governo, **nomina** il nuovo Presidente del Consiglio e, sulla base delle proposte dallo stesso formulate, i ministri.

Il procedimento di formazione del Governo si conclude quindi, ai sensi dell'art. 93 Cost., con il **giuramento** *nelle mani del Presidente della Repubblica*, in forma separata, del Presidente del Consiglio e poi dei ministri, i quali in tal modo formalmente accettano la nomina.

Con il giuramento il nuovo Governo *entra in carica*; cessa contestualmente dall'esercizio delle sue funzioni il Governo uscente.

Entro *dieci giorni dal giuramento*, il Governo entrato in carica deve presentarsi alle Camere per ottenerne la fiducia, sulla base di un programma illustrato dal Presidente del Consiglio. In attesa della concessione della fiducia parlamentare, il nuovo Governo, *pure già in carica*, non può dirsi ancora *nella pienezza dei suoi poteri* non potendo adottare atti diretti a dare attuazione al programma di Governo, perché non approvato dalle Camere.

▶ 2.2. Le mozioni di fiducia e di sfiducia. La questione di fiducia

Con il **conferimento della fiducia** si instaura quella relazione per l'appunto fiduciaria che nel nostro ordinamento costituzionale deve sempre legare il Governo alle Camere, dirette rappresentanti della sovranità popolare.

In assenza della fiducia anche di una sola delle due Camere, il Governo è *obbligato a dimettersi*.

Ciascuna delle due Camere, preso atto del programma di governo illustrato dal Presidente del Consiglio, deve quindi approvare a maggioranza semplice dei presenti una c.d. **mozione di fiducia**, ossia un *documento motivato* con l'indicazione delle ragioni per le quali la maggioranza parlamentare condivide l'indirizzo politico governativo, *votato per appello nominale*, ossia a scrutinio palese, con pubblica assunzione di responsabilità da parte di ciascun parlamentare (art. 94, co. 2, Cost.).

Il rapporto di fiducia tra Parlamento e Governo può interrompersi in conseguenza dell'approvazione di una **mozione di sfiducia**. Al pari della mozione di fiducia, quella di sfiducia deve essere *motivata* con l'illustrazione delle ragioni per le quali il Governo ha perso la fiducia parlamentare e deve essere *votata per appello nominale*. La mozione va presentata da un numero congruo dei componenti della Camera, pari ad *almeno un decimo*, e non può essere posta in discussione *prima di tre giorni dalla sua presentazione;* si intende, in tal modo, garantire che ci sia un adeguato lasso temporale di riflessione, ponendo il Governo al riparo da improvvisi colpi di mano (art. 94, co. 2, 4 e 5, Cost.).

Approvata la mozione di sfiducia, il Governo è obbligato a dimettersi.

Solo con l'approvazione di una formale e motivata mozione di sfiducia, quindi, si

interrompe la relazione fiduciaria che deve sussistere per l'intera vita del Governo.
Ai sensi dell'art. 94, co. 4, Cost., non è sufficiente a spezzare tale relazione il voto contrario di una o d'entrambe le Camere su di una proposta del Governo, che non ha quindi l'obbligo di dimettersi ancorché possa farlo laddove ritenga che il voto contrario espresso dalle Camere abbia riguardato una iniziativa particolarmente importante e caratterizzante il programma di governo.
Per queste ipotesi, il Governo dispone però di uno strumento che, pure non previsto in Costituzione, è ormai disciplinato dai regolamenti di ciascuna delle due Camere: la **questione di fiducia**.
Anziché farsi battere dal voto contrario delle Camere su un'iniziativa di particolare significato politico (per es., un disegno di legge), il Presidente del Consiglio, previo assenso del Consiglio dei Ministri, può infatti, giocando di anticipo, sottoporre al voto parlamentare la questione di fiducia su quell'iniziativa, espressamente dichiarando che un eventuale voto contrario del Parlamento equivarrebbe al ritiro della fiducia con conseguenti dimissioni del Governo.
La questione di fiducia è quindi uno strumento che in qualche modo controbilancia il potere assegnato al Parlamento di approvare la mozione di sfiducia.

▶ 2.3. Cessazione e crisi di Governo

Il Governo rimane in carica fino a quando permane il rapporto di fiducia che lo lega alle Camere o finché non decida di dimettersi.
In presenza di tali situazioni si ha una **crisi di governo**, che può essere quindi:
- di natura *parlamentare*, se conseguente alla rottura del rapporto di fiducia tra Governo e Parlamento;
- *extraparlamentare*, dovuta a dimissioni spontanee del Governo.

Le **crisi di governo parlamentari** si verificano in caso di:
- mancata concessione iniziale della fiducia anche da parte di una sola delle Camere;
- approvazione di una mozione di sfiducia;
- voto contrario delle Camere su questione di fiducia posta dal Governo su una propria proposta.

Le **crisi di governo extraparlamentari** conseguono alla presentazione di dimissioni spontanee del Governo, non sfiduciato dal Parlamento.
Sono le crisi più frequenti e sono dovute a difficoltà politiche interne alla coalizione governativa, a seguito delle quali il Governo prende atto di non godere più dell'appoggio di una maggioranza in Parlamento.

▶ 2.4. La composizione del Governo

Il Governo è un *organo complesso* costituito dal Presidente del Consiglio e dai ministri, che costituiscono insieme il Consiglio dei ministri: concorrono a comporlo, quindi, più organi *individuali* (Presidente del Consiglio e singoli Ministri) e un organo *collegiale* (Consiglio dei Ministri).

▶ 2.4.1. Organi governativi necessari e non necessari

Sono questi gli organi di governo **necessari**, perché espressamente previsti dalla Costituzione; accanto a questi ne operano tuttavia altri che concorrono a completare la struttura governativa (organi governativi **non necessari**): pure non previsti in Costituzione, sono istituiti e disciplinati dalla legge o da norme regolamentari.

A. Il Presidente del Consiglio dei ministri

Una posizione di preminenza nella compagine governativa è riconosciuta al **Presidente del Consiglio**. Al Presidente compete garantire che il programma sul quale le Camere hanno accordato la fiducia al Governo sia effettivamente realizzato con un'azione nel suo complesso unitaria.
Dispone, infatti, l'art. 95, co. 1, che il Presidente del Consiglio dei ministri:
- *dirige la politica generale del Governo e ne è responsabile*;
- *mantiene l'unità di indirizzo politico ed amministrativo*;
- *promuove e coordina l'attività dei ministri*.

Al compito di direzione della politica generale del Governo corrispondono molteplici poteri, definiti dall'art. 5 della l. 23 agosto 1988, n. 400, primi tra tutti di promozione e coordinamento dell'attività dei ministri mediante:
- l'adozione di direttive politiche ed amministrative rivolte ai ministri;
- il coordinamento dell'attività dei ministri con riferimento alle iniziative che riguardano la politica generale del Governo;
- l'istituzione di Comitati di ministri, nonché di gruppi di studio e di lavoro composti in modo da assicurare la presenza di tutte le componenti dicasteriali interessate.

B. Il Consiglio dei ministri

Il **Consiglio dei ministri** è un organo *collegiale composto da tutti i ministri*, che ne prendono parte in posizione paritaria, e dal Presidente del Consiglio che lo presiede; alle riunioni del Consiglio assiste il sottosegretario di Stato alla Presidenza del Consiglio che svolge funzioni di Segretario del Consiglio.
Il Consiglio dei ministri elabora e definisce la politica generale del Governo (a partire dall'approvazione del programma di governo da sottoporre alle Camere per la fiducia), nonché l'indirizzo generale dell'azione amministrativa, dirime i conflitti tra i ministri.
Al Consiglio spettano inoltre:
- l'iniziativa legislativa, ivi compresa quella inerente la manovra di bilancio, ai sensi dell'art. 81 Cost.;
- l'adozione di decreti legislativi e decreti-legge, ai sensi degli artt. 76 e 77 Cost.;
- l'esercizio dei poteri necessari in caso di guerra, ai sensi dell'art. 78 Cost.
- il promovimento delle questioni di costituzionalità in via principale, ai sensi dell'art. 127 Cost.
- la nomina nei principali enti pubblici nazionali.

C. I Ministri

I **Ministri**, organi monocratici del Governo, sono *responsabili collegialmente degli atti del Consiglio dei ministri e individualmente degli atti dei loro dicasteri* (art. 95, co. 2, Cost.).

I ministri, pertanto, assumono un doppio ruolo:

- da un lato, in quanto *componenti del Consiglio dei ministri*, partecipano alla determinazione dell'indirizzo politico, siedendo in seno al Consiglio dei Ministri e partecipando all'adozione delle relative decisioni di cui assumono una responsabilità collegiale;
- dall'atro, sono *organi di vertice di un particolare settore dell'amministrazione*, il Ministero, dei cui atti assumono politicamente una responsabilità individuale.

In questo secondo ruolo, i Ministri, in attuazione del più generale indirizzo politico-governativo, elaborano specifiche direttive politiche all'Amministrazione di settore di cui sono a capo verificando che siano attuate nello svolgimento della concreta attività amministrativa.

Per effetto del principio di separazione tra politica e amministrazione, infatti, al Ministro spettano i poteri di *definizione degli obiettivi e dei programmi da attuare* e di *verifica della rispondenza agli stessi dell'attività amministrativa svolta*; competono ai dirigenti, invece, quelli di *gestione finanziaria, tecnica e amministrativa*.

D. Ministri senza portafoglio

La compagine governativa è tuttavia di frequente costituita, oltre che dai Ministri di cui si è detto, anche dai **Ministri senza portafoglio**, ciascuno con una sfera di competenza in seno al Governo ma non posti a capo di un ministero (ad esempio, i Ministri per gli affari regionali, per i rapporti con il Parlamento, per le riforme costituzionali): rientrano tra gli organi non necessari del Governo.

Ai sensi dell'art. 95, co. 3, Cost., spetta alla legge determinare il numero oltre che le attribuzioni e l'organizzazione dei Ministeri.

E. Organi governativi non necessari

Come si è visto, agli organi necessari del Governo si affiancano organi che, pur non previsti in Costituzione, completano la struttura governativa (organi governativi **non necessari**).

Taluni hanno struttura *collegiale*, in particolare i *Comitati interministeriali* costituiti da più ministri (talvolta anche da funzionari ed esperti) con il compito di preparare e coordinare l'attività del Consiglio dei ministri in determinati settori (per esempio, il CIPE, Comitato interministeriale per la programmazione economica, il CISR, Comitato interministeriale per la sicurezza della Repubblica).

Altri hanno invece natura *individuale*. Tra questi, oltre ai Ministri senza portafoglio:

- i *vicepresidenti del Consiglio dei ministri*, con un ruolo squisitamente politico, di supplenza del Presidente in caso di assenza o impedimento temporaneo;
- i *sottosegretari di Stato*, che, su delega del ministro o del Presidente del Consiglio, coadiuvano l'uno o l'altro esercitando i compiti loro assegnati con la delega stessa, senza tuttavia far parte del Consiglio dei ministri (ad eccezione del sottosegretario di Stato alla Presidenza del Consiglio, che vi partecipa soltanto con funzioni di segretario verbalizzante);
- i *viceministri*, in numero non superiore a dieci, scelti tra i sottosegretari, con deleghe relative ad aree o progetti di competenza di una o più strutture dipartimentali ovvero di più direzioni generali;
- i *commissari straordinari del Governo*, nominati con decreto del Presidente della Repubblica, su proposta del Presidente del Consiglio dei ministri, previa

deliberazione del Consiglio dei ministri, per specifici obiettivi determinati in relazione a programmi o indirizzi deliberati dal Parlamento o dal Consiglio dei Ministri o per particolari e temporanee esigenze di coordinamento operativo tra amministrazioni statali (per esempio, il Commissario straordinario per la revisione della spesa pubblica).

▶ 2.5. La responsabilità del Presidente del Consiglio e dei Ministri

Tanto il Presidente del Consiglio quanto i Ministri possono incorrere in responsabilità di tipo *politico* ma anche *giuridico*.

▶ 2.5.1. Responsabilità politica

La **responsabilità politica** è quella di cui Presidente e Ministri possono rispondere dinanzi alle Camere, alle quali l'uno e gli altri sono legati da *rapporto di fiducia*. Può essere fatta valere dalle Camere, quindi, con lo strumento della mozione di sfiducia cui consegue l'obbligo di dimissioni.
La responsabilità può essere collegiale o individuale, a seconda che a rispondere innanzi alle Camere degli atti o dei comportamenti posti in essere sia l'intero Governo o il singolo ministro.

▶ 2.5.2. Responsabilità giuridica

La **responsabilità giuridica** del Presidente e dei Ministri può essere:
- *civile*, per i danni arrecati a terzi nell'esercizio delle loro funzioni (art. 28 Cost.);
- *penale*, per i cd. reati ministeriali, commessi in occasione e a causa dell'esercizio delle loro funzioni ed abusando del potere loro conferito;
- *amministrativa*, per danni arrecati alla pubblica amministrazione.

▶ 2.5.3. I reati ministeriali

Una disciplina *ad hoc* è dettata per i c.d. **reati ministeriali**, commessi dal Presidente del Consiglio o dai Ministri *nell'esercizio delle loro funzioni*. L'art. 96 Cost. prevede infatti a loro favore un'immunità collegata allo *status, fonte di una serie di norme di carattere derogatorio*.
In primo luogo, la *fase delle indagini* non è svolta dal pubblico ministero ma da uno speciale collegio (cd. *Tribunale dei Ministri*), appositamente costituito presso il Tribunale del capoluogo di ogni distretto di Corte d'Appello; il collegio, se ritiene, all'esito delle indagini, che si debba procedere, chiede, tramite il procuratore della Repubblica, la prescritta autorizzazione della Camera di appartenenza, ovvero del Senato, qualora il Presidente o il Ministro non sia parlamentare.
Le Camere possono, a maggioranza assoluta, negare l'autorizzazione ove reputino, con valutazione insindacabile, che l'inquisito abbia agito:
a) per la *tutela di un interesse dello Stato costituzionalmente rilevante*;
b) ovvero per il *perseguimento di un preminente interesse pubblico* nell'esercizio della funzione di governo.

Se l'autorizzazione è concessa, il giudizio spetta al Tribunale – in composizione collegiale – del capoluogo del distretto di Corte d'Appello competente per territorio.

▶ 2.6. Per gli organi ausiliari si rinvia, per la disamina Parte III, Cap. 2, Par. 3

3. Il Presidente della Repubblica

In posizione di organo *super partes* e al vertice dell'organizzazione costituzionale l'art. 87 Cost., co. 1, pone il Presidente della Repubblica, definendolo **Capo dello Stato** e **rappresentante dell'unità nazionale**.
La sua posizione, pertanto, non è certo *di parte*, per quanto il Presidente della Repubblica *prenda parte* di frequente e anche in modo determinante alle vicende istituzionali.
Il Presidente, pur non essendo parte di alcuno dei poteri dello Stato, partecipa infatti all'azione di questi. Come esamineremo, interviene nell'azione:
- del *potere esecutivo*, mediante l'emanazione e l'assunzione formale dei più importanti atti spettanti a tale potere (decreti legge, decreti legislativi, regolamenti, nomina dei più alti funzionari dello Stato);
- del *potere legislativo*, partecipando all'iniziativa e alla promulgazione delle leggi;
- del *potere giudiziario*, mediante la presidenza del Consiglio Superiore della magistratura.

Nel prendere parte alle più importanti vicende istituzionali, tuttavia, il Capo dello Stato, in quanto rappresentante dell'unità nazionale, *non è chiamato a favorire l'una o l'altra delle parti politiche*, ma ad assicurare unità, permanenza e efficiente funzionamento dell'ordinamento costituzionale.

▶ 3.1. Le vicende della carica: elezione, mandato, supplenza

Il Presidente della Repubblica è **eletto** dal **Parlamento in seduta comune**, integrato da *tre delegati per ogni Regione* eletti dal Consiglio regionale in modo che sia assicurata la rappresentanza delle minoranze. La Valle d'Aosta ha un solo delegato (art. 83, co. 1 e 2, Cost.). La convocazione del Parlamento in seduta comune e dei delegati regionali è fatta dal *Presidente della Camera* 30 giorni prima che scada il mandato del Presidente in carica; se le Camere sono *sciolte*, o *mancano meno di 3 mesi alla loro cessazione*, l'elezione ha luogo *entro 15 giorni dalla riunione delle Camere nuove*. Nel frattempo, sono *prorogati* i poteri del Presidente in carica (art. 85 Cost.).
L'elezione del Presidente della Repubblica ha luogo per *scrutinio segreto* ed è richiesta la *maggioranza di 2/3 dell'assemblea*; se al *terzo scrutinio* non si sia raggiunta tale maggioranza è sufficiente per l'elezione, *nei successivi scrutini*, la *maggioranza assoluta*, ossia la metà più uno degli aventi diritto al voto (art. 83, co. 3, Cost.).
Ai sensi dell'art. 84, co. 1, Cost. per essere eletto Presidente della Repubblica è necessario avere la cittadinanza italiana, aver compiuti *50 anni* di età, godere dei diritti civili e politici.
L'ufficio di Presidente della Repubblica è *incompatibile con qualsiasi altra carica* (art. 84, co. 2, Cost.).

Il Presidente della Repubblica **dura in carica sette anni** (art. 85, co. 1, Cost.), che decorrono dal *giuramento di fedeltà alla Repubblica e di osservanza della Costituzione* innanzi al Parlamento in seduta comune.
Cessa dall'ufficio, oltre per la scadenza del settennio:
a) per *impedimento permanente* (nel caso in cui il Presidente sia impossibilitato ad esercitare le sue funzioni);
b) per *morte* o *dimissioni*;
c) per *decadenza dalla carica* (in seguito, ad es., alla perdita della cittadinanza o dei diritti civili o politici).

La Costituzione **non vieta la rieleggibilità del Presidente** alla scadenza della carica: gli unici casi di rielezione finora verificatisi sono stati quelli del Presidente Giorgio Napolitano, rieletto per il secondo mandato nel 2013, e del Presidente Sergio Mattarella, rieletto nel 2022.

Qualora il Presidente sia **permanentemente** (ad es., morte, dimissioni, destituzione dovuta a condanna della Corte costituzionale per i reati di alto tradimento o di attentato alla Costituzione) **o temporaneamente** (ad es., malattia, sospensione dalla carica) **impedito** ad adempiere le sue funzioni, queste sono esercitate dal **Presidente del Senato** (cd. **supplenza**). I poteri del supplente sono quelli propri del Capo dello Stato. In caso di impedimento permanente, il Presidente della Camera indice l'elezione del nuovo Presidente.

▶ 3.2. Le attribuzioni del Presidente della Repubblica

Le attribuzioni del Capo dello Stato sono *molteplici* e *diverse tra loro*. I criteri che è possibile utilizzare per ordinarli e classificarli sono molteplici e attengono:
- al *potere sul quale le attribuzioni presidenziali incidono* (legislativo, esecutivo o giudiziario);
- alla *natura degli effetti* che l'esercizio delle singole attribuzioni presidenziali producono tenendo conto della dinamica del circuito politico-costituzionale;
- al *peso decisionale* che al Presidente della Repubblica è riconosciuto nell'adozione dei singoli atti, qualora adottati in concorso con altri organi costituzionali, primo tra tutti il Governo.

▶ 3.2.1. Il potere sul quale le attribuzioni presidenziali incidono

Quanto alle attribuzioni che incidono sul **potere legislativo**, il Presidente della Repubblica:
- può rivolgere *messaggi* alle Camere richiamando così la loro attenzione su questione di particolare importanza che il Presidente ritiene vadano affrontate e risolte (art. 87, co. 2, Cost.);
- indice le *elezioni delle nuove Camere* e ne fissa la prima riunione (art. 87, co. 3, Cost.);
- può *convocare le Camere* in via straordinaria (art. 62, co. 2, Cost.);
- può, sentiti i loro presidenti, *sciogliere le Camere* o anche una sola di esse (art. 88 Cost.);

- *promulga le leggi* (art. 87, co. 5, Cost. e 73 Cost.);
- può *sospendere la promulgazione e rinviare la legge alle Camere* con un suo messaggio motivato per chiedere una nuova deliberazione (art. 74 Cost.);
- indice il *referendum popolare* nei casi previsti dalla Costituzione (art. 87, co. 6, Cost.);
- può nominare *5 senatori a vita* (art. 59, co. 2, Cost.).
- In riferimento al **potere esecutivo**, il Capo dello Stato:
- nomina il *Presidente del Consiglio dei ministri* e, su proposta di questo, i *ministri* (art. 92 Cost.);
- nomina, nei casi indicati dalla legge i *funzionari dello Stato*, la cui scelta tuttavia compete al Governo quale vertice dell'Amministrazione (art. 87, co. 7, Cost.);
- autorizza la presentazione alle Camere dei *disegni di legge d'iniziativa del Governo* (art. 87, co. 4, Cost.);
- emana *i decreti aventi valore di legge e i regolamenti* (art. 87, co. 5, Cost.);
- accredita e riceve i *rappresentanti diplomatici*, ratifica i *trattati internazionali*, previa, quando occorra, l'autorizzazione delle Camere (art. 87, co. 8, Cost.);
- ha il comando delle *Forze armate*: se certo queste sono sotto il comando operativo del Governo, compete al Presidente, infatti, garantire che le relative decisioni siano in linea con i principi della Costituzione che, all'art. 11, ripudia la guerra come strumento di offesa alla libertà degli altri popoli e come mezzo di risoluzione delle controversie internazionali;
- presiede il *Consiglio supremo di difesa* costituito dal Presidente del Consiglio dei Ministri, dai Ministri coinvolti nella politica militare (esteri, interno, difesa, economia e finanze, Attività produttive) e dal Capo di stato Maggiore della Difesa),;
- dichiara lo *stato di guerra*, deliberato dalle Camere (art. 87, co. 9, Cost.);
- conferisce le *onorificenze* della Repubblica (art. 87, co. 12, Cost.).

Rispetto al **potere giudiziario**, il Presidente della Repubblica:
- presiede il *Consiglio superiore della magistratura* (art. 87, co. 10, Cost.);
- può concedere *grazia* e commutare pene (art. 87, co. 11, Cost.);
- nomina *5 giudici della Corte costituzionale* (art. 135 Cost.).

▶ 3.2.2. Natura degli effetti

Guardando **alla natura degli effetti** che l'esercizio delle singole attribuzioni presidenziali producono si può distinguere tra:
- *poteri di stretta garanzia*: presidenza del Consiglio Superiore della magistratura, comando delle Forze armate, presidenza del Consiglio supremo di difesa;
- *poteri di controllo e freno*: convocazione straordinaria delle Camere, scioglimento anticipato delle Camere, promulgazione delle leggi, autorizzazione alla presentazione dei disegni di legge governativi, emanazione dei decreti avente valore di legge e dei regolamenti, ratifica dei trattati internazionali, dichiarazione dello stato di guerra;
- *poteri di stimolo e d'impulso*: potere di messaggio alle Camere;
- *poteri di copertura e di funzionamento degli organi costituzionali*: nomina dei

senatori a vita, nomina dei giudici costituzionali, convocazione straordinaria delle Camere, nomina del Presidente del Consiglio;
- *poteri di prerogativa*: concessione della grazia, commutazione delle pene, conferimento delle onorificenze della Repubblica.

▶ 3.2.3. Peso decisionale del Presidente

Le attribuzioni presidenziali sono anche tradizionalmente classificate distinguendo a seconda del **peso decisionale che il Presidente assume nell'adottare atti**, in concorso con altri organi, in particolare il Governo.
Si distingue infatti tra:
atti formalmente presidenziali e sostanzialmente governativi;
atti formalmente e sostanzialmente presidenziali.

A. La controfirma ministeriale

È utile premettere che, ai sensi dell'art. 89 Cost., nessun atto del Presidente della Repubblica *è valido* se non è **controfirmato dai ministri proponenti**, *che ne assumono la responsabilità*.
La controfirma è un tratto essenziale del regime parlamentare: con l'apposizione della controfirma agli atti del Presidente, infatti, i Ministri assumono la responsabilità politica degli stessi dinanzi al Parlamento. Di tali atti non è invece responsabile il Presidente: ai sensi dell'art. 90 Cost., infatti, il Presidente della Repubblica *non è responsabile*, sia penalmente che civilmente, per gli atti compiuti nell'esercizio delle sue funzioni, tranne che per alto tradimento o per attentato alla Costituzione (art. 90, co. 1, Cost.).
Al contempo, la controfirma è *requisito di validità degli atti stessi*. Lo stesso art. 89 Cost., al comma 2, soggiunge che gli atti che hanno valore legislativo (per esempio, i decreti legge) e gli altri atti indicati dalla legge sono controfirmati anche al Presidente del Consiglio dei ministri.

Il differente rilievo della controfirma ministeriale

La controfirma ministeriale ha tuttavia un rilievo sostanziale differente a seconda della natura dell'atto presidenziale che viene in considerazione.

1. negli *atti governativi* la controfirma ministeriale è espressione del potere di iniziativa e di determinazione preminente, mentre con la firma del Presidente si realizza forma di controllo costituzionale sull'azione di Governo;

negli *atti sostanzialmente presidenziali* il rapporto si inverte, sicché la firma del Presidente è espressione dell'iniziativa e della decisione presidenziale, mentre la controfirma ministeriale attesta l'intervenuto controllo esercitato dal Governo sull'azione del Presidente.
A seconda dei casi, il rifiuto della controfirma ministeriale o della firma presidenziale può essere contestato rispettivamente dal Presidente o dal Governo mediante *ricorso per conflitto di attribuzioni dinanzi alla Corte costituzionale*.
È utile passare alla descrizione di ciascuna delle due categorie di atti presidenziali sopra indicate.

B. Atti formalmente presidenziali e sostanzialmente governativi

Gli **atti formalmente presidenziali e sostanzialmente governativi o atti ministeriali** sono quelli che, pur formalmente imputati al Capo dello Stato, sono riconducibili nella sostanza alla volontà del proponente cui in concreto spetta il potere decisionale. Vi rientrano:

- i decreti presidenziali contenenti norme giuridiche, di rango tanto primario (decreti-legge e decreti legislativi) quanto secondario (regolamenti);
- la nomina dei ministri e degli alti funzionari dello Stato;
- l'autorizzazione alla presentazione alle Camere dei disegni di legge di iniziativa governativa.

Per tale atti l'intervento del Presidente risponde a ragioni di solo controllo di legittimità. Nell'esercizio di tale funzione, il Presidente può chiedere il riesame dell'atto, senza tuttavia poter incidere sul contenuto che l'atto deve avere, di esclusiva competenza del Governo.

C. Atti formalmente e sostanzialmente presidenziali

Per gli **atti formalmente e sostanzialmente presidenziali**, invece, la situazione si inverte: la decisione relativa alla loro adozione e al relativo contenuto è del solo Presidente, al Ministro essendo assegnato un compito di mero controllo. Vi rientrano gli atti con i quali si esprimono le funzioni tipicamente presidenziali di garanzia del funzionamento costituzionale, tra cui

- la nomina dei 5 senatori a vita;
- la nomina dei 5 giudici costituzionali;
- la nomina di 8 esperti componenti il Consiglio nazionale dell'economia e del lavoro;
- il rinvio al Parlamento di una legge;
- la promulgazione delle leggi;
- i messaggi alle Camere.

Per tali atti il Presidente della Repubblica dispone di **un'ampia sfera di discrezionalità**, per quel che attiene alla decisione di adottarlo o al contenuto dell'atto.

▶ 3.3. La responsabilità del Presidente della Repubblica

Come rilevato, il Presidente della Repubblica è **politicamente irresponsabile**: la responsabilità politica degli atti presidenziali è infatti assunta dai ministri con la controfirma.

Quanto alla **responsabilità giuridica**, il Presidente della Repubblica *non è responsabile, sia penalmente che civilmente, per gli atti compiuti nell'esercizio delle sue funzioni*, tranne che per alto tradimento o per attentato alla Costituzione (art. 90, co. 1, Cost.).

▶ 3.3.1. Alto tradimento

Per **alto tradimento** si intende ogni comportamento doloso che viola il giuramento di fedeltà alla Repubblica (ad es., l'attentato all'integrità e alla indipendenza dello Stato o ancora l'intelligenza con lo Stato nemico in caso di conflitto bellico).

▶ 3.3.2. Attentato alla Costituzione

Per **attentato alla Costituzione** si intende ogni comportamento, egualmente doloso, diretto a sovvertire le istituzioni costituzionali (ad es., un colpo di Stato) o a violare deliberatamente la Costituzione.

▶ 3.3.3. Procedimento per messa in stato d'accusa

Spetta al **Parlamento in seduta comune** mettere **in stato di accusa** il Presidente, a maggioranza assoluta dei suoi membri, qualora ritenga che l'atto da lui compiuto integri il reato di alto tradimento o di attentato alla Costituzione. In tal caso, il Presidente è sottoposto al **giudizio della Corte costituzionale,** integrata da **sedici membri** tratti a sorte da un elenco di cittadini aventi i requisiti per l'eleggibilità a senatore: l'elenco è compilato dal Parlamento ogni 9 anni mediante elezione con le stesse modalità stabilite per la nomina dei giudici della Corte costituzionale (ossia *in seduta comune, a scrutinio segreto e con maggioranza qualificata*).
Nel pronunciare **sentenza di condanna**, la Corte determina le sanzioni penali nei limiti del massimo di pena previsto dalle leggi vigenti, nonché le sanzioni costituzionali, amministrative e civili adeguate al fatto.

4. La Corte costituzionale

La Costituzione del 1948 è **rigida** e si colloca, in quanto tale, in una posizione di *superiorità gerarchica rispetto alle altre fonti*, compresa la legge ordinaria e gli atti aventi forza di legge (decreti legge e decreti legislativi). L'una e gli altri, per effetto del *principio di costituzionalità*, sono quindi subordinati alla Costituzione e devono rispettarne norme e principi.

Corte costituzionale e fonti della sua disciplina
Gli articoli 134-137 Cost. assegnano alla **Corte costituzionale** il compito di svolgere la verifica di costituzionalità, riconoscendole un ventaglio di competenze che integrano la c.d. *giustizia costituzionale*. Non l'intera disciplina riguardante la Corte è peraltro contenute in Costituzione.

▶ 4.1. Composizione e funzionamento della Corte costituzionale

Ai sensi dell'art. 135, co. 1, Cost., la Corte è composta da *15 giudici* i quali, *per un terzo ciascuno*:
- sono nominati dal Presidente della Repubblica con suo decreto, controfirmato dal Presidente del Consiglio dei ministri;
- sono eletti dal Parlamento in seduta comune, a scrutinio segreto e con la maggioranza dei 2/3 dei componenti nel primo, secondo e terzo scrutinio e dei 3/5 dei componenti negli scrutini successivi al terzo;
- sono eletti dalle supreme magistrature ordinaria ed amministrative. I giudici la cui nomina spetta alle supreme magistrature sono eletti: 3 da un collegio composto dai magistrati della Corte di cassazione; 1 da un collegio composto dai

magistrati del Consiglio di Stato; 1 da un collegio composto dai magistrati della Corte dei Conti.

Quale che sia l'organo che li nomina o li elegge, sono scelti tra:

- *magistrati*, anche a riposo, delle giurisdizioni superiori, ordinaria e amministrative;
- *professori ordinari* in materie giuridiche;
- *avvocati* dopo 20 anni di esercizio professionale.

I giudici ordinari della Corte sono nominati per **9 anni**, decorrenti, per ciascuno di essi, dal giorno del giuramento e non possono essere nuovamente nominati (art. 135, co. 3, Cost.). Alla scadenza del termine, il giudice cessa dalla carica e dall'esercizio delle funzioni (art. 135, co. 4, Cost.). Ai giudici costituzionali *non si applica la cd. prorogatio*, cioè il principio in forza del quale i titolari di pubblici uffici a termine continuano a svolgere i propri compiti istituzionali sino alla concreta sostituzione, in maniera da garantire la continuità dell'ufficio.

▶ 4.1.1. Indipendenza e immunità dei singoli giudici

A garanzia dell'**indipendenza** della Corte e dei suoi giudici sono previste alcune c.d. **immunità**. In particolare, i giudici della Corte:

- *non possono essere rimossi o sospesi* dal loro ufficio se non con decisione della Corte, per sopravvenuta incapacità fisica o civile o per gravi mancanze nell'esercizio delle loro funzioni;
- *non sono sindacabili né possono essere perseguiti* per le opinioni espresse e i voti dati nell'esercizio delle loro funzioni;
- finché durano in carica godono delle *guarentigie previste nell'art. 68, co. 2, Cost. per i membri delle due Camere*, ivi compresa quella per la sottoposizione a giudizio penale (ormai abolita per i parlamentari).

▶ 4.1.2. Indipendenza della Corte nel suo complesso

Inoltre, a completare il quadro delle guarentigie di indipendenza della Corte nel suo complesso vanno ricordate:

- la *immunità della sede*, in cui non può accedere la forza pubblica senza il consenso del Presidente;
- l'*autonomia* organizzativa, finanziaria e contabile dell'organo;
- la cd. *giurisdizione domestica*, cioè la competenza della stessa Corte a giudicare sui ricorsi de
- i propri dipendenti, al pari di quanto avviene per il Parlamento.

▶ 4.1.3. Funzionamento

Quanto al **funzionamento**, le udienze della Corte sono *pubbliche*, ma il Presidente può disporre che si svolgano a porte chiuse quando la pubblicità può nuocere alla sicurezza dello Stato o all'ordine pubblico o alla morale, ovvero quando avvengano, da parte del pubblico, manifestazioni che possano turbare la serenità.

La Corte funziona con l'intervento di almeno 11 giudici (quorum costitutivo).

Le decisioni sono deliberate in Camera di consiglio dai giudici presenti a tutte le udienze in cui si è svolto il giudizio e vengono prese con la *maggioranza assoluta dei votanti* senza che i singoli giudici possano far conoscere all'esterno eventuali opinioni dissenzienti (c.d. *dissenting opinion*). In caso di parità di voto, prevale, come già visto, quello del Presidente.

▶ 4.2. Le attribuzioni della Corte costituzionale

La Corte costituzionale svolge assegnate **quattro tipologie di attribuzioni**.
Tre sono individuate dall'art. 134 Cost., e riguardano:
- il giudizio sulle controversie relative alla *legittimità costituzionale delle leggi e degli atti aventi forza di legge*, dello Stato e delle Regioni (**giudice delle leggi**);
- il *giudizio sui conflitti di attribuzione* tra i poteri dello Stato e su quelli tra lo Stato e le Regioni e tra le Regioni (**giudice dei conflitti costituzionali**);
- il *giudizio sulle accuse* promosse contro il Presidente della Repubblica (**giudice penale**);

Una quarta è stata aggiunta dall'art. 2, l. cost. 11 marzo 1953, n. 1, e riguarda:
- il **giudizio di ammissibilità del referendum abrogativo**, nel quale la Corte controlla che i quesiti referendari non siano in contrasto con l'art. 75 Cost.

▶ 4.3. Il giudizio di legittimità costituzionale: oggetto, parametro e vizi denunciabili

Nei giudizi di costituzionalità delle leggi la Corte verifica la *conformità ad una norma costituzionale* di leggi e atti con forza di legge dello Stato e delle Regioni già entrate in vigore (c.d. *controllo successivo*).
Nei giudizi in esame quindi:
- una norma costituisce l'*oggetto* del controllo esercitato dalla Corte (la norma di legge della cui legittimità costituzionale si dubita);
- un'altra norma (quella costituzionale che si ritiene violata) è il *parametro* che la Corte deve utilizzare per verificare che sia o meno legittima la norma di legge sospettata di incostituzionalità (cioè, la norma oggetto).

Quanto all'**oggetto**, possono essere sottoposte al controllo della Corte nei giudizi di legittimità costituzionale:
- le *leggi ordinarie*, sia *statali* sia *regionali* (e delle Province autonome di Trento e di Bolzano), cioè quelle approvate dal Parlamento o dai Consigli regionali e promulgate dal Presidente della Repubblica o dai Presidenti delle Regioni;
- gli *atti aventi forza di legge* (decreto legislativo, decreto-legge, decreto legislativo di attuazione degli statuti speciali);
- le *leggi costituzionali* e *di revisione costituzionale*, anch'esse sottoposte ai *limiti* di cui all'art. 139 Cost. (La forma repubblicana non può essere oggetto di revisione costituzionale), oltre che ai c.d. *limiti impliciti*.

Quanto al **parametro** che la Corte deve utilizzare per verificare che sia o meno legittima la norma di legge sospettata di incostituzionalità, è costituito:
- dalla *Costituzione*;

- da *norme di rango formalmente costituzionale*, cioè le leggi costituzionali e le leggi di revisione costituzionale approvate con lo speciale procedimento di cui all'art. 138 Cost.;
- da norme, *non costituzionali*, ma *di legge ordinaria*, la cui violazione determina tuttavia un'indiretta violazione di norme costituzionali (c.d. **norme interposte**). Così, ad esempio, se un decreto legislativo viola i limiti posti dalla *legge di delega* (che pure è legge ordinaria), viola indirettamente l'art. 76 Cost., in forza del quale il Governo, nell'esercizio della funzione legislativa affidatagli con legge di delega, deve attenersi ai principi e criteri direttivi indicati nella delega stessa.

Le tipologie di **vizi di costituzionalità** denunciabili dinanzi alla Corte sono:

- **vizi formali**, che attengono al procedimento seguito nella formazione della legge o dell'atto avente forma di legge della cui costituzionalità si dubita (per es., una legge di bilancio approvata dalle Commissioni parlamentari, anziché dall'Assemblea, nonostante per la legge di bilancio l'art. 72, ult. co., Cost. imponga la procedura normale di esame e di approvazione diretta da parte della Camera);
- **vizi materiali o sostanziali**, relativi al *contenuto* della legge, alla sostanza della disciplina che la stessa contiene; si ha vizio materiale, quindi, quindi, nel caso di violazione diretta di una regola o un principio costituzionale, per esempio quello di ragionevolezza desunto dall'art. 3 Cost.;
- **vizi di incompetenza**, che ricorrono quando non è rispettata la distribuzione delle competenze legislative fra i diversi organi costituzionali (per esempio, una legge regionale che introduca nuove fattispecie di reato così violando la competenza esclusiva della legge *statale* in *materia penale*).

▶ 4.3.1. I modi di attivazione dei giudizi di legittimità costituzionale

Il giudizio di legittimità costituzionale delle leggi o degli atti aventi forza di legge può essere attivato:

- *in via incidentale*, nascendo nell'ambito di una controversia giudiziaria durante la quale sorge il dubbio di illegittimità costituzionale della norma di legge che si ritiene di applicare per decidere la causa;
- *in via principale*, con ricorso proposto direttamente alla Corte costituzionale dal Governo o dalle Regioni (ma mai da singoli individui).

A. Il giudizio di legittimità costituzionale in via indiretta o incidentale

La via generale d'accesso al processo costituzionale è quella **indiretta** o **incidentale**, così detta perché la questione di legittimità costituzionale è un *incidente del processo principale* che si svolge dinanzi ad un qualunque giudice. Si ha quando un giudice (civile, penale, amministrativo), nel corso di un processo avviato per la definizione di una lite (detto giudice *a quo*), di *sua iniziativa* (d'ufficio) o su *sollecitazione di una o di una delle parti* della causa in corso, rimetta alla Corte costituzionale la **questione di legittimità costituzionale di una norma di legge** sempre che:

- ritenga di doverla applicare nel decidere la causa;
- dubiti della sua conformità ad una norma o ad un principio della Costituzione.

Ai sensi dell'art. 1, l. cost. n. 1 del 1948, la questione di legittimità costituzionale può essere rimessa alla Corte costituzionale da **una autorità giurisdizionale** e **in**

occasione e nel corso di un giudizio. Le *parti del processo* possono solo sollecitare il giudice perché sollevi la questione di costituzionalità di un atto legislativo, ma non possono rivolgere istanza direttamente alla Corte costituzionale.
Legittimati a rimettere la questione dinanzi alla Corte costituzionale – cioè ad essere giudici *a quibus* – sono non soltanto i giudici ordinari (civili e penali) e amministrativi, ma tutti gli organi che presentano i requisiti oggettivi e soggettivi della giurisdizione, cioè che:

a) siano chiamati a decidere controversie facendo applicazione oggettiva della legge;
b) lo facciano in *posizione di assoluta terzietà* rispetto alle parti ed in contraddittorio con esse.

Applicando tali principi, si è per esempio riconosciuta la legittimazione a sollevare questione di legittimità costituzionale della sezione disciplinare del Consiglio Superiore della Magistratura impegnata nei procedimenti contro i magistrati ordinari promossi dal Procuratore generale presso la Corte di Cassazione o dal Ministro della Giustizia.
Perché la questione di legittimità possa essere correttamente rimessa alla Corte costituzionale, il giudice *a quo* deve verificare la sussistenza di **due presupposti**, entrambi necessari. Deve, in particolare accertare che:

- la questione di legittimità costituzionale sia **rilevante**, perché la norma di legge che ne costituisce oggetto deve essere applicata nel decidere la controversia da definire (c.d. **rilevanza della questione**);
- la questione **non sia manifestamente infondata** (cd. **non manifesta infondatezza** della questione). Al giudice *a quo* non spetta, quindi, accertare né che la questione *sia infondata*, né che *sia fondata*, perché, nell'uno e nell'altro caso, si sostituirebbe alla Corte costituzionale; a lui compete solo verificare che la questione *non sia manifestamente infondata*, ossia *palesemente priva di ogni serietà* e fondamento giuridico. Al contrario, dovrà sollevare la questione quando sia sfiorato quantomeno da un dubbio sulla costituzionalità della legge, pur non avendo certezza della sua illegittimità costituzionale.

In realtà, secondo un orientamento molto seguito dalla Corte costituzionale, il giudice *a quo* deve effettuare una **terza verifica**, dovendo accertare che non sia possibile *un'interpretazione conforme a Costituzione* della disposizione da applicare nel giudizio, sempre che la formulazione letterale della disposizione lo consenta (interpretazione detta **costituzionalmente orientata**).

B. Il giudizio di legittimità costituzionale in via diretta o principale

Il giudizio di legittimità costituzionale in via diretta o principale ha ad oggetto le controversie promosse dallo Stato contro le Regioni o dalle Regioni contro lo Stato per far valere la lesione delle competenze legislative all'uno e alle altre riconosciute dalla Costituzione.
Il giudizio quindi, da attivare con ricorso, è promosso:

- dalla Regione quando ritiene che una legge statale (o una legge di altra Regione) abbia invaso la sfera delle proprie competenze legislative;
- dallo Stato, viceversa, rispetto a leggi regionali ritenute lesive delle attribuzioni legislative statali.

A norma dell'art. 127, co. 1, nel nuovo testo introdotto dalla l. cost. n. 3 del 2001, il **Governo** della Repubblica, quando ritenga che una legge regionale *ecceda la*

competenza della Regione, può promuovere la questione di legittimità costituzionale dinanzi alla Corte costituzionale entro 60 giorni dalla pubblicazione della legge medesima.
La questione è sollevata, previa deliberazione del Consiglio dei ministri, dal Presidente del Consiglio.
Quanto all'**impugnativa delle Regioni**, esse possono ricorrere alla Corte quando ritengano che una legge o un atto avente forza di legge dello Stato o di un'altra Regione *leda la propria sfera di competenza*, sempre nel termine di 60 giorni dalla pubblicazione della legge impugnata.
Stato e Regioni (titolo a latere)
Quanto al *momento di proposizione del ricorso, Stato e Regioni sono quindi posti sullo stesso piano*: il ricorso, infatti, sia quello proposto dallo Stato sia quello promosso da una Regione, è comunque *successivo alla pubblicazione della legge impugnata*.
Non altrettanto può dirsi per quel che attiene ai *vizi che è possibile denunciare* con il ricorso dello Stato e con quello delle Regioni.
Se infatti la legge dello Stato o di un'altra Regione può essere impugnata solo se lede la competenza della Regione ricorrente, allo Stato è consentito impugnare una legge regionale *per qualsiasi vizio*, potendo quindi dedurre il contrasto della stessa con qualsiasi norma costituzionale e non solo con quelle che disciplinano la competenza.

▶ 4.3.2. Le tipologie di pronunce della Corte costituzionale

A norma dell'art. 18 della l. n. 87 del 1953, la Corte giudica *in via definitiva* con **sentenza**. Tutti gli altri provvedimenti di sua competenza sono adottati con **ordinanza**.
La distinzione tra le due forme di pronuncia non è tuttavia sempre netta. In via di massima:

- le decisioni che *accolgono la questione* sono sempre adottate con sentenza;
- le decisioni che *non la accolgono*, per ragioni sostanziali o per ragioni procedurali, possono essere adottate in entrambe le forme.

Sia le sentenze che le ordinanze sono composte da un *dispositivo* e da una *motivazione*, sono *numerate progressivamente* in una numerazione unica annuale, *non sono impugnabili* in alcun modo.
Le sentenze sono pronunciate in nome del popolo italiano e devono contenere, oltre alle indicazioni dei motivi di fatto e di diritto, il dispositivo, la data della decisione e la sottoscrizione del Presidente e del giudice che le ha redatte.
Quanto al contenuto e agli effetti delle pronunce, la Corte, giudicando con sentenza in via definitiva, può dichiarare:

a) *l'illegittimità costituzionale* della disposizione legislativa (sentenza di *accoglimento*);
b) l'*infondatezza della questione* (sentenza di *rigetto*).

▶ 4.3.2.1. Sentenze di accoglimento

Quando la Corte **accoglie la questione**, *dichiara la illegittimità costituzionale delle norme* oggetto del controllo. Dal giorno successivo alla pubblicazione della sentenza in Gazzetta ufficiale la norma dichiarata illegittima *cessa di avere efficacia* (art. 136 Cost.): la stessa *non troverà più applicazione per nessuno*. In questo senso si dice che

le sentenze di accoglimento della Corte costituzionale hanno effetto *erga omnes*.
Quanto all'**efficacia nel tempo**, la decisione di illegittimità costituzionale elimina una volta per tutte la norma dichiarata incostituzionale dall'ordinamento, *nel futuro* e *nel passato*: ha quindi **effetti retroattivi** (*ex tunc*). La norma dichiarata incostituzionale non può quindi essere applicata anche a *casi, vicende e rapporti accaduti o sorti prima* della pubblicazione in Gazzetta ufficiale della sentenza della Corte costituzionale.
Fanno eccezione alla regola per cui la sentenza di incostituzionalità si applica anche a rapporti passati i c.d. **rapporti esauriti**, ossia le vicende definitivamente chiuse, perché per esempio decise con sentenza passata in giudicato o perché è decorso il termine di prescrizione.
La sentenza che dichiara l'illegittimità costituzionale di una norma di legge ha tuttavia sempre effetto retroattivo nel **settore penale**, certamente quando ha ad oggetto la norma che prevede e descrive il reato (c.d. norma incriminatrice) per il quale la condanna è intervenuta. Il che comporta che se taluno è stato condannato con sentenza ormai definitiva perché passata in giudicato per un reato (per es. l'agevolazione al suicidio prevista dall'art. 580 c.p.) e la Corte costituzionale, in data successiva al giudicato di condanna, dichiara l'illegittimità costituzionale della norma che prevede il reato per il quale la condanna è intervenuta (per es. l'art. 580 c.p.), la sentenza della Corte retroagisce e il *giudicato di condanna è travolto*: il giudice penale dell'esecuzione dovrà, quindi, revocarlo.

▶ 4.3.2.2. Sentenze di rigetto

Le **sentenze di rigetto** sono quelle con le quali la Corte dichiara **infondata la questione di legittimità costituzionale**, escludendo la sussistenza dei vizi di legittimità denunciati dal giudice *a quo*. Con tali sentenze la Corte non dichiara, tuttavia, la legittimità costituzionale della disposizione: se lo facesse non potrebbe più in futuro rivalutare la sua legittimità. La disposizione già oggetto di una pronuncia di rigetto può essere invece nuovamente sottoposta all'esame della Corte che può, questa volta, ritenerla illegittima.
Più in generale, la decisione di rigetto vieta al giudice che ha sollevato la questione dichiarata infondata di *riproporre la stessa questione nell'ambito del medesimo giudizio*, ma non esclude che altri giudici (o lo stesso giudice nel corso di altri giudizi) risollevino la medesima questione negli stessi termini.
Può accadere, pertanto, sia che la Corte dichiari, in un nuovo giudizio, l'illegittimità costituzionale di norme rispetto alle quali si era già pronunciata con una sentenza di rigetto, qualora siano denunciati **nuovi o diversi vizi**; sia che la Corte dichiari l'illegittimità costituzionale di norme denunciate per **quei medesimi vizi** di incostituzionalità dei quali precedentemente, con una sentenza di rigetto, aveva escluso la sussistenza. La Corte, infatti, *ben può cambiare opinione* magari a distanza di anni e a seguito di mutamenti del quadro normativo o della coscienza sociale.

▶ 4.3.2.3. Altre tipologie di sentenze: le sentenze interpretative

Accanto alle due tipiche forme di sentenze indicate – di accoglimento e di rigetto – sono state elaborate, in decenni di giurisprudenza della Corte costituzionale, **altre tecniche di decisione**.

Talvolta, in particolare, la Corte costituzionale reinterpreta la disposizione sospettata di illegittimità costituzionale, assegnandole un significato diverso da quello fornito dal giudice *a quo*. La Corte, infatti, può interpretare liberamente le disposizioni di legge alle quali si riferisce la questione di legittimità costituzionale, senza essere vincolata dall'interpretazione data dal giudice *a quo* (nei giudizi incidentali) o dal ricorrente (nei giudizi in via principale).
La sentenza c.d. **interpretativa** può essere *di accoglimento o di rigetto*.
È **interpretativa di rigetto** quando la Corte, avendo tratto dal testo legislativo un significato in tutto od in parte diverso da quello tratto dal giudice *a quo*, dichiara che, se intesa nel significato desunto dalla Corte, non sussistono vizi di legittimità costituzionale, facendo in tal modo salvo il testo legislativo. In altre parole, la questione è ritenuta infondata a condizione che della disposizione oggetto del dubbio di costituzionalità sia data l'interpretazione individuata dalla Corte nella sua decisione. L'interpretazione fornita dalla Corte (e dalla stessa ritenuta costituzionalmente conforme) è precisata nella motivazione della sentenza interpretativa di rigetto.
È, invece, **interpretativa di accoglimento** quando la Corte dichiara l'illegittimità costituzionale di un testo legislativo *se ed in quanto si ricavi da esso un significato determinato*. In tal modo sono fatte salve tutte le altre possibili interpretazioni del testo.

▶ 4.4. Il giudizio sui conflitti di attribuzione tra poteri e tra Stato e regioni

A norma dell'art. 134, co. 3, Cost., la Corte costituzionale giudica sui **conflitti di attribuzione** tra i *poteri dello Stato*, e su quelli tra lo *Stato e le Regioni*, e tra le *Regioni*.
I conflitti di attribuzione sono controversie promosse per *rivendicare* o *tutelare* le competenze costituzionali, lese da atti o da comportamenti di altri organi.
La lesione di competenza può avvenire in due forme:

- **conflitti per rivendicare** il proprio potere (*per vindicatio potestatis*); in tal caso l'organo che lamenta la lesione della sfera di competenza promuove il giudizio perché la Corte costituzionale dichiari a chi spetta la competenza.
- **conflitti per menomazione**, promossi per contestare l'illegittimo esercizio del potere senza mettere tuttavia in discussione che altri sia titolare; in tal caso l'organo denuncia che il comportamento omissivo di un altro organo o un suo atto abbiano menomato la sua competenza o ne abbiano impedito l'esercizio.

▶ 4.4.1. Le due tipologie di conflitto

I conflitti possono sorgere:

– fra Stato e Regioni (detti anche conflitti intersoggettivi o tra enti);
– fra poteri dello Stato (detti anche *conflitti interorganici*).

A. Conflitto tra poteri dello Stato

Un **conflitto tra poteri dello Stato** sorge tra organi competenti a dichiarare definitivamente la volontà del potere cui appartengono e per la delimitazione della sfera di attribuzioni determinata per i vari poteri da norme costituzionali (art. 37, l. n. 87 del 1953).
Pertanto, il conflitto:

- deve sorgere fra *organi appartenenti a poteri diversi*: per esempio, Capo dello Stato e Governo, non giudice e giudice o Ministro e Ministro: i conflitti interni allo stesso potere devono essere infatti risolti con i meccanismi di composizione interni al potere (dal Consiglio dei Ministri per i conflitti tra Ministri, dalla Corte di Cassazione per i conflitti tra giudici ordinari);
- deve sorgere fra *organi competenti a dichiarare definitivamente la volontà* del potere cui appartengono;
- deve sorgere per la *delimitazione della sfera di attribuzioni* determinata per i vari poteri da norme costituzionali.

Ad avviso della Corte costituzionale, affinché un organo sia riconosciuto quale **potere dello Stato** e in quanto tale possa essere legittimato a sollevare conflitto, deve:

- avere una *sfera costituzionale di attribuzioni*;
- avere la possibilità di *compiere atti in posizione di autonomia e indipendenza*;
- porre in essere *atti imputabili allo Stato*, sicché non sono poteri organi che, pur titolari di una sfera costituzionale di autonomia, non possono compiere atti riferibili allo Stato, quali le Province;
- essere – in linea di massima e salvo specifiche eccezioni – quanto meno *menzionato in Costituzione*, per cui sono esclusi gli organi che, pur svolgendo funzioni di rilievo costituzionale, non sono contemplati nella Carta costituzionale (è il caso, ad es., delle Autorità indipendenti).

Applicando tali principi, sono stati tra gli altri considerati poteri dello Stato ai fini del conflitto:

- ciascun singolo giudice e pubblico ministero nell'esercizio della propria funzione (essendo la magistratura un potere "diffuso");
- il Presidente della Repubblica;
- la Corte dei conti;
- l'Ufficio centrale per il referendum presso la Corte di cassazione;
- una singola Camera e le due Camere congiuntamente;
- il Governo, ma anche un singolo ministro ove abbia competenze proprie;
- il Consiglio Superiore della magistratura.

B. Conflitto tra Stato e Regioni e tra Regioni

Il **conflitto tra Stato e Regioni** sorge quando una Regione invade con un suo atto la sfera di competenza assegnata dalla Costituzione allo Stato o ad altra Regione o, viceversa, quando lo Stato invade con un suo atto la sfera di competenza costituzionale di una Regione.

Tali conflitti presentano notevoli **analogie con il giudizio di costituzionalità in via principale**. Infatti:

a) entrambi sono attivati su *ricorso in via d'azione*;
b) sono sollevati dai *medesimi soggetti* (lo Stato, le Regioni e le Province autonome);
c) sono promossi per la tutela delle *competenze* costituzionalmente garantite.

La **differenza** risiede essenzialmente nella tipologia di *atti impugnabili*.

Oggetto del *giudizio di costituzionalità in via principale* sono infatti gli *atti legislativi*; residualmente, *ogni altro tipo di atto* (*non legislativo*) può essere oggetto dei *conflitti*. L'atto che può dar luogo al conflitto può essere, quindi, un *qualunque atto che non sia una legge formale* (dello Stato o di una Regione) o *un atto avente forza di legge*, e

pertanto un *atto amministrativo* o un *regolamento* o, anche, un *atto giurisdizionale* dello Stato.
Nella sentenza con la quale risolve il conflitto, la Corte costituzionale dichiara a quale dei due enti (Stato o Regione) spetta la competenza e, se è stato emanato un atto viziato da incompetenza, lo annulla.

▶ 4.5. Il giudizio sull'ammissibilità del referendum abrogativo

Il giudizio di ammissibilità del **referendum abrogativo** si inserisce nel procedimento referendario sulle leggi previsto dall'art. 75 Cost..
La richiesta di referendum abrogativo popolare di una legge, promossa da 500.000 elettori o 5 Consigli regionali, è in realtà sottoposta ad un *duplice controllo preventivo* ad opera di due diversi organi: l'Ufficio centrale per il referendum presso la Corte di cassazione e la Corte costituzionale. Tali controlli sono volti a verificare se il quesito referendario sia conforme alle prescrizioni legislative e costituzionali e, quindi, se possa legittimamente essere sottoposto al voto popolare.
All'**Ufficio centrale** per il referendum, costituito presso la Corte di cassazione, compete verificare la **legittimità-regolarità della richiesta di referendum**, in particolare l'autenticità e il numero delle sottoscrizioni (500.000), la vigenza della normativa oggetto del quesito referendario e la sua natura legislativa.
Il giudizio di ammissibilità della Corte costituzionale (titolo a latere)
Alla **Corte costituzionale** compete, invece, verificare l'**ammissibilità** della richiesta referendaria alla luce dell'art. 75 Cost., secondo cui non è ammesso referendum abrogativo per le leggi:
- **tributarie e di bilancio;**
- **di amnistia e di indulto;**
- **di autorizzazione a ratificare trattati internazionali.**

5. La magistratura

La **funzione giurisdizionale** è la terza funzione fondamentale dello Stato, accanto a quella *legislativa*, esercitata principalmente dal Parlamento e quella *esecutiva-amministrativa*, propria del Governo; è esercitata dai **giudici** e consiste nel *dare soluzione alle liti* e nell'*accertare le responsabilità* in applicazione della "legge".

▶ 5.1. L'indipendenza della magistratura

Considerata l'importanza delle decisioni che i giudici assumono e la rilevanza delle relative conseguenze, la Costituzione del 1948 ha previsto che i giudici siano al riparo da ogni tipo di *condizionamento esterno*.
A *tutela dell'indipendenza della magistratura* sono, così, dettate numerose norme costituzionali:
- l'art. 101, secondo comma, Cost., che garantisce **l'indipendenza funzionale del giudice**, stabilendo le regole alle quali lo stesso deve attenersi nel decidere la singola lite, cioè nell'esercizio della sua *funzione*;
- gli artt. 104, primo comma, e 105 Cost., che garantiscono **l'indipendenza**

istituzionale *(o esterna)*, diretta a preservare l'autonomia della magistratura nel suo complesso (come *Istituzione*) da pressioni che possano provenire da qualsiasi altro potere, in primo luogo dal Governo;

- l'art. 107, primo e terzo comma, Cost., che regola **l'indipendenza interna**, intesa come autonomia del singolo giudice *all'interno* della stessa organizzazione giudiziaria;

▶ 5.1.1. L'indipendenza funzionale

L'**art. 101 della Costituzione** dispone che "*La giustizia è amministrata in nome del popolo*" e che "*i giudici sono soggetti soltanto alla legge*". Questa disposizione è posta, non a caso, *in apertura* del Titolo della Costituzione dedicato alla magistratura.
Prendendo le distanze dallo **Statuto albertino** del Regno d'Italia (il cui art. 68 recitava: "*La giustizia emana dal Re ed è amministrata in Suo nome dai giudici che Egli istituisce*"), la Costituzione prevede che i giudici amministrano la giustizia e pronunciano le loro decisioni *in nome del popolo*, pur senza essere eletti da questo, in quanto normalmente selezionati mediante pubblico concorso.
Ancor più importante è la disposizione contenuta nell'art. 101 Cost. che **i giudici sono soggetti soltanto alla legge**. Questo significa che i giudici sono indipendenti e non possono essere assoggettati al potere esecutivo. Ciò segna una forte discontinuità rispetto al regime fascista, quando i giudici dipendevano dal potere esecutivo al quale dovevano dare conto delle decisioni prese.

▶ 5.1.2. L'indipendenza esterna: il Consiglio superiore della magistratura

Il principio di *indipendenza funzionale* non garantirebbe appieno l'indipendenza del giudice se non fosse accompagnato da regole dirette a proteggere il giudice stesso dal rischio di indebiti condizionamenti, in primo luogo quelli che possono essere posti in essere dall'esterno dell'organizzazione giudiziaria (**indipendenza istituzionale o esterna**).
Per sottrarre al Ministro della Giustizia il potere di intervenire sulla **carriera dei magistrati**, l'art. 104 Cost. stabilisce che "*la magistratura costituisce un ordine autonomo e indipendente da ogni altro potere*".
Lo stato giuridico dei magistrati (trasferimenti, avanzamenti di carriera, assegnazione di sedi e funzioni, sanzioni disciplinari ecc.) è così sottratto al potere esecutivo (Governo) e assegnato alla competenza di un organo di autogoverno: il Consiglio Superiore della Magistratura. In tal modo si neutralizza il rischio più grave di compromissione dall'esterno dell'indipendenza dei giudici, quello legato cioè al condizionamento che il Governo potrebbe realizzare sui magistrati se gli fosse riconosciuta la possibilità di intervenire sulla progressione di carriera degli stessi o, più in generale, sul loro *status*.
L'art. 105 della Costituzione dispone che "*Spettano al Consiglio superiore della magistratura, secondo le norme dell'ordinamento giudiziario, le assunzioni, le assegnazioni ed i trasferimenti, le promozioni e i provvedimenti disciplinari nei riguardi dei magistrati*".
Viene in tal modo assicurato l'**autogoverno dei giudici**, in rottura con il passato ordinamento, in cui questi provvedimenti erano assunti con decreto reale, su proposta del Ministro della giustizia, e, dunque, dal potere esecutivo. Il CSM, oltre ad adottare

tutti gli atti della carriera professionale dei magistrati (assunzioni, assegnazione di sedi e funzioni, promozioni), è competente a giudicare sulla loro **responsabilità disciplinare**, potendo irrogare **sanzioni**.
Il Consiglio Superiore è composto da 27 membri ed è **presieduto dal Presidente della Repubblica**. Ne fanno parte **di diritto** anche il primo Presidente e il **Procuratore generale della Corte di Cassazione**.
Gli altri 24 componenti sono così eletti:
- per *2/3 (16 membri)* da tutti i **magistrati ordinari** fra gli appartenenti alle varie categorie (c.d. *membri togati*);
- per *1/3 (8 membri)* dal **Parlamento in seduta comune** fra professori ordinari di università in materie giuridiche ed avvocati con 15 anni di esercizio (c.d. *membri laici*).

L'inserimento di membri eletti dal Parlamento è finalizzato ad evitare il *rischio di una chiusura dell'ordine giudiziario*: l'indipendenza della magistratura non significa infatti che la stessa debba isolarsi, separandosi dalle altre Istituzioni, oltre che dalla società.
Tra gli otto membri laici il Consiglio superiore elegge il **Vicepresidente**.
Al **Ministro della Giustizia** la Costituzione attribuisce "*l'organizzazione e il funzionamento dei servizi relativi alla giustizia*" (art. 110 Cost.), oltre che il potere di promuovere l'**azione disciplinare** contro i magistrati.
Al Ministro la Costituzione assegna, quindi, il compito di assicurare, ai sensi dell'art. 97, secondo comma, Cost., il "*buon andamento*", cioè quell'efficienza degli uffici giudiziari che ha fondamentale importanza perché gli stessi possano adeguatamente assicurare la tutela dei diritti dei cittadini.
Tutela dei diritti ed efficienza della macchina della giustizia non sono due aspetti distinti, ma due componenti parimenti importanti del "servizio giustizia": ferme le rispettive sfere di competenza, pertanto, si impone un'intensa **cooperazione** tra Ministero e Csm.

▶ 5.1.3. L'indipendenza interna

La Costituzione tutela, con almeno tre cautele, anche **l'indipendenza interna del singolo giudice**, esposto al rischio di condizionamenti e prevaricazioni di altri giudici.
Lo fa, in primo luogo, prevedendo che "*I magistrati sono inamovibili. Non possono essere dispensati o sospesi dal servizio né destinati ad altre sedi o funzioni se non in seguito a decisione del Consiglio superiore della magistratura, adottata o per i motivi e con le garanzie di difesa stabilite dall'ordinamento giudiziario o con il loro consenso*" (art. 107).
I magistrati non possono essere trasferiti ad altra sede o destinati ad altre funzioni, se non in presenza:
- di un loro **consenso** al trasferimento;
- di una **decisione del Consiglio Superiore della magistratura**, adottata per i motivi stabiliti dall'ordinamento giudiziario.

Tra queste ipotesi è prevista quella del *trasferimento amministrativo d'ufficio* dei magistrati disposto "*quando per qualsiasi causa indipendente da loro colpa non possono, nella sede occupata, svolgere le proprie funzioni con piena indipendenza e imparzialità*"

(**trasferimento per incompatibilità ambientale/funzionale**).
Si tratta di un'eccezionale deroga al principio costituzionale dell'inamovibilità e va distinta dal **trasferimento disciplinare**, che invece costituisce una vera e propria sanzione, applicata dopo un procedimento disciplinare e previo accertamento di *condotte scorrette e colpevoli* del magistrato.
Ancor prima, l'indipendenza interna è assicurata dalla regola costituzionale per la quale le nomine dei magistrati hanno luogo per **concorso**: in tal modo, se da un lato si assicura la selezione dei migliori, si sottraggono dall'altro i magistrati ad influenze che potrebbero derivare da altri sistemi di designazione d'ufficio (ad es., l'elezione).
Non mancano, tuttavia, eccezioni, di cui si tratterà successivamente: si pensi ai **giudici onorari** (per esempio, i giudici di pace) e ai **giudici popolari**, semplici cittadini che compongono, previa estrazione a sorte, le Corti d'assise.
Infine, a tutela dell'indipendenza interna, l'art. 107, terzo comma, Cost. stabilisce che **i magistrati si distinguono tra loro soltanto per funzioni** (per esempio, la funzione di giudicare e quella di fare indagini; funzioni di primo e secondo grado), così escludendo che tra magistrati possano esserci vincoli di tipo gerarchico. Non sussiste, quindi, **una gerarchia tra giudice e giudice**; in altri termini la soggezione *solo alla legge* esclude che il singolo giudice possa dipendere da altri giudici. È anche vero che le sentenze pronunciate da un organo giudiziario (per esempio la Corte d'appello) possono essere annullate o modificate da un altro (Corte di Cassazione). Questo significa, tuttavia, che, per rafforzare la tutela dei diritti, la legge prevede *diversi gradi di giudizio*, così riconoscendo che l'eventuale errore in cui sia incorso il giudice di primo grado possa essere corretto in un successivo grado di giudizio. Ciò non esclude, tuttavia, che, nel proprio grado e nel decidere il "suo" caso, ciascun giudice sia del tutto indipendente.

▶ 5.2. La responsabilità dei magistrati

Per i magistrati è previsto un articolato regime di **responsabilità**.
I magistrati possono incorrere in **responsabilità penale** nell'ambito della loro funzione, come tutti gli altri pubblici ufficiali dello Stato. Ad esempio, il codice penale sanziona *la corruzione in atti giudiziari*, che si verifica quando la corruzione è commessa per favorire o danneggiare una parte in un processo civile, penale o amministrativo.
Quanto alla **rensponsabilità civile**, la l. 13 aprile 1988, n. 117 (modificata dalla l. 27 febbraio 2015, n. 18) dispone che chi ha subito un **danno ingiusto** per effetto di un comportamento, di un atto o di un provvedimento giudiziario posto in essere dal magistrato con dolo (cioè, con consapevole volontà) o colpa grave nell'esercizio delle sue funzioni ovvero per diniego di giustizia può agire contro lo Stato per ottenere il *risarcimento dei danni* patrimoniali e anche di quelli non patrimoniali.
La legge che disciplina la responsabilità dei magistrati considera **colpa grave**:
- la *violazione manifesta della legge* nonché del diritto dell'Unione europea;
- il *travisamento del fatto* o delle prove;
- l'affermazione di un fatto la cui esistenza è incontrastabilmente esclusa dagli atti del procedimento o la negazione di un fatto la cui esistenza risulta incontrastabilmente dagli atti del procedimento;
- l'emissione di un provvedimento cautelare personale (es. custodia in carcere) o reale (es. sequestro) fuori dai casi consentiti dalla legge oppure senza motivazione.

Costituisce, invece, **diniego di giustizia** il rifiuto, l'omissione o il ritardo del magistrato nel compimento di atti del suo ufficio.
La **responsabilità** del magistrato è **indiretta**; la domanda di risarcimento va rivolta, infatti, direttamente nei confronti dello Stato, che poi agirà contro il magistrato, trattenendo dal suo stipendio una quota della somma che lo Stato stesso ha pagato al cittadino. In altri termini, *il privato non può citare in giudizio direttamente il singolo giudice* per richiedere il risarcimento del danno. Ciò al fine di conciliare il principio della responsabilità civile dei giudici con l'esigenza di non metterne in pericolo la serenità, come sarebbe se il singolo cittadino potesse agire direttamente nei loro confronti.
I magistrati incorrono in ***responsabilità disciplinare*** quando, nell'esercizio delle loro funzioni, violino i doveri di imparzialità, correttezza, diligenza, laboriosità, riserbo, equilibrio e rispetto della dignità della persona. L'**azione disciplinare** nei confronti dei magistrati ordinari può essere promossa dal Ministro della giustizia o dal Procuratore generale presso la Corte di cassazione ed è fatta valere davanti alla sezione disciplinare del Consiglio Superiore della magistratura.

▶ 5.3. Le regole del giusto processo

La legge costituzionale n. 2/1999 ha introdotto, infatti, nell'art. 111 della Costituzione alcuni principi volti a garantire il *giusto processo*. L'articolo in questione si apre con la solenne affermazione secondo cui *"La giurisdizione si attua mediante il giusto processo regolato dalla legge"*.
Alcuni principi hanno un rilievo generale perché caratterizzano ogni processo a prescindere dal giudice dinanzi al quale si svolge (civile, penale o, anche, speciali).

▶ 5.3.1. La terzietà e imparzialità del giudice

Un primo principio generale prevede che il processo si svolga tra parti in posizione di **parità** e davanti ad un **giudice terzo e imparziale**.
A garanza della terzietà ed imparzialità, le leggi impongono ai singoli giudici di *astenersi* in presenza di certe situazioni (es. rapporti di parentela o inimicizia con le parti); riconoscono, al contempo, alle parti il diritto di rifiutare il giudice (con la c.d. *ricusazione*).

▶ 5.3.2. Il giudice naturale

Sempre a tutela dell'imparzialità del giudice, l'art. 25 della Costituzione stabilisce che "*nessuno può essere distolto dal giudice naturale precostituito per legge*".
La legge deve quindi determinare *anticipatamente e con criteri generali* gli organi giudiziari competenti a decidere le singole tipologie di controversie. L'intento perseguito è, da un lato, quello di dare al cittadino la possibilità di poter conoscere **preliminarmente l'organo giudiziario** che lo deve giudicare; dall'altra parte, quello di mettere al riparo **l'imparzialità dello stesso organo giudiziario**, evitando che gli siano assegnate o sottratte singole cause non in applicazione di regole generali stabilite dalla legge ma, in modo arbitrario, con l'obiettivo di influire sulla decisione.

5.3.3. I diritti delle parti del processo

Sempre la Costituzione si preoccupa di assicurare taluni fondamentali diritti alle parti coinvolte nel processo (attore, convenuto, imputato, danneggiato).

A. Il diritto alla difesa

Il primo principio è quello secondo cui il **diritto alla difesa** è *"inviolabile in ogni stato e grado del procedimento"* (art. 24, comma 2, Cost.). A tutti va quindi garantito il diritto di far valere le proprie ragioni in giudizio, con l'assistenza di un esperto di diritto (avvocato-difensore) che le sappia rappresentare in modo tecnicamente adeguato; la presenza del difensore risponde, peraltro, anche all'esigenza che il processo si svolga regolarmente, sicché, qualora la parte non nomini il difensore di fiducia, è prevista la nomina di un *difensore d'ufficio*.
A coloro che non hanno un reddito sufficiente per retribuire il difensore (c.d. **non abbiente**), è garantita l'assegnazione di un avvocato a spese dello Stato (c.d. patrocinio a spese dello Stato).
Il principio che tutela il diritto di difesa comporta, peraltro, che il giudice, prima di pronunciare la sentenza, senta le parti nel processo, così garantendo il rispetto del collegato **principio del contraddittorio** (art. 111, comma 2, Cost.).
Il diritto di difesa implica il **diritto di tutti di agire in giudizio** per la tutela dei propri diritti.
Al diritto di azione corrisponde, come già visto prima, il dovere del giudice di decidere, senza che lo stesso possa sottrarsi al giudizio (cd. **divieto di *non liquet***) e di farlo in tempi ragionevoli.

B. La ragionevole durata del processo e l'equa riparazione

La Costituzione, infatti, impone che la legge garantisca la **ragionevole durata del processo** (art. 111, secondo comma Cost.). Il legislatore ha, quindi, dettato una disciplina specifica volta a riconoscere un'**equa riparazione in denaro** in caso di violazione del termine ragionevole del processo.
La c.d. Legge Pinto (legge 89/2001) considera *ragionevole* la durata del processo (art. 2, comma 2,) se il giudizio è definito in modo irrevocabile in un tempo non superiore a 6 anni.

C. L'indennizzo per gli errori giudiziari

Lo Stato, peraltro, garantisce al privato non solo la tutela dei propri diritti, ma anche una **decisione priva di errori**.
Se normalmente è a tal fine prevista la possibilità di far valere gli eventuali errori della decisione contestandola innanzi ad un giudice superiore, nel *processo penale* (dove con la sentenza che applica la pena l'imputato può essere privato della sua libertà personale, con il carcere), è riconosciuto un rimedio ulteriore, cioè un **indennizzo** in favore di chi sia stato ingiustamente condannato.

D. L'obbligo di motivazione

Un fondamentale presidio a tutela delle parti del processo – e più in generale del corretto svolgimento della funzione giurisdizionale – è rappresentato, infine, dalla **motivazione dei provvedimenti del giudice**.
Premesso che l'art. 111, sesto comma, Cost., impone che *"tutti i provvedimenti*

giurisdizionali" siano "*motivati*", è utile chiarire che la motivazione ha la **funzione**:

- di garantire la massima **trasparenza** della decisione del giudice, assicurando la piena conoscenza del processo logico-interpretativo seguito nella formazione della decisione;
- di consentire a chi subisce una decisione sfavorevole di valutare –tenendo conto delle ragioni su cui la stessa poggia – se sia utile **contestarla innanzi ad un giudice superiore;**
- di **controllo democratico** da parte di tutta l'opinione pubblica sulle decisioni giudiziali e di conoscenza degli orientamenti interpretativi che si affermano.

Scheda di sintesi

Il **Presidente della Repubblica** è organo di garanzia, autonomo e indipendente rispetto agli altri poteri dello Stato, titolare dei **poteri tassativamente indicati** dall'art. 87 Cost.
Possono essere eletti Presidente tutti i cittadini che abbiano compiuto i 50 anni di età e godano dei diritti civili e politici. Il mandato dura 7 anni. La carica è incompatibile con lo svolgimento di qualsiasi altro incarico.

PARTE II
ELEMENTI DI DISCIPLINA DEGLI ENTI PUBBLICI LOCALI

SOMMARIO

PREMESSA
La collocazione degli enti locali all'interno della Costituzione e dell'ordinamento

L'art. 114 Cost., a seguito della riforma introdotta dalla L. cost. 18 ottobre 2001, n. 3, stabilisce oggi che la Repubblica è formata, nell'ordine, dai Comuni, dalle Province, dalle Città metropolitane, dalle Regioni e, solo in ultimo, dallo Stato. Ciascuno degli sub-statali così nominati è dotato di autonomia e dispone di propri statuti, poteri e funzioni secondo i princìpi fissati dalla Carta costituzionale.
Resta quindi ferma la distinzione con lo Stato, unico ente dotato della sovranità, esercitata attraverso il Popolo, che ne detiene la titolarità (art. 1, II co., Cost.).
Il III co. del nominato art. 114 riconosce poi uno *status* giuridico a sé stante per Roma, dichiarata capitale dello Stato.
L'autonomia così riconosciuta in astratto viene poi articolata in specifiche funzioni dall'art. 117 Cost., i quale attribuisce:
- alle Regioni, una **competenza legislativa concorrente** con quella statale nelle materie elencate tassativamente dal III co. e una **competenza legislativa residuale**, e dunque **esclusiva**, in tutte le altre materie non ricomprese né tra quelle di competenza concorrente né tra quelle di competenza esclusiva dello Stato (II co.);
- sempre alle Regioni, una potestà regolamentare in tutte le materie di competenza legislativa residuale e di competenza legislativa concorrente (VI co.);
- ai Comuni, alle Province e alle Città metropolitane, la potestà regolamentare in ordine alla disciplina dell'organizzazione e dello svolgimento delle funzioni loro attribuite (VI co.).

Quest'ultima disposizione ha dato luogo a due contrastanti orientamenti interpretativi:
- secondo una prima impostazione, essa avrebbe previsto una vera e propria "**riserva di competenza**", nelle materie devolute alla potestà regolamentare di Comuni, Province e Città metropolitane, in favore dei medesimi Enti, senza che si renda necessaria alcuna mediazione del legislatore statale o regionale;
- secondo una diversa e opposta lettura, la previsione dovrebbe pur sempre conciliarsi con il generale **principio di legalità** dell'azione amministrativa, in forza del quale i Comuni, le Province e le Città metropolitane, prive di potestà legislativa, fatta eccezione per le Province autonome di Trento e Bolzano, potrebbero esercitare unicamente le potestà normative secondarie loro devolute. L'attribuzione di competenza operata in loro favore dall'art. 117, VI co., Cost. consentirebbe pertanto unicamente di contestare la legittimità costituzionale delle disposizioni di legge che regolino e/o distribuiscano le relative competenze.

Il successivo art. 118 Cost. pone il c.d. **principio di sussidiarietà verticale**, in forza del quale le funzioni amministrative spettano, in linea di principio, all'Ente più vicino al singolo cittadino e, quindi, anzitutto al Comune, salvo che esse siano attratte, per l'appunto in sussidiarietà, dagli Enti territoriali di livello superiore, alla luce dei principi di differenziazione e adeguatezza. In altri termini, le funzioni amministrative

potrebbero essere sottratte al livello di governo inferiore solo ove esso risulti inadeguato a perseguire proficuamente gli obiettivi dell'azione pubblica.
L'art. 118 poi, sempre con riferimento a Comuni, Province e Città metropolitane, dispone che essi sono titolari di **funzioni amministrative proprie** e di **funzioni amministrative conferite con legge statale o regionale**, sempre alla luce dei principi anzidetti. Le prime non sono devolute automaticamente e a prescindere dal summenzionato principio di legalità, ma si caratterizzano per una presunzione di competenza in capo agli Enti locali, il cui rispetto sarà suscettibile di verifica ad opera della Corte costituzionale.
La forte autonomia così tratteggiata trova però un bilanciamento nella previsione, ad opera **dell'art. 120, II co., Cost.**, di un potere di "**controllo sostitutivo**" esercitabile dal Governo nazionale nei confronti di tutti gli enti sub-statali, in caso di mancato rispetto di norme e trattati internazionali o del diritto dell'Unione europea, di pericolo grave per l'incolumità e la sicurezza pubblica ovvero qualora lo richiedano la tutela dell'unità giuridica o dell'unità economica del Paese e, soprattutto, la tutela dei livelli essenziali concernenti i diritti civili e politici. In queste ipotesi, lo Stato è legittimato a intervenire nelle materie di competenza, legislativa, regolamentare e amministrativa, degli altri Enti territoriali, adottando in via diretta gli atti necessari ovvero per mezzo di un apposito **commissario**.
Lo schema così delineato dalla Costituzione trova attuazione, in primo luogo, nel **D.lgs. 18 agosto 2000, n. 267**, recante il "*Testo unico delle leggi sull'ordinamento degli enti locali*" (**TUEL**), più volte modificato, specie a seguito della riforma costituzionale del 2001.Il principale intervento di adeguamento al mutato quadro costituzionale è stato introdotto dalla **L. 5 giugno 2003, n. 131**.
Particolarmente significativo appare **l'art. 1 del TUEL**, il quale precisa che il menzionato decreto legislativo contiene i princìpi e le disposizioni in materia di ordinamento degli Enti locali, che non si applicano esclusivamente alle Regioni a statuto speciale e alle Province autonome di Trento e Bolzano, peraltro solo ove siano incompatibili con le attribuzioni previste dai rispettivi Statuti e dalle relative Norme di attuazione.
Un altro significativo intervento si è avuto a seguito dell'entrata in vigore della **L. 7 aprile 2014, n. 56** (c.d. "**Legge Delrio**"), che ha perseguito lo scopo di una razionalizzazione della spesa pubblica legata, per l'appunto, all'organizzazione e alle funzioni degli Enti locali.
In particolare, la legge da ultimo indicata ha istituito le Città metropolitane, in corrispondenza dei maggiori centri urbani del Paese, caratterizzati anche da un significativo *hinterland*, dando così piena ed effettiva attuazione alla loro astratta previsione ad opera del succitato art. 114 Cost..
È stato poi riorganizzato l'ordinamento delle Province, trasformate in "**enti di area vasta**", essenzialmente chiamate al coordinamento delle funzioni amministrative e dei servizi riferibili al territorio di più Comuni, quali quelli relativi alla viabilità o alla edilizia scolastica, e governate da Organi soltanto indirettamente elettivi

Capitolo 1
IL COMUNE

SOMMARIO:

1. Definizione di Comune

Per **Comune** si intende l'ente locale che rappresenta la propria comunità, ne cura gli interessi e ne promuove lo sviluppo (art. 3, co. 2. TUEL).

2. Gli elementi costitutivi del Comune

Il Comune è costituito da:
- la **popolazione;**
- il **territorio;**
- il **patrimonio**.

▶ 2.1. La popolazione

Per **popolazione** si intende l'insieme di persone che dimorano stabilmente sul territorio comunale, ove hanno la residenza.
Ai fini di meglio individuare il concetto di popolazione occorre far riferimento all'art. 3 del regolamento anagrafico approvato con D.P.R. 30 maggio 1989, n. 223, il quale stabilisce che "*per persone residenti nel Comune* ***s'intendono quelle aventi la propria dimora abituale nel Comune****. Non cessano di appartenere alla popolazione residente le persone temporaneamente dimoranti in altri Comuni o all'estero per l'esercizio di occupazioni stagionali o per causa di durata limitata*".
La condizione giuridicamente rilevante è pertanto quella di cittadini residenti nel Comune, iscritti nell'anagrafe della popolazione, che sono titolari di tutti i diritti e i doveri che comporta l'appartenenza alla comunità locale.
Ad essi si aggiunge, per l'obbligo di osservare particolari doveri e di fruire di alcuni diritti, la popolazione temporaneamente presente costituita da:

- le persone dimoranti di fatto in un Comune, per motivi di lavoro, di studio, di

cura, ecc.;
- le persone fisiche che esercitano nel Comune un'attività economica, imprenditoriale, professionale, di lavoro autonomo o dipendente;
- le persone in transito nel territorio comunale le quali, durante la loro permanenza sullo stesso, sono tenute ad osservare le norme emanate dall'Amministrazione, in relazione alle opere e servizi di cui usufruiscono.

Con i decreti legislativi d'attuazione della legge 15 marzo 1997, n. 59 sono state previste le modalità e le condizioni per l'accesso del singolo cittadino temporaneamente dimorante al di fuori della propria residenza ai servizi di cui voglia o debba usufruire (art. 3, e. 1, lett. h).

L'obbligo di osservanza delle norme generali che regolano i comportamenti nell'ambito della comunità per assicurare la civile convivenza della stessa si estende a tutti coloro che in essa sono presenti ed alle attività che sul territorio comunale vengono esercitate. Lo statuto, ispirandosi ai principi di cui alla legge 8 marzo 1994, n. 203, ed al D.lgs. 25 luglio 1998, n. 286, prevede forme di partecipazione alla vita pubblica locale dei cittadini dell'Unione Europea e degli stranieri regolarmente soggiornanti (art. 8, comma 7, TUEL 267/2000).

In ultimo non può sottacersi come la consistenza numerica della popolazione residente ha effetti rilevanti sulla composizione degli organi comunali e degli uffici amministrativi dei comuni stessi. Nello specifico la dimensione dell'elemento della popolazione incide:
- sulla composizione del consiglio comunale e della giunta comunale, che varia a seconda degli abitanti;
- sullo «status» degli amministratori comunali, regolato a seconda della consistenza demografica dell'ente;
- sulla classificazione della segreteria comunale;
- sull'applicazione di alcuni tributi e l'attribuzione di contributi finanziari dello Stato;
- sulla consistenza delle dotazioni di personale;
- sull'esercizio di particolari funzioni e servizi.

▶ 2.2. Il territorio

Per **territorio** si intende la parte di territorio nazionale entro il quale il Comune esercita la propria sovranità (c.d. **ambito di competenza**).

Il territorio allo stesso tempo è definito **oggetto di diritto soggettivo**, potendo il Comune, in quanto ente territoriale, agire in giudizio per il rispetto della propria integrità territoriale.

Esso comprende e delimita la superficie del territorio nazionale attribuita a ciascun Comune e sulla quale lo stesso esercita le sue potestà e le sue funzioni.

Sono soggetti a tale potestà tutti coloro che risiedono o dimorano sul territorio del Comune, coloro che vi si trovano provvisoriamente o vi transitano e tutte le cose nello stesso esistenti.

Il territorio definisce l'ambito della competenza di un Comune, l'area entro la quale i suoi organi hanno potere e dovere di esercitare le pubbliche funzioni allo stesso attribuite dall'ordinamento.

La dottrina specifica che "*il territorio, prima ancora che elemento giuridico, è*

elemento naturale e di fatto, rientra fra quei fattori che contribuiscono a dare ad un gruppo di popolazione quella unità che è indispensabile presupposto dell'unità giuridica; è un quid inscindibile dalla popolazione che in esso risiede e che con esso dà all'ente la sua fisionomia e struttura: aumentando o diminuendo il territorio il Comune stesso aumenta o diminuisce, non resta cioè modificato in ciò che ha, ma in ciò che è, nella sua essenza" (Zanobini).
Al Comune è attribuita la gestione del territorio, alla quale provvede mediante gli strumenti di programmazione urbanistica, la disciplina relativa alla loro attuazione, la realizzazione delle infrastrutture utilizzabili dalla popolazione, gli interventi e l'attività per la tutela dell'ambiente, la dotazione dei servizi. La competenza e la potestà d'intervento del Comune cessano al limite di confine del suo territorio.

▶ 2.3. Il patrimonio

Il **patrimonio comunale** è costituito da tutti quei beni generalmente indicati dagli artt. 822 e 824 c.c. e a loro assimilabili che, per natura o per espressa disposizione di legge servono a soddisfare bisogni collettivi in modo diretto e, per tale ragione, sono sottoposti a speciali vincoli, come le strade, gli acquedotti, i cimiteri, i mercati comunali, ecc.
Si tratta in ogni caso di beni immobili o universalità di beni mobili.

3. La soggettività giuridica del Comune e i diritti da essa derivanti

L'ordinamento riconosce all'Ente comunale lo specifico *status* di soggetto di diritto pubblico.
L'art. 11 c.c. riconosce infatti ai Comuni la personalità giuridica e il godimento dei diritti secondo le leggi e gli usi osservati come diritto pubblico.
Dal riconoscimento della personalità giuridica pubblica al Comune consegue l'ulteriore riconoscimento di specifici diritti di cui è titolare l'ente comunale. Segnatamente:

- **Il diritto al nome**: l'attribuzione del nome ad un Comune, la sua modifica od integrazione sono state comprese fra le funzioni attribuite alle Regioni. L'art. 133 della Costituzione stabilisce che la Regione, sentite le popolazioni interessate, può con sue leggi istituire nel proprio territorio nuovi Comuni e modificare le loro circoscrizioni e denominazioni;
- **Il diritto allo stemma ed al gonfalone**, nelle forme e con le modalità autonomamente stabilite dallo statuto (art. 6, comma 2, TUEL), attribuendo conseguentemente ogni potere per la loro definitiva approvazione al consiglio comunale;
- **Il diritto a stabilire la denominazione delle proprie borgate e frazioni**, attribuito al Comune dall'art. 16, co. 2 e dall'art. 15, co. 4, del TUEL.

Il titolo di Città può essere concesso con decreto del Presidente della Repubblica su proposta del Ministro dell'interno ai comuni insigni per ricordi, monumenti storici e per l'attuale importanza (art. 18 TUEL).

4. Le funzioni del Comune

L'art. 118 della Costituzione nonché le disposizioni del TUEL attribuiscono al Comune tutte le funzioni amministrative che riguardano la popolazione ed il territorio comunale, precipuamente nei settori organici:

- dei servizi alla persona e alla comunità;
- dell'assetto ed utilizzazione del territorio e dello sviluppo economico,

salvo quanto non sia espressamente attribuito ad altri soggetti dalla legge statale o regionale, secondo le rispettive competenze.

▶ 4.1. I principi generali delle funzioni comunali

Le funzioni costituzionalmente attribuite al Comune devono essere svolte nel rispetto dell'art. 118, come modificato dalla L. cost. 3/2001, della Costituzione alla luce:

- del principio di sussidiarietà;
- del principio di differenziazione;
- del principio adeguatezza.

Il **principio di sussidiarietà** prevede che le funzioni amministrative devono essere svolte dall'ente più vicino al cittadino, ove possibile. Esso si esplica su due livelli: la sussidiarietà verticale ed orizzontale.

La **sussidiarietà verticale** interviene nell'ambito di distribuzione di competenze amministrative tra diversi livelli di governo territoriali.

Essa esprime la modalità d'intervento – sussidiario – degli enti territoriali superiori rispetto a quelli minori, ossia gli organismi superiori intervengono solo se l'esercizio delle funzioni da parte dell'organismo inferiore sia inadeguato per il raggiungimento degli obiettivi.

La **sussidiarietà orizzontale**, cristallizzata dall'art. 118, co. 4 della Costituzione, interviene invece nel rapporto tra autorità e libertà.

La sussidiarietà orizzontale si basa sul presupposto secondo cui alla cura delle necessità collettive e delle attività di interesse generale devono provvedere direttamente i privati cittadini (sia come singoli, sia come associati) e i pubblici poteri intervengono in funzione sussidiaria, di programmazione, di coordinamento ed eventualmente di gestione.

Secondo il **principio di adeguatezza**, l'ordinamento richiede l'idoneità, dal punto di vista organizzativo, di una amministrazione a svolgere i compiti e le funzioni che le sono attribuite per legge.

Il **principio di differenziazione** richiede invece che le funzioni amministrative devono essere distribuite in considerazione delle peculiarità demografiche, associative, territoriali e strutturali degli enti.

L'applicazione dei principi costituzionali è stata attualizzata dall'art. 7 della l. n. 5 giugno 2003 n. 131 il quale, nell'attuazione dell'articolo 118 della Costituzione in materia di esercizio delle funzioni amministrative, ha precisato che l'*agere* amministrativo deve essere improntato ulteriormente ai principi di:

- buon andamento, efficienza e efficacia dell'azione amministrativa;
- i motivi funzionali ed economici;
- le esigenze di programmazione e di omogeneità territoriale.

Le funzioni amministrative attribuite al Comune possono essere classificate in:
- funzioni proprie;
- funzioni conferite;
- funzioni fondamentali.

► 4.2. Le funzioni proprie e le funzioni derivate

L'art. 3 del TUEL disciplina la tipologia delle funzioni proprie e conferite.
Le **funzioni proprie** competono all'Ente comunale in quanto soggetto rappresentativo della propria popolazione e del proprio territorio nei settori dei servizi alla persona e alla comunità, all'assetto e utilizzazione del territorio e allo sviluppo economico, ai sensi e per gli effetti dell'art. 13 del TUEL.
Le **funzioni conferite** sono le funzioni attribuite dall'ordinamento allo Stato e alle Regioni, ma il cui esercizio è affidato da questi enti al Comune, in veste di amministrazione decentrata.
Il decentramento amministrativo comporta che vengano gestiti a livello comunale per delega statale o regionale, come previsto dal D.lgs. n. 112/1998:
- attività produttive: istituzione dello sportello unico e procedimenti relativi all'apertura, all'ampliamento ed alla cessazione degli impianti, ivi compreso il rilascio delle concessioni ed autorizzazioni edilizie;
- fiere locali: riconoscimento della qualifica ed autorizzazioni;
- catasto edilizio urbano e catasto terreni: tenuta degli atti per i Comuni con popolazione superiore ai 20.000 abitanti;
- protezione civile;
- sanità: gestione delle emergenze sanitarie o di igiene di ambito locale; partecipazione alla programmazione regionale;
- servizi sociali;
- istruzione scolastica: educazione degli adulti, orientamento, pari opportunità, continuità scolastica; interventi perequativi e prevenzione della dispersione scolastica;
- beni ed attività culturali: valorizzazione dei propri beni; promozione di attività culturali;
- polizia amministrativa.

Con riferimento alle **funzioni fondamentali** dei comuni, queste sono individuate dall'articolo 117, co. 2, lettera p) della Costituzione. Esse sono:
- l'organizzazione generale dell'amministrazione, gestione finanziaria e contabile e controllo;
- l'organizzazione dei servizi pubblici di interesse generale di ambito comunale, ivi compresi i servizi di trasporto pubblico comunale;
- il catasto, ad eccezione delle funzioni mantenute allo Stato dalla normativa vigente;
- la pianificazione urbanistica ed edilizia in ambito comunale nonché la partecipazione alla pianificazione territoriale di livello sovra comunale;
- l'attività, in ambito comunale, di pianificazione di protezione civile e di coordinamento dei primi soccorsi;
- l'organizzazione e la gestione dei servizi di raccolta, avvio e smaltimento e

recupero dei rifiuti urbani e la riscossione dei relativi tributi;
- la progettazione e gestione del sistema locale dei servizi sociali ed erogazione delle relative prestazioni ai cittadini secondo quanto previsto dall'articolo 118, quarto comma, della Costituzione;
- l'edilizia scolastica per la parte non attribuita alla competenza delle province, organizzazione e gestione dei servizi scolastici;
- la polizia municipale e polizia amministrativa locale;
- la tenuta dei registri di stato civile e di popolazione e compiti in materia di servizi anagrafici nonché in materia di servizi elettorali, nell'esercizio delle funzioni di competenza statale.
- i servizi in materia statistica.

5. Le aggregazioni dei Comuni

I comuni con popolazione fino a 5.000 abitanti, ovvero fino a 3.000 abitanti se appartengono o sono appartenuti a comunità montane, esercitano le suddette funzioni fondamentali obbligatoriamente in forma associata, mediante l'unione di comuni o convenzione, ad esclusione di quella relativa tenuta dei registri di stato civile e di popolazione e compiti in materia di servizi anagrafici nonché in materia di servizi elettorali, nell'esercizio delle funzioni di competenza statale.
Se l'esercizio di tali funzioni è legato alle tecnologie dell'informazione e delle comunicazioni, i comuni le esercitano obbligatoriamente in forma associata, fermo restando che tali funzioni comprendono la realizzazione e la gestione di infrastrutture tecnologiche, rete dati, fonia, apparati, di banche dati, di applicativi software, l'approvvigionamento di licenze per software, la formazione informatica e la consulenza nel settore dell'informatica.
Le recenti Riforme della P.A. locale, come la legge 56/2014, indicano, in modo univoco, gli obiettivi di:

- offrire ai cittadini servizi locali più efficienti e promuovere lo sviluppo economico, mediante l'utilizzo delle leve della programmazione intercomunale e delle economie di scala derivanti dalla crescita delle dimensioni delle gestioni associate fra Comuni;
- ammodernare l'attuale sistema amministrativo, superando la frammentazione delle competenze fra i vari livelli di Governo e ponendo in primo piano il ruolo dei Comuni, non singolarmente, ma associati, preferibilmente mediante fusioni od unioni;

Detto termine, fissato in origine al 31.12.2014, è stato più volte prorogato, e da ultimo fino al 31.12.2018 con l'art.1, comma 1120, legge 205/2017.
Nelle materie di cui all'articolo 117, commi terzo e quarto, della Costituzione, la Regione individua, previa concertazione con i comuni interessati nell'ambito del Consiglio delle autonomie locali, la dimensione territoriale ottimale e omogenea per area geografica per lo svolgimento, in forma obbligatoriamente associata da parte dei comuni delle funzioni fondamentali, secondo i principi di efficacia, economicità, di efficienza e di riduzione delle spese, secondo le forme associative previste dalla legge.
Nell'ambito della normativa regionale, i comuni avviano l'esercizio delle funzioni fondamentali in forma associata entro il termine che viene indicato dalla normativa.
Il limite demografico minimo delle unioni e delle convenzioni è fissato in 10.000

abitanti, ovvero in 3.000 abitanti se i comuni appartengono o sono appartenuti a comunità montane, fermo restando che, in tal caso, le unioni devono essere formate da almeno tre comuni, e salvi il diverso limite demografico ed eventuali deroghe in ragione di particolari condizioni territoriali, individuati dalla regione. Il limite non si applica alle unioni già costituite.
Le convenzioni sopra citate hanno durata almeno triennale. Ove alla scadenza del predetto periodo, non sia comprovato, da parte dei comuni aderenti, il conseguimento di significativi livelli di efficacia ed efficienza nella gestione, i comuni interessati sono obbligati ad esercitare le funzioni fondamentali esclusivamente mediante unione di comuni.
Decorso tale termine, troverà applicazione l'articolo 8 della legge 131/2203 che disciplina l'applicazione del potere sostitutivo da parte del Governo e degli Enti regionali ai sensi dell'art. 120 della Costituzione.
Per esempio, nella Regione Marche è stata approvata la Legge Regionale n. 18/2008 che disciplina il "Riordino territoriale" tenendo presente le peculiarità del territorio e la conformazione dei piccoli comuni.
Relativamente alla gestione informatica associata, gli enti Locali dovranno quindi aggregarsi tramite Unioni di Comuni o convenzioni con un limite minimo di 10.000 abitanti (modificabile dalle normative regionali).
Tali disposizioni e la disciplina di riordino territoriale di alcune regioni incideranno in modo significativo nei prossimi mesi anche sull'organizzazione informatica dei comuni, in particolare in quelli di piccole dimensioni.
È evidente come a livello nazionale si stai delineando un obbligo generalizzato di svolgimento della gestione associata dell'informatica nei comuni con meno di cinquemila abitanti o tremila nel caso si tratti di comuni montani.

6. Gli organi dell'Ente comunale.

Sono organi del Comune ai sensi dell'art. 36 TUEL:
- il Consiglio;
- la Giunta;
- il Sindaco;

▶ 6.1. Il Consiglio comunale

Secondo la definizione di cui all'**art 42 del TUEL**, il **Consiglio** è l'organo di indirizzo e di controllo politico amministrativo a cui è riconosciuta la competenza esclusiva per l'emanazione di atti fondamentali per l'Ente stesso.
Il consiglio è un organo collegiale dotato di autonomia funzionale e organizzativa.
Come previsto dall'art. 38 del TUEL, con norme regolamentari i Comuni sono chiamati a fissare le modalità per fornire ai consigli servizi, attrezzature e risorse finanziarie nei comuni sopra i 15.000 abitanti.
Il TUEL prevede esclusivamente un contenuto minimo, determinando:
- le modalità per la presentazione delle proposte di deliberazione e per la loro discussione;
- il numero di consiglieri necessario per la validità della seduta.

L'art. 42 del TUEL provvede ad elencarne le competenze e le funzioni.
Nello specifico il Consiglio ha competenza ai seguenti atti fondamentali:

a) statuti dell'ente e delle aziende speciali, regolamenti salva l'ipotesi di cui all'articolo 48, comma 3, criteri generali in materia di ordinamento degli uffici e dei servizi;
b) programmi, relazioni previsionali e programmatiche, piani finanziari, programmi triennali e elenco annuale dei lavori pubblici, bilanci annuali e pluriennali e relative variazioni, rendiconto, piani territoriali ed urbanistici, programmi annuali e pluriennali per la loro attuazione, eventuali deroghe ad essi, pareri da rendere per dette materie;
c) convenzioni tra i comuni e quelle tra i comuni e provincia, costituzione e modificazione di forme associative;
d) istituzione, compiti e norme sul funzionamento degli organismi di decentramento e di partecipazione;
e) organizzazione dei pubblici servizi, costituzione di istituzioni e aziende speciali, concessione dei pubblici servizi, partecipazione dell'ente locale a società di capitali, affidamento di attività o servizi mediante convenzione;
f) istituzione e ordinamento dei tributi, con esclusione della determinazione delle relative aliquote; disciplina generale delle tariffe per la fruizione dei beni e dei servizi;
g) indirizzi da osservare da parte delle aziende pubbliche e degli enti dipendenti, sovvenzionati o sottoposti a vigilanza;
h) contrazione di mutui e aperture di credito non previste espressamente in atti fondamentali del consiglio ed emissioni di prestiti obbligazionari;
i) spese che impegnino i bilanci per gli esercizi successivi, escluse quelle relative alle locazioni di immobili ed alla somministrazione e fornitura di beni e servizi a carattere continuativo;
j) acquisti e alienazioni immobiliari, relative permute, appalti e concessioni che non siano previsti espressamente in atti fondamentali del consiglio o che non ne costituiscano mera esecuzione e che, comunque, non rientrino nella ordinaria amministrazione di funzioni e servizi di competenza della giunta, del segretario o di altri funzionari;
k) definizione degli indirizzi per la nomina e la designazione dei rappresentanti del comune presso enti, aziende ed istituzioni, nonché nomina dei rappresentanti del consiglio presso enti, aziende ed istituzioni ad esso espressamente riservata dalla legge.

Il Consiglio, nei modi disciplinati dallo statuto, partecipa altresì alla definizione, all'adeguamento e alla verifica periodica dell'attuazione delle linee programmatiche da parte del sindaco o del presidente della provincia e dei singoli assessori.
Le deliberazioni in ordine agli argomenti di cui all'art. 42 TUEL non possono essere adottate in via d'urgenza da altri organi del comune, salvo quelle attinenti alle variazioni di bilancio adottate dalla giunta da sottoporre a ratifica del consiglio nei sessanta giorni successivi, a pena di decadenza.
Le **sedute del consiglio** e delle commissioni sono pubbliche salvi i casi previsti dal regolamento e, nei comuni con popolazione fino a 15.000 abitanti, si tengono preferibilmente in un arco temporale non coincidente con l'orario di lavoro dei partecipanti (art. 38, co. 7, TUEL).

L'art. 37 del TUEL definisce la composizione ed il numero dei consiglieri che devono essere eletti per la composizione dell'organo, deciso in base alla popolazione residente nel Comune.
A seguito della novella della L. 56/2014, il consiglio comunale è composto dal Sindaco e:
- da 48 membri nei comuni con popolazione superiore ad un milione di abitanti;
- da 40 membri nei comuni con popolazione superiore a 500.000 abitanti;
- da 36 membri nei comuni con popolazione superiore a 250.000 abitanti;
- da 32 membri nei comuni con popolazione superiore a 100.000 abitanti o che, pur avendo popolazione inferiore, siano capoluoghi di provincia;
- da 24 membri nei comuni con popolazione superiore a 30.000 abitanti;
- da 16 membri nei comuni con popolazione superiore a 10.000 abitanti;
- da 12 membri nei comuni con popolazione superiore a 3.000 abitanti;
- da 10 membri negli altri comuni.

La disciplina sulla composizione dei Consigli e delle Giunte è inoltre delineata dall'art. 16, co. 17 della L. n. 138 del 2011, modificato dalla L. n. 56/2014, a norma del quale:
«a) per i comuni con popolazione fino a 3.000 abitanti, il consiglio comunale è composto, oltre che dal sindaco, da dieci consiglieri e il numero massimo degli assessori è stabilito in due;
b) per i comuni con popolazione superiore a 3.000 e fino a 10.000 abitanti, il consiglio comunale è composto, oltre che dal sindaco, da dodici consiglieri e il numero massimo di assessori è stabilito in quattro»;
La figura del consigliere comunale è qualificata dal sistema quali funzionari onorari di carattere elettivo, a cui l'ordinamento riconosce determinati diritti.
Segnatamente l'art. 43 del TUEL prevede che i consiglieri comunali hanno diritto:
- di iniziativa su ogni questione sottoposta alla deliberazione del consiglio.
- di chiedere la convocazione del consiglio secondo le modalità dettate dall'articolo 39, comma 2, e di presentare interrogazioni e mozioni;
- di ottenere dagli uffici del comune nonché dalle loro aziende ed enti dipendenti, tutte le notizie e le informazioni in loro possesso, utili all'espletamento del proprio mandato. Essi sono tenuti al segreto nei casi specificamente determinati dalla legge.

La **prima seduta** del consiglio comunale deve essere convocata entro il termine perentorio di dieci giorni dalla proclamazione e deve tenersi entro il termine di dieci giorni dalla convocazione, come previsto dall'art. 40 del TUEL.
Nei comuni con popolazione superiore ai 15.000 abitanti, la prima seduta, è convocata dal sindaco ed è presieduta dal consigliere anziano fino alla elezione del presidente del consiglio. La seduta prosegue poi sotto la presidenza del presidente del consiglio per la comunicazione dei componenti della Giunta e per gli ulteriori adempimenti.
È definito consigliere anziano colui che ha ottenuto la maggior cifra individuale ai sensi dell'articolo 73 del TUEL, con esclusione del sindaco neoeletto e dei candidati alla carica di sindaco, proclamati consiglieri ai sensi del comma 11 del medesimo articolo 73.
Nella prima seduta, l'art. 41 del TUEL prevede che il Consiglio:
- deve esaminare la condizione degli eletti a norma del capo II Titolo III;
- deve dichiarare la ineleggibilità dei consiglieri quando sussista alcuna delle

cause ivi previste, provvedendo secondo la procedura indicata dall'articolo 69;
- deve elegge tra i propri componenti la commissione elettorale comunale ai sensi degli articoli 12 e seguenti del decreto del Presidente della Repubblica 20 marzo 1967, n. 223;
- devono essere comunicati i componenti della Giunta e del vicesindaco a cura del Sindaco.

Il Consiglio resta in carica **5 anni** dalla data di elezione.

I Consigli durano in carica sino all'elezione dei nuovi, limitandosi, dopo la pubblicazione del decreto di indizione dei comizi elettorali, ad adottare gli atti urgenti e improrogabili (art. 38, co. 5, del TUEL).

I consiglieri entrano in carica all'atto della proclamazione ovvero, in caso di surrogazione, non appena adottata dal consiglio la relativa deliberazione improrogabili (art. 38, co. 4, del TUEL).

Singolarmente, ogni membro del Comune cessa la carica di consigliere, a prescindere dalle sorti del Consiglio, nel caso in cui si avvera una delle seguenti ipotesi:
- decesso;
- decadenza, che si verifica in caso di cause di ineleggibilità verificatesi dopo l'elezione; cause di incompatibilità preesistenti o successive all'elezione; mancato intervento ai lavori del Consiglio; altre incapacità contemplate dalla legge;
- rimozione, nei casi previsti dall'art. 142 TUEL;
- dimissioni, da presentarsi nelle forme previste dall'art. 38, co. 8, del TUEL, a seguito della modifica della L. n. 140/2004.

Nel caso di cessazione dalla carica per dimissioni contestuali, ovvero rese anche con atti separati purché contemporaneamente presentati al protocollo dell'ente, della metà più uno dei membri assegnati, non computando a tal fine il sindaco o il presidente della provincia, dei consiglieri, il Consiglio medesimo è sciolto.

▶ 6.2. L'articolazione interna del Consiglio comunale

Sono **organi interni al Consiglio**:
- le commissioni consiliari;
- i gruppi consiliari.

Le **commissioni consiliari** sono previste dallo statuto comunale ai sensi dell'art. 38, co. 6, del TUEL, il quale dispone come condizione necessaria il rispetto del criterio proporzionale e la composizione delle forze politiche del Consiglio.

È possibile catalogare le commissioni in base alla competenza loro assegnata in:
- commissioni permanenti, che operano allo scopo di semplificare e velocizzare le procedure di approvazione, con competenza in determinate materie;
- commissioni speciali, istituite per la risoluzione di specifiche problematiche;
- commissioni di indagine con il compito di vigilare sull'agere amministrativo, come previsto dalla L. 81/1993 e dall'art. 44, co. 2, del TUEL

L'art. 38, co. 3, del TUEL analogamente prevede l'istituzione dei **gruppi consiliari**, il cui funzionamento è regolamentato dagli statuti che intervengo per disciplinare la gestione delle risorse a loro destinate.

Il Consiglio comunale è presieduto dal **Presidente del Consiglio, eletto alla prima seduta nei comuni con popolazione superiore a 15.000 abitanti, mentre nei comuni con popolazione sino a 15.000 abitanti lo statuto può**

prevedere la figura del presidente del consiglio.
Al presidente del Consiglio sono attribuiti i poteri:
- di convocazione e direzione dei lavori e delle attività del consiglio;
- assicurare una adeguata e preventiva informazione ai gruppi consiliari ed ai singoli consiglieri sulle questioni sottoposte al consiglio.

Quando lo statuto non dispone diversamente, le funzioni vicarie di presidente del consiglio sono esercitate dal consigliere anziano individuato secondo le modalità di cui all'articolo 40 del TUEL.
Il presidente del consiglio comunale è tenuto a riunire il consiglio, in un termine non superiore ai venti giorni, quando lo richiedano un quinto dei consiglieri, o il sindaco, inserendo all'ordine del giorno le questioni richieste.
Nei comuni con popolazione inferiore ai 15.000 abitanti il consiglio è presieduto dal Sindaco che provvede anche alla convocazione del consiglio salvo differente previsione statutaria.
In caso di inosservanza da parte del Presidente del consiglio degli obblighi di convocazione del consiglio, previa diffida, provvede il Prefetto.

▶ 6.3. La Giunta comunale

La Giunta è l'organo esecutivo del Comune con competenza autonoma a deliberare su tutte le materie non espressamente attribuite dalla legge o dallo statuto ad altri organi.
L'organo esecutivo è chiamato:
- a compiere tutti gli atti rientranti ai sensi dell'articolo 107, commi 1 e 2, nelle funzioni degli organi di governo, che non siano riservati dalla legge al consiglio e che non ricadano nelle competenze, previste dalle leggi o dallo statuto, del sindaco o degli organi di decentramento;
- predisporre lo schema di bilancio annuale di previsione, la relazione previsionale e programmatica e lo schema di bilancio (art. 174 del T.U.E.L.).
- a collaborare con il sindaco nell'attuazione degli indirizzi generali del consiglio;
- a riferire annualmente al consiglio sulla propria attività e svolge attività propositive e di impulso nei confronti dello stesso;
- ad adottare i regolamenti sull'ordinamento degli uffici e dei servizi, nel rispetto dei criteri generali stabiliti dal consiglio (art. 48 TUEL).

L'art. 47 del TUEL disciplina la **composizione della Giunta** comunale.
La Giunta è composta dal Sindaco, che la presiede, e da un numero di assessori stabiliti dallo statuto che non deve essere superiore ad un terzo del numero dei consiglieri comunali, come previsto l'art. 47, co. 1, del TUEL.
Il quinto comma dell'art. 47 del TUEL ha previsto che fino all'adozione delle norme statutarie di cui al comma 1, le giunte comunali sono composte da un numero di assessori stabilito rispettivamente nelle seguenti misure:
- non superiore a 4 nei comuni con popolazione inferiore a 10.000 abitanti;
- non superiore a 6 nei comuni con popolazione compresa tra 10.001 e 100.000 abitanti;
- non superiore a 10 nei comuni con popolazione compresa tra 100.001 e 250.000 abitanti e nei capoluoghi di provincia con popolazione inferiore a 100.000 abitanti;
- non superiore a 12 nei comuni con popolazione compresa tra 250.001 e

500.000 abitanti;
- non superiore a 14 nei comuni con popolazione compresa tra 500.001 e 1.000.000 di abitanti;
- non superiore a 16 nei comuni con popolazione superiore a 1.000.000 di abitanti;

Il suddetto comma è stato così modificato dalla L. 24 dicembre 2007, n. 244.
Mentre con riferimento ai comuni di piccole dimensioni si dovrà tener debito contro delle novità introdotte dalla L. 56/2014 al D.L. 138/2001, conv. con mod. in L. 148/2001.
Con riferimento alla **nomina dei componenti** della Giunta, trovano applicazione i commi terzo e quarto dell'art. 47.
Per i comuni superiori a 15.000 abitanti è prevista la facoltà per il Sindaco di nominare gli assessori, anche al di fuori dei componenti del consiglio, fra i cittadini in possesso dei requisiti di candidabilità, eleggibilità e compatibilità alla carica di consigliere.
Diversamente, nei comuni con popolazione inferiore a 15.000 abitanti lo statuto può prevedere la nomina ad assessore di cittadini non facenti parte del consiglio ed in possesso dei requisiti di candidabilità, eleggibilità e compatibilità alla carica di consigliere.
Nei comuni inferiori a 3.000 abitanti il Sindaco può delegare l'esercizio di proprie funzioni a non più di due consiglieri in alternativa alla nomina degli assessori. La *ratio* dell'art. 2, co. 186, lett. c) della L. 191/2009 deve rintracciarsi negli obblighi imposti dall'ordinamento agli Enti comunali di coordinamento con la finanza pubblica e soprattutto del contenimento della spesa pubblica.
Gli assessori della **Giunta** restano in carica per 5 anni in relazione alla durata della carica da Sindaco prevista dall'art. 50 del TUEL.
Allo scadere del mandato, la Giunta e il Sindaco rimangono in carica finché non viene nominato il nuovo esecutivo.
Prima della scadenza naturale del mandato, l'organo esecutivo può cessare la propria carica:
- In caso di impedimento permanente, rimozione, decadenza, decesso del Sindaco (art. 53 TUEL);
- Scioglimento del Consiglio comunale nei casi previsti dell'art. 141 del TUEL;
- Approvazione della mozione di sfiducia nei confronti del Sindaco (art. 52 TUEL)

Come per il Collegio, la carica del singolo assessore può terminare per cause diverse dalla naturale scadenza del mandato.
L'assessore singolarmente perde la propria carica per:
- Morte;
- Dimissioni;
- Rimozione è disposta dal Ministero dell'Interno quando l'assessore compie atti contrari alla Costituzione, o gravi e reiterate violazioni di legge e in caso di gravi motivi di ordine pubblico;
- Revoca è disposta da Sindaco, previa comunicazione motivata al Consiglio;
- Decadenza avviene in caso di perdita della qualità di consigliere, per assenza ingiustificata in tre sedute consecutive della Giunta; in caso di impedimento, incompatibilità o incapacità previste dalla legge.

▶ 6.4. Il Sindaco

Il Sindaco è:
- Il capo dell'amministrazione comunale e, in quanto tale, organo esecutivo del Comune;
- È membro del consiglio comunale e nomina e revoca i componenti della giunta;
- È ufficiale di Governo in quanto organo periferico dell'amministrazione statale e rappresentante del Governo in sede locale.

Il Sindaco è quindi un organo monocratico, costituito da una sola persona fisica, in cui si concentrano più funzioni; ha la rappresentanza giuridica e può nominare legali per la rappresentanza processuale in giudizio ed indossa il simbolo distintivo (fascia) dell'Ente nelle manifestazioni ufficiali.
Il Sindaco ha inoltre la responsabilità della funzione di direzione politica del Comune.
La **responsabilità politica** è assunta con la presentazione al consiglio delle linee programmatiche del suo governo ed esercita con la nomina dei suoi collaboratori politici e del vertice burocratico, con la definizione degli incarichi dirigenziali, con la scelta dei collaboratori esterni.
Dapprima eletto dal consiglio comunale, scelto al proprio interno da almeno 2/3 dei consiglieri e a maggioranza assoluta, in forza della l. n. 81/1993 (modificata dalla l. n. 415/1993), il Sindaco viene ora eletto a suffragio universale direttamente dai cittadini, con criteri diversi secondo che i comuni abbiano più o meno di 15.000 abitanti.

Il Sindaco eletto presta davanti al Consiglio, nella seduta di insediamento, il giuramento di osservare lealmente la Costituzione italiana.
Il distintivo del sindaco è la fascia tricolore con lo stemma della Repubblica e lo stemma del comune, da portarsi a tracolla sulla spalla destra.
Il Sindaco dura in carica **5 anni**.
Di norma chi ha ricoperto due mandati consecutivi non è immediatamente rieleggibile.
Solo quando uno dei due mandati ha avuto durata inferiore a due anni, sei mesi e un giorno, per causa differente alle dimissioni volontarie, è prevista l'ipotesi del terzo mandato consecutivo (art. 51 TUEL).
Il terzo mandato è altresì ammesso nei comuni con popolazione inferiore a 3.000 abitanti, con la modifica apportata dalla Legge Del Rio nel 2014.
Le funzioni assegnate al Sindaco possono essere classificate in base al ruolo svolto dallo stesso, sia esso operante in qualità di organo esecutivo dell'Ente comunale o in qualità di ufficiale del Governo.
Ai sensi dell'art. 50 del TUEL, **il Sindaco in qualità di organo esecutivo del Comune**:
- rappresenta l'ente;
- convoca e presiede la Giunta, nonché il consiglio quando non è previsto il presidente del consiglio;
- sovraintende al funzionamento dei servizi e degli uffici e all'esecuzione degli atti;
- esercita le funzioni loro attribuite dalle leggi, dallo statuto e dai regolamenti;

- sovraintende all'espletamento delle funzioni statali e regionali attribuite o delegate al comune;
- esercita altresì le altre funzioni attribuitegli quale autorità locale nelle materie previste da specifiche disposizioni di legge (es. dirigere e coordinare i servizi di protezione civile, art. 12 della L. 265/1999);
- adotta ordinanze contingibili e urgenti, in caso di emergenze sanitarie o di igiene pubblica a carattere esclusivamente locale. Negli altri casi l'adozione dei provvedimenti d'urgenza, ivi compresa la costituzione di centri e organismi di referenza o assistenza, spetta allo Stato o alle regioni in ragione della dimensione dell'emergenza e dell'eventuale interessamento di più ambiti territoriali regionali;
- in caso di emergenza che interessi il territorio di più comuni, il Sindaco per il territorio del proprio Comune adotta le misure necessarie fino a quando non intervengano i soggetti competenti;
- coordina e riorganizza, sulla base degli indirizzi espressi dal consiglio comunale e nell'ambito dei criteri eventualmente indicati dalla Regione
- gli orari degli esercizi commerciali,
- dei pubblici esercizi e dei servizi pubblici,
- gli orari di apertura al pubblico degli uffici pubblici localizzati nel territorio, d'intesa con i responsabili territorialmente competenti delle amministrazioni interessate, al fine di armonizzare l'espletamento dei servizi con le esigenze complessive e generali degli utenti.
- provvede alla nomina, alla designazione e alla revoca dei rappresentanti del comune e della provincia presso enti, aziende ed istituzioni;
- nomina i responsabili degli uffici e dei servizi;
- attribuisce e definisce gli incarichi dirigenziali e quelli di collaborazione esterna secondo le modalità ed i criteri stabiliti dagli articoli 109 e 110, nonché dai rispettivi statuti e regolamenti comunali e provinciali;

▶ 6.5. Le competenze del Sindaco come organo decentrato dello Stato

Come sopra anticipato, il Sindaco è anche titolare di varie funzioni statali, che esercita nei limiti territoriali del proprio Comune (Decentramento amministrativo).
Il Sindaco, nella qualità di organo esecutivo comunale, gode di ampia autonomia nei confronti dello Stato (art. 5 Cost.), come ufficiale di governo dipende invece gerarchicamente dal Prefetto e, attraverso questi, dal Ministero dell'Interno.
Ai sensi dell'art. 54, del d.lgs. n. 267/2000 (come sostituito dall'art. 6, co. 1, del d.l. n. 92/2008, convertito in l. n. 125/2008) il Sindaco, quale ufficiale del Governo:
- sovrintende all'emanazione degli atti che gli sono attribuiti dalla legge e dai regolamenti in materia di ordine e sicurezza pubblica; allo svolgimento delle funzioni affidategli dalla legge in materia di pubblica sicurezza e di polizia giudiziaria; alla vigilanza su tutto quanto possa interessare la sicurezza e l'ordine pubblico, informandone il prefetto;
- concorre ad assicurare anche la cooperazione della polizia locale con le Forze di polizia statali, nell'ambito delle direttive di coordinamento impartite dal Ministro dell'interno - Autorità nazionale di pubblica sicurezza;

- sovrintende, altresì, alla tenuta dei registri di stato civile e di popolazione e agli adempimenti demandatigli dalle leggi in materia elettorale, di leva militare e di statistica;
- adotta, con atto motivato e nel rispetto dei principi generali dell'ordinamento, i provvedimenti contingibili e urgenti al fine di prevenire e di eliminare gravi pericoli che minacciano l'incolumità pubblica e la sicurezza urbana; a tal proposito, il decreto-legge nr. 14 del 20 febbraio 2017, conv. nella Legge 48/2017, ha disposto la modifica dell'art. 54, comma 4-bis del TUEL, inserendo la specificazione relativa al fatto che: " *i provvedimenti (...) concernenti l'incolumità pubblica sono diretti a tutelare l'integrità fisica della popolazione, quelli concernenti la sicurezza urbana sono diretti a prevenire e contrastare l'insorgere di fenomeni criminosi o di illegalità, quali lo spaccio di stupefacenti, lo sfruttamento della prostituzione, la tratta di persone, l'accattonaggio con impiego di minori e disabili, ovvero riguardano fenomeni di abusivismo, quale l'illecita occupazione di spazi pubblici, o di violenza, anche legati all'abuso di alcool o all'uso di sostanze stupefacenti", nonché, con la modifica apportata dalla Legge 132 del 1.12.2018 di conversione del D.L. 113 del 4 ottobre 2018 al comma 7 bis: "limitazioni degli orari di vendita degli esercizi del settore alimentare o misto, e delle attività artigianali di produzione e vendita di prodotti di gastronomia pronti per il consumo immediato e di erogazione di alimenti e bevande attraverso distributori automatici"*
- segnala alle competenti autorità (giudiziaria o di pubblica sicurezza) la condizione irregolare degli stranieri comunitari o extracomunitari, al fine di un'eventuale espulsione o allontanamento dallo stato (si rinvia in merito al Capitolo VI).

▶ 6.6. Le ordinanze sindacali

Appare opportuno sottolineare come è stato inoltre ampliato il potere del sindaco di emanare ordinanze contingibili e urgenti. Mentre in passato (art. 38, l. n. 142/1990), infatti, potevano essere adottate soltanto in materia di sanità, igiene, edilizia e polizia locale, ora le ordinanze possono essere adottate in tutti i casi in cui è necessario prevenire ed eliminare gravi pericoli che minaccino l'incolumità pubblica e la sicurezza urbana, previa comunicazione al prefetto per la predisposizione degli strumenti necessari alla loro attuazione. In particolari casi di emergenza (per es. inquinamento atmosferico o motivi di sicurezza urbana).
In virtù del riconoscimento di tale funzione, il Sindaco può modificare gli orari degli esercizi e dei servizi pubblici, nonché, d'intesa con i responsabili delle amministrazioni interessate, gli orari di apertura al pubblico degli uffici pubblici localizzati nel territorio.
In caso di inottemperanza il sindaco può provvedere d'ufficio, a spese degli interessati, senza pregiudizio dell'azione penale, per i reati in cui siano eventualmente incorsi.
L'inosservanza delle ordinanze emanate dal Sindaco ai sensi del comma 7-bis è punita con la sanzione amministrativa pecuniaria del pagamento di una somma da 500 euro a 5.000 euro.
Qualora la stessa violazione sia stata commessa per due volte in un

anno, si applicano le disposizioni di cui all'articolo 12, comma 1, del decreto-legge 20 febbraio 2017, n. 14, convertito, con modificazioni, dalla legge 18 aprile 2017, n. 48, anche se il responsabile ha proceduto al pagamento della sanzione in misura ridotta, ai sensi dell'articolo 16 della legge 24 novembre 1981, n. 689"
Previa comunicazione al Prefetto, può inoltre delegare l'esercizio delle funzioni ivi indicate al presidente del consiglio circoscrizionale se esistente.
Nell'ambito delle funzioni attribuite dall'art. 54 del TUEL ed in virtù della dipendenza gerarchica del Sindaco agli organi della Prefettura e del Ministero, il Prefetto può disporre ispezioni al fine di accertare il regolare svolgimento dei compiti affidati e per l'acquisizione di dati e notizie relativi ad altri servizi di carattere generale.
L'atto amministrativo adottato dal Sindaco è l'ordinanza.
L'ordinanza è un atto amministrativo che il Sindaco adotta per imporre un determinato comportamento in attuazione ed osservanza delle disposizioni di legge o regolamentari.
L'ordinanza:

- è redatta per iscritto, ma nei casi di necessità ed urgenza può essere impartito ordine verbale, salvo stendere l'atto scritto cessata l'emergenza (per es. la chiusura di una strada per frana);
- è obbligatoriamente notificata ai destinatari o pubblicamente affissa in caso di provvedimenti rivolti alla popolazione (mediante affissione all'albo pretorio telematico o negli appositi spazi comunali);
- è immediatamente eseguibile.

▶ 6.7. Le diverse tipologie di ordinanze del Sindaco

Le ordinanze si suddividono in:

- ordinarie;
- contingibili e urgenti.

APPROFONDIMENTO

LE ORDINANZE CONTINGIBILI E URGENTI DEL SINDACO

Le ordinanze contingibili e urgenti sono atti a contenuto atipico, per l'appunto espressive del generale "**potere di ordinanza**", che l'Amministrazione, sulla base di specifiche previsioni legislative, è abilitata ad adottare per fronteggiare situazioni eccezionali, anche derogando alla disciplina normativa di rango primario, ma pur sempre nel rispetto della Costituzione, del diritto dell'Unione europea e dei principi generali dell'ordinamento.
I suddetti provvedimenti sono sottoposti a limiti:

- **sostanziali**, quali quelli che si sono appena passati in rassegna, legati al rispetto di vincoli normativi di rango superiore;
- **temporali**, essendo la loro efficacia, stante il descritto carattere eccezionale e derogatorio, necessariamente circoscritta nel tempo, anche se non sono mancati orientamenti tesi ad affermare la possibilità di adottare, in situazioni dotate di un più elevato grado di eccezionalità, ordinanze a efficacia non temporalmente delimitata;
- **procedurali**, essendo le ordinanze in questione comunque soggette al rispetto

delle garanzie del "**giusto procedimento**" delineate dalla L. n. 241 del 1990, in quanto compatibili, a cominciare dall'obbligo di motivazione, sancito dall'art. 3 della medesima legge. Tale ultimo obbligo, secondo un'ormai consolidata giurisprudenza amministrativa, risulta invero rinforzato, dovendo l'Amministrazione motivare non soltanto in ordine alle ragioni straordinarie che abbiano condotto all'esercizio del potere di ordinanza, ma anche ai criteri seguiti nell'individuazione delle disposizioni, contenute in leggi e atti aventi forza di legge, cui derogare;

Per ciò che riguarda i presupposti, essi sono ravvisabili:

- nel **pericolo di danno grave**, tale da rendere indifferibile l'emissione del provvedimento di urgenza;
- nella **inadeguatezza e insufficienza** dei mezzi ordinariamente messi a disposizione dall'ordinamento.

La base giuridica del potere di ordinanza del Sindaco è rinvenibile **nell'art. 54, co. 4, del TUEL**, che conferisce al Sindaco, "*quale **ufficiale di Governo***", il potere di adottare «... *con atto motivato provvedimenti, anche contingibili e urgenti nel rispetto dei princìpi generali dell'ordinamento al fine di prevenire e di eliminare gravi pericoli che minacciano l'incolumità pubblica e la sicurezza urbana. I provvedimenti di cui al presente comma sono preventivamente comunicati al prefetto anche ai fini della predisposizione degli strumenti ritenuti necessari alla loro attuazione*».

La **Corte costituzionale**, con la **sent. n. 115 del 2011**, ha dichiarato parzialmente illegittima tale disposizione, limitatamente alla parte in cui contiene la locuzione "**anche**" prima delle parole "**contingibili e urgenti**", per contrasto con gli artt. 3, 23 e 97 Cost. Ciò in quanto:

- il potere del Sindaco di emanare ordinanze di ordinaria amministrazione, anche al di fuori delle ipotesi di urgenza, si presenta «*come esercizio di una discrezionalità praticamente senza alcun limite*»;
- il **principio di legalità in senso sostanziale** «*non consente l'assoluta indeterminatezza del potere conferito dalla legge ad una autorità amministrativa, che produce l'effetto di attribuire, in pratica, una «totale libertà» al soggetto od organo investito della funzione*».

▶ 6.8. Il Vicesindaco

Il Vicesindaco è nominato dal Sindaco, in qualità di capo dell'amministrazione comunale ed è scelto tra i componenti della Giunta.

La nomina del vicesindaco deve essere comunicata nella prima seduta del consiglio successiva all'elezione del nuovo esecutivo.

Il vicesindaco ha il compito di sostituire il Sindaco sia nella veste di capo dell'amministrazione comunale sia in quella di Ufficiale del governo, qualora:

- si avveri l'impedimento permanente, la rimozione, la decadenza o il decesso del Sindaco;
- sì, assenti o vi sia un impedimento temporaneo del Sindaco;
- il Sindaco sia sospeso a norma dell'art. 11 del D.lgs. 235/2012 per cause di incandidabilità.

Al verificarsi delle seguenti ipotesi, il legislatore ha previsto l'automatica sostituzione del Sindaco con il Vicesindaco. La funzione vicaria infatti opera *ope legis* senza che sia necessaria alcuna manifestazione di volontà da parte del supplente o del supplito.

Capitolo 2
LA PROVINCIA

SOMMARIO:

1. La definizione di Provincia

La **Provincia** è al pari del Comune, delle Città metropolitane e delle Regioni un ente autonomo locale a cui spetta il compito di rappresentare la propria comunità, di curarne gli interessi e di promuoverne e coordinare lo sviluppo (art. 3, co. 3 del TUEL).
Alla provincia è riconosciuto dall'ordinamento il potere di dotarsi di propri statuti per l'esercizio dei poteri e delle funzioni attribuiti dalla costituzione e dalla legge ordinaria.
Al pari del Comune, sono elementi costitutivi della Provincia:
- la popolazione;
- il territorio;
- il patrimonio.

Anche alla Provincia è riconosciuta all'ordinamento la personalità giuridica di soggetto di diritto pubblico ai sensi dell'art. 11 c.c.

2. La modifica delle circoscrizioni provinciali

Al fine di attuare il decentramento, le Province possono scegliere di articolare il loro territorio in circoscrizioni provinciali.
L'art. 21 del TUEL prevede che la revisione delle circoscrizioni provinciali e l'istituzione di nuove province i comuni esercitano l'iniziativa di cui all'articolo 133 della Costituzione, tenendo conto dei seguenti criteri ed indirizzi:
- ciascun territorio provinciale deve corrispondere alla zona entro la quale si svolge la maggior parte dei rapporti sociali, economici e culturali della popolazione residente;
- ciascun territorio provinciale deve avere dimensione tale, per ampiezza, entità demografica, nonché per le attività produttive esistenti o possibili, da consentire una programmazione dello sviluppo che possa favorire il riequilibrio economico, sociale e culturale del territorio provinciale e regionale;
- l'intero territorio di ogni comune deve far parte di una sola provincia;

- l'iniziativa dei comuni, di cui all'articolo 133 della Costituzione, deve conseguire l'adesione della maggioranza dei comuni dell'area interessata, che rappresentino, comunque, la maggioranza della popolazione complessiva dell'area stessa, con delibera assunta a maggioranza assoluta dei consiglieri assegnati;
- di norma, la popolazione delle province risultanti dalle modificazioni territoriali non deve essere inferiore a 200.000 abitanti;
- l'istituzione di nuove province non comporta necessariamente l'istituzione di uffici provinciali delle amministrazioni dello Stato e degli altri enti pubblici;
- le province preesistenti debbono garantire alle nuove, in proporzione al territorio ed alla popolazione trasferiti, personale, beni, strumenti operativi e risorse finanziarie adeguati.

Ai sensi del secondo comma dell'articolo 117 della Costituzione le regioni emanano norme intese a promuovere e coordinare l'iniziativa dei comuni di cui alla lettera d) del comma 3.

3. La "riforma Delrio": la L. n. 56 del 2014

Da ultimo, L'ente provinciale è stato oggetto di una profonda riforma dettata dalla L. 7 aprile 2014, n. 56, intervenuta per prevedere l'istituzione delle Città metropolitane, la ridefinizione del sistema delle Province ed una nuova disciplina in materia di unioni e fusioni di Comuni.
Ed infatti, nel corso degli ultimi anni, la disciplina dell'ente comunale è stata oggetto di numerosi provvedimenti normativi che hanno avviato un procedimento di riordino. In particolare, l'art. 23 d.l. n. 201/2011 (cd. Salva Italia) e gli artt. 17 e 18 d.l. n. 95/2012 (cd. spending review) avevano previsto l'abolizione implicita della Giunta, prevedendo soltanto, quali organi, il Consiglio e il Presidente; un sistema di elezione indiretta degli organi, posto che il Consiglio, composto da non più di 10 componenti, doveva essere eletto dai Sindaci e dai consiglieri dei Comuni ricadenti nel territorio della Provincia e il Presidente veniva eletto tra i componenti del Consiglio; le modalità di elezione dovevano essere stabilite con legge dello Stato e, nelle more dell'approvazione della nuova legge elettorale, i Consigli provinciali in scadenza non sono stati rinnovati e le Province sono rette da commissari di governo; la limitazione delle funzioni delle Province esclusivamente alle funzioni di indirizzo politico e di coordinamento delle attività dei Comuni nelle materie e nei limiti indicati con legge statale o regionale, secondo le rispettive competenze; un procedimento volto all'accorpamento e al riordino delle Province fino alla loro soppressione con trasferimento delle funzioni alle Città metropolitane, di cui se ne prevedeva la contestuale istituzione.
Tuttavia, tali previsioni sono state dichiarate incostituzionali da Corte cost., con la sentenza n. 220/2013, in quanto la riforma delle Province non poteva essere disposta tramite lo strumento della decretazione d'urgenza, bensì soltanto con l'adozione di una legge (o di una legge costituzionale, qualora si intenda sopprimere uno degli enti previsti dall'art. 114 Cost.).
La legge n. 56/2014 detta una disciplina delle Province, definite enti di area vasta, espressamente qualificata come transitoria, nelle more della riforma costituzionale del Titolo V e delle relative norme di attuazione.

4. I nuovi organi della Provincia

I nuovi organi della Provincia sono:
- il Presidente della Provincia;
- il Consiglio provinciale;
- l'Assemblea dei Sindaci.

Si tratta di incarichi a titolo gratuito.

▶ 4.1. Il Presidente della Provincia

Il Presidente della Provincia viene eletto, in via indiretta, dai Sindaci e dai Consiglieri dei Comuni della Provincia; sono eleggibili i Sindaci della Provincia il cui mandato scada non prima di 18 mesi dalla data delle elezioni.
L'elezione avviene sulla base di candidature sottoscritte da almeno il 15 % degli aventi diritto al voto.
Ogni elettore vota per un solo candidato ed il voto è ponderato in base ad un indice rapportato alla popolazione complessiva della fascia demografica di appartenenza del Comune.
È eletto il candidato che consegue il maggior numero di voti, sulla base della predetta ponderazione.
Il Presidente resta in carica 4 anni, ma è prevista la decadenza automatica in caso di cessazione dalla carica di Sindaco.
Quanto alle funzioni, il Presidente della Provincia ha:
- la rappresentanza dell'ente;
- convoca e presiede il Consiglio provinciale e l'Assemblea dei sindaci;
- sovrintende al funzionamento degli uffici.

Entro il 31 dicembre 2014, si procede alla elezione del Presidente della Provincia secondo le nuove regole. Fino all'insediamento di quest'ultimo e, in ogni caso, non oltre il 31 dicembre 2014, restano in carica il Presidente della Provincia in carica alla data di entrata in vigore della legge ovvero, qualora si tratti di Provincia commissariata, il commissario, nonché la Giunta provinciale ai fini dell'ordinaria amministrazione e per gli atti indifferibili ed urgenti.

▶ 4.2. Il Consiglio provinciale

Il Consiglio provinciale è composto dal Presidente della Provincia e da un numero di Consiglieri variabile in base alla popolazione (16, se la popolazione è superiore a 700.000 abitanti; 12, se è compresa tra 300.000 e 700.000 abitanti; 10, se inferiore a 300.000).
Il Consiglio provinciale è organo elettivo di secondo grado: invero, hanno diritto di elettorato attivo e passivo i Sindaci e i Consiglieri dei Comuni della Provincia.
È prevista la presentazione di liste, sottoscritte da almeno il 5 % degli aventi diritto al voto, composte da un numero di candidati non superiore al numero di Consiglieri da eleggere né inferiore alla metà. Il voto, anche in questo caso ponderato, non è però attribuito alle liste, ma solo ai singoli candidati.

Viene dunque stilata un'unica graduatoria e sono eletti i candidati che ottengono il maggior numero di voti, secondo la ponderazione.
Dura in carica 2 anni e anche per tali cariche è prevista la decadenza da consigliere provinciale in caso di cessazione dalla carica comunale.
Il consiglio provinciale:
- svolge funzioni di indirizzo e controllo;
- approva regolamenti, piani, programmi;
- approva o adotta ogni altro atto ad esso sottoposto dal Presidente della Provincia;
- ha potere di proposta dello statuto e poteri decisori finali per l'approvazione del bilancio.

L'elezione del nuovo Consiglio provinciale avverrà entro il 30 settembre 2014 per le Province i cui organi scadono per fine mandato nel 2014.
Nella prima fase, il nuovo Consiglio ha il compito di preparare le modifiche statutarie previste dalla riforma, che dovranno essere approvate dall'Assemblea dei Sindaci entro il successivo 31 dicembre 2014. Entro 30 giorni dalla scadenza per fine mandato o dalla decadenza o scioglimento anticipato degli organi provinciali, qualora tali eventi si verifichino dal 2015 in poi.
L'Assemblea dei Sindaci ha 6 mesi di tempo a decorrere dall'insediamento del Consiglio provinciale per approvare le modifiche statutarie necessarie.

▶ 4.3. L'Assemblea dei Sindaci

L'Assemblea dei sindaci è composta dai Sindaci dei Comuni della Provincia.
L'assemblea:
- è competente per l'adozione dello statuto;
- ha potere consultivo per l'approvazione dei bilanci; lo statuto, che può attribuire all'Assemblea altri poteri propositivi, consultivi e di controllo.

5. Le funzioni della Provincia.

La Provincia, proprio come il Comune, è titolare di funzioni proprie, conferite e fondamentali, da svolgere sempre in ossequio ai principi di sussidiarietà, adeguamento e differenziazione (sul punto si rinvia a quanto già espresso nei confronti del Comune).
Le **funzioni proprie** sono individuate dall'art. 19 del TUEL, alla luce del quale spettano alla provincia le funzioni amministrative di interesse provinciale che riguardino vaste zone intercomunali o l'intero territorio provinciale nei seguenti settori:
- difesa del suolo, tutela e valorizzazione dell'ambiente e prevenzione delle calamità;
- tutela e valorizzazione delle risorse idriche ed energetiche;
- valorizzazione dei beni culturali;
- viabilità e trasporti;
- protezione della flora e della fauna parchi e riserve naturali;
- caccia e pesca nelle acque interne;

- organizzazione dello smaltimento dei rifiuti a livello provinciale, rilevamento, disciplina e controllo degli scarichi delle acque e delle emissioni atmosferiche e sonore;
- servizi sanitari, di igiene e profilassi pubblica, attribuiti dalla legislazione statale e regionale;
- compiti connessi alla istruzione secondaria di secondo grado ed artistica ed alla formazione professionale, compresa l'edilizia scolastica, attribuiti dalla legislazione statale e regionale;
- raccolta ed elaborazione dati, assistenza tecnico-amministrativa agli enti locali.

La provincia, in collaborazione con i comuni e sulla base di programmi da essa proposti promuove e coordina attività, nonché realizza opere di rilevante interesse provinciale sia nel settore economico, produttivo, commerciale e turistico, sia in quello sociale, culturale e sportivo.

Le **funzioni conferite** sono invece individuate dal D.lgs. 112/1998 ed afferiscono le materie dell'industria, dell'energia, delle autoscuole, della revisione di automezzi, dell'autotrasporto, della viabilità e delle strade, della protezione civile, del catasto edilizio urbano e catasto dei terreni; della formazione professionale e della polizia amministrativa.

La provincia è titolare è titolare inoltre di **compiti di programmazione**. Nello specifico, l'art. 21 del TUEL prevede che la Provincia:

- raccoglie e coordina le proposte avanzate dai comuni, ai fini della programmazione economica, territoriale ed ambientale della regione;
- concorre alla determinazione del programma regionale di sviluppo e degli altri programmi e piani regionali secondo norme dettate dalla legge regionale;
- formula e adotta con riferimento alle previsioni e agli obiettivi del programma regionale di sviluppo propri programmi pluriennali sia di carattere generale che settoriale e promuove il coordinamento dell'attività programmatoria dei comuni.

▶ 5.1. Le funzioni delle Province alla luce della riforma del 2014

La legge L. 56/2014 è intervenuta per individuare le "nuove" funzioni fondamentali delle Province, che sono:

- pianificazione territoriale provinciale di coordinamento, nonché tutela e valorizzazione dell'ambiente, per gli aspetti di competenza;
- pianificazione dei servizi di trasporto in ambito provinciale, autorizzazione e controllo in materia di trasporto privato, nonché costruzione e gestione delle strade provinciali;
- programmazione provinciale della rete scolastica;
- raccolta ed elaborazione dati ed assistenza tecnico-amministrativa agli enti locali;
- gestione dell'edilizia scolastica;
- controllo dei fenomeni discriminatori in ambito occupazionale e promozione delle pari opportunità sul territorio provinciale.

Viene inoltre delineato un complesso procedimento per il riordino delle funzioni attualmente esercitate dalle Province, cui lo Stato e le Regioni provvedono sulla base dei seguenti principi:

- individuazione per ogni funzione dell'ambito territoriale ottimale di esercizio;
- efficacia nello svolgimento delle funzioni fondamentali da parte dei Comuni;
- sussistenza di riconosciute esigenze unitarie;
- adozione di forme di avvalimento e deleghe di esercizio mediante intesa o convenzione.

Norme specifiche riguardano le Province montane o confinanti con i Paesi stranieri, cui le Regioni riconoscono, nelle materie di loro competenza, forme particolari di autonomia, come:

- la cura dello sviluppo strategico del territorio e gestione dei servizi in forma associata;
- cura delle relazioni istituzionali.

Le provincie montane o confinanti con i Paesi stranieri, d'intesa con le Regioni, possono prevedere mediante lo statuto la costituzione di zone omogenee per specifiche funzioni, costituite di organismi di coordinamento collegati agli organi provinciali.

L'art. 1, co. 89 -97, della L. 56/2014 prevede un complesso procedimento di riordino delle funzioni non fondamentali, che sono attribuite dallo Stato e dalle Regioni (con proprie leggi) in attuazione dell'art. 118 Cost. al fine di conseguire le finalità di definizione di ambiti ottimali, efficace svolgimento delle funzioni da parte di Comuni ed Unioni, adozione di forme di avvalimento e deleghe di esercizio tra enti territoriali.

La riallocazione in concreto delle funzioni deve essere, quindi, rapportata anche alle scelte fatte da ogni singola Regione che, in sede di riordino soprattutto delle funzioni non fondamentali, ne può differenziare l'ampiezza di contenuti.

Le funzioni che a seguito di tale processo verranno trasferite ad altri enti territoriali, fin quando non vi sarà l'effettivo avvio di esercizio da parte dell'ente subentrante, saranno le Province a continuare ad esercitare le stesse.

In merito, tra Stato e Regioni è stato firmato l'Accordo dell'11 settembre 2014, prevedente i punti focali da rispettare nel ricordino delle funzioni delle province:

- applicazione principi di sussidiarietà, adeguatezza e differenziazione;
- garanzia della continuità amministrativa, della semplificazione e della razionalizzazione e della riduzione dei costi;
- mantenere in capo alle Province le sole funzioni proprie;
- valutare le funzioni da conferire alle città metropolitane;
- conferire ai Comuni tutte le funzioni residue;
- lo Stato e le Regioni sono chiamati a distribuire le funzioni in base alle proprie competenze previste dall'art. 117 Cost.

Al fine di garantire l'attuazione della riforma delle Province sono stati istituiti:

- l'osservatorio nazionale, presso la Presidenza del consiglio, con funzioni di impulso, raccordo e monitoraggio;
- l'osservatori regionale, chiamati a promuovere e coordinar il riordino delle funzioni.

Capitolo 3
LA CITTÀ METROPOLITANA E ROMA CAPITALE

SOMMARIO:

1. La definizione e l'istituzione delle Città metropolitane

Le Città metropolitane sono state introdotte nel nostro ordinamento dalla riforma costituzionale n. 3/2001.
A differenza di Comuni e Province rappresentano enti locali non obbligatori, la cui costituzione è rimessa cioè all'iniziativa degli enti locali interessati.
Si tratta, più specificamente, di enti formati da una pluralità di Comuni, affini per contiguità territoriale, relazioni sociali e culturali, caratteri ambientali, ecc., costituiti – con ordinamento differenziato – all'interno delle cd. aree metropolitane (coincidenti con il territorio della Provincia delle città interessate).
Il procedimento per la loro istituzione era previsto finora nell'art. 23 TUEL, anche se è stato più volte ridisciplinato in numerosi interventi normativi che hanno tentato di istituire le prime Città metropolitane.
La legge n. 56/2014 individua 10 Città metropolitane: Torino, Milano, Venezia, Genova, Bologna, Firenze, Bari, Napoli e Reggio Calabria, cui si aggiunge la Città metropolitana di Roma capitale.
Il territorio della Città metropolitana coincide con quello della Provincia omonima.
Le città metropolitane, al pari degli altri enti locali, adottano un proprio statuto, che disciplina, tra l'altro, i rapporti tra i Comuni e la Città metropolitana per l'organizzazione e l'esercizio delle funzioni metropolitane e comunali, prevedendo anche forme di organizzazione in comune.
Per la predisposizione del primo statuto della Città metropolitana, il Sindaco del Comune capoluogo indice le elezioni per una conferenza statutaria, da lui presieduta, con il compito di redazione di una proposta di statuto della Città metropolitana.
Il 1° gennaio 2015 le Città metropolitane sono subentrate alle Province omonime e sono succedute ad esse in tutti i rapporti attivi e passivi e ne esercitano le funzioni.

2. Gli organi della città metropolitana

Gli organi della Città metropolitana sono:
- il Sindaco metropolitano;

- il Consiglio metropolitano;
- la Conferenza metropolitana.

Anche in tal caso si tratta di incarichi svolti a titolo gratuito.

▶ 2.1. Il Sindaco metropolitano

Il Sindaco metropolitano è il Sindaco del Comune capoluogo e svolge le seguenti funzioni:
- Rappresenta l'ente;
- Convoca e presiede il Consiglio e la Conferenza;
- Sovraintende il funzionamento degli uffici e dei servizi;
- Sovraintende all'esecuzione degli atti;
- Esercita tutte le funzioni attribuite dallo statuto.

Nell'esercizio delle proprie funzioni il Sindaco metropolitano:
- Può nominare il Vicesindaco, scegliendo tra i consiglieri metropolitani e stabilisce le eventuali funzioni a lui delegate. In caso di assenza del sindaco il vicesindaco esercita la funzione vicaria;
- Può assegnare deleghe ai consiglieri metropolitani nel rispetto del principio di collegialità, secondo le modalità previste dallo statuto.

▶ 2.2. Il Consiglio metropolitano

Il Consiglio metropolitano è composto dal Sindaco metropolitano e da un numero di Consiglieri variabile in base alla popolazione:
- 24, se la popolazione è superiore a 3 milioni di abitanti;
- 18, se è compresa tra 800.001 e 3 milioni di abitanti;
- 14, se pari o inferiore a 800.000.

Quanto alle funzioni, il Consiglio:
- è l'organo di indirizzo e controllo,
- approva regolamenti, piani, programmi;
- approva o adotta ogni altro atto ad esso sottoposto dal sindaco metropolitano;
- ha altresì potere di proposta dello statuto e poteri decisori finali per l'approvazione del bilancio.

È organo elettivo di secondo grado: hanno, infatti, diritto di elettorato attivo e passivo i Sindaci e i Consiglieri dei Comuni della Città metropolitana.
Lo statuto può comunque prevedere l'elezione diretta a suffragio universale del Sindaco e del Consiglio metropolitano, previa approvazione della legge statale sul sistema elettorale e previa articolazione del Comune capoluogo in più Comuni o, nelle Città metropolitane con popolazione superiore a 3 milioni di abitanti, in zone dotate di autonomia amministrativa.
Il Consiglio dura in carica 5 anni.

▶ 2.3. La conferenza metropolitana

La Conferenza metropolitana è composta dal Sindaco metropolitano e dai Sindaci dei Comuni della Città metropolitana.

La Conferenza:
- è competente per l'adozione dello statuto;
- ha potere consultivo per l'approvazione dei bilanci;
- lo statuto può attribuirle altri poteri propositivi e consultivi.

3. Le funzioni della città metropolitana

Alle Città metropolitane sono attribuite le funzioni fondamentali delle Province e quelle attribuite alla Città metropolitana nell'ambito del processo di riordino delle funzioni delle Province nonché le seguenti funzioni fondamentali proprie:
- piano strategico del territorio metropolitano;
- pianificazione territoriale generale;
- organizzazione dei servizi pubblici di interesse generale di ambito metropolitano;
- mobilità e viabilità;
- promozione e coordinamento dello sviluppo economico e sociale;
- sistemi di informatizzazione e di digitalizzazione in ambito metropolitano.

Ulteriori funzioni possono essere attribuite alle Città metropolitane dallo Stato o dalle Regioni.

4. Roma Capitale

Roma è la capitale della Repubblica e la legge dello Stato disciplina il suo ordinamento (art. 114, co. 3, Cost.).
L'art. 24 del D.lgs. 42/2009 definisce Roma capitale come un ente territoriale, i cui attuali confini sono quelli del comune di Roma, e dispone di speciale autonomia, statutaria, amministrativa e finanziaria, nei limiti stabiliti dalla Costituzione.
L'ordinamento di Roma capitale è diretto a garantire il miglior assetto delle funzioni che Roma è chiamata a svolgere quale sede degli organi costituzionali nonché delle rappresentanze diplomatiche degli Stati esteri, ivi presenti presso la Repubblica italiana, presso lo Stato della Città del Vaticano e presso le istituzioni internazionali.

▶ 4.1. Le funzioni di Roma Capitale

Oltre a quelle precedentemente spettanti al comune di Roma, sono attribuite a Roma capitale le seguenti funzioni amministrative:
- concorso alla valorizzazione dei beni storici, artistici, ambientali e fluviali, previo accordo con il Ministero per i beni e le attività culturali;
- sviluppo economico e sociale di Roma capitale con particolare riferimento al settore produttivo e turistico;
- sviluppo urbano e pianificazione territoriale;
- edilizia pubblica e privata;
- organizzazione e funzionamento dei servizi urbani, con particolare riferimento al trasporto pubblico ed alla mobilità;
- protezione civile, in collaborazione con la Presidenza del Consiglio dei ministri e la regione Lazio;

- in materia di beni storici, ambientali e fluviali; sviluppo economico e sociale con particolare riferimento al settore produttivo e turistico; protezione civile;
- disciplinare i rapporti tra città metropolitana, il Comune di Roma e gli altri comuni;
- ulteriori funzioni conferite dallo Stato e dalla regione Lazio, ai sensi dell'articolo 118, secondo comma, della Costituzione.

▶ 4.2. Gli organi di Roma Capitale

Gli organi di Roma Capitale sono:
- Il **Sindaco** è il responsabile dell'amministrazione dio Roma Capitale e quale ufficiale del Governo;
- L'**Assemblea capitolina** è l'organo di indirizzo e di controllo politico-amministrativo ed è composta dal Sindaco e 48 consiglieri. Essa è presieduta dal Presidente che è scelto tra i consiglieri;
- La **Giunta capitolina** è l'organo esecutivo che unitamente al Sindaco compie tutti gli atti rientranti nelle funzioni di organi di governo che non siano di competenza del Sindaco o dell'Assemblea capitolina.

Capitolo 4
LE UNIONI DEI COMUNI. LE COMUNITÀ MONTANE. LE COMUNITÀ ISOLANE O DI ARCIPELAGO. ALTRE FORME ASSOCIATIVE

SOMMARIO:

1. Le Unioni di Comuni

L'art. 32 d.lgs. n. 267/2000 disciplina l'Unione di comuni, ossia gli enti locali costituiti da due o più Comuni di norma contermini, allo scopo di esercitare congiuntamente una pluralità di funzioni di loro competenza.
L'atto costitutivo e lo statuto dell'Unione sono approvati dai Consigli dei Comuni partecipanti, con le procedure e la maggioranza richieste per le modifiche statutarie.
Lo statuto individua, poi, gli organi dell'Unione e le modalità per la loro costituzione e individua altresì le funzioni svolte dall'Unione e le corrispondenti risorse.
Merita segnalare che il legislatore, con il dichiarato intento di assicurare il contenimento delle spese degli enti territoriali e il migliore svolgimento delle funzioni amministrative e dei servizi pubblici, ha disposto l'obbligo di esercitare in forma associata mediante un'Unione di Comuni le funzioni amministrative e i servizi pubblici per i Comuni di piccole dimensioni (d.l. n. 138/2011 e d.l. n. 95/2012).
Con la legge n. 56/2014, la disciplina delle Unioni di Comuni viene semplificata con l'abolizione dell'Unione di Comuni per l'esercizio facoltativo di tutte le funzioni e servizi comunali, mentre restano ferme le altre due tipologie di Unione:
- quella per l'esercizio associato facoltativo di specifiche funzioni;
- e quella per l'esercizio obbligatorio delle funzioni fondamentali.

Per quest'ultima viene confermato il limite demografico ordinario pari ad almeno 10.000 abitanti, ma viene abbassato per i soli Comuni montani a 3.000, e viene spostato il termine per l'adeguamento dei Comuni all'obbligo di esercizio associato delle funzioni fondamentali dal 1° gennaio al 31 dicembre 2014.
Viene modificata l'organizzazione dell'ente come segue:
- viene demandata la definizione del numero dei componenti il Consiglio allo statuto dell'Unione;
- è prevista la gratuità delle cariche negli organi delle Unioni di Comuni ed è estesa l'applicabilità delle disposizioni in materia di ineleggibilità, incandidabilità, incompatibilità e inconferibilità relative ai Comuni previste nel

d.lgs. n. 39/2013;
- è introdotta la figura del Segretario dell'Unione, scelto tra i segretari dei Comuni associati;
- vengono rinnovati il contenuto e le modalità di approvazione dello statuto dell'Unione.

Sono, inoltre, stabilite diverse misure agevolative e organizzative per la fusione di Comuni volte, da un lato, a tutelare la specificità dei Comuni che si sono fusi e, dall'altro, a mantenere anche nel nuovo Comune le eventuali norme di maggior favore e gli incentivi di cui beneficiano i Comuni oggetto della fusione.
Inoltre, viene introdotto un nuovo procedimento di fusione di Comuni per incorporazione.
Fermo restando quanto previsto dall'art. 15 TUEL che prevede la fusione di Comuni con legge regionale e referendum tra le popolazioni interessate, il nuovo procedimento prevede che il Comune incorporante mantiene la propria personalità e i propri organi, mentre decadono gli organi del Comune incorporato.

2. Le Comunità montane

Ai sensi dell'articolo 27 del TUEL sono unioni di comuni, enti locali costituiti fra comuni montani e parzialmente montani, anche appartenenti a province diverse, per la valorizzazione delle zone montane per l'esercizio di funzioni proprie, di funzioni conferite e per l'esercizio associato delle funzioni comunali.
La comunità montana è composta da:
- un organo rappresentativo
- un organo esecutivo

composti da sindaci, assessori o consiglieri dei comuni partecipanti.
Il Presidente può cumulare la carica con quella di sindaco di uno dei comuni della comunità. I rappresentanti dei comuni della comunità montana sono eletti dai consigli dei comuni partecipanti con il sistema del voto limitato garantendo la rappresentanza delle minoranze.
La Regione individua, concordandoli nelle sedi concertative, gli ambiti o le zone omogenee per la costituzione delle comunità montane, in modo da consentire gli interventi per la valorizzazione della montagna e l'esercizio associato delle funzioni comunali.
La costituzione della comunità montana avviene con provvedimento del presidente della Giunta regionale
Le funzioni delle comunità montane sono previste dall'art. 28 del TUEL:
- per l'esercizio associato di funzioni proprie dei Comuni e conferite ad essi delle Regioni;
- per l'esercizio di ogni funzione ad essa conferita dai Comuni, dalla Provincia e dalla Regione;
- per le funzioni attribuite dalla legge;
- per gli interventi speciali per la montagna stabiliti dall'unione europea, dalle leggi statali e da quelle regionali.

3. Le Comunità isolane o di arcipelago

L'art. 29 del TUEL prevede che in ciascuna isola o arcipelago di isole, ad eccezione della Sicilia e della Sardegna, ove esistono più comuni può essere istituita, dai comuni interessati, la comunità isolana o dell'arcipelago, cui si estendono le norme sulle comunità montane.

4. Le altre forme associative

Il TUEL prevede altre forme associative tra gli enti locali diversi dalle Unioni dei comuni. Esse sono:
- Le convenzioni;
- I consorzi;
- L'esercizio delle funzioni e servizi da parte dei Comuni;
- Gli accordi di programma.

▶ 4.1. Le Convenzioni

L'art. 30 del TUEL prevede che al fine di svolgere in modo coordinato funzioni e servizi determinati, gli enti locali possono stipulare tra loro apposite convenzioni.
Le convenzioni sono accordi organizzativi stipulati dagli enti locali per il coordinamento gestionale dei servizi e delle attività.
Le convenzioni obbligatorie possono essere previste dallo Stato e dalla Regione ai sensi dell'art. 30, co. 3, del TUEL per la gestione a tempo determinato di uno specifico servizio o per la realizzazione di un'opera, previa statuizione di un disciplinare-tipo.
Le convenzioni sono lo strumento individuato dal legislatore per l'esercizio associato obbligatorio delle funzioni fondamentali da parte dei Comuni con popolazione fino a 5.000 abitanti, ovvero fino a 3.000 abitanti se appartengono o sono appartenute a comunità montane (art. 14, co. 28, del D.L. 78/2010, conv. con mod. in L. 122/2010, così come modificato dalla L. 135/2012).
Solo in questa precisa ipotesi, l'art. 14, co. 31 bis del D.L. 78/2010, conv. con mod. in L. 122/2010 richiede che le convenzioni abbiano durata almeno triennale alla scadenza della quale, qualora i Comuni aderenti non abbiano dato prova del conseguimento di significativi livelli di efficacia ed efficienza della gestione, gli stessi saranno obbligati ad esercitare le funzioni fondamentali esclusivamente mediante unione di Comuni.
Le convenzioni devono essere stipulate per atto scritto a pena di nullità e devono soggiacere ai principi del codice civile in materia di obbligazioni e contratti.
Il controllo giurisdizionale sulle convenzioni è attribuito in via esclusiva al Giudice amministrativo.

▶ 4.2. I Consorzi

L'art. 31 del TUEL interviene per disciplinare i consorzi.
Questi sono strumenti di cooperazione per lo svolgimento in forma associata di una o

più attività di cui possono avvalersi gli enti locali quando valutino la necessità di creare un soggetto distinto per la gestione sovracomunale di uno o più servizi.
I Consigli comunali approvano a maggioranza assoluta dei componenti lo Statuto del Consorzio e la convenzione.
Lo Stato, a mezzo della legge, può prevedere la creazione di Consorzi obbligatori in caso di rilevante interesse pubblico, per l'esercizio di determinati servizi.
La stessa legge ne demanda l'attuazione alle leggi regionali (art. 31, co. 7, del TUEL).

I Consorzi di funzioni tra enti locali sono stati soppressi dall'art. 2, co. 186, della L. 191/2009, come modificato dal D.L. 2/2010, conv. con mod. L. 42/2010, al fine procedere al coordinamento della finanza pubblica e del contenimento della spesa pubblica.
Il Prefetto provvede alla verifica dell'attuazione delle suddette disposizioni e ad assegnare agli enti inadempienti un termine perentorio entro quale provvedere, decorso il quale si applica l'art. 8 della L. 131/2003 (art. 16, co. 28, D.L. 13 agosto 2011, n. 138, con mod. 14 settembre 2011, n. 148).

▶ 4.3. L'esercizio associato di funzioni e di servizi da parte dei Comuni

L'art. 33 del TUEL assegna alle Regioni il potere di trasferimento delle funzioni nei confronti della generalità dei comuni (cd. Funzioni conferite).
Al fine di favorire l'esercizio associato delle funzioni dei comuni di minore dimensione demografica, le regioni individuano livelli ottimali di esercizio delle stesse, concordandoli nelle sedi concertative
Nell'ambito della previsione regionale, i comuni esercitano le funzioni in forma associata, individuando autonomamente:
- i soggetti,
- le forme
- le metodologie

entro il termine temporale indicato dalla legislazione regionale. Decorso inutilmente il termine di cui sopra la regione esercita il potere sostitutivo nelle forme stabilite dalla legge stessa.
Le regioni predispongono, concordandolo con i comuni nelle apposite sedi concertative, un programma di individuazione degli ambiti per la gestione associata sovracomunale di funzioni e servizi, realizzato anche attraverso le unioni, che può prevedere altresì la modifica di circoscrizioni comunali e i criteri per la corresponsione di contributi e incentivi alla progressiva unificazione.
Il programma è aggiornato ogni tre anni, tenendo anche conto delle unioni di comuni regolarmente costituite.
Le regioni provvedono a disciplinare, con proprie leggi, nell'ambito del programma territoriale le forme di incentivazione dell'esercizio associato delle funzioni da parte dei comuni, con l'eventuale previsione nel proprio bilancio di un apposito fondo al fine di favorire il processo di riorganizzazione sovracomunale dei servizi, delle funzioni e delle strutture.
Le Regioni si attengono ai seguenti principi fondamentali:
- nella disciplina delle incentivazioni: 1) favoriscono il massimo grado di integrazione tra i comuni, graduando la corresponsione dei benefici in relazione

al livello di unificazione, rilevato mediante specifici indicatori con riferimento alla tipologia ed alle caratteristiche delle funzioni e dei servizi associati o trasferiti in modo tale da erogare il massimo dei contributi nelle ipotesi di massima integrazione; 2) prevedono in ogni caso una maggiorazione dei contributi nelle ipotesi di fusione e di unione, rispetto alle altre forme di gestione sovracomunale;

- promuovono le unioni di comuni, senza alcun vincolo alla successiva fusione, prevedendo comunque ulteriori benefici da corrispondere alle unioni che autonomamente deliberino, su conforme proposta dei consigli comunali interessati, di procedere alla fusione.

▶ 4.4. Gli accordi di programma

Gli accordi di programma sono definiti e disciplinati dall'art. 34 del TUEL.
L'azione integrata e coordinata di comuni, di province e regioni, di amministrazioni statali e di altri soggetti pubblici, o comunque di due o più tra i soggetti predetti, è promossa dal Presidente della Regione o il Presidente della provincia o il Sindaco, in relazione alla competenza primaria o prevalente sull'opera o sugli interventi o sui programmi di intervento, per la conclusione di un accordo di programma, anche su richiesta di uno o più dei soggetti interessati
L'accordo di programma deve contenere obbligatoriamente:

- Le misure per assicurare il coordinamento delle azioni
- La determinazione dei i tempi e le modalità;
- L'entità del finanziamento ed ogni altro connesso adempimento.

L'accordo può facoltativamente prevedere procedimenti di arbitrato, nonché interventi surrogatori di eventuali inadempienze dei soggetti partecipanti.
Il procedimento di conclusione dell'accordo di programma si articola in diverse fasi.
In primis il potere di iniziativa deve essere esercitato da uno dei soggetti necessari sopra enunciati unitamente alla convocazione della conferenza tra i rappresentanti di tutte le amministrazioni interessate.
Segue l'istruttoria della conferenza per l'acquisizione degli interessi in gioco e dei dati necessari per stilare l'accordo. La conferenza non è decisoria, pertanto è espressione del consenso unanime del Presidente della regione, di quello della provincia, del Sindaco e delle amministrazioni necessarie.
L'approvazione dell'accordo di programma è effettuata con atto formale del presidente della regione o del presidente della provincia o del sindaco ed è pubblicato nel bollettino ufficiale della regione.
L'approvazione dell'accordo di programma comporta la dichiarazione di pubblica utilità, indifferibilità ed urgenza delle medesime opere; tale dichiarazione cessa di avere efficacia se le opere non hanno avuto inizio entro tre anni.
La vigilanza sull'esecuzione dell'accordo di programma e gli eventuali interventi sostitutivi sono svolti da un collegio presieduto dal presidente della regione o dal presidente della provincia o dal sindaco e composto da rappresentanti degli enti locali interessati, nonché dal commissario del Governo nella regione o dal prefetto nella provincia interessata se all'accordo partecipano amministrazioni statali o enti pubblici nazionali.
Allorché l'intervento o il programma di intervento comporti il concorso di due o più

regioni finitime, la conclusione dell'accordo di programma è promossa dalla Presidenza del Consiglio dei Ministri, a cui spetta convocare la conferenza.
Il collegio di vigilanza è in tal caso presieduto da un rappresentante della Presidenza del Consiglio dei Ministri ed è composto dai rappresentanti di tutte le regioni che hanno partecipato all'accordo.
La Presidenza del Consiglio dei Ministri esercita le funzioni di controllo sull'esecuzione dell'accordo.

Capitolo 5
LA PARTECIPAZIONE DEL CITTADINO

SOMMARIO:

1. Le forme di partecipazione del cittadino

I cittadini possono essere parte attiva della vita dell'Ente comunale, attraverso diverse forme di partecipazione, tra cui:
- Le libere forme associative e gli organismi di partecipazione;
- La partecipazione procedimentale;
- Il diritto alla petizione;
- Le forme di consultazione popolare (consultazione referendaria);
- L'azione popolare;
- Il diritto di informazione e di accesso agli atti amministrativi;
- Il difensore civico.

2. Le libere forme associative e gli organismi di partecipazione.

Ai sensi dell'art. 8, co. 1, del TUEL, i Comuni, anche su base di quartiere o di frazione, sono chiamati a valorizzare le libere forme associative e a promuovere gli organismi di partecipazione popolare all'amministrazione locale.
I rapporti di tali forme associative sono disciplinati dallo statuto, ove possono essere promosse iniziative organizzative, finanziarie, programmatiche.
Le libere forme associative sono aggregazioni sociali di partecipazione popolare, espressione dei principi costituzionali ex art. 2 e art. 18 della Costituzione.
Gli organismi di partecipazione sono organismi strutturati in base ai settori di intervento e delle finalità perseguite.
Questi organismi possono essere costituiti sotto forma di:
- Consulte;
- Comitati;
- Gruppi di studio e lavoro;
- Commissioni;
- Circoscrizione di decentramento.

Anche in questo caso, il Comune è chiamato a promuovere detti organismi di partecipazione

3. La partecipazione procedimentale.

La consultazione popolare nonché le procedure per l'ammissione delle istanze, petizioni e proposte dei cittadini è posta al centro dall'art. 8 del TUEL.
La partecipazione dei cittadini alle funzioni amministrative dell'Ente comunale è prevista per mezzo:
- delle istanze, che sono un impulso procedimentale con cui l'ente è chiamato ad avviare un procedimento e il relativo provvedimento amministrativo;
- delle petizioni, sono un atto di indirizzo politico che permette all'interessato di sottoporre all'attenzione degli organi di governo locale questioni di interesse generale;
- delle proposte, che sono sottoposte agli organi locali schemi e progetti e proposte di deliberazione.

4. La consultazione popolare

Il Comune è tenuto a vagliare i consensi dell'esercizio della propria attività politica.
L'attività può avvenire tramite assemblee pubbliche, sondaggi di opinione o altre forme da definirsi in stretta relazione con le caratteristiche sociali ed economiche dell'ente.
Le modalità e le procedure di consultazione sono definite dallo statuto, il quale può stabilire se il Comune procederà direttamente (senza l'aiuto di intermediari) o indirettamente la raccolta dei dati.

5. I referendum locali

Nell'ambito delle forme di partecipazione dei cittadini alla vita amministrativa, L'Ente comunale, per mezzo dello statuto, prevede la possibilità di indire referendum consultivi su argomenti di interesse esclusivamente locale.
È indetto referendum consultivo:
- quando venga richiesto da almeno un decimo degli elettori del Comune iscritti nelle liste elettorali alla chiusura della revisione semestrale precedente la richiesta,
- oppure dal Consiglio comunale a maggioranza assoluta dei Consiglieri assegnati, incluso il Sindaco.

Il referendum deve riguardare argomenti di esclusivo interesse locale.
Non possono essere sottoposti a referendum:
- lo Statuto, il Regolamento del Consiglio comunale ed il Regolamento di contabilità;
- il bilancio preventivo e il rendiconto della gestione;
- i provvedimenti concernenti tributi e tariffe;
- gli atti relativi al personale del Comune;
- gli atti inerenti alla tutela dei diritti delle minoranze.

I referendum locali possono essere consultivi, abrogativi o propositivi.

6. L'azione popolare

L'art. 9 del TUEL consente a ciascun elettore di far valere in giudizio le azioni e i ricorsi che spettano al Comune e alla Provincia.
Presupposto indefettibile per esercitare questa azione è che l'ente sia rimasto inerte nella scelta di agire per la tutela dei propri diritti.
Nel caso in cui il Comune abbia deliberato di non promuovere alcuna azione giudiziaria il cittadino non potrà intraprendere l'azione popolare.
Infatti, mentre il cittadino può sostituirsi all'inerzia del Comune, non può, invece, diventare uno strumento di tipo correttivo delle scelte dell'ente.
Con la pronuncia 2457/10 il Consiglio di Stato ha delineato i contorni della natura dell'istituto dell'azione popolare, definendo che l'azione popolare ha una natura sostitutiva e non correttiva, onde il suo presupposto necessario va rinvenuto soltanto nell'omissione, da parte del Comune, nell'esercizio delle azioni e dei ricorsi che gli competono.
Quindi, una volta accertata l'inerzia dell'ente, il cittadino potrà sostituirsi allo stesso esercitando l'azione popolare.
In caso di soccombenza le spese sono a carico di chi ha promosso l'azione popolare, salvo che il Comune, costituendosi in giudizio, abbia aderito all'azione promossa dall'elettore.

7. Il Difensore civico

Il Difensore Civico è, o è meglio dire è stato, un organo indipendente di tutela non giurisdizionale dei diritti e degli interessi individuali, collettivi e diffusi, nei confronti dei comportamenti assunti dalla Pubblica Amministrazione o dei soggetti che svolgono pubblici servizi. Il Difensore Civico interviene per garantire la tempestività e la regolarità del procedimento e verificare il rispetto dei principi di buon andamento, imparzialità, legalità e trasparenza, efficacia ed efficienza dell'attività amministrativa.
Lo statuto disciplina l'elezione, le prerogative ed i mezzi del difensore civico nonché i suoi rapporti con il consiglio comunale o provinciale.
Possono rivolgersi al Difensore Civico sia persone sia società, associazioni, comitati anche non residenti, che abbiano in corso procedimenti o richieste rivolte ad uffici amministrativi.
Il servizio che il Difensore Civico svolge in favore dei cittadini è gratuito.
Il Difensore civico può:

- dare indicazioni agli interessati sulle altre forme di garanzia previste dall'ordinamento per tutelare interamente i propri diritti;
- consigliare l'interessato su eventuali altri uffici amministrativi in grado di soddisfare le esigenze;
- percorrere tentativi di conciliazione tra gli interessati e l'amministrazione, proponendo soluzioni mirate all'ottenimento dell'accordo;
- prendere provvedimenti per impedire o porre rimedio ad illeciti, inefficienze o carenze dell'amministrazione comunale, al fine di eliminare la violazione.

La figura è stata soppressa con la lettera a) del comma 186 dell'art. 1 della Legge 191/2009, modificato dall'articolo *1, comma 1-quater, Legge n. 42 del 2010*, secondo cui “possono essere attribuite, mediante apposita convenzione, al difensore civico della provincia nel cui territorio rientra il relativo comune. In tale caso il difensore civico provinciale assume la denominazione di "difensore civico territoriale" ed è competente a garantire l’imparzialità e il buon andamento della pubblica amministrazione, segnalando, anche di propria iniziativa, gli abusi, le disfunzioni, le carenze e i ritardi dell’amministrazione nei confronti dei cittadini”.

8. L’accesso civico

L’Accesso Civico (semplice o generalizzato) consente a chiunque di accedere a dati, documenti e informazioni delle pubbliche amministrazioni senza necessità di dimostrare un interesse legittimo (art. 5, del D.lgs. 33/2013):

- **l’accesso civico semplice** consente a chiunque di richiedere documenti, dati o informazioni che le amministrazioni hanno l’obbligo di pubblicare (art.5, c. 1)
- **l’accesso civico generalizzato** (o accesso FOIA) consente a chiunque di richiedere documenti, dati o informazioni ulteriori rispetto a quelli che le amministrazioni sono obbligate a pubblicare (art. 5, c. 2).

In caso di rifiuto totale o parziale dell’accesso o di mancata risposta entro trenta giorni dalla presentazione della richiesta, il richiedente può presentare domanda di riesame al responsabile della trasparenza - di norma il Segretario Generale -, che decide con provvedimento motivato, entro il termine di venti giorni. La decisione dell’amministrazione sulla richiesta e il provvedimento del responsabile della trasparenza possono essere impugnate davanti al Tribunale amministrativo regionale ai sensi dell’articolo 116 del Codice del processo amministrativo (decreto legislativo 2 luglio 2010, n. 104).
L’Accesso civico si differenzia dall’accesso agli atti di cui agli artt. 22 e segg. della Legge 241/1990, perché quest’ultima prevede che possano presentare istanza solo gli “interessati", ossia tutti i soggetti privati, compresi quelli portatori di interessi pubblici o diffusi, che abbiano un interesse diretto, concreto e attuale, corrispondente ad una situazione giuridicamente tutelata e collegata al documento al quale è chiesto l’accesso.
Mentre per il primo, tale posizione giuridica differenziata non è necessaria.

Capitolo 6
GLI STATUTI E I REGOLAMENTI

SOMMARIO:

1. Introduzione

L'autonomia degli enti locali si esplica innanzitutto per mezzo degli Statuti e dei regolamenti, dei quali li stessi si dotano per l'amministrazione delle funzioni e poteri secondo i principi dettati dalla Costituzione (art. 114 Cost.).
L'art. 4 della L. 131/2003, come integrato dalla L.56/2014, definisce i Comuni, le Province I Comuni, le Province e le Città metropolitane soggetti titolari della potestà normativa secondo i principi fissati dalla Costituzione.
Potestà normativa che consiste appunto nella potestà statutaria e in quella regolamentare.

2. Gli statuti

Attraverso lo statuto gli enti locali esercitano la potestà legislativa, riconosciuta in capo agli stessi dal legislatore ordinario ai sensi dell'art. 4 della L. 131/2003.
La potestà statuaria deve essere esercitata nel rispetto:
- dei principi generali fissati dalla Costituzione;
- dei principi generali in materia di organizzazione pubblica;
- delle leggi statali disciplinanti la legislazione elettorale, gli organi di governo e le funzioni fondamentali di comuni province e città metropolitane.

Il contenuto delle Statuti si può suddividere in:
- contenuto obbligatorio;
- contenuto facoltativo.

Il contenuto obbligatorio riguarda i principi di organizzazione e funzionamento dell'ente, le forme di controllo, anche sostitutivo, nonché le garanzie delle minoranze e le forme di partecipazione popolare (art. 4, co. 2, L. 131/2003).
Nello specifico, l'art. 6 del TUEL prevede che lo Statuto:
- stabilisce le norme fondamentali dell'organizzazione dell'ente;
- specifica le attribuzioni degli organi;
- individua le forme di garanzia e di partecipatone delle minoranze;
- delinea i modi di esercizio della rappresentanza legale dell'ente anche in giudizio;
- stabilisce i criteri generali in materia di organizzazione dell'ente;
- decide le forme di collaborazione fra comuni e province, della partecipatone popolare, del decentramento, dell'accesso dei cittadini, alle informazioni e ai procedimenti amministrativi;

- individua lo stemma e il gonfalone;
- stabilisce le norme per assicurare condizioni di pari opportunità tra uomo e donna ai sensi della legge 10 aprile 1991, n. 125, e per garantire la presenza di entrambi i sessi nelle giunte e negli organi collegiali non elettivi del comune e della provincia, nonché degli enti, aziende ed istituzioni da essi dipendenti.

Con riferimento alle Città metropolitane, L. 56/2014 ha previsto ulteriori contenuti obbligatori oltre a quelli già individuati dall'art. 6 del TUEL.

Segnatamente, lo Statuto deve individuare:
- le modalità e gli strumenti di coordinamento dell'azione di governo del territorio metropolitano;
- i rapporti tra Comuni e le loro unioni facenti parti delle Città metropolitane e la città metropolitana, in ordine alle modalità di organizzazione e di esercizio delle funzioni metropolitane e comunali, prevedendo le forme di organizzazione in comune, differenziandole ove necessario per aree territoriali;
- le zone omogenee da costituire, d'intesa con la Regione, per specifiche funzioni e tenendo conto delle specificità territoriali, con organismi di coordinamento legati alla città metropolitana;
- le modalità con cui i Comuni non facenti parte del territorio metropolitano, possono istituire accordi con la Città metropolitana.

Il contenuto facoltativo riguarda quanto è ulteriormente previsto dal TUEL. L'art. 6, co. 2. Del TUEL lascia agli Enti locali la potestà di integrare lo Statuto con ulteriori contenuti riguardanti gli strumenti già previsti dal legislatore ordinario.

A titolo esemplificativo, lo Statuto può contenere facoltativamente la disciplina:
- dei consorzi per la gestione dei servizi;
- delle consultazioni referendarie;
- l'istituzione del Difensore civico;
- l'istituzione di commissioni consiliari.

Il procedimento di approvazione differisce a seconda dell'Ente chiamato a deliberare il proprio statuto.

Con riferimento al Comune, l'art. 6, co. 4 del TUEL prevede che lo statuto debba essere deliberato dal Consiglio comunale, con il voto favorevole dei due terzi dei consiglieri assegnati.

Qualora tale maggioranza non venisse raggiunta, la votazione sarà ripetuta in successive sedute da tenersi entro trenta giorni e lo statuto si riterrà approvato se si ottiene per due volte il voto favorevole della maggioranza assoluta dei consiglieri assegnati. Le disposizioni dell'art. 6, co. 2 del TUEL si applicano anche alle modifiche statutarie.

La formulazione degli statuti provinciali è stata profondamente modificata dall'art. 1, co. 55, della L. 56/2014, la quale ha delineato un nuovo procedimento di approvazione dello Statuto provinciale, in sostituzione di quanto precedentemente previsto dall'art. 6, co. 2, del TUEL.

Gli statuti provinciali e le sue eventuali modifiche sono formulati dal Consiglio, che le presenta all'Assemblea dei Sindaci.

L'Assemblea dei Sindaci adotta o respinge lo Statuto o le modifiche presentate con i voti che rappresentano almeno 1/3 dei Comuni presenti nella Provincia e la maggioranza della popolazione complessivamente residente.

Anche per gli statuti delle Città metropolitane, l'art. 1, co. 8, della L. 56/2014

attribuisce al Consiglio metropolitano il compito di formulare lo Statuto e le sue eventuali modifiche.
Il testo presentato dal Consiglio è proposto poi alla Conferenza metropolitana, che provvederà ad adottarlo o a respingerlo con i voti che rappresentano almeno 1/3 dei Comuni compresi nella Provincia e la maggioranza della popolazione complessivamente residente (art. 1, co. 9, L. 56/2014).
A seguito dell'approvazione, Lo Statuto deve essere pubblicato sul B.U.R. (Bollettino ufficiale della Regione), deve essere affisso all'Albo pretorio dell'Ente per 30 giorni consecutivi, deve essere inviato al Ministero dell'Interno (al fine dell'inserimento dello Statuto nella Raccolta ufficiale degli Statuti istituita presso il Ministero).
Lo Statuto entra in vigore decorsi 30 giorni dall'affissione dello stesso nell'Albo pretorio dell'ente emanate.
Lo Statuto non è direttamente impugnabile dinanzi all'Autorità giurisdizionale, in quanto atto generale ed estratto e quindi non in grado di incidere sulle specifiche sfere soggettive dei destinatari.
Impugnabile è invece l'atto, espressione dell'attuazione dello Statuto, immediatamente lesivo dei diritti soggettivi o degli interessi legittimi dei destinatari.
In materia valgono i criteri di riparto di giurisdizione tra Giudice ordinario e Giudice amministrativo.

3. I Regolamenti

Come anticipato, la potestà normativa degli enti locali si esprime anche attraverso la potestà regolamentare.
L'art. 7 del TUEL prevede lo strumento giuridico del regolamento nelle materie di competenza degli Enti locali e, in particolare:

- per l'organizzazione e il funzionamento delle istituzioni e degli organismi di partecipazione. È bene precisare come l'art. 114, co. 5, riservi l'ordinamento delle istituzioni alla competenza legislativa statale; mentre, il loro funzionamento è oggetto dei regolamenti di competenza comunale o provinciale;
- per il funzionamento degli organi. La disciplina del funzionamento del Consiglio è rimessa al regolamento (art. 38 TUEL)
- per gli uffici (art. 89 TUEL)
- per l'esercizio delle funzioni, quali ad esempio i regolamenti relativi ai settori di attività di competenza locale o di svolgimento di pubblici servizi.

I regolamenti sono approvati dal Consiglio (comunale o provinciale o della città metropolitana).
A seguito dell'approvazione, il regolamento è pubblicato sull'Albo pretorio dell'ente e decorsi 15 giorni dalla pubblicazione diviene efficace.

L'art. 7 bis del TUEL prevede l'applicazione di una sanzione amministrativa pecuniaria da 25 euro a 500 euro in caso:

- di violazioni delle disposizioni dei regolamenti;
- di violazioni alle ordinanze adottate dal Sindaco e dal Presidente della provincia sulla base di disposizioni di legge, ovvero di specifiche norme regolamentari

Le violazioni sono definite quali illeciti amministrativi che rientrano quindi in un

comportamento contrario ad un dovere generale punito dall'ordinamento con una sanzione amministrativa pecuniaria.
I Comuni e le Province si avvalgono della polizia locale (municipale o provinciale) per assicurare l'osservanza delle norme regolamentari, ai sensi per gli effetti dell'art. 17 della L. 689/1981.
Solo con l'introduzione dell'art. 7 bis TUEL avvenuta con la L. 3/2003, è stata nuovamente riconosciuta agli enti locali la potestà sanzionatoria in caso di violazione delle disposizioni regolamentari, essendo stati abrogatigli artt. 106-110 del R.D. 383/1934. Pertanto, con la sentenza 19571/2009, la Corte di cassazione ha dichiarato annullabili tutte le sanzioni ai regolamenti accertate tra il 2000 e il 2003.
In merito all'impugnativa dei regolamenti, la giurisprudenza amministrativa distingue tra regolamenti costituenti "volizioni preliminari" e regolamenti costituenti "volizioni azioni".
I regolamenti costituenti "volizioni preliminari" sono caratterizzati dai requisiti di generalità e astrattezza, contengono previsioni normative astratte e programmatiche, che non si traducono in una immediata incisione o modifica della sfera giuridica dei destinatari, ma regolano la condotta che la pubblica Amministrazione dovrà tenere in prosieguo nei loro confronti.
Pertanto, detti regolamenti non possono essere direttamente impugnati, essendo passibili di controllo giurisdizionale solo gli atti amministrativi di applicazione del regolamento, che costituiscono, modificano o estinguono un rapporto giuridico con il privato.
I regolamenti costituenti volizioni azioni, invece, recano previsioni destinate alla immediata applicazione, in quanto capaci di produrre un diretto effetto lesivo della posizione soggettiva del privato, e cioè sono quelli che si rivolgono direttamente agli amministrati, costituendo, modificando o estinguendo un rapporto giuridico tra di loro o tra di essi e la pubblica Amministrazione.
Pertanto se desume che i regolamenti possono essere oggetto di autonoma ed immediata impugnazione solo quando siano suscettibili di produrre, in via diretta e concreta, una effettiva e attuale lesione dell'interesse di un determinato soggetto; se, invece, il pregiudizio deriva dall'atto di applicazione, le disposizioni regolamentari vanno impugnate congiuntamente al provvedimento attuativo, il quale rende attuale e certa la lesione dell'interesse protetto (si veda in merito sentenze T.A.R. Bologna, sez. I, 3 febbraio 2015, n. 86; T.A.R Bologna, sez. I, 18 marzo 2011, n. 258).

Capitolo 7
IL SISTEMA ELETTORALE COMUNALE, PROVINCIALE E DELLE CITTÀ METROPOLITANE

SOMMARIO:

1. Le elezioni degli organi comunali

a disciplina delle elezioni degli organi comunali a seconda che il Comune abbia una popolazione superiore o inferiore ai 15.000 abitanti.
La popolazione è determinata sulla base dei risultati dell'ultimo censimento, effettuato dall'Istat ogni 10 anni.

▶ 1.1. I Comuni con popolazione inferiore ai 15.000 abitanti

L'elezione dei consiglieri comunali si effettua con sistema maggioritario contestualmente all'elezione del sindaco.
Ciascuna candidatura alla carica di sindaco è collegata ad una lista di candidati alla carica di consigliere comunale; pertanto, il voto è unico sia che l'elettore voti la lista sia che voti la candidatura a sindaco.
Nella scheda è indicato, a fianco del contrassegno, il candidato alla carica di sindaco.
L'elettore, segnando il contrassegno può votare il candidato alla carica di sindaco e può altresì esprimere un voto di preferenza per un candidato alla carica di consigliere comunale compreso nella lista collegata scrivendone il cognome nella riga stampata sotto il contrassegno.
È proclamato eletto sindaco il candidato alla carica che ottiene il maggior numero di voti.
In caso di parità di voti si procede ad un turno di ballottaggio fra i due candidati che hanno conseguito il maggior numero di voti, da effettuarsi la seconda domenica successiva al primo turno.
In caso di ulteriore parità viene eletto il più anziano di età.
All'unica lista collegata alla candidatura a sindaco vincente spettano i due terzi dei

seggi assegnati al consiglio. I restanti seggi sono ripartiti proporzionalmente fra le altre liste.
In caso di ammissione e votazione di un'unica lista, sono eletti tutti i candidati compresi nella lista e il candidato a sindaco collegato, purché essa abbia riportato un numero di voti validi non inferiore al 50% dei votanti ed il numero dei votanti non sia stato inferiore al 50% degli elettori iscritti nelle liste elettorali del comune. Qualora non vengano raggiunte tali percentuali l'elezione è nulla.
Non è prevista alcuna soglia di sbarramento per le liste ai fini della partecipazione all'assegnazione dei seggi.

▶ 1.2. I Comuni con popolazione superiore ai 15.000 abitanti

Il sindaco è eletto a suffragio universale e diretto contestualmente all'elezione del consiglio comunale.
All'atto della presentazione della candidatura ciascun candidato a sindaco deve dichiarare il collegamento con una o più liste presentate per l'elezione del consiglio comunale. Tale dichiarazione ha efficacia solo se convergente con analoga dichiarazione resa dai delegati delle liste interessate.
La scheda è quella stessa utilizzata per l'elezione del consiglio comunale. I cognomi dei candidati a sindaco sono scritti entro un apposito rettangolo, al cui fianco si trovano i contrassegni della lista o delle liste ad esso collegate.
Pertanto, l'elettore può votare:

- una delle liste tracciando un segno sul relativo contrassegno (dando contestualmente il voto anche alla candidatura a sindaco collegata);
- la candidatura a sindaco tracciando un segno sul relativo rettangolo, non scegliendo alcuna lista collegata;
- la candidatura a sindaco tracciando un segno sul relativo rettangolo e una delle liste collegate esprimendo anche un voto di preferenza.
- la candidatura a sindaco tracciando un segno sul relativo rettangolo e una lista non collegata a quella candidatura anche con l'espressione della preferenza (voto disgiunto).

La preferenza si esprime scrivendo il cognome del candidato; nome e cognome sono obbligatori solo in caso di candidati con il medesimo cognome (il voto di preferenza espresso tramite l'indicazione del numero d'ordine del candidato è nullo).
È proclamato eletto Sindaco il candidato alla carica che ottiene la maggioranza assoluta dei voti validi. Se nessun candidato ottiene questo risultato si procede ad un secondo turno elettorale (ballottaggio) che ha luogo la seconda domenica successiva a quella del primo.
Sono ammessi al ballottaggio i due candidati alla carica di sindaco che hanno ottenuto al primo turno il maggior numero di voti. In caso di parità di voti è ammesso al ballottaggio il candidato collegato con la lista o il gruppo di liste per l'elezione del consiglio comunale che ha conseguito la maggiore cifra elettorale complessiva. A parità di cifra elettorale, partecipa al ballottaggio il candidato più anziano di età.
Per i candidati ammessi al ballottaggio rimangono fermi i collegamenti con le liste dichiarati al primo turno. Essi hanno tuttavia facoltà, entro sette giorni dalla prima votazione, di dichiarare il collegamento con ulteriori liste rispetto a quelle con cui è stato effettuato il collegamento nel primo turno. Tutte le dichiarazioni di

collegamento hanno efficacia solo se convergenti con analoghe dichiarazioni rese dai delegati delle liste interessate.
L'attribuzione dei seggi alle liste è effettuata successivamente alla proclamazione dell'elezione del sindaco al temine del primo o del secondo turno.
Se un candidato è proclamato eletto al primo turno, alla lista o al gruppo di liste ad esso collegate, che non abbiano già conseguito il 60% dei seggi del consiglio, ma abbiano ottenuto almeno il 40% dei voti validi, viene assegnato il 60% dei seggi, sempre che nessuna altra lista o altro gruppo di liste collegate abbia superato il 50% dei voti validi.
Qualora un candidato alla carica di sindaco sia proclamato eletto al secondo turno, alla lista o al gruppo di liste ad esso collegate che non abbiano già conseguito almeno il 60% dei seggi del consiglio, viene assegnato il 60% dei seggi, sempre che nessuna altra lista o altro gruppo di liste collegate al primo turno abbia già superato nel turno medesimo il 50% dei voti validi.
Non sono ammessi all'assegnazione dei seggi i gruppi di candidati che abbiano ottenuto al primo turno meno del 3% dei voti validi e che non appartengano a nessuna coalizione di gruppi che abbiano superato tale soglia

2. Le elezioni degli organi provinciali

Le elezioni degli organi erano disciplinare dall'art. 74 del TUEL, il quale prevede l'elezione a suffragio universale e diretto sia del Presidente della Provincia che del Consiglio provinciale
A seguito dell'emanazione della L. 56/2014, è stato introdotto un sistema di elezioni indiretta degli organi provinciali.
Il Presidente della Provincia viene eletto dai Sindaci e dai consiglieri dei comuni della Provincia, con voto diretto libero e segreto.
I voti espressi sono assegnati ai candidati in virtù del voto ponderato.
Il sistema del voto ponderato prevede che ciascun elettore esprima un voto che viene ponderato sulla base di un indice determinato in relazione alla popolazione complessiva della fascia demografica del comune di cui è sindaco o consigliere, determinata ai sensi del comma 33 della L. 56/2014.
Segnatamente, il suddetto comma prevede che ai fini delle elezioni, i comuni sono ripartiti nelle seguenti fasce:

a) comuni con popolazione fino a 3.000 abitanti;
b) comuni con popolazione superiore a 3.000 e fino a 5.000 abitanti;
c) comuni con popolazione superiore a 5.000 e fino a 10.000 abitanti;
d) comuni con popolazione superiore a 10.000 e fino a 30.000 abitanti;
e) comuni con popolazione superiore a 30.000 e fino a 100.000 abitanti;
f) comuni con popolazione superiore a 100.000 e fino a 250.000 abitanti;
g) comuni con popolazione superiore a 250.000 e fino a 500.000 abitanti;
h) comuni con popolazione superiore a 500.000 e fino a 1.000.000 di abitanti;
i) comuni con popolazione superiore a 1.000.000 di abitanti.

Gli elettori sono chiamati a scegliere tra le candidature sottoscritte da almeno il 15% degli aventi diritto al voto e presentate presso l'ufficio elettorale istituito presso la sede della Provincia.
È eletto Presidente della Provincia il candidato che ottiene il maggior numero di voti;

in caso di parità di voti, verrà eletto il candidato più giovane.
Anche il Consiglio provinciale è eletto dai Sindaci e dai consiglieri comunali facenti parte del territorio provinciale e sempre secondo il sistema del voto ponderato

L'elezione avviene in base alle liste presentate all'ufficio elettorale, le quali devono essere composte da un numero di candidati non superiore al numero dei Consiglieri da eleggere e non inferiore alla metà degli stessi e sottoscritte da almeno il 5% degli aventi diritto al voto.
Il voto di ogni elettore è diretto libero e segreto.
Terminate le operazioni di scrutinio, l'ufficio elettorale determina la cifra elettorale ponderata di ciascuna lista e la cifra individuale ponderata dei singoli candidati e procede al riparto dei seggi tra le liste candidate e alle relative proclamazioni, così come previsto dai commi 37 e 38 dell'art. 1 della L. 56/2014.

3. L'elezione degli organi delle Città metropolitane

La 56/2014 prevede un doppio sistema elettorale per la città metropolitana.
In via generale, il Consiglio metropolitano è eletto da parte dei Sindaci e dei consiglieri comunali dei comuni rientranti nella città metropolitana. Il Sindaco metropolitano è invece di diritto il sindaco del capoluogo.
Le elezioni del Consiglio avvengono sulla base delle liste presentate, che devono essere composte da un numero non inferiore alla metà dei consiglieri e non superiore al numero di consiglieri da eleggere.
L'organo consigliare è eletto in un'unica giornata con un voto diretto libero e segreto, sulla base del voto ponderato previsto dai commi 32, 33 e 34 dell'art. 1 della L. 56/2014.
L'ufficio elettorale terminate le operazioni di scrutinio determina la cifra elettorale ponderata di ciascuna lista, composta dalla somma dei voti ponderati validi riportati da ciascuna di essa.
Dopo l'attività di determinazione della cifra, l'ufficio elettorale procede al riparto dei seggi alle liste e alla proclamazione.
In via facoltativa, il legislatore ordinario prevede la possibilità per lo Statuto di prevedere l'elezione diretta del Sindaco o del Consiglio nel rispetto delle disposizioni del comma 22 dell'art. 1 della L. 56/2014.
In caso di elezione diretta dovrà essere adottato il sistema elettorale determinato con legge statale. È inoltre condizione necessaria, affinché si possa far luogo a elezione del sindaco e del consiglio metropolitano a suffragio universale, che:

- entro la data di indizione delle elezioni si sia proceduto ad articolare il territorio del comune capoluogo in più comuni. A tal fine il comune capoluogo deve proporre la predetta articolazione territoriale, con deliberazione del consiglio comunale, adottata secondo la procedura prevista dall'articolo 6, comma 4, del TUEL. La proposta del consiglio comunale deve essere sottoposta a referendum tra tutti i cittadini della città metropolitana, da effettuare sulla base delle rispettive leggi regionali, e deve essere approvata dalla maggioranza dei partecipanti al voto.
- la Regione abbia provveduto con propria legge all'istituzione dei nuovi comuni e alla loro denominazione ai sensi dell'articolo 133 della Costituzione;

- la costituzione di zone omogenee per le sole città metropolitane con popolazione superiore a tre milioni di abitanti è condizione necessaria, ai sensi del comma 11, lettera c), della L. 56/2014 e che il comune capoluogo abbia realizzato la ripartizione del proprio territorio in zone dotate di autonomia amministrativa, in coerenza con lo statuto della città metropolitana.

4. I requisiti dei candidati alle elezioni locali e le ipotesi di incompatibilità, ineleggibilità e incompatibilità

Il TUEL individua i requisiti affinché i cittadini possano ricoprire le cariche previste.
Ai sensi dell'art. 55 TUEL sono eleggibili a sindaco, presidente della provincia, consigliere comunale, provinciale e circoscrizionale gli elettori di un qualsiasi comune della Repubblica che abbiano compiuto il **diciottesimo anno di età**, nel primo giorno fissato per la votazione.
L'art. 56 TUEL procede poi a disciplinare le candidature, prevedendo specifici obblighi e divieti:
- Gli interessati hanno l'obbligo di non presentarsi come candidato a consigliere in più di due province o in più di due comuni o in più di due circoscrizioni, quando le elezioni si svolgano nella stessa data.
- I consiglieri provinciali, comunali o di circoscrizione in carica non possono candidarsi, rispettivamente, alla medesima carica in altro consiglio provinciale, comunale o circoscrizionale.
- Nessuno può essere candidato alla carica di sindaco o di presidente della provincia in più di un comune ovvero di una provincia.

Il legislatore ordinario provvede poi a prevedere le ipotesi di:
- Incandidabilità;
- Ineleggibilità;
- Incompatibilità;
- Sospensione e decadenza dalle cariche a seguito di condanne penali;
- Incompatibilità per gli organi di indirizzo.

▶ 4.1. Incandidabilità

L'art. 10 del D.lgs. n. 235/2012, denominato T.U. delle disposizioni in materia di incandidabilità, prevede che non possono essere candidati alle elezioni provinciali, comunali e circoscrizionali e non possono comunque ricoprire le cariche di presidente della provincia, sindaco, assessore e consigliere provinciale e comunale, presidente e componente del consiglio circoscrizionale, presidente e componente del consiglio di amministrazione dei consorzi, presidente e componente dei consigli e delle giunte delle unioni di comuni, consigliere di amministrazione e presidente delle aziende speciali e delle istituzioni di cui all'articolo 114 del decreto legislativo 18 agosto 2000, n. 267, presidente e componente degli organi delle comunità montane:
- coloro che hanno riportato condanna definitiva per il delitto previsto dall'articolo 416-bis c.p. o per il delitto di associazione finalizzata al traffico illecito di sostanze stupefacenti o psicotrope di cui all'articolo 74 del testo unico approvato con decreto del Presidente della Repubblica 9 ottobre 1990, n. 309, o

per un delitto di cui all'articolo 73 del citato testo unico concernente la produzione o il traffico di dette sostanze, o per un delitto concernente la fabbricazione, l'importazione, l'esportazione, la vendita o cessione, nonché, nei casi in cui sia inflitta la pena della reclusione non inferiore ad un anno, il porto, il trasporto e la detenzione di armi, munizioni o materie esplodenti, o per il delitto di favoreggiamento personale o reale commesso in relazione a taluno dei predetti reati;

- coloro che hanno riportato condanne definitive per i delitti, consumati o tentati, previsti dall'articolo 51, commi 3-bis e 3-quater, c.p.p., diversi da quelli indicati alla lettera a);
- coloro che hanno riportato condanna definitiva per i delitti previsti dagli articoli 314, 316, 316-bis, 316-ter, 317, 318, 319, 319-ter, 319-quater, primo comma, 320, 321, 322, 322-bis, 323, 325, 326, 331, secondo comma, 334, 346-bis del codice penale;
- coloro che sono stati condannati con sentenza definitiva alla pena della reclusione complessivamente superiore a sei mesi per uno o più delitti commessi con abuso dei poteri o con violazione dei doveri inerenti ad una pubblica funzione o a un pubblico servizio diversi da quelli indicati nella lettera c);
- coloro che sono stati condannati con sentenza definitiva ad una pena non inferiore a due anni di reclusione per delitto non colposo;
- coloro nei cui confronti il tribunale ha applicato, con provvedimento definitivo, una misura di prevenzione, in quanto indiziati di appartenere ad una delle associazioni di cui all'articolo 4, comma 1, lettera a) e b), del decreto legislativo 6 settembre 2011, n. 159. 2. Le disposizioni previste dal comma 1 si applicano a qualsiasi altro incarico con riferimento al quale l'elezione o la nomina è di competenza: a) del consiglio provinciale, comunale o circoscrizionale; b) della giunta provinciale o del presidente, della giunta comunale o del sindaco, di assessori provinciali o comunali.

L'eventuale elezione o nomina di coloro che si trovano nelle condizioni di cui al comma 1 è nulla.

L'organo che ha provveduto alla nomina o alla convalida dell'elezione è tenuto a revocare il relativo provvedimento non appena venuto a conoscenza dell'esistenza delle condizioni stesse.

Le sentenze definitive di condanna ed i provvedimenti di cui al comma 1, emesse nei confronti di presidenti di provincia, sindaci, presidenti di circoscrizione o consiglieri provinciali, comunali o circoscrizionali in carica, sono immediatamente comunicate, dal pubblico ministero presso il giudice indicato nell'articolo 665 del codice di procedura penale, all'organo consiliare di rispettiva appartenenza, ai fini della dichiarazione di decadenza, ed al prefetto territorialmente competente.

L'art. 248 del TUEL prevede una specifica ipotesi di incandidabilità per i sindaci e i Presidenti di provincia accertati dalla Corte dei Conti colpevoli di danni cagionati con dolo o colpa grave, non sono candidabili per un periodo di 10 anni per le cariche di Sindaco, del Presidente della Provincia, del Presidente della Giunta regionale, nonché il membro dei consigli comuni e provinciali, delle assemblee e dei Consigli regionali, del Parlamento e del Parlamento europeo.

▶ 4.2. Ineleggibilità

Ai sensi dell'art. 60 TUEL non sono eleggibili a Sindaco, Presidente della provincia, Consigliere comunale, Consigliere metropolitano, provinciale e circoscrizionale:

- il Capo della polizia, i vicecapi della polizia, gli ispettori generali di pubblica sicurezza che prestano servizio presso il Ministero dell'interno, i dipendenti civili dello Stato che svolgono le funzioni di direttore generale o equiparate o superiori;
- nel territorio, nel quale esercitano le loro funzioni, i Commissari di Governo, i prefetti della Repubblica, i viceprefetti ed i funzionari di pubblica sicurezza;
- nel territorio, nel quale esercitano il loro ufficio, gli ecclesiastici ed i ministri di culto, che hanno giurisdizione e cura di anime e coloro che ne fanno ordinariamente le veci;
- i titolari di organi individuali ed i componenti di organi collegiali che esercitano poteri di controllo istituzionale sull'amministrazione del comune o della provincia nonché i dipendenti che dirigono o coordinano i rispettivi uffici.
- nel territorio, nel quale esercitano le loro funzioni, i magistrati addetti alle corti di appello, ai tribunali, ai tribunali amministrativi regionali, nonché i giudici di pace;
- i dipendenti del comune e della provincia per i rispettivi consigli;
- il direttore generale, il direttore amministrativo e il direttore sanitario delle aziende sanitarie locali ed ospedaliere;
- i legali rappresentanti ed i dirigenti delle strutture convenzionate per i consigli del comune il cui territorio coincide con il territorio dell'azienda sanitaria locale o ospedaliera con cui sono convenzionati o lo ricomprende, ovvero dei comuni che concorrono a costituire l'azienda sanitaria locale o ospedaliera con cui sono convenzionate;
- i legali rappresentanti ed i dirigenti delle società per azioni con capitale superiore al 50 per cento rispettivamente del comune o della provincia;
- gli amministratori ed i dipendenti con funzioni di rappresentanza o con poteri di organizzazione o coordinamento del personale di istituto, consorzio o azienda dipendente rispettivamente dal comune o dalla provincia;
- i sindaci, presidenti di provincia, consiglieri metropolitani, consiglieri comunali, provinciali o circoscrizionali in carica, rispettivamente, in altro comune, città metropolitana, provincia o circoscrizione.

Le ipotesi di non applicazione delle cause di ineleggibilità sono previste dai commi 3 e seguenti dell'art. 60 del TUEL, nonché dall'art. 67 dello stesso testo unico.

▶ 4.3. Incompatibilità

Le ipotesi di incompatibilità sono previste dall'art. 63 del TUEL, ai sensi del quale non può ricoprire la carica di sindaco, presidente della provincia, consigliere comunale, consigliere metropolitano, provinciale o circoscrizionale:

1) l'amministratore o il dipendente con poteri di rappresentanza o di coordinamento di ente, istituto o azienda soggetti a vigilanza in cui vi sia almeno il 20 per cento di partecipazione, rispettivamente da parte del comune o

della provincia o che dagli stessi riceva, in via continuativa, una sovvenzione in tutto o in parte facoltativa, quando la parte facoltativa superi nell'anno il dieci per cento del totale delle entrate dell'ente;

2) colui che, come titolare, amministratore, dipendente con poteri di rappresentanza o di coordinamento ha parte, direttamente o indirettamente, in servizi, esazioni di diritti, somministrazioni o appalti, nell'interesse del comune o della provincia, ovvero in società ed imprese volte al profitto di privati, sovvenzionate da detti enti in modo continuativo, quando le sovvenzioni non siano dovute in forza di una legge dello Stato o della regione , fatta eccezione per i comuni con popolazione non superiore a 3.000 abitanti qualora la partecipazione dell'ente locale di appartenenza sia inferiore al 3 per cento e fermo restando quanto disposto dall'articolo 1, comma 718, della legge 27 dicembre 2006, n. 296;
3) il consulente legale, amministrativo e tecnico che presta opera in modo continuativo in favore delle imprese di cui ai numeri 1) e 2) del presente comma;
4) colui che ha lite pendente, in quanto parte di un procedimento civile od amministrativo, rispettivamente, con il comune o la provincia. La pendenza di una lite in materia tributaria ovvero di una lite promossa ai sensi dell'articolo 9 del presente decreto non determina incompatibilità. La lite promossa a seguito di o conseguente a sentenza di condanna determina incompatibilità soltanto in caso di affermazione di responsabilità con sentenza passata in giudicato. La costituzione di parte civile nel processo penale non costituisce causa di incompatibilità. La presente disposizione si applica anche ai procedimenti in corso;
5) colui che, per fatti compiuti allorché era amministratore o impiegato, rispettivamente, del comune o della provincia ovvero di istituto o azienda da esso dipendente, o vigilato, è stato, con sentenza passata in giudicato, dichiarato responsabile verso l'ente, istituto od azienda e non ha ancora estinto il debito;
6) colui che, avendo un debito liquido ed esigibile, rispettivamente, verso il comune o la provincia ovvero verso istituto od azienda da essi dipendenti è stato legalmente messo in mora ovvero, avendo un debito liquido ed esigibile per imposte, tasse e tributi nei riguardi di detti enti, abbia ricevuto invano notificazione dell'avviso di cui all'articolo 46 del decreto del Presidente della Repubblica 29 settembre 1973, n. 602;
7) colui che, nel corso del mandato, viene a trovarsi in una condizione di ineleggibilità prevista nei precedenti articoli.

L'ipotesi di cui al numero 2) del comma 1 non si applica a coloro che hanno parte in cooperative o consorzi di cooperative, iscritte regolarmente nei registri pubblici.
L'ipotesi di cui al numero 4) del comma 1 non si applica agli amministratori per fatto connesso con l'esercizio del mandato
Appare opportuno sottolineare che l'amministratore locale non è incompatibile con la titolarità di cariche di Governo, o con il ruolo di Presidente del Consiglio dei Ministri, dei Ministri, dei Viceministri, Sottosegretari di Stato e Commissari straordinari del Governo.

▶ 4.4. Sospensione e decadenza a seguito di condanne penali

Il Testo Unico delle disposizioni in materia di incandidabilità disciplina all'art. 11 le ipotesi di sospensione o decadenza della carica a seguito della condanna penale dell'eletto.

Nello specifico sono sospesi di diritto dalle cariche di Presidente della provincia, sindaco, assessore e consigliere provinciale e comunale, presidente e componente del consiglio circoscrizionale, presidente e componente del consiglio di amministrazione dei consorzi, presidente e componente dei consigli e delle giunte delle unioni di comuni, consigliere di amministrazione e presidente delle aziende speciali e delle istituzioni di cui all'articolo 114 del decreto legislativo 18 agosto 2000, n. 267, presidente e componente degli organi delle comunità montane:

a) coloro che hanno riportato una condanna non definitiva per uno dei delitti indicati all'articolo 10, comma 1, lettera a), b) e c);
b) coloro che, con sentenza di primo grado, confermata in appello per la stessa imputazione, hanno riportato, dopo l'elezione o la nomina, una condanna ad una pena non inferiore a due anni di reclusione per un delitto non colposo;
c) coloro nei cui confronti l'autorità giudiziaria ha applicato, con provvedimento non definitivo, una misura di prevenzione in quanto indiziati di appartenere ad una delle associazioni di cui all'articolo 4, comma 1, lettera a) e b), del decreto legislativo 6 settembre 2011, n. 159.
d) quando è disposta l'applicazione di una delle misure coercitive di cui agli articoli 284, 285 e 286 del codice di procedura penale nonché di cui all'articolo 283, comma 1, del codice di procedura penale, quando il divieto di dimora riguarda la sede dove si svolge il mandato elettorale.

Nel periodo di sospensione i soggetti sospesi, ove non sia possibile la sostituzione ovvero fino a quando non sia convalidata la supplenza, non sono computati al fine della verifica del numero legale, né per la determinazione di qualsivoglia quorum o maggioranza qualificata.

La sospensione cessa di diritto di produrre effetti decorsi diciotto mesi. Nel caso in cui l'appello proposto dall'interessato avverso la sentenza di condanna sia rigettato anche con sentenza non definitiva, decorre un ulteriore periodo di sospensione che cessa di produrre effetti trascorso il termine di dodici mesi dalla sentenza di rigetto.

A cura della cancelleria del tribunale o della segreteria del pubblico ministero, i provvedimenti giudiziari che comportano la sospensione sono comunicati al prefetto, il quale, accertata la sussistenza di una causa di sospensione, provvede a notificare il relativo provvedimento agli organi che hanno convalidato l'elezione o deliberato la nomina.

La sospensione cessa nel caso in cui nei confronti dell'interessato venga meno l'efficacia della misura coercitiva di cui al comma 1, ovvero venga emessa sentenza, anche se non passata in giudicato, di non luogo a procedere, di proscioglimento o di assoluzione o provvedimento di revoca della misura di prevenzione o sentenza di annullamento ancorché con rinvio. In tal caso la sentenza o il provvedimento di revoca devono essere pubblicati nell'albo pretorio e comunicati alla prima adunanza dell'organo che ha proceduto all'elezione, alla convalida dell'elezione o alla nomina.

Chi ricopre una delle cariche indicate all'articolo 10, comma 1, decade da essa di diritto dalla data del passaggio in giudicato della sentenza di condanna o dalla data in

cui diviene definitivo il provvedimento che applica la misura di prevenzione.
Quando, in relazione a fatti o attività comunque riguardanti gli enti di cui all'articolo 10, l'autorità giudiziaria ha emesso provvedimenti che comportano la sospensione o la decadenza dei pubblici ufficiali degli enti medesimi e vi è la necessità di verificare che non ricorrano pericoli di infiltrazione di tipo mafioso nei servizi degli stessi enti, il prefetto può accedere presso gli enti interessati per acquisire dati e documenti ed accertare notizie concernenti i servizi stessi.
Copie dei provvedimenti di cui al comma 8 sono trasmesse al Ministro dell'interno, ai sensi dell'articolo 2, comma 2-quater, del decreto-legge 29 ottobre 1991, n. 345, convertito, con modificazioni, dalla legge 30 dicembre 1991, n. 110, e successive modificazioni.

▶ 4.5. Particolari cause di impedimento e cause di incompatibilità alla carica di Sindaco, presidenti provinciali e assessori

Con riferimento all'ineleggibilità e l'incompatibilità alla carica di sindaco e presidente di provincia, l'art. 61 del TUEL prevede che non può essere eletto alla carica di sindaco o di presidente della provincia:
- il ministro di un culto;
- coloro che hanno ascendenti o discendenti ovvero parenti o affini fino al secondo grado che coprano nelle rispettive amministrazioni il posto di segretario comunale o provinciale;
- coloro che hanno ascendenti o discendenti ovvero parenti o affini fino al secondo grado che coprano nelle rispettive amministrazioni il posto di appaltatore di lavori o di servizi comunali o provinciali o in qualunque modo loro fideiussore

La decadenza è prevista qualora i sindaci dei comuni con popolazione superiore ai 20.000 abitanti e per i presidenti delle province la decadenza dalle cariche elettive ricoperte accetti la candidatura a deputato o senatore comporta (art. 62 TUEL).
La carica di Sindaco e di Presidente della Provincia è incompatibile con:
- con la carica di consigliere regionale;
- con quella di direttore generale e direttore amministrativo e sanitario delle aziende sanitarie locali e ospedaliere;
- con la carica di deputato e senato, le cariche di governo, il membro del Parlamento europea spettante all'Italia.

Con riferimento all'incandidabilità della carica ad assessore vigono le previsioni dell'art. 10 del T.U. in materia di incandidabilità.
Le ipotesi di incompatibilità sono disciplinate dagli artt. 64, 65 e 66 del TUEL.
Non possono ricoprire la carica di assessori:
- il consigliere comunale e provinciale. Qualora un consigliere comunale o provinciale assuma la carica di assessore nella rispettiva giunta, cessa dalla carica di consigliere all'atto dell'accettazione della nomina, ed al suo posto subentra il primo dei non eletti. Le disposizioni di cui ai commi 1 e 2 non si applicano ai comuni con popolazione sino a 15.000 abitanti. (art. 64 TUEL);
- La carica di direttore generale, di direttore amministrativo e di direttore sanitario delle aziende sanitarie locali e ospedaliere è incompatibile con quella di consigliere provinciale, di sindaco, di assessore comunale, di presidente o di

assessore della comunità montana (art. 66 TUEL);
- Il coniuge, gli ascendenti, i discendenti, i parenti e gli affini entro il terzo del Sindaco o del Presidente della Giunta provinciale.

Il TUEL prevede all'art. 78 il divieto per gli assessori competenti in materia di urbanistica di edilizia e di lavori pubblici e di astenersi dall'esercitare attività professionale relative ai settori nel territorio amministrato.

▶ 4.6. Le cause di incompatibilità per i componenti degli organi di indirizzo.

Le ipotesi di incompatibilità per i componenti degli organi di indirizzo sono previste dal D.lgs. 8 aprile 2013 n. 39, prevedente le disposizioni in materia di inconferibilità e incompatibilità di incarichi presso le pubbliche amministrazioni e presso gli enti privati in controllo pubblico.

L'art. 11 del D.lgs. 39/2013 prevede che:

- gli incarichi amministrativi di vertice nelle amministrazioni statali, regionali e locali e gli incarichi di amministratore di ente pubblico di livello nazionale, regionale e locale, sono incompatibili con la carica di Presidente del Consiglio dei ministri, Ministro, Viceministro, sottosegretario di Stato e commissario straordinario del Governo di cui all'articolo 11 della legge 23 agosto 1988, n. 400, o di parlamentare.
- Gli incarichi amministrativi di vertice nelle amministrazioni regionali e gli incarichi di amministratore di ente pubblico di livello regionale sono incompatibili: a) con la carica di componente della giunta o del consiglio della regione che ha conferito l'incarico; b) con la carica di componente della giunta o del consiglio di una provincia, di un comune con popolazione superiore ai 15.000 abitanti o di una forma associativa tra comuni avente la medesima popolazione della medesima regione; c) con la carica di presidente e amministratore delegato di un ente di diritto privato in controllo pubblico da parte della regione.
- Gli incarichi amministrativi di vertice nelle amministrazioni di una provincia, di un comune con popolazione superiore ai 15.000 abitanti o di una forma associativa tra comuni avente la medesima popolazione nonché gli incarichi di amministratore di ente pubblico di livello provinciale o comunale sono incompatibili: a) con la carica di componente della giunta o del consiglio della provincia, del comune o della forma associativa tra comuni che ha conferito l'incarico; b) con la carica di componente della giunta o del consiglio della provincia, del comune con popolazione superiore ai 15.000 abitanti o di una forma associativa tra comuni avente la medesima popolazione, ricompresi nella stessa regione dell'amministrazione locale che ha conferito l'incarico; c) con la carica di componente di organi di indirizzo negli enti di diritto privato in controllo pubblico da parte della regione, nonché di province, comuni con popolazione superiore ai 15.000 abitanti o di forme associative tra comuni aventi la medesima popolazione abitanti della stessa regione.

Capitolo 8
GLI AMMINISTRATORI LOCALI

SOMMARIO:

1. Definizione di "amministratori locali"

Gli articoli 77 e seguenti del TUEL definiscono e disciplinano la figura degli amministratori locali.
Per amministratori locali si intendono i cittadini chiamati, attraverso le pubbliche elezioni, a ricoprire cariche pubbliche nelle amministrazioni degli enti locali ad espletare il mandato, disponendo del tempo, dei servizi e delle risorse necessari.
Pertanto, il TUEL interviene per disciplinare il regime delle aspettative, dei permessi e delle indennità degli amministratori degli enti locali.
Sono amministratori locali:
- i sindaci, anche metropolitani;
- presidenti delle province, i consiglieri dei comuni anche metropolitani e delle province;
- i componenti delle giunte comunali, metropolitane e provinciali;
- i presidenti dei consigli comunali, metropolitani e provinciali;
- i presidenti, i consiglieri gli assessori delle comunità montane;
- i componenti degli organi delle unioni di comuni e dei consorzi fra enti locali;
- i componenti degli organi di decentramento.

2. Diritti e doveri degli "amministratori locali"

Nell'esercizio delle cariche pubbliche, gli amministratori locali devono avere un comportamento improntato:
- all'imparzialità e al principio di buona amministrazione;
- rispettoso della distinzione tra le funzioni, competenze e responsabilità degli amministratori di cui all'articolo 77, comma 2, e quelle proprie dei dirigenti delle rispettive amministrazioni;
- Il dovere di astensione nella discussione e nella violazione delle delibere nelle quali risultano coinvolti interessi propri o di parenti affini fino al quarto grado;
- Il dovere di astenersi dall'esercizio dell'attività professionale in materia di edilizia privata e pubblica per gli assessori comunali competenti in materia di urbanistica, edilizia e lavori pubblici.

L'art. 77 del TUEL riconosce inoltre agli amministratori locali il diritto ad usufruire di

indennità e di rimborsi spese nei modi e nei limiti previsti dalla legge.
Nello specifico, il legislatore ordinario riconosce agli amministratori locali:
- Permessi e licenze dal posto di lavoro per l'esercizio della pubblica attività;
- Indennità di funzione e gettoni di presenza;
- Rimborsi spese;
- Oneri previdenziali, assistenziali e assicurativi.

3. I permessi e le licenze

L'art. 79 del TUEL disciplina i **permessi e le licenze** concessi ai dipendenti pubblici o privati nel caso in cui ricoprano una la carica di amministratori locali
I componenti dei consigli comunali, provinciali, metropolitani, delle comunità montane e delle unioni di comuni, nonché dei consigli circoscrizionali dei comuni con popolazione superiore a 500.000 abitanti, hanno diritto di:
- assentarsi dal servizio per il tempo strettamente necessario per la partecipazione a ciascuna seduta dei rispettivi consigli e per il raggiungimento del luogo di suo svolgimento;
- nel caso in cui i consigli si svolgano in orario serale, di non riprendere il lavoro prima delle ore 8 del giorno successivo;
- nel caso in cui i lavori dei consigli si protraggano oltre la mezzanotte, di assentarsi dal servizio per l'intera giornata successiva.

Per i componenti delle Giunte comunali, provinciali, metropolitane, delle comunità montane, nonché degli organi esecutivi dei consigli circoscrizionali, dei municipi, delle unioni di comuni e dei consorzi fra enti locali, ovvero facenti parte delle commissioni consiliari o circoscrizionali formalmente istituite nonché delle commissioni comunali previste per legge, ovvero membri delle conferenze del capogruppo e degli organismi di pari opportunità, previsti dagli statuti e dai regolamenti consiliari, hanno diritto di assentarsi dal servizio per partecipare alle riunioni degli organi di cui fanno parte per la loro effettiva durata.
I componenti degli organi esecutivi dei comuni, delle province, delle città metropolitane, delle unioni di comuni, delle comunità montane e dei consorzi fra enti locali, e i presidenti dei consigli comunali, provinciali e circoscrizionali, nonché i presidenti dei gruppi consiliari delle province e dei comuni con popolazione superiore a 15.000 abitanti, hanno diritto, oltre ai permessi di cui ai precedenti commi, di assentarsi dai rispettivi posti di lavoro per un massimo di 48 ore lavorative al mese, elevate a 96 ore per i sindaci, presidenti delle province, sindaci metropolitani, presidenti delle comunità montane, presidenti dei consigli provinciali e dei comuni con popolazione superiore a 30.000 abitanti (cfr. le ultime modifiche approvate con decreto legge 16 ottobre 2017, nr. 148, art. 2-bis comma 29.)
I lavoratori dipendenti di cui all'art. 79 TUEL hanno diritto ad ulteriori permessi non retribuiti sino ad un massimo di 24 ore lavorative mensili qualora risultino necessari per l'espletamento del mandato.
L'attività ed i tempi di espletamento del mandato per i quali i lavoratori chiedono e ottengono permessi, retribuiti e non retribuiti, devono essere prontamente e puntualmente documentati mediante attestazione dell'ente.
Le assenze dal servizio sono retribuite al lavoratore dal datore di lavoro ai lavoratori

dipendenti; mentre gli oneri per i permessi retribuiti dei lavoratori dipendenti da privati o da enti pubblici economici sono a carico dell'ente presso il quale gli stessi lavoratori esercitano le funzioni pubbliche.

4. Le indennità e i gettoni di presenza

Il Sindaco, il presidente della provincia, il sindaco metropolitano, il presidente della comunità montana, i presidenti dei consigli circoscrizionali dei soli comuni capoluogo di provincia , i presidenti dei consigli comunali e provinciali, nonché i componenti degli organi esecutivi dei comuni e ove previste delle loro articolazioni, delle province, delle città metropolitane, delle comunità montane, delle unioni di comuni e dei consorzi fra enti locali percepiscono un determinata indennità di funzione ai sensi e per gli effetti dell'art. 82 del TUEL.
I consiglieri comunali e provinciali hanno diritto di percepire, nei limiti fissati dal presente capo, un gettone di presenza per la partecipazione a consigli e commissioni. La corresponsione dei gettoni di presenza è comunque subordinata alla effettiva partecipazione del consigliere a consigli e commissioni.
La misura delle indennità di funzione e dei gettoni di presenza è determinata, senza maggiori oneri a carico del bilancio dello Stato, con decreto del Ministro dell'interno, di concerto con il Ministro del tesoro, del bilancio e della programmazione economica, ai sensi dell'articolo 17, Comma 3, della legge 23 agosto 1988, n. 400, sentita la Conferenza Stato-Città ed autonomie locali nel rispetto dei seguenti criteri:

- equiparazione del trattamento per categorie di amministratori;
- articolazione delle indennità in rapporto con la dimensione demografica degli enti, tenuto conto delle fluttuazioni stagionali della popolazione, della percentuale delle entrate proprie dell'ente rispetto al totale delle entrate, nonché dell'ammontare del bilancio di parte corrente;
- articolazione dell'indennità di funzione;
- definizione di speciali indennità di funzione per gli amministratori delle città metropolitane in relazione alle particolari funzioni ad esse assegnate;
- previsione dell'integrazione dell'indennità dei sindaci e dei presidenti di provincia, a fine mandato, con una somma pari a una indennità mensile, spettante per ciascun anno di mandato.

5. Il rimborso spese

Gli amministratori locali che, solo previa autorizzazione del Capo dell'amministrazioni, si allontanino dal capoluogo del Comune per esplicare il loro mandato hanno diritto al rimborso delle spese di viaggio effettivamente sostenute.
Il rimborso delle spese di viaggio è previsto anche per gli amministratori che risiedono fuori dal capoluogo del comune ove ha sede l'ente, ma esclusivamente per le spese sostenute per la partecipazione alla singola seduta o per raggiungere gli uffici per svolgere le funzioni proprie o delegate.

6. Oneri previdenziali, assistenziali e assicurativi

L'art. 86 del TUEL sancisce l'obbligo per l'amministrazione locale di provvedere a proprio carico al versamento degli oneri assistenziali, previdenziali e assicurativi ai rispettivi istituti per i sindaci, per i presidenti di provincia, per i presidenti di comunità montane, di unioni di comuni e di consorzi fra enti locali, per gli assessori provinciali e per gli assessori dei comuni con popolazione superiore a 10.000 abitanti, per i presidenti dei consigli dei comuni con popolazione superiore a 50.000 abitanti, per i presidenti dei consigli provinciali che siano collocati in aspettativa non retribuita ai sensi del presente testo unico.
La medesima disposizione si applica anche per i presidenti dei consigli circoscrizionali nei casi in cui il comune abbia attuato nei loro confronti un effettivo decentramento di funzioni e per i presidenti delle aziende anche consortili fino all'approvazione della riforma in materia di servizi pubblici locali che si trovino nelle condizioni previste dall'articolo 81.
Per gli amministratori collocati di domanda di aspettativa non retribuita si assume l'obbligo di versamento degli oneri previdenziali, assistenziali e di ogni altra natura previsti dall'art. 86 TUEL.
Le suddette disposizioni del TUEL devono essere lette in combinato disposto con la L. 56/2014, che nel riformare sia gli enti provinciali che le città metropolitane ha assorbito il carattere di gratuità delle cariche già previsto dal D.L. 201/2011, conv. con mod. in L. 214/2011, per le sole cariche non previste dalla costituzione (Unioni di comuni, comunità montane e isolane).
La n. 56/2014 ha introdotto la gratuità:

- per le cariche di Presidente provinciale, il consigliere provinciale e i componenti dell'assemblea dei Sindaci;
- per il Sindaco metropolitano, per il consigliere metropolitano e per il componente della conferenza metropolitana;
- per le cariche ricoperte presso le Unioni di comuni.

La ratio della gratuità delle cariche deve rintracciarsi nella circostanza per cui i nuovi organi sono organi elettivi di secondo grado rispetto a quelli comunali.
Ad ogni modo restano a carico dell'ente locale le spese relative ai permessi retributivi e agli oneri previdenziali, assistenziali e assicurativi previsti dall'art. 79 e 86 del TUEL.

Capitolo 9
IL PUBBLICO IMPIEGO NEGLI ENTI LOCALI

Si rinvia per la trattazione, alla successiva Parte VII

Capitolo 10
L'ATTIVITÀ CONTRATTUALE

Si rinvia per la trattazione, alla successiva Parte VI

Capitolo 11
I CONTROLLI

Si rinvia per la trattazione, alla successiva Parte III, Cap. 9

Capitolo 12
IL SISTEMA DI CONTABILITÀ E LE ENTRATE DEGLI ENTI LOCALI

SOMMARIO:

1. L'armonizzazione dei sistemi di contabilità degli enti locali: il D.lgs. n. 118 del 2011

Con l'entrata in vigore del D.lgs. 23 giugno 2011, n. 118, attuativo della L. n. 42 del 2009, vale a dire della c.d. "**legge delega sul federalismo fiscale**", si è conseguito l'obiettivo della armonizzazione degli schemi di bilancio e dei sistemi di contabilità degli enti locali e delle Regioni, tra loro e nei confronti degli analoghi schemi e sistemi impiegati a livello statale.
Sono stati così fissati i seguenti principi contabili generali fondamentali:
a) principio della "competenza finanziaria", affiancato dal principio della rilevazione "economico-patrimoniale".
Ciò al fine di assicurare una rappresentazione quanto più possibile completa e aggiornata della situazione contabile e patrimoniale degli enti, anche al fine di verificare il rispetto degli obiettivi di finanza pubblica fissati a livello nazionale, specialmente nel "patto di stabilità interno".
Il criterio della "competenza finanziaria" fa sì che nel bilancio di previsione debbano essere rappresentate tutte le poste passive (obbligazioni) e le poste attive (crediti) i cui presupposti verranno prevedibilmente a perfezionarsi nell'esercizio finanziario considerato, per le quali sia stato apposto il visto di regolarità contabile.
Ciò fa sì che, in caso di mancato effettivo incasso delle poste attive o di mancato effettivo adempimento delle poste passive nell'esercizio di riferimento, emergeranno,

in sede di rendiconto consuntivo, dei "**residui**", rispettivamente **attivi** e **passivi**, che dovranno essere riportati nel bilancio di previsione relativo all'anno successivo. Tale "riporto" avviene per un certo periodo di tempo, decorso il quale le poste attive e passive potranno essere nuovamente iscritte nel bilancio di previsione solo mediante la procedura di "**riaccertamento**".
Al contrario, il "**criterio economico-patrimoniale**", o "**criterio di cassa**" consente di inserire nel bilancio di previsione tutte le poste attive che si prevede di incassare e tutte le poste passive che si prevede effettivamente di adempiere nell'esercizio finanziario di riferimento, con conseguente eliminazione, perlomeno in presenza di una sana e prudente rappresentazione contabile, del fenomeno dei "residui";
b) principio della significatività e rilevanza delle poste di bilancio.
L'informazione fornita dal bilancio è "**significativa**" se rientra tra le informazioni che i fruitori del bilancio stesso, come ad esempio gli investitori presenti nei mercati finanziari, hanno interesse a conoscere ed è "**rilevante**" se è in grado di influenzare e orientare le decisioni e i comportamenti degli stessi fruitori;
c) principio della congruità tra entrate e spese.
In forza di tale principio le spese, siano esse di gestione o di investimento, devono trovare adeguata e sufficiente copertura nelle entrate e nelle altre risorse a disposizione dell'ente locale;
d) principio di gestione prudenziale.
Esso impone di inserire nel bilancio di previsione informazioni e poste che ragionevolmente possa prevedersi che verranno a maturazione nell'esercizio di riferimento;
e) principio della continuità contabile.
Tale principio impone di assicurare che i dati inseriti in un bilancio di previsione siano coerenti e consequenziali a quelli risultanti dai precedenti bilanci di esercizio e rendiconti consuntivi;
f) principio della verificabilità e comparabilità delle informazioni;
g) principio della neutralità e imparzialità.
In forza di esso, tutte le poste e le operazioni rappresentate nel bilancio di previsione debbono essere valutate in maniera indipendente e imparziale, a prescindere dal soggetto interessato dall'operazione o dalla posta così rappresentata;
h) principio della consolidazione dei bilanci afferenti al medesimo ente locale.
Siffatto principio impone agli enti locali, e in particolare ai Comuni, di redigere, accanto al proprio bilancio di gestione, anche un "bilancio consolidato", che fornisca una rappresentazione congiunta della situazione finanziaria ed economico-patrimoniale di tutti gli enti e le società a vario titolo partecipati o comunque finanziati dall'ente locale.

2. I documenti di programmazione finanziaria e contabile

Tra i principi della finanza locale, così come della finanza regionale e nazionale, rientra anche quello della programmazione, che si esprime attraverso la predisposizione di documenti di programmazione che esprimono un livello di precisione e di dettaglio via via maggiore.

▶ 2.1. Il Documento unico di programmazione (DUP)

Il Documento unico di programmazione (DUP) deve essere presentato dalla Giunta al Consiglio entro il 31 luglio di ogni anno e contiene la pianificazione delle politiche di bilancio che l'ente intende realizzare.
Esso di divide in due sezioni:

- **la Sezione strategica (Ses)**, che guarda all'intera durata al mandato amministrativo degli organi elettivi e sviluppa le linee programmatiche presentate dall'organo monocratico di vertice all'organo consiliare all'inizio del mandato stesso;
- **la Sezione operativa (SeO)**, che ha un orizzonte sovrapponibile a quello del bilancio preventivo da adottare per l'esercizio finanziario a seguire, mediante il quale si stabiliscono gli strumenti e i mezzi concreti con i quali dovranno perseguirsi e realizzarsi gli obiettivi di bilancio.

▶ 2.2. Il bilancio di previsione

L'art. 162 del TUEL impone agli enti locali di adottare ogni anno un bilancio di previsione con un **orizzonte triennale**.
Esso rappresenta e organizza i dati e le informazioni significativi e rilevanti sia secondo un criterio **di competenza** sia secondo un criterio **di cassa**.
Esso ha un contenuto e una valenza *lato sensu* autorizzatori, nel senso che autorizza gli organi e gli uffici amministrativi a impegnare le somme ivi indicate e a impiegare, nei modi ivi rappresentati, le entrate e le altre risorse disponibili.
Le **entrate** vengono classificate in:

- **titoli**, sulla base della fonte di provenienza;
- **tipologie**, sulla base della natura di ciascuna specifica entrata.

Per ciò che riguarda invece le **spese**, esse si classificano in:

- **missioni**, che rappresentano gli obiettivi strategici perseguiti dall'ente mediante le risorse finanziarie, umane e strumentali indicate in bilancio;
- **programmi**, aggregati omogenei di attività volte a perseguire determinati obiettivi ricompresi in una stessa missione.

Per quel che concerne poi la procedura di bilancio, si prevede che, entro il 15 novembre di ogni anno, l'organo esecutivo debba presentare all'organo consiliare uno schema di delibera recante il bilancio di previsione riferito all'esercizio finanziario successivo e che, entro il 31 dicembre dello stesso anno, detto bilancio debba essere approvato dal medesimo organo consiliare.
In caso di mancata approvazione del bilancio di previsione entro il secondo dei termini appena indicati, è ammessa le "**gestione provvisoria**" del bilancio, sulla base degli stanziamenti di spesa operati dal bilancio di previsione relativo all'esercizio precedente.
L'art. 151 del TUEL prevede poi che, con decreto del Ministro dell'interno, adottato d'intesa con il Ministro dell'economia e delle finanze e sentita la Conferenza Stato-Città e autonomie locali, possa essere autorizzato il c.d. "**esercizio provvisorio**", consistente, a differenza dell'analogo istituto previsto dalla disciplina di contabilità nazionale e della "gestione provvisoria" degli enti locali di cui sopra si è dato conto, in un differimento del termine di presentazione del bilancio di previsione.

2.3. Il piano esecutivo di gestione (PEG)

Il piano esecutivo di gestione (PEG) consente di declinare nel dettaglio gli obiettivi prefigurati all'interno del SeO, traducendoli in concrete iniziative da realizzarsi ad opera dei servizi e degli uffici dell'Amministrazione dell'ente locale.
Esso va adottato dall'organo esecutivo entro venti giorni dall'approvazione del bilancio di previsione e deve essere redatto, a sua volta, per competenze e per cassa.

3. La gestione delle entrate iscritte in bilancio

La gestione contabile delle entrate si articola in tre fasi:
- **accertamento**, volto a verificare la fonte del credito e la sussistenza di un idoneo titolo giuridico. La competenza spetta al responsabile unico del procedimento di spesa (Rup), che appone il visto di regolarità amministrativa e contabile nell'esercizio in cui siano venuti ad esistenza i presupposti del credito, con imputazione della corrispondente posta attiva all'esercizio in cu il credito verrà a scadenza e sarà quindi esigibile;
- riscossione, consistente nell'attivazione, ad opera del soggetto titolare delle funzioni di tesoreria, di tutte le procedure e gli adempimenti necessari al fine di addivenire all'adempimento, spontaneo ovvero coattivo, della posta attiva iscritta in bilancio;
- versamento, consistente nell'effettivo trasferimento di risorse dal patrimonio del debitore a quello dell'ente creditore.

4. La gestione delle spese iscritte in bilancio

Per ciò che concerne le spese, la relativa gestione si articola nelle seguenti fasi:
- **impegno**, con il quale l'ente debitore individua la somma da pagare e il creditore, sulla base di un titolo giuridico riconosciuto come valido ed efficace, fissa la scadenza e impegna un certo ammontare di risorse pubbliche per la sua concreta esecuzione. Solo per effetto di queto adempimento il debito assume rilevanza sul piano finanziario- contabile ed entra nella pianificazione di spesa. L'impegno presuppone l'apposizione, ad opera del responsabile finanziario del corrispondente servizio, del **visto di regolarità contabile**, che attesta la sussistenza di tutti i presupposti per poter procedere al pagamento;
- **liquidazione**, con la quale, previo accertamento della liquidità ed esigibilità del credito vantato nei confronti dell'ente locale, viene iscritto nei documenti contabili dell'ente l'esatto ammontare della spesa preventivata;
- **ordinazione**, consistente nella disposizione, impartita al soggetto esercente il servizio di tesoreria, di eseguire il pagamento dovuto in favore del creditore;
- **pagamento**, consistente nell'effettivo versamento della somma dovuta, ad opera del terzo tesoriere, mediante prelievo dalle risorse poste, nella disponibilità del tesoriere stesso, riferibili all'ente debitore.

5. Il rendiconto di gestione

Al momento della chiusura dell'esercizio finanziario, l'ente provvede a redigere il rendiconto della gestione, che si compone delle seguenti voci:
conto del bilancio, nel quale vengono indicate, con riferimento all'esercizio finanziario oggetto di rendicontazione, le **entrate accertate**, ancorché eventualmente non ancora riscosse, e le **spese impegnate**, anche se eventualmente non ancora pagate.;
conto economico, nel quale viene indicato il "**risultato economico di esercizio**", vale a dire la differenza tra le entrate accertate e le spese impegnate, che evidenzia l'utile ovvero la perdita registrati nel corso dell'esercizio stesso;
stato patrimoniale, nel quale viene rappresentato il "**patrimonio netto**", vale a dire la differenza contabile tra tutte le attività e tutte le passività, finanziarie e patrimoniali, facenti capo all'ente alla chiusura dell'esercizio, ivi inclusi anche i cespiti patrimoniali, mobili e immobili, di cui l'ente sia titolare e che risultino suscettibili di valutazione economica.

6. Il regolamento di contabilità

L'art. 152 del TUEL prevede la possibilità, per l'organo consiliare dell'ente locale, di adottare un **regolamento di contabilità**, il quale può:
- determinare le competenze dei responsabili dei diversi servizi in cui l'Amministrazione dell'ente risulta articolata;
- stabilire le modalità di attuazione del controllo di gestione;
- prevedere le modalità di gestione dei rapporti con la tesoreria;
- prevede le forme di attivazione dei prestiti obbligazionari;
- determinare le forme di esecuzione dei mandati non estinti alla conclusione dell'esercizio di riferimento;
- disciplinare la revoca e la cessazione del mandato del revisore;
- stabilire le regole di funzionamento del Collegio dei revisori.

7. La procedura di risanamento in caso di deficit o di dissesto finanziario

L'art. 242 del TUEL definisce una metodologia contabile attraverso la quale è possibile verificare se un ente locale presenti **condizioni strutturalmente deficitarie**. Si prevede infatti che al rendiconto della gestione debba allegarsi un'apposita tabella, contenente dati oggettivi idonei a far emergere condizioni di squilibrio tra passività e attività.
In presenza di un *deficit* strutturale del tipo che si è appena descritto, gli enti locali sono sottoposti al controllo esterno di una Commissione per la stabilità finanziaria degli enti locali, che deve verificare la sostenibilità finanziaria di tutti gli atti e i provvedimenti adottati da un ente che versi in una situazione strutturale di *deficit*.
L'ente presenta delle certificazioni periodiche alla Commissione, circa la copertura delle spese legate ai servizi a domanda individuale e ai servizi pubblici e a fruizione collettiva.

Nel caso in cui la rilevata situazione di *deficit* finanziario non appaia superabile con le ordinarie misure e procedure, l'organo consiliare dell'ente locale può deliberare la speciale "**procedura di riequilibrio finanziario pluriennale**". Alla deliberazione dell'avvio di questa procedura deve seguire, entro novanta giorni, l'adozione, sempre ad opera del medesimo organo consiliare, di un "**piano di riequilibrio finanziario pluriennale**", avente una durata compresa tra quattro e venti anni, recante le concrete misure necessarie al fine di ristabilire una situazione di equilibrio. Il "piano" è corredato anche da un parere reso dall'organo di revisione.
Diversa dal semplice *deficit*, ancorché eventualmente strutturale, è poi il "**dissesto finanziario**", definito e disciplinato dagli artt. 244 e ss. del TUEL. Esso, secondo la definizione fornita dall'art. 244, consiste in una situazione nella quale l'ente locale non è più in grado di garantire le funzioni e i servizi essenziali ovvero nella quale esistono crediti liquidi ed esigibili nei confronti dell'ente cui non possa farsi fronte con le procedure delineate dagli artt. 193 e 194.
L'avvio della procedura di "dissesto finanziario" è subordinato a un'apposita delibera dell'organo consiliare, non revocabile, che, entro cinque giorni, deve essere trasmessa al Ministro dell'interno, il quale, a sua volta, ne cura la trasmissione alla Gazzetta Ufficiale, ai fini della pubblicazione formale, nonché al Presidente della Repubblica, chiamato ad adottare il decreto di nomina dell'**organo straordinario di liquidazione**, destinato a prendere il posto degli organi ordinari.
Tale organo può proporre all'ente, affinché questi la valuti ed eventualmente l'accolga, una definizione dei crediti vantati nei riguardi dell'ente stesso, mediante pagamento ai creditori di una somma compresa tra il 40% e il 60% della relativa esposizione debitoria.
La nomina e l'investitura dell'organo straordinario di liquidazione non importano tuttavia lo scioglimento né la sospensione degli ordinari organi di vertice dell'ente, siano essi elettivi o amministrativi, i quali mantengono dunque le proprie competenze. Essi devono semplicemente coordinare la propria attività con quella dell'organo straordinario, onde assicurare la regolarità e sostenibilità finanziaria di qualsivoglia atto o iniziativa assunti.

8. L'autonomia finanziaria e di entrata degli enti locali: l'art. 119 Cost.

L'art. 119 Cost., così come modificato dalla L. n. 3 del 2001, riconosce alle Regioni e agli enti locali **autonomia finanziaria**, **di entrata** e **di spesa**.
Vengono così individuate le seguenti tipologie di entrate:
- **entrate proprie**, tra le quali rientrano anche i **tributi propri**;
- **compartecipazione al gettito dei tributi statali**, in proporzione alla quota di questi riferibile al proprio territorio;
- **risorse derivanti dal fondo perequativo**, istituito per colmare le eventuali disuguaglianze economiche tra le diverse zone del territorio nazionale;
- **risorse aggiuntive stanziate dallo Stato per promuovere interventi speciali** in materia di sviluppo economico, coesione e solidarietà sociale e via discorrendo.

Sono stati viceversa aboliti e superati i "trasferimenti diretti" di risorse operati dal bilancio dello Stato al bilancio della Regione o dell'ente locale.

Per ciò che concerne i tributi propri, il principio dell'autonomia di entrata deve essere conciliato con la generale **riserva di legge in materia tributaria**, desumibile dall'art. 23 Cost., nonché della competenza concorrente dello Stato in materia di "**coordinamento della finanza pubblica**".
Di conseguenza, i tributi propri devono pur sempre essere costituiti con legge dello Stato, la quale dovrà individuare tassativamente il presupposto d'imposta e i soggetti passivi. Gli unici poteri che possono essere riconosciuti agli enti locali riguardano la determinazione dell'aliquota, in ogni caso ricompresa tra un valore minimo e un valore massimo fissati sempre con legge dello Stato, e l'introduzione di eventuali esenzioni o agevolazioni a favore di determinati soggetti.

9. Le entrate tributarie dei Comuni

Il principio dell'autonomia di entrata dei Comuni è stato ulteriormente implementato dal **D.lgs. 14 marzo 2011, n. 43**, con il quale è stato introdotto nel sistema il c.d. "**federalismo fiscale**". Il decreto, e le successive modifiche che ad esso sono state apportate, individua le diverse tipologie di tributi di competenza comunale.

▶ 9.1. L'imposta municipale propria (IMU)

Il principale tributo proprio dei Comuni è certamente rappresentato dalla **imposta municipale propria (IMU)**, che, a seguito di numerosi interventi normativi, trova oggi la propria essenziale disciplina nei commi 738 e ss. dell'art. 1 della L. n. 160 del 2019.
Si tratta di un tributo che va a gravare sui **possessori di immobili**, a vario titolo e, quindi, non necessariamente coincidenti con i proprietari, a condizione che tali immobili non costituiscano abitazione principale, purché, in quest'ultimo caso, non siano ricompresi nelle categorie catastali A1 (abitazioni signorili), A8 (ville) e A9 (castelli o palazzi di pregio storico e/o artistico).
La base imponibile non viene tuttavia calcolata sull'effettivo valore venale del bene immobile, eventualmente desumibile dalle quotazioni di mercato, bensì sui coefficienti risultanti dal Catasto.

▶ 9.2. Tassa sui rifiuti (TARI)

La **tassa sui rifiuti (TARI)** grava su chiunque abbia il **possesso** o anche solo la **detenzione** di locali o aree scoperte, adibiti a qualsiasi uso, suscettibili di produrre rifiuti urbani.
Si tratta pertanto di una forma di prelievo che va a finanziare, sia pure non in maniera diretta, il servizio di raccolta, gestione e smaltimento dei rifiuti solidi urbani, che rappresenta uno dei principali e più pregnanti servizi pubblici svolti a livello locale.

▶ 9.3. I canoni patrimoniali di concessione, autorizzazione ed esposizione pubblicitaria

Si tratta di una pluralità di prestazioni patrimoniali, al loro interno variegato ed eterogenee, il cui presupposto è rappresentato da:

- **l'occupazione**, anche abusiva, di aree del demanio ovvero del patrimonio indisponibile dello Stato, delle Regioni o degli enti locali, ivi compresi lo spazio soprastante il suolo e il sottosuolo;
- **la diffusione**, anche abusiva, **di messaggi pubblicitari** mediante impianti installati su aree appartenenti al demanio ovvero al patrimonio indisponibile degli enti pubblici territoriali.

▶ 9.4. L'imposta di soggiorno e l'imposta di sbarco

L'imposta di soggiorno è uno speciale tributo, previsto dalla legge, la cui concreta ed effettiva istituzione è legata a una delibera consiliare che può essere adottata da un Comune capoluogo di Provincia, da un'Unione di Comuni o da uno dei Comuni inclusi negli elenchi regionali delle attività turistiche ovvero delle città d'arte. Il tributo così istituito va a gravare sulle persone che alloggiano in strutture ricettive, con obbligo di prelievo e riversamento all'Erario dei titolari ovvero dei gestori delle medesime strutture.
Il gettito è caratterizzato da un vincolo di scopo, potendo essere destinato a finanziare unicamente interventi in materia di turismo, nonché di manutenzione e recupero dei beni artistici e culturali.
L'imposta di sbarco, alternativa all'imposta di soggiorno, può invece essere istituita da Comuni collocati nelle isole minori o che ricomprendano tali isole all'interno del loro territorio e deve essere riscossa dalle compagnie aeree o di navigazione che svolgano il servizio di trasporto di persone sulle medesime isole.

▶ 9.5. L'imposta di scopo per le opere pubbliche

L'imposta di scopo per le opere pubbliche è un tributo temporaneo, di durata non superiore a cinque anni, che può essere introdotto da un Comune, con apposito regolamento approvato dal Consiglio, al fine di coprire una parte della spesa da sostenersi per la realizzazione di opere pubbliche, in misura comunque non superiore al 30%.
Essa è determinata attraverso l'applicazione di un'aliquota addizionale all'aliquota Irpef dello 0,5 per mille.

▶ 9.6. L'addizionale comunale all'Irpef

Con l'espressione "**addizionale comunale all'Irpef**" si intende indicare un tributo che si aggiunge all'Irpef ordinaria, nonché all'addizionale regionale all'Irpef stessa, mediante l'applicazione di un'aliquota aggiuntiva alla medesima base imponibile.
L'aliquota viene rimessa alla determinazione del singolo Comune e vale per tutti i cittadini ivi residenti, ma non può comunque essere determinata in misura superiore allo 0,8%.

10. Le entrate tributarie delle Province e delle Città metropolitane

Le Province e le Città metropolitane, a loro volta, dispongono di entrate tributarie proprie, quali precisamente:

- l'imposta per l'esercizio delle funzioni di **tutela e protezione dell'ambiente e di igiene**, che va a compensare gli enti in discorso dell'assunzione di funzioni amministrative concernenti la protezione ambientale;
- i **canoni patrimoniali di concessione, autorizzazione ed esposizione pubblicitaria**, analoghi a quelli di competenza dei Comuni, sono applicabili in caso di occupazione, anche abusiva ed eventualmente a fini pubblicitari, di spazi ricompresi nel demanio ovvero nel patrimonio indisponibile dell'ente;
- **l'imposta sulle assicurazioni per la RCA**;
- la **compartecipazione provinciale all'Irpef**, che costituisce una vera e propria addizionale, analoga a quelle comunale e regionale, la cui aliquota non è però determinata dal singolo ente, con un atto di autonomia, bensì da un apposito decreto ministeriale.

11. Le entrate proprie non tributarie degli enti locali

Gli enti locali dispongono infine di una serie di entrate proprie, di natura non tributaria, quali precisamente:

- gli introiti della vendita di beni o dell'erogazione di servizi nel mercato;
- i proventi delle attività di controllo e repressione degli illeciti affidati alla loro vigilanza;
- gli interessi attivi;
- le somme prese a mutuo;
- i rimborsi.

Particolarmente rilevanti sono i finanziamenti scaturenti dalle attività di investimento operate sui mercati finanziari, attraverso l'acquisto di prodotti di vario tipo, ivi compresi le **obbligazioni** e i **prodotti finanziari derivati**.
Tuttavia, i crescenti rischi derivanti dalla speculazione finanziaria e, soprattutto, le numerose situazioni di dissesto riscontratesi negli anni a causa di investimenti operati in attività finanziarie eccessivamente rischiose, hanno comportato l'introduzione di un divieto per gli enti locali, a pena di nullità dei contratti stipulati in violazione dello stesso, di acquistare prodotti derivati, quali, a titolo esemplificativo, gli *swap*, i *future*, i *forward* e via discorrendo.

12. Le anticipazioni di tesoreria e le aperture di credito

L'anticipazione di tesoreria consiste in un **finanziamento a breve termine**, ad opera del soggetto o dell'ente affidatario del servizio di tesoreria comunale, provinciale o metropolitana, volto a fronteggiare una temporanea **carenza di liquidità**. Ad ogni modo, onde evitare situazioni di squilibrio finanziario, si prevede che tale anticipazione non possa eccedere i tre dodicesimi del valore complessivo delle entrate accertate nel penultimo anno antecedente.
Le **aperture di credito** sono invece contratti bancari con i quali un determinato istituto di credito, generalmente esercente l'attività di tesoreria comunale, provinciale o metropolitana, si obbliga a tenere a disposizione dell'ente locale una determinata somma di denaro per un certo periodo di tempo, verso un corrispettivo rappresentato dagli interessi passivi che su quella somma vengono a maturare.

Capitolo 13
I SERVIZI PUBBLICI DI COMPETENZA DEGLI ENTI LOCALI

Si rinvia per la trattazione, alla successiva Parte III Cap. 1, par. 12 ss.

PARTE III

DIRITTO AMMINISTRATIVO

CON PARTICOLARE RIFERIMENTO ALLA DISCIPLINA RELATIVA AL PROCEDIMENTO AMMINISTRATIVO, AGLI ATTI E AI PROVVEDIMENTI AMMINISTRATIVI

SOMMARIO

Capitolo 1
LA PUBBLICA AMMINISTRAZIONE: NOZIONI E CARATTERI

SOMMARIO

1. Il diritto amministrativo: nozioni introduttive e interferenze con il diritto privato.

Alla Pubblica Amministrazione la *legge* affida il compito di perseguire talune *finalità di interesse pubblico*. L'**attività amministrativa** può essere definita, quindi, come l'attività con cui la P.A. provvede in concreto alla *cura degli interessi pubblici* ad essa affidati dalla legge. In tal senso, l'attività amministrativa si dice *funzionalizzata*, per evidenziare che la stessa - a differenza dell'attività posta in essere dai privati, *liberi di perseguire le finalità di volta in volta stabilite* - va sempre esercitata per la realizzazione dei fini indicati dalla legge. L'attività amministrativa non è, quindi, *libera nei fini*, essendo questi stabiliti sempre dalla legge, in omaggio al principio di legalità dell'amministrazione (desumibile dall'art. 97 Cost.).
Il **diritto amministrativo** è pertanto il ramo dell'ordinamento che disciplina l'organizzazione della P.A., le modalità di esercizio dei compiti alla stessa assegnati, i

rapporti che l'amministrazione instaura con altri soggetti, gli strumenti di tutela attivabili allorché posizioni soggettive dei privati risultino lese dall'azione amministrativa.
Si tratta di *definizione tuttavia approssimativa* se si considera che non tutta l'organizzazione della P.A., così come non tutti i rapporti tra la stessa e i privati sono disciplinati dal diritto amministrativo.
Taluni aspetti dell'amministrazione sono infatti assoggettati al **diritto privato**.
Volendo tracciare una non agevole linea di demarcazione, può dirsi che a caratterizzare il diritto privato *non è la natura (privata) dei soggetti di cui quel diritto regola le condotte*: ben può, infatti, il diritto privato occuparsi di talune modalità di azione di *soggetti pubblici*, quali Comuni, Regioni, Ministeri. È questa, peraltro, una eventualità neanche eccezionale se si considera che, ai sensi dell'art. 1, co. 1 *bis*, l. agosto 1990, n. 241 (*Legge sul procedimento amministrativo e sul diritto di accesso ai documenti amministrativi*), la P.A., *quando non agisce come autorità* esercitando poteri pubblici -per esempio, quello di espropriare un immobile del privato o di sanzionare un cittadino che ha commesso un illecito- *deve osservare le norme di diritto privato salvo che la legge disponga diversamente*. Il diritto privato, tuttavia, regola rapporti tra soggetti (privati o pubblici che siano) che agiscono su un *piano di tendenziale parità*, tutelando che la loro *autonomia*, ossia la loro volontà, possa regolare e gestire le rispettive pretese e posizioni.
Le **interferenze tra diritto amministrativo e diritto privato** sono pertanto continue nella disciplina della P.A., della sua organizzazione e della sua azione. E' sufficiente pensare che, anche quando opera mediante atti di diritto privato, per esempio instaurando relazioni contrattuali con privati, l'amministrazione è tenuta ad avviare e condurre complessi procedimenti amministrativi e ad esercitare poteri pubblici in sede di selezione del soggetto con cui stipulare il contratto (si rinvia alla Parte VI). L'amministrazione assume così una *posizione autoritativa e di supremazia* nella fase di selezione del *partner* contrattuale, salvo a trovarsi in una *posizione di tendenziale parità* a far data dalla stipulazione del contratto: se a regolare la prima fase è il diritto amministrativo, a disciplinare la seconda, invece, quella successiva alla conclusione del contratto, è quindi tendenzialmente il diritto privato.

▶ 2. Ruolo, compiti e limiti della pubblica amministrazione

È stata fornita in apertura la nozione di attività amministrativa, intesa come cura di interessi pubblici affidati dalla legge alla P.A. Emerge da tale nozione la distinzione tra:
- amministrazione intesa come *apparato* preposto alla cura di interessi pubblici (amministrazione **in senso oggettivo);**
- amministrazione, intesta invece come *attività*, finalizzata alla cura degli interessi pubblici e operante nel rispetto dei criteri e nei limiti predeterminati dalla legge (amministrazione **in senso soggettivo**).

Quanto ai **compiti**, si suole distinguere:
- quelli affidati alla P.A. in qualsiasi ordinamento, perché finalizzati a preservare l'assetto giuridico (compiti c.d. di **conservazione**), in particolare di difesa

militare, tutela dell'ordine pubblico (svolti, in Italia, da distinti corpi di polizia), protezione della pubblica incolumità, produzione di certezze pubbliche;

- compiti c.d. **benessere**, volti al miglioramento delle *condizioni economiche e sociali* della collettività e dei consociati (c.d. **Stato sociale** o **del benessere** o ***Welfare State***): si pensi a quelli assegnati all'Amministrazione pubblica nei settori della sanità, dell'istruzione, dei servizi pubblici di trasporto o di gestione del ciclo dei rifiuti;
- compiti di **regolazione e vigilanza** di taluni settori nei quali sono coinvolti interessi sensibili, affidati a talune Amministrazione pubbliche (c.d. **indipendenti**); diffusesi in Italia in particolare a partire dagli anni '90, queste Amministrazioni sono chiamate a integrare le regole dettate dalla legge in taluni ambiti (concorrenza tra imprese, mercati finanziari, comunicazioni), oltre che a vigilare sul rispetto delle stesse e, di frequente, a comporre le controversie che in quei settori insorgono tra gli operatori (si rinvia a Cap. 2, par. 4).

3. Le distinte modalità di azione della pubblica amministrazione. Atti di diritto pubblico e privato; attività amministrativa attiva, consultiva, di controllo.

La P.A., nell'esercitare i compiti che la legge le assegna, agisce ponendo in essere:

- atti di **diritto pubblico** (*atti amministrativi*), espressione di una *posizione di supremazia dell'Amministrazione pubblica*, in grado quindi di modificare *unilateralmente* la sfera giuridica del destinatario anche *in assenza o contro la sua volontà* (per es., provvedimenti sanzionatori o di demolizione di immobili abusivi o di esproprio);
- atti di **diritto privato**, posti in essere dalla P.A, nell'esercizio della ordinaria *capacità di diritto privato* e in posizione quindi di sostanziale *parità con le altre parti* (concludendo, per es., contratti di vendita, appalto); di frequente, tuttavia, l'Amministrazione è tenuta ad avviare complessi procedimenti amministrativi e ad esercitare poteri pubblici al fine di *selezionare il soggetto con cui stipulare il contratto*, così assumendo una posizione autoritativa e di supremazia nella fase della selezione del contraente, salvo ad essere in una posizione di tendenziale parità a far data dalla stipula del contratto.

Seguendo differente criterio, l'**attività amministrativa** può essere:

- **attiva**, attraverso cui la P.A. realizza i propri fini nel rispetto delle indicazioni fornite dagli organi politici e di governo (principalmente: attività deliberative ed esecutive);
- **consultiva**, che comprende le attività – realizzate nelle forme di pareri, direttive, orientamenti, chiarimenti – che l'amministrazione fornisce ai diversi soggetti dell'amministrazione attiva o di controllo;
- **di controllo**, con cui l'amministrazione esprime un giudizio (sindacato) in relazione alle attività dei soggetti che svolgono funzioni di amministrazione attiva. Quando il sindacato è espresso secondo diritto, si avrà un *controllo di legittimità*, se, invece, è espresso secondo le regole della buona amministrazione, si avrà un *controllo di merito*.

4. La nozione di P.A.: il rilievo applicativo.

Nell'ordinamento italiano manca una definizione normativa generale di P.A., in quanto le singole leggi identificano e definiscono le P.A. solo in relazione a specifici scopi e limitatamente all'ambito di applicazione di singole norme.

ESEMPIO

*L'art. 1, co. 2, d. lgs. 30 marzo 2001, n. 165, per esempio, nel dettare la **disciplina generale del rapporto di lavoro alle dipendenze delle** P.A., chiarisce che per tali si intendono tutte le amministrazioni dello Stato, ivi compresi gli istituti e le scuole di ogni ordine e grado e le istituzioni educative, , le aziende ed amministrazioni dello Stato ad ordinamento autonomo, le Regioni, le Province, i Comuni, le Comunità montane, e loro consorzi o associazioni, le istituzioni universitarie, gli istituti autonomi case popolari, le Camere di commercio, tutti gli enti pubblici non economici nazionali, regionali e locali, le amministrazioni, le aziende e gli enti del Servizio sanitario nazionale, l'Azienda per la rappresentanza negoziale delle pubbliche amministrazioni e le Agenzie fiscali.*

In questo contesto, la nozione di P.A. in senso giuridico va ricostruita volta per volta valorizzando le indicazioni delle differenti norme.
Definire la nozione di P.A. è però di fondamentale importanza.
Solo chi vi rientra infatti:
- è munito di **taluni poteri pubblici**, per esempio, quello di **adottare atti amministrativi** che modificano unilateralmente la sfera giuridica del privato, come un atto di esproprio, o quello di **agire in autotutela** risolvendo possibili conflitti con i destinatari dei provvedimenti autonomamente, senza ricorso al giudice, o quello di **dare esecuzione coattiva** alle proprie decisioni (si rinvia a Cap. 1, par. 6; Cap. 8, par. 8);
- è assoggettato a **limiti, vincoli e doveri pubblici** (per esempio, dovendo assicurare l'accesso ai propri documenti, o sottostare a controlli pubblici, per esempio quello della Corte dei conti);
- soggiace ad un articolato regime di **responsabilità**, civile, penale e amministrativa (si rinvia a Parte VII);
- è attratto alla **giurisdizione del giudice ammnistrativo** per gli atti e i comportamenti che pone in essere nell'esercizio di poteri pubblici.

Senonché, solo in taluni casi la legge, nel delimitare l'ambito di applicazione di alcune discipline pubbliche, elenca *nominativamente* i soggetti che devono considerarsi P.A. (si rinvia a Cap. 1 par. 5 ss.).

5. Gli enti pubblici. I criteri di qualificazione.

I modelli organizzativi attualmente prevalenti di P.A. sono:
- quello *governativo* e *ministeriale*;
- quello *territoriale* (regioni, province, citta metropolitane, comuni)
- quello dell'*ente pubblico*;
- quello dell'*autorità amministrativa indipendente*;

- quello del *soggetto privato controllato* (società *in house*, società miste).

Le difficoltà nel delimitare la nozione di P.A. sono per l'appunto emerse perché accanto all'Amministrazione **classica o diretta**, quale quella **statale** che fa capo al Governo e che è articolata in Amministrazioni **statali centrali** (in primo luogo, Ministeri) e **periferiche** (per esempio, Prefetture), o quelle **regionali**, **provinciali** e **comunali**, esistono enti pubblici con propria e *distinta personalità giuridica*: sono i c.d. **enti pubblici strumentali** (che compongono la c.d. **Amministrazione pubblica indiretta**), ai quali la legge affida specifiche funzioni pubbliche

Per questi enti, tuttavia, la qualificazione come pubblici non è sempre agevole.

Ai sensi dell'art. 4, l. n. 70/1975 (legge sul parastato, recante il c.d. **Statuto del parastato**), la **costituzione** degli enti pubblici spetta alla **legge**, la quale può operare o istituendo direttamente l'ente o fissandone i criteri e rimettendo all'atto amministrativo l'effettiva costituzione.

Di frequente, tuttavia la qualificazione di un ente come pubblico non è compiuta direttamente dalla legge, ma va verificata caso per caso applicando alcuni dei seguenti criteri sostanziali (c.d. **indici di riconoscimento della natura pubblica**):

- *istituzione da parte dello Stato o di altro ente pubblico* (cd. costituzione ad iniziativa pubblica);
- assoggettamento ad un *sistema di controlli pubblici*;
- *nomina* e *revoca dei dirigenti* dell'ente da parte dello Stato o di altra amministrazione pubblica;
- partecipazione dello Stato o della diversa amministrazione pubblica alle *spese di gestione* dell'ente;
- esercizio, da parte dello Stato o della diversa amministrazione pubblica., di un *potere di direttiva* sugli organi dell'ente;
- assegnazione di *finanziamenti pubblici*.

La stessa legge, del resto, anche per effetto dell'influenza del diritto dell'Unione europea orientato ad un **approccio sostanziale alla nozione di Pubblica Amministrazione**, si astiene dall'indicare nominativamente i soggetti ritenuti enti pubblici, limitandosi piuttosto ad indicare i criteri sostanziali la cui presenza comporta il riconoscimento della natura pubblica.

Così, nell'indicare i soggetti che in Italia devono rispettare alcune minuziose procedure pubbliche nel selezionare il contraente cui affidare un appalto pubblico il Codice dei contratti pubblici non indica nominativamente gli enti ma elabora la nozione di **organismo di diritto pubblico**, ruotante attorno a tre elementi costitutivi, tutti necessari: 1. personalità giuridica; 2. sottoposizione ad influenza pubblica dominante, perché finanziati per oltre la metà da soggetti pubblici o controllati da questi; 3. preposizione al soddisfacimento di bisogni di interesse generale a carattere non industriale o commerciale. Allorché ricorrano tali elementi costitutivi, il soggetto (anche se a forma societaria) deve considerarsi organismo di diritto pubblico con la conseguenza che non può affidare l'appalto a chi crede, dovendo indire e osservare la procedura di evidenza pubblica disciplinata dal Codice.

▶ 5.1. La classificazione.

Volendo tentare una **classificazione delle numerose tipologie di enti pubblici**, giova distinguere tra:

1. **corporazioni** (persone giuridiche in cui prevale l'aspetto personale, perché è rilevante l'associazione tra più persone);
2. **istituzioni** (persone giuridiche in cui prevale l'aspetto patrimoniale);
3. **enti territoriali** (in cui il territorio è uno degli elementi costitutivi, come Regioni, Province, Città metropolitane, Comuni) ed **enti non territoriali**;
4. **enti nazionali** ed **enti locali** (in cui il territorio è criterio di delimitazione spaziale della sfera d'azione dell'ente in relazione alle dimensioni degli interessi ivi perseguiti);
5. **enti necessari** (che devono esistere necessariamente) ed **enti ad appartenenza necessaria** o **facoltativa** (di cui si fa parte solo per il fatto di risiedere sul loro territorio);
6. **enti autarchici** (operanti in regime di diritto amministrativo) ed **enti pubblici economici** (agenti in veste imprenditoriale);
7. **enti strumentali** che perseguono fini propri ed esclusivi di altro ente dal quale ricevono ordini o direttive (ISTAT, CNR, Croce Rossa Italiana, INAIL).
8. **enti ausiliari** che completano, integrano e supportano l'azione statale, perseguendo scopi che, pur non essendo di esclusivo interesse statale, vengono dallo Stato ritenuti di rilevante interesse.

Gli enti pubblici possono, poi, costituirsi in **forme associative**, quali:

- le **federazioni**, costituite a fini del coordinamento e dell'indirizzo dell'attività degli enti federati e di rappresentanza unitaria degli stessi, pur non potendovisi sostituire nello svolgimento dei loro compiti istituzionali (ad es. l'ACI che raggruppa gli Automobil Club provinciali);
- i **consorzi**, strutture stabilmente costituite al fine di realizzare finalità comuni agli enti consorziati o per la realizzazione o gestione di opere e servizi, risultando, in tal caso, strumentali rispetto ai compiti dei consorziati. I consorzi sono una forma associativa tipica degli **enti locali** (art. 31, TUEL), accanto alle **convenzioni** (art. 30 TUEL) alla **unione di comuni** (art. 32, TUEL) alle **comunità montane** (art. 27, TUEL).

6. I caratteri degli enti pubblici: autarchia, autotutela, autonomia, autogoverno.

Gli enti pubblici che agiscono in regime di diritto amministrativo si caratterizzano per un **regime giuridico peculiare** rispetto agli enti privati, tradizionalmente riassunto in **quattro caratteristiche**:

1. **Autarchia** che consiste nel *potere degli enti pubblici di amministrare i propri interessi* attraverso un'attività avente gli stessi caratteri e la stessa efficacia dell'attività amministrativa dello Stato, disponendo di potestà pubbliche ed esercitando pubblici poteri, in specie con *l'emanazione di atti equiparati agli atti amministrativi dello Stato*.
2. **Autotutela** che indica il potere della P.A. di *risolvere autonomamente i*

conflitti, attuali o potenziali, relativi ai suoi provvedimenti o alle sue pretese. Resta comunque salvo il sindacato giurisdizionale. L'autotutela può essere.

- **decisoria** che si attua attraverso l'emanazione di una decisione amministrativa incidente su atti amministrativi precedentemente emanati dalla stessa P.A. (per es., annullamento d'ufficio) o su **rapporti giuridici** di diritto amministrativo (per es., decadenza da un rapporto concessorio a seguito del riscontrato inadempimento del concessionario). L'autotutela su *atti* può essere, a sua volta, **diretta** (o non contenziosa), se la P.A. esercita il potere spontaneamente, **indiretta** (o contenziosa) se la P.A. agisce su impulso dell'interessato che abbia proposto un ricorso amministrativo;
- **esecutiva** consistente, invece, nell'attività diretta a dare attuazione a decisioni già adottate dall'amministrazione (per es., esecuzione di un provvedimento di demolizione già adottato).

3. **Autonomia** intesa quale *libertà di determinazione* nella cura dei propri interessi. Si distingue tradizionalmente tra autonomia:
   - **politica** che è la libertà di cui l'ente gode nel compimento delle scelte politiche e nell'individuazione dei fini da perseguire;
   - **giuridica** che è, invece, la capacità dell'ente di autodeterminarsi per il raggiungimento dei fini che è chiamato a perseguire e che, a sua volta, assume la configurazione di autonomia **normativa**, quale capacità dell'ente di porre in essere norme giuridiche vincolanti per una generalità di soggetti, sotto forma di leggi, regolamenti o statuti. In particolare, godono di autonomia **legislativa**, oltre allo Stato, le regioni e le Province autonome di Trento e Bolzano; godono di autonomia **statutaria** gli enti territoriali, gli enti locali e altri enti quali le Camere di Commercio; godono di autonomia **regolamentare** gli enti territoriali, gli enti locali e gli enti od organi cui la legge attribuisce tale facoltà: ad es. le autorità amministrative indipendenti ecc.
   - **organizzatoria e amministrativa** che indica, invece, la capacità dell'ente di definire o concorrere alla definizione della propria struttura organizzativa;
   - **finanziaria** che consiste nella capacità dell'ente di imporre *tributi propri*: tale facoltà è riconosciuta dall'art. 119 Cost., a seguito della riforma costituzionale del 2001, a regioni, province, città metropolitane e comuni;
   - **di gestione** che consiste nella capacità dell'ente di avere un *bilancio proprio*, diverso da quello dello Stato.
4. **Autogoverno** che si realizza quando gli organi di governo dell'ente sono composti da *soggetti scelti dagli stessi governati*. Dall'autogoverno occorre distinguere l'**autodichia**, che consiste nella possibilità, riconosciuta ad alcuni organi costituzionali, di *sottrarsi alla giurisdizione comune*, esercitando essi stessi la funzione giurisdizionale rispetto alle controversie con i propri dipendenti.

7. La struttura interna della pubblica amministrazione. Organi e uffici.

Lo Stato e gli enti pubblici possiedono una propria struttura organizzativa interna, composta di beni e persone fisiche che agiscono per conto dell'ente. Si distinguono, a tal fine, gli **organi** e gli **uffici**.

Secondo la teoria prevalente, l'**organo** è la **partizione organizzativa dell'ente** che, in virtù di una norma, **è idonea ed esprimerne la volontà**, con **imputazione** all'ente dell'atto e dei relativi effetti.
Elementi essenziali dell'organo sono dunque:
- il **titolare dell'organo** (c.d. funzionario), di norma una persona fisica legata all'ente da un particolare rapporto giuridico, detto *rapporto di servizio*. Eccezionalmente, il titolare dell'ufficio può essere anche una persona giuridica. In tal caso, l'organo non agisce come parte integrante dell'ente, ma come autonomo soggetto munito di propria personalità, con la conseguenza che l'imputazione del suo operato all'ente sarà di secondo e non di primo grado (sono esempi di organi-enti: l'ISTAT, la Banca d'Italia, il CNR);
- l'**esercizio di una pubblica potestà**. Si definisce **competenza** l'insieme dei poteri e delle funzioni che ciascun organo può esercitare.

Per **ufficio** si intende, invece, l'insieme persone fisiche e mezzi materiali organizzati per il perseguimento degli scopi istituzionali dell'Ente.
Si è quindi in presenza di un organo quando il soggetto ha la capacità di impegnare l'ente di appartenenza nei confronti dei terzi. Negli altri casi si sarà in presenza di un mero ufficio, deputato al compimento di attività meramente preparatoria e strumentale.

▶ 7.1. Rapporto organico e rapporto di servizio.

Per una più compiuta definizione della natura dell'organo è necessario soffermarsi sulla relazione che lega l'organo all'ente, il c.d. **rapporto organico**.
Il **rapporto organico** è la *relazione a rilevanza meramente interna e organizzatoria* tra l'organo e il soggetto allo stesso preposto. E' ipotizzabile, quindi, solo per il titolare e comporta **l'imputazione degli atti compiuti direttamente all'ente**.
Va distinto dal **rapporto di servizio**. Quest'ultimo è un vero e proprio *rapporto giuridico* che si insatura tra l'ente e la persona fisica che svolge un'attività lavorativa in suo favore e che determina l'insorgere per entrambe le parti di diritti e doveri.
Quanto alle **modalità di instaurazione**:
- il **rapporto organico** sorge per effetto di un *atto amministrativo di assegnazione* (o incardinazione) del soggetto all'organo. Il rapporto organico è di regola logicamente **successivo** all'instaurazione del rapporto di servizio, presupponendone l'esistenza. Può tuttavia accadere che il rapporto organico si istauri di fatto in mancanza del rapporto di servizio; ricorre, in tal caso, il fenomeno del **funzionario di fatto**.
- il **rapporto di servizio** sorge di regola per effetto di un *atto di assunzione* posto in essere dalla P.A., salvi i casi eccezionali in cui può instaurarsi come rapporto di fatto

▶ 7.2. La prorogatio.

Quando il titolare dell'organo resta nell'esercizio delle funzioni anche **dopo la cessazione dalla carica**, finché non subentri il successore, si parla di ***prorogatio***.
La l. 15 luglio 1994, n. 444, ha determinato un periodo massimo di *prorogatio* (45 giorni), decorrente dalla scadenza del termine di durata della carica, durante il quale

gli organi possono compiere solo gli atti urgenti e indifferibili e gli atti di ordinaria amministrazione. Al di fuori di queste condizioni, l'atto compiuto è nullo.

▶ 7.3. La classificazione degli organi.

Molteplici le **classificazioni** tra organi amministrativi.
Si distingue tra:
- organi **individuali** e **collegiali**;
- organi **rappresentativi** e **non rappresentativi**, a seconda che siano eletti o meno dai cittadini;
- organi **attivi** ovvero di amministrazione attiva, **consultivi** o di **controllo**;
- organi **permanenti** e organi **temporanei**;
- organi **ordinari** e **straordinari**: i primi fanno parte in modo stabile della struttura, i secondi sono nominati solo in casi eccezionali (es. commissario *ad acta*).

Quanto agli **organi collegiali**, per il loro funzionamento è necessario che vi sia:
- un ***quorum* strutturale** (numero minimo di partecipanti necessario per l'attività);
- un ***quorum* funzionale** (numero minimo di voti favorevoli per l'approvazione della delibera).

Il collegio si dice *perfetto* se il *quorum* strutturale è pari alla totalità dei membri; *imperfetto* nel caso opposto.

8. Le relazioni interorganiche: gerarchia, direzione, coordinamento, controllo.

Diverse le ***relazioni*** che possono intercorrere tra gli organi:
- **gerarchia** che esprime la relazione di *sovraordinazione* tra un organo e un altro. Il rapporto di gerarchia si distingue per il riconoscimento di una serie di **poteri**: di *ordine e di direttiva*; di *avocazione e sostituzione*; di *risoluzione dei conflitti* tra gli organi subordinati e di decidere i ricorsi gerarchici.
- **direzione** che si caratterizza per *la più ampia sfera di autonomia di cui gode l'organo subordinato*. L'organo sovraordinato ha, infatti, un *potere di indirizzo e di emanare direttive*, nonché il *potere di controllo* sulla realizzazione dei fini indicati nelle direttive stesse.
- **coordinamento** intercorrente tra organi *equiordinati*, ad uno dei quali è riconosciuto il potere di impartire adeguate disposizioni o di promuovere accordi o intese, volte ad armonizzarne l'attività, in attuazione di un disegno organico ed in vista di *risultati di interesse comune*.
- **controllo** consistente, invece, nell'esame degli atti e dell'attività di un altro organo col fine di verificarne la conformità alla legge o ai criteri di buona amministrazione. Il controllo può essere: sugli **atti**, sugli **organi** (es. valutazione dei dirigenti) e sull'**attività** (controllo di gestione). L'esito del controllo può consistere nell'adozione di **misure repressive** (annullamento) o **impeditive** dell'efficacia dell'atto, nella **sostituzione** dell'organo controllante, nell'imposizione del **riesame** dell'atto da parte dell'organo che lo ha emanato, nell'inflizione di **sanzioni**.

9. Competenza

La **competenza**, riferita ad un organo, indica il *complesso di poteri e di funzioni* che lo stesso per legge può esercitare. Dalla nozione di competenza va distinta quella di **attribuzione** che indica il complesso degli interessi pubblici affidati ad un'intera amministrazione; sicché, il concetto di attribuzione va riferito all'intera amministrazione, quello di competenza a ciascun organo dell'amministrazione.
Si distingue, inoltre, tra:

- competenza **esterna** che riguarda i poteri e le funzioni che l'organo può esercitare con effetti nei confronti dei terzi destinatari;
- competenza **interna** che concerne, invece, l'insieme dei compiti svolti dall'organo all'interno della P.A. di appartenenza, con efficacia esclusivamente nei confronti di quest'ultima.

La competenza in senso tecnico è, tuttavia, quella **esterna**.

Ai sensi dell'art. 97, co. 2 e 3, Cost., *"I pubblici uffici sono organizzati secondo disposizioni di legge, in modo che siano assicurati il buon andamento e l'imparzialità dell'amministrazione. Nell'ordinamento degli uffici sono determinate le sfere di competenza, le attribuzioni e le responsabilità proprie dei funzionari"*.

La Costituzione pone, quindi, una **riserva di legge** in materia di organizzazione dei pubblici uffici: se ne ritiene la **natura relativa**.
Le sfere di competenza possono essere determinate:

1. per **materia**, in relazione *all'oggetto* su cui insiste l'esercizio del potere o della funzione. E' quanto avviene nel riparto delle competenze tra Mnisteri;
2. per **territorio**, tra organi ugualmente competenti per materia e comporta una ripartizione di attribuzioni sotto il profilo territoriale;
3. per **grado**, che presuppone l'identità di competenza per materia e per territorio e l'esistenza di un rapporto gerarchico tra organi operanti nel medesimo ramo di amministrazione;
4. per **valore**, fissata, a volte, dalla legge per taluni organi amministrativi, almeno in relazione a determinati effetti.

▶ 9.1. Trasferimento di competenze. Delega, avocazione, sostituzione, avvalimento.

La competenza amministrativa è *tendenzialmente inderogabile*, attesa la riserva di legge *ex* art. 97 Cost. L'ordinamento conosce, tuttavia, istituti che, senza incidere sulla titolarità delle competenze, determinano uno *spostamento nell'esercizio* delle stesse. Si tratta dell'**avocazione**, della **sostituzione** e della **delega**.

- La **delega** comporta il trasferimento dell'esercizio di un potere da un organo all'altro. Il potere oggetto di delega resta nella titolarità dell'organo delegante, ma può essere **esercitato dall'organo delegato** che acquisisce una **competenza derivata** da quella del delegante, come tale **sempre revocabile** da quest'ultimo. Dalla delega di poteri vanno, invece, **mantenute distinte**:

- la **concessione di funzioni o servizi pubblici**, che instaura un rapporto giuridico tra un soggetto pubblico (concedente) e un soggetto privato (concessionario);
- la **delega di firma**, che consiste nell'autorizzazione, concessa da un soggetto ad un altro, di apporre la firma in calce ad un provvedimento proveniente dal delegante. In tal caso l'atto resta soggettivamente imputato in via esclusiva al delegante. Nel caso della delega di potere, invece, l'atto è imputato al soggetto delegato.

• L'**avocazione** presuppone, invece, l'esistenza di un **rapporto di gerarchia** tra avocante e avocato e comporta **l'attribuzione a sé**, da parte dell'organo avocante, della competenza a compiere un determinato atto spettante all'organo avocato. Essa prescinde dall'inadempimento o dal ritardo dell'organo inferiore, differenziandosi per tale motivo dalla sostituzione.

• La **sostituzione** sottende un **rapporto di gerarchia** tra sostituto e sostituito; a differenza dell'avocazione, tuttavia, può avere luogo soltanto in presenza di un'**inerzia** o di un **inadempimento** del sostituito e solo in presenza di **un'espressa previsione di legge** che attribuisca il potere all'organo superiore. Essa presuppone anche l'ulteriore inerzia a seguito di formale diffida ad adempiere. Un'ipotesi di potere sostitutivo è, oggi, previsto dall'**art. 120 Cost.** in favore dello Stato.

Differente è il **rapporto di avvalimento** consistente nell'utilizzo da parte di un ente degli uffici di un altro ente, ai fini dello svolgimento di determinate funzioni che continuano a far capo all'ente principale

10. Il difetto di competenza.

Seguendo la tradizionale impostazione, il **difetto di competenza** nell'emanazione di un atto o nel compimento di un'attività amministrativa può dar luogo a **tre distinte patologie**:

- la **competenza**, che ricorre quando l'atto o l'attività è posta in essere da un soggetto che **non possiede la qualità di organo** di un ente pubblico, non avendo mai ricevuto la relativa investitura o essendo decaduto dall'ufficio o, ancora, essendo stato investito con atto nullo o annullato con effetti *ex tunc;*
- l'**incompetenza assoluta**, che ricorre quando l'organo che pone in essere l'atto o l'attività appartiene ad un *settore di amministrazione diverso* da quello di cui fa parte l'organo che sarebbe competente secondo le regole generali o ad altro potere dello Stato (c.d. **straripamento di potere o difetto di attribuzioni**) o quando un organo adotta un provvedimento il cui oggetto afferisce alla **circoscrizione territoriale di altro organo** amministrativo (cd. **incompetenza per territorio**);
- l'**incompetenza relativa**, che ricorre quando l'organo che pone in essere l'atto o l'attività appartiene al *medesimo settore di amministrazione* di quello che sarebbe competente secondo le regole generali. Essa può poi atteggiarsi come **incompetenza per grado**, **per materia** o ancora **per territorio**. La distinzione è di fondamentale importanza nel ricostruire le **conseguenze giuridiche** ricollegabili all'atto posto in essere dall'organo incompetente. Ai

sensi dell'art. 21 *septies*, l. n. 241 del 1990, è nullo il provvedimento amministrativo viziato da difetto assoluto di attribuzione; l'*incompetenza relativa*, invece, integra uno dei tre vizi di legittimità del provvedimento amministrativo ed è, pertanto, causa di **annullabilità** del provvedimento stesso (si rinvia a Cap. 8, par. 7.2).

11. Il funzionario di fatto.

In assenza di una previsione normativa che ne fornisca la *nozione*, la figura del **funzionario di fatto** è genericamente individuata in giurisprudenza nel **soggetto che esercita potestà pubbliche senza una valida investitura all'ufficio** cui appartengono le funzioni "di fatto" esercitate. Il funzionario di fatto è quindi il soggetto che, privo di valida legittimazione, in ragione della **mancanza del titolo** o della **sussistenza di un vizio che lo inficia**, compie un'attività riferibile all'amministrazione.

L'ipotesi della mancanza del titolo ricorre quando **l'atto di preposizione all'ufficio è del tutto carente**. È il caso del c.d. **usurpatore di pubbliche funzioni**, identificato con colui che esercita potestà non essendone titolare, perseguendo dolosamente finalità contrarie a quelle dell'ente pubblico cui l'attività è riferibile. Si tratta, peraltro, di fattispecie penalmente rilevante ai sensi dell'art. 347 c.p. Gli atti adottati dall'usurpatore di pubbliche funzioni sono, quindi, **nulli** perché provenienti da soggetto *ab origine* privo della qualità di organo amministrativo.

Il **vizio del titolo**, invece, può essere **originario** o **sopravvenuto.**

▶ 11.1. Regime di imputabilità degli atti.

In merito alla **sorte degli atti** adottati dal soggetto che "appare" funzionario della P.A., si distingue a seconda che gli stessi siano **favorevoli** o **sfavorevoli** per i terzi.

Per i provvedimenti **favorevoli**, se ne sostiene la **validità**, a presidio dei terzi in buona fede. La teoria del funzionario di fatto trova del resto il proprio fondamento nella esigenza di tutelare la *buona fede del privato* che entra in contatto con la P.A.

Più complessa l'ipotesi di provvedimenti **pregiudizievoli**. In tal caso, infatti, occorre distinguere due ipotesi.

1. La prima riguarda l'atto adottato **in assenza *ab initio*** dell'atto di assegnazione o in forza di un **titolo di legittimazione nullo o inefficace**. Secondo la tesi prevalente, i provvedimenti sarebbero **nulli**, in quanto adottati in **carenza di potere in astratto**. In questo senso si richiama l'art. 21-*septies*, l. 241/1990 che indica quale causa di nullità, il *"difetto assoluto di attribuzione"*. A tale ipotesi va anche ricondotta quella in cui la nomina sia stata già annullata al momento dell'adozione dell'atto. Anche in questo caso, infatti, per effetto dell'annullamento, il titolo ha perso retroattivamente efficacia al momento di adozione dell'atto, da considerarsi quindi nullo.
2. La seconda ipotesi concerne l'atto adottato da soggetto la cui **nomina, pur se illegittima**, non sia stata ancora rimossa al momento dell'adozione del provvedimento sfavorevole. Ci si chiede se il terzo, destinatario degli effetti prodotti dall'atto emanato dal soggetto non legittimato, possa impugnare

quest'ultimo congiuntamente all'atto di nomina, benché quest'ultimo non sia stato autonomamente impugnato nei termini di legge. Al riguardo, la giurisprudenza ritiene che **l'illegittimità dell'atto di investitura non infici gli atti dell'ufficio**, a meno che il primo non abbia avuto luogo per il compimento di specifici atti, determinando per questi ultimi **un'invalidità derivata.** E' il caso dei rapporti tra atto di nomina dei componenti di una commissione di concorso e atti dagli stessi adottati. In questi casi, l'illegittimità dell'atto di nomina comporta l'annullabilità, non la nullità, dell'atto adottato dal funzionario di fatto (Cons. St., sez. V, 24 febbraio 1996, n. 232).

12. Gli enti pubblici economici e i processi di privatizzazione.

Una posizione peculiare, nell'articolato ventaglio di enti pubblici, assumono gli **enti pubblici economici**, *persone giuridiche a carattere ibrido* che, se da un lato, hanno *carattere pubblico*, in quanto costituite o finanziate dallo Stato o da altro ente pubblico, dall'altro, operano in *veste imprenditoriale con gli strumenti del diritto privato*.
Si tratta di strumenti di cui lo Stato o altri enti pubblici si avvalgono per *intervenire in economia*.
Si caratterizzano per:

- essere soggetti all'*iscrizione nel registro delle imprese*, in virtù dell'art. 2201 c.c.;
- il potere di *stipulare con l'utenza contratti disciplinati dal codice civile* in relazione al rispettivo oggetto sociale;
- il fatto di operare di frequente in *regime di concorrenza con altre imprese private*.

Erano in passato enti pubblici economici, per esempio, l'Enel, le Ferrovie dello Stato o alcune banche pubbliche.
A partire dagli anni '90 del secolo scorso, ha preso il via un imponente **fenomeno di privatizzazione** dei più importanti enti pubblici economici.
I processi di privatizzazione si sono articolati in:

1. una prima fase (**c.d. fase fredda o privatizzazione formale**), consistente nel *mutamento della forma giuridica dell'ente pubblico in società per azioni*. Sono stati per esempio trasformate in S.p.a. l'Iri, l'Enel, l'Eni, lasciando al Ministero del Tesoro (ora Ministero dell'economia e delle finanze) il pacchetto azionario delle nuove società;
2. una seconda fase (**c.d. fase calda o privatizzazione sostanziale**), in cui si è stata avviata la *dismissione delle partecipazioni pubbliche* (è quanto avvenuto, per esempio, per l'Enel, successivamente per Poste S.p.a.).

► 12.1. La disciplina delle società a partecipazione pubblica.

Le società derivanti dai processi di privatizzazione si aggiungono alle tante e numerose società partecipate dallo stato o da enti pubblici. Sono, infatti, sempre più ricorrenti le ipotesi in cui l'ente pubblico si avvale di strutture societarie di cui è azionista per lo svolgimento di attività di interesse pubblico. Il fenomeno si è sviluppato a livello sia

centrale che *locale* (è il caso delle società a partecipazione mista o totalmente pubbliche partecipate dai Comuni per lo svolgimento dei servizi pubblici locali).
Con il d.lgs. 19 agosto 2016, n. 175 (cd. **decreto sulle società partecipate**), il legislatore ha riordinato in un unico testo la disciplina organica delle partecipazioni pubbliche in ambito societario. Obbiettivo dell'intervento riformatore è stata la *riduzione del numero delle società partecipate* e, al contempo, la *razionalizzazione del quadro normativo*.
Nel perseguire il primo obiettivo, il decreto (art. 4) vieta infatti alle Pubbliche Amministrazioni di costituire società aventi per oggetto attività di produzione di beni e servizi **non strettamente necessarie** per il perseguimento dei propri scopi istituzionali. Una ricognizione, in positivo, delle attività strettamente necessarie è offerta dallo stesso decreto che annovera:

a) la produzione di un servizio di interesse generale;
b) la progettazione e realizzazione di un'opera pubblica sulla base di un accordo di programma fra Amministrazioni pubbliche;
c) la realizzazione e gestione di un'opera pubblica ovvero l'organizzazione e la successiva gestione di un servizio d'interesse generale attraverso un contratto di partenariato con un imprenditore privato selezionato con una procedura di gara a doppio oggetto;
d) l'autoproduzione di beni o servizi strumentali all'ente o agli enti pubblici partecipanti;
e) servizi di committenza, ivi incluse le attività di committenza ausiliarie, apprestati a supporto di enti senza scopo di lucro e di amministrazioni aggiudicatrici.

Quanto al regime giuridico delle società a partecipazione pubblica, l'art. 1, co. 3, d. lgs. 19 agosto 2016, n. 175, dispone che le stesse sono disciplinate secondo le **norme sulle società contenute nel codice civile e le norme generali di diritto privato**, salve le espresse deroghe previste dal decreto. Si tratta di una decisiva *spinta verso il modello privatistico*. L'art. 14 dello stesso decreto, nella medesima logica, assoggetta le società a partecipazione pubblica alla **disciplina fallimentare** e al **concordato preventivo** nonché, ove ne ricorrano i presupposti, a quella in materia di amministrazione straordinaria delle grandi imprese insolventi, così definitivamente confermando l'impostazione privatistica.

▶ 12.2. I soggetti pubblici di matrice europea.

La natura pubblica di una struttura societaria può anche conseguire alla riconduzione della stessa in talune figure soggettive pubbliche di derivazione comunitaria, ormai da tempo entrate a far parte della disciplina nazionale. Si tratta: dell'**organismo di diritto pubblico**; dell'**impresa pubblica**; dei **soggetti *in house***.

▶ 12.2.1. Organismi di diritto pubblico

Il Codice dei contratti pubblici individua le caratteristiche del c.d. "organismo di diritto pubblico", quale soggetto incluso nella categoria delle c.d. "Amministrazioni aggiudicatrici", come tale tenuto a osservare la disciplina europea di in tema di

procedure di evidenza pubblica in sede di affidamento di contratti.
In particolare, gli organismi di diritto pubblico:

a. sono istituiti per soddisfare specificatamente **esigenze di interesse generale**, aventi carattere non industriale o commerciale;
b. sono dotati di **personalità giuridica**;
c. sono finanziati per la maggior parte dallo Stato, dalle autorità regionali o locali o da altri organismi di diritto pubblico; o la loro gestione è posta sotto la vigilanza di tali autorità o organismi; o il loro organo di amministrazione, di direzione o di vigilanza è costituito da membri più della metà dei quali è designata dallo Stato, da autorità regionali o locali o da altri organismi di diritto pubblico (requisito della c.d. **influenza pubblica** dominante).

Secondo il costante insegnamento della CGUE (inaugurato con la sentenza C-44/96, *Mannesman*), seguito dalle Sezioni Unite della Corte di Cassazione con la pronuncia *8 marzo 2019, n. 8673*, tali elementi (personalità giuridica, influenza pubblica dominante e requisito teleologico) devono sussistere necessariamente *in modo cumulativo*, sicché in assenza di una sola di tali tre condizioni, un organismo non può essere considerato di diritto pubblico, e dunque operare come amministrazione aggiudicatrice.

▶ 12.2.2. Imprese pubbliche

La nozione di **impresa pubblica**, invece, viene in rilievo in relazione all'ambito soggettivo di applicazione della disciplina europea e nazionale degli appalti nei c.d. settori speciali ed è l'impresa su cui le amministrazioni aggiudicatrici possono esercitare, direttamente o indirettamente, un'influenza dominante o perché ne sono proprietarie, o perché vi hanno una partecipazione finanziaria, o in virtù delle norme che disciplinano dette imprese. L'influenza dominante è **presunta** quando le amministrazioni aggiudicatrici, direttamente o indirettamente, riguardo all'impresa, alternativamente o cumulativamente:
1) detengono la maggioranza del capitale sottoscritto;
2) controllano la maggioranza dei voti cui danno diritto le azioni emesse dall'impresa;
3) possono designare più della metà dei membri del consiglio di amministrazione, di direzione o di vigilanza dell'impresa.

A differenza di quanto previsto per l'organismo di diritto pubblico, quindi, si prescinde in questo caso dal fine perseguito (che può anche essere lucrativo), riconoscendosi valenza decisiva al legame tra l'impresa e la Pubblica amministrazione "dominante".

▶ 12.2.3. Soggetti in house

L'*in house providing* è un istituto di origine europea, che rappresenta una **modalità alternativa** all'applicazione della disciplina comunitaria di evidenza pubblica in materia di *appalti e servizi pubblici*.
È un **modello organizzatorio** per mezzo del quale la P.A., al fine di reperire determinati beni e servizi ovvero per erogare alla collettività prestazioni di pubblico servizio, si avvale di un soggetto sottoposto al suo penetrante controllo, cioè di un ente strumentale, distinto sul piano formale, ma non su quello sostanziale, per cui l'ente può essere considerato parte integrante e prolungamento organizzativo della P.A.

Frutto dell'elaborazione giurisprudenziale della Corte di Giustizia UE (a partire dalla sentenza **Teckal**, causa C-107/98), l'istituto è stato codificato ad opera delle direttive 2014/24/UE, 2014/23/UE e 2014/25/UE ed è stato, poi, recepito in sede nazionale con l'**art. 5 del d.lgs. n. 50 del 2016** (c.d. **Codice dei contratti**).

Le condizioni di ammissibilità dell'*in house providing* ricorrono quando:

1. l'amministrazione aggiudicatrice eserciti sul soggetto aggiudicatario un "**controllo analogo**" a quello esercitato sui propri servizi (**elemento strutturale**): il Codice considera un siffatto controllo sussistente esclusivamente ove l'Amministrazione aggiudicatrice "*esercita un'influenza determinante sia sugli* ***obiettivi strategici*** *che sulle* ***decisioni significative*** *della persona giuridica controllata*";
2. il soggetto aggiudicatario svolga la **maggior parte della propria attività in favore dell'ente pubblico di appartenenza** (**elemento funzionale**): il Codice ritiene necessario, a tal riguardo, che il soggetto affidatario svolga almeno l'80% delle proprie attività in esecuzione di compiti ad esso affidati dall'Amministrazione aggiudicatrice controllante o da altri soggetti a propria volta controllati dal medesimo soggetto pubblico;
3. la **partecipazione pubblica** sia **quasi totalitaria:** sul punto, il Codice richiede che, nella persona giuridica controllata, non vi sia alcuna partecipazione diretta di capitali privati, ad eccezione di forme di partecipazione di capitali privati previste dalla legislazione nazionale, in conformità dei trattati, che non esercitino un'influenza determinante sulla persona giuridica controllata.

PER APPROFONDIRE

LA SCELTA TRA IN HOUSE E ESTERNALIZZAZIONE. COSA CAMBIA CON IL NUOVO CODICE DEI CONTRATTI PUBBLICI DEL 2023.

La disciplina delle condizioni per il ricorso all'in house è oggi dettata in ***più fonti normative****. Questa pluralità è ancor più marcata con riferimento alla disciplina dei criteri sostanziali e delle regole procedimentali che le amministrazioni devono seguire nel decidere se esternalizzare l'esecuzione di una determinata prestazione o se, invece, autoprodurla, ricorrendo all'affidamento in house. Le regole sono, infatti, diverse a seconda che all'in house si intenda ricorrere in alternativa alla procedura pubblica per l'affidamento di appalti ovvero per lo svolgimento di servizi pubblici locali. A disciplinare (in modo diverso) le due ipotesi indicate sono, infatti il Codice dei contratti pubblici e il d. lgs. 23 dicembre 2022, n. 201, per i servizi pubblici locali (per la cui trattazione si rinvia al successivo par. 13).*

Quanto al Codice dei contratti pubblici, l'art. 192, comma 2 del d.lgs. 50 del 2016, impone alle stazioni appaltanti che intendano ricorrere all'in house di ***dare conto "nella motivazione del provvedimento di affidamento delle ragioni del mancato ricorso al mercato****, nonché dei benefici per la collettività della forma di gestione prescelta, anche con riferimento agli obiettivi di universalità e socialità, di efficienza, di economicità e di qualità del servizio, nonché di ottimale impiego delle risorse pubbliche". Secondo il nuovo Codice, dunque, l'****in house providing*** *riveste* ***carattere eccezionale*** *rispetto all'ordinaria modalità di scelta del contraente ed è possibile ricorrervi solo qualora sussista per l'amministrazione una reale convenienza rispetto alle condizioni economiche offerte dal mercato (tra le tante, Cons. St., sez. V, 27 gennaio 2020, n. 681).*

Una disciplina diversa è dettata dall'art. 7 dello schema di decreto legislativo approvato dal Consiglio dei Ministri il 16 dicembre 2022, sulla base della delega di cui alla l. 21 giugno 2022, n. 78, destinato ad entrare in vigore il 1 aprile 2023, con efficacia a partire dal 1 luglio 2023. Dopo aver disposto che le pubbliche amministrazioni organizzano autonomamente l'esecuzione di lavori o la prestazione di beni e servizi attraverso l'autoproduzione, l'esternalizzazione e la cooperazione, il citato art. 7 prevede che le stazioni appaltanti e gli enti concedenti possono affidare direttamente a società in house lavori, servizi o forniture, nel rispetto dei principi del risultato della fiducia e dell'accesso al mercato di cui ai precedenti articoli 1, 2 e 3. Le stazioni appaltanti e gli enti concedenti, nell'optare per l'in house, devono tuttavia adottare per ciascun affidamento un ***provvedimento motivato*** *in cui danno conto dei vantaggi per la collettività, delle connesse esternalità e della congruità economica della prestazione, anche in relazione al perseguimento di obiettivi di universalità, socialità, efficienza, economicità, qualità della prestazione, celerità del procedimento e razionale impiego di risorse pubbliche. In caso di* ***prestazioni strumentali****, il provvedimento si intende sufficientemente motivato qualora dia conto dei vantaggi in termini di economicità, di celerità o di perseguimento di interessi strategici. I vantaggi di economicità possono emergere anche mediante la comparazione con gli standard di riferimento della società Consip S.p.a. e delle altre centrali di committenza, con i parametri ufficiali elaborati da* altri enti regionali nazionali o esteri oppure, in mancanza, con gli *standard* di mercato.

13. I servizi pubblici locali nel d. lgs. 23 dicembre 2022, n. 201.

Come si è anticipato, regole particolari sono dettate per l'affidamento dei servizi pubblici locali. Alla illustrazione della specifica disciplina relativa alle modalità di affidamento dei servizi, di recente modificata dal d. lgs. 23 dicembre 2022, n. 201, è utile anteporre alcune nozioni introduttive e preliminari, oltre che una più ampia illustrazione delle principali innovazioni introdotte dal citato decreto legislativo, ricompreso tra le misure di attuazione del Piano nazionale di ripresa e resilienza (PNRR).

▶ 13.1. La nozione. La contrapposizione tra teorie soggettiva e oggettiva e l'influenza del diritto europeo.

Prima del d. lgs. 23 dicembre 2022, n. 201, e in assenza di una definizione legislativa, si è sviluppato un decennale dibattito diretto alla perimetrazione della nozione di servizio pubblico, in particolare locale. Si sono storicamente contrapposte la teoria soggettiva e quella oggettiva.
Secondo la **teoria soggettiva**, un servizio è qualificabile pubblico per il solo fatto che l'attività in cui esso si esplica sia riconducibile allo Stato o ad un altro ente pubblico, che lo dichiara tale in forza di un atto legislativo o amministrativo, assumendone la titolarità e la gestione, sia direttamente che indirettamente.
L'entrata in vigore della Costituzione ha segnato il progressivo superamento di tale ricostruzione, in favore di una **concezione di carattere oggettivo e funzionale**. Sulla base di una lettura combinata degli artt. 41 e 43 Cost., la dottrina (POTOTSCHNIG) ha rinvenuto la cifra caratterizzante la nozione di servizio pubblico nella **sottoposizione** di una certa attività economica, sia essa pubblica o privata, a **programmi e controlli**, al fine di indirizzarla e coordinarla verso il conseguimento

di finalità di preminente carattere sociale. In questo senso, il carattere pubblico di una certa attività non deriverebbe dalla natura pubblica del soggetto che attrae entro la propria sfera di competenza la titolarità del servizio, bensì dalla **natura dell'attività in sé considerata** e dalla sua **capacità di soddisfare un interesse di preminente rilievo sociale**.
La dottrina successiva ha tuttavia sostenuto che la nozione di servizio pubblico non può prescindere dalla **necessaria imputabilità del servizio alla Pubblica amministrazione**, la quale assume il servizio entro i propri compiti istituzionali e ne provvede all'organizzazione, pure affidandone la **gestione** a soggetti privati.

▶ 13.2. La nuova disciplina dei servizi pubblici locali dettata dal d. lgs. 23 dicembre 2022, n. 201.

Tanto chiarito, il d. lgs. 23 dicembre 2022, n. 201, ha per la prima volta introdotto una disciplina organica dei servizi pubblici locali a rilevanza economica, enunciando importanti principi generali comuni alla assunzione, organizzazione e gestione di tutte le tipologie di servizi locali, nonché introducendo norme volte a incentivare l'aggregazione territoriale, a valorizzare la differenziazione tra regolazione e gestione del servizio, a precisare le regole da osservare nell'affidamento del servizio, a regolare i rapporti tra gestore del servizio e utenti.

▶ 13.2.1. Il perimetro applicativo.

Quanto al **perimetro applicativo**, il decreto si è attenuto alla nozione europea. Dando attuazione alla delega contenuta nell'art. 8, l. 5 agosto 2022, n. 118, ha infatti fornito la definizione di servizio pubblico locale, disponendo che per "*servizi di interesse economico generale di livello locale*" o "*servizi pubblici locali di rilevanza economica*" devono intendersi i servizi erogati o suscettibili di essere erogati dietro corrispettivo economico su un mercato, che non sarebbero svolti senza un intervento pubblico o sarebbero svolti a condizioni differenti in termini di accessibilità fisica ed economica, continuità, non discriminazione, qualità e sicurezza, che sono previsti dalla legge o che gli enti locali, nell'ambito delle proprie competenze, ritengono necessari per assicurare la soddisfazione dei bisogni delle comunità locali, così da garantire l'omogeneità dello sviluppo e la coesione sociale (art. 2, comma 1, lett. c).
L'art. 2 del decreto offre tre elementi utili ai fini della perimetrazione del concetto di servizio pubblico locale:
a. l'**elemento soggettivo**, consistente nell'imputabilità all'ente locale della scelta organizzativa di gestione del servizio;
b. l'**elemento oggettivo**, ossia la "produzione di beni e attività";
c. l'**elemento teleologico**, che individua nei fini sociali e nella promozione e sviluppo delle comunità locali lo scopo precipuo delle predette attività.

▶ 13.2.2. L'assunzione del servizio. Il principio di sussidiarietà orizzontale.

Lo stesso decreto codifica taluni **principi** destinati a guidare l'attività delle Amministrazioni locali nell'assunzione, organizzazione e gestione dei servizi pubblici locali.

In primo luogo, la prestazione di un servizio pubblico necessita di un **atto di assunzione** dello stesso come compito del soggetto pubblico. Al riguardo, l'art. 10 del decreto enuncia, quale principio chiave destinato a guidare la scelta dell'ente locale di istituire o meno un servizio pubblico, quello di c.d. **sussidiarietà orizzontale**. Ai fini del soddisfacimento dei bisogni delle comunità locali, gli enti locali sono infatti tenuti a favorire, in attuazione del principio suindicato, l'autonoma iniziativa dei cittadini, singoli e associati, e delle imprese, anche con apposite agevolazioni e semplificazioni. Nell'istituire servizi di interesse economico generale di livello locale diversi da quelli già previsti dalla legge, che ritengono necessari per assicurare la soddisfazione dei bisogni delle comunità locali, gli enti locali sono quindi a condurre **apposita istruttoria**, da cui risulti, sulla base di un effettivo confronto tra le diverse soluzioni possibili, che la prestazione dei servizi da parte delle imprese liberamente operanti nel mercato o da parte di cittadini, singoli e associati, è inidonea a garantire il soddisfacimento dei bisogni delle comunità locali.

▶ 13.2.3. Le modalità di affidamento e la scelta dell'*in house*.

Assunta la decisione di istituire il servizio pubblico locale, l'ente territoriale deve definirne le modalità di affidamento e gestione.
Sul tema il decreto conferma le tre possibili modalità di gestione e affidamento dei servizi pubblici locali (esternalizzazione con gara, partenariato pubblico-privato, affidamento *in house*), intervenendo tuttavia a dettare importanti regole destinate ad orientare la scelta che l'ente locale deve compiere tra i tre modelli.
Quanto alle **modalità di affidamento** astrattamente utilizzabili, lo schema di decreto indica in particolare:

- l'**affidamento a terzi mediante procedura a evidenza pubblica**, regolata dalla disciplina in materia di contratti pubblici, con la prescrizione che l'ente locale deve favorire, ove possibile in relazione alle caratteristiche del servizio da erogare, il ricorso a concessioni di servizi rispetto ad appalti pubblici di servizi, in modo da assicurare l'effettivo trasferimento del rischio operativo in capo all'operatore (art. 15);
- l'**affidamento a società a partecipazione mista pubblico-privata**, come disciplinate dal d. lgs. 19 agosto 2016, n. 175. In tali casi, il socio privato è individuato secondo la procedura di cui all'articolo 17 del decreto legislativo n. 175 del 2016. L'ente locale può cedere in tutto o in parte la propria partecipazione nelle società di cui al comma 1 mediante procedure a evidenza pubblica (art. 16);
- l' **affidamento a società *in house***.
- Una peculiare disciplina è dettata dall'art. 17 del decreto con riguardo all'*in house*.
- In primo luogo, per gli **affidamenti sopra-soglia**, l'ente locale che intenda optare per il modello dell'autoproduzione nella gestione del servizio pubblico locale è tenuto a una **motivazione qualificata**, che dia conto, anche sulla base dei modelli *standard* predisposti dalle autorità competenti, delle ragioni del mancato ricorso al mercato ai fini di un'efficiente gestione del servizio, illustrando i benefici per la collettività della forma di gestione prescelta con riguardo agli investimenti, alla qualità del servizio, ai costi dei servizi per gli

utenti, all'impatto sulla finanza pubblica, nonché agli obiettivi di universalità, socialità, tutela dell'ambiente e accessibilità dei servizi, anche in relazione ai risultati conseguiti in eventuali pregresse gestioni *in house*. Per i **contratti sottosoglia**, continuano ad applicarsi le disposizioni del codice dei contratti pubblici che richiedono una motivazione circa gli affidamenti *in house*.

Scheda di sintesi

- Va distinto il concetto di amministrazione intesa come apparato preposto alla cura di interessi pubblici (amministrazione **in senso oggettivo)**, da quello di amministrazione intesa invece come attività, finalizzata alla cura degli interessi pubblici e operante nel rispetto dei criteri e nei limiti predeterminati dalla legge (amministrazione **in senso soggettivo**).
- L'Amministrazione pubblica, nell'esercitare i compiti che la legge le assegna agisce ponendo in essere atti di **diritto pubblico** (atti amministrativi), espressione di una posizione di supremazia dell'Amministrazione pubblica, o atti di **diritto privato** (per es., contratti).
- Nell'ordinamento italiano **manca una definizione normativa generale di pubblica amministrazione**, in quanto le singole leggi identificano e definiscono le Pubbliche amministrazioni solo in relazione a specifici scopi e limitatamente all'ambito di applicazione di singole norme.
- I **modelli organizzativi** attualmente prevalenti di pubblica amministrazione sono: quello governativo e ministeriale; quello territoriale (regioni, province, città metropolitane, comuni); quello dell'ente pubblico; quello dell'autorità amministrativa indipendente; quello del soggetto privato controllato (società in house, società miste).
- Accanto all'Amministrazione **classica o diretta**, quale quella **statale** che fa capo al Governo e che è articolata in Amministrazioni **statali centrali** (in primo luogo, Ministeri) e **periferiche** (per esempio, Prefetture), o quelle **regionali**, **provinciali** e **comunali**, esistono enti pubblici con propria e distinta personalità giuridica: sono i c.d. **enti pubblici strumentali** (che compongono la c.d. **Amministrazione pubblica indiretta**).
- Di frequente, la qualificazione di un ente come pubblico non è compiuta direttamente dalla legge, ma va verificata caso per caso applicando alcuni dei seguenti criteri sostanziali (c.d. **indici di riconoscimento della natura pubblica**).
- Gli enti pubblici **si distinguono** in corporazioni e istituzioni; enti territoriali ed enti non territoriali; enti nazionali ed enti locali; enti necessari ed enti ad appartenenza necessaria o facoltativa; enti autarchici ed enti pubblici economici; enti strumentali, enti ausiliari.
- **I caratteri** degli enti pubblici sono l'autarchia, l'autotutela, l'autonomia, l'autogoverno.
- Lo Stato e gli enti pubblici possiedono una propria struttura organizzativa interna, composta di beni e persone fisiche che agiscono per conto dell'ente. Si distinguono, a tal fine, gli **organi** e gli **uffici**.
- È necessario distinguere il **rapporto organico**, che è una relazione a rilevanza

meramente interna e organizzativa, tra l'organo e il soggetto allo stesso preposto, dal **rapporto di servizio**, che è un vero e proprio rapporto giuridico che si insatura tra l'ente e la persona fisica che svolge un'attività lavorativa in suo favore e che determina l'insorgere per entrambe le parti di diritti e doveri.

- Le **relazioni** tra organi possono essere di **gerarchia, direzione, coordinamento, controllo.**
- La **competenza**, riferita ad un organo, indica il complesso di poteri e di funzioni che lo stesso per legge può esercitare
- Le sfere di competenza possono essere determinate per **materia**, per **territorio**, per **grado**, per **valore**.
- Una posizione peculiare, nell'articolato ventaglio di enti pubblici, assumono gli **enti pubblici economici**, *persone giuridiche a carattere ibrido* che, se da un lato, hanno *carattere pubblico*, in quanto costituite o finanziate dallo Stato o da altro ente pubblico, dall'altro, operano in *veste imprenditoriale con gli strumenti del diritto privato*.
- Sono sempre più ricorrenti le ipotesi in cui l'ente pubblico si avvale di strutture societarie di cui è azionista per lo svolgimento di attività di interesse pubblico. Con il d.lgs. 19 agosto 2016, n. 175 (cd. **decreto sulle società partecipate**), il legislatore ha riordinato in un unico testo la disciplina organica delle partecipazioni pubbliche in ambito societario. Obbiettivo dell'intervento riformatore è stata la *riduzione del numero delle società partecipate* e, al contempo, la *razionalizzazione del quadro normativo*.
- La natura pubblica di una struttura societaria può anche conseguire alla riconduzione della stessa in talune figure soggettive pubbliche di derivazione comunitaria, ormai da tempo entrate a far parte della disciplina nazionale. Si tratta: dell'**organismo di diritto pubblico**; dell'**impresa pubblica**; dei **soggetti *in house***.

Domande di verifica

1. Quali sono i compiti della Pubblica Amministrazione?
2. Perché è importante verificare la natura pubblica degli enti?
3. Quali sono gli indici di riconoscimento degli enti pubblici?
4. Autarchia, autotutela, autonomia, autogoverno: Nozioni e differenze.
5. In cosa consistono gerarchia, direzione, coordinamento, controllo?
6. Quali le differenze tra delega, avocazione, sostituzione, avvalimento?
7. Come può distinguersi la competenza?
8. In cosa consiste il "fenomeno delle privatizzazioni"?
9. Quali sono i tratti costitutivi dell'organismo di diritto pubblico?
10. Da cosa va desunto il controllo analogo nella figura dell'*in house*?

Capitolo 2
L'AMMINISTRAZIONE STATALE

SOMMARIO:

1. La struttura dell'Amministrazione statale.

L'organizzazione amministrativa diretta dello Stato si struttura in:

a. **centrale ordinaria** che comprende organi quali i Ministeri (con ruoli attivi); il Consiglio di Stato (con ruolo consultivo); la Corte dei conti (con ruolo di controllo);
b. **locale** o **periferica**, che consente l'attribuzione di funzioni proprie degli organi centrali a sedi distaccate a livello periferico.

Tra gli organi centrali dotati di un ruolo di particolare rilievo e di primo piano rientra il Governo.

2. Il Governo.

Al vertice dell'Amministrazione statale è posto il **Governo**, organo costituzionale al quale è affidata la funzione di *direzione politica dello Stato* e che esprime la volontà delle forze politiche di maggioranza che lo sostengono con la fiducia. L'art. 92 Cost. individua gli **organi necessari** di cui si compone il Governo: Presidente del Consiglio; Ministri; Consiglio dei Ministri.
Le attribuzioni del Consiglio dei Ministri, organo collegiale del Governo, sono state precisate dalla legge n. 400 del 1988 e consistono principalmente nell'elaborazione dell'*indirizzo politico ed amministrativo* del Paese, nella soluzione dei *conflitti di attribuzione tra Ministeri*, nella definizione della *politica normativa del Governo*.
Il **Presidente del Consiglio dei Ministri** è nominato con decreto del Presidente della Repubblica e resta in carica sino a quando perdura la fiducia del Parlamento nei riguardi del Governo. *Dirige la politica generale del Governo* di cui ha la responsabilità, *mantiene l'unità di indirizzo politico e amministrativo*, *promuovendo e coordinando l'attività dei Ministri*. A tal fine il Presidente del Consiglio può rivolgere

ai singoli Ministri direttive politiche ed amministrative, ma non può avocare a sé atti del singolo Ministro o annullarli né sostituirsi al Ministro ai fini della loro adozione.
Tra le attribuzioni del Presidente del Consiglio dei Ministri la legge n. 124 del 2007 ricomprende l'alta direzione e la responsabilità generale della *politica dell'informazione per la sicurezza* nell'interesse e per la difesa della Repubblica e l'apposizione e la *tutela del segreto di Stato*. Si avvale, per l'esercizio delle sue funzioni, delle strutture della Presidenza del Consiglio, articolata in dipartimenti e uffici.
I M**inisteri** sono uffici complessi, dotati di personale e mezzi propri, preposti alla gestione di ambiti omogenei dell'attività amministrativa dello Stato e con al vertice **un organo politico**, che è il **Ministro**, al tempo stesso capo dell'amministrazione ministeriale e componente del Consiglio dei ministri (art. 95, co. 2, Cost.).
Il rigido **criterio gerarchico** che caratterizzava in origine l'organizzazione dei ministeri è oggi non poco attenuato: il d.lgs. n. 165 del 2001 ha infatti distinto i compiti del Ministro da quelli dei dirigenti, in applicazione del **principio di separazione** in forza del quale spettano al Ministro i poteri di *definizione degli obiettivi e dei programmi da attuare* e di *verifica della rispondenza agli stessi dell'attività amministrativa svolta*, ai dirigenti, invece, quelli di *gestione finanziaria, tecnica e amministrativa*.

▶ 2.1. I modelli di organizzazione ministeriale: dipartimentale e a direzione generale.

I ministeri sono organizzati secondo **due modelli differenti**:
- il **modello dipartimentale**, per effetto del quale il ministero si articola in alcune grandi strutture organizzative, i dipartimenti, suddivisi al loro interno in uffici dirigenziali generali che abbracciano **grandi aree di materie omogenee;**
- il **modello a direzione generale**, nel quale, invece, gli uffici dirigenziali generali che lo caratterizzano (le direzioni generali) hanno **ambiti materiali tendenzialmente più ridotti** rispetto ai dipartimenti e sono coordinati nella loro attività dal **segretario generale** del ministero. Quest'ultimo – figura non prevista per i ministeri a modello dipartimentale – opera alle dirette dipendenze del Ministro ed assicura il coordinamento dell'azione amministrativa delle diverse direzioni, svolgendo anche compiti di vigilanza.

▶ 2.2. Comitati interministeriali.

Al coordinamento tra i diversi settori dell'Amministrazione statale sono preposti, per talune materie, i **Comitati interministeriali**, strutture collegiali del Governo, composte da Ministri, esperti e rappresentanti delle amministrazioni (per es., il *Comitato Interministeriale per la Programmazione Economica*, il *Comitato Interministeriale per il Credito e il Risparmio*, il *Comitato interministeriale per la sicurezza della Repubblica*).

▶ 2.3. Le Agenzie e le aziende autonome

Accanto ai ministeri, l'organizzazione statale conosce, come modello tipico, le **agenzie**, disciplinate dal d.lgs. n. 300 del 1999 e sottoposte ai poteri di indirizzo e di vigilanza del ministro. Nello svolgimento della loro attività a carattere tecnico-operativo di interesse nazionale, le agenzie sono dotate di *autonomia organizzativa e funzionale* e, pur mancando di personalità giuridica, dispongono di propri organi di gestione e di controllo interno ed operano al servizio non solo del ministero cui sono collegate, ma di tutte le amministrazioni pubbliche, comprese quelle regionali e locali.
Un ordinamento del tutto proprio ed un regime speciale sono dettati per le **agenzie fiscali** (dotate, invece, di personalità giuridica). Esse sono le agenzie: delle *entrate*, delle *dogane e dei monopoli* e del *demanio*. È invece un ente pubblico economico, strumentale all'Agenzia delle Entrate, l'**Agenzia delle Entrate-Riscossione**, che preso il posto di Equitalia nell'attività di riscossione dei tributi.
Le **aziende autonome**, invece, sono incardinate nell'amministrazione dello Stato per lo svolgimento di **attività di tipo essenzialmente produttivo**. Esse, pur non essendo dotate di personalità giuridica, godono di una spiccata **autonomia amministrativa, contabile e finanziaria** e costituiscono una delle manifestazioni dell'**intervento pubblico in campo economico**. Esse sono, comunque, sottoposte al controllo politico del Parlamento, gerarchico del Ministro competente e successivo della Corte dei conti. Le medesime sono state investite dal fenomeno delle **privatizzazioni**, a seguito del quale molte aziende sono state trasformate in enti pubblici economici, prima, e in società per azioni, poi (ad es. Ferrovie dello Stato e Poste italiane).

3. Gli organi ausiliari.

Tra gli organi di Governo la Costituzione indica il **Consiglio di stato** e la **Corte dei Conti**, nonostante l'uno e l'altra siano titolari di funzioni anche giurisdizionali: funzioni, queste ultime, che, in applicazione del **principio di separazione dei poteri**, sono esercitate in netta separazione dal Governo.
L'apparente anomalia di soggetti al contempo *di Governo* e *a natura giudiziaria* è dovuta alla doppia anima di queste due importanti Istituzioni pubbliche.

▶ 3.1. Il Consiglio di Stato.

Il **Consiglio di Stato**, in particolare, se ai sensi dell'art. 100 Cost., è l'organo di *consulenza giuridico-amministrativa del Governo*, in base al successivo art. 103 Cost. è, *questa volta in quanto giudice*, preposto alla tutela delle pretese di cui i privati sono titolari nei confronti della Pubblica Amministrazione (ai sensi dell'art. 103, co. 1, Cost., *il Consiglio di Stato e gli altri organi di giustizia amministrativa hanno giurisdizione per la tutela nei confronti della pubblica amministrazione degli interessi legittimi e, in particolari materie indicate dalla legge, anche dei diritti soggettivi.*).
Nel primo dei due ruoli indicati, il Consiglio di Stato svolge, con indipendenza garantita

dalla Costituzione (art. 100, co. 3, e art. 108), una **funzione consultiva** attraverso la formulazione di **pareri**:

a. **facoltativi**, che il Governo, i singoli Ministri o le Regioni hanno cioè la *facoltà*, ma non l'obbligo di chiedere in casi determinati.
b. **obbligatori**, che invece devono essere obbligatoriamente richiesti, come accade quando sono emanati atti normativi del Governo o dei singoli Ministri.

In entrambi i casi i pareri *non sono vincolanti* per chi li richiede, il quale può quindi discostarsi dal parere stesso a condizione che ne indichi le ragioni nella motivazione del provvedimento da adottare.

Gli unici pareri del Consiglio di Stato che, oltre ad essere *obbligatori* (perché è necessario chiederli), sono anche *vincolanti*, sono quelli rilasciati in vista della decisione dei **ricorsi straordinari proposti al Presidente della Repubblica** avverso atti della Pubblica Amministrazione: nella decisione del ricorso straordinario non è consentito, infatti, discostarsi dal parere reso dal Consiglio di Stato.

Il Consiglio di Stato svolge, inoltre, **funzione giurisdizionale amministrativa**: di *secondo grado*, in veste di giudice di appello avverso le sentenze dei Tribunali amministrativi regionali (Tar); eccezionalmente *esclusiva* in un unico grado, come nel caso del **giudizio di ottemperanza** per l'esecuzione delle sentenze dello stesso Consiglio di Stato passate in giudicato (artt. 112 e 113 c.p.a.).

► 3.2. La Corte dei conti.

Anche la Corte dei Conti cumula funzioni diverse, di controllo e giurisdizionali.

In sede di controllo, è un **organo ausiliario** sia del Governo che del Parlamento, operando in veste neutrale ed obiettiva nell'interesse generale della comunità e a tutela della finanza pubblica.

Ai sensi dell'art. 103 Cost., la Corte dei Conti *esercita il controllo preventivo di legittimità sugli atti del Governo e quello successivo sul bilancio dello Stato. Partecipa, nei casi e nelle forme stabilite dalla legge, al controllo sulla gestione finanziaria degli enti a cui lo Stato contribuisce in via ordinaria. Riferisce direttamente alle Camere sul risultato del riscontro eseguito.*

Ai sensi dell'art. 103, co. 2, Cost., la Corte dei Conti esercita, inoltre, la **funzione giurisdizionale** nella materia della **contabilità pubblica**, in specie:

- in sede di accertamento della responsabilità c.d. erariale, a contenuto patrimoniale, di amministratori e dipendenti pubblici *per i danni causati all'ente di appartenenza nell'ambito del rapporto d'ufficio* (**contenzioso contabile**);
- nei giudizi sulla spettanza e sull'entità delle pensioni a carico dello Stato e degli enti previdenziali (**contenzioso pensionistico**).

Si rinvia al successivo Cap. 9, par. 6 per la trattazione.

► 3.3. Il Consiglio Nazionale dell'economia e del lavoro (CNEL).

La Costituzione assegna al **Consiglio Nazionale dell'economia e del lavoro**

(CNEL) una *funzione di consulenza* rivolta alle Camere e al Governo che si esplica nell'espressione di valutazioni e di pareri in materia economico-sociale e nel *potere di iniziativa legislativa*. Il CNEL, infatti, può contribuire all'elaborazione della legislazione economica e sociale (art. 99, co. 3, Cost.). L'art. 28 della l. n. 234 del 2012, inoltre, attribuisce al CNEL il compito di far pervenire a Camere e Governo le valutazioni e i contributi che reputa più opportuni in materie economiche e sociali nell'ambito del processo di formazione degli atti dell'Unione europea. La riforma costituzionale, bocciata dal referendum del dicembre 2016, ne prevedeva la soppressione.

▶ 3.4. Il ruolo dell'Avvocatura dello Stato.

L'**Avvocatura dello Stato** è l'organo legale dello Stato al quale sono assegnati compiti di consulenza giuridica e di difesa delle Amministrazioni Statali in tutti i giudizi civili, penali, amministrativi, arbitrali, comunitari e internazionali. L'Avvocatura assiste, consiglia e difende in via esclusiva ed organica le Amministrazioni Statali, ivi inclusi gli Organi Costituzionali, le Autorità Amministrative Indipendenti e le Regioni a statuto speciale; essa può inoltre assumere, a determinate condizioni, il patrocinio delle Regioni a statuto ordinario, purché la controparte nel giudizio non sia lo Stato, degli enti pubblici non statali, delle organizzazioni internazionali, degli Stati esteri, nonché dei dipendenti chiamati in giudizio per fatti e cause di servizio. In taluni casi, può assumere la difesa di amministrazioni pubbliche non statali e di enti convenzionati. L'Avvocatura dello Stato è posta alle dirette dipendenze del Presidente del Consiglio dei Ministri cui è subordinata gerarchicamente.

4. Le Autorità indipendenti

Soprattutto a partire dagli anni '90 si è sviluppato un ulteriore modello di Amministrazione pubblica, quelle delle c.d. **Autorità amministrative indipendenti**.

Pur mancando una disciplina omogenea ed unitaria, presentano alcuni tratti comuni ancorché gli stessi si manifestino con intensità differenti in ciascuna Autorità. Sono:

- una **marcata indipendenza dal Governo**, destinata a manifestarsi nelle modalità di nomina dei componenti degli organi delle Autorità, oltre che nella sottrazione e controlli e direttive dell'esecutivo;
- la tendenziale **equidistanza** e **neutralità** rispetto agli interessi su cui la loro attività incide (per esempio, l'equidistanza tra le imprese alle quali sono contestate alcune pratiche commerciali scorrette e i consumatori che potrebbero averle subite);
- alto tasso di **competenza tecnica** richiesta nell'esercizio delle competenze loro assegnate.

Sono di frequente titolari di poteri di *regolazione dei settori* cui sono preposte, di *vigilanza*, ma anche di *definizione di veri e propri procedimenti di tipo contenzioso*, oltre che di incisivi *poteri sanzionatori*.

Le **funzioni** attribuite alle Autorità indipendenti non sono sussumibili all'interno di un'unica categoria. Le Autorità infatti sono titolari:

- di **funzioni amministrative** in senso proprio (es. rilascio di autorizzazioni), in passato attribuite alle amministrazioni in senso classico (in specie, i Ministeri);
- di **funzioni arbitrali e contenziose** (o semicontenziose), utili anche nella prospettiva di filtrare, a scopi deflativi, l'accesso alla giurisdizione (compiti di *adjudication*). Il ruolo delle Autorità è in questo caso quello di arbitro posto in una posizione neutrale ed equidistante rispetto a situazioni giuridiche di tipo bilaterale e orizzontale intercorrenti tra soggetti privati;
- di **funzioni normative**, cc.dd. di **regolamentazione**, nell'esercizio delle quali le Autorità adottano misure generali volte agli operatori, in settori di alto tecnicismo e privi di una puntuale disciplina legislativa, nel rispetto delle garanzie del **giusto procedimento** e del **controllo giurisdizionale**;
- di **funzioni ausiliarie** esercitate nei confronti di organi costituzionali (in specie il Parlamento e il Governo) attraverso pareri, segnalazioni e relazioni periodiche nelle materie rientranti nelle loro competenze (c.d. attività di *moral suasion*).

In sintesi, le Autorità indipendenti sono titolari di **poteri**: **ispettivi** e di **indagine**; **sanzionatori** e di **sollecitazione**; **decisori**; **regolamentari**.
È possibile distinguere tra:

- **Autorità di settore**, preposte, in via esclusiva, ad uno specifico settore economico (es. Consob, Ivass, Autorità per le garanzie nelle comunicazioni);
- **Autorità trasversali**, dotate, invece, di competenze non limitate a singoli comparti, in quanto chiamate a tutelare specifici interessi pubblici di portata generale (es. Autorità garante della concorrenza e del mercato, Garante per la protezione dei dati personali, Commissione di garanzia per l'attuazione della legge sullo sciopero nei servizi pubblici essenziali).

In Italia, tra le **Autorità amministrative indipendenti** sono comprese:

- la **Banca d'Italia,** con compiti di vigilanza e regolazione nel settore creditizio;
- la **Commissione nazionale per le società e la borsa** (**Consob**), istituita nel 1974, che ha il compito di vigilare sugli intermediari finanziari, le società e la borsa;
- l'**Istituto per la vigilanza sulle assicurazioni** (**Ivass**) – che succede all'Isvap, istituita con l. 12 agosto 1982, n. 576 e soppressa dall'art. 13, co. 32, d.l. 6 luglio 2012, n. 95, conv. con mod. in l. 7 agosto 2012, n. 135 – avente il compito di vigilare sul settore delle assicurazioni private;
- l'**Autorità garante della concorrenza e del mercato (Agcm),** c.d. ***Antitrust***, istituita dalla l. n. 287/1990; si v. anche l'**art. 67, co. 6, lett. a)**, del **d.lgs. 21 febbraio 2014, n. 21** che ha riattribuito all'Agcm la competenza esclusiva in materia di **pratiche commerciali scorrette**, anche nei settori regolati;
- la **Commissione di garanzia per lo sciopero nei servizi pubblici essenziali** (l. n. 146/1990);
- la **Commissione di vigilanza sui fondi pensione** (COVIP, d.lgs. n. 124/1993);
- l'**Autorità di regolazione per energia, reti e ambiente (ARERA)**, già Autorità per l'energia elettrica e il gas;

- l'**Autorità per le garanzie nelle comunicazioni (Agcom)** (l. n. 249/1997);
- il **Garante per la protezione dei dati personali** (anche noto come Garante della *privacy*, istituito dalla l. n. 675/1996, ora confluita nel d.lgs. n. 196/2003, recentemente modificato dal d. lgs. 10 agosto 2018, n. 101, adottato per l'adeguamento della normativa nazionale alle disposizioni del regolamento UE n. 2016/679);
- il **Garante per la sorveglianza dei prezzi** (l. n. 244/2007), la cui qualificazione quale Autorità indipendente è peraltro controversa;
- l'**Autorità nazionale anticorruzione** (**ANAC**), cui sono assegnate funzioni di vigilanza e *governance* nel settore die contratti pubblici;
- l'**Autorità di regolazione dei trasporti (ART)**, istituita dall'art. 37 del d.l. n. 201 del 2011 (c.d. decreto *Salva-Italia* e sulle cui funzioni v. anche art. 3, d.lgs. 29 luglio 2015, n. 129);

5. L'Amministrazione statale periferica.

L'Amministrazione statale comprende oltre ai Ministeri, alle Agenzie ed agli uffici operanti a livello centrale, una serie di enti pubblici strumentali e di uffici distribuiti sul territorio nazionale, aventi una *competenza limitata al territorio in cui operano*.

► 5.1. I Prefetti.

Tra questi i **Prefetti**. Nominati con decreto del Presidente della Repubblica, su proposta del Ministro dell'Interno, previa deliberazione del Consiglio dei Ministri, i Prefetti sono organi periferici *dell'Amministrazione statale che:*

- *rappresentano il governo a livello provinciale*;
- esercitano *tutte le funzioni dell'amministrazione periferica dello Stato* non espressamente conferite ad altri Uffici;
- sovrintendono alle residue funzioni amministrative esercitate dallo Stato, coordinandole con quelle esercitate dagli Enti locali;
- *vigilano sulle Autorità amministrative operanti nella provincia* e vi si sostituiscono, in caso di urgente necessità, adottando le misure del caso (ordinanze di urgenza).

Sono **organi a competenza generale** che rappresentano, in ambito provinciale, il Governo nella sua unità; sono titolari dell'**Ufficio Territoriale del Governo** (U.T.G.), struttura cui sono state attribuite tutte le funzioni esercitate a livello periferico dallo Stato, fatta esclusione per quelle relative ad alcune Amministrazioni espressamente individuate dal d.lgs. n. 300 del 1999.

► 5.1.1. La funzione ulteriore di Rappresentante dello Stato per i rapporti con le autonomie.

L'abrogazione dell'art. 134 Cost., per effetto della legge cost. n. 3 del 2001, ha determinato il venir meno della figura del Commissario del Governo che fungeva da elemento di collegamento tra Stato e Regione su base territoriale ed effettuava i relativi controlli sulle Regioni, in particolare, quello preventivo sulle leggi regionali attraverso l'apposizione del visto. In virtù della legge La Loggia n. 131 del 2003, si è colmato tale vuoto di disciplina attraverso l'istituzione del **Rappresentante dello Stato per i rapporti con le autonomie**, al quale sono state attribuiti tutti i compiti di raccordo tra lo Stato e le Regioni. Tale ruolo è stato assunto dal Prefetto avente sede nel capoluogo della Regione il quale cura, in tale veste, le attività dirette a: assicurare il rispetto del principio di leale collaborazione tra Stato e Regione, nonché il raccordo tra istituzioni dello Stato; informare la Presidenza del Consiglio dei casi in cui occorre un intervento della Corte costituzionale; attuare le misure di coordinamento tra Stato ed autonomie locale e le relative intese tra Stato e Regione; dare esecuzione ai provvedimenti adottati dal Consiglio dei Ministri nell'esercizio dei poteri sostitutivi di cui all'art. 120 Cost.; indire le elezioni regionali.

▶ 5.1.2. Il ruolo del Prefetto nella normativa più recente.

Occorre inoltre ricordare la normativa più recente intervenuta in materia, in particolare:

- con la **l. n. 190 del 2012,** c.d. *legge anticorruzione*, si è prevista l'istituzione presso ogni Prefettura di un elenco di fornitori, prestatori di servizi ed esecutori di lavori non soggetti a tentativi di infiltrazione mafiosa;
- col **d.l. n. 90 del 2014**, conv., con mod., in **l. n. 114 del 2014**, si è previsto che nel caso in cui l'autorità giudiziaria proceda per uno dei delitti contro la P.A., il Presidente dell'Autorità nazionale anticorruzione, in presenza di fatti gravi ed accertati, propone al Prefetto competente: a) di rinnovare la composizione degli organi sociali mediante la sostituzione del soggetto coinvolto e, nel caso in cui l'impresa non si adegui, di provvedere alla gestione straordinaria dell'impresa appaltatrice limitatamente all'esecuzione del contratto d'appalto oggetto di procedimento penale; b) di provvedere direttamente alla gestione straordinaria e temporanea dell'impresa appaltatrice limitatamente all'esecuzione del contratto d'appalto oggetto di procedimento penale.

▶ 5.2. Il ruolo del Sindaco in veste di ufficiale di Governo.

Nella sua doppia veste giuridica di *capo dell'ente locale e di ufficiale di governo*, il **sindaco** è anche titolare di varie funzioni 'statali', che esercita nei limiti territoriali del proprio comune. Se, come organo del comune, il sindaco gode di ampia autonomia nei confronti dello Stato (art. 5 Cost.), come **ufficiale di governo** dipende invece gerarchicamente dal prefetto e, attraverso questi, dal Ministero dell'Interno. Ai sensi dell'art. 54, del d.lgs. n. 267/2000, il sindaco:

- sovrintende all'emanazione di atti che gli sono attribuiti dalla legge e dai regolamenti in materia di ordine e sicurezza pubblica, nonché allo svolgimento delle funzioni affidategli dalla legge in materia di pubblica sicurezza e polizia giudiziaria;
- concorre, inoltre, ad assicurare la cooperazione della polizia locale con le forze

di polizia statali nell'ambito delle direttive di coordinamento impartite dal ministero dell'Interno;
- sovrintende alla tenuta dei registri di stato civile e di popolazione e agli adempimenti demandatigli dalle leggi in materia elettorale, di leva militare e di statistica;
- emana ordinanze contingibili ed urgenti. In passato (art. 38, l. n. 142/1990) quest'ultime potevano essere adottate soltanto in materia di sanità, igiene, edilizia e polizia locale; ora possono essere adottate in tutti i casi in cui è necessario prevenire ed eliminare gravi pericoli che minaccino l'incolumità pubblica e la sicurezza urbana, previa comunicazione al prefetto per la predisposizione degli strumenti necessari alla loro attuazione (art. 54, co. 4, d.lgs. 267/2000).

Scheda di sintesi

- L'**organizzazione dello Stato** è costituita da organi che appartengono direttamente allo Stato, che operano a livello centrale e a livello periferico. Si distingue una amministrazione **centrale ordinaria** (comprendente, in particolare, i Ministeri, il Consiglio di Stato, la Corte dei Conti), e da una **periferica**
- Tra gli organi centrali, spicca il **Governo,** organo costituzionale che partecipa alla funzione di direzione politica dello Stato e legato ad una relazione fiduciaria con le forze politiche di maggioranza presenti in Parlamento
- Ciascun **ministero** è individuato con riferimento alla relativa sfera d'azione. I ministeri sono connotati dalla **responsabilità di un organo a titolarità politica**, che è il **ministro.** I ministeri sono organizzati secondo **due modelli differenti**: **dipartimentale** o a **direzione generale.**
- Tra gli organi di Governo la Costituzione indica il **Consiglio di stato** e la **Corte dei Conti**, nonostante l'uno e l'altra siano titolari di funzioni anche giurisdizionali: funzioni, queste ultime, che, in applicazione del **principio di separazione dei poteri**, sono esercitate in netta separazione dal Governo.
- Il **Consiglio di Stato**, ai sensi dell'art. 100 Cost., è l'organo di *consulenza giuridico-amministrativa del Governo*.
- La **Corte dei Conti** esercita il controllo preventivo di legittimità sugli atti del Governo e quello successivo sul bilancio dello Stato. Partecipa, nei casi e nelle forme stabilite dalla legge, al controllo sulla gestione finanziaria degli enti a cui lo Stato contribuisce in via ordinaria. Riferisce direttamente alle Camere sul risultato del riscontro eseguito.
- Soprattutto a partire dagli anni '90 si è sviluppato un ulteriore modello di Amministrazione pubblica, quelle delle c.d. **Autorità amministrative indipendenti**. Sono caratterizzate, pur nella loro diversità, da una **marcata indipendenza dal Governo**, da tendenziale **equidistanza** e **neutralità** rispetto agli interessi su cui la loro attività incide, da alto tasso di **competenza tecnica**.
- L'Amministrazione statale comprende una serie di enti pubblici strumentali e di uffici distribuiti sul territorio nazionale, aventi una competenza limitata al

territorio in cui operano. I più importanti tra questi sono il **Prefetto** ed il **Sindaco** in qualità di ufficiale di Governo.

Domande di verifica

1. Quali e quanti sono i modelli di organizzazione dei Ministeri?
2. I pareri del Consiglio di Stato sono vincolanti?
3. Qual è il doppio ruolo del Consiglio di Stato?
4. In che occasione è previsto il controllo preventivo di legittimità sugli atti del Governo da parte della Corte dei Conti e come avviene?
5. Quali sono i tratti caratterizzanti delle Autorità amministrative indipendenti?
6. A quale territorio è limitata la competenza del Prefetto?
7. Quale è il ruolo del Prefetto nei rapporti con le autonome territoriali?
8. Quali sono i compiti del Sindaco nella sua veste di ufficiale di Governo?

Capitolo 3
L'AMMINISTRAZIONE TERRITORIALE

SOMMARIO

1. Autonomia e decentramento.

L'art. 5 Cost. dispone che la Repubblica, *una e indivisibile, riconosce e promuove le autonomie locali*; *attua nei servizi che dipendono dallo Stato il più ampio* **decentramento amministrativo**; *adegua i principi ed i metodi della sua legislazione alle esigenze di* **autonomia** *e decentramento*.
I due principi, dell'autonomia e del decentramento, vanno tenuti distinti.
Nel significato che gli assegna l'art. 5 Cost. il **principio di autonomia** comporta che rilevanti poteri (amministrativi e, per alcuni Enti, come le Regioni, anche legislativi) vanno riconosciuti in favore di enti diversi dallo Stato, che rappresentano le istanze delle collettività presenti su un territorio. L'autonomia consiste nel potere di tali Enti di determinare le finalità da perseguire e le modalità per realizzarle nel proprio territorio in modo autonomo, per quanto nel rispetto di una serie di principi, anche volti ad assicurare che sia salvaguardata l'*unità* ed *indivisibilità* della Repubblica.
Nell'accezione con cui lo utilizza l'art. 5 della Cost., il **decentramento amministrativo** è, invece, un modo di organizzare alcuni poteri spettanti allo Stato, assegnandone l'esercizio ad alcune sue articolazioni più a contatto con le comunità locali (per es. il Prefetto, deputato a rappresentare il Governo in sede territoriale).
Espressione del principio dell'autonomia sono gli enti territoriali, Regioni, Province, Città metropolitane, Comuni, collocati al fianco dello Stato come elementi costitutivi della Repubblica (art. 114 Cost.).

2. Le Regioni.

L'art. 131 Cost. prevede **20 Regioni:**
- **5** ad autonomia speciale, o rinforzata (Sicilia, Sardegna, Trentino-Alto Adige,

Friuli-Venezia Giulia e Valle d'Aosta);
- **15** di diritto comune (Abruzzo, Basilicata, Calabria, Campania, Emilia-Romagna, Lazio, Liguria, Lombardia, Marche, Molise, Piemonte, Puglia, Toscana, Umbria, Veneto).

Le Regioni a **statuto speciale** si differenziano da quelle ordinarie per il diverso procedimento di *formazione dei rispettivi Statuti* e per le *forme e condizioni particolari di autonomia* loro riconosciute.

Le Regioni, in quanto enti territoriali esponenziali degli interessi della collettività, possiedono tre elementi costitutivi:

1. il **territorio**;
2. la **popolazione** cui compete anche il diritto di richiedere *referendum* e di iniziativa legislativa secondo le modalità previste dai rispettivi Statuti;
3. l'**apparato di Governo** (Consiglio, Giunta e Presidente della Giunta) cui spettano importanti funzioni istituzionali nel campo legislativo e amministrativo.

Le Regioni godono di:

- **autonomia statutaria**, ossia la possibilità di adottare uno Statuto in armonia con la Costituzione che disciplini la forma di Governo della Regione e detti le norme principali in materia di organizzazione e funzionamento dell'ente per tutte quelle attività non regolate direttamente dalla Costituzione;
- **autonomia legislativa**, ossia la titolarità del potere di emanare leggi nelle materie previste dalla Costituzione;
- **autonomia amministrativa**, ossia la possibilità di dotarsi di un proprio apparato amministrativo e di emanare atti amministrativi;
- **autonomia finanziaria**, nella gestione delle entrate e delle spese nel rispetto dei vincoli previsti dalla Costituzione e dall'ordinamento UE;
- **autonomia di indirizzo politico**, ossia la possibilità di dirigere l'attività legislativa e amministrativa secondo un indirizzo anche diverso da quello del Parlamento nazionale.

La **riforma costituzionale n. 3 del 18 ottobre 2001** ha profondamente mutato l'assetto dei rapporti tra Stato e Regioni. I **punti fondamentali della riforma sono**:

a. un rinnovato **riparto di competenze legislative** e **regolamentari** tra Stato e regioni;
b. l'**abolizione del sistema dei controlli** statali sugli atti normativi regionali;
c. la nuova formulazione dell'art. 118 Cost., relativo al **riparto delle funzioni amministrative**;
d. l'**autonomia finanziaria** delle regioni, oltre che degli altri enti territoriali.

▶ 2.1. L'autonomia statutaria.

Lo Statuto delle **Regioni ordinarie** deve essere in armonia con la Costituzione e segue il seguente procedimento di formazione:

- è **approvato** e **modificato** dal **Consiglio regionale** a maggioranza assoluta dei suoi componenti, con due deliberazioni successive adottate ad intervallo non minore di due mesi. Per tale legge non è richiesta l'apposizione del visto da parte del Commissario del Governo;
- il **Governo** può promuovere la **questione di legittimità costituzionale**

sugli statuti regionali dinanzi alla Corte costituzionale entro trenta giorni dalla loro pubblicazione;
- è sottoposto a ***referendum* popolare** qualora entro tre mesi dalla sua pubblicazione ne faccia richiesta un cinquantesimo degli elettori della Regione o un quinto dei componenti il Consiglio regionale. Lo statuto sottoposto a *referendum* non è promulgato se non è approvato dalla maggioranza dei voti validi;

Gli statuti delle **Regioni speciali** si distinguono nettamente quindi da quelli delle Regioni ordinarie. Le differenze attengono:
- all'*atto* con cui sono approvati e al relativo procedimento di adozione;
- ai rispettivi *contenuti*, ossia alle *materie* che disciplinano.

In particolare, gli Statuti speciali sono approvati, *ex* art. 116 Cost., mediante *legge costituzionale*. A differenza delle Regioni ordinarie, che approvano i rispettivi statuti con proprie leggi, le **Regioni a statuto speciale** non sono quindi titolari del potere statutario, spettante allo Stato ed esercitato con **legge costituzionale**. Con *legge cost. 18 ottobre 2001, n. 3*, tuttavia, è stato riconosciuto alle Regioni speciali il potere di approvare a maggioranza assoluta leggi regionali, per *determinare la propria forma di governo*, nel rispetto della Costituzione e dei principi dell'ordinamento giuridico della Repubblica.

Anche i **contenuti** delle due tipologie di statuti sono ben diversi.

Ben più ridotti i **contenuti degli statuti delle Regioni ordinarie**. Ai sensi dell'art. 123 Cost. lo Statuto fissa i *princìpi fondamentali di organizzazione e funzionamento*, regola l'esercizio del *diritto di iniziativa* e del *referendum* su leggi e provvedimenti amministrativi della Regione e la *pubblicazione delle leggi e dei regolamenti regionali*.

Tra le novità più significative introdotte, quanto al contenuto degli statuti delle Regioni ordinarie, dalla legge cost. *22 novembre 1999, n. 1*, vi è il riconoscimento che con statuto si *determini la forma di governo regionale* e si *disciplini il Consiglio delle autonomie locali*, organo di consultazione interna alla Regione previsto proprio dall'art. 123, co. 4, Cost. e, dunque, necessario.

Per le **Regioni a statuto speciale lo statuto**, contiene tutta la disciplina dell'autonomia della Regione, fermo il potere riconosciuto con la riforma del 2001 (l. cost. n. 2) a ciascuna Regione a statuto speciale di definire la *propria forma di governo con legge regionale*.

Entrambe le tipologie di Regioni dispongono così del potere di *modellare autonomamente la propria forma di governo*, disciplinando i *rapporti tra gli organi politici della Regione*. Dal 1999 ogni Regione può determinare, invece, la propria forma di governo autonomamente nello statuto: in assenza si applica l'art. 122, co. 1, Cost., in forza del quale il Presidente della Giunta regionale è eletto a suffragio universale e diretto.

Quanto ai **rapporti tra lo statuto delle Regioni ordinarie e la legislazione statale**, l'art. 123, co. 1, Cost., dispone che gli statuti debbono essere *"in armonia con la Costituzione"* e non più anche, come previsto nella precedente versione, *"con le leggi della Repubblica"*. I rapporti tra le due fonti (statuti regionali e leggi dello Stato) vanno quindi ricostruiti, più che in termini di gerarchia, in termini di **competenza**, per cui la legge dello Stato non potrebbe comunque disciplinare materie riservate alla competenza statutaria.

▶ 2.2. L'autonomia legislativa.

Il sistema del riparto delle competenze legislative tra Stato e regioni è stato fortemente inciso dalla **legge cost. n. 3 del 18 ottobre 2001**, che ha provveduto a riformare il **titolo V della Costituzione**. Con la riforma del 2001 si registra un significativo aumento, rispetto al testo costituzionale previgente, delle attribuzioni legislative, peraltro dovuto ad un diverso -e in un certo senso rivoluzionario- criterio di riparto tra le stesse e quelle spettanti allo Stato.
Prima del 2001, infatti, la potestà legislativa dello Stato era *generale*, spettando in tutte le materie diverse da quelle *tassativamente* rientranti nella *potestà legislativa concorrente*, le *sole* nelle quali le Regioni potevano legiferare, nel rispetto peraltro dei principi definiti con legge dello Stato.
Con la riforma del 2001, il criterio di distribuzione delle potestà legislative tra Stato e Regioni cambia radicalmente: la potestà legislativa dello Stato, lungi dall'essere generale, può essere esercitata nelle *sole* materie tassativamente elencate dall'art. 117 Cost. Al difuori di quelle, la potestà legislativa compete, in modo quindi generale, alle Regioni.
In particolare, il nuovo art. 117 Cost. distingue tre tipologie di materie (c.d. a legislazione esclusiva, concorrente e residuale), stabilendo in modo distinto, per ciascuna di esse, a chi spetta legiferare.
La riforma del 2001 ha quindi distinto tra:

- materie di **competenza legislativa esclusiva dello Stato** analiticamente enumerate dal riscritto art. 117, co. 2;
- materie di **competenza concorrente**, in cui le regioni legiferano nel rispetto dei principi fondamentali posti dalle leggi statali *ex* art. 117, co. 3, Cost.;
- materie non espressamente menzionate, rimesse, invece, alla **potestà legislativa residuale** delle regioni, in forza del nuovo co. 4 dell'art. 117 Cost.

La novità più rilevante apportata dalla riforma costituzionale con riguardo alla potestà legislativa regionale è data, quindi, dalla espressa previsione della regola per la quale nelle materie diverse da quelle tassativamente assegnate alla legislazione esclusiva dello Stato e alla legislazione concorrente la potestà legislativa spetta alle Regioni. Si tratta delle c.d. **materie a competenza legislativa residuale**, dette *innominate* perché non elencate nella Costituzione e ricavate quindi *per sottrazione*. In esse spetta alle Regioni una **potestà legislativa piena**, la relativa disciplina essendo rimessa interamente alle Regioni.
Tra gli elementi caratterizzanti la riforma costituzionale del 2001 si annovera, infine, l'equiparazione della legge statale e della legge regionale sotto il profilo dei **limiti**. L'art. 117, co. 1, Cost. stabilisce infatti che entrambe le tipologie di leggi devono rispettare: la **Costituzione**; i vincoli derivanti dall'**ordinamento comunitario**; gli **obblighi internazionali**.
A tali limiti si aggiungono quello territoriale e quello dei principi generali dell'ordinamento giuridico dello Stato e delle competenze.

▶ 2.3. L'autonomia regolamentare.

La riforma costituzionale del 2001 ha rafforzato l'autonomia regionale capovolgendo il criterio di riparto tra Stato e Regioni non solo della potestà legislativa, ma anche di quella **regolamentare**, volta a dettare regole per l'attuazione e l'esecuzione delle leggi. Le Regioni, infatti, hanno potestà regolamentare in tutte le materie, ad eccezione di quelle assegnate alla potestà legislativa esclusiva dello Stato, per le quali soltanto, quindi, quest'ultimo è munito di potere anche regolamentare.
Anche in queste ultime materie, peraltro, lo Stato può delegare il potere regolamentare alle Regioni, assegnando quindi alle stesse il compito di dettare le regole per l'attuazione e l'esecuzione delle leggi statali.

▶ 2.4. Le funzioni amministrative. Il superamento del principio del parallelismo. Sussidiarietà, differenziazione e adeguatezza.

In forza della disciplina costituzionale anteriore alla riforma del 2001, le regioni, nelle materie affidate alla loro competenza legislativa, disponevano di corrispondenti funzioni amministrative: si trattava del c.d. **"principio di parallelismo delle funzioni"**, in forza del quale il soggetto che detta la disciplina di un determinato ambito oggettivo provvede anche a garantirne l'attuazione a livello amministrativo. Ne era previsto tuttavia un correttivo, potendo le funzioni amministrative rientranti nelle materie di interesse esclusivamente locale essere attribuite dalle leggi della Repubblica alle province, ai comuni e agli altri enti locali all'insegna di un modello di **decentramento delle medesime**.
Alla riforma del 2001 si deve anche la nuova formulazione dell'art. 118 Cost. Risulta, infatti, **superato il principio del parallelismo**, a favore dei **principi di:**

- **sussidiarietà verticale** che impone di allocare l'esercizio delle funzioni amministrative al livello di governo più prossimo a coloro che ne saranno destinatari. L'art. 118, co. 1, Cost. indica il comune quale ente "**a competenza amministrativa generale**", poiché organismo territoriale più vicino ai cittadini;
- **differenziazione**, che impone di tener conto delle oggettive diversità tra enti, anche della stessa tipologia (Comuni di grandi e piccole dimensioni, per esempio). Se infatti è vero che la Costituzione preferisce, in base al criterio della sussidiarietà, che la funzione sia allocata al livello comunale, è pur vero che ogni Comune ha la sua specificità dovuta, ad esempio, al fatto che è situato in zona montana. In alcuni casi, di conseguenza, proprio la particolarità di uno specifico Comune suggerisce di allocare la funzione ad un livello superiore per consentire un miglior soddisfacimento dell'interesse pubblico.
- **adeguatezza**, per il quale la funzione amministrativa va attribuita all'ente più in grado di esercitarla in modo efficiente, considerati gli obiettivi da conseguire e le risorse organizzative, umane e finanziarie disponibili. Se quindi l'ente *non ha una struttura idonea e risorse sufficienti* la funzione deve essere assunta dall'ente posto al livello più elevato.

▶ 2.5. L'autonomia finanziaria.

La riforma costituzionale del 2001, avendo rafforzato le competenze amministrative degli enti territoriali, ha inteso ridefinirne il sistema di finanziamento.
L'art. 119, co. 1, Cost., come riformulato dalla riforma del 2001, dispone invece che *i Comuni, le Province, le Città metropolitane e le Regioni hanno autonomia finanziaria di entrata e di spesa*.
Al successivo comma 2, lo stesso art. 119 Cost. prevede che gli stessi hanno *risorse autonome*, stabiliscono e applicano *tributi ed entrate propri*, dispongono di *compartecipazioni al gettito di tributi statali* riferibile al loro territorio.
L'articolo 119 è stato attuato con legge 5 maggio 2009, n. 42 che, a differenza della Costituzione, fa espresso riferimento al federalismo fiscale.
Le **entrate** degli enti territoriali si distinguono in due tipologie, che compongono la finanza ordinaria e la finanza straordinaria.
La **finanza ordinaria**, alla quale si riconducono le modalità di finanziamento di Regioni, Città metropolitane, Province e Comuni volte a consentire loro l'esercizio di tutte le funzioni, si compone di:

1) *tributi ed entrate propri*: sono i tributi stabiliti e applicati dagli enti territoriali esclusivamente nel proprio territorio, in armonia con la Costituzione e secondo i principi di coordinamento della finanza pubblica e del sistema tributario. Ai sensi dell'art. 23 Cost., **l'istituzione di un nuovo tributo si effettua con legge**, sicché solo alle Regioni è consentito farlo in quanto gli enti locali non hanno potestà legislativa;
2) *compartecipazioni al gettito di tributi statali* (*c.d. erariali*), per la quota riferibile al territorio dell'ente: le compartecipazioni non sono in realtà espressione di autonomia degli enti territoriali i quali in questi casi percepiscono una parte del gettito di un tributo statale ma non istituiscono né applicano il tributo. Tipico il caso dell'imposta sul valore aggiunto (IVA);
3) *fondo perequativo istituito con legge statale*. Si tratta di risorse assegnate ai territori con minore capacità di entrate per abitante. Questo fondo è diretto a riequilibrare gli effetti del principio di autonomia finanziaria laddove avvantaggia i territori con maggiore ricchezza e quindi con più elevate entrare fiscali.

Accanto alla finanza ordinaria opera un altro canale di incameramento di risorse: la **finanza straordinaria**. Si tratta delle risorse aggiuntive erogate dallo Stato per promuovere lo sviluppo economico, la coesione e la solidarietà sociale, rimuovere gli squilibri economici e sociali, favorire l'effettivo esercizio dei diritti della persona o provvedere a scopi diversi dal normale esercizio delle loro funzioni. L'erogazione è a favore di determinati Comuni, Province, Città metropolitane e Regioni e non della generalità degli stessi enti.
I Comuni, le Province, le Città metropolitane e le Regioni dispongono inoltre di un **proprio patrimonio**, attribuito secondo i princìpi generali determinati dalla legge dello Stato. Il **federalismo demaniale**, espressione non presente nel testo della Costituzione, è stato disciplinato dal d. lgs. 28 maggio 2010, n. 85, che ha previsto il trasferimento agli enti territoriali (Regioni, Province, Città metropolitane, Comuni) di:

- beni appartenenti al demanio marittimo e relative pertinenze, salvo quelli direttamente utilizzati dalle amministrazioni statali;
- beni appartenenti al demanio idrico e relative pertinenze, con esclusione dei fiumi di ambito sovraregionale e dei laghi di ambito sovraregionale, se non sono oggetto di intesa tra le Regioni interessate;
- aeroporti di interesse regionale o locale;
- miniere, cave e torbiere.

▶ 2.6. L'organizzazione regionale. Consiglio, Giunta e Presidente.

L'organizzazione regionale ha subito importanti modifiche a seguito dell'approvazione della **legge cost. n. 1 del 1999**, che ha fortemente valorizzato l'autonomia di tale ente, rimettendo alla **fonte statutaria** la disciplina della **forma di governo** della regione e dei **principi fondamentali di organizzazione e funzionamento**.
Gli **organi fondamentali** della regione sono invece individuati dall'art. 121 Cost.: si tratta del Consiglio regionale, della Giunta e del suo Presidente.

- Il **Consiglio regionale** *ex* art. 121, co. 2, Cost. esercita le **funzioni legislative** riconosciute alla regione nonché le altre funzioni a questa conferite dalla Costituzione e dalle leggi statali (ad es. la funzione di controllo politico sull'operato della Giunta e del Presidente). Anteriormente alla riforma del 1999, il Consiglio regionale esercitava indefettibilmente anche la **funzione regolamentare**; la riforma ha invece rimesso la decisione sulla titolarità di tale potere alle stesse regioni, che potranno **decidere se attribuirlo al Consiglio ovvero alla Giunta**, o se ripartire la funzione tra tali due organi.
- La **Giunta regionale** è, invece, l'**organo esecutivo** della regione, assieme al suo Presidente (art. 122 Cost.). La Giunta, in particolare, provvede alla predisposizione e presentazione del **bilancio** e del **conto consuntivo** regionale; ha potere di **iniziativa legislativa** e provvede all'**esecuzione delle delibere** adottate dal Consiglio regionale.
- Il **Presidente della Giunta** è infine il massimo organo di indirizzo politico, nonché l'**organo rappresentativo** della regione, legittimato all'impugnazione delle leggi dinanzi alla Corte costituzionale, alla promulgazione delle leggi e all'emanazione dei regolamenti regionali, alla nomina e revoca dei componenti la Giunta.

Quanto ai **meccanismi elettorali**, sono rimessi alla **legislazione concorrente** della regione, per quel che attiene all'**elezione del Presidente e dei membri del Consiglio regionale**, mentre la **forma di governo** della regione è disciplinata dallo **Statuto**. In mancanza, invece, di diversa previsione statutaria, il Presidente della Giunta regionale è **eletto a suffragio universale e diretto** e provvede **alla nomina e alla revoca dei componenti della Giunta**; i rapporti tra Presidente della Giunta e Consiglio regionale sono invece regolati su **base fiduciaria** (*aut simul stabunt, aut simul cadent*). Infatti, l'approvazione di una mozione di sfiducia nei confronti del Presidente della Giunta, così come la sua morte o le sue dimissioni comportano lo scioglimento del Consiglio regionale. Le dimissioni contestuali della maggioranza dei componenti del Consiglio provocano la caduta dell'esecutivo regionale e del suo Presidente (art. 126 Cost.).

3. I Comuni.

Il **Comune** è l'ente locale che rappresenta la propria comunità, ne cura gli interessi, ne promuove e coordina lo sviluppo.
L'autonomia dei Comuni è stata valorizzata dalla riforma costituzionale del 2001, che oggi riconosce agli stessi (come anche a province e città metropolitane) **autonomia:**

- **normativa**, di tipo statutario e regolamentare;
- **amministrativa**;
- **finanziaria**, avendo la riforma riconosciuto loro la facoltà di stabilire ed applicare tributi ed entrate propri per il finanziamento delle loro attività.

▶ 3.1. Gli organi comunali.

Il testo unico degli enti locali prevede tre **organi di governo**: Consiglio, Sindaco e Giunta. Non è esclusa però la presenza di altri organi.
Il **Consiglio** è organo di *indirizzo e di controllo politico-amministrativo*. I componenti del Consiglio sono il Sindaco e i consiglieri il cui numero varia tra 12 e 60 secondo la popolazione residente, determinata in base all'ultimo censimento ufficiale dell'Istat. Le funzioni del Consiglio consistono prevalentemente nell'adozione degli atti fondamentali dell'ente. Tra questi, anzitutto, lo statuto e i regolamenti comunali, salvo quelli spettanti alla Giunta, attinenti all'ordinamento degli uffici e dei servizi.
Il **Sindaco** è il **capo dell'amministrazione comunale** ed è responsabile della sua organizzazione. Quale capo dell'amministrazione, il Sindaco *rappresenta l'ente* (sottoscrivendone gli atti, ad esempio), sovraintende al funzionamento degli uffici e dei servizi di cui nomina i responsabili, *attribuisce e definisce gli incarichi dirigenziali* e quelli di collaborazione esterna, sovraintende alla esecuzione degli atti; inoltre, il Sindaco *nomina i componenti della Giunta*, di cui egli stesso fa parte, quale presidente. La convoca e la presiede. Presiede il Consiglio e lo convoca se non previsto diversamente dallo statuto. Oltre che organo comunale, il Sindaco è, per talune funzioni, *ufficiale del Governo*, ossia l'organo che a livello comunale rappresenta il Governo. Le funzioni svolte dal Sindaco in veste di ufficiale del Governo sono varie. Tra queste, le *funzioni di stato civile e anagrafe* (es.: celebrazione di matrimoni, ricevimento di denunce di nascita e di morte, rilascio dei certificati di nascita, servizi elettorali). Alcune funzioni sono esercitate dal Sindaco in qualità talvolta di organo comunale talaltra di ufficiale di governo. Così, il Sindaco è titolare del potere di emanare *ordinanze c.d. contingibili e urgenti*, sia come *organo locale* (in caso di *emergenze sanitarie o di igiene pubblica a carattere esclusivamente locale*, *ex* art. 50, co. 5, TUEL) sia come ufficiale di Governo (al fine di prevenire ed eliminare *gravi pericoli che minacciano l'incolumità dei cittadini*, *ex* art. 54, co. 4, TUEL).
La **Giunta**, organo esecutivo del Comune, è diretta promanazione del Sindaco. Tale organo è composto dal Sindaco stesso, che ne è Presidente, e dagli assessori, in numero variabile in base alla popolazione comunale. Gli **assessori** sono *nominati e revocati dal Sindaco* tra persone estranee al Consiglio comunale o tra i consiglieri stessi che, in tal caso, devono dimettersi dalla carica di consigliere (incompatibile con quella di

assessore comunale). La carica di assessore è dunque *strettamente fiduciaria del Sindaco*. La nomina viene comunicata dal Sindaco al Consiglio nella prima seduta successiva all'elezione. La Giunta, che opera collegialmente, collabora con il Sindaco sia nell'azione di governo del Comune che nella attuazione degli indirizzi del Consiglio; svolge attività propositive e di impulso verso il Consiglio; spettano inoltre alla Giunta tutte le funzioni non attribuite ad altri organi di governo. I suoi compiti hanno perciò natura residuale. I *singoli assessori*, invece, esercitano le competenze negli ambiti a cui sono preposti dal Sindaco (servizi sociali, etc.) avvalendosi degli uffici dell'amministrazione comunale (che si chiamano assessorati), inerenti ai vari settori.

▶ 3.2. Le funzioni.

In virtù del principio di sussidiarietà, moltissime **funzioni amministrative** spettano al Comune, in quanto ente più prossimo al cittadino ed è dunque considerato meglio in grado di svolgere attività che soddisfano gli interessi della comunità. La scelta di conferire funzioni ai comuni spetta a leggi statali o regionali, in base alle rispettive competenze. Solo lo Stato, poi, ha il potere di individuare le funzioni fondamentali dei comuni. Gli ambiti in cui i comuni esercitano funzioni amministrative sono numerosissimi:

- diritti e politiche sociali: es. disabilità, volontariato assistenziale, interventi per anziani;
- mobilità e trasporti: es. zone a traffico limitato, piste ciclabili, mobilità elettrica;
- imprese e commercio: es. orario esercizi commerciali, fiere, mercati;
- ambiente: es. parchi, giardini, uso dell'energia;
- formazione e scuola: es. assistenza alle famiglie, tempo libero, formazione, ristorazione scolastica, asili nido;
- arte, cultura e turismo: es. biblioteche, manifestazioni;
- protezione civile e coordinamento dei primi soccorsi: es. volontariato, pronto intervento;
- rifiuti urbani;
- polizia municipale: es. traffico, educazione stradale;
- sicurezza ed emergenze;
- casa e territorio: es. politiche abitative, urbanistica ed edilizia.
- In alcuni casi le funzioni dei comuni sono esercitate in **forma associata**.

L'esercizio delle funzioni può infatti risultare eccessivamente costoso e troppo impegnativo per alcuni comuni. A tanto si può ovviare con l'**associazionismo comunale** che presenta i vantaggi delle economie di scala in quanto comporta un *esercizio condiviso di funzioni e servizi da parte più amministrazioni comunali*.

▶ 3.3. Il segretario comunale.

Un ruolo rilevante assume il **segretario comunale.**
Al pari del segretario **provinciale**, svolge compiti di collaborazione e ha funzioni di

assistenza giuridico-amministrativa nei confronti degli organi dell'ente, in ordine alla conformità dell'azione amministrativa alle leggi, allo statuto e ai regolamenti. Il segretario è nominato dal Sindaco (o dal Presidente della Provincia) tra gli iscritti all'albo nazionale dei segretari comunali e provinciali articolato sulla base dell'art. 98 del TUEL in sezioni regionali, al quale si accede per concorso; dipende dal capo dell'amministrazione e la sua nomina ha durata corrispondente a quella del mandato del sindaco (o del Presidente della Provincia) che lo ha nominato, salvo revoca anticipata, per violazione dei doveri d'ufficio. Il suo incarico termina automaticamente con la cessazione del mandato del sindaco, pur continuando egli ad esercitare le sue funzioni fino alla nomina del nuovo segretario. La legge n. 190 del 2012, *cd. legge anticorruzione*, impone al Prefetto l'obbligo di comunicare il provvedimento di revoca all'Autorità nazionale anticorruzione che deve esprimersi entro 30 giorni. Solo dopo il decorso di tale termine la revoca diviene efficace. La medesima legge ha individuato nel segretario comunale o provinciale la figura del **Responsabile della prevenzione della corruzione negli enti locali**. Tra le funzioni del segretario rientrano: la *partecipazione con funzioni consultive*, referenti e di assistenza alle riunioni del consiglio e della giunta di cui cura la verbalizzazione; il *diritto di rogito*, su richiesta dell'ente, dei contratti nei quali l'ente è parte e di *autenticazione* di scritture private ed atti unilaterali nell'interesse dell'ente.
Il segretario comunale e quello provinciale hanno con il comune e la provincia un *rapporto di servizio*, ma *non un rapporto di lavoro dipendente* che intercorre invece con lo Stato attraverso il Ministero dell'Interno.

▶ 3.4. Gli statuti degli enti locali.

Ai comuni (così come alle Province), l'autonomia statutaria, riconosciuta dapprima dalla l. 8 giugno 1990, n. 142 e poi dal TUEL nel 2000, ha trovato consacrazione a livello costituzionale con la riforma del 2001 nel novellato art. 114 Cost. Pertanto, gli statuti comunali sono sottoposti al rispetto dei principi costituzionali, ma, diversamente dagli statuti regionali, non ne sono definiti gli ambiti di competenza, i contenuti e le procedure di approvazione. A tale compito ha provveduto la legge di attuazione della riforma costituzionale (art. 4, l. 5 giugno 2003, n. 131), secondo la quale lo statuto stabilisce i principi di organizzazione e funzionamento dell'ente, le forme di controllo, anche sostitutivo, nonché le garanzie delle minoranze e le forme di partecipazione popolare; ha, altresì, previsto che gli statuti degli enti locali siano in armonia con la Costituzione e con i principi generali in materia di organizzazione pubblica e rispettino la riserva di legge statale sulla legislazione elettorale e sulla determinazione degli organi di governo e delle funzioni fondamentali di comuni, province e città metropolitane, posta dall'art. 117, co. 2, lett. *p*), Cost.

4. Le province

Definite enti intermedi perché collocati tra il Comune e la Regione, le **Province** rappresentano la propria comunità, ne curano gli interessi, ne promuovono e ne coordinano lo sviluppo. Per effetto della natura di enti intermedi, le province hanno sempre svolto funzioni riguardanti l'*ambito sovra comunale*. Da ciò scaturisce la loro

caratterizzazione quali *enti di area vasta*, ossia di enti coinvolti in funzioni (esempio, smaltimenti rifiuti) riguardanti aree di più comuni, facenti parte della stessa Provincia. In tempi recenti, però, le province sono state profondamente ridimensionate.
A seguito di un cammino intrapreso negli ultimi anni, nel 2014 il Parlamento ha approvato la **legge Delrio**, così chiamata dal Ministro per gli affari regionali e le autonomie, legge che incide profondamente sulle province, definite dalla legge *enti di area vasta*. La legge n. 56 del 2014 si applica alle province delle regioni a statuto ordinario. Il fulcro della legge in questione è costituito da un *radicale intervento sugli organi della Provincia*.

▶ 4.1. Gli organi prima della legge Delrio.

Prima di questa riforma legislativa, le province avevano tre organi, corrispondenti a quelli dei comuni: Consiglio provinciale, presidente di Provincia e Giunta provinciale. Parallelamente a quanto avviene per i comuni, i primi due organi *erano eletti a suffragio universale e diretto* e, per il Presidente, vigevano le stesse modalità applicate per l'elezione del Sindaco dei comuni con oltre 15.000 abitanti. Gli assessori (componenti della Giunta) erano nominati dal Presidente della Provincia.

▶ 4.2. Gli organi dopo la legge Delrio.

Oggi **la Giunta non è più prevista**. La legge *Delrio* prevede invece **l'assemblea dei sindaci**. Inoltre il Consiglio e il presidente non sono eletti direttamente dai cittadini perché la Provincia è diventata *ente di secondo livello*.
La Provincia è ente di secondo livello perché *sia il Consiglio provinciale che il Presidente della Provincia sono eletti dai sindaci e dai consiglieri dei comuni della Provincia e non più dai cittadini*. I consiglieri provinciali possono essere scelti tra i consiglieri dei comuni della Provincia e i sindaci degli stessi comuni. Il presidente può essere scelto tra i sindaci dei comuni della Provincia. L'*assemblea dei sindaci* è composta dai sindaci dei comuni appartenenti alla Provincia.
Il **Presidente della Provincia**, che resta in carica 4 anni, *rappresenta l'ente, convoca e presiede il Consiglio provinciale e l'assemblea dei sindaci*, sovrintende al funzionamento dei servizi e degli uffici e all'esecuzione degli atti; esercita le altre funzioni attribuite dallo statuto. A differenza del Sindaco, *non svolge mai le funzioni statali in veste di ufficiale del Governo*.
Il Presidente della Provincia fa parte del **Consiglio provinciale** insieme ad un numero di consiglieri variabile tra 10 e 16, in base alla popolazione. Il Consiglio, che resta in carica 2 anni, è l'organo di indirizzo e controllo, approva regolamenti, piani, programmi; approva o adotta ogni altro atto sottopostogli dal presidente della Provincia; esercita le altre funzioni attribuite dallo statuto. Approva in via definitiva il bilancio dell'ente e propone lo statuto all'assemblea.
L'**assemblea dei sindaci** ha poteri propositivi, consultivi e di controllo secondo quanto disposto dallo statuto. Adotta o respinge lo statuto proposto dal Consiglio. Se,

come visto, la riforma dell'ordinamento delle province è incentrata sugli organi, non mancano però disposizioni relative alle funzioni di questo ente di area vasta.
L'intervento legislativo del 2014 riduce fortemente le funzioni provinciali. Si tratta perlopiù di *compiti di pianificazione e programmazione*. In misura corrispondente, la legge Delrio attribuisce ampio spazio al conferimento ad altri enti territoriali, da realizzarsi con legge statale o regionale, di funzioni tradizionalmente provinciali (ad esempio in materia di turismo, di trasporto, di beni culturali). Il ruolo della Provincia diventa essenzialmente quello di *coordinare e raccordare l'attività dei comuni* che insistono sul proprio territorio. Nei casi in cui, come previsto dalla legge del 2014, la Provincia è sostituita dalla Città metropolitana, nuovo ente territoriale di area vasta, quest'ultima le subentra anche nelle funzioni.

5. Le città metropolitane

Unico ente territoriale non previsto dal testo della Costituzione del 1948, la **Città metropolitana** è introdotta nel 2001 con la modifica del titolo V della Costituzione. Ed è inserita tra gli elementi costitutivi della Repubblica. Prima di questa data, la Città metropolitana era stata prevista per la prima volta dalla legge n. 142 del 1990 - poi confluita nel testo unico degli enti locali - per costituire grandi insediamenti formati dal territorio di un Comune maggiore e da quello di altri comuni caratterizzati da forti elementi di affinità con il Comune principale. Tuttavia, il progetto legislativo non è stata mai realizzato.
La nascita delle città metropolitane è molto più recente ed è dovuta alla legge n. 56 del 2014 per effetto della quale esse, definite *enti territoriali di area vasta*, *prendono il posto delle rispettive province*. La legge 56 si occupa solo delle città metropolitane delle regioni a statuto ordinario. Per quelle a statuto speciale si procede separatamente. Nascono così, in attuazione della legge Delrio, le città metropolitane di Torino, Milano, Venezia, Genova, Bologna, Firenze, Bari, Napoli, Reggio Calabria e Roma capitale, quest'ultima con delle specificità. Le singole città metropolitane hanno propri organi.
La legge ne individua tre: il Sindaco metropolitano; il Consiglio metropolitano e la conferenza metropolitana.
Il **Sindaco metropolitano** è il Sindaco del Comune capoluogo.
Rappresenta l'ente, sovrintende al funzionamento dei servizi e degli uffici e all'esecuzione degli atti; esercita le funzioni attribuite dallo statuto, convoca e presiede il Consiglio metropolitano e la conferenza metropolitana.
Il **Consiglio metropolitano** è l'organo di indirizzo e controllo.
È composto dal Sindaco metropolitano e da un numero di consiglieri variabile in base alla popolazione residente, da un minimo di 13 a un massimo di 24. I consiglieri sono eletti dai sindaci e dai consiglieri dei comuni della Città metropolitana.
Il Consiglio approva regolamenti, piani e programmi, approva il bilancio, approva o adotta ogni atto ad esso sottoposto dal Sindaco metropolitano; esercita le funzioni attribuite dallo statuto. Propone lo statuto alla conferenza metropolitana.
La **Conferenza metropolitana** è composta dal Sindaco metropolitano e dai sindaci dei comuni della Città metropolitana.

Ha poteri di proposta e consultivi, secondo quanto disposto dallo statuto. Adotta o respinge lo statuto e le sue modifiche, proposti dal Consiglio metropolitano.
Alla Città metropolitana spettano numerose **funzioni**, oltre a quelle già spettanti alla Provincia. Si tratta essenzialmente di funzioni di *pianificazione del territorio* e di *organizzazione dei servizi pubblici di interesse generale di ambito metropolitano*, di *promozione e coordinamento dello sviluppo economico e sociale*.

6. I controlli.

La riforma costituzionale del 2001 ha **soppresso** pressoché tutte le forme di controllo **sugli atti** degli enti territoriali previsti in origine.
Prima della riforma, la Costituzione prevedeva espressamente che un organo dello Stato (**Commissario di governo**) esercitasse in forma decentrata il controllo di legittimità sugli atti amministrativi delle Regioni (art. 125 Cost.) e che un **organo della Regione** esercitasse il controllo di legittimità sugli atti dei Comuni e delle Province (art. 130 Cost.). Per effetto della **riforma del 2001** è stata in primo luogo soppressa la figura del Commissario di governo; sono stati inoltre eliminati i controlli preventivi di legittimità e – nei casi previsti dalla legge – di merito, sugli atti amministrativi delle Regioni (art. 125 Cost.); è stato, altresì, abolito il ricorso preventivo alla Corte costituzionale avverso le leggi regionali. L'attuale art. 127 Cost. dispone che la **questione di legittimità costituzionale in relazione ad una legge regionale** può essere presentata **solo in via successiva** ed è stato, infine, abrogato il citato art. 130 Cost., relativo ai controlli di legittimità e di merito della Regione sugli atti di Province, Comuni e altri enti locali.
E' tuttavia ancora oggi vigente l'**art. 138 TUEL**, ai sensi del quale *"**il Governo** a tutela dell'unità dell'ordinamento (...) ha facoltà, in qualunque tempo di **annullare,** d'ufficio o su denunzia, sentito il Consiglio di Stato, **gli atti degli enti locali viziati da illegittimità**"*.
A controbilanciare il tenore federalista della riforma, inoltre, rimangono i **poteri di controllo esterno di gestione della Corte dei conti** sulle autonomie locali, pur se riconfigurati in chiave, essenzialmente, collaborativa. Restano ferme, invece, le diverse forme di controllo ***sugli organi*** delle Regioni e degli enti locali, che possono condurre alla **sospensione** o allo **scioglimento** dei **consigli** ovvero alla **rimozione** o alla **sospensione** degli **amministratori**.

▶ 6.1. I controlli sulle Regioni.

Con riguardo alle **Regioni**, l'art. 126 Cost., come modificato dalla legge costituzionale n. 1 del 1999, prevede che con decreto motivato del Presidente della Repubblica sono disposti lo **scioglimento del Consiglio regionale** e la **rimozione del Presidente della Giunta** che abbiano compiuto **atti contrari alla Costituzione o gravi violazioni di legge**. Lo scioglimento e la rimozione possono altresì essere disposti per **ragioni di sicurezza nazionale**. Il decreto è adottato sentita una Commissione di deputati e senatori costituita, per le questioni regionali, nei modi stabiliti con legge della Repubblica.

6.2. I controlli sugli enti locali.

Per quanto riguarda gli **enti locali**, invece, ai sensi dell'art. 141 TUEL **i Consigli comunali e provinciali sono sciolti** con decreto del Presidente della Repubblica, su proposta del Ministro dell'Interno:

- in caso di compimento di **atti contrari alla Costituzione**, di **gravi e persistenti violazioni di legge** o per **gravi motivi di ordine pubblico**;
- in caso di **impossibilità di funzionamento** degli organi e dei servizi per impedimento permanente, rimozione, decadenza o decesso del Sindaco o del Presidente della provincia o a seguito di loro dimissioni o di dimissioni contemporanee della metà più uno dei componenti il Consiglio;
- in caso di **mancata approvazione nei termini del bilancio;**
- nel caso in cui enti locali con più di mille abitanti siano **privi di strumenti urbanistici generali** e gli organi elettivi non provvedano alla loro adozione entro diciotto mesi dall'entrata in carica;
- infine, i Consigli comunali e provinciali, ai sensi dell'art. 143 TUEL sono sciolti quando a seguito di accertamenti compiuti dall'Autorità giudiziaria *"emergano elementi su collegamenti diretti o indiretti degli amministratori con la **criminalità organizzata**"*.

Il decreto di scioglimento è, poi, pubblicato nella Gazzetta Ufficiale della Repubblica Italiana e contiene anche la nomina di una **commissione straordinaria** destinata a curare la gestione dell'ente (non prevista ove lo scioglimento sia stato determinato da dimissioni, impedimento permanente, rimozione, decadenza e decesso del sindaco o del presidente della provincia). In ogni caso, a seguito dello scioglimento, le elezioni per il **rinnovo dell'organo disciolto** devono tenersi **entro 90 giorni** dalla pubblicazione del decreto, salva la possibilità di proroga al solo fine di far coincidere le elezioni amministrative con la prima tornata elettorale utile. In tutte le ipotesi in cui è avviata la procedura di scioglimento, inoltre, il **Prefetto** ha la facoltà di disporre, con proprio decreto motivato, la **sospensione** in via cautelativa del Consiglio comunale o provinciale, ove ricorrano **motivi di grave ed urgente necessità**.

Al di là dell'ipotesi di scioglimento dei Consigli comunali e provinciali, il TUEL prevede anche la possibilità di **rimuovere dalla carica**, con decreto del Ministro dell'interno, il Sindaco, il Presidente della provincia, i Presidenti dei consorzi e delle Comunità montane, i componenti dei consigli e delle giunte, i Presidenti dei consigli circoscrizionali, ove tali soggetti compiano **atti contrari alla Costituzione** o pongano in essere **gravi e persistenti violazioni di legge** o ricorrano **gravi motivi di ordine pubblico**. Inoltre, la rimozione è prevista anche in caso di **sospetto di infiltrazioni e condizionamenti di tipo mafioso**.

7. Le conferenze permanenti.

In un ordinamento che esalta il principio del pluralismo istituzionale, anche su base territoriale, una funzione importante è svolto dalle **Conferenze permanenti**, tipico strumento di concertazione delle decisioni nell'ottica di un regionalismo di tipo cooperativo ed in attuazione del **principio di leale collaborazione** di cui all'art. 120 Cost.

Si distinguono: la Conferenza permanente per i rapporti fra lo Stato, le Regioni e le Province autonome; la Conferenza permanente Stato-città ed autonomie locali e la Conferenza unificata.

A) La Conferenza Stato-Regioni.

La **Conferenza permanente per i rapporti tra lo Stato, le Regioni e le Province autonome di Trento e Bolzano** favorisce la cooperazione tra l'attività dello Stato e quella delle Regioni e le Province Autonome.
La conferenza Stato-Regioni:

- è la sede in cui il Governo acquisisce l'avviso delle Regioni sui più importanti atti amministrativi e normativi di interesse regionale. L'attività della Conferenza Stato-Regioni è regolata dal d.lgs. n. 281 del 1997;
- persegue l'obiettivo di realizzare la leale collaborazione tra Amministrazioni centrale e regionali;
- si riunisce in una apposita sessione comunitaria per la trattazione di tutti gli aspetti delle politiche dell'Unione europea che sono anche di interesse regionale e provinciale e per la fissazione dei termini di adempimento degli obblighi derivanti dall'appartenenza dell'Italia all'UE (v. art. 22, l. n. 234 del 2012);
- è competente a rilasciare l'intesa di cui alla già più volte citata sentenza della Corte cost. 251/2016.

B) Conferenza Stato-città ed autonomie locali.

La **Conferenza Stato-città ed autonomie locali** è un organo collegiale con funzioni consultive e decisionali che opera per favorire la cooperazione fra lo Stato e gli Enti locali. È presieduta dal Ministro dell'Interno, congiuntamente al Ministro per gli affari regionali e le autonomie nelle materie di relativa competenza. La delega è stata conferita dal Presidente del Consiglio dei Ministri con il DPCM del 29 luglio 2013.

C) La Conferenza unificata.

La Conferenza Unificata è stata istituita dal d.lgs. n. 281 del 1997, che ne ha definito anche la composizione, i compiti e le modalità organizzative ed operative. La Conferenza Unificata, sede congiunta della Conferenza Stato-Regioni e della Conferenza Stato-Città ed autonomie locali, opera al fine di:

- favorire la cooperazione tra l'attività dello Stato e il sistema delle autonomie;
- esaminare le materie e i compiti di comune interesse.

La Conferenza Unificata svolge funzioni consultive e in particolare esprime il parere sul disegno di legge finanziaria e sui disegni di legge collegati; sul documento di programmazione economica e finanziaria e sugli schemi di decreti legislativi adottati in base all'art. 1 della l. 15 marzo 1997, n. 59.

Scheda di sintesi

- **La riforma costituzionale del 2001** ha dato piena esecuzione al principio autonomistico sancito all'art. 5 Cost., stabilendo che la Repubblica si compone

di **Comuni, Province, Città metropolitane** e **Regioni,** oltre che dallo Stato.
- Le Regioni godono di **autonomia statutaria, legislativa, regolamentare, finanziaria e di indirizzo politico.**
- La riforma del Titolo V della Costituzione ha ribaltato l'originario criterio di allocazione delle competenze legislative tra Stato e Regioni: se, prima, le competenze esclusive regionali costituivano un *numerus clausus*, attualmente le Regioni hanno una potestà legislativa **residuale**, cioè su tutte quelle materie che non sono oggetto di competenze **concorrenti** o **esclusive** statali.
- Anche con riferimento al riparto delle competenze amministrative tra Stato e Regioni, la riforma del 2001 ha apportato modifiche sostanziali. Nel sistema previgente, la materia era governata dal **principio del parallelismo delle funzioni**; ora, invece, l'art. 118 Cost. sancisce i principi di **sussidiarietà** (verticale), **differenziazione** ed **adeguatezza.**
- Il **Comune** è l'ente locale che rappresenta la propria comunità, ne cura gli interessi, ne promuove e coordina lo sviluppo. Dopo la riforma costituzionale del 2001, è agli stessi riconosciuta (come anche a province e città metropolitane) **autonomia normativa,** di tipo statutario e regolamentare, **amministrativa** e **finanziaria.**

Domande di verifica

1. Quali sono gli elementi costitutivi della Regione?
2. In cosa consiste l'autonomia statutaria?
3. Quali novità ha introdotto la Riforma costituzionale del 2001 nel riparto delle competenze legislative tra Stato e Regioni?
4. Cosa si intende per autonomia regolamentare?
5. In cosa consiste il federalismo fiscale e cosa si intende per risorse straordinarie?
6. Quali sono le funzioni del Sindaco?
7. Quale processo di riforma ha interessato le Province in Italia?
8. Quali sono gli organi che operano all'interno delle Città metropolitane?
9. Quali sono i casi che conducono ad uno scioglimento degli organi consiliari dell'ente locale?

Capitolo 4
LE FONTI DEL DIRITTO AMMINISTRATIVO

SOMMARIO

1. Le fonti del diritto amministrativo: nozioni e caratteri

Con il termine **fonte** del diritto si indicano gli **atti** o i **fatti** idonei a produrre norme giuridiche, innovando l'ordinamento. Nel quadro delle fonti dell'ordinamento nazionale, in posizione gerarchicamente sovraordinata, si colloca la **Costituzione** che contiene un nucleo di principi e di norme di immediata forza precettiva, atte a disciplinare l'Amministrazione nel suo complesso.
Alla Costituzione fa seguito la legge ordinaria e gli atti aventi forza equiparata in qualità di **fonti "primarie"** destinate a regolare importanti aspetti funzionali e strutturali della PA.
Accanto alle fonti primarie, ma in posizione subordinata, si collocano le **fonti "secondarie"**, sovente, considerate come **fonti specifiche** del diritto amministrativo: all'analisi delle stesse è dedicato il presente Capitolo.

Subordinate alle "primarie", le fonti secondarie sono adottate dalle amministrazioni centrali o periferiche, nell'esercizio del potere di autonomia normativa alle stesse riconosciuto per la regolamentazione dei settori rientranti nella loro competenza.

Si tratta di atti normativi poiché muniti di valore giuridicamente vincolante con effetto *erga omnes*. Tali atti sono collocati nella gerarchia delle fonti del nostro ordinamento ad un livello **inferiore** rispetto alle leggi e agli atti aventi forza di legge. Pertanto, essi **non possono abrogare, derogare o modificare** né le fonti di rango costituzionale né quelle di rango primario, né dettare norme contrastanti con esse.
Sono atti **formalmente amministrativi**, in quanto adottati da una P.A., ma **sostanzialmente normativi**.
Sono, per tale motivo, caratterizzati da:
- **generalità** (ossia indeterminabilità dei destinatari dell'atto);
- **astrattezza** (ossia indefinita ripetibilità ed applicabilità delle previsioni in essi contenute ai singoli casi concreti);
- **innovatività** (intesa quale attitudine dell'atto a modificare definitivamente l'ordinamento giuridico).

2. Fonti secondarie e atti amministrativi generali: differenze

Proprio i suddetti caratteri della generalità, astrattezza e innovatività difettano nei c.d. **atti amministrativi generali** (per esempio i bandi di gara o di concorso).
Questi infatti **mancano di:**

- **astrattezza**, in quanto adottati per la cura di un determinato e concreto interesse pubblico, quale è per esempio, nei bandi di gara, la disciplina di una specifica procedura per l'affidamento di un appalto;
- **generalità**, atteso che i destinatari degli atti amministrativi generali, pur indeterminabili all'atto dell'adozione degli stessi, lo sono tuttavia *a posteriori*, al momento della relativa applicazione (si pensi ai partecipanti alla procedura per l'affidamento di un appalto nel caso dei bandi di gara);
- **innovatività**, in quanto inidonei a modificare definitivamente l'ordinamento giuridico.

La qualificazione come **fonte secondaria** comporta le seguenti conseguenze:

a) trovano applicazione il principio ***iura novit curia*** e quello di ***ignorantia legis non excusat***;
a) deve ritenersi integrato il vizio di **violazione di legge** allorché l'atto amministrativo sia adottato in contrasto con una fonte secondaria, mentre la difformità da un atto amministrativo generale costituisce una figura sintomatica di **eccesso di potere**.
b) sul versante processuale, è consentito proporre **ricorso per Cassazione** *ex* art. 360, co. 3, c.p.c. solo ove il giudice abbia disatteso una fonte normativa;
c) solo per le fonti secondarie riconducibili alla categoria dei regolamenti è in giurisprudenza riconosciuto il potere del G.A. di **disapplicare** l'atto ritenuto configgente con la previsione di rango primario;
d) il regolamento è sottoposto ad un **peculiare *iter* procedurale di formazione** (v. art. 17, l. n. 400 del 1988).

3. I regolamenti: fondamento e limiti

I **regolamenti** sono atti formalmente amministrativi, in quanto promananti da organi del potere esecutivo, ma sostanzialmente normativi; gli stessi, infatti, risultano idonei ad innovare, con prescrizioni generali ed astratte, l'ordinamento giuridico. Il ***fondamento*** del potere regolamentare va sempre rinvenuto nella **legge** in ossequio al **principio di legalità in senso formale**, desumibile dall'art. 70 Cost., secondo il quale il potere di porre norme spetta, in linea generale, al Parlamento. Ne deriva che il regolamento adottato dalla PA, in mancanza di copertura legislativa, risulta invalido in quanto emanato in carenza di potere. La principale **norma attributiva del potere regolamentare** è costituita dall'**art. 17 della l. 23 agosto 1988, n. 400**. Quanto ai **limiti** che incontra la potestà regolamentare, tali atti **non possono:**

- **derogare o contrastare con la Costituzione** e con i principi in essa contenuti (c.d. **principio di costituzionalità**);
- **derogare** o **contrastare con le leggi ordinarie** (tranne che ciò non sia previsto dalla legge nelle ipotesi specifiche di c.d. delegificazione della materia, **c.d. principio di legalità**);

- **porsi in contrasto** con le **fonti del diritto Ue (c.d. principio di *primauté*)**;
- **regolare** materie che la Costituzione **riserva alla legge costituzionale o ordinaria**;
- prevedere **fattispecie o sanzioni penali**, stante il principio di riserva tendenzialmente assoluta di legge in ambito penale *ex* art. 25, co. 2, Cost.;
- **derogare al principio di irretroattività della legge** fissato dall'art. 11 delle disp. prel. al c.c.
- **i regolamenti emanati da autorità inferiori non possono mai** contrastare con i regolamenti emanati da **autorità gerarchicamente superiori.**

▶ 3.1. Classificazione dei regolamenti

A) Distinzione dei regolamenti in relazione al soggetto da cui provengono

I regolamenti possono essere emanati da organi delle **amministrazioni statali** e da organi delle **amministrazioni regionali o locali (Comuni, Province e Città Metropolitane)** secondo quanto previsto dall'art. 117, co. 6, Cost.
La potestà regolamentare fa capo, dunque, a più livelli di Governo *ex* art. 5 Cost.

Circa i **regolamenti statali** sono adottati dall'**esecutivo** ed emanati dal **Capo dello Stato** (art. 87, co. 5, Cost.). In particolare, si distinguono:
- i **regolamenti del Governo**, adottati dall'organo collegiale nel suo complesso. I regolamenti governativi sono adottati con **decreto del Presidente della Repubblica**, previa **deliberazione del Consiglio dei Ministri**, sentito il **parere del Consiglio di Stato** (obbligatorio ma non vincolante), e sono sottoposti al visto ed alla registrazione della **Corte dei Conti** e pubblicati nella **Gazzetta Ufficiale**. Molte leggi prevedono, peraltro, quale ulteriore fase del procedimento di adozione, quella del **parere parlamentare**;
- i **regolamenti ministeriali**, adottati dai **singoli ministri**, *ex* art. 17, co. 3, della l. n. 400/1988; possono essere emanati esclusivamente se una legge di volta in volta li autorizzi e solo nelle materie di competenza del singolo ministro o di **più ministri insieme** nel caso dei regolamenti **interministeriali**;
- i **regolamenti di recepimento delle direttive UE** nei casi previsti dalla legge (v. art. 35, co. 1, **l. 24 dicembre 2012, n. 234**).
- i **regolamenti regionali**;
- i **regolamenti degli enti locali**;
- i **regolamenti degli enti pubblici od organi pubblici**, tra cui:
  - i *regolamenti delle Autorità Amministrative Indipendenti*;
  - i *regolamenti degli altri enti od organi* quali i collegi e gli ordini professionali.

B. Distinzione dei regolamenti in relazione alla funzione svolta.

I regolamenti possono suddividersi in relazione alla funzione in:
- i **regolamenti esecutivi** (art. 17, co. 1, lett. *a*): adottati per *"l'esecuzione delle leggi e dei decreti legislativi, nonché dei regolamenti comunitari"*. Sono gli unici

ammessi nelle materie coperte da riserva assoluta di legge.
- i **regolamenti attuativi ed integrativi**: adottati per *"l'attuazione e l'integrazione delle leggi e dei decreti legislativi recanti norme di principio, esclusi quelli relativi a materie riservate alla competenza regionale"*.
- i **regolamenti indipendenti**: destinati ad intervenire in materie *"in cui manchi la disciplina da parte di leggi o di atti aventi forza di legge, sempre che non si tratti di materie comunque riservate alla legge"*.
- i **regolamenti di organizzazione**: adottati per *"l'organizzazione ed il funzionamento delle amministrazioni pubbliche secondo le disposizioni dettate dalla legge"*.
- i **regolamenti di delegificazione**: emanati *"per la disciplina delle materie, non coperte da riserva assoluta di legge prevista dalla Costituzione, per le quali le leggi della Repubblica, autorizzando l'esercizio della potestà regolamentare del Governo, determinano le norme generali regolatrici della materia e dispongono l'abrogazione delle norme vigenti, con effetto dall'entrata in vigore delle norme regolamentari"*.

4. Le ordinanze

Per **ordinanze** si intendono quegli atti che creano obblighi o divieti e, in linea generale, impongono ordini.
Una peculiare categoria è quella delle **ordinanze contingibili e urgenti**, atti a contenuto **atipico** che l'amministrazione, sulla base di specifiche previsioni legislative, è abilitata ad adottare per fronteggiare **situazioni eccezionali**, anche derogando alla disciplina normativa di rango primario, ma pur sempre nel rispetto della Costituzione e dei principi generali dell'ordinamento. Esse vanno, peraltro, distinte dagli **atti necessitati**, provvedimenti che il legislatore consente di adottate al di talune situazioni di pericolo predeterminate dalla stessa norma di legge che attribuisce all'amministrazione il potere di porli in essere: è il caso delle occupazioni di urgenza. Viceversa, le ordinanze di necessità e di urgenza, in deroga **ai principi di tipicità e nominatività** dei provvedimenti amministrativi, si connotano per un'atipicità contenutistica, necessaria per assicurare una elasticità di manovra all'amministrazione al fine di fronteggiare situazioni eccezionali: è la stessa amministrazione, quindi, che determina il contenuto del provvedimento da adottare.

A. I limiti al potere di emanare ordinanze

Pur potendo derogare alle disposizioni di legge, gli atti in questione incontrano una serie di e precisamente:
- **limiti sostanziali** dal momento che le ordinanze devono essere adottate nel rispetto dei precetti costituzionali e dei principi generali dell'ordinamento.
- **limiti procedurali**, quali il rispetto dell'obbligo di motivazione posto dall'art. 3, l. n. 241/90, non essendo ammesso contravvenirvi neanche in casi di maggiore urgenza.

5. Gli statuti

Gli statuti sono atti normativi contenenti le disposizioni fondamentali sull'organizzazione e sull'attività di un ente. Si distinguono gli **statuti delle regioni** da quelli **degli enti locali**

e degli altri enti pubblici. Lo statuto è espressione di una potestà organizzatoria di tipo normativo che può riguardare lo stesso ente che emana le norme statutarie (c.d. autonomia statutaria) o un organo diverso (c.d. etero-statuti).

6. Testi unici

Vi sono, poi, due peculiari tipologie di atti regolamentari: i **testi unici** e i **codici** che rispondono ad un'esigenza di **semplificazione normativa**. Occorre distinguere tra:

- **testi unici normativi** (innovativi, delegati o di coordinamento), che modificano o abrogano le disposizioni legislative esistenti;
- **testi unici compilativi** (non innovativi o di mera compilazione), che si limitano al raccoglimento in un unico atto delle norme già esistenti, non incidendo sulla legislazione esistente.

Vi sono, poi, i **testi unici misti** che raccolgono e coordinano disposizioni di **fonti primarie** e **secondarie**.

7. Atti di incerta collocazione: piani regolatori generali, capitolati generali, bandi militari, carta dei servizi pubblici, provvedimenti tariffari e prezzi

Accanto ai regolamenti, agli statuti e alle ordinanze è possibile individuare una serie eterogenea di provvedimenti, la cui collocazione tra le fonti secondarie è estremamente discussa. Essi sono, in particolare:

- **Piani regolatori generali** costituenti strumenti programmatici tramite i quali gli enti locali pianificano in via generale lo sviluppo urbanistico del territorio comunale.
- **Capitolati generali d'oneri** predisposti per regolare un'intera categoria di contratti al fine di garantire omogeneità ed uniformità di disciplina;
- **Bandi militari,** atti emanati dal comandante supremo delle forze armate o da suoi delegati a seguito della dichiarazione dello stato di guerra o di emergenza internazionale. Al pari delle ordinanze di necessità ed urgenza, anche i bandi sono volti a fronteggiare situazioni eccezionali e non completamente prevedibili;
- **Carta dei Servizi Pubblici**, strumento di auto-regolamentazione diretto a fornire tutela preventiva agli utenti dei servizi pubblici, introducendo prescrizioni volte a monitorare la qualità delle prestazioni erogate tramite il ricorso a *standard* qualitativi cui corrisponde un diritto degli utenti di ottenere *"indennizzi automatici e forfettari"* in caso di violazione della Carta;
- **Provvedimenti tariffari e provvedimenti prezzi**, atti con i quali la P.A. determina i prezzi di alcuni beni (**provvedimenti prezzo**) o stabilisce le tariffe da applicare a servizi pubblici, erogati da soggetti pubblici o da privati in virtù di un rapporto di concessione (**provvedimenti tariffari**).

8. Norme interne

Nella categoria delle fonti del diritto **non sono riconducibili le cc.dd. norme interne**, con cui le amministrazioni dettano precetti rivolti a soggetti che operano al loro interno, al fine di regolamentare l'organizzazione e l'azione degli organi e degli uffici. Si tratta di atti adottati nell'esercizio del potere di **auto-organizzazione** e di supremazia generalmente riconosciuto ai soggetti collocati in posizione apicale nell'ambito degli apparati amministrativi. Alla categoria delle norme interne appartengono gli ordini, le direttive, le istruzioni, i regolamenti interni e le circolari. Queste ultime rappresentano, per vero, la categoria più importante e controversa di norme interne.

▶ 8.1. Le circolari

Le circolari sono **mezzi** con cui le **amministrazioni comunicano ogni sorta di atto giuridico** che può essere portato a conoscenza degli altri uffici.
La dottrina ha individuato diverse **tipologie** di circolari:
- circolari **organizzative**, contenenti disposizioni sull'organizzazione degli uffici;
- circolari **interpretative**, esplicanti l'interpretazione ritenuta corretta di leggi e regolamenti, al fine di garantirne l'applicazione uniforme all'interno dei diversi uffici;
- circolari **normative**, con cui gli organi sovraordinati dettano precetti volti a regolamentare le azioni successive della P.A.
- circolari di **cortesia**, contenenti saluti o messaggi di stima e prive di qualsiasi rilevanza giuridica;
- circolari **informative**, che comunicano ai destinatari il verificarsi di avvenimenti che possono essere rilevanti ai fini dell'esercizio dei loro compiti istituzionali;
- circolari **regolamento**, volte a produrre effetti esterni alla P.A., incidendo su posizioni giuridiche di soggetti estranei all'apparato. Si parla di circolari-regolamento rispetto ad atti aventi la forma tipica della circolare, ma a contenuto generale e astratto e con carattere innovativo dell'ordinamento.

9. La consuetudine

Si annovera, invece, tra le fonti anche quella non scritta costituita dalla consuetudine, subordinata sia alle leggi che ai regolamenti (artt. 1 n. 4, 8 disp. prel. c.c.). Ne consegue che non sono ammesse consuetudini *contra legem*, ma solo consuetudini *secundum legem* (interpretative delle disposizioni vigenti) o *praeter legem* (che disciplinano materia non regolate da norme scritte).
Due sono gli **elementi costitutivi** della consuetudine:
- quello **oggettivo**, dato dalla **uniformità e costante diffusione nel tempo e nello spazio del comportamento** (cd. ***diuturnitas***);
- quello **soggettivo**, della ***opinio iuris ac necessitatis***, da intendersi come convinzione che quel comportamento sia obbligatorio.

10. La prassi amministrativa

Gli elementi tipizzanti la consuetudine consentono di tenere distinta tale fonte di produzione del diritto dalla **prassi**, che si ha, invece, in presenza di un comportamento, pure generalizzato e reiterato nel tempo, ma non accompagnato dalla consapevolezza della sua doverosità ed obbligatorietà, costituente, piuttosto, una **regola di buona amministrazione**, la cui violazione potrebbe dar vita ad un vizio sintomatico della funzione amministrativa nella forma dell'eccesso di potere.

Scheda di sintesi

- Tra le **fonti** dell'ordinamento nazionale, quelle **secondarie** sono adottate dalle amministrazioni centrali o periferiche nell'esercizio del loro potere di autonomia normativa, al fine di regolamentare i settori di loro competenza.
- Le fonti secondarie sono atti formalmente amministrativi e sostanzialmente normativi e si distinguono dagli **atti amministrativi generali** in quanto caratterizzate da generalità, astrattezza e innovatività.
- I **regolamenti** possono essere emanati da organi delle amministrazioni statali (**regolamenti statali**, distinti in **governativi** e **ministeriali**) e delle amministrazioni regionali o locali (**regolamenti regionali** e **regolamenti degli enti locali**).
- Il fondamento del potere regolamentare va rinvenuto nella legge, in ossequio al **principio di legalità in senso formale**.
- Le **ordinanze contingibili** e **urgenti** sono atti a contenuto atipico, adottati in caso di situazioni eccezionali, anche in deroga alla disciplina normativa di rango primario, pur nel rispetto di **limiti sostanziali**, **temporali** e **procedurali**.
- Gli **statuti** sono atti normativi recanti le disposizioni fondamentali sull'organizzazione e sull'attività di un ente; si distingue tra **statuti delle regioni**, **degli enti locali** e **degli altri enti pubblici**.
- I **testi unici** costituiscono peculiari tipologie di atti normativi, rispondenti ad un'esigenza di semplificazione normativa.
- Ricomprese tra le **norme interne**, le **circolari** sono **mezzi** con cui le **amministrazioni comunicano ogni sorta di atto giuridico** che può essere portato a conoscenza degli altri uffici.

Domande di verifica

1. Cosa si intende per fonte di produzione del diritto?
2. Cosa si intende per fonte secondaria nel nostro ordinamento?
3. In cosa si differenziano gli atti normativi dagli atti amministrativi generali?
4. Quali sono i limiti che incontra la potestà regolamentare?
5. Come si classificano i regolamenti?
6. Quali sono i fondamenti ed i limiti delle ordinanze contingibili ed urgenti?
7. Quale funzione assolvono i testi unici?
8. Le norme interne sono fonti del diritto?
9. Cosa sono le circolari?
10. Quali sono i principali elementi costitutivi della consuetudine?

Capitolo 5
LE SITUAZIONI GIURIDICHE SOGGETTIVE

SOMMARIO

1. Il rilievo delle situazioni giuridiche soggettive nel diritto amministrativo

La nozione di **situazione giuridica soggettiva** è tutt'altro che agevole e pacifica. Può essere definita, in via generale, come quella situazione sostanziale di interesse che fa capo ad un soggetto, sia esso individuo o ente, ed alla quale l'ordinamento giuridico accorda tutela.

A seconda che siano **attive o passive**, nonché in considerazione della loro consistenza sostanziale, oltre che del grado e delle forme di tutela per ciascuna approntate dall'ordinamento, le stesse assumono sembianze differenti: si distingue, così, tra diritto soggettivo e interesse legittimo, potere, obbligo e dovere.

Nel diritto amministrativo lo studio delle situazioni soggettive assuma una rilevanza spiccatamente pratica.

È quanto si deve alla costruzione del sistema italiano di tutela giurisdizionale quale **sistema a doppia giurisdizione**, nel quale il riparto di giurisdizione tra giudice ordinario e giudice amministrativo è principalmente affidato alla consistenza di diritto soggettivo o di interesse legittimo della posizione soggettiva fatta valere e dedotta in giudizio dal cittadino nei confronti dell'amministrazione.

Laddove, infatti, venga in rilievo la **lesione di un diritto soggettivo**, la giurisdizione appartiene al *giudice ordinario*; al contrario, nel caso in cui emerga la **lesione di un interesse legittimo**, la giurisdizione spetta al *giudice amministrativo*.

Anche il **Codice del processo amministrativo**, nel perimetrare la giurisdizione amministrativa, assegna rilievo centrale alle posizioni soggettive involte nella controversia.

L'art. 7 c.p.a., al comma 1, dispone, invero, che "*Sono devolute alla giurisdizione amministrativa le controversie, nelle quali si faccia questione di interessi legittimi e, nelle particolari materie indicate dalla legge, di diritti soggettivi, concernenti l'esercizio o il mancato esercizio del potere amministrativo, riguardanti provvedimenti, atti, accordi o comportamenti riconducibili anche mediatamente all'esercizio di tale potere, posti in essere da pubbliche amministrazioni. Non sono impugnabili gli atti o provvedimenti emanati dal Governo nell'esercizio del potere politico*".

Il successivo comma 7 precisa che "*Il principio di effettività è realizzato attraverso la concentrazione davanti al giudice amministrativo di ogni forma di tutela degli interessi legittimi e, nelle particolari materie indicate dalla legge, dei diritti soggettivi*".
La valenza del criterio ai fini del riparto di giurisdizione è soprattutto consacrata nella **Carta costituzionale**. L'art. 103, comma 1, dispone, infatti, che "*il Consiglio di Stato e gli altri organi di giustizia amministrativa hanno giurisdizione per la tutela nei confronti della Pubblica amministrazione degli interessi legittimi* (...)".

2. Il diritto soggettivo

Il **diritto soggettivo** è la posizione giuridica soggettiva di vantaggio che l'ordinamento attribuisce ad un determinato soggetto in relazione ad un determinato bene (es: diritto di proprietà).
Essa sussiste in tutti i casi in cui il soggetto titolare del diritto non necessita dell'intermediazione dell'amministrazione per esercitarlo, in quanto vi è una norma che consente al soggetto di godere in modo pieno e immediato del diritto stesso.

La tutela dei diritti soggettivi è rimessa, di regola, al **giudice ordinario** e – solo in casi tassativamente previsti – alla giurisdizione esclusiva del giudice amministrativo.

3. L'interesse legittimo

L'**interesse legittimo** è la situazione giuridica soggettiva di cui è titolare un soggetto privato in relazione all'esercizio di un potere amministrativo.
Essa è stata riconosciuta nel nostro ordinamento con la legge n. 5992/1889, che ha istituito la IV sezione del Consiglio di Stato quale giudice degli interessi sostanziali diversi dai diritti soggettivi e che, fino a quel momento, erano rimasti sprovvisti di tutela.

In assenza di una chiara e puntuale definizione normativa dell'interesse legittimo, la dottrina ha elaborato diverse teorie al riguardo e, in particolare, ha affermato che l'interesse legittimo è il potere riconosciuto al privato di influire sull'esercizio del potere amministrativo e, dunque, sull'esercizio del potere da parte della P.A., al fine di tutelare la propria posizione giuridica.
È quindi la **posizione di vantaggio** riservata ad un soggetto **in relazione ad un bene della vita** sottoposto all'esercizio del **potere amministrativo** e consistente nell'attribuzione allo stesso di poteri idonei ad influire sul corretto esercizio del potere stesso, che può ampliare (ad esempio, con il rilascio di un permesso di costruire) o restringere (ad esempio, con un provvedimento di espropriazione) la posizione giuridica soggettiva dell'interessato.

PER APPROFONDIRE

INTERESSI LEGITTIMI PRETENSIVI E OPPOSITIVI

In relazione alla posizione giuridica vantata, la dottrina è solita distinguere tra due diverse categorie di interessi legittimi:
interessi ***legittimi pretensivi****, che si configurano ove l'esercizio del potere amministrativo potrebbe determinare un ampliamento della sfera giuridica del destinatario del provvedimento;*
interessi ***legittimi oppositivi****, nel caso in cui l'esercizio del potere amministrativo potrebbe determinare una restrizione della posizione giuridica soggettiva dell'interessato.*

▶ 3.1. Il risarcimento dei danni: la lesione di interesse legittimo

A lungo dibattuto è stato il tema dell'ipotizzabilità di una responsabilità dell'Amministrazione che leda posizioni di interesse legittimo del privato.
Si riteneva fino al 1999 che la stessa potesse rispondere solo per le lesioni dei **diritti soggettivi dei terzi**. Si sosteneva, infatti, che l'art. 2043 del codice civile, nell'ammettere la risarcibilità del **danno ingiusto**, limitasse i danni risarcibili alle sole lesioni di autentici diritti soggettivi.

PER APPROFONDIRE

Sono stati così considerati risarcibili i danni alla persona subiti dal privato investito dall'autovettura condotta dal dipendente pubblico nell'esercizio delle sue mansioni o dal privato che cade a causa della c.d. insidia stradale, per esempio una buca sulla strada pubblica non visibile né prevedibile, o dal privato che contrae una malattia a seguito di vaccinazione obbligatoria in assenza di adeguati controlli dell'amministrazione..

PER APPROFONDIRE

Si escludeva, invece, che meritasse il risarcimento il privato leso dall'Amministrazione in una posizione di ***interesse legittimo****, inteso come interesse ad un bene della vita (per esempio autorizzazione all'avvio di una iniziativa imprenditoriale) che spetta tuttavia all'Amministrazione riconoscere esercitando un potere pubblico ed adottando un provvedimento amministrativo (per esempio, provvedimento di autorizzazione).*

PER APPROFONDIRE

Per decenni si è così ritenuto che non meritasse il risarcimento del danno il privato che avesse chiesto invano un'autorizzazione all'apertura di esercizio commerciale o la vecchia concessione edilizia, nonostante emergesse, nel giudizio amministrativo, la anche grave illegittimità del diniego di autorizzazione o concessione.

Solo a partire dal 1999, a seguito di una importante sentenza della Corte di cassazione (n. 500), è stata riconosciuta la responsabilità dell'Amministrazione che leda interessi legittimi esercitando in modo illegittimo il proprio potere e sempre che emerga la colpa dell'Amministrazione.

4. La tutela delle posizioni giuridiche soggettive

L'art. 103 della Costituzione dispone espressamente che "*il Consiglio di Stato e gli altri organi di* ***giustizia amministrativa*** *hanno* ***giurisdizione*** *per la tutela nei confronti della pubblica amministrazione degli* ***interessi legittimi*** *e, in* ***particolari*** *materie* ***indicate*** *dalla legge,* ***anche dei diritti soggettivi***".

I **principali criteri** adoperati per individuare i casi in cui, a fronte dell'azione dell'amministrazione, il privato può ritenersi leso in una situazione di interesse legittimo o di diritto soggettivo. Si tratta del:

- **criterio dell'attività**, in funzione del quale ad un'attività discrezionale della P.A. può corrispondere solo una violazione di un interesse legittimo, mentre ad una attività vincolata può corrispondere solamente la violazione di un diritto soggettivo;
- **criterio della norma violata,** in relazione al quale dalla violazione di una norma di azione (che disciplina l'azione della P.A. occupandosi, solo in via indiretta degli interessi dei destinatari) può corrispondere solamente una violazione di un interesse legittimo, mentre alla violazione di una norma di relazione (che regola l'azione della P.A. all'interno di rapporti paritari con altri soggetti) corrisponderebbe la violazione di un diritto soggettivo;
- **criterio della natura degli atti**, in ragione del quale gli atti di imperio incidono su una situazione giuridica soggettiva qualificata come interesse legittimo e gli atti di gestione su una situazione giuridica inquadrata nel diritto soggettivo;
- **criterio del binomio cattivo uso/assenza di potere** che, ponendo l'accento sulla necessaria sussistenza di un potere pubblico ai fini della sussistenza della giurisdizione amministrativa, conclude per la giurisdizione del giudice amministrativo nei casi in cui si contesti alla P.A. l'uso scorretto di un potere che determini la "degradazione" della posizione soggettiva del privato a interesse legittimo e la giurisdizione del giudice ordinario nei casi in cui il privato neghi l'esistenza potere (c.d. assenza di potere) della P.A. Questo ultimo criterio appare ad oggi quello più idoneo a superare i conflitti di giurisdizione fra giudice amministrativo e giudice ordinario.

PER APPROFONDIRE

LE POSIZIONI GIURIDICHE SOGGETTIVE NEL DIRITTO DELL'UNIONE

Il diritto unionale non riconosce la distinzione fra diritto soggettivo e interesse legittimo, lasciando libera discrezionalità agli Stati Membri circa eventuali disposizioni nazionali da applicare al fine di rendere maggiormente effettiva la tutela delle posizioni giuridiche soggettive di coloro che, a vario titolo, si interfacciano con la P.A.

5. Interessi semplici e interessi di fatto. L'azione popolare

Occorre accennare ai c.d. **interessi di fatto** e ai c.d. **interessi semplici.** Si tratta, invero, di posizioni che non assurgono al rango di interessi legittimi e, pertanto, **non sono protette** dall'ordinamento giuridico. Tipici **interessi di fatto** sono quelli da tutti vantati

all'osservanza da parte della P.A. di **doveri pubblici posti a vantaggio della collettività indifferenziata** (illuminazione, manutenzione delle strade, ecc.). Si tratta, dunque, di interessi privi del carattere della differenziazione, che, tipico dell'interesse legittimo, consente l'accesso alla tutela giurisdizionale. Rispetto alla tendenziale non tutelabilità in giudizio degli interessi di fatto costituiscono una rilevante eccezione le **azioni popolari**, le quali mirano a garantire una tutela di stampo oggettivo al privato, legittimato, in deroga al principio della personalità dell'interesse all'azione, a promuovere un giudizio strumentale alla **difesa di un interesse pubblico** proprio di una collettività indifferenziata.
Due le tipologie di azioni popolari ritenute esperibili:
- l'azione **suppletiva**, in cui l'attore c.d. "popolare" **si sostituisce all'ente esponenziale rimasto inerte** nel far valere le proprie pretese nei confronti di un terzo, così realizzando una forma di sostituzione processuale (v. art. 9, co. 1, d.lgs. n. 267/2000);
- l'azione **correttiva**, posta in essere per **reagire all'illegittimo operato della P.A.**, tra cui rientrano quelle esperibili dal cittadino elettore in materia di operazioni elettorali dei Consigli regionali, provinciali e comunali (art. 70, d.lgs. n. 267/2000; si v. anche l'art. 42, l. n. 18 del 1979).

Dagli interessi di fatto vanno distinti i cc.dd. **interessi semplici**, da taluni detti amministrativamente protetti (SANDULLI). Si tratta di interessi che il singolo vanta ad un **uso corretto**, sul piano del **merito**, dei poteri da parte della P.A. Situazioni giuridiche, queste, di regola **non tutelabili in via giurisdizionale**, in quanto l'ordinamento soltanto in via eccezionale, nei casi espressamente previsti, ammette un sindacato esteso al merito dell'azione amministrativa. In tutte le altre ipotesi, il vizio di merito può essere **sindacato in sede amministrativa**.

6. Interessi collettive e interessi diffusi

Le posizioni soggettive possono assumere anche una dimensione "superindividuale", come nel caso degli interessi collettivi e diffusi.
Gli **interessi diffusi** sono interessi adespoti, ovvero privi di titolari e, pertanto, non riferibili ad una pluralità determinata di individui ma, al contrario, comuni a tutti gli individui di una collettività, non organizzata e non individuabile autonomamente. Questi interessi riguardano beni insuscettibili di appropriazione individuale, per i quali tutti i soggetti vantano diritti (come la salute, l'ambiente e la qualità della vita).
A differenza degli interessi diffusi, gli **interessi collettivi** sono suscettibili di tutela giurisdizionale, perché trovano una titolarità in enti esponenziali capaci di agire, i quali si distinguono tanto dalla comunità generale quanto dai singoli associati nell'organizzazione. Essi assumono, pertanto, consistenza di **interessi legittimi in senso proprio,** quali interessi **differenziati** e **qualificati** che fanno capo ad un ente esponenziale di un gruppo non occasionale che può assumere la più varia natura giuridica (ad es. associazioni private riconosciute). Ne consegue che la lesione dell'interesse collettivo **legittima al ricorso soltanto l'organizzazione** e non i singoli che di essa fanno parte (cfr. *Cons. St., sez. V, 27 dicembre 2018, n. 7260*).

Ai fini della **legittimazione ad agire**, è necessario che l'ente sia effettivamente rappresentativo dell'interesse collettivo di cui si fa portatore (*criterio sostanziale*). In tale prospettiva, la giurisprudenza amministrativa ha individuato una serie di indici di rappresentatività:

a) **le finalità statutarie dell'ente**, proiettate alla tutela di un certo bene o interesse sovra individuale (secondo *Cons. St., sez. V, 4 novembre 2016, n. 4628*, occorre che la controversia attenga, in via immediata e diretta, al perimetro delle finalità statutarie dell'associazione);
b) **la stabilità del suo assetto organizzativo**, indispensabile affinché l'ente possa svolgere con continuità la sua attività;
c) **la c.d. *vicinitas*** dello stesso rispetto all'interesse sostanziale che si assume leso e a tutela del quale l'ente esponenziale intende agire in giudizio. In altri termini, affinché possa riconoscersi la legittimazione dell'ente ad agire in giudizio, occorre che lo stesso risulti portatore di un interesse localizzato, o almeno localizzabile, in una zona più o meno circoscritta e prossima all'area di afferenza dell'attività dell'ente collettivo.

7. La tutela degli interessi collettivi. L'azione di classe (*class action*)

Un modello avanzato di **tutela civile collettiva** si è sviluppato nel settore della **tutela dei consumatori**, come riordinato a seguito dell'approvazione del d.lgs. 6 ottobre 2005, n. 206 (c.d. Codice del consumo).

▶ 7.1. L'azione inibitoria

L'azione inibitoria era prevista dall'**art. 140**, co. 1, lett. a), del Codice del consumo, quale strumento giudiziale di tutela degli interessi collettivi dei consumatori ed utenti diretta a **far cessare la condotta illecita** ed **impedirne la reiterazione** futura. Essa ha generale **natura preventiva**, in quanto finalizzata ad evitare pregiudizi agli interessi dei consumatori e degli utenti.
Lo strumento dell'azione inibitoria consumeristica, di cui si è appena discusso, è peraltro divenuto oggi istituto di applicazione generale, a seguito **dell'introduzione nel Codice di procedura civile degli artt. da 840-*bis* a 840-*sexiesdecies***, ad opera della legge 12 aprile 2019, n. 31.

▶ 7.2. L'azione collettiva risarcitoria e la class action 'privata'

L'art. 140-*bis* del Codice del consumo disciplinava, invece, **un'azione collettiva risarcitoria**, quale istituto omologo alla *class action* americana-Attraverso l'azione collettiva risarcitoria, infatti, una **pluralità di consumatori o utenti che fosse stata lesa nei propri diritti**, poteva ottenere il risarcimento del danno attraverso una procedura collettiva, alternativa rispetto alle singole azioni individuali. L'azione può essere proposta da ciascun componente della classe, anche mediante associazioni cui dà mandato o comitati cui partecipa.
Anche lo strumento dell'azione di classe è divenuto oggi **istituto di applicazione generale**, a seguito dell'introduzione nel Codice di procedura civile degli artt. da 840-*bis* a 840-*sexiesdecies*, ad opera della legge 12 aprile 2019, n. 31.

A norma dell'art. 840-*bis*, comma 1, c.p.c., venuto meno ogni riferimento a consumatori e utenti, il legislatore ha previsto un'azione di classe esperibile da **tutti coloro che avanzino pretese risarcitorie, in relazione alla lesione di "*diritti individuali omogenei*".** La domanda si propone con ricorso ed è regolata dagli artt. 702-*bis* e ss. c.p.c. (art. 840-*ter* c.p.c.).
Accanto alla tutela civile, il legislatore ha introdotto una **tutela amministrativa dei consumatori**: il d.l. *Liberalizzazioni* n. 1 del 2012 ha introdotto nel Codice del consumo l'art. 37-*bis*, che conferisce all'**Autorità garante della concorrenza e del mercato** il potere di dichiarare la **vessatorietà delle clausole** inserite nei contratti tra professionisti e consumatori che si concludono mediante adesione a condizioni generali di contratto o con la sottoscrizione di moduli o formulari. In materia di tutela giurisdizionale, è competente il G.A. È fatta salva la giurisdizione del G.O. sulla validità delle clausole vessatorie e sul risarcimento del danno.

▶ 7.3. La class action pubblica

Il d.lgs. 20 dicembre 2009, n. 198, ha introdotto il nuovo istituto dell'**azione**, individuale o collettiva, **avverso le inefficienze delle amministrazioni e dei concessionari di servizi pubblici**, dettandone, altresì, la disciplina processuale. La *class action pubblica* riguarda, il **rapporto tra cittadini e PP.AA**. Oggetto del ricorso (devoluto alla giurisdizione esclusiva del G.A.) è la lesione, da parte di una P.A. o di un concessionario di pubblici servizi, di **interessi giuridicamente rilevanti per una pluralità di utenti** provocata dalla violazione di *standard* di **qualità, economicità, tempestività** e, in particolare dalla:

- **violazione di termini**;
- **mancata adozione di atti amministrativi generali** obbligatori e non aventi contenuto normativo da emanarsi obbligatoriamente entro e non oltre un termine fissato da una legge o da un regolamento;
- **violazione degli obblighi contenuti nelle carte di servizi**;
- **violazione di standard qualitativi ed economici**.

Ai sensi dell'art. 1, co. 1, del d.lgs. n. 198 del 2009, **presupposto dell'azione** è che da tali violazioni e mancanze derivi una "*lesione diretta, concreta ed attuale dei propri interessi*". In coerenza con quello che è lo scopo dell'azione collettiva, il co. 6 dell'art. 1 **preclude** al giudice di pronunciare la **condanna al risarcimento del danno**, dovendosi lo stesso limitarsi ad **ordinare** alla P.A. o al concessionario di **porre rimedio entro un termine alle inefficienze**. Il risultato satisfattivo non è diretto, ma indiretto, tramite il corretto ripristino del servizio.
L'art. 1, co. 1, d.lgs. n. 198 del 2009 riconosce la **legittimazione ad agire** ai "*titolari di interessi giuridicamente rilevanti ed omogenei per una pluralità di utenti e consumatori*" che abbiano subito una delle lesioni sopra indicate. Il successivo co. 4 prevede, però, che il ricorso possa essere proposto anche da associazioni o comitati a tutela degli interessi dei propri associati, purché appartenenti alla medesima pluralità di utenti e consumatori di cui al precedente co. 1. Il co. 3, infine, autorizza l'**intervento in giudizio** dei soggetti che si trovano nella medesima situazione giuridica del ricorrente. Tale intervento può essere effettuato nel termine di 20 giorni liberi prima dell'udienza di discussione del ricorso.
L'azione può essere proposta **nei confronti delle PP.AA. e dei concessionari dei pubblici servizi**. Sono **escluse** le Autorità amministrative indipendenti; gli organi

giurisdizionali; le assemblee legislative e gli altri organi costituzionali; la Presidenza del Consiglio dei Ministri.
La proposizione del ricorso deve essere preceduta dalla notifica di una **diffida** alla P.A. o al concessionario entro il termine di 90 giorni. In luogo della diffida, l'interessato, se ne ricorrono i presupposti, può promuovere la **risoluzione non giurisdizionale della controversia** *ex* art. 30, l. n. 69 del 2009; in tal caso, se non si raggiunge la conciliazione delle parti, il ricorso è proponibile entro un anno dall'esito di tali procedure. Nel caso in cui l'interessato ha inoltrato la diffida, il ricorso è proponibile se, decorso il termine di **90 giorni**, la P.A. o il concessionario non ha provveduto ad eliminare la situazione denunciata. Il ricorso va esercitato entro **un anno** dalla scadenza del termine di 90 giorni.

Scheda di sintesi

- La tesi dominante definisce l'interesse legittimo come la **posizione di vantaggio** riservata ad un soggetto **in relazione ad un bene della vita** sottoposto all'esercizio del **potere amministrativo** e consistente nell'attribuzione allo stesso di poteri idonei ad influire sul corretto esercizio del potere, in modo da renderne possibile la realizzazione.
- Criterio cardine in materia di riparto di giurisdizione fra G.O. e G.A. è quello fondato sulla **natura della posizione giuridica soggettiva** (c.d. criterio della causa petendi o del petitum sostanziale) lesa dall'operato della P.A. e, in particolare, sulla dicotomia fra diritto soggettivo e interesse legittimo: laddove venga in rilievo la lesione di un diritto soggettivo, la giurisdizione appartiene al G.O.; nel caso in cui emerga la lesione di un interesse legittimo, la giurisdizione spetta al G.A.
- Gli **interessi diffusi** sono interessi adespoti, ovvero privi di titolari e, pertanto, non riferibili ad una pluralità determinata di individui ma, al contrario, comuni a tutti gli individui di una collettività, non organizzata e non individuabile autonomamente; riguardano beni insuscettibili di appropriazione individuale, per i quali tutti i soggetti vantano diritti (come la salute, l'ambiente e la qualità della vita).
- A differenza degli interessi diffusi, gli **interessi collettivi** sono suscettibili di tutela giurisdizionale, perché trovano una titolarità in enti esponenziali capaci di agire, i quali si distinguono tanto dalla comunità generale quanto dai singoli associati nell'organizzazione.

Domande di verifica

1. Come possono essere definiti il diritto soggettivo e l'interesse legittimo?
2. Quali sono le principali teorie elaborate sulla nozione di interesse legittimo?
3. Come possono essere classificati gli interessi legittimi?
4. Cosa si intende per interessi superindividuali?
5. Quali sono le forme attuali di tutela degli interessi collettivi?
6. Cosa si intende per class action pubblica e in cosa si differenzia dalla class action prevista nel Codice del Consumo?
7. Cosa si intende per cattivo uso/carenza di potere?

Capitolo 6
I PRINCIPI DELL'AZIONE AMMINISTRATIVA

SOMMARIO

1. I principi che governano l'attività della Pubblica amministrazione.

Nel curare gli interessi pubblici che la legge le affida la P.A. è tenuta ad osservare alcuni importanti **principi**. E' anche tenuta, in particolare quando esercita attività di tipo autoritativo o non privatistica, a seguire **procedimenti amministrativi** disciplinati dalla legge stessa con regole dirette a garantire la partecipazione dei soggetti interessati. Si passano di seguito in rassegna i principali principi.

2. Il principio di legalità.

Il **principio di legalità** si desume dall'art. 97, co. 2, Cost. che pone anzitutto una **riserva di legge** in materia di **organizzazione amministrativa**, disponendo che *i pubblici uffici sono organizzati secondo disposizioni di legge*. Sebbene la norma sia testualmente riferita alla sola organizzazione, la si ritiene pacificamente estesa all'**attività** della **P.A.**, anch'essa **assoggettata alla legge**. La rilevanza costituzionale del principio di legalità dell'azione amministrativa la si desume anche dagli artt. 24 e 113 Cost. che, assoggettando l'attività della P.A. al **controllo dell'autorità**

giudiziaria, presuppongono che la stessa non possa svolgersi in contrasto con le norme di legge, destinate a rappresentare il parametro del controllo giudiziario.
Quanto al **contenuto del principio di legalità dell'azione ammnistrativa**, è stato inteso in differenti modi. Inteso in senso **debolissimo**, esso si limita a vietare che l'attività amministrativa possa svolgersi in contrasto con la legge. In senso **debole**, sta ad indicare la necessità che ciascuna attività dell'Amministrazione abbia una base nella singola previsione di legge (c.d. **legalità in senso formale**). In senso **forte**, il principio comporta che la legge, oltre a prevedere il potere dell'Amministrazione di svolgere un certo tipo di attività, deve indicarne presupposti, limiti, modalità e principali contenuti (**legalità in senso sostanziale**).
Molti i **corollari applicativi** del principio di legalità dell'azione amministrativa, tra i quali:

- la *tipicità dei provvedimenti amministrativi* che, incidendo di imperio nella sfera giuridica dei destinatari, devono essere previsti da una norma di legge che ne indichi i presupposti di adozione e i principali contenuti;
- la possibilità per l'Amministrazione, *solo nei casi e secondo le modalità stabilite dalla legge*, di *portare ad esecuzione coattivamente* i provvedimenti amministrativi (art. 21-*ter*, l. 7 agosto 1990, n. 241).

3. I principi di imparzialità e del giusto procedimento

Anche il principio di imparzialità è testualmente riferito all'organizzazione dei pubblici uffici: l'art. 97, co. 2, Cost., stabilisce, infatti, che *i pubblici uffici sono organizzati secondo disposizioni di legge, in modo che siano assicurati il buon andamento e l'imparzialità` dell'amministrazione*. Lo si ritiene, tuttavia, pacificamente destinato a condizionare anche l'attività amministrativa.
Il principio impone all'amministrazione, *in negativo*, un'**equidistanza** rispetto ai soggetti, pubblici o privati, che con essa vengano in contatto ed, *in positivo*, l'obbligo di prendere in considerazione tutti gli interessi coinvolti nella singola vicenda.
In tale ultima prospettiva, è imposto tendenzialmente all'Amministrazione (c.d. **principio del giusto procedimento**) di:

- assicurare il **contraddittorio** con i soggetti portatori di interessi coinvolti dal provvedimento che si intende adottare (per esempio, il proprietario del bene che si vuole espropriare);
- **motivare adeguatamente** la decisione amministrativa, dando conto in motivazione degli interesse rappresentati nel corso del procedimento dai soggetti in qualche modo coinvolti.

Dal concetto di imparzialità va invece distinto quello di **neutralità**, che indica l'**indifferenza** di un organo o di un'autorità rispetto agli interessi che è chiamato a regolare e comporre. L'amministrazione non è normalmente indifferente, essendo chiamata a perseguire gli interessi pubblici che la legge affida alle sue cure (per esempio, quello di realizzare l'ordinato sviluppo del territorio comunale anche espropriando per ragioni di interesse pubblico i terreni di alcuni privati cittadini): nel farlo, tuttavia, deve *comparare* gli interessi pubblici che è tenuta a perseguire *con gli altri interessi coinvolti* (e se del caso sacrificati) e poi *scegliere*, dando adeguatamente conto di tale comparazione nella motivazione del provvedimento che adotta.
La posizione di neutralità è, invece, tipica del **giudice**, *terzo* rispetto alle parti della

lite, *non portatore di un suo interesse*; lo è anche di talune Autorità amministrative indipendenti (si rinvia a Cap. 2, par. 4).

4 Il principio di ragionevolezza

Strettamente connesso a quello di imparzialità, il **principio** di **ragionevolezza** impone alla P.A. di seguire un canone di razionalità operativa nello svolgimento della propria azione, evitando decisioni arbitrarie e irrazionali. La ragionevolezza impone in particolare la **corrispondenza** dell'**azione amministrativa** ai **fini** indicati dalla **legge**; la **coerenza tra decisione adottata e presupposti** di **fatto** accertati nel procedimento; la **logicità** delle decisioni e la **proporzionalità** dei **mezzi rispetto ai fini**.
La violazione del principio di ragionevolezza può ripercuotersi sulla validità del provvedimento amministrativo, in quanto indice sintomatico dell'**eccesso di potere**, ove si traduca in un difetto di motivazione o in una disparità di trattamento tra situazioni analoghe.

5. Il principio di buon andamento della P.A.

Il **principio** di **buon andamento** della **P.A.**, enunciato dall'art. 97 Cost., comporta che, nell'esercizio dell'attività amministrativa, è necessario assicurare: **economicità**, ossia l'ottimizzazione dei risultati tenendo conto dei mezzi e delle risorse disponibili; **efficacia**, garantendo un rapporto adeguato tra obiettivi e risultati; **efficienza**, cioè un ragionevole rapporto tra risorse impiegate e risultati conseguiti.

6. I principi di pubblicità e trasparenza. L'accesso ai documenti amministrativi: cenni e rinvio.

Un ruolo via via crescente ha assunto il **principio di pubblicità** dell'azione amministrativa, che impone alla P.A. di *rendere visibile e controllabile dall'esterno il proprio operato*. Il principio di pubblicità ha poi come corollario quello della **trasparenza dell'azione amministrativa**, che trova le sue più tradizionali espressioni nella possibilità di *accesso ai documenti amministrativi*, nell'*obbligo di motivazione dei provvedimenti* e nei vari *istituti di partecipazione al procedimento amministrativo*.
Il principio è ora espressamente enunciato dalla l. n. 241 del 1990, il cui art. 1, comma 1, prevede che l'*attività amministrativa persegue i fini determinati dalla legge ed è retta da criteri di pubblicità e di trasparenza*.
La **nozione di trasparenza** si è però evoluta nel tempo. Di pari passo, si è evoluta la disciplina dell'accesso ai documenti amministrativi. Si è passati infatti:

- dall'accesso **c.d. classico o documentale** disciplinato dalla l. 7 agosto 1990, n. 241;
- all'**accesso civico** introdotto dal d.lgs. 14 marzo 2013, n. 33;
- all'**accesso c.d. generalizzato**, disciplinato dal d.lgs. 25 maggio 2016, n. 97.

È utile dare conto di almeno **tre tappe** di questo processo di rafforzamento del principio di trasparenza e di conseguente moltiplicazione delle possibilità del cittadino di accedere agli atti dell'Amministrazione: si accennerà di seguito all'evoluzione della disciplina in tema di accesso, rinviando per la disamina al successivo Cap. 7, par. 10 ss.).

In una **prima fase** la trasparenza, intesa come principio volto ad imporre all'amministrazione la conoscibilità all'esterno del suo operato, è stata disciplinata con il principale obiettivo di consentire ai soggetti coinvolti dall'attività amministrativa di conoscerne i passaggi al fine di verificare che quell'attività sia coerente con la legge e di difendersi dalla stessa. Espressione di tale prima concezione di trasparenza è la disciplina che la stessa l. 7 agosto 1990, n. 241, detta del c.d. **accesso classico o documentale**, consentito non a chiunque ma solo a *chi intenda curare o difendere, attraverso la conoscenza dell'atto, un diritto di cui sia già titolare*. L'istanza di accesso non può essere, quindi, diretta *ad un controllo generalizzato dell'operato delle pubbliche amministrazioni* (art. 24, co. 3, l. 7 agosto 1990, n. 241).
Una **prima radicale trasformazione** della nozione stessa di trasparenza si ha già con il d.lgs. 24 ottobre 2009, n. 150, il cui art. 11 la definiva come **accessibilità totale alle informazioni**. La trasparenza inizia ad essere finalizzata, quindi, non più soltanto a garantire ai soggetti direttamente coinvolti (per esempio, i proprietari rispetto al procedimento di espropriazione dei loro beni) la partecipazione procedimentale e il controllo di legittimità dell'azione amministrativa, ma ad un **controllo di tipo diffuso e democratico sull'Amministrazione** tutta, sempre più intesa come *Amministrazione aperta*.
Il d.lgs. 14 marzo 2013, n. 33, conseguentemente, introduce il nuovo istituto dell'**accesso civico**, riconoscendo a **chiunque** la possibilità di chiedere l'adempimento degli obblighi di pubblicazione imposti all'Amministrazione con riferimento a certe categorie di documenti e da questa non osservati.
L'**ultimo**, e per vero rivoluzionario **passaggio evolutivo**, si ha con il **d.lgs. 25 maggio 2016, n. 97**, per effetto del quale la trasparenza diviene **principio funzionale al controllo democratico e generalizzato**.
In tale prospettiva, è introdotta e disciplinata una **terza forma di accesso**, il c.d. **accesso generalizzato**, che **chiunque** può chiedere con riferimento a **qualsiasi atto dell'amministrazione** (non solo quello per i quali sussiste un obbligo di pubblicazione, come è per l'accesso c.d. civico), anche al solo **fine di partecipare al dibattito pubblico** su certi temi di interesse collettivo.
Gli unici **limiti** che l'Amministrazione può opporre sono quelli volti a garantire alcuni **interessi pubblici** (per esempio *segreto di Stato*, apposto sull'atto di cui è chiesto l'accesso) o **privati** (per esempio, *riservatezza* di chi è titolare dei dati personali contenuti nel documento di cui è chiesto l'accesso).

7. I principi europei.

Accanto ai richiamati principi, disciplinati dall'ordinamento giuridico nazionale, vi sono alcuni principi di derivazione europeistica, che hanno avuto un espresso riconoscimento nel diritto nazionale, in quanto richiamati (espressamente o meno) dalla legge n. 241/1990.

▶ 7.1. Il principio del legittimo affidamento. La buona fede nel d.l. 16 luglio 2020, n. 76, e nel Codice dei contratti pubblici del 2023

Il più rilevante tra tali principi è sicuramente il **principio del legittimo**

affidamento; principio nato e consolidato nella giurisprudenza comunitaria, che impone all'amministrazione l'attenta salvaguardia delle situazioni giuridiche soggettive che si sono consolidate per effetto di atti o comportamenti amministrativi idonei a creare un ragionevole affidamento da parte del destinatario.
Tale principio trae origine dall'assunto che gli atti e i provvedimenti della P.A. o anche una condotta materiale tenuta dalla stessa possono ingenerare nei privati un legittimo affidamento circa il conseguimento o il mantenimento di una situazione giuridica di vantaggio. Il principio del legittimo affidamento presuppone, tendenzialmente, la sussistenza di **tre elementi**: **l'elemento oggettivo**, ovvero l'adozione da parte della P.A. di un determinato provvedimento che determina un vantaggio chiaro e univoco per il destinatario; **l'elemento soggettivo**, ovvero che sussista la buona fede del destinatario e che la convinzione di avere diritto alla situazione di vantaggio sia plausibile; **l'elemento temporale**, ovvero che sia trascorso un lasso di tempo sufficiente da creare nel destinatario la convinzione che il vantaggio raggiunto sia definitivo.
Una eventuale rimozione dell'atto amministrativo che ha ingenerato la situazione di vantaggio (anche nei casi di illegittimità dello stesso), deve essere giustificata da un interesse pubblico concreto e attuale che, dal confronto con gli altri diritti coinvolti, deve risultare maggiormente meritevole di tutela.
La rilevanza crescente di tale principio traspare dal riferimento che allo stesso fa sempre più di frequente il legislatore nazionale.
Il **d.l. 16 luglio 2020, n. 76**, convertito con l. 11 settembre 2020, n. 120, ha introdotto, tra i principi generali dell'azione amministrativa di cui all'art. 1 della l. 241 del 1990, quello secondo cui *"I rapporti tra il cittadino e la pubblica amministrazione sono improntati ai **princìpi della collaborazione e della buona fede**"* (2-*bis*).
Il **principio di buona fede** è inoltre espressamente enunciato all'art. 5 dello schema di decreto legislativo approvato dal Consiglio dei Ministri il 16 dicembre 2022, sulla base della delega di cui alla l. 21 giugno 2022, n. 78, destinato ad entrare in vigore il 1 aprile 2023, con efficacia a partire dal 1 luglio 2023. Prevede infatti che "*nella procedura di gara le stazioni appaltanti, gli enti concedenti e gli operatori economici si comportano reciprocamente nel rispetto dei principi di **buona fede** e di **tutela dell'affidamento**. Nell'ambito del procedimento di gara, anche prima dell'aggiudicazione, sussiste un **affidamento** dell'operatore economico sul legittimo esercizio del potere e sulla conformità del comportamento amministrativo al principio di buona fede. In caso di **aggiudicazione annullata** su ricorso di terzi o in autotutela, l'affidamento non si considera incolpevole se l'illegittimità è agevolmente rilevabile in base alla diligenza professionale richiesta ai concorrenti. Nei casi in cui non spetta l'aggiudicazione, il danno da lesione dell'affidamento è limitato ai pregiudizi economici effettivamente subiti e provati, derivanti dall'interferenza del comportamento scorretto sulle scelte contrattuali dell'operatore economico*".

▶ 7.2. Il principio di proporzionalità.

La giurisprudenza comunitaria ha sancito anche il **principio di proporzionalità** in virtù del quale l'azione amministrativa, e con essa i provvedimenti adottati, deve conformarsi a criteri di razionalità, al fine di evitare l'assunzione di decisioni non necessarie, arbitrarie, irrazionali e non dirette al raggiungimento dello scopo al quale l'autorità amministrativa è preposta. In sintesi, tale principio comporta che l'azione amministrativa si basi su scelte ragionevoli. Le autorità amministrative non possono, pertanto, imporre con atti normativi o amministrativi, obblighi o restrizioni ai diritti dei privati in misura superiore a quella strettamente necessaria.

7.3. Il principio del giusto procedimento.

Il **principio del giusto procedimento**, anch'esso di origine europeistica, si sostanzia nel diritto dei privati ad essere ascoltati nel corso del procedimento amministrativo. Esso è stato sancito dalla Corte di Giustizia quale diritto di ogni soggetto a poter partecipare a qualsiasi procedimento amministrativo che possa sfociare in un atto lesivo della propria posizione giuridica. Tale principio è riprodotto nel nostro ordinamento attraverso la disciplina di istituti che consentono la partecipazione degli interessati al procedimento amministrativo, quali: la comunicazione di avvio del procedimento e il preavviso di rigetto.

7.4. Principio di precauzione.

Il principio di precauzione, che trova origine nei procedimenti comunitari posti a tutela dell'ambiente, consente all'amministrazione di adottare provvedimenti nel caso si prospetti il rischio di una lesione di un interesse tutelato ancorché manchi la certezza in merito al prodursi, in assenza dell'intervento amministrativo, di un effettivo pregiudizio.

8. Semplificazione e liberalizzazione dell'attività amministrativa.

Una parte significativa dell'azione delle Amministrazioni pubbliche ha un *impatto diretto sul sistema delle imprese* e, conseguentemente, sul sistema economico considerato nella sua complessità. La stessa *possibilità di avviare iniziative economiche* è condizionata al rilascio di provvedimenti amministrativi diversamente nominati (autorizzazioni, licenze, nulla osta, permessi).
Il *rischio* è che il non adeguato ed efficiente funzionamento dell'Amministrazione pubblica finisca per diventare un ostacolo all'iniziativa economica e alla crescita economica (**c.d. rischio amministrativo**).
In tale prospettiva, negli ultimi decenni sono state avviate politiche di riforma dell'Amministrazione, volte a modernizzarla e renderne più efficiente l'operato. Alcune di queste sono state ispirate alle esigenze di **semplificazione amministrativa, liberalizzazione e informatizzazione**.
È utile dare conto del significato di queste distinte espressioni e dei principali istituti attraverso si è provato a soddisfare ciascuna di quelle esigenze.
A differenza dell'autentica **liberalizzazione**, che si ha quando *si svincola* l'avvio e lo svolgimento dell'attività del privato dal condizionamento dell'attività amministrativa, per esempio consentendo che lo stesso inizi ad esercitare l'attività di impresa senza attendere una pronuncia dell'Amministrazione anche implicitamente manifestata, la **semplificazione** si ha quando la legge si limita a *snellire le modalità di formazione e*

le forme di manifestazione di una decisione amministrativa che continua ad essere tuttavia necessaria

Espressione di politiche di semplificazione sono:

- le regole di semplificazione delle modalità di **formazione della decisione amministrativa**, in particolare quelle relative alle c.d. **conferenze di servizi** (si rinvia, per la disamina al successivo par. 8.3);
- gli **accordi fra amministrazioni pubbliche** (v. successivo par. 8.4);
- il **silenzio devolutivo, il silenzio tra amministrazioni e il silenzio assenso** (cfr. i successivi par. 8.5);
- le regole volte ad **impedire che ogni illegittimità anche solo formale o procedimentale ponga nel nulla complesse, dispendiose e lunghe attività amministrative**, anche quando emerge che il contenuto del provvedimento non sarebbe cambiato se la norma che impone la regola formale o procedimentale fosse stata osservata (art. 21 *octies*, co. 2, l. 7 agosto 1990, n. 241) (si rinvia, per la disamina a Cap. 8, par. 7.3);
- le **regole sulle dichiarazioni sostitutive** che consentono ai privati di attestare fatti, rapporti e qualità di beni e di persone sotto la propria responsabilità (si rinvia, per la disamina al successivo par. 8.6).
- lo **Sportello Unico per le Attività Produttive (S.u.a.p.)** volto ad assicurare il coordinamento degli adempimenti amministrativi richiesti per la istituzione o gestione di imprese (si rinvia al successivo 8.2).

▶ 8.1. La segnalazione certificata di inizio attività (S.c.i..a.)

Alla logica della autentica (per quanto solo parziale) **liberalizzazione** risponde, invece, il diverso istituto della **segnalazione certificata di inizio di attività** (c.d. S.c.i.a.), ora disciplinato dall'art. 19, l. 7 agosto 1990, n. 241, in forza del quale, al di fuori di alcuni ambiti, ogni atto di autorizzazione, licenza, concessione non costitutiva, permesso o nulla osta comunque denominato, è sostituito da una segnalazione dell'interessato.

Tre le condizioni richieste perché la s.c.i.a. possa sostituire il provvedimento amministrativo:

- che il rilascio del provvedimento dipenda in astratto esclusivamente dall'accertamento di requisiti e presupposti richiesti dalla legge, sicché **l'Amministrazione non ha discrezionalità** nel farlo;
- che **non sia previsto alcun limite o contingente complessivo** di provvedimenti di assenso che l'Amministrazione è abilitata a rilasciare;
- non devono sussistere **vincoli** ambientali, paesaggistici o culturali e non deve trattarsi di atti rilasciati dalle amministrazioni preposte alla difesa nazionale, alla pubblica sicurezza, all'immigrazione, all'asilo, alla cittadinanza, all'amministrazione della giustizia, all'amministrazione delle finanze, ivi compresi gli atti concernenti le reti di acquisizione del gettito, anche derivante dal gioco, nonché di quelli previsti dalla normativa per le costruzioni in zone sismiche e di quelli imposti dalla normativa comunitaria.

In tutti i casi in cui si applica la disciplina della s.c.i.a, pertanto, il privato può iniziare l'attività per il solo fatto di aver inoltrato o depositato la segnalazione, *non essendo necessario che l'Amministrazione si pronunci*.

La liberalizzazione è tuttavia solo parziale, perché l'Amministrazione, entro 60 giorni dalla s.c.i.a., può *vietare la prosecuzione dell'attività* e *ordinare la rimozione degli eventuali effetti dannosi* di essa, qualora accerti che non sussistano i requisiti e i presupposti che la legge richiede per l'esercizio della stessa. Decorso il termine suindicato, l'Amministrazione può intervenire solo allorché ricorrano le **condizioni previste dall'art. 21 *nonies***, l. n. 241 del 1990, per l'esercizio del potere di annullamento d'ufficio.

▶ 8.2. Lo sportello unico.

In base all'art. 2, co. 1, D.P.R. 7 settembre 2010, n. 160, il S.u.a.p. è l'*unico soggetto pubblico di riferimento territoriale per tutti i procedimenti* che abbiano ad oggetto l'esercizio di attività produttive e di prestazione di servizi, e quelli relativi alle azioni di localizzazione, realizzazione, trasformazione, ristrutturazione o riconversione, ampliamento o trasferimento nonché cessazione o riattivazione delle suddette attività.
In particolare, il SUAP assicura al richiedente una *risposta telematica unica* e tempestiva in luogo degli altri uffici comunali e di tutte le amministrazioni pubbliche comunque coinvolte nel procedimento.
Il procedimento innanzi al S.u.a.p. può essere di due tipi:

- **semplificato** (della durata di 90 giorni), nel il SUAP, ricevuta l'istanza con la relativa documentazione, inoltra le richieste di parere tecnico agli uffici coinvolti nel procedimento; quando tutti gli uffici si sono espressi positivamente, il procedimento si conclude con un *provvedimento unico di autorizzazione*;
- **autocertificato**, nel quale il SUAP riceve l'istanza corredata da *autocertificazioni attestanti la conformità del progetto alle norme vigenti* redatte da professionisti abilitati e sottoscritte dal legale rappresentante. Trasmessa, a cura del SUAP, l'istanza con le autocertificazioni agli uffici competenti per le verifiche, le verifiche si intendono concluse positivamente per silenzio assenso, se gli uffici non si esprimono entro 60 giorni.

▶ 8.3. Le conferenze di servizi.

La conferenza di servizi è stata concepita dal legislatore del 1990 quale generale **strumento di concentrazione**, in un unico contesto logico e temporale, delle valutazioni e delle posizioni delle diverse amministrazioni portatrici degli interessi pubblici rilevanti in un dato procedimento amministrativo.
Si distinguono le seguenti **tipologie**:

- **conferenza di servizi istruttoria**, disciplinata dal comma 1 dell'art. 14, l. n. 241/ 1990, come sostituito dall'art. 1, d.lgs. n. 127/2016, può essere indetta dall'Amministrazione procedente, anche su richiesta di altra Amministrazione coinvolta nel procedimento o del privato interessato, quando lo ritenga opportuno per effettuare un esame contestuale degli interessi pubblici coinvolti in un procedimento amministrativo ovvero in più procedimenti amministrativi connessi, riguardanti medesime attività o risultati. Lo svolgimento dei lavori della conferenza avviene in forma semplificata e modalità asincrona secondo quanto previsto dal novellato art. 14-*bis*, l. n. 241 del 1990; l'amministrazione procedente resta libera nella determinazione del contenuto del provvedimento finale.

- **conferenza di servizi decisoria**, doverosamente indetta dall'Amministrazione procedente quando la conclusione positiva del procedimento è subordinata all'acquisizione di più pareri, intese, concerti, nulla osta o altri atti di assenso, comunque denominati resi da diverse Amministrazioni, inclusi i gestori di beni o servizi pubblici. La determinazione conclusiva adottata all'esito dei lavori tiene luogo di tutti gli atti di assenso comunque denominati con valenza, non già endoprocedimentale, ma esoprocedimentale.
- **conferenza di servizi preliminare** (o predecisoria), che può essere indetta dall'amministrazione competente in caso di progetti di particolare complessità e di insediamenti produttivi di beni e servizi, al fine di verificare quali siano le condizioni per ottenere, alla presentazione dell'istanza o del progetto definitivi, i necessari atti di consenso.

I lavori delle conferenze possono svolgersi con **modalità**:

- **semplificata o asincrona**, che trova applicazione nella generalità dei casi e si svolge in via telematica;
- **simultanea o sincrona**, che avviene mediante incontro dei rappresentanti delle singole amministrazioni al fine di procedere all'esame contestuale degli interessi coinvolti.

All'esito dei lavori e in ogni caso scaduto il termine di conclusione del procedimento, l'amministrazione procedente adotta, *ex* art. 14-*quater*, co. 1, l. n. 241 del 1990, **la determinazione conclusiva motivata.** Detta determinazione sostituisce, a tutti gli effetti, ogni autorizzazione, concessione, nulla osta o atto di assenso comunque denominato di competenza delle Amministrazioni partecipanti alla conferenza, o comunque invitate a partecipare ma risultate assenti.

▶ 8.4. Gli accordi: tra P.A. e privati, tra Amministrazioni, di programma.

La P.A. può ricorrere a **modelli di esercizio consensuale** della sua potestà.
Allo schema dell'**amministrazione c.d. concertata** vanno ricondotti:

- gli **accordi** di cui all'**art. 11, l. n. 241 del 1990** tra **P.A.** e **cittadini**, funzionali al contemperamento dell'interesse generale con gli interessi particolari dei privati;
- gli **accordi tra amministrazioni**, di cui all'art. 15 della stessa l. n. 241 del 1990;
- gli accordi di programma.

A. Gli accordi tra Amministrazioni e privati.

Gli accordi tra Amministrazioni e privati possono essere:

- **procedimentali** (anche detti preliminari, preparatori, endoprocedimentali o integrativi), i quali sono funzionalmente collegati al procedimento. Con gli stessi il privato e la P.A. **concordano il contenuto del provvedimento** che rimane l'unica fonte dell'effetto giuridico. L'accordo procedimentale ha lo scopo di realizzare una posizione mediana fra posizioni altrimenti inconciliabili;
- **sostitutivi**, che, invece, hanno una vera e propria autonomia funzionale,

intervenendo a definire e produrre gli effetti della fattispecie procedimentale, **sostituendo integralmente il provvedimento**.

Per gli uni e gli altri valgono le seguenti regole:

- devono essere stipulati per *atto scritto a pena di nullità*, salvo che la legge non preveda altrimenti;
- devono essere conclusi nel perseguimento del *pubblico interesse e senza pregiudizio dei diritti dei terzi*;
- devono applicarsi, ove non sia diversamente disposto, i *principi del Codice civile in materia di obbligazioni e contratti* in quanto compatibili;
- devono essere **motivati**;
- per sopravvenuti motivi di pubblico interesse, la P.A. può *recedere unilateralmente* dall'accordo, salvo l'obbligo di *indennizzo* dei pregiudizi subiti dal privato;
- le controversie in materia di formazione, conclusione ed esecuzione degli accordi sono devolute alla *giurisdizione esclusiva del giudice amministrativo* (ora *ex* art. 133 c.p.a.).

B. Gli accordi tra Amministrazioni.

Le Amministrazioni pubbliche, *ex* art. 15 della legge n. 241 del 1990 possono **sempre** concludere tra loro accordi per disciplinare lo svolgimento in collaborazione di attività di interesse comune.

C. Gli accordi di programma.

Gli **accordi di programma** di cui all'art. 34, TUEL rappresentano una *sottocategoria* degli accordi tra Amministrazioni, prevista per le ipotesi in cui la definizione e l'attuazione di opere, interventi o programmi di intervento richiedono, per la loro completa realizzazione, *l'azione integrata e coordinata di comuni, di province e regioni, di amministrazioni statali e di altri soggetti pubblici*.

Quanto al procedimento di formazione dell'accordo, è possibile delineare **quattro fasi** del procedimento:

- l'*iniziativa*, attribuita al Presidente della regione o il Presidente della provincia o il Sindaco;
- l'*istruttoria*, da compiersi anche attraverso una verifica della fattibilità dell'accordo e la convocazione di una conferenza tra i rappresentati di tutte le amministrazioni interessate;
- la *conclusione dell'accordo*;
- l'*integrazione dell'efficacia*, consistente nella pubblicazione dell'accordo nel Bollettino Ufficiale della regione.

▶ 8.5. Il silenzio devolutivo, il silenzio tra amministrazioni e il silenzio assenso.

Sono senz'altro espressione del principio di semplificazione ed accelerazione procedimentale la disciplina dettata per talune forme di silenzio, in particolare il silenzio devolutivo, il silenzio tra amministrazioni e il silenzio assenso.

A. Il silenzio devolutivo.

Il silenzio **devolutivo** (o procedimentale) ricorre quando nel corso di un procedimento

un organo intermedio non provvede su una richiesta di parere o di perizia.
E' previsto dall'art. 17, l. n. 241 del 1990, secondo "*ove per disposizione espressa di legge o di regolamento sia previsto che per l'adozione di un provvedimento debbano essere preventivamente acquisite le valutazioni tecniche di organi od enti appositi e tali organi ed enti non provvedano o non rappresentino esigenze istruttorie di competenza dell'amministrazione procedente nei termini prefissati dalla disposizione stessa o, in mancanza, entro novanta giorni dal ricevimento della richiesta, il responsabile del procedimento deve chiedere le suddette valutazioni tecniche ad altri organi dell'amministrazione pubblica o ad enti pubblici che siano dotati di qualificazione e capacità tecnica equipollenti, ovvero ad istituti universitari*".

B. Il silenzio tra Amministrazioni.

L'art. 17-*bis*, l. n. 241 del 1990, riformulato dalla l. 120 del 2020, disciplina gli effetti del silenzio e dell'inerzia nei rapporti tra amministrazioni pubbliche e tra amministrazioni pubbliche e gestori di beni o servizi pubblici.
La disposizione realizza, in sostanza, un nuovo strumento di semplificazione amministrativa, applicabile in tutti i casi in cui il procedimento amministrativo è destinato a concludersi con una decisione c.d. "pluristrutturata", nella quale cioè rilevi la manifestazione di volontà, sotto forma di "***assensi, concerti o nulla osta***" o anche di "***proposte***", se necessarie per l'avvio del procedimento, di altra diversa amministrazione.
In tal caso, il silenzio dell'Amministrazione interpellata che rimanga inerte e non esprima alcuna volontà *viene equiparato dal legislatore ad un atto di assenso o ad una proposta*, consentendo all'Amministrazione procedente l'avvio del procedimento o l'adozione del provvedimento conclusivo, così evitando l'arresto del procedimento amministrativo. Quando l'omissione riguardi la **proposta**, la norma prevede che, in sostituzione di quella, sia acquisito l'**assenso** sullo schema di provvedimento, da parte dell'amministrazione che avrebbe invece dovuto dare avvio al procedimento.

C. Il silenzio assenso.

Il **silenzio assenso** (art. 20, l. n. 241 del 1990) **è** espressione del principio di semplificazione, in specie delle modalità di esternazione della decisione dell'Amministrazione. Il provvedimento dell'Amministrazione, infatti, continua ad essere necessario, ma la legge consente che lo stesso si manifesti *per silentium*.
E' stato generalizzato a partire dal 2005, sicché al di fuori dei casi espressamente eccettuati, il silenzio tenuto dall'Amministrazione sull'istanza del privato equivale ad accoglimento della stessa. Il legislatore ha, tuttavia, **escluso** dal suo ambito di applicazione una serie di ipotesi:

- per gli atti e i procedimenti riguardanti **materie particolarmente sensibili:** patrimonio culturale e paesaggistico, dell'ambiente, della difesa nazionale, della pubblica sicurezza e dell'immigrazione, della salute e della pubblica incolumità, nonché gli atti e i procedimenti riguardanti le materie dell'asilo e della cittadinanza;
- nei casi in cui la **normativa comunitaria** impone l'adozione di provvedimenti amministrativi formali;
- nei casi in cui la legge qualifica il silenzio dell'amministrazione come **provvedimento di rigetto** dell'istanza (c.d. **silenzio-diniego**);

- nei casi individuati con decreto del Presidente del Consiglio dei ministri, su proposta del Ministro per la funzione pubblica, di concerto con i Ministri competenti.

Il **d.l. n. 77/2021** ha modificato il comma 2-*bis* dell'art. 20 della legge 7 agosto 1990, n. 241, prevedendo l'obbligo da parte della P.A., di rilasciare entro 10 giorni dalla richiesta dell'interessato, un'attestazione rilasciata in via telematica, che dimostri l'avvenuta formazione del silenzio assenso. In caso di inutile decorso di tale termine, l'attestazione è sostituita da una dichiarazione del privato ai sensi dell'art. 47 del d.P.R. n. 445 del 2001.

▸ 8.6. Le autocertificazioni e le dichiarazioni sostitutive.

Come rilevato, profilo della semplificazione amministrativa è quello che attiene alla documentazione amministrativa.

A. Dalle autocertificazioni alle dichiarazioni sostitutive

La prima forma di semplificazione è attuata con la previsione **dell'autocertificazione**, introdotta dalla l. 4 gennaio 1968, n. 15, con la quale è stato consentito ai cittadini di attestare fatti, rapporti e qualità di beni e di persone sotto la propria responsabilità nei confronti della Pubblica amministrazione. Tali atti erano però destinati a perdere efficacia se non sostituiti dagli originali o dalle copie conformi dei certificati. Si trattava quindi di previsione unicamente volta a scongiurare l'irricevibilità delle domande non corredate dai documenti. La l. 15 maggio 1997, n. 127, sulla semplificazione amministrativa e il d.P.R. 20 ottobre 1998, n. 403, che vi ha dato attuazione, hanno introdotto le **dichiarazioni sostitutive di certificati e di atti di notorietà** che, soppiantando il vecchio istituto dell'autocertificazione, hanno conferito al processo di "decertificazione" *applicazione generalizzata ed efficacia durevole*. Il responsabile del procedimento, poi, ha l'obbligo di procedere all'acquisizione d'ufficio di certificati in possesso di pubbliche amministrazioni, laddove il cittadino non possa fornire le dichiarazioni. sostitutive.

B. Dichiarazioni sostitutive di certificazioni e di atti di notorietà

Le **dichiarazioni sostitutive di certificazioni** (art. 46, d.P.R. 28 dicembre 2000, n. 445, *Testo unico delle disposizioni legislative e regolamentari in materia di documentazione amministrativa*) sono ricognitive di preesistenti certificati e sostituiscono, pertanto, la produzione di certificati nei rapporti con la pubblica amministrazione, con i gestori di servizi pubblici e con i privati. La mancata accettazione di tali dichiarazioni o la richiesta di certificati o di atti di notorietà costituisce, per la pubblica amministrazione, violazione dei doveri d'ufficio.

C. Dichiarazioni sostitutive di atti di notorietà

Le **dichiarazioni sostitutive dell'atto di notorietà**, invece, sono dirette a comprovare, nell'interesse del dichiarante ed in via definitiva, condizioni, qualità, fatti e *status* non certificati in pubblici registri o fatti e qualità di altri soggetti di cui il dichiarante abbia conoscenza; sono disciplinate dall'art. 47, d.P.R. n. 445 del 2000.
Volendo identificare le **differenze tra le due tipologie di dichiarazioni**, merita evidenziare che:

- le dichiarazioni sostitutive di certificazioni *riproducono le certezze legali analoghe a quelle dei certificati*, quelle sostitutive di atti notori *creano nuove certezze giuridiche*;
- stati, qualità personali e fatti oggetto delle dichiarazioni sostitutive di certificazioni sono *tassativi*, giusta l'elenco di cui all'art. 46, comma 1, d.P.R. n. 445 del 2000; stati, qualità personali o fatti oggetto delle seconde sono *sia tendenzialmente atipici*, potendo esser veicolati attraverso la dichiarazione *ex* art. 47, d.P.R. cit. sulla base del solo criterio della "*diretta conoscenza*" da parte del dichiarante (commi 1 e 2), sia *residuali* atteso che "*Fatte salve le eccezioni espressamente previste per legge nei rapporti con la pubblica amministrazione e con i concessionari di pubblici servizi, tutti gli stati, le qualità personali e i fatti non espressamente indicati nell'art. 46 sono comprovati dall'interessato mediante la dichiarazione sostitutiva di atto di notorietà*" (comma 3).

▶ 8.6.1. L'accertamento di ufficio.

La l. n. 241 del 1990 ha introdotto e generalizzato il **dovere di acquisire d'ufficio** atti e documenti in possesso dell'amministrazione procedente o di altre amministrazioni, attestanti atti, fatti e qualità degli interessati necessari per l'istruttoria del procedimento. L'amministrazione procedente può richiedere agli interessati i soli elementi necessari per la ricerca dei documenti. Parimenti vanno accertati d'ufficio dal responsabile del procedimento i fatti, gli stati e le qualità che la stessa amministrazione procedente o altra pubblica amministrazione è tenuta a certificare. Il d.l. 16 luglio 2020, n. 76, c.d. Decreto Semplificazioni, ha ulteriormente decertificato i procedimenti aventi ad oggetto l'erogazione di benefici economici in senso lato ed il rilascio di autorizzazioni. Ha infatti inserito nel citato art. 18, l. n. 241 del 1990 il comma 3 *bis*, in forza del quale "*Nei procedimenti avviati su istanza di parte, che hanno ad oggetto l'erogazione di benefici economici comunque denominati, indennità, prestazioni previdenziali e assistenziali, erogazioni, contributi, sovvenzioni, finanziamenti, prestiti, agevolazioni, da parte di pubbliche amministrazioni ovvero il rilascio di autorizzazioni e nulla osta comunque denominati, le dichiarazioni di cui agli articoli 46 e 47 del decreto del Presidente della Repubblica 28 dicembre 2000, n. 445, ovvero l'acquisizione di dati e documenti di cui ai commi 2 e 3, sostituiscono ogni tipo di documentazione comprovante tutti i requisiti soggettivi ed oggettivi richiesti dalla normativa di riferimento, fatto comunque salvo il rispetto delle disposizioni del codice delle leggi antimafia e delle misure di prevenzione, di cui al decreto legislativo 6 settembre 2011, n. 159*".

9. L'informatizzazione della Pubblica amministrazione.

Ulteriore volano di modernizzazione della pubblica amministrazione è il suo **processo di informatizzazione**, destinato ad essere strumento essenziale di semplificazione dei procedimenti amministrativi. L'importanza di tale processo è stata ribadita dalla **legge 11 settembre 2020, n. 120,** di conversione del c.d. *decreto semplificazioni* (d.l. 16 luglio 2020, n. 76) che ha riformato l'art. 3-*bis* della legge 241 del 1990 (norma relativa all'*uso* *della telematica* nel procedimento). In particolare, è stato sostituito il generico e poco concreto dovere delle amministrazioni *di incentivare l'uso della telematica*, con un ben più significativo dovere di **agire mediante strumenti informatici e telematici**, *"nei rapporti interni, tra le diverse amministrazioni e tra queste e i privati"*.

▶ 9.1. Agenda digitale e e-government

L'ammodernamento tecnologico dell'Amministrazione rientra tra gli obiettivi della c.d. **Agenda Digitale, un *documento strategico-programmatico* che** definisce le strategie di sviluppo, crescita e innovazione abilitate dalle tecnologie digitali sia a livello nazionale che locale. L'attuazione dell'Agenda digitale italiana richiede il coordinamento di molteplici azioni in capo alla Pubblica amministrazione, alle imprese e alla società civile e necessita di una gestione integrata delle diverse fonti di finanziamento nazionali e comunitarie (a livello centrale e territoriale). A tal fine l'**Agenzia per l'Italia Digitale** (AGID) ha il compito di redigere il Piano triennale per l'informatica nella Pubblica amministrazione. Le numerose politiche dirette a promuovere e realizzare questo processo di informatizzazione della P.A. prende invece il nome di ***e-government***, dalla Commissione europea definito come *"l'uso delle tecnologie dell'informazione e della comunicazione nelle Pubbliche Amministrazioni, coniugato a modifiche organizzative e all'acquisizione di nuove competenze al fine di migliorare i processi democratici e di rafforzare il sostegno alle politiche pubbliche"*.

▶ 9.2. Il CAD.

Il legame tra semplificazione e digitalizzazione ha trovato un'affermazione positiva nel Codice dell'amministrazione digitale – c.d. **CAD** (d.lgs. 7 marzo 2005, n. 82, a più riprese modificato, da ultimo dal d.l. 31 maggio 2021, n. 77, e dalla l. 30 dicembre 2021, n. 234, Legge di bilancio 2022), che impone alle Pubbliche amministrazioni di provvedere a razionalizzare e semplificare i procedimenti amministrativi, le attività gestionali, i documenti, la modulistica, le modalità di accesso e di presentazione delle istanze da parte dei cittadini e delle imprese, **assicurando l'utilizzo delle tecnologie dell'informazione e della comunicazione**.

▶ 9.3. Il procedimento digitale.

I principi alla base del nuovo codice si fondano sull'esigenza di garantire, in materia di erogazione di servizi da parte delle pubbliche amministrazioni, **il diritto di accesso dei cittadini e delle imprese ai dati, documenti e servizi di loro interesse in modalità digitale**, nonché la semplificazione dell'accesso ai servizi alla persona, riducendo la necessità di accesso fisico agli uffici pubblici.
Il CAD ha introdotto una serie di misure volte a garantire: un **livello minimo di erogazione dei servizi *on line*** da parte amministrazioni pubbliche; la **piena applicazione del principio del *digital first***, in base al quale il digitale è il canale principale per tutte le attività delle P.A.; la **partecipazione con modalità telematiche ai processi decisionali pubblici**; l'utilizzo del c.d. **PIN unico**; la promozione dell'elezione del **domicilio digitale**; l'adeguamento alle norme europee

in materia di **identificazione elettronica** e servizi fiduciari per le transazioni elettroniche; la diffusione dei **pagamenti digitali**.

▶ 9.4. Gli strumenti dell'informatizzazione della P.A.

I principali strumenti dell'informatizzazione della P.A. sono identificati: nella **posta elettronica certificata**, finalizzata, da un lato, a dare certezza giuridica alle comunicazioni e, dall'altro, ad abbattere i costi delle tradizionali raccomandate andata/ritorno; nella **firma digitale**, anch'essa utilizzata per garantire l'identificazione del soggetto che firma, la sua volontà di sottoscrivere e dare validità giuridica alle attestazioni che coinvolgono privati o P.A.; nei **documenti informatici**, per la cui archiviazione il Codice impone la tenuta dell'archivio elettronico, con enormi vantaggi in termini di spazio e tempi di ricerca; nelle **carte elettroniche** (carta di identità elettronica e carta nazionale dei servizi), che fungono da strumento di autenticazione ed accesso ai servizi in rete della P.A.; nella formazione del **fascicolo informatico** dei procedimenti amministrativi; nei **siti internet della P.A.**, vere e proprie piattaforme di accesso per qualsiasi cittadino, caratterizzate da reperibilità, chiarezza nel linguaggio, affidabilità, semplicità, omogeneità. All'interno di ogni sito internet, secondo le disposizioni del Codice, devono essere presenti taluni contenuti fondamentali, quali l'organigramma, gli indirizzi e-mail utili, i servizi forniti in rete, i bandi di gara, i procedimenti a carico di ciascun ufficio nonché il loro responsabile.

▶ 9.4.1. In particolare: la posta elettronica certificata.

La **posta elettronica certificata** (PEC) è definita dal Codice dell'amministrazione digitale (CAD) come il *sistema di comunicazione in grado di attestare l'invio e l'avvenuta consegna di un messaggio di posta elettronica e di fornire ricevute opponibili ai terzi*. Il decreto-legge n. 185/2008, ha esteso a **tutte le amministrazioni pubbliche l'obbligo di istituire una casella di posta elettronica certificata**, o analogo indirizzo di posta elettronica. Il medesimo provvedimento ha previsto anche l'attribuzione gratuita di una casella di posta elettronica certificata - PEC a tutti i cittadini che ne facciano richiesta.
L'indirizzo di PEC consente **l'invio di documenti informatici per via telematica con valenza legale** ed è strumento valido giuridicamente ai fini dei rapporti con le pubbliche amministrazioni, che sono tenute ad utilizzarlo per le comunicazioni e le notificazioni aventi come destinatari i dipendenti della stessa o di altra amministrazione. A seguito delle modifiche che hanno interessato il CAD, le pubbliche amministrazioni sono tenute a utilizzare la PEC ai fini della trasmissione telematica di comunicazioni che necessitano di una ricevuta di invio e di una di consegna a soggetti che abbiano preventivamente dichiarato il proprio indirizzo; la trasmissione del documento informatico tramite PEC equivale, altresì, alla notificazione a mezzo posta, salvo che la legge disponga diversamente.

▶ 9.4.2. La carta di identità elettronica.

La **carta di identità elettronica** (CIE), è definita dal Codice dell'amministrazione digitale (CAD) come **il documento d'identità munito di elementi per l'identificazione fisica del titolare**, rilasciato su supporto informatico dalle amministrazioni comunali. Si tratta di uno degli strumenti principali del processo di informatizzazione della pubblica amministrazione. Infatti, la CIE, oltre a mantenere la funzione del documento cartaceo attestante l'identità della persona, ha **anche la funzione di strumento di accesso ai servizi innovativi** che le pubbliche amministrazioni locali e nazionali mettono a disposizione per via telematica.

▶ 9.5. P.A. digitale e diritti dei cittadini e imprese.

Il CAD prevede una serie di norme che definiscono **diritti e doveri** della nuova Pubblica amministrazione digitale verso cittadini e imprese; quali: il **diritto all'uso delle tecnologie** (art. 3), secondo il quale i cittadini e le imprese hanno diritto di usare, in modo accessibile ed efficace, le soluzioni e gli strumenti previsti dal Codice nei rapporti con le pubbliche amministrazioni, con i gestori di pubblici servizi statali e con le società a controllo pubblico anche ai fini dell'esercizio dei diritti di accesso e della partecipazione al procedimento amministrativo, fermi restando i diritti delle minoranze linguistiche riconosciute; il **diritto all'identità digitale (SPID) e domicilio digitale** (art. 3-*bis*), in virtù del quale chiunque ha il diritto di accedere ai servizi *on-line* offerti dalle pubbliche amministrazioni e dai gestori di pubblici servizi tramite la propria identità digitale. Ogni cittadino ha la possibilità di indicare al Comune di residenza un domicilio digitale (l'indirizzo di posta elettronica certificata o altro servizio di recapito certificato qualificato secondo le norme eIDAS, che consente la prova al momento della ricezione) come canale esclusivo di comunicazione con l'amministrazione. La l. 11 settembre 2020, n. 120, ha statuito che l'identità digitale SPID e CIE (*Carta di identità elettronica*) diventano le *sole credenziali per accedere ai servizi digitali* della pubblica amministrazione, nazionale e territoriale; il **diritto di effettuare pagamenti con modalità informatiche** (art. 5), il quale prevede le pubbliche amministrazioni e i gestori di pubblici servizi sono obbligati ad accettare i pagamenti spettanti a qualsiasi titolo attraverso sistemi di pagamento elettronico; il **diritto a servizi online semplici e integrati** (art. 7), per il quale chiunque ha diritto di fruire dei servizi erogati dalle pubbliche amministrazioni, dai gestori di pubblici servizi statali e dalle società a controllo pubblico in forma digitale e in modo integrato, tramite gli strumenti telematici messi a disposizione dalle pubbliche amministrazioni, anche attraverso dispositivi mobili.

▶ 9.6. Difensore civico digitale.

Al fine di rendere effettiva l'opera di informatizzazione è poi prevista la designazione di un responsabile presso ciascun ufficio che svolge le funzioni di **difensore civico digitale** al quale i cittadini e le imprese possono inviare segnalazioni e reclami relativi ad ogni presunta violazione del presente Codice e di ogni altra norma in materia di digitalizzazione ed innovazione della pubblica amministrazione.

10. Utilizzo dell'algoritmo nell'esercizio dell'attività amministrativa. I principi di conoscibilità, non esclusività della decisione algoritmica, non discriminazione algoritmica.

Una questione recentemente emersa attiene alla ammissibilità dell'utilizzo dell'algoritmo nella gestione di talune procedure amministrative.
La questione si è posta con riguardo all'adozione in ambito scolastico di un piano straordinario assunzionale demandato ad un algoritmo per effetto del quale sono stati operati i trasferimenti e le assegnazioni. In particolare, i ricorrenti lamentavano che l'assegnazione delle sedi scolastiche fosse avvenuta utilizzando un algoritmo criptico nel suo funzionamento, non attento peraltro alle preferenze espresse dai docenti.
La giurisprudenza amministrativa[1] ha al riguardo espresso un favor per la possibilità che l'Amministrazione utilizzi le rilevanti potenzialità della c.d. rivoluzione digitale. Il ricorso ad algoritmi informatici per l'assunzione di decisioni che riguardano la sfera pubblica e privata può infatti produrre favorevoli effetti in termini di di efficienza e neutralità, oltre che qualità dei servizi resi ai cittadini e agli utenti. In molti campi, infatti, gli algoritmi possono consentire di "*correggere le storture e le imperfezioni che caratterizzano tipicamente i processi cognitivi e le scelte compiute dagli esseri umani*", atteso che "*le decisioni prese dall'algoritmo assumono un'aura di neutralità, frutto di asettici calcoli razionali basati su dati*".
In particolare quando vengono in considerazione procedure seriali o standardizzate - implicanti l'elaborazione di ingenti quantità di istanze e caratterizzate dall'acquisizione di dati certi ed oggettivamente comprovabili e dall'assenza di ogni apprezzamento discrezionale- l'ammissibilità di tali strumenti risponde pertanto ai canoni di efficienza ed economicità dell'azione amministrativa (art. 1, l. n. 241 del 1990), i quali, secondo il principio costituzionale di buon andamento dell'azione amministrativa (art. 97 Cost.), impongono all'amministrazione il conseguimento dei propri fini con il minor dispendio di mezzi e risorse e attraverso lo snellimento e l'accelerazione dell'iter procedimentale. L'utilizzo di una procedura informatica che conduca direttamente alla decisione finale "*non deve essere stigmatizzata, ma anzi, in linea di massima, incoraggiata: essa comporta infatti numerosi vantaggi quali, ad esempio, la notevole riduzione della tempistica procedimentale per operazioni meramente ripetitive e prive di discrezionalità, l'esclusione di interferenze dovute a negligenza (o peggio dolo) del funzionario (essere umano) e la conseguente maggior garanzia di imparzialità della decisione automatizzata*".
Riconosciuta pertanto la possibilità per l'amministrazione di ricorrere all'algoritmo, senza che rilevi al riguardo la distinzione tra attività amministrativa vincolata o discrezionale, la stessa giurisprudenza amministrativa si è mostrata consapevole del fatto che tali strumenti presuppongono una serie di scelte e di assunzioni tutt'altro che neutre: "*l'adozione di modelli predittivi e di criteri in base ai quali i dati sono raccolti, selezionati, sistematizzati, ordinati e messi insieme, la loro interpretazione e la conseguente formulazione di giudizi sono tutte operazioni frutto di precise scelte e di valori, consapevoli o inconsapevoli*".

---

[1] Cons. St., Sez. VI, 4 febbraio 2020, n. 881; Cons. St., Sez. VI, 13 dicembre 2019, n. 8472; Tar Lazio, Roma, Sez. III *bis*, 10 settembre 2018, n. 9230.

Ha conseguentemente definito un catalogo di condizioni di legittimità del ricorso all'algoritmo nell'esercizio dell'azione amministrativa.

▶ 10.1. Conoscibilità del modulo e dei criteri

In primo luogo, è necessaria la piena conoscibilità a monte del modulo utilizzato e dei criteri applicati.
Tale conoscibilità -riferita tanto alla stessa amministrazione titolare del potere quanto ai soggetti incisi e coinvolti dal potere stesso- deve riguardare gli autori dell'algoritmo, il procedimento usato per la sua elaborazione, il meccanismo di decisione, comprensivo delle priorità assegnate nella procedura valutativa e decisionale.
Tanto al fine di consentire la verifica che criteri, presupposti e esiti del procedimento robotizzato siano conformi alle prescrizioni e alle finalità stabilite dalla legge o dalla stessa amministrazione a monte del procedimento.
E' inoltre necessaria l'imputabilità della decisione all'organo titolare del potere, il quale deve quindi poter svolgere la necessaria verifica di logicità e legittimità della scelta e degli esiti affidati all'algoritmo.

▶ 10.2. Il principio di non esclusività della decisione algoritmica

Si tratta del c.d. principio di non esclusività della decisione algoritmica.
Nel caso in cui una decisione automatizzata "produca effetti giuridici che riguardano o che incidano significativamente su una persona", questa ha diritto a che tale decisione non sia basata unicamente su tale processo automatizzato. Deve infatti esservi, nel processo decisionale, un contributo umano in grado di controllare, validare ovvero smentire la decisione automatica.

▶ 10.3. Il principio di non discriminazione algoritmica

In terzo luogo, va osservato il principio di non discriminazione algoritmica. L' algoritmo non deve assumere carattere discriminatorio.
Il titolare del trattamento deve quindi utilizzare procedure matematiche o statistiche appropriate per la profilazione, mettendo in atto misure tecniche e organizzative adeguate al fine di garantire, in particolare, che siano rettificati i fattori che comportano inesattezze dei dati e sia minimizzato il rischio di errori e al fine di garantire la sicurezza dei dati personali, secondo una modalità che tenga conto dei potenziali rischi esistenti per gli interessi e i diritti dell'interessato e che impedisca tra l'altro effetti discriminatori nei confronti di persone fisiche sulla base della razza o dell'origine etnica, delle opinioni politiche, della religione o delle convinzioni personali, dell'appartenenza sindacale, dello status genetico, dello stato di salute o dell'orientamento sessuale, ovvero che comportano misure aventi tali effetti.

Scheda di sintesi

Nel curare gli interessi pubblici che la legge le affida la Pubblica Amministrazione è tenuta ad osservare alcuni importanti **principi**. Si tratta dei principi di legalità, imparzialità, giusto procedimento, contradditorio, ragionevolezza, buon andamento, pubblicità e trasparenza. A questi si affiancano, quelli, di derivazione europea, di legittimo affidamento, proporzionalità, giusto procedimento.

Il principio di trasparenza dell'azione amministrativa trova le sue più tradizionali espressioni nella possibilità di **accesso ai documenti amministrativi**, nell'**obbligo di motivazione dei provvedimenti** e nei vari **istituti di partecipazione al procedimento amministrativo**. Negli ultimi decenni sono state avviate politiche di riforma dell'Amministrazione, volte a modernizzarla e renderne più efficiente l'operato. Alcune di queste sono state ispirate alle esigenze di **semplificazione amministrativa, liberalizzazione e informatizzazione**. A differenza dell'autentica **liberalizzazione**, che si ha quando si svincola l'avvio e lo svolgimento dell'attività del privato dal condizionamento dell'attività amministrativa, per esempio consentendo che lo stesso inizi ad esercitare l'attività di impresa senza attendere una pronuncia dell'Amministrazione anche implicitamente manifestata, la **semplificazione** si ha quando la legge si limita a *snellire le modalità di formazione e le forme di manifestazione di una decisione amministrativa* che continua ad essere necessaria Espressione di politiche di semplificazione sono le regole in tema di **conferenze di servizi**, **accordi fra amministrazioni pubbliche**, **silenzio devolutivo, silenzio tra amministrazioni e silenzio assenso**, nonché quelle relative alle **dichiarazioni sostitutive**.

Alla logica (per quanto solo parziale) **liberalizzazione** risponde, invece, il diverso istituto della **segnalazione certificata di inizio di attività** (c.d. S.c.i.a.), ora disciplinato dall'art. 19, l. 7 agosto 1990, n. 241, in forza del quale, al di fuori di alcuni ambiti, ogni atto di autorizzazione, licenza, concessione non costitutiva, permesso o nulla osta comunque denominato, è sostituito da una segnalazione dell'interessato.

Domande di verifica

1. Cosa si intende per legalità in senso forte?
2. Cosa prevede il cd. principio del giusto procedimento?
3. Cosa impone il principio di ragionevolezza alla P.A.?
4. Quali sono le differenze tra dichiarazioni sostitutive di certificazioni e di atti di notorietà?
5. Quali sono le differenze tra conferenza istruttoria e decisoria e tra conferenza asincrona e simultanea?
6. Quali sono le differenze tra accordi procedimentali e accordi sostitutivi?
7. Che si intende per silenzio devolutivo?
8. In quali caso il silenzio vale assenso?
9. Quali sono i principali diritti digitali riconosciuti nei rapporti con l'Amministrazione?
10. Che si intende per domicilio digitale?

Capitolo 7
PROCEDIMENTO AMMINISTRATIVO E ACCESSO

SOMMARIO

1. Il procedimento amministrativo

Anche per garantire la puntuale osservanza dei principi descritti, la legge detta non poche **regole procedimentali** che l'Amministrazione è tenuta ad osservare.
Soprattutto per effetto della **l. 7 agosto 1990, n. 241**, si è passati da un modello in cui la P.A. assumeva le decisioni in via unilaterale ad un modello in cui ai privati è riconosciuto il più *ampio diritto di partecipare all'attività amministrativa*, con la conseguenza che l'Amministrazione è tenuta ad adottare le sue determinazioni solo all'esito di un procedimento nel quale ai privati interessati sia consentito di intervenire in funzione collaborativa o difensiva.

In linea generale, il procedimento amministrativo assolve alle seguenti funzioni:
- consentire all'Amministrazione chiamata ad assumere talune decisioni di **accertare i dati di fatto e valutare i diversi interessi** pubblici e privati di occorre tenere conto;
- assicurare il **coordinamento** dell'azione e dei pareri dei diversi organi

preposti alla tutela dei distinti interessi pubblici coinvolti (per esempio, organi con funzione consultiva o di controllo);
- garantire la **partecipazione dei soggetti interessati**.

Il procedimento amministrativo è una sequenza ordinata di atti, fatti e operazioni, posti in essere da più uffici o organi, collegati tra loro e finalizzati al conseguimento di un risultato: l'emanazione di un provvedimento amministrativo.
Sino al 1990, a differenza di altri Paesi europei, l'Italia non si era dotata di una normativa generale sul procedimento amministrativo, che era disciplinato da una serie di nome di settore e da alcuni principi generali elaborati dalla giurisprudenza amministrativa e costituzionale.
La legge 7 agosto 1990, n. 241, ha, per la prima volta, dettato una disciplina generale sul procedimento amministrativo, improntata ai principi di trasparenza e partecipazione, che ha facilitato il controllo dell'attività amministrativa da parte degli interessati e il sindacato sulla stessa ad opera degli interessati e dell'autorità competente.
A tale legge sono stati apportati alcuni correttivi nel corso degli anni (in particolare con la legge 11 febbraio 2005, n. 15 e con la legge 18 giugno 2009, n. 69), tesi ad incentivare il nuovo modello di azione amministrativa: partecipata e trasparente.

2. Le fasi del procedimento amministrativo

Il procedimento amministrativo, come disciplinato dalla legge n. 241/1990, è strutturato in **quattro fasi**:
– **fase di iniziativa**, nella quale il procedimento amministrativo ha inizio;
– **fase istruttoria**, in cui il responsabile del procedimento analizza i fatti e gli interessi rilevanti ai fini della decisione;
– **fase decisoria**, nella quale viene determinato il contenuto del provvedimento amministrativo conclusivo del procedimento;
– **fase di integrazione dell'efficacia**, che è una fase eventuale che si realizza quando è apposta una condizione all'efficacia del provvedimento.

▶ 2.1. La fase dell'iniziativa

La fase dell'**iniziativa** è quella *propulsiva* del procedimento.
Il procedimento può essere instaurato:
- ad **iniziativa di parte**, allorché sia il privato a sollecitarne l'avvio mediante un'**istanza** (domanda del privato) o un **ricorso** (teso a provocare un riesame della legittimità o del merito di un provvedimento) o una **denuncia** (dichiarazioni presentate dai privati ad un'autorità amministrativa al fine di sollecitare l'esercizio dei suoi poteri, per esempio sanzionatori);
- ad **iniziativa d'ufficio**, **autonoma** quando è l'organo competente all'emissione del provvedimento conclusivo che dà avvio al procedimento; **eteronoma** quando l'iniziativa è di un organo diverso da quello competente ad emettere il provvedimento finale. In tal caso l'iniziativa può assumere la forma di **richiesta** o di **proposta**.

La distinzione tra procedimenti ad iniziativa di parte e procedimenti ad iniziativa d'ufficio assume rilievo applicativo se si pensa che alcune regole procedimentali sono applicabili solo a taluna delle due tipologie di procedimento: per esempio, l'art. 10 *bis*, l. 7 agosto 1990, n. 241, che impone di comunicare all'interessato il c.d. preavviso di rigetto, *preannunciando* che è sua intenzione respingere l'istanza del privato, si applica ai soli procedimenti ad istanza di parte.

▶ 2.2. La fase istruttoria

Quella istruttoria è la fase centrale del procedimento nella quale la P.A. acquisisce i fatti rilevanti e individua gli interessi coinvolti. *Dominus* della fase istruttoria è il **responsabile del procedimento.** I principi che presiedono tale fase sono:

- il **principio inquisitorio**, sicché la P.A. ha il più ampio potere di iniziativa per il compimento degli atti istruttori;
- il **principio di libera valutazione degli elementi di prova** prodotti;
- il **principio di non aggravamento del procedimento,** sicché deve essere cura del responsabile evitare operazioni e atti che non risultino necessari e opportuni ai fini della decisione (art. 1, co. 2, l. 7 agosto 1990, n. 241).

▶ 2.3. La fase decisoria

La terza fase è quella **decisoria**, nella quale si determina il contenuto, si forma e si emana il provvedimento finale, alla luce delle risultanze della fase istruttoria.
La fase decisoria può essere:

- **semplice**, nel caso in cui l'amministrazione decidente sia una (come, ad esempio, un decreto direttoriale o ministeriale);
- **pluristrutturata**, ovvero articolata da una pluralità di manifestazioni di volontà, adottate da diverse amministrazioni decidenti, e tra loro collegate.

Tra le decisioni pluristrutturate hanno particolare rilevanza: i concerti e le intese.
Si parla di **concerto** quando il provvedimento amministrativo è formato dalle manifestazioni di volontà di organi amministrativi in posizione di parità tra loro (es. decreto del Ministro della salute, di concerto con il Ministro dell'economia e delle finanze).
In tal caso l'amministrazione procedente adotta il provvedimento amministrativo conclusivo del procedimento, unicamente dopo aver acquisito il concerto (ovvero la manifestazione di volontà) da parte dell'altra amministrazione competente. In assenza di concerto, il provvedimento non può essere adottato.
Le **intese**, invece, costituiscono manifestazioni di volontà rese da enti diversi.
Anche in questo caso, il provvedimento amministrativo non può essere adottato in mancanza dell'intesa.

▶ 2.4. La fase integrativa dell'efficacia

La quarta e ultima fase è quella **dell'integrazione dell'efficacia**. È una fase eventuale in quanto vi sono dei casi in cui il provvedimento è efficace sin dal momento

della sua emanazione, senza che occorrano ulteriori condizioni.
In altri casi, invece, l'ordinamento prevede che, affinché il provvedimento possa produrre i propri effetti, è necessario che abbiano esito positivo alcune forme di controllo ovvero che lo stesso sia portato a conoscenza dei destinatari.
Ciò avviene attraverso:
- il **controllo**, ovvero la verifica dei contenuti del provvedimento amministrativo, che viene esercitata dagli organi competenti e solitamente esterni all'amministrazione che ha emanato l'atto. In tal caso, solo all'esito positivo del controllo il provvedimento può divenire efficace;
- la **comunicazione** ai destinatari, nei casi degli atti c.d. **recettizi**, in cui la comunicazione agli interessati costituisca presupposto indispensabile per l'efficacia del provvedimento. In particolare, ai sensi dell'art. 21 *bis*, l. 7 agosto 1990, n. 241, il provvedimento che limita la sfera giuridica dei privati acquista efficacia con la comunicazione ai destinatari.

3. I termini di conclusione del procedimento

Il "tempo" dell'azione amministrativa è stato, nel corso degli anni, al centro di un crescente interesse da parte del legislatore nazionale, interessato a disincentivare l'inerzia della P.A. e a sancire il **principio della certezza temporale** dell'attività amministrativa, in attuazione del più ampio principio del giusto procedimento.

L'art. 2 della legge n. 241/1990 disciplina l'obbligo della P.A. di concludere il procedimento amministrativo con un **provvedimento espresso** – sia nel caso in cui il provvedimento abbia avuto origine dall'istanza del privato, sia nel caso in cui sia stato avviato d'ufficio – entro **un termine certo e predefinito**.

La richiamata disposizione prevede che – salvo diversa previsione contenuta nella legge o nei provvedimenti in cui l'amministrazione definisce i termini di conclusione del procedimento – i procedimenti amministrativi di competenza delle amministrazioni statali e degli enti pubblici nazionali devono concludersi nel termine di **trenta giorni**.
È prevista, per le amministrazioni statali e per gli enti pubblici nazionali, la possibilità di allungare tale termine; e, precisamente:
- di regola, possono essere individuati termini non superiori a **90 giorni** per la conclusione dei procedimenti;
- in presenza di **particolari presupposti** – tenendo conto della sostenibilità dei tempi sotto il profilo dell'organizzazione amministrativa, della natura degli interessi pubblici tutelati e della particolare complessità del procedimento – e ove sia **indispensabile**, il termine può essere prorogato **fino 180 giorni**.

Essi **possono essere sospesi**, per una sola volta e per un periodo non superiore a 30 giorni, per l'acquisizione di informazioni o di certificazioni relative a fatti, stati o qualità non attestati in documenti già in possesso dell'amministrazione o non direttamente acquisibili presso altre pubbliche amministrazioni.

▶ 3.1. Il mancato rispetto dei termini di conclusione del procedimento: i rimedi

La **violazione dei termini** di conclusione del procedimento si verifica quando la pubblica amministrazione non adotta il provvedimento entro il termine di conclusione dello stesso e può dar luogo alla mancata o tardiva emanazione del provvedimento (dipendentemente dal fatto che la P.A. adotti o meno il provvedimento successivamente allo scadere del termine di conclusione del procedimento).
Il legislatore, al fine di disincentivare l'inerzia della pubblica amministrazione, è più volte intervenuto sulla disciplina vigente al fine di introdurre una serie di strumenti finalizzati a favorire il rispetto dei termini di conclusione del procedimento e deflazionare i ritardi della P.A.
A fronte di tali interventi integrativi e modificativi delle norme in materia di inerzia della P.A., la vigente disciplina prevede quanto segue.
Innanzitutto, l'art. 2, comma 9, della legge n. 241/1990 prevede che: la mancata o tardiva emanazione del provvedimento nei termini costituisce elemento per la valutazione della **performance individuale**, nonché di **responsabilità disciplinare** e **amministrativo-contabile** del dirigente o del funzionario inadempiente.
Al fine di ovviare all'inerzia della P.A., l'art. 2, commi 9-*bis* e 9-*ter* (modificati di recente dal d.l. n. 77/2021), prevede poi che l'organo di Governo individua, nell'ambito delle figure apicali dell'amministrazione, il **soggetto** cui attribuire il **potere sostitutivo in caso di inerzia**. In caso di omessa individuazione da parte dell'organo di governo, il responsabile del potere sostitutivo è individuato nel dirigente generale o, in mancanza, nel dirigente preposto all'ufficio, o in mancanza, nel funzionario di più elevato livello presente nell'amministrazione. Tale soggetto, in caso di ritardo, comunica senza indugio il nominativo del responsabile, ai fini della valutazione dell'avvio del procedimento disciplinare, secondo le disposizioni del proprio ordinamento e dei contratti collettivi nazionali di lavoro, e, in caso di mancata ottemperanza alle disposizioni del presente comma, assume la sua medesima responsabilità oltre a quella propria.
Il **nominativo** di tale soggetto **è pubblicato** – per ciascun procedimento amministrativo, in formato tabellare e con collegamento ben visibile alla *home page* – **sul sito *internet* dell'amministrazione**.
Il titolare del potere sostitutivo interviene a "sanare" i casi di ritardo o inerzia della P.A. Difatti, decorso inutilmente il termine per la conclusione del procedimento, **il privato può rivolgersi al responsabile del potere sostitutivo** affinché, entro un termine pari alla metà di quello originariamente previsto, concluda il procedimento attraverso le strutture competenti o con la nomina di un commissario.
Il comma 9-*quater* del medesimo art. 2 dispone, inoltre, che il responsabile del potere sostitutivo, entro il 30 gennaio di ogni anno, **comunica all'organo di governo i procedimenti**, suddivisi per tipologia e strutture amministrative competenti, **nei quali non è stato rispettato il termine di conclusione** previsto dalla legge o dai regolamenti.
Nei provvedimenti rilasciati in ritardo su istanza di parte devono inoltre essere **espressamente indicati il termine previsto** dalla legge o dai regolamenti **e quello effettivamente impiegato**.
Per i casi in cui sia accertato l'inadempimento da parte della P.A., è stato inoltre previsto che le sentenze passate in giudicato che accolgono il ricorso proposto avverso

il silenzio inadempimento dell'amministrazione siano **trasmesse**, in via telematica, **alla Corte dei Conti** (art. 2, co. 8, legge n. 241/1990).
Infine, l'art. 328, comma 2, c.p., prevede anche una **responsabilità penale** per il pubblico ufficiale o l'incaricato di un pubblico servizio che non adotti un provvedimento nel termine prescritto dalla legge e non risponda per esporre le ragioni del ritardo. Tale condotta, che configura il reato di **omissione non motivata di atti richiesti**, è punita con la reclusione fino ad un anno o con la multa fino a milletrentadue euro.
Infine, il **d.l. n. 76/2020** (c.d. decreto semplificazioni) ha introdotto il comma 4-*bis* all'art. 2 legge n. 241/90, il quale prevede che le pubbliche amministrazioni misurino e rendano pubblici i tempi effettivi di conclusione dei procedimenti amministrativi di maggiore impatto per i cittadini e per le imprese, comparandoli con i termini previsti dalla normativa vigente.

▶ 3.2. I silenzi della P.A.

Nei casi di mancato rispetto dei termini di conclusione del procedimento, si forma il **c.d. "silenzio" della pubblica amministrazione**, che può avere effetti diversi, dipendentemente dal significato che le disposizioni di legge, di volta in volta, gli attribuiscono.
Il silenzio della P.A. può, pertanto, distinguersi in:
- **silenzio assenso** (si rinvia al precedente Cap. 6, par. 8.4.);
- **silenzio diniego**, quando la legge conferisce all'inerzia della P.A. il significato di diniego dell'istanza del privato;
- **silenzio inadempimento (o asignificativo o rifiuto)**, che si verifica nelle ipotesi in cui l'inerzia dell'amministrazione non è disciplinata da alcuna norma che attribuisca alla stessa un peculiare significato. Al privato è data, in questi casi, la possibilità di ricorrere al giudice amministrativo perché ordini all'Amministrazione di provvedere, salvi i danni per il ritardo. L'art. 2 *bis*, l. n. 241 del 1990, prevede infatti che:
- le pubbliche amministrazioni sono tenute al **risarcimento del danno ingiusto** cagionato in conseguenza dell'inosservanza dolosa o colposa del termine di conclusione del procedimento;
- fatto salvo quanto previsto dal comma 1 e ad esclusione delle ipotesi di silenzio qualificato e dei concorsi pubblici, in caso di inosservanza del termine di conclusione del procedimento ad istanza di parte, per il quale sussiste l'obbligo di pronunziarsi, l'istante ha diritto di ottenere un **indennizzo** per il mero ritardo alle condizioni e con le modalità stabilite dalla legge o, sulla base della legge, da un regolamento emanato ai sensi dell'articolo 17, comma 2, della legge 23 agosto 1988, n. 400. In tal caso le somme corrisposte o da corrispondere a titolo di indennizzo sono detratte dal risarcimento.

4. Il responsabile del procedimento

L'art. 4 legge n. 241/1990 ha previsto l'obbligo per l'amministrazione pubblica di individuare, per ogni procedimento amministrativo (ove non sia già direttamente definito dalla legge o da regolamento), l'unità organizzativa responsabile dell'istruttoria e di ogni

altro adempimento procedimentale, nonché dell'adozione del provvedimento finale.
Una volta individuata l'unità organizzativa competente, il dirigente della stessa provvede ad individuare il responsabile del procedimento, assegnando la responsabilità dell'istruttoria **a sé o ad altro dipendente**.

Il responsabile del procedimento è quindi il titolare della responsabilità della istruttoria e di ogni altro adempimento inerente al singolo procedimento, nonché, eventualmente, dell'adozione del provvedimento finale.
L'unità organizzativa competente e il nominativo del responsabile del procedimento sono comunicati agli interessati nella comunicazione di avvio del procedimento, nonché – su richiesta – a chiunque vi abbia interesse.

Il responsabile del procedimento costituisce la figura centrale dell'*iter* procedimentale, a cui vengono assegnati **compiti istruttori**, ma anche **predecisori**, dovendo lo stesso redigere e trasmettere all'organo competente per l'adozione della decisione finale un atto contenente l'esame e la valutazione delle risultanze istruttorie, dal cui contenuto l'organo decidente può discostarsi solo motivatamente.
In particolare, il responsabile del procedimento svolge i seguenti compiti:

- **valutare**, ai fini istruttori, le condizioni di ammissibilità, i requisiti di legittimazione ed i presupposti che siano rilevanti per l'emanazione di provvedimento;
- **accertare** d'ufficio i fatti, disponendo il compimento degli atti necessari, e adottare ogni misura per l'adeguato svolgimento dell'istruttoria. In particolare, può chiedere il rilascio di dichiarazioni e la rettifica di dichiarazioni o istanze, può esperire inoltre accertamenti tecnici ed ispezioni, nonché ordinare l'esibizione di documenti;
- **proporre** o, avendone la competenza, convocare le conferenze di servizi di cui all'art. 14 della legge n. 241/1990;
- **curare** le comunicazioni, le pubblicazioni e le notificazioni previste dalle leggi e dai regolamenti;
- **adottare**, ove ne abbia la competenza, il provvedimento finale, ovvero trasmettere gli atti all'organo competente per l'adozione. L'organo competente per l'adozione del provvedimento finale, se diverso dal responsabile del procedimento, non può discostarsi da quanto emerso dall'istruttoria, se non indicandone la motivazione nel provvedimento finale.

Data la centralità del responsabile del procedimento nell'*iter* procedimentale, l'art. 6-*bis*, della legge n. 241/1990, detta specifiche previsioni per i casi di **conflitto di interesse**. Precisamente, dispone che il responsabile del procedimento – nonché i titolari degli uffici competenti ad adottare i pareri, le valutazioni tecniche, gli atti endoprocedimentali e il provvedimento finale – devono **astenersi** da tali attività in caso di conflitto di interessi, **segnalando** ogni situazione di conflitto, anche potenziale, al fine di garantire la trasparenza dell'azione della P.A.

5. La partecipazione al procedimento amministrativo

Il Capo III della legge n. 241/1990, titolato "*Partecipazione al procedimento amministrativo*", disciplina gli strumenti con cui il legislatore garantisce la

partecipazione dei privati al procedimento, improntando lo stesso al dialogo e al contraddittorio tra parte pubblica e parte privata, ai fini di un confronto collaborativo.
La partecipazione al procedimento avviene principalmente mediante: la comunicazione di avvio del procedimento, l'intervento nel procedimento, la garanzia dei diritti dei partecipanti al procedimento; il preavviso di rigetto.

6. La comunicazione di avvio del procedimento

La comunicazione ha la funzione di portare il privato a conoscenza dell'avvio di un procedimento amministrativo potenzialmente idoneo a incidere sulla propria sfera giuridica.
Garantendo la partecipazione e il contraddittorio la norma mira a facilitare la completezza dell'istruttoria e la conoscenza da parte della pubblica amministrazione degli interessi privati in gioco.
I soggetti a cui l'amministrazione è tenuta a dare comunicazione di avvio del procedimento possono essere distinti in tre diverse categorie:
- **soggetti nei confronti dei quali il provvedimento finale è destinato a produrre effetti diretti**, che possono essere costitutivi, modificativi o estintivi di situazioni giuridiche preesistenti;
- **soggetti che per legge debbono intervenire nel procedimento**, come, ad esempio, gli enti esponenziali di interessi diffusi (come in materia ambientale);
- **soggetti individuati o facilmente individuabili, diversi dai diretti destinatari**, qualora dal provvedimento possa derivare loro un pregiudizio.

▶ 6.1. Le ipotesi di esonero dall'obbligo di comunicazione di avvio del procedimento

Ai sensi dell'art. 7 della legge n. 241/1990, l'amministrazione procedente può omettere di comunicare ai soggetti sopra individuati l'avvio del procedimento amministrativo:
1. nelle ipotesi in cui sia necessario procedere all'immediata adozione di **provvedimenti cautelari**;
2. ove sussistano ragioni di impedimento derivanti da **particolari esigenze di celerità** del procedimento.

Come tutte le disposizioni in materia di partecipazione, la P.A. non deve comunicare l'avvio del procedimento nei casi di adozione di **atti normativi, amministrativi generali, di pianificazione e programmazione**, nonché nei **procedimenti tributari**, per i quali sussistono specifiche norme che ne regolano la formazione.

▶ 6.2. Contenuti della comunicazione di avvio del procedimento

Al fine di consentire la piena partecipazione degli interessati al procedimento amministrativo, l'art. 8 della legge n. 241/1990, elenca i contenuti della comunicazione di avvio del procedimento, individuati nei seguenti:
- l'**amministrazione competente**;
- l'**oggetto** del procedimento promosso;

- **l'ufficio, il domicilio digitale dell'amministrazione e la persona responsabile del procedimento**;
- **la data entro la quale**, secondo i termini previsti dall'articolo 2, commi 2 o 3, deve **concludersi** il procedimento e i rimedi esperibili in caso di inerzia dell'amministrazione;
- nei procedimenti ad iniziativa di parte, la data di presentazione della relativa **istanza**;
- le modalità con le quali, attraverso il punto di accesso telematico di cui all'articolo 64 *bis* del decreto legislativo 7 marzo 2005, n. 82 o con altre modalità telematiche, è possibile **prendere visione degli atti**, accedere al fascicolo informatico di cui all'articolo 41 dello stesso decreto legislativo n. 82 del 2005 ed esercitare in via telematica i diritti previsti dalla presente legge;
- l'ufficio dove è possibile prendere visione degli atti che non sono disponibili o accessibili con le modalità di cui alla lettera d) (lettera aggiunta dal d.l. n. 76/2020).

La medesima disposizione prevede che la comunicazione di avvio sia **personale**. Qualora per il numero dei destinatari la comunicazione personale non sia possibile o risulti particolarmente gravosa, l'amministrazione provvede a rendere noti gli elementi contenuti nella comunicazione di avvio mediante forme di pubblicità ritenute più idonee.

7. Intervento nel procedimento e diritti dei partecipanti

Gli artt. 9 e 10 legge n. 241/1990, disciplinano rispettivamente l'intervento degli interessati nel procedimento e i diritti dei partecipanti al procedimento.
In ragione di tali disposizioni **qualunque soggetto**, pur non essendo un destinatario del provvedimento, bensì portatore di interessi pubblici o privati, ovvero portatore di interessi diffusi (costituto in associazioni o comitati), cui possa derivare un pregiudizio dal provvedimento, ha **facoltà di intervenire nel procedimento**.
Tutti i soggetti partecipanti al procedimento – sia quelli a cui è stata inviata la comunicazione di avvio del procedimento, sia i portatori di interessi – hanno diritto:

- di **prendere visione degli atti del procedimento**, salvo nei casi in cui la legge prevede che gli atti siano esclusi dal diritto di accesso;
- di **presentare memorie scritte e documenti**, che l'amministrazione ha l'obbligo di valutare ove siano pertinenti all'oggetto del procedimento.

8. Il preavviso di rigetto

Nell'ottica di ridurre il contenzioso fra i cittadini e l'amministrazione, rafforzando al contempo la trasparenza dell'azione amministrativa, la legge n. 15 del 2005 ha introdotto l'art. 10-*bis* della legge n. 241/1990, che disciplina il **preavviso di rigetto**.
Il preavviso di rigetto costituisce una seconda comunicazione – successiva alla comunicazione di avvio del procedimento e diversa da quest'ultima – che la P.A. trasmette all'interessato, nel caso in cui debba adottare un *provvedimento amministrativo di diniego* dell'istanza e prima dell'adozione di tale provvedimento. A

differenza della comunicazione di avvio del procedimento, che ha la finalità di rendere noto agli interessati l'avvio della fase istruttoria, il preavviso di rigetto è finalizzato a comunicare **l'esistenza di motivi che ostano all'accoglimento dell'istanza**.
Esso costituisce un atto **endoprocedimentale** – non idoneo a sostituire il successivo provvedimento amministrativo – nel quale l'amministrazione illustra le ragioni (e quindi la motivazione) per le quali intende rigettare l'istanza del privato.
A seguito di tale comunicazione, gli interessati hanno la facoltà di presentare, **entro dieci giorni** dal ricevimento della stessa, **memorie e documenti** che, ove pertinenti, l'amministrazione sarà tenuta a valutare.
Nel caso in cui, a seguito della valutazione degli elementi integrativi, l'amministrazione decida comunque di adottare un provvedimento di diniego, dovrà darne motivazione nel provvedimento medesimo; qualora, successivamente, il provvedimento venga annullato in giudizio, nell'esercitare nuovamente il suo potere l'amministrazione non può addurre per la prima volta motivi ostativi già emergenti dall'istruttoria del provvedimento annullato.
Il preavviso di rigetto si applica unicamente **ai procedimenti avviati su istanza di parte**.
Inoltre, per espressa disposizione di legge sono **esclusi** dall'ambito di applicazione di tale istituto:

- le **procedure concorsuali**, come i concorsi per l'assunzione nel pubblico impiego e le procedure selettive per il conseguimento dell'idoneità per l'iscrizione negli albi professionali;
- i **procedimenti in materia previdenziale e assistenziale** sorti a seguito di istanza di parte e gestiti dagli enti previdenziali.

9. L'ambito di applicazione della legge sul procedimento amministrativo

La legge n. 241/1990 si applica alle amministrazioni statali e agli enti pubblici nazionali, nonché alle società con totale o prevalente capitale pubblico, limitatamente all'esercizio delle funzioni amministrative.
Tale legge, invece, **non si applica direttamente alle regioni e agli enti locali**, che regolano le materie disciplinate dalla legge n. 241/1990, nel rispetto dell'autonomia loro riconosciuta dalla Costituzione e delle garanzie del cittadino nei riguardi dell'azione amministrativa.
Tuttavia, va segnalato che alcune disposizioni della legge n. 241/1990 attengono ai livelli essenziali delle prestazioni di cui all'art. 117, comma 2, lettera m), Costituzione e, pertanto, devono essere applicate in modo uniforme su tutto il territorio nazionale (anche dalle regioni e dagli enti locali).
Tali disposizioni sono quelle, di cui si tratterà di seguito, che attengono principalmente a:

- partecipazione dell'interessato al procedimento amministrativo;
- individuazione di un responsabile del procedimento;
- termini di conclusione del procedimento;
- accesso alla documentazione amministrativa.

Le regioni e gli enti locali, nel disciplinare i procedimenti amministrativi di propria competenza, **non possono stabilire garanzie inferiori** a quelle assicurate ai privati dalle disposizioni attinenti ai livelli essenziali delle prestazioni, ma possono unicamente prevedere **livelli ulteriori di tutela**.

10. L'accesso

L'introduzione delle norme in materia di accesso ai documenti amministrativi, di cui al Capo V della l. 241 del 1990 (artt. 22 e ss.), ha segnato il passaggio da un sistema incentrato sul principio di segretezza ad un sistema basato su **principi di pubblicità e trasparenza** (v. co. 2, dell'art. 22, l. n. 241 del 1990). A detto principio è direttamente correlata la previsione di cui al successivo comma 3, a tenore del quale **tutti i documenti amministrativi sono accessibili**, salve le ipotesi di **esclusione**, stabilite dal successivo art. 24. A tale figura di accesso, si affiancano **l'accesso civico**, introdotto dal d.lgs. n. 33/2013, e **l'accesso "generalizzato"** introdotto dal d.lgs. n. 97/2016. A differenza dell'accesso "classico", collegato a stringenti limiti di legittimazione, l'accesso civico e l'accesso "generalizzato" non richiedono un interesse diretto, concreto e attuale del soggetto che ne faccia richiesta, in quanto l'accesso, in questi ipotesi, è riconosciuto a "chiunque".

▸ 10.1. I tre accessi. Accesso classico o documentale, accesso civico, accesso generalizzato.

Oggi sono quindi disciplinate tre principali tipologie di accesso:

- l'accesso **c.d. classico o documentale** disciplinato dalla l. 7 agosto 1990, n. 241;
- l'**accesso civico** introdotto dal d.lgs. 14 marzo 2013, n. 33;
- all'**accesso c.d. generalizzato**, introdotto dal d.lgs. 25 maggio 2016, n. 97.

Il c.d. **accesso classico o documentale** è un istituto a legittimazione ristretta, consentito solo a *chi intenda curare o difendere, attraverso la conoscenza dell'atto, un diritto di cui sia già titolare*. L'istanza di accesso non può essere, quindi, diretta "*ad un controllo generalizzato dell'operato delle pubbliche amministrazioni*" (art. 24, co. 3, l. 7 agosto 1990, n. 241).
Secondo l'art. 22, co. 1, lett. b), l. 7 agosto 1990, n. 241, ai fini dell'accesso c.d. classico o documentale è necessario essere titolari di "***un interesse diretto, concreto e attuale****, corrispondente ad una situazione giuridicamente tutelata e collegata al documento al quale è chiesto l'accesso*". Così, per esempio, agli atti del procedimento amministrativo finalizzato al rilascio di un permesso a costruire potrà chiedere ed ottenere l'accesso il proprietario del terreno confinante, il quale ritenga di essere leso dalla costruzione autorizzata, non invece un normale cittadino che voglia controllare la regolarità dell'opera.
Il d.lgs. 14 marzo 2013, n. 33, ha invece introdotto il nuovo istituto dell'**accesso civico**, riconoscendo a **chiunque** la possibilità di chiedere l'adempimento degli obblighi di pubblicazione imposti all'Amministrazione con riferimento a certe categorie di documenti e da questa non osservati. Limitatamente, quindi, ai documenti per i quali sussistono **obblighi di pubblicazione**, il d.lgs. 14 marzo 2013, n. 33, riconosce a *chiunque* il diritto di accedere agli stessi per il **solo fatto che quell'obbligo di**

pubblicazione non sia stato adempiuto.
Infine, con il d.lgs. 25 maggio 2016, n. 97, è introdotta e disciplinata una **terza forma di accesso**, il c.d. **accesso generalizzato**, che **chiunque** può chiedere con riferimento a **qualsiasi atto dell'amministrazione** (non solo quello per i quali sussiste un obbligo di pubblicazione, come è per l'accesso c.d. civico), anche al solo fine di partecipare al dibattito pubblico su certi temi di interesse collettivo.
La **differenza tra accesso civico e accesso generalizzato** riguarda quindi l'ambito di applicazione: l'accesso civico è un diritto azionabile sul presupposto della mancata osservanza degli obblighi di pubblicazione a carico della P.A.; al contrario dell'**accesso generalizzato** riguarda i **documenti *ulteriori*** rispetto a quelli che la P.A. ha l'obbligo di pubblicare.

▶ 10.2. L'accesso classico

In base all'art. 22, co. 1, lett. d), l. n. 241 del 1990 **non sono accessibili** le informazioni in possesso di una P.A. **non racchiuse in un documento amministrativo**. Alla stregua della nuova formulazione della norma, infatti, oggetto del diritto di accesso sono i **documenti** comunque detenuti da una P.A., purché si riferiscano ad **attività di pubblico interesse**. Per ***documento*** accessibile, si intende ogni rappresentazione di atti "*concernenti attività di pubblico interesse, indipendentemente dalla **natura pubblicistica o privatistica** della loro disciplina sostanziale*".

A) I limiti all'accesso classico. L'accesso difensivo.

L'art. 22, l. n. 241 del 1990, al comma 2, prevede che l'accesso ai documenti amministrativi costituisce **principio generale** dell'**attività amministrativa**. Coerentemente il comma 3 dello stesso articolo dispone che **tutti i documenti amministrativi sono accessibili**, ad **eccezione** di quelli indicati all'art. 24, co. 1, 2, 3, 5 e 6.
L'art. 24 individua, pertanto, **i limiti all'accesso** ed i **criteri per il bilanciamento** fra gli interessi contrapposti, fermo restando che l'accesso non può essere negato qualora per tutelare le esigenze individuate dalla legge sia sufficiente differirlo o limitarlo parzialmente (co. 4).
I **limiti** possono essere classificati in **tassativi** ed **eventuali**.

- I limiti **tassativi** sono previsti direttamente dalla legge per la tutela di preminenti interessi pubblicistici e non sono derogabili dalla P.A. L'art. 24, co. 1, fa riferimento: ai documenti coperti dal **segreto di Stato**; ai casi di **segreto** o di **divieto di divulgazione** espressamente previsti da norme di legge o regolamentari; ai **procedimenti tributari**; all'attività diretta all'elaborazione di **atti normativi o amministrativi generali**; ai documenti amministrativi relativi a **procedure selettive** contenenti informazioni di carattere **psicoattitudinale** di terzi.
- I limiti **eventuali** sono invece solo genericamente enucleati dalla legge in funzione di alcuni interessi primari (**sicurezza nazionale, politica monetaria e valutaria, ordine pubblico, riservatezza**), ma la loro specifica individuazione viene rimessa alla P.A. mediante regolamento governativo.

Come criterio di **bilanciamento tra interessi contrapposti**, il comma 7 individua il

diritto di cura e difesa degli interessi giuridici, che funge di fatto da **contro limite**: l'accesso che sia necessario a tale scopo (c.d. **accesso difensivo**), infatti, deve essere comunque garantito, anche in contrasto con l'operatività di uno dei limiti sopra indicati.

B) Accesso e riservatezza

Tra i limiti al diritto di accesso assume particolare rilevanza quello alla **riservatezza**, che il legislatore disciplina in funzione dei diversi livelli di consistenza del profilo di *privacy* coinvolto nell'atto di cui si chiede l'ostensione, distinguendo in particolare tra dati **personali**, **sensibili** (art. 59 d.lgs. 196 del 2003) e **sensibilissimi** (art. 60).
L'art. 24, l. n. 241 del 1990 prevede, in particolare:

- Il requisito della **indispensabilità** del dato per quanto attiene ai **dati sensibili** (dati personali idonei a rivelare l'origine razziale ed etnica, le convinzioni religiose, filosofiche, le opinioni politiche, l'adesione a partiti, sindacati, associazioni od organizzazioni a carattere religioso, filosofico, politico o sindacale) e **giudiziari**;
- La titolarità di un interesse di **rango almeno pari ai diritti dell'interessato** ovvero di un **diritto della personalità** o **altro diritto o libertà fondamentale e inviolabile** per i dati **sensibilissimi** (dati genetici, relativi alla salute, alla vita sessuale o all'orientamento sessuale della persona)

Quanto ai **profili processuali**, chi ricorre al G.A. per accedere a documenti amministrativi che coinvolgano **aspetti di riservatezza di un altro soggetto**, ha l'onere di **notificare a questi** (che assume il ruolo di **controinteressato**) il ricorso (art. 116, co. 1, c.p.a.)

C) Accesso agli atti di gara.

Una disciplina speciale è dettata per l'**accesso agli atti delle procedure di affidamento ed esecuzione dei contratti pubblici** dall'art. 53, d.lgs. n. 50 del 2016. Dopo aver richiamato la disciplina generale in tema di accesso, l'art. 53, co. 2, formula un'articolata disciplina delle *ipotesi di differimento* dell'accesso agli atti di gara, in considerazione degli specifici interessi coinvolti.
Sono comunque **esclusi** il diritto di accesso e ogni forma di divulgazione in relazione: a) alle informazioni fornite nell'ambito dell'offerta a giustificazione della medesima, che costituiscano, secondo motivata e comprovata dichiarazione dell'offerente, **segreti tecnici o commerciali**; b) ai **pareri legali** acquisiti dai soggetti tenuti all'applicazione del Codice, per la soluzione di liti, potenziali o in atto, relative ai contratti pubblici; c) alle **relazioni riservate del direttore dei lavori**, del direttore dell'esecuzione e dell'organo di collaudo sulle domande e sulle riserve del soggetto esecutore del contratto.
Sennonché, ai sensi del successivo comma 6, l'esclusione prevista dal richiamato comma 5, lett. a), è destinata a cedere a fronte dell'istanza di accesso proposta dal **concorrente ai fini della difesa in giudizio** dei propri interessi in relazione alla procedura di affidamento del contratto.

D) Gli strumenti di tutela

L'art. 25, co. 4, l. n. 241 del 1990, prevede, con riferimento all'accesso classico, che, **decorsi inutilmente 30 giorni dalla richiesta**, questa si intende **respinta.** La norma delinea un'ipotesi di **silenzio significativo** con un effetto equipollente a quello proprio di un

provvedimento espresso di diniego. Ciò è confermato dal successivo periodo dello stesso co. 4, che pone sullo stesso piano il **diniego di accesso**, sia esso **espresso** o **tacito**. Avverso il diniego (o differimento) di accesso è possibile sperimentare:

- una **tutela giurisdizionale**;
- una **tutela di tipo giustiziale**, esperibile dinanzi al **difensore civico** competente per territorio (ove si tratti di atti di amministrazioni locali e regionali) o dinanzi alla **Commissione per l'accesso ai documenti amministrativi** (ove si tratti di atti di amministrazioni statali e periferiche dello Stato).

▶ 10.3. Accesso generalizzato agli atti di gara

Un contrasto interpretativo è emerso in merito alla possibilità che agli **atti di gara** si estenda la disciplina sull'**accesso generalizzato**. L'accesso agli atti delle procedure di affidamento ed esecuzione di contratti pubblici è, infatti, specificamente disciplinato dall'art. 53, d.lgs. n. 50 del 2016; al contempo l'art. 5 *bis*, co. 3, d.lgs. n. 33 del 2013, esclude l'accesso generalizzato nei casi *"in cui l'accesso è subordinato dalla disciplina vigente al rispetto di specifiche condizioni, modalità o limiti"*. Si tratta dunque di valutare se l'art. 53, d.lgs. n. 50 del 2016, realizzi il presupposto di esclusione dell'accesso generalizzato (integrando quelle specifiche *"specifiche condizioni, modalità o limiti"* all'accesso) o comunque configuri un complesso normativo chiuso, non integrabile da alcuna disciplina esterna o se invece, al contrario, si tratti di due discipline autonome e complementari. A risolvere il contrasto tra le due contrapposte posizioni (quella negativa espressa da *Cons. Stato, sez. VI, 2 agosto 2019, n. 5503*, quella positiva da *Cons. Stato, sez. III, 5 giugno 2019, n. 3780*) è intervenuto ***Cons. St., A.P., 2 aprile 2020, n. 10*** che ha **ammesso l'applicabilità dell'accesso generalizzato agli atti relativi ai contratti pubblici,** tanto quelli della fase pubblicistica di affidamento, quanto quelli del momento privatistico di esecuzione dell'opera o del servizio, purché nel rispetto tanto dei divieti e dei limiti di cui all'art. 53 del d.lgs. n. 50 del 2016 che di quelli di cui all'art. 5-*bis* del d.lgs. 33 del 2015.

▶ 10.4. I rapporti tra le diverse tipologie di accesso.

Il tema dei rapporti tra le differenti tipologie di accesso è stato affrontato dalla giurisprudenza recente, con particolare riferimento alla sufficienza di un'istanza "generica" di accesso (non qualificata, cioè, dal riferimento ad una determinata normativa) e alle possibili sovrapposizioni tra gli ambiti applicativi dei diversi istituti, anche rispetto a ipotesi di accesso "giurisdizionale". In particolare, ***Cons. St., A.P., 2 aprile 2020, n. 10*** ha confermato la possibilità di formulare un'istanza priva di un'univoca qualificazione normativa, con conseguente obbligo dell'amministrazione di **vagliare i presupposti di entrambe le categorie di accesso**, classico e civico. Successivamente, ***Cons. St., A.P., 25 settembre 2020, n. 19*** , ha riconosciuto l'applicabilità dell'accesso classico di cui alla l. 241 del 1990 anche alle ipotesi in cui sarebbero esercitabili **strumenti processuali di acquisizione documentale** (*es.* per l'acquisizione dei documenti reddituali del coniuge nel contesto di un procedimento in materia familiare), trattandosi di strumenti tra loro **indipendenti** e **complementari**.

11. La tutela della *privacy*

Oltre che come limite all'accesso, la ***privacy*** è oggetto di un'articolata disciplina, sovranazionale e interna.
Può infatti annoverarsi tra i **diritti fondamentali della persona** e, precisamente, tra i cc.dd. diritti di terza generazione, legati allo sviluppo della società dell'informazione.
A livello di normazione primaria, il diritto in discorso ha trovato un espresso riconoscimento e una compiuta disciplina nel d.lgs. n. 196 del 2003 (c.d. **Codice della *privacy***). Il diritto, definito nella sua accezione più ampia e generale, consiste nella *pretesa a che i propri dati personali non siano trattati da terzi* se non previa manifestazione di consenso e/o con il rispetto di tutte le condizioni stabilite dalla richiamata disciplina normativa.
Il **Regolamento generale per la protezione dei dati personali** (Reg. 2016/679/Ue, "*General Data Protection Regulation*" o GDPR) ha oggi sostituito la normativa sovranazionale previgente.
Il ricorso allo strumento normativo del regolamento, direttamente applicabile negli Stati membri, non ha richiesto alcun recepimento o trasposizione a livello nazionale, fatta eccezione per alcuni profili di coordinamento e adattamento della disciplina interna previgente, specie per quanto riguarda gli aspetti sanzionatori. A ciò ha provveduto il d.**lgs. n. 101 del 2018**, che ha apportato alcune modifiche al predetto Codice. Il Regolamento nasce con i seguenti obiettivi: la definitiva **armonizzazione** della regolamentazione in materia di protezione dei dati personali all'interno dell'Unione europea. Difatti, con il Trattato di Lisbona, la protezione dei dati personali è assurta al rango di diritto fondamentale dei cittadini dell'Unione, richiedendo una tutela uniforme in tutti gli Stati membri. Per effetto del regolamento, la protezione è estesa al trattamento, effettuato in ambito europeo, dei dati riferibili a persone fisiche, a prescindere dalla loro nazionalità e dal loro luogo di residenza; la promozione del **Mercato Unico Digitale** (*Digital Single Market*), che richiede un'accresciuta fiducia dei cittadini e degli operatori economici nella sicurezza e riservatezza delle informazioni raccolte con strumenti informatici e digitali; l'elaborazione di una risposta alle sfide poste dalla diffusione delle nuove tecnologie informatiche e digitali.
Il nuovo Regolamento europeo segna il definitivo passaggio da una **visione proprietaria dei dati personali**, in forza della quale gli stessi non possono non essere trattati con il consenso del loro titolare, alla diversa concezione del **controllo dei dati**, che favorisce la libera circolazione di questi ultimi, e quindi il loro sfruttamento economico. Si riconosce tuttavia, al contempo, al titolare dei dati la possibilità di avere conoscenza, in qualsiasi momento, della loro acquisizione e del loro trattamento, opponendosi eventualmente a quelle forme di utilizzo reputate contrarie ai propri interessi.
Il principio cardine diviene così quello dall'**autodeterminazione informativa**, intesa come condizione necessaria tanto per il libero sviluppo della personalità del cittadino quanto per la piena affermazione di una società democratica.

▶ 11.1. Gli organismi nazionali e internazionali di tutela della *privacy*: il Garante per la protezione dei dati personali

L'art. 51 del GDPR impone agli Stati membri di istituire una o più Autorità pubbliche indipendenti preposte ad assicurare la tutela dei diritti e delle libertà personali connesse al trattamento e alla libera circolazione dei dati personali all'interno del Mercato unico. Per ciò che riguarda l'Italia, l'art. 2 del Codice aveva già attribuito a un'Autorità amministrativa indipendente appositamente costituiva, il **Garante per la protezione dei dati personali,** il compito di verificare la regolare applicazione, ad opera dei soggetti e degli operatori economici interessati, della normativa interna in tema di tutela del diritto alla riservatezza dei propri dati personali. A seguito dell'entrata in vigore del succitato regolamento, l'Autorità in discorso è stata espressamente investita della competenza ad assicurarne la coerente applicazione all'interno del territorio nazionale.
Gli specifici poteri del Garante sono enumerati dall'art. 154 del Codice e consistono: nel controllare che *i trattamenti dei dati personali vengano effettuati dai soggetti a ciò autorizzati* nel rispetto della relativa disciplina; *nel decidere sui reclami* presentati dai soggetti interessati; *nel denunciare alle competenti Autorità giudiziarie i fatti di reato*.

▶ 11.2. La nozione di dato personale

Il **dato personale**, oggetto di tutela della disciplina nazionale e sovranazionale che si sta esaminando, trova una sua definizione legale all'art. 4 del GDPR, che lo qualifica come una *qualsiasi informazione che riguardi una persona fisica precisamente identificata o comunque identificabile*. Secondo un primo orientamento dottrinario, si tratterebbe di un vero e proprio **bene immateriale**, alla stregua del *know how* in ambito commerciale ovvero delle idee e delle invenzioni protette dai diritti di proprietà intellettuale e industriale. In altri termini, il dato personale sarebbe un vero e proprio bene, come tale portatore di una utilità economica e suscettibile di costituire oggetto di diritti, senza tuttavia risultare riducibile a una porzione della realtà materiale esteriore, così come avviene per la generalità dei beni, alla stregua dell'art. 810 c. c.. Seguendo invece una diversa impostazione, il dato personale non verrebbe mai in considerazione nella sua **dimensione statica**, come oggetto di diritti e libertà personali. Esso rileverebbe piuttosto esclusivamente in una **accezione dinamica**, in conseguenza del suo "trattamento", incidente su diritti e libertà di portata più ampia, quale *in primis* il diritto alla riservatezza e segretezza della propria vita privata e familiare (il c.d. *right to be let alone*, riconosciuto anche dall'art. 8 della Convenzione europea per la salvaguardia dei diritti dell'uomo e delle libertà fondamentali, CEDU).

▶ 11.3. La classificazione dei dati personali

Esistono diverse categorie di dati, per ciascuna delle quali la disciplina interna e sovranazionale prevedono diversi livelli e forme di tutela e protezione.

▶ 11.3.1. Dati sensibili, genetici e biometrici.

In primo luogo, i c.d. **dati sensibili**, definiti, dall'articolo 4, comma 1, lett. d), come quei particolari dati personali "*idonei a rivelare l'origine razziale ed etnica, le* *convinzioni religiose, filosofiche o di altro genere, le opinioni politiche, l'adesione a partiti, sindacati, associazioni od organizzazioni a carattere religioso, filosofico, politico o sindacale, nonché i dati personali idonei a rivelare lo stato di salute e la vita sessuale*. A questi devono oggi equipararsi, per effetto dell'art. 9 del GDPR, i **dati genetici e biometrici**. I primi individuano i **caratteri genetici ereditari della persona**, ricavabili soprattutto dall'esame di tessuti biologici prelevati sulla persona stessa; i secondi, invece, consentono di individuare alcune caratteristiche fisiche e/o fisiologiche tipiche della singola persona, come l'immagine facciale o i dati dattiloscopici, consentendone così l'identificazione univoca. Ambedue le categorie di dati da ultimo passate in rassegna prescindono dallo stato di salute della persona. Il trattamento di questi dati costituisce oggetto di un generale **divieto**, previsto dal par. 1 del predetto art. 9. Il successivo **par. 2** prevede una serie di eccezioni a questo divieto, quali in particolare i casi in cui il trattamento dei dati in discorso sia consentito dal soggetto interessato ovvero sia necessario per adempiere a obblighi o per esercitare diritti riferibili al titolare del trattamento, in materia di lavoro, sicurezza sociale e protezione sociale ovvero ancora si renda necessario per la tutela di un **interesse vitale** del soggetto interessato e questi si trovi impossibilitato a manifestare il proprio consenso. Si ammette altresì il trattamento dei dati in discorso per **motivi di interesse pubblico rilevante**, con previsione recepita dall'art. 2-*sexies* del Codice. Tale previsione richiede comunque che il trattamento sia consentito da disposizioni di diritto dell'Unione europea ovvero da disposizioni di legge, regolamenti o atti amministrativi generali, chiamati a specificare i tipi di dati, suscettibili di trattamento, i possibili usi e gli interessi pubblici da perseguire. Alcuni di questi interessi pubblici vengono individuati direttamente dall'art. 2-*sexies*, quali quelli inerenti all'accesso documentale e civico ai documenti amministrativi, alla tenuta dei registri dello stato civile o ai procedimenti in materia di cittadinanza, immigrazione, asilo e via dicendo. Un regime ancor più stringente viene previsto per i **dati genetici, biometrici o relativi alla salute**, ormai definiti come **dati super-sensibili**: essi costituiscono ora oggetto di uno specifico comma 1-*bis* dell'art. 2-*sexies* del Codice, il quale ne consente il trattamento soltanto ad opera di specifici soggetti pubblici e per gli interessi di cui essi sono istituzionalmente portatori, quali, in particolare, il Ministero della salute, l'Istituto Superiore di Sanità pubblica, l'Agenzia nazionale per i servizi sanitari regionali, l'Agenzia italiana per il farmaco e le istituzioni sanitarie regionali. L'art. 9 del GDPR lascia poi liberi gli Stati di introdurre o mantenere condizioni ulteriori o più stringenti rispetto a quelle previste in via generale;

▶ 11.3.2. Dati quasi sensibili.

Una diversa tipologia è quella dei c.d. **"dati quasi sensibili"** o **"semi sensibili"** o **"più che ordinari"**. Questi, pur non rientrando tra i dati sensibili, necessitano comunque di una tutela rafforzata e più intensa rispetto ai dati ordinari. L'articolo 17 del Codice, adottando una terminologia pressoché identica a quella del legislatore euro-unitario, riconduce all'interno di questa categoria tutti i dati "*diversi da quelli sensibili e giudiziari*" il cui trattamento "*presenta rischi specifici per i diritti e le libertà fondamentali, nonché per la dignità dell'interessato, in relazione alla natura dei dati o alle modalità del trattamento o agli effetti che può determinare*". Tali dati possono essere trattati solo dopo che il Garante abbia stabilito gli eventuali accorgimenti che il titolare dovrà adottare (c.d. *prior checking*). La previsione di tali accorgimenti è prevista come norma-cornice dal comma 2 dell'articolo 17. Allo stato tali accorgimenti non risultano ancora adottati, se non in casi specifici a seguito di provvedimenti ad hoc.

▶ 11.3.3. Dati anonimi e giudiziari.

Ulteriori tipologie di dati sono:
- il **dato anonimo**, definito dall'articolo 4, comma 1, lett. n), come quel "*dato che in origine, o a seguito di trattamento, non può essere associato ad un interessato identificato o identificabile*";
- i c.d. **dati giudiziari**, definiti, dall'articolo 4, comma 1, lett. e), come quei dati personali *"idonei a rivelare provvedimenti di cui all'articolo 3, comma 1, lett. da a) a o) e da r) a u) del DDPR 14 novembre 2002, n. 313, in materia di casellario giudiziale, di anagrafe delle sanzioni amministrative dipendenti da reato e dei relativi carichi pendenti o la qualità di imputato o di indagato ai sensi degli articoli 60 e 61 del codice di procedura penale"*.

Il trattamento di questi dati, ai sensi dell'art. 10 del GDPR, è ammesso unicamente sotto il controllo dell'Autorità pubblica oppure se il trattamento risulti autorizzato da una specifica previsione di diritto dell'Unione europea ovvero del diritto nazionale di uno Stato membro. Il principio di legalità così sancito trova conferma anche nell'art. 2-*octies* del "*Codice*", il quale prevede che, al di fuori dei casi di controllo da parte di un'Autorità pubblica, il trattamento è ammesso soltanto nei casi specificamente individuati da disposizioni di leggi o di regolamenti ovvero da un apposito decreto del Ministro della giustizia, sentito il Garante per la protezione dei dati personali.

▶ 11.4. Il trattamento dei dati personali.

La nozione di **trattamento** è definita dall'articolo 4, comma 1, lett. a), come "*qualunque operazione o complesso di operazioni, effettuati anche senza l'ausilio di strumenti elettronici, concernenti la raccolta, la registrazione, l'organizzazione, la conservazione, la consultazione, l'elaborazione, la modificazione, la selezione, l'estrazione, il raffronto, l'utilizzo, l'interconnessione, il blocco, la comunicazione, la diffusione, la cancellazione e la distruzione di dati, anche se non registrati in una banca di dati*". Particolari modalità di trattamento sono poi la **comunicazione** e la **diffusione**.

Queste tipologie sono disciplinate restrittivamente dall'art. 25 che le **vieta senza il consenso**, tranne in casi particolari.

La normativa ha **efficacia territoriale** e, pertanto, si applica quando il trattamento è fatto nel territorio dello stato italiano (nell'accezione allargata di luogo su cui si esercita la sovranità), anche se i dati personali sono detenuti all'estero, nonché quando è "*effettuato da chiunque è stabilito nel territorio di un Paese non appartenente all'unione Europea e impiega, per il trattamento, strumenti situati nel territorio dello Stato anche diversi da quelli elettronici, salvo che essi siano utilizzati solo ai fini di transito nel territorio dell'Unione Europea*"

Non esistono vincoli di sorta al **trasferimento di dati** all'interno dell'Unione Europea; al contrario, il trasferimento di dati diretto verso Paesi non appartenenti

all'Unione europea è consentito solo ed esclusivamente nel pieno rispetto delle prescrizioni sancite dagli articoli 43, 44 e 45 del Codice.
Il criterio base per il trasferimento, anche temporaneo, di dati in Paesi non aderenti all'Unione Europea è essenzialmente il *consenso dell'interessato*, che potrà essere "espresso" nell'ipotesi di dati comuni e dovrà invece essere "scritto" nel caso di dati sensibili.
Il trattamento presuppone la **raccolta del dato**, che avviene presso l'interessato o in casi particolari presso terzi. La raccolta presuppone l'informativa sul trattamento, vale a dire l'informazione sulle ragioni, logiche, finalità, modalità, durata del trattamento, nonché sulla circolazione dei dati conseguente ad esso (art. 13).
L'**informativa** è il parametro di valutazione del consenso (art. 23 e seguenti) che l'interessato presta: se la prima non è esauriente il consenso si intende non idoneamente prestato perché non sufficientemente consapevole.
Esistono una serie di condizioni specificamente previste dalla legge che autorizzano il trattamento senza consenso (sia dei dati normali sia di quelli sensibili: art. 24 e 26).
Nell'ambito del rapporto di lavoro, il generale tema del consenso va rapportato alla specificità della materia ed agli interventi che nel corso degli anni il legislatore ha effettuato per snellire le pratiche di gestione del rapporto, identificando correttamente i reali spazi di operatività della norma.
Il **consenso** va richiesto:
- per il ***trattamento dei dati sensibili leciti***, ferme restando le autorizzazioni generali del Garante (in particolare n. 1 e 5, rinnovate, allo stato, di anno in anno);
- per la comunicazione a categorie di soggetti esterni all'impresa;
- per il trattamento di dati non necessari per l'esecuzione degli obblighi derivanti dal rapporto di lavoro, ma adottato per finalità altrimenti connesse alla gestione del rapporto di lavoro.

▶ 11.5. Il trattamento dei dati sensibili.

Il **trattamento dei dati sensibili** è specificamente disciplinato dal Codice agli articoli 20 (per quanto riguarda il trattamento da parte di **soggetti pubblici**, esclusi gli enti pubblici economici) e 26 (per quanto riguarda il trattamento da parte di tutti i **soggetti privati** e da parte degli **enti pubblici economici**) del Codice. A tali dati è garantita una tutela rafforzata rispetto ai dati ordinari proprio per la delicatezza degli stessi.
L'attività di gestione del trattamento di tali dati è stata pertanto sottoposta dal legislatore a particolari cautele. Da parte dei soggetti privati e degli enti pubblici economici, **il trattamento di tali dati può avvenire solo con il consenso scritto** dell'interessato e **previa autorizzazione del Garante** (articolo 26 del Codice) nell'osservanza dei presupposti e dei limiti fissati dal Codice stesso.
Le due anzidette condizioni **non si applicano** al trattamento di dati relativi agli aderenti alle confessioni religiose e ai dati riguardanti l'adesione di associazioni od organismi a carattere sindacale o di categoria ad altre associazioni, organizzazioni o confederazioni a carattere sindacale o di categoria. Ciò significa che per effettuare il trattamento di tali dati non occorre né il consenso scritto né l'autorizzazione del Garante.

▶ 11.6. Il danno da trattamento dei dati sensibili

L'art. 15 sancisce il diritto dell'interessato al **risarcimento del danno** ai sensi dell'art. 2050 c.c., e dunque per **esercizio di attività pericolosa**, in caso di danni derivanti dal trattamento improprio di dati personali. La norma integra specificamente le previsioni generiche di cui al predetto art. 2050 e all'art. 2043 c.c., prefigurando *ex lege* una specifica tipologia di danno ingiusto. Precisamente, appare risarcibile tanto il **danno patrimoniale** quanto il **danno non patrimoniale**, ai sensi dell'art. 2059 c.c., venendo in rilievo la lesione di un diritto fondamentale cui viene riconosciuto rango costituzionale, tanto sul piano interno quanto a livello internazionale.

▶ 11.7. I soggetti coinvolti nel trattamento dei dati personali: il titolare dei dati

Il trattamento dei dati coinvolge una serie di soggetti. Tra di essi, un ruolo di indubbio e primario rilievo deve riconoscersi al **titolare dei dati** oggetto di trattamento, il quale risulti precisamente identificato sulla base degli stessi o comunque agevolmente identificabile. Tale soggetto è titolare di un vero e proprio **diritto di esclusiva** sull'utilizzo dei dati riferiti alla sua persona, da alcuni assimilato al diritto di proprietà sui beni materiali. Conseguentemente, il trattamento dei medesimi dati ad opera di terzi è, almeno di regola, subordinato all'**espresso consenso**, manifestato per iscritto, del soggetto in questione. Ciò è quanto si ricava dall'art. 7 del GDPR, il quale ammette anche la **revoca**, in qualsiasi momento e senza addurre giustificazioni di sorta, del consenso precedentemente prestato. La revoca non fa comunque venire meno la legittimità, anche ai fini di un'eventuale valutazione di responsabilità, degli atti posti in essere sulla base del pregresso consenso e prima della revoca di quest'ultimo. L'avvenuta manifestazione del consenso da parte del soggetto titolare dei dati personali è poi oggetto di un **onere probatorio** gravante sul soggetto che esegue il trattamento. Per questo si richiede, in linea generale, la forma scritta, che consente la documentazione del consenso prestato.
Il consenso deve poi essere **informato**. A questo fine, l'art. 13 del GDPR impone di fornire al titolare dei dati una **informativa rafforzata**, sempre per iscritto, recante una serie di informazioni necessarie per potersi determinare in maniera consapevole circa la manifestazione o meno del consenso.
A prescindere dal trattamento, il titolare dei dati personali gode poi di una serie di diritti rispetto agli stessi: il **diritto di accesso**, garantito dall'art. 15 del GDPR e consistente, anzitutto, nel diritto di chiedere al titolare di un certo trattamento conferma in ordine al possesso di propri dati e al trattamento eventualmente in corso, con possibilità, in caso di risposta affermativa, di accedere ai dati in discorso, onde verificarne la veridicità e la correttezza della tenuta, anche al fine di richiedere eventualmente il loro anonimato; il **diritto alla portabilità**, sancito dall'art. 20 del GDPR che prevede il diritto di ottenere dal titolare di un determinato trattamento, in un formato accessibile e leggibile da un dispositivo automatico, i propri dati personali, al fine di trasferirli al titolare di un diverso trattamento, senza che il primo titolare possa frapporre impedimenti di sorta; il **diritto di opposizione**, previsto dall'art. 21 del GDPR. Si sostanzia nel diritto di opporsi, in qualsiasi momento e anche revocando il consenso previamente manifestato, al trattamento che altri faccia di propri dati personali; il **diritto a non essere sottoposti a decisioni e processi**

automatizzati, ai sensi dell'art. 22 del GDPR. Si tratta del diritto a che le decisioni concernenti il trattamento dei propri dati personali non siano assunte in via automatizzata, come avviene, ad esempio, nel caso della **profilazione**; il **diritto all'oblio**, riconosciuto dall'art. 17 del GDPR, sulla scorta di una precedente giurisprudenza della Corte di giustizia Ue. In forza di tale diritto, il titolare dei dati può richiedere la cessazione del trattamento di propri dati personali e la conseguente cancellazione, ovvero la deindicizzazione dai motori di ricerca *online*, dei dati stessi, ove siano venuti meno i presupposti del trattamento, ivi compreso il consenso, ovvero il trattamento stesso risulti illegittimo.
Il titolare dei dati, ove ritenga di essere o di essere stato leso in uno dei diritti in precedenza enumerati può rivolgersi al Garante per la protezione dei dati, proponendo, alternativamente: una **segnalazione**, volta a sollecitare l'avvio di un procedimento d'ufficio ad opera del Garante; un **reclamo**, che dà viceversa luogo a un procedimento a istanza di parte di natura para-giurisdizionale.

▶ 11.7.1. Segue: il titolare del trattamento dei dati personali

Il **titolare del trattamento** è il soggetto, che può essere tanto una persona fisica quanto una persona giuridica, di diritto pubblico o di diritto privato, titolare dei poteri di controllo e di direzione dell'attività di trattamento, che assume, pertanto, la piena responsabilità rispetto all'oggetto e alle modalità del trattamento stesso (art. 4 del regolamento). Il titolare ha l'obbligo di mettere in atto tutte le misure tecniche e organizzative necessarie per garantire il rispetto della normativa europea e nazionale in tema di tutela della *privacy* e della riservatezza dei dati personali, a norma dell'art. 24 del GDPR. In particolare, devono essere sperimentate tutte le misure e tutti gli accorgimenti richiesti dall'esperienza e dalle conoscenze tecniche esistenti al momento in cui prende avvio e in cui si svolge il trattamento, in relazione al contesto specifico del trattamento. Si tratta della c.d. **responsabilizzazione** o ***accountability*** del titolare dei dati. Così, ad esempio, potrebbero imporsi l'anonimato o la cifratura dei dati non strettamente necessari ai fini del trattamento.
Il titolare del trattamento è poi obbligato a operare un'adeguata **valutazione dei rischi connessi al trattamento** stesso (***risk based approach***), in termini di impatto sui diritti e le libertà personali dei titolari dei dati, la cui lesione sia suscettibile di dar luogo a un danno materiale o immateriale, tanto alla sfera fisica quanto alla sfera psichica della persona danneggiata.
In relazione a ciascuna attività di trattamento di dati personali, il relativo titolare è tenuto a redigere il c.d. **D.P.I.A.** (*Data Protection Impact Assessment*), vale a dire un documento recante l'analisi e la valutazione dei rischi specifici connessi all'attività stessa, ai sensi dell'art. 35 del GDPR. Il documento non deve tuttavia limitarsi a una valutazione astratta, ma deve anche indicare le misure concrete da porre in essere per eliminare o almeno ridurre i rischi specifici identificati.

▶ 11.7.2. Segue: il responsabile del trattamento dei dati personali

Ulteriore figura soggettiva introdotta dalla disciplina nazionale e sovranazionale in tema di *privacy* è quella del **responsabile del trattamento dei dati personali**. Si tratta di un soggetto, dotato di una specifica competenza ed esperienza in materia di

trattamento dei dati e tutela della riservatezza, che *coadiuva il titolare nella gestione e nel controllo degli altrui dati personali oggetto di trattamento*.
Pertanto, mentre il titolare del trattamento è un soggetto che agisce nell'esercizio di un'attività mossa da una finalità imprenditoriale, o perlomeno economica, ovvero pubblico-istituzionale, e dunque nel perseguimento di un interesse di cui è direttamente portatore, il responsabile si pone quale professionista esperto della materia qui trattata, chiamato a fornire supporto nell'attività facente capo ad altri soggetti.
Il responsabile, a norma dell'art. 30 del GDPR, nelle imprese o comunque nelle organizzazioni che impieghino più di duecentocinquanta dipendenti, è tenuto, in via solidale con il titolare del trattamento, a tenere un **registro delle attività di trattamento**. Il registro riporta le informazioni essenziali sui dati trattati, i relativi titolari e le finalità del trattamento, consentendo così un pronto accesso alle stesse, anche ai fini del controllo sulla regolarità e legittimità dell'attività di trattamento in concreto posta in essere.

▶ 11.7.3. Il *Data Protection Officer*

L'art. 37 del GDPR ha introdotto un'ulteriore figura soggettiva, il ***Data Protection Officer*** (DPO), investito di specifici compiti di controllo sulla tenuta dei dati e sul rispetto della disciplina, nazionale e sovranazionale, in materia. La sua istituzione è obbligatoria nei seguenti casi: il trattamento fa capo a *un'autorità pubblica o a un organismo di diritto pubblico*, fatta eccezione per le Autorità giudiziarie; *la natura, l'ambito di applicazione o la finalità del trattamento richiedono un controllo sistematico e generalizzato*, vista l'elevata capacità lesiva del trattamento; viene in rilievo il *trattamento su larga scala di dati sensibili o super-sensibili*, di cui all'art. 9 del GDPR, ovvero di *dati giudiziari*.
Il DPO deve essere nominato di comune accordo dal titolare e dal responsabile del trattamento e può essere un dipendente del primo ovvero un collaboratore esterno, dotato di specifica competenza ed esperienza nella materia che qui occupa. Il DPO si pone infine in una posizione di autonomia e indipendenza tanto rispetto al titolare quanto rispetto al responsabile del trattamento dei dati personali.

Scheda di sintesi

Il procedimento amministrativo si compone di **quattro fasi**: la fase dell'**iniziativa** (o dell'avvio); la fase **istruttoria**; la fase **decisoria**; la fase **integrativa** dell'**efficacia.**

La fase dell'**iniziativa** è quella propulsiva del procedimento, che può essere instaurato ad iniziativa di parte o d'ufficio.

La fase **istruttoria** è la fase centrale del procedimento nella quale la P.A. acquisisce i fatti rilevanti e individua gli interessi coinvolti.

Al termine dell'istruttoria si apre la fase **decisoria**, nella quale è deliberato il contenuto del provvedimento.

Il provvedimento, una volta emanato, è **perfetto**, cioè completo di tutti gli elementi richiesti per la sua esistenza, ma **può non essere ancora efficace**. La produzione dell'efficacia può essere, infatti, subordinata al compimento di operazioni specifiche, al verificarsi di certi fatti o all'emanazione di ulteriori atti (ad es. il controllo o la pubblicità). Talora, invece, il provvedimento ha natura **recettizia**, producendo effetti solo dal momento in cui è portato a conoscenza del destinatario.

L'Amministrazione ha l'obbligo di concludere il procedimento amministrativo con un **provvedimento espresso** – sia nel caso in cui il provvedimento abbia avuto origine dall'istanza del privato, sia nel caso in cui sia stato avviato d'ufficio – entro **un termine certo e predefinito.**

Nei casi di mancato rispetto dei termini di conclusione del procedimento, si forma il **c.d. "silenzio" della pubblica amministrazione**, che può avere effetti diversi, a seconda che sia **silenzio assenso**, **silenzio diniego**, **silenzio inadempimento**.

La **partecipazione al procedimento** avviene principalmente mediante: la comunicazione di avvio del procedimento, l'intervento nel procedimento, la garanzia dei diritti dei partecipanti al procedimento; il preavviso di rigetto.

La legge distingue e disciplina in modo diverso tre principali tipologie di accesso: l'accesso **c.d. classico o documentale**, l'**accesso civico** e l'**accesso c.d. generalizzato**.

Domande di verifica

1. Qual è la differenza fra procedimento ad iniziativa d'ufficio autonoma ed eteronoma?
2. Nei procedimenti ad istanza di parte la regola del silenzio assenso si applica sempre?
3. Quali sono i poteri istruttori delle parti?
4. In quale fase del procedimento l'Amministrazione può o deve chiedere pareri ad altri organi della stessa Amministrazione o ad altre Amministrazioni?
5. Cosa vuol dire che il provvedimento, una volta emanato, può avere natura recettizia?
6. Quali sono i rimedi in caso di mancato rispetto dei termini di conclusione del procedimento?
7. Quali sono le diverse tipologie di silenzio?
8. Quali sono le differenze tra comunicazione di avvio del procedimento e preavviso di rigetto?

Capitolo 8
ATTI E PROVVEDIMENTI AMMINISTRATIVI: TIPOLOGIE, STRUTTURA E VIZI

SOMMARIO

1. Atto e provvedimento amministrativo: nozione e struttura

Nel provvedere alla cura degli interessi pubblici che la legge le affida l'Amministrazione pubblica adotta:

- atti di **diritto pubblico** (*atti amministrativi*), espressione di una *posizione di supremazia dell'Amministrazione pubblica*, talvolta destinati a modificare *unilateralmente* la sfera giuridica del destinatario anche *in assenza o contro la sua volontà* (provvedimenti amministrativi, per es., ordini di sgombero, provvedimenti di esproprio);
- atti di **diritto privato**, adottati dall'Amministrazione nell'esercizio della ordinaria *capacità di diritto privato* e in posizione di sostanziale *parità con le altre parti*, stipulando veri e propri negozi giuridici (contratti di vendita, appalto); spesso, tuttavia, l'Amministrazione deve svolgere complessi procedimenti amministrativi ed esercitare poteri pubblici al fine di *selezionare il soggetto con cui stipulare il contratto*, sicché assume una posizione autoritativa e di supremazia nella fase della selezione del *partner*, nel cui ambito adotta per l'appunto atti e provvedimenti amministrativi (per esempio, quello di aggiudicazione a chi ha proposto la migliore offerta).

2. Nozione e struttura dell'atto amministrativo

L'**atto amministrativo** è quello *adottato da una Pubblica amministrazione* nell'esercizio di una *potestà amministrativa* riconosciuta dalla legge per la *cura di un interesse pubblico.*

Quanto alla **struttura**, l'atto amministrativo contiene elementi essenziali e accidentali.

Gli **elementi essenziali**, necessari per la sua esistenza giuridica, sono:

- l'**intestazione**, con l'indicazione dell'autorità che lo emette;
- il **preambolo**, in cui sono indicate le norme che ne consentono l'adozione e le attestazioni dell'intervenuta adozione degli atti preparatori;
- la **motivazione**, con l'illustrazione dei presupposti di fatto e le ragioni giuridiche sottese alla decisione contenuta nell'atto con la valutazione che l'Amministrazione è tenuta a fare di quanto emerso nella fase istruttoria;
- il **dispositivo**, ossia la parte precettiva dell'atto in cui è espressa la volontà dell'amministrazione e gli effetti dell'atto;
- il **luogo** in cui è stato emanato il provvedimento;
- la **data e la sottoscrizione** dell'autorità che firma l'atto o di quella delegata.

Gli elementi **accidentali**, cioè solo eventuali, ampliano il contenuto minimo dell'atto. Vi rientrano:

- il **termine**, che indica il momento a partire dal quale l'atto inizia produrre effetti o cessa di farlo (termine iniziale e termine finale);
- la **condizione**, con cui si subordina l'inizio o la cessazione dell'efficacia dell'atto al verificarsi di un evento futuro e incerto;
- l'**onere**, che si può apporre agli atti che determinano un ampliamento della sfera giuridica del destinatario (autorizzazione, concessione), condizionando il prodursi dell'effetto favorevole al compimento di una determinata condotta del beneficiario.

3. Classificazione degli atti amministrativi

Si suole procedere alle distinzioni tra gli atti amministrativi utilizzando **differenti parametri**.

- In relazione alla **natura dell'attività amministrativa** espletata, si può distinguere tra:
  - › atti di amministrazione **attiva** (i provvedimenti); atti di amministrazione **di controllo**; atti di amministrazione **consultiva**.
    Quanto a questi ultimi, si tratta dei **pareri** (che, a seconda dei casi, si distinguono in pareri c.d. facoltativi e pareri c.d. obbligatori).
  - › provvedimenti di **primo grado** e provvedimenti di **secondo grado**, incidenti, questi ultimi, su atti precedentemente emanati dalla PA, (ad es. i provvedimenti di autotutela).
    Tra i provvedimenti di secondo grado rientrano quelli che producono in modo totale o parziale la cessazione/rimozione o la sospensione dell'efficacia di atti amministrativi (annullamento, revoca e sospensione); quelli che producono la modificazione totale o parziale di atti preesistenti (modifica, riforma, rettifica e proroga); provvedimenti che consolidano gli effetti di precedenti

provvedimenti invalidi o meramente irregolari (convalida, conversione, conferma e correzione di errori materiali);
  - › provvedimenti che decidono controversie (provvedimenti **giustiziali**).
- In relazione all'**efficacia**, si può distinguere tra: atti che **costituiscono un rapporto giuridico**, nel senso che lo istituiscono o lo modificano (es. la concessione); atti che **estinguono un rapporto giuridico** quali i provvedimenti ablatori: *reali* (come l'espropriazione); *personali* (come gli ordini amministrativi); *obbligatori*, ossia incidenti su diritti collegati a rapporti di obbligazione (le imposizioni tributarie, ecc.); atti che **dichiarano** l'**esistenza** di un **rapporto**, preesistente agli stessi. Tra questi ultimi è consentito ricondurre: gli *acclaramenti*, le *certazioni*, le *certificazioni*, le *attestazioni*, le *registrazioni*, le *verbalizzazioni*, gli *atti ricognitivi*, le *misure di conoscenza* (che possono essere collettive o individuali).
- In relazione alla **natura del potere esercitato**, si distingue tra: atti **discrezionali**; atti **vincolati** (per la relativa distinzione, v. Cap. .....)
- In relazione ai **destinatari**, si può distinguere tra: atti **particolari** (se il destinatario è un solo soggetto); atti **plurimi** (se l'atto, pur formalmente unico, è scindibile in tanti atti per quanti sono i destinatari, come accade per il decreto di nomina dei vincitori di un concorso); atti **collettivi** (se l'atto reca una manifestazione di volontà riferibile a più soggetti, tuttavia unitariamente considerati, come accade con il decreto di scioglimento del consiglio comunale); atti **generali** (se i destinatari, non determinabili al momento dell'adozione, lo sono tuttavia in quello dell'esecuzione, come nel caso dei bandi di gara o concorso).
- In relazione alla **natura** dell'**elemento psicologico**, si distingue, nell'ambito degli **atti non provvedimentali**, tra:
  - › atti consistenti in **manifestazioni di volontà: a)** gli *atti paritetici*, con i quali la P.A., chiamata per legge a far fronte ad una determinata obbligazione di carattere patrimoniale, ne determina unilateralmente il contenuto sulla base di una mera attività accertativa; **b)** la *designazione*, che consiste nell'indicazione di uno o più nominativi all'autorità competente a provvedere ad una nomina; **c)** gli *accordi preliminari* che l'amministrazione competente all'emanazione di un determinato provvedimento preventivamente stipula con un'altra P.A.; **d)** le *deliberazioni preliminari* con forza determinante in merito al contenuto dell'atto; **e)** gli *atti di controllo*, diretti alla valutazione della legittimità o del merito dell'operato degli organi di amministrazione attiva.
  - › Atti **non** consistenti in **manifestazioni di volontà** (ma in **manifestazioni di conoscenza**): **a)** gli *atti ricognitivi*, consistenti in manifestazioni di scienza e di conoscenza, volte a dare certezza a fatti giuridicamente rilevanti; **b)** gli *atti di valutazione* diretti all'enunciazione di un giudizio valutativo, all'esito di un procedimento di apprendimento. Tra gli atti valutativi assumono poi particolare rilevanza i **pareri**.
- In relazione al **risultato**: atti **ampliativi** (che attribuiscono al destinatario nuovo poteri); atti **restrittivi** che comprimono la sfera giuridica del destinatario.
- In relazione al **numero** dei soggetti che esprimono la volontà: atti **composti**

(da più manifestazioni di volontà unite in un solo atto); atti **contestuali** (dati dalla riunione di più atti autonomi, tra questi figurano gli atti *simultanei* e gli atti *plurimi*).

In relazione ai **soggetti** emananti: atti di un **solo organo** (di tipo *individuale* se posti in essere da un solo soggetto; di tipo *collettivo* se espressione della volontà di un organo collegiale); atti di **più organi** (di tipo *complesso* se adottati da un solo organo previo concerto con altri organi; atti di *intesa* nel caso di intesa raggiunta tra enti differenti ai quali si imputa l'effetto.

▶ 3.1. I pareri

Tra gli atti amministrativi che non costituiscono provvedimenti amministrativi, particolare rilevanza assumono i **pareri**. Consistono in **manifestazioni di giudizio** con cui gli organi consultivi dell'amministrazione esprimono ad un altro organo la loro posizione su determinate questioni, atti o fatti, affinché il secondo possa emanare i provvedimenti amministrativi di propria competenza.

Sono atti **privi di autonomia funzionale**, emanati nell'ambito di un procedimento amministrativo, ai fini dell'adozione del successivo provvedimento conclusivo del procedimento.

In relazione alla necessità o meno di acquisire un parere, i pareri si distinguono in facoltativi e obbligatori.
Si parla di **pareri facoltativi**, quando l'espressione di un parere non è richiesta dalla legge, ma l'amministrazione procedente che ha facoltà di richiederlo. Una volta richiesti essi entrano a far parte degli atti istruttori da valutare ai fini dell'emanazione del provvedimento conclusivo e, pertanto, la P.A. deve tenerne conto.
I **pareri** sono **obbligatori** quando la legge impone all'amministrazione procedente di acquisire un parere ai fini del corretto esercizio dell'attività amministrativa di competenza.
I pareri obbligatori, in relazione al valore giuridico che possono assumere nel procedimento amministrativo nell'ambito del quale sono resi, si distinguono in:

- **vincolanti**, nel caso in cui l'organo amministrativo obbligato a richiedere il parere sia anche tenuto ad uniformarsi ad esso. Essi costituiscono, di fatto, **atti decisori** (e non meramente consultivi), in quanto l'amministrazione procedente ha l'obbligo di provvedere conformandosi al parere e non può discostarsi dallo stesso. Pertanto, i pareri vincolanti, una volta adottati, determinano il contenuto del provvedimento amministrativo;
- **obbligatori ma non vincolanti**, ove l'organo di amministrazione attiva sia tenuto unicamente a richiedere il parere, ma possa anche discostarsi dallo stesso fornendo adeguata motivazione nel provvedimento amministrativo.

PER APPROFONDIRE

COSA ACCADE SE UN PARERE È VIZIATO?

Il parere costituisce un atto amministrativo endoprocedimentale, che si colloca nell'ambito di un più ampio procedimento amministrativo e che viene reso ai fini dell'adozione del provvedimento conclusivo del procedimento. Il parere – sia esso obbligatorio o facoltativo – costituisce un presupposto della decisione finale e di esso l'organo amministrativo tiene conto per l'adozione del provvedimento amministrativo. Pertanto, un parere viziato può inficiare tutto il procedimento amministrativo, determinando che anche il provvedimento conclusivo del procedimento risulti viziato.

Nel caso in cui il parere sia viziato – di regola – lo stesso non può autonomamente essere impugnato, in quanto è un atto amministrativo endoprocedimentale e, come tale, non può direttamente ledere la sfera giuridica dei destinatari. Diversamente, tuttavia, se il parere negativo è vincolante: in questo caso, il parere potrà essere autonomamente impugnato, in quanto non lascia alcuna discrezionalità all'organo amministrativo in ordine ai contenuti del provvedimento conclusivo del procedimento.

4. Atti di alta amministrazione e atti politici

L'**atto politico** si contraddistingue per due elementi: proviene da un organo preposto all'indirizzo e all'attuazione del programma politico al massimo livello (**elemento soggettivo**) e riguarda la costituzione, salvaguardia e funzionamento dei pubblici poteri (**elemento oggettivo**).

Tale tipo di atto è sottratto al sindacato giurisdizionale del giudice amministrativo. L'art. 7, co. 1, c.p.a. dispone invero che "*Non sono impugnabili gli atti o provvedimenti emanati dal Governo nell'esercizio del potere politico*".

Resta chiara la **distinzione tra atto politico ed atto amministrativo**: mentre il primo è espressione di un'attività completamente **libera nel fine** e, come tale, non sindacabile, il secondo, anche quando ampiamente discrezionale, è soggetto al rispetto di determinate regole di derivazione normativa.

Tra gli atti politici e gli atti amministrativi in senso stretto si collocano i **cd. atti di alta amministrazione**. Si tratta di atti connotati da una forte discrezionalità, quasi parificabile a quella degli atti politici, ma non altrettanto liberi nei fini: ciò li distingue dall'atto politico, comportandone l'assoggettamento al sindacato del giudice. Gli **atti di alta amministrazione** si configurano come una **speciale categoria di atti amministrativi** che svolgono un'attività di raccordo fra funzione politica e funzione amministrativa. Essi si collocano, pertanto, in una posizione intermedia tra gli atti politici e gli atti amministrativi.

A differenza degli altri atti amministrativi, gli atti di alta amministrazione sono caratterizzati da un **elevato tasso di discrezionalità**, in quanto la norma che li disciplina si limita a fissare solo il fine del potere esercitato, senza precisarne i presupposti. Per quanto attiene alla loro disciplina e alla tutela giurisdizionale, gli atti di alta amministrazione sono analoghi agli atti amministrativi:

- ad essi si applica la normativa sul procedimento amministrativo, salvo diversa indicazione (ad esempio, l'art. 13 della legge n. 241/1990 esclude dalle norme

sulla partecipazione al procedimento amministrativo *"l'attività della pubblica amministrazione diretta alla emanazione di atti normativi, amministrativi generali, di pianificazione e di programmazione"*);
- avverso gli stessi è sempre possibile la tutela giurisdizionale.

5. I provvedimenti amministrativi

All'interno della categoria degli atti amministrativi, si distingue tra:
- **meri atti amministrativi**, comprensivi di *ogni dichiarazione di volontà, di desiderio, di conoscenza, di giudizio*, compiuta da una Pubblica Amministrazione nell'esercizio di una potestà amministrativa: vi rientrano gli atti adottati nel corso del procedimento amministrativo, per esempio i pareri;
- **provvedimenti amministrativi**, che consistono in una *manifestazione di volontà*, adottata dalla P.A. *all'esito del procedimento*, volta alla cura di un concreto interesse pubblico e diretta a *produrre unilateralmente effetti giuridici nei rapporti esterni* con i destinatari (provvedimenti di autorizzazione, di esproprio, di applicazione di sanzione amministrativa).

La definizione pone in risalto alcune delle più importanti **caratteristiche** del provvedimento amministrativo: l'*imperatività* o *autoritarietà*; l'*esecutività*; l'*esecutorietà*; l'*inoppugnabilità*; la *tipicità*.

▶ 5.1. I caratteri dei provvedimenti amministrativi: imperatività, esecutorietà, inoppugnabilità, tipicità

È utile passarli in rassegna.

A. Imperatività o autoritarietà L'imperatività o autoritarietà

Consiste nell'attitudine del provvedimento a produrre effetti giuridici nella sfera giuridica dei terzi in via unilaterale, *senza che sia necessario il consenso o la collaborazione degli stessi*.

L'autoritarietà del provvedimento si può manifestare con modalità differenti:

a) nel caso di *provvedimento positivi* (per esempio, provvedimento di autorizzazione o di revoca della licenza in precedenza rilasciata), il provvedimento costituisce, modifica o estingue poteri o facoltà in capo al privato indipendentemente dalla sua volontà;
b) nel caso di *provvedimenti negativi* (per esempio, provvedimento di rigetto dell'istanza di autorizzazione), invece, il provvedimento è autoritativo perché attesta che non spetta al privato il bene al quale lo stesso aspira (per esempio, autorizzazione).

B. Esecutività

L'**esecutività** indica l'idoneità del provvedimento a produrre gli effetti in modo automatico ed immediato una volta divenuto efficace, indipendentemente dal fatto che lo stesso sia valido o invalido. Fa riferimento a tale requisito l'art. 21 *quater*, l. 7 agosto 1990, n. 241, laddove dispone che *i provvedimenti amministrativi efficaci sono eseguiti immediatamente, salvo che sia* *diversamente stabilito dalla legge o dal provvedimento medesimo*.

Tanto la legge quanto la P.A.che li emana possono, infatti, disporre un *motivato differimento* dell'esecuzione.

Lo stesso art. 21 *quater*, l. 7 agosto 1990, n. 241, riconosce in favore della P.A. la facoltà di *sospendere l'efficacia o l'esecuzione* del provvedimento amministrativo *per gravi ragioni e per il tempo strettamente necessario*, indicando nell'atto di sospensione anche il termine della sua durata. Tale termine può poi essere prorogato o differito per una sola volta e può anche essere ridotto se ricorrono *sopravvenute esigenze*.

C. Esecutorietà

L'**esecutorietà** è l'attitudine del provvedimento ad essere *portato ad esecuzione coattivamente*, anche contro la volontà del destinatario e senza la necessità di ottenere preventivamente una conforme pronuncia del giudice.

In questa prospettiva, l'art. art. 21-*ter*, l. 7 agosto 1990, n. 241, nel prevedere una serie di garanzie per il privato esposto all'attuazione coattiva dei provvedimenti amministrativi, dispone che:

- la P.A. deve formalmente **comunicare** al destinatario il provvedimento da cui discende l'obbligo da eseguire, con l'indicazione dei tempi e delle modalità dell'esecuzione;
- se il privato non ottempera spontaneamente, la P.A. deve inviare una formale **diffida**, minacciando l'esecuzione coattiva ove il privato non adempia entro un certo termine;
- se ancora il privato non ottempera, la P.A. può procedere all'**esecuzione coattiva** ma sempre nel rispetto delle modalità stabilite dalla legge.

Le **modalità** dell'esecuzione coattiva sono diverse a seconda del contenuto dell'obbligo non adempiuto. Consiste pertanto:

- per gli *obblighi di fare infungibili* (cioè non eseguibili da persona diversa da quella obbligata), *di non fare e di sopportare*, nella coazione diretta;
- per gli *obblighi di fare fungibili* (es. demolizione di immobile abusivo), nell'esecuzione d'ufficio a spese dell'obbligato;
- per gli *obblighi di consegnare una cosa determinata*, nell'apprensione coattiva del bene;
- Per le *obbligazioni aventi ad oggetto somme di denaro*, il comma 2 dell'art. 21 *ter*, l. 7 agosto 1990, n. 241, rinvia alle disposizioni vigenti in materia di esecuzione coattiva dei crediti dello Stato.

D. Inoppugnabilità

L'**inoppugnabilità** indica l'impossibilità che i destinatari ricorrano contro il provvedimento stesso, una volta decorsi i termini decadenziali previsti dalla legge per contestarlo.

Il provvedimento amministrativo, una volta divenuto inoppugnabile, è ancora:

- **revocabile** dalla stessa P.A. che l'ha emanato per *sopravvenuti motivi di pubblico interesse*, per mutamento della situazione di fatto o per una nuova considerazione del pubblico interesse originario (art. 21-*quinquies*, l. 7 agosto 1990, n. 241);
- **annullabile** dalla P.A. che l'ha emanato, in via di autotutela, sempre che lo

riscontri *originariamente illegittimo* e comunque non oltre 18 mesi dal momento dell'adozione dei provvedimenti di autorizzazione o di attribuzione di vantaggi economici (art. 21-*nonies*, l. 7 agosto 1990, n. 241).

E. Tipicità

La **tipicità** comporta che i provvedimenti debbano essere *previsti da una norma di legge* che ne individui funzione e contenuto: ogni provvedimento risponde, infatti, ad una causa tipica prevista dalla legge. Un'**eccezione** alla regola della tipicità è, tuttavia, rappresentata dalle **ordinanze di necessità e urgenza**, che, essendo dirette a fronteggiare situazioni eccezionali e non prevedibili, si caratterizzano proprio per il fatto che la legge non ne predetermina il contenuto, rimettendone la definizione alla stessa autorità amministrativa (si pensi alle ordinanze di protezione civile).

▶ 5.2. La motivazione del provvedimento amministrativo

Prima dell'entrata in vigore della legge n. 241/1990 non esisteva una norma che imponesse un obbligo generale di motivazione del provvedimento amministrativo.
L'art. 3 della legge n. 241/1990, in coerenza con il principio di trasparenza dell'azione amministrativa e al fine di garantire la pienezza della tutela giurisdizionale, prevede **l'obbligo** della P.A. **di motivare** ogni provvedimento amministrativo.
L'obbligo di motivazione del provvedimento trova la sua *ratio* nell'esigenza di garantire agli interessati la conoscenza del percorso logico-deduttivo che ha portato l'amministrazione ad adottare un determinato provvedimento, permettendo, al contempo, di verificare la correttezza del ragionamento operato dalla P.A.
La **motivazione** costituisce, difatti, la parte del provvedimento amministrativo in cui la P.A. condivide e rende pubblici i presupposti di fatto e le ragioni giuridiche che hanno portato all'emanazione di un dato provvedimento.
I **presupposti di fatto** sono gli elementi e i dati fattuali acquisiti nel corso della fase istruttoria del procedimento, che sono stati oggetto di valutazione da parte dell'amministrazione.
Le **ragioni giuridiche** sono tutte le argomentazioni che la P.A. ha condotto sul piano del diritto – ovvero tutte le norme che l'amministrazione ha considerato applicabili al caso concreto e la relativa interpretazione – e che hanno condotto all'adozione del provvedimento.
Ai sensi dell'art. 3, comma 3, legge n. 241/1990, la P.A. adempie all'obbligo di motivazione anche attraverso la c.d. ***motivazione per relationem***, ovvero nei casi un provvedimento sia motivato facendo riferimento alla motivazione presente in altro provvedimento amministrativo, richiamato nel nuovo provvedimento e reso disponibile ai destinatari.
L'obbligo di motivazione sussiste per tutti i provvedimenti amministrativi, compresi i provvedimenti concernenti l'organizzazione amministrativa, lo svolgimento dei concorsi pubblici e il personale.
Al contrario, non necessitano di motivazione gli atti normativi e quelli a contenuto generale (art. 3, comma 2, legge n. 241/1990).

6. La classificazione dei provvedimenti amministrativi

Considerando gli **effetti prodotti**, i provvedimenti possono essere distinti a seconda che *amplino* la situazione giuridica del destinatario o la *restringano o sopprimano*.

▶ 6.1. Provvedimenti ampliativi: la concessione

Il più importante provvedimento ampliativo è la **concessione.** Può:
- **costituire** in capo al destinatario un diritto totalmente nuovo, di cui la P.A. non ha la titolarità (concessione **costitutiva**);
- **trasferire** un diritto dalla P.A. al destinatario (concessione **traslativa).**

PER APPROFONDIRE

È costitutiva la concessione della cittadinanza. È traslativa la concessione di uso di beni pubblici, per esempio quella avente ad oggetto un tratto di spiaggia per la gestione di un lido balneare, oppure la concessione rilasciata per la gestione di servizi pubblici, quale quello di trasporto di linea.

Alla categoria delle concessioni appartengono le **sovvenzioni**, con cui si attribuiscono al destinatario vantaggi di tipo economico.

▶ 6.1.1. L'autorizzazione

Dalla concessione, con le quali si assegna al destinatario un diritto di cui lo stesso non era titolare, va distinta l'**autorizzazione** che, invece, *rimuove un limite legale all'esercizio di un diritto che preesiste* nella sfera giuridica del destinatario. Il diritto, quindi, preesiste, ma la legge ne subordina l'esercizio al rilascio di un atto dell'amministrazione, perché la stessa *verifichi* la sussistenza di taluni requisiti richiesti per il concreto esercizio dell'attività o *valuti* la coerenza di quell'esercizio con altri interessi.

PER APPROFONDIRE

Appartiene alla categoria delle autorizzazioni il c.d. permesso a costruire, che consente di esercitare lo ius aedificandi, già compreso nel diritto di proprietà del soggetto che chiede ed ottiene il permesso. La legge, tuttavia, prescrive che quel diritto possa essere esercitato solo se la P.A. verifica la conformità del progetto edificatorio alla normativa urbanistica ed edilizia, rilasciando il c.d. permesso a costruire.

▶ 6.1.2. Figure affini all'autorizzazione: abilitazione, omologazione, nulla-osta, dispensa

Figure affini all'autorizzazione sono:

a) le **abilitazioni** il cui rilascio è condizionato al previo accertamento, da parte della P.A., dell'*idoneità tecnica o professionale dei richiedenti* in ordine allo svolgimento di una determinata attività (per esempio, la *patente di guida*);

b) le **omologazioni**, relative a *cose* e rilasciate dall'autorità previa verifica di conformità delle stesse alle norme nazionali e internazionali dettate a tutela della sicurezza o dell'uniformità dei prodotti (per esempio, le *omologazioni di sicurezza di ascensori*);
c) i **nulla-osta**, con i quali la P.A. dichiara di non avere nulla in contrario in ordine all'adozione di un provvedimento da parte di un'altra autorità;
d) la **dispensa**, con cui la quale il privato è abilitato ad esercitare l'attività in deroga al divieto legale o è esonerato dal compimento di un'attività doverosa.

▶ 6.2. I provvedimenti restrittivi: ordini, espropriazioni, requisizioni, confische, sequestri

Effetti del tutto opposti producono i **provvedimenti ablatori**, destinati a privare il destinatario di un diritto o di una facoltà di cui è già titolare, ove ciò sia ritenuto necessario al fine di tutelare o soddisfare l'interesse pubblico.

Gli stessi sono distinti in:

- **personali** (ad es. gli ordini con cui la P.A. impone ad un soggetto un determinato comportamento). Gli ordini possono a loro volta essere: **generali**, ove destinati a qualunque soggetto; **speciali**, quando presuppongono una particolare relazione tra la P.A. ordinante e il privato che riceve l'ordine. In base invece al loro *contenuto*, gli ordini si distinguono in **comandi** e **divieti**, a seconda che abbiano contenuto positivo o negativo; in ogni caso, ove l'ordine abbia ad oggetto una prestazione personale o patrimoniale, lo stesso è legittimo solo se espressamente previsto dalla legge (v. art. 23 Cost.).
- **reali** e si differenziano in:
  - › **espropriazioni**, che privano definitivamente un soggetto della proprietà di un bene al fine di consentire la realizzazione di un'opera pubblica o, comunque, il soddisfacimento dell'interesse generale (art. 42 Cost.), dietro pagamento di un indennizzo in favore del soggetto espropriato;
  - › **requisizioni**, attraverso le quali la P.A. dispone della proprietà privata o, comunque, utilizza un bene appartenente ad un privato per il soddisfacimento di un interesse pubblico. Si distingue, in particolare, tra: requisizione **in proprietà**, che può avere ad oggetto solo beni mobili, produce effetti irreversibili ed è di regola disposta per esigenze di carattere militare, dietro corresponsione di un'indennità; requisizione **in uso**, che invece può riguardare sia beni mobili che beni immobili e ha come presupposto un'urgente necessità da soddisfarsi appunto attraverso l'uso, dietro indennizzo, di un bene privato, che verrà restituito al proprietario una volta cessata la situazione di necessità e urgenza;
  - › **confisca**, provvedimento di carattere afflittivo che priva il soggetto della proprietà di un bene cui si imputa la commissione di un illecito amministrativo;
  - › **sequestro**, provvedimento ablatorio a carattere cautelare, volto a salvaguardare la collettività dai pericoli che possono derivare da un determinato bene (es. i sequestri di sostanze alimentari o medicinali avariati).

Ai sensi dell'art. 21-*bis*, l. 7 agosto 1990, n. 241, i provvedimenti ablatori sono **recettizi,** diventando efficaci nei confronti dei destinatari solo nel momento in cui sono comunicati a questi ultimi e salva la possibilità di ricorrere a forme speciali di pubblicità determinate dalla stessa P.A. che li adotta.

▸ 6.3. Provvedimenti vincolati e discrezionali

Considerando la **natura dei riscontri** che l'Amministrazione è tenuta a svolgere perché possa rilasciare il provvedimento si distingue tra provvedimenti vincolati e provvedimenti discrezionali.
I provvedimenti sono **vincolati** quando la legge indica puntualmente i presupposti di adozione in presenza dei quali il provvedimento va adottato e il contenuto dello stesso, sicché nessun margine di valutazione è riservato all'Amministrazione.

PER APPROFONDIRE

È ritenuto vincolato l'ordine di demolizione di un immobile abusivo, l'Amministrazione dovendo adottarlo ogni qual volta e per il solo fatto che riscontri la contrarietà dell'opera rispetto alla disciplina urbanistica ed edilizia, senza che possa fare valutazione di opportunità, per esempio in merito alla sussistenza di un interesse pubblico alla demolizione di un'opera, pure abusiva, ma realizzata molto tempo addietro

Sono, invece, **discrezionali** i provvedimenti nella cui adozione l'Amministrazione è chiamata ad effettuare una scelta di volta in volta riguardante *se adottarlo* (*an*), se farlo *in un momento o in un altro* (*quando*), se riempire il provvedimento di un contenuto o di un altro ancora (*quid*).

▸ 6.3.1. I caratteri della discrezionalità

Sono due, quindi, i tratti essenziali che connotano l'esercizio della c.d. **discrezionalità amministrativa**:

- il **giudizio**, essendo la P.A. tenuta ad individuare e valutare tutti i fatti e gli interessi rilevanti, sulla base di un'adeguata istruttoria in ossequio alle regole poste dalla l. 7 agosto 1990, n. 241;
- la **scelta**, con la quale l'amministrazione, sulla scorta di una logica e ragionevole valutazione delle risultanze istruttorie, individua la *soluzione più idonea a realizzare l'interesse pubblico* con il minor sacrificio possibile per gli altri interessi. Si tratta dell'*attività di comparazione* tra l'interesse pubblico di cui la P.A. è portatrice e gli altri interessi pubblici e privati coinvolti.

A. Discrezionalità e merito

La scelta che l'Amministrazione è chiamata a fare quando dispone di discrezionalità amministrativa costituisce il c.d. **merito amministrativo**, di competenza esclusiva dell'Amministrazione.
L'area riservata alle scelte di merito è quella affidata alla **libertà della P.A.**
Il merito costituisce, infatti, la *parte libera della discrezionalità* in cui, nel

rispetto delle regole di legittimità, la P.A. effettua la scelta di opportunità amministrativa, **sottratta al sindacato del giudice amministrativo**, che non può sostituirsi alla P.A., salve le tassative ed eccezionali ipotesi determinate dalla legge di c.d. *giurisdizione estesa al merito*.

B. Discrezionalità tecnica e mista

Dalla discrezionalità c.d. amministrativa va distinta la discrezionalità c.d. tecnica, che si ha quanto l'amministrazione non dispone del potere di bilanciare interessi e di scegliere le modalità più adeguate per il più efficace soddisfacimento dell'interesse pubblico, ma solo del potere di apprezzare, facendo applicazione di regole specialistiche dal risultato non certo, la sussistenza di taluni presupposti richiesti dalla legge per l'adozione del provvedimento.

PER APPROFONDIRE

Costituisce espressione di discrezionalità c.d. tecnica il provvedimento con cui la Soprintendenza dichiara bene culturale (assoggettandola alla disciplina pubblica prevista per quei beni) un determinato edificio, previo apprezzamento del suo pregio storico. La Soprintendenza, infatti, non è chiamata, in tal caso, a comparare contrapporti interessi, ma solo a riscontrare che quell'immobile abbia o non abbia pregio storico: nel farlo, tuttavia, deve applicare criteri tecnici il cui esito non è certo, ma opinabile. Parimenti avviene per gli atti con cui una Commissione di concorso per professore universitario apprezza lo spessore scientifico dei titoli (libri, articoli..) prodotti dagli aspiranti professori.

Nelle ipotesi in cui la P.A. eserciti allo stesso tempo discrezionalità tecnica e amministrativa, si parla di **discrezionalità mista**. In tal caso, effettuata la verifica tecnica (esaminati gli atti e individuato il criterio tecnico da applicare), l'autorità amministrativa competente non è vincolata nell'atto da adottare, ma ha il potere di scegliere l'atto più idoneo alla cura dell'interesse pubblico primario.

7. Validità ed efficacia

Anche per l'atto amministrativo, come per qualsiasi atto giuridico, la legge prevede **distinte ipotesi di invalidità**, in particolare quelle della nullità e dell'annullabilità. L'invalidità – che si verifica quanto un atto è difforme da quanto previsto dalle norme che lo disciplinano – determina l'**inefficacia definitiva** dello stesso.

L'inefficacia può determinarsi:

- **in modo automatico**, come nel caso della nullità, che opera di diritto;
- **a seguito di una pronuncia giudiziale**, come nelle ipotesi di annullabilità, che non opera di diritto, ma presuppone una decisione del giudice, adottata a seguito di apposito ricorso di parte.

Come più ampiamente descritto nei paragrafi seguenti, le due forme di invalidità determinano due effetti diversi:

- **l'atto nullo** è inefficace "di diritto", non è idoneo a produrre effetti nella sfera giuridica dei destinatari e viene considerato *tamquam non esset*, ovvero come se

non fosse mai esistito;
- **l'atto annullabile** è un atto idoneo a produrre effetti, che permangono nell'ordinamento giuridico fin quando e solo se, su istanza di parte, non venga dichiarata, in via giudiziale, l'illegittimità dell'atto stesso.

▶ 7.1. La nullità

La **nullità** è disciplinata dall'art. 21 *septies*, l. 7 agosto 1990, n. 241, il quale prevede i seguenti casi:
- **nullità testuale** (casi di *nullità espressamente previsti dalla legge*, per esempio quella, disposta dall'art. 3, co. 6, d.P.R. 10 gennaio 1957, n. 3, per il provvedimento di assunzione agli impieghi pubblici non preceduto dal prescritto concorso);
- **nullità strutturale** (per *mancanza di uno degli elementi essenziali*);
- **difetto assoluto** di **attribuzione**, ossia mancanza della norma giuridica che attribuisce (al soggetto che ha adottato il provvedimento) il potere esercitato con la relativa adozione (come nel caso di permesso a costruire rilasciato dall'Amministrazione sanitaria anziché dal Comune);
- **violazione o elusione del giudicato**;
- **in tutti gli altri casi previsti dalla legge**, i c.d. casi di nullità testuali, ovvero tutti i casi in cui la legge prescrive specificamente la nullità dell'atto.

▶ 7.1.1. Nullità strutturale ed elementi essenziali

Quanto alla **nullità strutturale**, sono elementi essenziali dell'atto, la cui mancanza è causa di nullità:
- **la forma**, se richiesta dalla legge a pena di nullità (come per gli accordi tra P.A. e privati); negli altri casi è sufficiente che l'atto consenta di ricostruire la volontà dell'ente, attestando la riferibilità soggettiva dell'atto alla P.A.;
- **la causa**, ossia il fine pubblico per la cui cura è attribuito il potere dell'Amministrazione di adottare l'atto. Pertanto, è nullo per mancanza di causa il provvedimento adottato *ioci* o *docendi causa* o sulla base di causa illecita o impossibile;
- **il soggetto pubblico**, sicché è nullo l'atto adottato da soggetto che non sia Amministrazione pubblica (si pensi ad una multa emessa da un privato, non appartenente alla Polizia municipale);
- **l'oggetto materiale**, per cui è per esempio nullo il provvedimento di espropriazione di un fondo inesistente, o già acquisito al patrimonio della P.A.

▶ 7.1.2. L'azione di nullità

L'azione per far valere la nullità può essere proposta entro il termine di decadenza di 180 giorni (art. 30, c.p.a.).
La nullità dell'atto può sempre essere opposta dalla parte resistente del processo amministrativo e può essere **rilevata d'ufficio** dal giudice (art. 31 c.p.a.).

▶ 7.2. L'annullabilità

Ai sensi dell'art. 21 *opties*, l. 7 agosto 1990, n. 241, è **annullabile** il provvedimento amministrativo adottato in violazione di legge o viziato da eccesso di potere o da incompetenza.

▶ 7.2.1. Vizi di legittimità e vizi di merito

Si tratta dei tre classici **vizi di legittimità** dell'atto amministrativo (violazione di legge, incompetenza ed eccesso di potere), distinti dai **vizi di merito**, che si hanno quando nell'adozione dell'atto l'Amministrazione, pur non violando norme giuridiche, fa *scelte inopportune* nell'esercitare la discrezionalità amministrativa.

Al di fuori degli eccezionali casi di giurisdizione del giudice amministrativo estesa al merito, il vizio di merito non comporta invalidità ed annullabilità dell'atto.
Ai sensi dell'art. 21 *quinquies*, l. 7 agosto 1990, n. 241, tuttavia, *per sopravvenuti motivi di pubblico interesse o, salvo che per i provvedimenti di autorizzazione o di attribuzione di vantaggi economici, di nuova valutazione dell'interesse pubblico originario, il provvedimento amministrativo ad efficacia durevole può essere revocato.*
La revoca determina la inidoneità del provvedimento revocato a produrre ulteriori effetti.
Se la revoca comporta pregiudizi in danno dei soggetti direttamente interessati, l'amministrazione ha l'obbligo di provvedere al loro indennizzo.

A. L'incompetenza: relativa e assoluta
L'incompetenza è il vizio che consegue alla *violazione delle norme che distribuiscono la funzione amministrativa* tra diversi enti, organi o uffici secondo diversi *criteri* (materia, valore, grado e territorio). L'incompetenza che comporta l'annullabilità è solo quella **relativa**, che si ha quando il soggetto che ha adottato l'atto appartiene al **medesimo plesso amministrativo** di cui fa parte l'organo competente in base alla legge (per esempio, dirigente scolastico e Sovrintendente scolastico).
Non ricorre annullabilità, pertanto, nei casi di **incompetenza assoluta** che dà luogo a nullità e si verifica quando l'atto adottato da un'Amministrazione rientra nella fascia di attribuzione di un *altro potere dello Stato* (permesso a costruire rilasciato dal giudice) o, pur adottato in materia attribuita alla P.A., è adottato da un soggetto nell'esercizio di *una funzione amministrativa totalmente estraneo alle sue attribuzioni*;

B. Eccesso di potere
L'**eccesso di potere** si ha quando la P.A. esercita il potere per *finalità diverse da quelle indicate dalla norma che lo attribuisce* (cd. **sviamento del potere**).
È il vizio tipico nel quale l'Amministrazione può incorrere nell'esercizio di attività discrezionale.
Più nel dettaglio, il vizio di eccesso di potere si configura:
- quando l'amministrazione persegue un fine pure pubblico, ma *diverso da quello individuato dalla legge*;

- quando, per il perseguimento del fine previsto dalla legge, la P.A. utilizza *poteri diversi* da quelli indicati dalla legge.

La giurisprudenza ha elaborato alcuni sintomatici dell'eccesso di potere (le c.d. **figure sintomatiche**):

a) il **difetto d'istruttoria** che si realizza quando la P.A. adotta la decisione senza aver prima accertato le condizioni di esercizio del potere e le altre soluzioni praticabili;
b) il **travisamento dei fatti** che si configura quando il provvedimento è adottato sul presupposto dell'esistenza di fatti in realtà inesistenti o dell'inesistenza di fatti, al contrario, esistenti;
c) il ***deficit* motivazionale**, nel caso in cui la motivazione esista, ma sia *insufficiente* o *incongrua*,
d) la **contraddittorietà** che consiste nel contrasto tra diverse manifestazioni di volontà espresse dalla stessa P.A. nell'esercizio del medesimo potere. Si distingue tra c.d. **contraddittorietà intrinseca**, che sussiste tra le diverse parti di un *medesimo atto*, e c.d. **contraddittorietà estrinseca** che, invece, si configura quando non vi sia corrispondenza di contenuto tra *atti differenti*, ma relativi ad un medesimo oggetto;
e) la **disparità di trattamento** ricorrente quando più atti, espressione del medesimo potere, trattano irragionevolmente in modo differente più soggetti che pure si trovano in una condizione analoga;
f) la **illogicità manifesta** che si ha in caso di insanabile contrasto logico all'interno di un atto amministrativo;
g) la **ingiustizia manifesta** che si concretizza in una sproporzione tra la sanzione e l'illecito contestato.

C. Violazione di legge

La **violazione di legge** si ha in ogni caso di *divergenza dell'atto amministrativo dalla norma che lo disciplina*.

▶ 7.2.2. Il regime dell'atto annullabile

Quanto al **regime**, il provvedimento annullabile è *provvisoriamente efficace*, nonostante la sua invalidità, sino a quando non venga annullato con la conseguenza che, ove ciò non avvenga, il provvedimento continua a produrre effetti.

L'annullamento può avvenire:

- ad opera del *giudice* in sede di **ricorso giurisdizionale**, da proporsi nel **termine decadenziale di 60 giorni**;
- ad opera della stessa *P.A.* in via di **autotutela**, entro un termine ragionevole, comunque non superiore a diciotto mesi dal momento dell'adozione;
- in sede di **controllo**;
- in sede di decisione dei **ricorsi amministrativi**.

▶ 7.3. Le illegittimità che non comportano annullamento

Non tutte le violazioni di legge, tuttavia, comportano l'annullabilità del provvedimento. L'art. 21 *octies*, co. 2, l. 7 agosto 1990, n. 241, introduce un *limite all'annullabilità per violazione di legge*, quando la norma trasgredita ponga *obblighi di natura formale o procedimentale che non abbiano influito sul contenuto dispositivo del provvedimento*: questo sarebbe stato adottato, quindi, con lo stesso contenuto anche se la norma in concreto violata fosse stata osservata.
La disposizione citata prevede **due ipotesi** in cui il provvedimento illegittimo non è annullabile.

Per la **prima**, il provvedimento **non** può essere annullato se sussistono tre condizioni:
- che siano violate *norme sul procedimento o sulla forma* degli atti;
- che il provvedimento abbia *carattere vincolato*;
- che sia palese che il *contenuto dispositivo non avrebbe potuto essere diverso* da quello adottato.

La **seconda ipotesi** ricorre quando, essendo stata *omessa la prescritta comunicazione dell'avvio del procedimento*, l'*amministrazione dimostri in giudizio* che il contenuto del provvedimento non avrebbe potuto essere diverso da quello in concreto adottato.

Se, quindi, nella **prima ipotesi**, ai fini della mancata annullabilità dell'atto, è necessario che il provvedimento sia **vincolato** e che, pertanto, sia palese l'obbligatorietà del suo contenuto, la **seconda ipotesi** disciplinata (relativa peraltro al solo vizio dovuto alla mancata comunicazione di avvio del procedimento) trova applicazione anche con riguardo all'attività amministrativa **discrezionale**, sempre che **l'amministrazione** (a cui spetta l'onere della prova) **dimostri in giudizio** che il contenuto del provvedimento non avrebbe potuto essere diverso da quello adottato.

8. I rimedi contro gli atti illegittimi e inopportuni: l'autotutela

Un atto amministrativo viziato può essere:
- **conservato**, con l'adozione, da parte della pubblica amministrazione, di un provvedimento che elimini i vizi di legittimità del provvedimento medesimo;
- **eliminato**, con sentenza dell'autorità giurisdizionale amministrativa (T.A.R. e Consiglio di Stato), decisione amministrativa provocata da un ricorso dell'interessato o atto amministrativo spontaneo della P.A., diretto a ritirare l'atto viziato.

Nelle ipotesi in cui l'amministrazione interviene al fine di conservare ovvero eliminare un provvedimento amministrativo viziato, si parla di **autotutela.**
L'autotutela amministrativa è il **potere dell'amministrazione di rimuovere unilateralmente ed autonomamente** gli ostacoli che impediscano la realizzazione dell'interesse pubblico per cui il potere è conferito dalla legge all'amministrazione.
esercitando il potere di autotutela l'amministrazione può intervenire autonomamente per risolvere i conflitti che possono insorgere in relazione a propri provvedimenti o proprie pretese.

Pertanto, l'amministrazione può adottare, in via di autotutela, un provvedimento amministrativo che incida su provvedimenti precedentemente emanati, nei casi in cui – a seguito di un riesame e di un nuovo contemperamento degli interessi pubblici e privati venuti in rilievo in sede di istruttoria – sussista una nuova valutazione delle situazioni di fatto e di diritto che sono alla base di un determinato provvedimento amministrativo avente natura discrezionale.

PER APPROFONDIRE

ATTI DI RITIRO E LEGITTIMO AFFIDAMENTO

Ove la pubblica amministrazione, nell'esercizio del potere di autotutela, intervenga a ritirare un provvedimento amministrativo precedentemente adottato deve tenere conto dell'affidamento ingenerato nel cittadino circa la validità e l'efficacia del provvedimento da ritirare, oggetto dell'autotutela amministrativa.

Pertanto, l'interesse pubblico a ritirare un determinato provvedimento deve necessariamente essere bilanciato con l'interesse privato alla conservazione del provvedimento stesso.

Tale interesse è tanto più forte quanto maggiore è il lasso di tempo in cui il provvedimento oggetto del ritiro ha esplicato la sua efficacia.

▶ 8.1. Il riesame con esito demolitorio: la revoca e l'annullamento d'ufficio

A seguito del riesame di un determinato provvedimento amministrativo, la pubblica amministrazione può decidere di adottare **un atto di ritiro**.

Tra le diverse tipologie di atti di ritiro, i più rilevanti sono: l'annullamento d'ufficio e la revoca.

A. L'annullamento d'ufficio

L'annullamento d'ufficio è disciplinato dall'art. **21-*nonies*** della legge n. 241/1990.

È un provvedimento amministrativo di secondo grado con il quale è ritirato, **con efficacia retroattiva (*ex tunc*)**, ossia dalla data della sua emanazione, un atto amministrativo illegittimo, affetto sin dalla sua adozione da vizi di legittimità.

Pertanto – senza che sia necessario un provvedimento giudiziale – in questa ipotesi la pubblica amministrazione interviene autonomamente e su propria iniziativa per provvedere all'annullamento di un provvedimento amministrativo illegittimo, esercitando il proprio discrezionale potere di autotutela.

L'art. 21-*nonies* dispone che un provvedimento amministrativo illegittimo (per violazione di legge, eccesso di potere o incompetenza) può essere annullato d'ufficio dall'organo che lo ha emanato o da altro organo previsto dalla legge, alle seguenti condizioni:

- sussistano **ragioni di interesse pubblico** al ritiro dell'atto;
- non siano decorsi più di **dodici mesi** dall'emanazione del provvedimento da annullare;
- si tenga adeguatamente conto **degli interessi di destinatari e controinteressati**.

B. La revoca

La **revoca** è un provvedimento amministrativo di secondo grado, disciplinato dall'art. 21-*quinquies* della legge n. 241/1990, con il quale la pubblica amministrazione ritira, con **efficacia non retroattiva (*ex nunc*)**, un atto inficiato da vizi di merito, in base ad una nuova valutazione degli interessi pubblici e privati posti alla base dello stesso.

La revoca, pertanto, può essere esercitata a prescindere dall'esistenza di vizi di legittimità (violazione di legge, eccesso di potere e incompetenza relativa) del provvedimento revocato.

La pubblica amministrazione può esercitare il potere di revoca al verificarsi di uno dei seguenti tre presupposti:

- **sopravvenuti motivi di interesse pubblico**;
- **mutamento della situazione di fatto** esistente al momento dell'adozione del provvedimento da revocare, ovvero il sopravvenire di una nuova circostanza alla luce della quale il provvedimento adottato non sia più idoneo a tutelare l'interesse pubblico;
- **nuova valutazione dell'interesse pubblico originario**, diversa o contraria rispetto alla valutazione operata con il primo provvedimento.

A differenza dell'annullamento, la revoca ha efficacia non retroattiva: **gli effetti dell'atto revocato cessano dal momento della revoca**, mentre sopravvivono gli effetti prodotti in precedenza.

Nei casi in cui la revoca comporti un pregiudizio in capo ai destinatari, l'amministrazione ha l'obbligo di provvedere all'erogazione di un **indennizzo.**

▶ 8.2. Il riesame con esito conservativo: convalida, ratifica, sanatoria

Nelle ipotesi in cui la pubblica amministrazione decida di non ritirare un provvedimento illegittimo, la stessa può sanarlo e mantenerlo in vita, eliminando il vizio di legittimità che inficia il provvedimento (c.d. **convalescenza** dell'atto amministrativo). Tra tali provvedimenti conservativi, possono sicuramente essere annoverate: la convalida, la ratifica e la sanatoria.

A. La convalida

La **convalida** è un provvedimento autonomo e di carattere costitutivo, con il quale la pubblica amministrazione elimina i vizi di legittimità di un atto invalido, precedentemente emanato dalla stessa autorità.

Ad esempio, con la convalida può essere: integrata la motivazione di un provvedimento, inserito un elemento mancante, eliminato un contrasto tra motivazione e dispositivo).

Il provvedimento di convalida deve contenere:

- l'atto che si intende convalidare;
- l'indicazione precisa e puntuale del vizio di legittimità dal quale l'atto è inficiato e che si intende rimuovere;
- la manifestazione della volontà dell'amministrazione di provvedere alla convalida dell'atto (c.d. *animus convalidandi*);
- una adeguata **motivazione** in ordine all'interesse pubblico che giustifica la convalida stessa.

B. La ratifica

La **ratifica** è un provvedimento autonomo e di carattere costitutivo, con il quale viene eliminato il vizio di *incompetenza relativa* di un provvedimento amministrativo. Precisamente, il provvedimento di ratifica è adottato dall'autorità competente, al fine di sanare un provvedimento emesso da un'autorità incompetente dello stesso ramo dell'amministrazione.

Diversamente dalla convalida la ratifica quindi:

– è adottata **da un'amministrazione diversa** da quella che ha adottato l'atto;
– sana unicamente **l'incompetenza relativa**, non anche gli altri vizi di legittimità.

C. La sanatoria

La **sanatoria** si ha quando l'amministrazione acquisisce successivamente un atto endoprocedimentale che doveva essere emesso e acquisito prima della conclusione del procedimento amministrativo.

A differenza della convalida e della revoca, la sanatoria non costituisce quindi un provvedimento nuovo ed autonomo, ma si identifica con l'atto che è stato omesso e che viene successivamente acquisito.

9. L'illegittimità costituzionale dell'atto amministrativo

L'atto amministrativo può essere affetto da un vizio di illegittimità costituzionale **diretta** o **mediata**.

- L'**illegittimità costituzionale diretta** si prospetta quando l'atto amministrativo viola direttamente una norma costituzionale.
- L'**illegittimità costituzionale mediata** si verifica quando l'atto amministrativo non viola direttamente la Costituzione, ma risulta emanato sulla base di una norma costituzionalmente illegittima.

Quanto ai meccanismi rimediali, devono distinguersi le due ipotesi.

– In caso di *violazione "diretta"*, è il **giudice amministrativo** a sindacare diffusamente l'illegittimità **annullando direttamente l'atto amministrativo** contrastante con la Costituzione.
– In caso di *violazione "indiretta"*, è necessario, invece, il giudizio accentrato della **Corte Costituzionale** che assumerà comunque carattere incidentale nel giudizio volto ad accertare la legittimità del provvedimento.

10. L'illegittimità dell'atto amministrativo per contrasto con il diritto europeo

Anche l'illegittimità del provvedimento amministrativo per contrasto con il diritto europeo, al pari di quella costituzionale, può manifestarsi come:

- **vizio direttamente** imputabile all'atto, nelle ipotesi in cui sia il contenuto dell'atto stesso ad essere autonomamente in contrasto con una norma comunitaria (*illegittimità comunitaria* ***"diretta"***);
- **vizio soltanto mediato**, nell'ipotesi in cui un atto sia emanato sulla base di

una norma statale, a sua volta in contrasto con il diritto comunitario (*illegittimità comunitaria soltanto **"indiretta"***).

Sul piano del vizio riscontrabile:
- l'anti-comunitarietà **"diretta"** evoca inevitabilmente il modello originario del vizio di **violazione di legge**;
- l'anti-comunitarietà **"indiretta"** non porta con sé una violazione né un autonomo vizio dell'atto, presupponendo invece il rispetto del parametro di legittimità statale, esso stesso di contenuto lesivo del diritto comunitario; in questo caso l'illegittimità si configura come **"derivata"**.

Quanto al **rimedio esperibile** in caso di illegittimità comunitaria il sindacato sull'atto amministrativo **spetta sempre al giudice amministrativo** che nell'ipotesi di *violazione "diretta"* dovrà **annullare l'atto amministrativo** per violazione di legge (comunitaria); nell'ipotesi di *violazione "indiretta"*, spetta al G.A. **disapplicare la norma statale contrastante con il diritto europeo** su cui si fonda l'atto impugnato.

In particolare, secondo la prevalente giurisprudenza (***Cons. St., sez. III, 08 settembre 2014, n. 4538***):
- quando la norma nazionale in contrasto con il diritto comunitario si limiti a **disciplinare l'uso del potere amministrativo**, l'atto amministrativo dovrà essere considerato solo **annullabile**;
- qualora, invece, la norma nazionale contrastante con il diritto comunitario costituisca la **fonte del potere amministrativo** stesso, allora l'atto emanato sulla sua base dovrà essere considerato **nullo** per carenza di potere.

11. L'invalidità derivata

L'invalidità dell'atto amministrativo può essere:
- **diretta** od originaria quando riguarda direttamente l'atto;
- **derivata** quando deriva da altro precedente atto invalido.

Il c.d. **principio di derivazione** trova applicazione nei rapporti tra atti distinti e tuttavia legati dal vincolo della presupposizione. Tale vincolo sussiste quando un atto (detto "presupposto") costituisca il fondamento e la ragione giustificatrice di altro atto (detto "presupponente") condizionandone l'esistenza e la validità, pur trattandosi di atti **distinti** ed **autonomi**.
Si pone dunque il problema relativo alle conseguenze della illegittimità "a monte" e, in particolare, se l'annullamento dell'atto presupposto determini la **caducazione automatica** dell'atto consequenziale (**invalidità ad effetto caducante**) o se, invece, si converta in un **vizio** dell'atto consequenziale, da impugnare autonomamente (**invalidità ad effetto viziante**).

La giurisprudenza (***Cons. St., sez. II, 28 maggio 2021, n. 4130***) distingue a seconda del tipo ed intensità del rapporto che sussiste tra i due atti, ammettendo così:
- **un effetto immediatamente caducante** nei casi in cui sussista uno stretto nesso di interdipendenza tra due provvedimenti, in forza della loro appartenenza

alla **medesima serie procedimentale** e al **rapporto di necessaria derivazione del secondo dal primo**, quale sua inevitabile ed ineluttabile conseguenza, sicché la sua adozione non richiede nuove ed ulteriori valutazioni di interessi, con particolare riguardo al coinvolgimento di soggetti terzi;
- **un effetto meramente viziante** (con conseguente onere di proporre autonoma impugnazione) quando manchino gli elementi sopra indicati e i provvedimenti risultino tra loro solo **indirettamente connessi**.

Scheda di sintesi

L'**atto amministrativo** è l'atto adottato da una Pubblica amministrazione nell'esercizio di una potestà amministrativa riconosciuta dalla legge per la cura di un interesse pubblico. Gli **elementi essenziali**, necessari per la sua esistenza giuridica, sono: l'intestazione, il preambolo, la motivazione, il dispositivo, il luogo, la data e la sottoscrizione. Gli **elementi accidentali**, cioè solo eventuali, ampliamo il contenuto minimo dell'atto: sono il termine, la condizione, l'onere. Gli atti amministrativo si distinguno in **meri atti amministrativi** e **provvedimenti amministrativi.**

Le più importanti caratteristiche del provvedimento amministrativo sono l'*imperatività* o *autoritarietà*; l'*esecutività*; l'*esecutorietà*; l'*inoppugnabilità*; la *tipicità*.

I provvedimenti possono ampliare la sfera giuridica del destinatario o restringerla.

I provvedimenti **ampliativi** sono atti della pubblica amministrazione caratterizzati dal fatto di apportare **effetti favorevoli** alla sfera soggettiva del privato. Il loro effetto può consistere nella rimozione di ostacoli ed impedimenti al libero esercizio di poteri o facoltà di cui i privati sono già titolari (**autorizzazioni**) oppure nell'attribuzione di nuove situazioni soggettive (**concessione**) o, infine, nell'esenzione o nell'esonero del soggetto dal compimento di attività o dall'osservanza di obblighi (es.: dispense, esenzioni etc.).

I provvedimenti **ablatori** sono atti con cui la pubblica amministrazione incide, in via unilaterale, sulla sfera giuridica di soggetti privati, **sacrificandone un interesse**, a vantaggio della collettività.

Si distinguono in: **personali** (ad es. gli ordini con cui la P.A. impone ad un soggetto un determinato comportamento) e **reali** (espropriazione, requisizione, occupazione d'urgenza, servitù, ordini di distruzione, ordini di non utilizzazione, sequestro, confisca).

I provvedimenti sono **vincolati** quando la legge indica puntualmente i presupposti di adozione in presenza dei quali il provvedimento va adottato e il contenuto dello stesso, sicché nessun margine di valutazione è riservato all'Amministrazione. Sono, invece, **discrezionali** i provvedimenti nella cui adozione l'Amministrazione è chiamata ad effettuare una scelta di volta in volta riguardante se adottarlo, se farlo in un momento o in un altro, se riempire il provvedimento di un contenuto o di un altro ancora.

La legge distingue **due forme di invalidità** dell'atto: annullabilità e nullità.

È **nullo** il provvedimento amministrativo che manca degli elementi essenziali, che è viziato da difetto assoluto di attribuzione, che è stato adottato in violazione o

elusione del giudicato, nonché negli altri casi previsti dalla legge. La nullità può essere: nullità strutturale (se mancano degli elementi essenziali); nullità **per difetto assoluto di attribuzione**; nullità **testuale** nei casi espressamente previsti da singole disposizioni di legge.
L'**annullabilità** del provvedimento amministrativo quando affetto da violazione di legge, eccesso di potere ed incompetenza. Dai vizi di legittimità vanno distinti i **vizi di merito**, che si hanno quando nell'adozione dell'atto l'Amministrazione, pur non violando norme giuridiche, fa scelte inopportune nell'esercitare la discrezionalità amministrativa.
L' atto amministrativo viziato può essere **conservato**, con l'adozione, da parte della pubblica amministrazione, di un provvedimento che elimini i vizi di legittimità del provvedimento medesimo, ovvero **eliminato.**
Tra gli atti di ritiro, i più rilevanti sono: l'**annullamento d'ufficio** e la **revoca**.
Tra i provvedimenti conservativi si collocano la **convalida**, la **ratifica** e la **sanatoria**.

Domande di verifica

1. Quali sono i caratteri dei provvedimenti amministrativi?
2. In quali modi si può manifestare l'autoritarietà del provvedimento?
3. Quali sono le garanzie del privato esposto all'attuazione coattiva dei provvedimenti amministrativi?
4. Qual è la differenza fra concessione e autorizzazione?
5. Quali sono i tipi di nullità del provvedimento amministrativo?
6. Quando il provvedimento illegittimo non è annullabile?
7. Quali sono gli indici sintomatici dell'eccesso di potere?
8. L'incompetenza relativa dà luogo alla nullità dell'atto?
9. In cosa consistono i vizi di merito.
10. Quando l'illegittimità non comporta annullamento?

Capitolo 9
I CONTROLLI

SOMMARIO:

1. Nozione

L'attività di controllo è una componente indefettibile della funzione amministrativa, in quanto preordinata a garantirne la **regolarità formale e sostanziale**. Tale attività, pertanto, assume **carattere accessorio e strumentale** rispetto a quella di amministrazione attiva, concretizzandosi in provvedimenti di secondo grado. La materia dei controlli è stata oggetto di una profonda trasformazione dovuta tanto alle importanti riforme costituzionali degli ultimi lustri, quanto alle modifiche intervenute nell'organizzazione dell'amministrazione. In generale, volendo dare atto delle linee di tendenza prescelte, si è registrata una contrazione dei controlli volti a verificare la legittimità dei singoli atti ed un corrispondente potenziamento di quelli consistenti nella verifica dei risultati delle gestioni pubbliche.

2. I controlli amministrativi

Possono delinearsi differenti tipologie di controllo, facendo ricorso a diversi criteri di classificazione. Il criterio più usato è quello relativo all'**oggetto**, in base al quale i controlli possono riguardare:
- gli **atti**;
- gli organi;
- la **gestione**; volti ad assicurare la verifica di conformità dell'attività complessiva dell'organo controllato ai **parametri** di **efficienza**, **efficacia** ed **economicità**.

3. I controlli sugli atti

In sede di controllo sugli atti, si verifica la conformità a legge del singolo provvedimento (**controllo di legittimità**) o l'opportunità amministrativa dello stesso (**controllo di merito**).
La verifica può intervenire:
- prima che l'atto cominci a produrre effetto (**controllo preventivo**). Il controllo preventivo può essere, a sua volta: a) (preventivo) **antecedente**, se posto in essere prima del perfezionamento dell'atto; b) (preventivo) **susseguente**, se

interviene dopo il perfezionamento dell'atto, ma prima che lo stesso produca i suoi effetti. In quest'ultimo caso, il controllo si inserisce nella c.d. fase integrativa dell'efficacia dell'atto, atteggiandosi, così, il controllo quale *condicio iuris* sospensiva dell'efficacia dell'atto;
- quando l'atto è già perfetto ed efficace (**controllo successivo**).

I controlli sugli atti possono essere distinti anche in controlli: **esterni** (controllo intersoggettivo o extragerarchico) e **interni** (controllo interorganico).

Con riferimento, poi, alle singole tipologie di atti di controllo sugli atti vengono in rilievo:

a) il **visto** (atto di controllo preventivo di legittimità) con cui l'autorità competente verifica, prima che l'atto acquisti efficacia, se è affetto da vizi di legittimità. Il visto è una forma di controllo vincolato e non discrezionale;
b) l'**approvazione** (atto di controllo preventivo di merito) implicante una manifestazione di volontà dell'organo controllante, chiamato a verificare non solo la legittimità ma anche l'opportunità e la convenienza dell'atto controllato;
c) l'**autorizzazione** (atto di controllo preventivo di legittimità e di merito) finalizzata alla rimozione di un limite legale all'esercizio di un diritto o di un potere già rientrante nella sfera giuridica del soggetto che la richiede. A differenza del visto, l'autorizzazione è condizione di validità e non di efficacia dell'atto;
d) l'**omologazione** (atto di controllo preventivo di legittimità o di merito): è un atto di controllo di legittimità, quando è basato su di un mero accertamento o valutazione tecnica sull'esistenza dei requisiti richiesti dalla legge; di merito, quando l'atto è adottato in sostituzione o in aggiunta all'approvazione, costituendo in quest'ultimo caso un ulteriore controllo;
e) l'**annullamento d'ufficio in sede di controllo** (atto di controllo successivo di legittimità) che interviene dopo che l'atto ha acquisito efficacia.

4. I controlli sugli organi

I **controlli sugli organi** sono finalizzati a verificare la legittimità del funzionamento di un organo amministrativo, in modo da uniformarne l'operato alla legge e al principio del buon andamento *ex* art. 97, comma 2, Cost. Alla categoria appartengono:

a) il **controllo ispettivo**; che si concretizza nella attività di ispezione, non supportata dal conferimento all'organo controllante di poteri sostitutivi o repressivi;
b) il **controllo repressivo**; a seguito del quale, l'autorità controllante è legittimata a irrogare sanzioni amministrative o disciplinari;
c) il **controllo sostitutivo**; di tipo semplice, se la P.A. è legittimata a sostituirsi all'organo controllato di cui sia stata acclarata l'inerzia, anche nominando, all'occorrenza, un commissario ad acta (controllo sostitutivo semplice); di tipo repressivo se la stessa può esercitare, cumulativamente, entrambi i poteri, sostitutivo e sanzionatorio (controllo sostitutivo repressivo).

5. Il controllo di gestione

Il **controllo di gestione** è volto a raffrontare obiettivi programmati e risultati effettivamente raggiunti, in un'ottica collaborativa, più che sanzionatoria secondo un modello di amministrazione non più "**per atti**" bensì "**per risultati**". Le differenze fra il controllo di gestione e quello di legittimità attengono: all'oggetto, individuato nella complessiva attività dell'ente e non più nei singoli atti; al parametro del sindacato, volto a verificare *ex post* la rispondenza dei risultati raggiunti agli obiettivi programmati, piuttosto che la mera conformità *ex ante* dell'atto alla legge; all'esito, non più consistente in provvedimenti eliminativo-sanzionatori, ma in interventi di carattere collaborativo.
Questo tipo di controllo può essere: a) **interno** di gestione, affidato a un organo interno alla stessa P.A. da controllare, con carattere permanente volto ad assicurare un più razionale sfruttamento delle risorse umane e materiali assegnate in relazione agli obiettivi da raggiungere; b) **esterno** sulla gestione, esercitato da un ente esterno, in specie dalla Corte dei Conti.

▶ 5.1. Il controllo interno di gestione

Il sistema dei controlli interni di gestione, delineato dal d.lgs. n. 286/1999, si struttura su quattro livelli:

1. il controllo interno di regolarità amministrativa e contabile;
2. il controllo di gestione sull'efficienza, l'efficacia e l'economicità dell'azione amministrativa;
3. la valutazione del rendimento dei dirigenti;
4. il controllo strategico sull'amministrazione in relazione agli obiettivi finali in sede politica.

Per garantire l'ottimale funzionamento del sistema, i quattro livelli sono amministrati da uffici diversi i quali, peraltro, hanno l'obbligo di predisporre opportuni meccanismi di coordinamento.
Il legislatore è più volte intervenuto per potenziare e riordinare il sistema, onde garantire la trasparenza dell'azione amministrativa, migliorare l'efficienza dei diversi livelli della P.A. e perseguire l'ottimizzazione delle performance degli enti pubblici.
Importanti novità sono state introdotte dal d.lgs. 150/2009, come modificato dal d.lgs. n. 74/2017. In particolare, la disciplina sulla valutazione della dirigenza (*ex* art. 5 d.lgs. 286/1999) è stata sostituita da quella relativa alla **misurazione e valutazione della *performance* organizzativa e individuale**, mentre la funzione di controllo strategico è confluita nell'ambito delle competenze di un **Organismo indipendente di valutazione** della *performance*, cui spetta il monitoraggio del funzionamento complessivo del sistema della valutazione, della trasparenza e integrità dei controlli interni.

▶ 5.2. Il controllo esterno sulla gestione

La legge n. 20/1994 ha introdotto un controllo esterno della Corte dei Conti volto a verificare la legittimità e la regolarità delle gestioni di tutte le pubbliche

amministrazioni, ivi compresi le Regioni e gli altri enti locali, nonché il funzionamento dei controlli interni a ciascuna amministrazione.
Nell'esercizio di questa funzione, la Corte dei Conti può richiedere alle amministrazioni pubbliche ed agli organi di controllo interno qualsiasi atto o notizia e può effettuare e disporre ispezioni ed accertamenti diretti.
A differenza del controllo preventivo di legittimità, l'esito del controllo non consiste nel mancato perfezionamento dell'efficacia di un atto, ma nella predisposizione di relazioni e osservazioni destinate alle amministrazioni controllate. Scopo del controllo è, infatti, quello di verificare se l'azione amministrativa sia stata economica, efficiente ed efficace ed abbia raggiunto gli obiettivi stabiliti. In caso di giudizio negativo, le amministrazioni saranno sollecitate ad attivarsi per eliminare i fattori di scarsa efficacia della gestione e migliorare la propria azione.

6. Il ruolo della Corte dei Conti

Il complesso sistema delle funzioni di controllo svolte dalla Corte dei Conti nel nostro ordinamento si ricava dalla lettura combinata della Costituzione e di alcune leggi ordinarie.
La Corte dei conti in base alla Costituzione svolge:

- un **controllo preventivo di legittimità sugli atti del governo** (es. provvedimenti emanati su deliberazione del Consiglio dei Ministri, tranne decreti-legge e decreti legislativi; atti che, comportando una spesa, determinano rilevanti incidenze sul bilancio). Se il controllo si conclude positivamente con l'apposizione del **visto**, l'atto diviene efficace. In caso contrario, la Corte dei conti nega il visto e l'atto non diventa efficace salvo che, eccezionalmente, non intervenga, su richiesta dell'amministrazione che ha adottato l'atto, apposita **deliberazione del Consiglio dei Ministri**, volta a dare comunque corso, per superiori interessi pubblici, all'atto. In questo caso, le Sezioni unite della Corte, ove non ritengano venute meno le ragioni del rifiuto del visto, appongono il visto all'atto e ne ordinano la **registrazione con riserva**. Ogni 15 giorni la Corte trasmette al Parlamento un elenco di tutti i provvedimenti registrati con riserva, affinché lo stesso possa esercitare il **controllo politico sul Governo** e far valere la sua responsabilità, qualora ritenga non sussistenti i superiori interessi posti a base della richiesta di registrazione con riserva.
- un **controllo successivo sulla gestione del bilancio dello Stato** (c.d. giudizio di parificazione del rendiconto generale dello Stato), riferendo direttamente al Parlamento sul tipo di riscontro eseguito. In particolare, entro il 31 maggio di ogni anno il Ministero dell'economia trasmette alla Corte il **rendiconto generale dello Stato**, ossia il documento contabile in cui sono riassunti i risultati delle operazioni compiute nel precedente esercizio finanziario. Sulla regolarità del rendiconto la Corte delibera a sezioni unite (**giudizio di parificazione**), confrontando tale rendiconto con la legge di bilancio, e allegando, altresì, apposita **relazione tecnica**. Il controllo è quindi *successivo*. Il rendiconto e i rispettivi allegati, con la deliberazione e la relazione predette, sono trasmessi dalla Corte al **Ministro dell'economia**, che ne cura la presentazione al **Parlamento**.
- un **controllo sulla gestione finanziaria degli enti cui lo Stato contribuisce in via ordinaria**, esercitato, secondo le modalità e con i limiti

previsti dalla l. 21 marzo 1958, n. 259, nei confronti di enti che ricevono, sotto qualsiasi denominazione e con carattere di continuità, somme a carico di un'amministrazione dello Stato o di altri enti pubblici (sovvenzione diretta), o che sono destinatari di tributi (sovvenzione indiretta), nonché gli enti che ricevono dallo Stato apporti al capitale o garanzie finanziarie .

- Accanto a dette funzioni, ve ne sono altre, introdotte da leggi ordinarie, che trovano il loro fondamento costituzionale nell'art. 97 Cost. (principio del buon andamento degli uffici pubblici), nell'art. 81 Cost. (rispetto degli equilibri di bilancio) e nell'art. 119 Cost. (coordinamento della finanza pubblica). In particolare, la già citata l. n. 20/1994 ha attuato una riforma completa delle funzioni di controllo della Corte dei conti, riducendo il numero degli atti sottoposti al controllo preventivo di legittimità ed introducendo, oltre alla già esaminata forma di controllo successivo sulla gestione, il controllo successivo sulle gestioni fuori bilancio e sui fondi di provenienza comunitaria, improntati sempre ai parametri di economicità ed efficacia.
- Altre leggi sono intervenute attribuendo alla Corte dei conti importanti funzioni di controllo/referto quali:
  - il controllo sulla copertura finanziaria delle leggi di spesa (art. 11 ter della legge 5 agosto 1978 n. 468);
  - referti speciali (es., referto sul costo del lavoro pubblico ed altri referti speciali);
  - certificazione finanziaria dei contratti collettivi di lavoro (art. 51 del decreto legislativo n. 29 del 1993 e successive modifiche);
  - referti sulla finanza regionale e locale.

Scheda di sintesi

I **controlli** possono avere ad oggetto gli **atti**, gli **organi**, la **gestione**.
In sede di **controllo sugli atti**, si verifica la conformità a legge del singolo provvedimento (**controllo di legittimità**) o l'opportunità amministrativa dello stesso (**controllo di merito**).
I controlli sugli organi **sono finalizzati a verificare la legittimità del funzionamento di un organo amministrativo, in modo da uniformarne l'operato alla legge e al principio del buon andamento: possono essere di tipo ispettivo, repressivo o sostitutivo.**
Il controllo di gestione **è volto a raffrontare obiettivi programmati e risultati effettivamente raggiunti, in un'ottica collaborativa, più che sanzionatoria secondo un modello di amministrazione non più "per atti", bensì "per risultati".**
La **Corte dei conti** esercita differenti forme di controllo: un **controllo preventivo di legittimità sugli atti del governo**, un **controllo successivo sulla gestione del bilancio dello Stato** (c.d. giudizio di parificazione del rendiconto generale dello Stato), un **controllo sulla gestione finanziaria degli enti cui lo Stato contribuisce in via ordinaria**.

Domande di verifica

1. Come possono essere classificati i controlli?
2. In cosa consiste il controllo sugli atti?
3. Quali sono le differenze tra controllo antecedente, precedente e successivo?
4. Quali sono le differenze tra visto, approvazione e omologazione?
5. Quali sono le diverse forme di controllo sugli organi?
6. In quali livelli si struttura il controllo sulla gestione?
7. Cosa è il controllo esterno di gestione?
8. Quali tipi di controllo esercita la Corte dei conti?
9. Cosa è il giudizio di parificazione?
10. Cosa è la registrazione con riserva?

Capitolo 10
BENI PUBBLICI ED ESPROPRIAZIONE

SOMMARIO

1. I beni pubblici: nozione e classificazioni

I **beni pubblici** sono compresi nella categoria giuridica della **"proprietà pubblica"** menzionata dall'art. 42, co. 1, Cost. Sono tali i beni di cui si avvalgono le P.A. per realizzare **i propri fini istituzionali**.
Si distinguono:
- i **beni pubblici *stricto sensu***, che appartengono allo Stato o ad altro ente pubblico;
- i **beni di interesse pubblico**, che appartengono a **privati** ma sono sottoposti ad uno speciale **regime derogatorio** in virtù della peculiare rilevanza posseduta.

Numerosi i **criteri** proposti per perimetrare la categoria dei beni pubblici.
L'orientamento maggioritario aderisce alla cd. **teoria mista** in base alla quale gli elementi definitori dei beni pubblici sono, essenzialmente, due:
- uno *strutturale*: la **proprietà del bene** da parte dell'ente pubblico;
- l'altro *funzionale*: la sua **finalizzazione** alla soddisfazione di un **pubblico interesse.**

Le due tradizionali **categorie** nelle quali è diviso il patrimonio pubblico sono quelle dei **beni demaniali** e dei **beni patrimoniali indisponibili**.

2. I beni demaniali

I beni **demaniali** sono individuati dall'**art. 822 c.c.** in un'elencazione **tassativa**, e che comprende **beni immobili** e **universalità di mobili**.

Ai sensi dell'art. 822 c.c. **appartengono allo Stato** e fanno parte del demanio pubblico: il lido del mare, la spiaggia, le rade e i porti; i fiumi, i torrenti, i laghi e le altre acque definite pubbliche dalle leggi in materia; le opere destinate alla difesa nazionale. Fanno parimenti parte del demanio pubblico, **se appartengono allo Stato**: le strade, le autostrade e le strade ferrate; gli aerodromi; gli acquedotti; gli immobili riconosciuti d'interesse storico, archeologico e artistico a norma delle leggi in materia, le raccolte dei musei, delle pinacoteche degli archivi, delle biblioteche; gli altri beni che sono dalla legge assoggettati al regime proprio del demanio pubblico.

▶ 2.1. I beni del demanio necessario

I beni del **demanio necessario** sono beni immobili e devono appartenere allo Stato, salvo alcuni, attribuiti alle regioni. Tradizionalmente si è fatto rientrare in tale categoria:

a) il **demanio marittimo**: di esso fanno parte, *ex* artt. 822 c.c. e 28 ss. c. nav., il lido del mare; la spiaggia; i porti e le rade; le lagune vive e quelle morte; i canali utilizzabili per uso pubblico marittimo; e infine le pertinenze del demanio marittimo, quali le costruzioni e le altre opere stabili esistenti entro i limiti del demanio marittimo e del mare territoriale, e poste al servizio della navigazione, nonché le zone adiacenti eventualmente acquistate per uso del demanio marittimo (art. 33 c. nav.). Non fa invece parte del demanio il mare territoriale, che va considerato come *res communis omnium*.
b) il **demanio idrico**: è tale, *ex* art. 822 c.c., il complesso di beni che comprende i fiumi (e i corsi d'acqua minori), i torrenti, i laghi (non gli stagni inidonei a uso di pubblico generale interesse), e le altre acque sorgenti, sia superficiali che sotterranee (non però quelle minerali e termali, soggette al regime delle miniere), che abbiano od acquistino attitudine a usi di pubblico interesse, quali la navigazione, la pesca, l'irrigazione, l'alimentazione, la produzione di energia ecc.
c) il **demanio militare**: vi rientrano le opere permanenti destinate alla difesa nazionale (art. 822, co. 1, c.c.): si tratta di beni immobili, quali le fortezze, le piazzeforti, le linee fortificate e trincerate, nonché le opere destinate al servizio delle comunicazioni militari e i ricoveri antiaerei (d.l. 11 marzo 1948, n. 409).

▶ 2.2. I beni del demanio eventuale

I **beni del demanio eventuale**, diversamente da quelli del demanio necessario, possono essere sia **beni immobili** che **universalità di mobili**; possono anche appartenere a **privati** o a **qualsiasi ente pubblico territoriale**. Alcuni di essi rivestono tale carattere solo se appartengano a un **comune** (o a un consorzio di comuni): si tratta di **cimiteri** e **mercati**. Oltre a questi ultimi, fanno parte della categoria i beni del: **demanio stradale**; **ferroviario**; **aeronautico**; **storico**, **archeologico**, **artistico**, **bibliografico**, **archivistico**.

▶ 2.3. Regime giuridico dei beni demaniali

Quanto allo **statuto giuridico** dei beni pubblici, lo stesso è disciplinato dagli artt. 822 ss. c.c., che prevede per tali beni un regime in parte differente da quello dei beni di proprietà privata. In particolare, i beni demaniali

- *sono inalienabili*;
- *non possono formare oggetto di diritti a favore di terzi*, se non nei modi e nei limiti stabiliti dalle leggi che li riguardano. Non possono quindi formare oggetto di negozi traslativi o costitutivi di diritti reali, di diritti personali in favore di terzi;
- non sono sottoponibili a procedure civilistiche di *espropriazione coattiva*;
- non possono formare oggetto di *usucapione*;
- non sono *espropriabili*, come chiarito, da ultimo, dal d.P.R. 8 giugno 2001, n. 327, secondo cui l'espropriazione dei beni demaniali può avvenire solo previo esperimento della procedura di sdemanializzazione *ex* art. 829 c.c.

Gli unici rapporti giuridici che possono essere costituiti con soggetti privati con riguardo a tali beni presuppongono il ricorso allo strumento della *concessione*.

▶ 2.4. La sdemanializzazione

La **sdemanializzazione** consiste nel passaggio dei beni dal demanio pubblico al patrimonio dello Stato. Il provvedimento di sdemanializzazione sancisce la cessazione della demanialità.

3. Il federalismo fiscale

L'art. 119 Cost. riconosce ai Comuni, alle Province, alle Città metropolitane e alle Regioni "un proprio patrimonio, attribuito secondo i principi generali determinati dalla legge dello Stato".

La disciplina dei beni demaniali è stata in parte modificata per effetto della riforma introdotta dal d.lgs. 28 maggio 2010, n. 85, con cui è stato approvato il c.d. "**federalismo demaniale**", in virtù del quale si attribuisce, in attuazione di quanto previsto dall'art. 119 Cost., a Comuni, Province, Città metropolitane e Regioni, a titolo non oneroso, un proprio patrimonio, nel rispetto dei principi di territorialità, sussidiarietà, adeguatezza, semplificazione, capacità finanziaria, correlazione con competenze e funzioni e valorizzazione ambientale. I beni trasferiti sono gestiti nell'interesse della collettività territoriale e vanno valorizzati al massimo sotto il profilo funzionale.

Il d.lgs. n. 85 del 2010 prevede due procedure alternative di trasferimento dei beni: l'ente territoriale che riceverà i beni statali, infatti, a volte è predeterminato per legge, talaltra è individuato a conclusione di una duplice selezione tra più livelli di governo, operata dallo stesso Stato e su esplicita domanda dell'ente interessato.

Secondo l'art. 4, co. 1, del decreto sul federalismo demaniale, i beni trasferiti entrano a far parte del patrimonio disponibile. Ne deriva che l'ente territoriale può anche metterli in vendita, secondo un procedimento fissato dal d.lgs. n. 85 del 2010. Non perdono, invece, la loro natura demaniale e non divengono mai patrimonio disponibile: le miniere e le relative pertinenze ubicate su terraferma; i siti di stoccaggio di gas naturale e le relative pertinenze; i beni del demanio marittimo, idrico e aeroportuale.

4. I beni patrimoniali indisponibili

La seconda categoria di beni pubblici comprende i beni patrimoniali, a loro volta distinti in beni del **patrimonio indisponibile** e beni del **patrimonio disponibile,** sebbene questi ultimi, come già visto, sono definibili pubblici solo alla stregua di un criterio soggettivo (soggetto proprietario).
A differenza dei beni demaniali – tutti immobili o universalità di mobili – nella categoria dei beni del patrimonio indisponibile possono rientrare **anche i beni mobili**. Inoltre, mentre i beni demaniali appartengono solo agli enti pubblici territoriali, i beni patrimoniali possono appartenere **anche ad enti pubblici non territoriali**. Infine, l'elencazione dei beni indisponibili, recata dall'art. 826 c.c., *non è considerata tassativa*.

I **beni indisponibili** si distinguono in due sottocategorie:
- i beni indisponibili **per natura**, che appartengono istituzionalmente allo Stato e sono destinati a pubblico servizio per le proprie caratteristiche obiettive;
- i beni indisponibili **per destinazione**, che sono asserviti a finalità pubbliche **per legge o per provvedimento amministrativo**.

I beni indisponibili per destinazione, non istituzionalmente statali, sono qualificati pubblici in base non alla sola appartenenza allo Stato, bensì anche a seguito della loro specifica destinazione **alla pubblica utilità**. Vi rientrano: la dotazione del Presidente della Repubblica; i beni immobili e mobili (quando non siano demaniali) destinati alla difesa e comunque al servizio delle forze armate e delle forze di polizia (caserme, polveriere, arsenali, armamenti, navi, aeromobili, mezzi di trasporto terrestri, equipaggiamenti, ecc.) (art. 826, co. 3, c.c., si v. anche l'art. 22, d.lgs. n. 66/2010).

▶ 4.1. Regime giuridico

Quanto al **regime giuridico** dei beni indisponibili, l'art. 828 c.c. sancisce che essi *"non possono essere sottratti alla loro destinazione, se non nei modi stabiliti dalle leggi che li riguardano"*. Tale previsione, intervenuta a **correggere il divieto di alienazione** previsto dall'art. 9, r.d. n. 827 del 1924, ha, in sostanza, stabilito che i beni in questione sono **commerciabili**, salvi gli **specifici divieti** recati dalle legislazioni di settore, ma sono gravati da uno **specifico vincolo di destinazione all'uso pubblico**. In altre parole, i beni indisponibili sono trasferibili; ciò che non è consentito è il mutamento della loro destinazione.
Gli stessi beni, inoltre, possono formare **oggetto di diritti reali in favore di terzi**, ove ciò sia compatibile con la loro specifica destinazione.

5. I beni patrimoniali disponibili

L'altra *species* di beni patrimoniali è rappresentata **dai beni disponibili** che il Codice civile individua *in via residuale* rispetto a quelli rientranti nelle categorie dei beni demaniali e dei beni del patrimonio indisponibile; sono di *proprietà di enti pubblici* ma assoggettati al *regime ordinario della proprietà privata*. Gli stessi non sono preordinati al perseguimento di un interesse pubblico, essendo utilizzati allo scopo di ricavarne un utile. Tali beni possono essere *corporali* (beni immobili), ma anche *incorporali* (diritti reali su cose altrui). Sono tali anche i titoli di credito e le entrate tributarie o patrimoniali.

▶ 5.1. Regime giuridico

Il **regime giuridico** è quello dei **beni di diritto privato** *tout court*. Essi, pertanto, sono pignorabili, usucapibili, assoggettabili ad espropriazione forzata, per causa di pubblica utilità; possono formare oggetto di diritti dei terzi. Tali beni, in quanto commerciabili, possono essere alienati. Occorre precisare che, trattandosi di beni del patrimonio immobiliare pubblico, la loro cessione deve avvenire nelle forme del diritto pubblico. In particolare, la scelta del contraente va effettuata ricorrendo ad apposite procedure di evidenza pubblica. La tutela può avvenire solo a mezzo degli ordinari strumenti di diritto privato e non può essere esercitato, rispetto a tali beni, il potere di autotutela ex art. 823, comma 2, c.c. Pertanto, qualora la P.A. si riappropri di propria iniziativa di un bene del patrimonio disponibile, il privato sarà legittimato ad agire per la reintegra del bene.

6. I beni comuni

L'opinione tradizionale identifica un'ulteriore categoria di beni pubblici, rappresentata dai **beni comuni**, coincidenti con le *res communes omnium*, come l'aria, il mare o gli astri; si tratta di "***cose***" che non "***possono formare oggetto di diritti***", in quanto non connotate da appropriabilità, né da escludibilità ad opera di singoli e, dunque, **non qualificabili come "beni"** in senso giuridico alla stregua del Codice civile.

I beni comuni **sono regolamentati dalle convenzioni internazionali e da norme europee**, soprattutto in modo da assicurare la tutela all'ambiente.
Non sono specificamente disciplinati dal Codice civile, che li ricomprende – a seconda dei casi – tra i beni demaniali o patrimoniali.
Tali beni sono oggi al centro di un articolato dibattito che muove dall'evidenza della loro scarsità (si pensi all'acqua, la cui limitatezza rappresenta un problema di dimensione planetaria) e dalla necessità di garantirne pari accesso e fruizione da parte dei consociati.

La categoria dei beni comuni ha trovato un formale riconoscimento nella giurisprudenza della Corte di Cassazione, con alcune pronunce del 2011 (tra cui, ad esempio, la n. 3665): ivi è stata accolta una concezione di bene pubblico in chiave funzionale al compiuto sviluppo della personalità umana, fondata sul combinato disposto degli artt. 42, 2 e 9 Cost. Si valorizza, in particolare, l'esigenza interpretativa di "guardare" al tema dei beni pubblici oltre una visione prettamente patrimoniale-proprietaria, per approdare ad una **prospettiva personale-collettivistica**.

7. I diritti reali su beni altrui

La P.A. può essere titolare di **diritti reali su beni altrui**. Tali diritti possono essere costituiti:
- per l'utilità di un **bene demaniale** (*diritti demaniali su beni altrui*);
- per l'utilità dei **beni del patrimonio indisponibile e disponibile** (*diritti patrimoniali su beni altrui*).

Il **regime giuridico** di tali diritti è lo stesso di quelli demaniali o patrimoniali, ai quali accedono.
Tra i **diritti demaniali su beni altrui**, disciplinati dall'art. 825 c.c., rientrano le **servitù prediali pubbliche** e i **diritti di uso pubblico**. Tali diritti non vanno confusi con le **limitazioni legali alla proprietà privata**, previste per conformare il regime dei beni privati al perseguimento di un interesse pubblico e, in ultima istanza, alla funzione sociale *ex* art. 42 Cost.

▶ 7.1. Le servitù prediali pubbliche

Le **servitù prediali pubbliche** sono diritti reali su beni di proprietà privata necessariamente collegati a beni di proprietà della P.A. Ne costituisce un esempio la **servitù di elettrodotto**, *ex* art. 119, r.d. 11 dicembre 1933, n. 1775.
La servitù pubblica non presenta significativi profili di originalità rispetto all'omologo istituto civilistico, fatta eccezione per i **modi di costituzione**; l'art. 1032 c.c., difatti, prevede che, nei casi specialmente determinati dalla legge, la servitù può anche essere costituita con **atto dell'autorità amministrativa**, salvo **indennizzo.**
L'**estinzione** dei diritti in parola non necessariamente segue la sorte dei beni pubblici cui afferiscono.
In particolare, mentre le servitù pubbliche ***ex lege*** si estinguono contestualmente all'**estinzione del bene pubblico**, le servitù costituite **in modi diversi**, una volta cessata la destinazione pubblica del bene cui accedono, non si estinguono, ma rimangono **imputate allo stesso ente a titolo patrimoniale**.

▶ 7.2. I diritti di uso pubblico

I diritti di uso pubblico sono diritti reali di godimento costituiti a carico di fondi privati per il conseguimento di fini di pubblico interesse ed a vantaggio dell'intera collettività indifferenziata.

Fra i modi di costituzione di tale tipologia di diritti si segnala la c.d. *dicatio ad patriam*, cioè il comportamento del proprietario che, seppure non intenzionalmente diretto a dar vita al diritto di uso pubblico, metta volontariamente, con carattere di continuità (non di precarietà e tolleranza), un proprio bene a disposizione della collettività, al fine di soddisfare un'esigenza comune ai membri di tale collettività *uti cives*, indipendentemente dai motivi per i quali detto comportamento venga tenuto.

Tra i diritti di uso pubblico si annoverano:

- le **strade vicinali** che non sono di proprietà del comune e, tuttavia, risultano soggette al **pubblico transito** da parte della collettività. Le strade vicinali rimangono di **proprietà privata** ma il comune è tenuto a regolare la circolazione sulle stesse e a concorrere alla loro manutenzione;
- le **aree private aperte al pubblico transito**, rispetto alle quali ricorre un obbligo del comune a contribuire alla manutenzione;
- gli **usi civici** possono definirsi **diritti collettivi di godimento e d'uso** spettanti a una popolazione su terreni di proprietà privata e consistenti nel **trarre alcune utilità elementari** dalle terre, dai boschi o dalle acque di un determinato territorio. Ne costituiscono un esempio il diritto di raccogliere legna (**legnatico**) o funghi (**fungatico**). Appartengono a ciascun utente ***uti singulus*** e sono amministrati dall'ente che rappresenta gli utenti medesimi.
- rientra, infine nella nozione di diritti di uso pubblico la **proprietà collettiva di diritto pubblico**, in cui, invece, unica proprietaria è la **comunità di abitanti**, che a sua volta può essere rappresentata dal comune, eventualmente in amministrazione separata per la singola frazione, o da un'associazione agraria. Si tratta di una forma di proprietà destinata a permanere, provenendo da procedure di affrancazione degli usi civici o di scioglimento delle promiscuità.

8. La tutela dei beni pubblici

Ai sensi dell'art. 823 c.c., comma 2, la tutela dei beni pubblici compete all'**autorità amministrativa**, che può ricorrere, alternativamente:

- agli **strumenti civilistici** di tutela del possesso e della proprietà (**azioni giudiziali petitorie e possessorie**);
- alle tecniche di **autotutela amministrativa**. Può, quindi, in primo luogo annullare o revocare provvedimenti, concessori, precedentemente adottati (**autotutela decisoria**) oppure recuperarne il possesso senza adire l'autorità giudiziaria (**autotutela possessoria**).

Quanto all'**autotutela esecutiva**, l'amministrazione è solita esercitare un'attività (c.d. di **polizia demaniale**) finalizzata a verificare l'integrità del bene pubblico di uso generale e la persistenza del suo utilizzo secondo le finalità istituzionali.
I provvedimenti sanzionatori, spesso recanti ordine di riduzione in pristino dello stato dei luoghi, sono dotati del carattere della **esecutorietà**.

9. L'espropriazione per pubblica utilità

L'espropriazione per pubblica utilità è l'istituto con cui l'autorità **acquisisce beni di proprietà privata** per **motivi di pubblico interesse**, previa corresponsione di un **equo indennizzo**; è preordinata alla realizzazione di opere, edifici o strutture di interesse pubblico e costituisce l'esito di un procedimento amministrativo, oggi disciplinato dal d.P.R. n. 327/2001 (t.u. espropriazioni) che si articola in tre passaggi fondamentali:

- apposizione di un **vincolo preordinato all'esproprio** in uno strumento urbanistico o in uno degli altri provvedimenti elencati dall'art. 10 t.u. espropriazioni;
- **dichiarazione di pubblica utilità** da parte dell'autorità espropriante;
- **decreto di espropriazione**, con cui si sancisce definitivamente l'effetto traslativo del bene privato in favore dell'autorità espropriante.

▶ 9.1. Tipologie di provvedimenti ablatori

L'espropriazione per pubblica utilità è espressione della **potestà ablatoria** della P.A., nell'esercizio della quale la stessa incide su una situazione giuridica del destinatario, limitandola unilateralmente.
Si distinguono:

- **provvedimenti ablatori personali**, con i quali la P.A. limita un diritto di natura personale costituzionalmente garantito nei casi previsti dalla legge;
- **provvedimenti ablatori obbligatori**, con i quali la P.A. obbliga il privato ad una data prestazione (ad es. l'imposizione tributaria *ex* art. 23 Cost.);
- **provvedimenti ablatori reali**, che incidono sui diritti reali, limitandoli o addirittura estinguendoli.
  Tra i provvedimenti ablatori reali si colloca per l'appunto l'**espropriazione**.

▶ 9.2. I provvedimenti ablatori reali inseriti nella procedura espropriativa: l'occupazione

Con l'espropriazione la P.A. non si limita a conformare il diritto del privato o a circoscriverne l'ampiezza, ma opera un azzeramento del diritto dominicale stesso, al quale si sostituisce in capo all'espropriato il diritto di credito all'indennizzo.

Tra i **provvedimenti ablatori reali** si annoverano alcuni **provvedimenti collocati all'interno della stessa procedura espropriativa,** quali:

- l'**occupazione preliminare** (dopo la dichiarazione di pubblica utilità, la P.A., qualora ritenga sussistente una situazione di indifferibilità e di urgenza, può procedere all'occupazione preliminare del bene, preordinata al successivo esproprio, ed iniziare subito i lavori);
- l'**occupazione temporanea** (ricorre nel caso in cui il soggetto incaricato della costruzione ha necessità di disporre temporaneamente dell'area finitima per impiantarvi il cantiere);
- l'**occupazione nei casi di forza maggiore** (ricorre quando l'occupazione dell'immobile altrui si è resa necessaria, urgente e indifferibile per il verificarsi di una situazione di emergenza).

▶ 9.3. La requisizione

Assume, invece, **connotazione autonoma** rispetto alla procedura espropriativa l'istituto della **requisizione**. Si tratta di un **provvedimento a natura straordinaria**, adottabile in presenza di **situazioni improvvise ed imprevedibili**, come previsto dagli artt. 7, l. 20 marzo 1865, n. 2248, All. E, e 2, r.d. 18 giugno 1931, n. 773, che attribuiscono al **Prefetto** il potere di incidere temporaneamente sulla proprietà privata, per far fronte a situazioni di urgente e grave necessità pubblica, per un tempo limitato e dietro il pagamento di un indennizzo.

A differenza dell'espropriazione per pubblica utilità **non ha un effetto appropriativo** del bene, che anzi deve essere **restituito al suo proprietario** non appena è venuta meno la situazione di emergenza. Ove ciò non avvenga, si è in presenza di una **requisizione abusiva**, a fronte della quale il privato potrà ottenere il **risarcimento del danno** ed il **rilascio dell'immobile** abusivamente occupato.

▶ 9.4. Presupposti dell'espropriazione per pubblica utilità

I **presupposti** dell'espropriazione sono individuati dall'art. 42, co. 3, Cost., secondo il quale l'espropriazione è consentita:

- ***nei casi previsti dalla legge***.
  Si tratta di una riserva di legge **relativa** e non assoluta. La legge indica i *soggetti titolari* del potere espropriativo, gli *interessi* per il cui soddisfacimento è consentito espropriare, i *beni espropriabili*, i *soggetti beneficiari* e le *regole procedimentali* da osservare;
- ***per motivi di interesse generale***.
  È necessario che la legge indichi le ragioni per le quali si può far luogo all'espropriazione. Al riguardo, l'art. 834 c.c. ammette l'espropriazione per *"causa di pubblico interesse"*, ma richiede che la stessa debba essere *"legalmente dichiarata"*.
  Tale dichiarazione (c.d. **dichiarazione di pubblica utilità**) può essere *espressa* o *tacita*;
- ***a fronte del pagamento di un indennizzo***.
  La determinazione effettiva dell'indennizzo ha costituito da subito oggetto di articolato confronto, non precisando la Costituzione che l'indennizzo dovesse essere "giusto". All'esito del procedimento di esproprio, **la P.A. acquisisce il bene del privato**.

▶ 9.5. Il procedimento di esproprio: ambito oggettivo, soggetti coinvolti, fasi della procedura

A. Ambito oggettivo

L'espropriazione incide nella maggior parte dei casi sulla **proprietà di beni immobili**; può riguardare, *ex* art. 1, d.P.R. n. 327 del 2001, anche **diritti reali limitati su immobili**, quali la servitù o l'uso. Non tutti i beni immobili possono essere oggetto del procedimento espropriativo. Ai fini dell'espropriazione i beni si possono classificare in:

a) **beni non espropriabili**, che sono *ex* art. 4, co. 1, d.P.R. n. 327 del 2001, quelli appartenenti al demanio pubblico, fino alla pronuncia di sdemanializzazione;

b) **beni espropriabili solo a determinate condizioni**, quali i *beni appartenenti al patrimonio indisponibile, i beni immobili di proprietà della Santa Sede* e gli *edifici aperti al culto*;
c) **beni espropriabili,** di cui l'art. 7, d.P.R. n. 327 del 2001 fornisce un elenco tassativo.

B. I soggetti coinvolti

Quanto ai soggetti coinvolti nella procedura espropriativa, ai sensi dell'art. 3, d.P.R. n. 327 del 2001, vi intervengono a diverso titolo:

- l'**espropriato**: il **soggetto passivo** dell'espropriazione. La procedura espropriativa è condotta nei confronti di chi risulta proprietario dai registri catastali;
- l'**autorità espropriante**: la **P.A.** titolare del potere di espropriare, che cura il relativo procedimento o il **soggetto privato** al quale sia attribuito il potere di espropriare da una disposizione di legge;
- il **beneficiario dell'espropriazione**: il soggetto pubblico o privato in favore del quale è emesso il decreto d'esproprio e sul quale, generalmente, grava l'obbligo di pagare l'indennità d'esproprio;
- il **promotore dell'espropriazione:** il soggetto pubblico o privato che richiede l'espropriazione.

C. Le fasi della procedura espropriativa

Le fasi del procedimento espropriativo, come disciplinato dagli artt. 8 e 23, d.P.R. n. 327 del 2001, comprendono:

1. **Vincolo preordinato all'esproprio**: individua in modo puntuale il luogo interessato dalla realizzazione di un'opera pubblica o di pubblica utilità. Il vincolo può discendere dall'approvazione del piano urbanistico generale o da una sua variante oppure da qualsiasi atto che comporti una variante al piano urbanistico. Esso costituisce **condizione di efficacia** della dichiarazione di pubblica utilità e **decade dopo cinque anni**. Una volta decaduto, il vincolo può essere reiterato motivatamente, rinnovando la procedura di approvazione degli strumenti urbanistici.
2. **Dichiarazione di pubblica utilità.** È previsto quale modello unico la dichiarazione di pubblica utilità *implicita*: gli atti che comportano la dichiarazione di pubblica utilità sono l'approvazione del progetto definitivo dell'opera pubblica o di qualunque altro strumento urbanistico o di altro provvedimento ai quali la normativa vigente riconosca tale effetto. La stessa si configura come atto presupposto rispetto al successivo decreto di esproprio e costituisce un provvedimento autonomo idoneo, in quanto tale, a determinare immediatamente effetti lesivi nella sfera giuridica dei terzi e, pertanto, direttamente ed autonomamente impugnabile. Essa deve prevedere il termine finale per l'emanazione del decreto d'esproprio. In mancanza, il termine è fissato dall'art. 13, co. 4, d.P.R. n. 327 del 2001, in cinque anni.
3. **Determinazione in via provvisoria dell'indennità**: è proposta dal **promotore** dell'espropriazione ai proprietari interessati, che possono presentare osservazioni scritte e depositare documenti. Si apre così una fase sub-procedimentale in contraddittorio tra le parti che può portare alla

conclusione dell'accordo di **cessione volontaria** del bene, destinato così a sostituire il provvedimento unilaterale (art. 45, co. 1, d.P.R. n. 327 del 2001); al privato spetta, in tal caso, un maggiore corrispettivo rispetto all'indennità di esproprio.

4. **Decreto d'esproprio:** può essere emanato sulla base della sola determinazione in via provvisoria dell'indennità, senza la necessità di procedere preventivamente al pagamento o al prescritto deposito cauzionale. Competente ad emanare il decreto d'esproprio è il soggetto espropriante. Il decreto di esproprio svolge quindi una funzione di riepilogo dell'intera vicenda espropriativa. Il suo effetto principale consiste nel produrre il **trasferimento** del diritto dell'espropriando nella sfera giuridica del beneficiario; la sua efficacia è subordinata al prodursi di una duplice condizione legale, costituita dalla sua **notifica** e dalla sua **esecuzione.**

▶ 9.6. L'indennità di esproprio

La disciplina dell'indennità d'espropriazione è stata a più riprese incisa dal legislatore e dalla giurisprudenza, italiana ed europea. In particolare, il dibattito è stato influenzato dal peculiare statuto riservato, nel sistema sovranazionale delle fonti, al diritto di proprietà privata, secondo l'orientamento espresso dalla **Corte Europea dei diritti dell'uomo** in ordine all'interpretazione dell'art. 1 del primo Protocollo addizionale alla CEDU, che assicura un'indennità di espropriazione, di regola, di **entità pari al valore venale del bene**, salvo che ricorrano obiettivi legittimi di pubblica utilità, come quelli perseguiti dalle misure di riforma economica o di giustizia sociale, tali da giustificare un rimborso inferiore al valore commerciale effettivo.
All'esito di una lunga evoluzione giurisprudenziale legislativa, il quadro complessivo può essere così sintetizzato:

- per **le aree edificabili**, l'indennità di espropriazione va tendenzialmente commisurata al **valore venale del bene.** Quando l'espropriazione è finalizzata ad attuare interventi di riforma economico-sociale, l'indennità è ridotta del 25 per cento. Nei casi in cui è stato concluso l'accordo di cessione, o quando esso non è stato concluso per fatto non imputabile all'espropriato ovvero perché a questi è stata offerta un'indennità provvisoria che, attualizzata, risulta inferiore agli otto decimi in quella determinata in via definitiva, l'indennità è aumentata del 10 per cento.
- per le **aree non edificabili**, l'indennità definitiva è determinata in base al criterio del **valore agricolo**, tenendo conto delle colture effettivamente praticate sul fondo e del valore dei manufatti edilizi legittimamente realizzati, anche in relazione all'esercizio dell'azienda agricola, senza valutare la possibile o l'effettiva utilizzazione diversa da quella agricola.
- **aree legittimamente edificate**: misura del valore venale del bene
- **aree destinate ad opere private di pubblica utilità**: allorché le opere non rientrino nell'ambito dell'edilizia residenziale pubblica, convenzionata o agevolata, l'indennità di esproprio è determinata nella misura corrispondente al valore venale del bene.

Scheda di sintesi

- I beni pubblici appartengono all'Amministrazione e sono da questa destinati alla soddisfazione degli interessi pubblici individuati dal legislatore.
- I beni pubblici **si distinguono in demaniali e patrimoniali**; quanto a questi ultimi, si distingue ulteriormente fra **patrimonio indisponibile e disponibile**.
- I beni demaniali sono incommerciabili, ma l'uso può essere attribuito a privati mediante lo strumento della concessione. I beni del patrimonio indisponibile sono commerciabili ma non possono essere sottratti alla funzione pubblica cui sono destinati. I beni del patrimonio disponibile presentano un regime giuridico quasi del tutto simile a quello dei beni appartenenti ai privati.
- Anche i beni dei privati possono essere caratterizzati da un particolare regime giuridico imposto dalla legge nel pubblico interesse.
- L'**espropriazione per pubblica utilità** è l'istituto con cui l'autorità acquisisce beni di proprietà privata per motivi di pubblico interesse, previa corresponsione di un equo indennizzo; è preordinata alla realizzazione di opere, edifici o strutture di interesse pubblic.
- Il procedimento amministrativo di esproprio si articola in tre passaggi fondamentali: apposizione di un **vincolo preordinato all'esproprio**, **dichiarazione di pubblica utilità**, **decreto di espropriazione**, con cui si sancisce definitivamente l'effetto traslativo del bene privato in favore dell'autorità espropriante.

Domande di verifica

1. Quali sono i criteri che consentono di qualificare un bene come pubblico?
2. Come sono classificati tradizionalmente i beni pubblici?
3. Beni demaniali: qual è il regime giuridico e come si acquista e si perde il carattere della demanialità?
4. In cosa consiste il c.d. federalismo demaniale?
5. In quali categorie si suddividono i beni patrimoniali? Qual è il relativo regime giuridico?
6. Cosa sono i beni comuni?
7. In cosa consistono le limitazioni legali alla proprietà?
8. In che modo l'amministrazione provvede all'utilizzo dei beni pubblici?
9. Di quali strumenti dispone la P.A. per la tutela dei beni pubblici?

Capitolo 11
LA GIUSTIZIA AMMINISTRATIVA

SOMMARIO

1. La tutela giurisdizionale: i ricorsi amministrativi

I **ricorsi amministrativi** sono i rimedi giuridici previsti dall'ordinamento per la tutela c.d. giustiziale (o in via amministrativa) del privato nei confronti della pubblica amministrazione: questi, unitamente agli strumenti della tutela giurisdizionale garantita dall'art. 113 Cost., costituiscono il complessivo sistema di giustizia amministrativa.
A differenza dei rimedi giurisdizionali, i ricorsi amministrativi sono decisi dalla stessa P.A. all'esito di un **procedimento amministrativo di secondo grado** attivato ad istanza dell'interessato.
L'istanza del privato, che dà impulso al procedimento di riesame, può essere qualificata come ricorso amministrativo solo al ricorrere dei requisiti minimi previsti dalla legge (**d.P.R. n. 1199/1971)** per la sua proposizione.
Quella offerta in via amministrativa è una tutela **alternativa o, comunque, ulteriore** rispetto a quella giurisdizionale garantita a livello costituzionale e viene fatta rientrare nella categoria della c.d. **autodichia**.

2. Le tipologie di ricorsi amministrativi

Il d.P.R. n. 1199 del 1971 prevede tre tipi di ricorsi amministrativi:

1. il **ricorso in opposizione**; proponibile nei soli limitatissimi casi previsti dalla legge e deciso dalla stessa Autorità che ha adottato l'atto impugnato (es. ricorso al Provveditore degli studi, previsto dall'art. 2, l. 9 agosto 1978, n. 463, in materia di graduatorie provvisorie per il conferimento degli **incarichi di supplenze al**

personale docente scolastico). A differenza della mera istanza di riesame, anch'essa indirizzata all'Autorità che ha adottato il provvedimento, l'opposizione **sospende e riapre il termine per il ricorso giurisdizionale**;

2. il **ricorso gerarchico**; che a sua volta, può essere: **proprio**, quando ha carattere generale ed è deciso dall'Autorità gerarchicamente superiore a quella che ha adottato il provvedimento impugnato; **improprio**, quando ha, invece, carattere eccezionale ed è deciso da un organo che ha un potere di vigilanza, ma non di supremazia gerarchica, sull'organo che ha emanato l'atto. La decisione intervenuta sul ricorso gerarchico può essere impugnata, in sede giurisdizionale, dal ricorrente o da parte di altri soggetti interessati, fatta eccezione per l'autorità che ha adottato il provvedimento base, rispetto alla quale la decisione assume carattere vincolante;
3. il **ricorso straordinario al Capo dello Stato**; che ha carattere generale ed è deciso con decreto dal Presidente della Repubblica, su proposta del Ministero competente conforme al **parere (obbligatorio e vincolante) del Consiglio di Stato**. L'eventuale decisione di accoglimento produce l'effetto di annullare *ex tunc* il provvedimento impugnato e obbliga l'amministrazione al ripristino dello ***status quo ante***; contro il decreto è ammesso il ricorso in sede giurisdizionale, ma solo per *errores in procedendo*.
4. Il **ricorso gerarchico**, sia proprio che improprio, e il **ricorso in opposizione**, sono proponibili, di regola entro il termine decadenziale di 30 giorni, solo avverso atti non definitivi, per far valere sia vizi di legittimità che vizi di merito (c.d. ricorsi ordinari); sono entrambi rimedi **facoltativi** rispetto ai ricorsi giurisdizionali, con la conseguenza che il ricorrente in sede amministrativa può, qualora sia ancora nei termini, proporre ricorso giurisdizionale, con conseguente rinuncia alla definizione del primo gravame, che diviene improcedibile.
5. Il **ricorso straordinario** è invece ammesso, entro il termine decadenziale di 120 giorni, solo avverso provvedimenti definitivi della p.a., per far valere esclusivamente vizi di legittimità: è un rimedio **alternativo** rispetto al ricorso giurisdizionale, con la conseguenza che, in ossequio al principio del *ne bis in idem*, l'esperimento di entrambi i rimedi comporta l'inammissibilità di quello proposto per secondo.

3. La tutela giurisdizionale

Il sistema italiano di tutela giurisdizionale è caratterizzato da una **doppia giurisdizione** (c.d. doppio binario), nella quale il riparto di giurisdizione, tra giudice ordinario e giudice amministrativo, è principalmente affidato alla consistenza di *diritto soggettivo* o di *interesse legittimo* della posizione soggettiva dedotta in giudizio dal cittadino nei confronti dell'amministrazione (artt. 24, 103 e 112 Cost.):

- laddove venga in rilievo la lesione di un *diritto soggettivo*, la giurisdizione appartiene al **giudice ordinario (G.O.)**, il quale può solo disapplicare l'atto amministrativo che risulti illegittimo;
- nel caso in cui emerga la lesione di un *interesse legittimo*, la giurisdizione spetta al **giudice amministrativo (G.A.)**, che può annullare gli atti amministrativi

illegittimi (giurisdizione di legittimità) e, nei casi espressamente previsti dalla legge, sostituirli o riformarli (giurisdizione di merito), salvo le ipotesi di giurisdizione esclusiva, in cui il sindacato del G.A. si estende anche ai diritti soggettivi.

4. La tutela giurisdizionale innanzi al giudice ordinario

L'ambito della giurisdizione del G.O., in relazione agli atti amministrativi, è determinata dagli ancora vigenti artt. 2, 4 e 5 della l. n. 2248 del 1865, all. E, abolitrice del contenzioso amministrativo (c.d. L.A.C.).
L'art. 2 L.A.C. pone i cc.dd. **limiti esterni** della giurisdizione ordinaria devolvendole "tutte le cause per contravvenzioni e tutte le materie nelle quali si faccia questione d'un diritto civile o politico, comunque vi possa essere interessata la Pubblica amministrazione, e ancorché siano emanati provvedimenti del potere esecutivo o dell'autorità amministrativa". In deroga all'art. 2 L.A.C., non sono affidate alla sfera cognitiva del G.O. le materie attribuite alla giurisdizione di giudici speciali, quali la Corte dei Conti in ambito pensionistico, o alle Commissioni tributarie o i casi di arbitraggi obbligatori, nonché le controversie involgenti diritti soggettivi affidate alla giurisdizione esclusiva del G.A.
Gli artt. 4 e 5 L.A.C., presupponendo già risolto il riparto di giurisdizione in favore del G.O., pongono invece i cc.dd. **limiti interni**, individuando i poteri di cognizione e di decisione dallo stesso esercitabili.
Quanto ai **poteri di cognizione**, il G.O. può conoscere degli effetti dell'atto "in relazione all'oggetto" dedotto in giudizio. Ne deriva che la pronuncia del giudice non ha efficacia *erga omnes*, ma vale soltanto per il caso deciso ed *inter partes*. Il giudizio ha ad oggetto non già la legittimità dell'atto in quanto tale, ma la lesione di un diritto prodotta da un atto amministrativo, sicché il G.O. si disinteressa dell'atto in sé, non avendo la sua sorte alcuna rilevanza al di fuori del processo. Quanto all'ampiezza del sindacato del G.O. sull'atto amministrativo, lo stesso può essere di sola legittimità, senza estendersi al merito.
Quanto ai **poteri di decisione**, il G.O. può soltanto **disapplicare** l'atto amministrativo illegittimo: non può, in altre parole, incidere direttamente sull'atto, annullandolo, revocandolo o modificandolo. Se ne fa discendere il divieto per il G.O. di ordinare un *facere* alla P.A.; divieto, peraltro, che non trova applicazione quando siano in contestazione: atti paritetici posti in essere dalla P.A. *iure privatorum*; comportamenti meramente materiali della P.A.; condotte poste in essere *sine titulo*.
Disapplicare significa per il G.O. considerare l'atto amministrativo illegittimo come se non esistesse (*tamquam non esset*) ai fini della decisione della causa, e dunque conoscerne senza efficacia di giudicato: al di fuori di tale ambito, cioè, l'atto conserva la sua validità ed efficacia.

5. La tutela giurisdizionale innanzi al giudice amministrativo

L'ambito della tutela giurisdizionale amministrativa è determinato dall'art. 7 del codice del processo amministrativo (c.p.a.) che devolve alla giurisdizione del G.A. le controversie nelle quali si faccia questione di interessi legittimi e, nelle particolari materie indicate dalla legge, di diritti soggettivi concernenti l'esercizio o il mancato esercizio del potere amministrativo, riguardanti: provvedimenti e atti; accordi; comportamenti riconducibili anche mediatamente all'esercizio di tale potere.

▶ 5.1. Organi della giustizia amministrativa

Sono organi della giustizia amministrativa:
- i **tribunali amministrativi regionali (T.A.R.)**, che giudicano in primo grado: istituiti con la l. 6 dicembre 1971, n. 1034, hanno di regola sede nel capoluogo di regione; trovano specifico fondamento costituzionale nell'art. 125 Cost. e non sono dotati di funzioni consultive;
- il **Consiglio di Stato**, che giudica in grado di appello: istituito nel 1831, si compone oggi di sei sezioni giurisdizionali (Sezioni II, III, IV, V, VI e VII), che compiono, ai sensi degli artt. 103 Cost. e 6 c.p.a., il giudizio di appello sulle sentenze dei T.A.R. su ricorso dei privati o dell'Amministrazione soccombenti in primo grado, e di una sezione consultiva (Sezione I) che svolge la funzione consultiva prevista dall'art. 100 Cost. sotto forma di pareri;
- il **Consiglio di Giustizia amministrativa per la Regione siciliana**, a cui sono attribuite le stesse funzioni – consultive e giurisdizionali – del Consiglio di Stato in ordine agli atti delle autorità della Regione siciliana.

▶ 5.2. Le articolazioni della giustizia amministrativa

La giurisdizione amministrativa si articola in:
- **giurisdizione generale di legittimità**; ha **carattere generale** ed ha ad oggetto le controversie relative ad atti, provvedimenti o omissioni delle pubbliche amministrazioni, comprese quelle relative al risarcimento del danno per lesione di interessi legittimi ed agli altri diritti patrimoniali conseguenziali, pure se introdotte in via autonoma. La l. n. 205/2000 (e ora il c.p.a.) ha ampliato i poteri del giudice con riferimento sia alla disponibilità dei mezzi di prova (generalizzando il potere del G.A. di disporre consulenza tecnica), sia alla capacità decisionale (potendo il G.A. valutare la risarcibilità del danno causato dall'atto illegittimo della P.A. e condannare l'amministrazione ad un obbligo di reintegrazione in forma specifica).
- **giurisdizione esclusiva**; ha **carattere eccezionale**, poiché limitata ai soli casi indicati dalla legge, e si ha quando il legislatore, ai sensi dell'art. 103 Cost., devolve, in particolari materie, al G.A. la cognizione in via principale delle controversie a prescindere dalla circostanza che si deduca la lesione di interessi legittimi o di diritti soggettivi. Una ricognizione (non esaustiva perché fa salve ulteriori previsioni di legge) di materie devolute alla giurisdizione esclusiva del G.A. si trova nell'art. 133 c.p.a. A titolo esemplificativo, si segnalano le controversie in materia di: diritto di accesso ai documenti amministrativi; urbanistica ed edilizia, concernente tutti gli aspetti dell'uso del territorio; rapporti di lavoro del personale in regime di diritto pubblico.
- **giurisdizione estesa al merito**; anche questa ha **carattere eccezionale** e si ha quando al G.A. è consentito sindacare non solo la legittimità, ma anche il merito (l'opportunità) dell'atto amministrativo, se del caso annullandolo, riformandolo o sostituendolo. Una ricognizione tassativa dei casi di giurisdizione di merito si trova

nell'art. 134 c.p.a. che contempla cinque ipotesi: a) l'attuazione delle pronunce giurisdizionali esecutive o del giudicato nell'ambito del giudizio di cui al Titolo I del Libro IV (giudizio di ottemperanza); b) gli atti e le operazioni in materia elettorale, attribuiti alla giurisdizione amministrativa; c) le sanzioni pecuniarie la cui contestazione è devoluta alla giurisdizione amministrativa, comprese quelle applicate dalle Autorità amministrative indipendenti, nonché le sanzioni alternative *ex* art. 123 c.p.a.; d) le contestazioni sui confini degli enti territoriali; e) il diniego di rilascio di nulla osta cinematografico.

▶ 5.3. Le azioni esperibili innanzi al G.A.

Il Codice del processo in attuazione dei principi costituzionali e comunitari in materia di pienezza ed effettività della tutela giurisdizionale, ha ampliato le tecniche di tutela dell'interesse legittimo mediante l'introduzione del principio della pluralità delle azioni. Le azioni amministrative che il privato può attivare innanzi al G.A. sono:

- **azione di annullamento**; è uno strumento di tutela accordato al privato contro il cattivo uso del potere da parte della P.A., consistente nell'annullamento dell'atto amministrativo in relazione ai vizi di incompetenza, violazione di legge ed eccesso di potere. Ai sensi dell'art. 29 c.p.a., l'azione di annullamento si propone nel termine di decadenza di sessanta giorni, che decorre dalla notificazione, comunicazione o piena conoscenza dell'atto e per gli atti per i quali non è richiesta la notifica individuale, dal giorno in cui sia scaduto il termine per la pubblicazione dell'atto se prevista dalla legge;
- **azione di condanna al risarcimento del danno**; l'art. 30 c.p.a. riconosce la tutelabilità risarcitoria dei danni da lesione di interesse legittimo, sperimentabile anche autonomamente, senza essere condizionata sul piano processuale dalla previa impugnativa dell'atto amministrativo. È esperibile entro il termine decadenziale di 120 giorni;
- **azione avverso il silenzio-inadempimento**; l'art. 31 c.p.a. prevede l'azione avverso l'inerzia non qualificata della pubblica amministrazione, volta ad ottenere l'accertamento dell'inadempimento della p.a. e l'ordine di provvedere, ovvero, quando si tratti di attività vincolata o quando non residuino ulteriori margini di esercizio della discrezionalità, l'accertamento della fondatezza della pretesa dedotta in giudizio e la conseguente condanna dell'amministrazione resistente all'adozione del provvedimento richiesto dal privato. L'azione può essere proposta fintanto che perdura l'inadempimento e, comunque, non oltre un anno dalla scadenza del termine di conclusione del procedimento;
- **azione di nullità**; la nullità *ex* art. 21-*septies* l. n. 241/1990, può essere fatta valere mediante azione di nullità, esperibile di regola entro il termine di decadenza di centoottanta giorni, ai sensi dell'art. 31, co. 4, c.p.a. La nullità dell'atto può essere sempre opposta dalla parte resistente o essere rilevata d'ufficio dal giudice;
- **azione di esatto adempimento**; essa si traduce in una domanda di condanna ad un *facere* specifico e, quindi, all'adozione di un determinato provvedimento. L'art. 34, co. 1, lett. c), c.p.a. prevede che tale azione di condanna possa essere esercitata contestualmente all'azione di annullamento

del provvedimento di diniego o all'azione avverso il silenzio ed entro limiti di cui all'art. 31, co. 3, c.p.a.

6. Il processo amministrativo.

Il processo amministrativo ha trovato una **compiuta ed unitaria disciplina** con il Codice del processo amministrativo, approvato con d.lgs. 2 luglio 2010, n. 104, ed entrato in vigore il 16 settembre 2010. Successivamente, con il d.lgs. 11 novembre 2011, n. 195, è stato approvato il **primo decreto correttivo** al Codice e, con il d.lgs. 14 settembre 2012, n. 160, il **secondo correttivo**, i quali hanno novellato la disciplina di alcuni istituti processuali. Per tutto quanto non espressamente disciplinato dallo stesso Codice, l'art. 39, comma 1, c.p.a. rinvia alle disposizioni dettate dal Codice di procedura civile.

▶ 6.1. I principi.

Quanto ai **principi** cui si ispira il processo, il c.p.a. indica:

- all'art. 1, **la pienezza e l'effettività della tutela**; ivi è sancito che *"La giurisdizione amministrativa assicura una tutela piena ed effettiva secondo i principi della Costituzione e del diritto europeo."*;
- corollario del principio di effettività e il **principio di concentrazione delle tutele**, enunciato dall'art. 7, comma 7, c.p.a.;
- all'art. 2, i principi di **parità delle parti**, **contraddittorio** e **giusto processo** ex art. 111 Cost., nonché il principio della **ragionevole durata del processo**. I **principi** di **imparzialità** e **terzietà** sono presidiati dagli istituti dell'astensione e della ricusazione, di cui agli artt. 17 e 18 c.p.a. Il legislatore ordinario, adeguandosi all'orientamento espresso dalla Corte europea dei diritti dell'uomo, ha poi provveduto a dettare una disciplina specifica in tema di **equa riparazione in caso di violazione del termine ragionevole del processo** con la legge n. 89 del 2001 (c.d. *legge Pinto*). La domanda è proponibile con ricorso al Presidente della Corte d'appello del distretto in cui ha sede il giudice innanzi al quale si è svolto il primo grado del processo presupposto e può essere proposta, a pena di decadenza, entro sei mesi dal momento in cui la decisione che conclude il procedimento è divenuta definitiva;
- sempre all'art. 2 si colloca il **divieto di abuso del processo**. Sul versante processuale tale principio si traduce, tra l'altro, nel respingere le doglianze formulate dal ricorrente in relazione ad un dato di fatto dipendente dal suo stesso comportamento (c.d. divieto di *venire contra factum proprium*; v. ***Cons. St., A.P., 28 luglio 2017, n. 4***).;
- all'art. 3, il **dovere di motivazione** e il principio della **sinteticità degli atti** in un'ottica di snellimento e celerità del processo;

Tra i **principi civilistici** applicabili anche al processo amministrativo, si segnalano: il *principio della domanda*; il *principio del contraddittorio*; il *principio dell'impulso processuale di parte*; il *principio di non contestazione*; il *principio dell'economia processuale*; il *principio dell'oralità*.

In particolare, il processo amministrativo si connota per l'applicazione del **principio della domanda**: *nemo iudex sine actore*. Il giudice, nel decidere la controversia, si

dovrà attenere alle allegazioni delle parti (sulla portata del principio dispositivo, v. *Cons. St., A.P., 13 aprile 2015, n. 4*).
Il **principio dispositivo** è enunciato nel Codice non tra i principi generali, bensì nel corpo dell'art. 34, comma 1, in tema di pronunce di merito, a mente del quale il giudice si esprime "*nei limiti della domanda*". Al contempo, il fondamento di tale basilare principio può rinvenirsi negli artt. 99 e 112 c.p.c., direttamente applicabili al giudizio amministrativo in ragione del rinvio esterno recato dall'art. 39 comma 1 c.p.a.
Intimamente connesso al principio della domanda è il **principio di corrispondenza tra chiesto e pronunciato**, in base al quale il G.A. deve necessariamente statuire su ogni profilo della domanda, senza possibilità di pretermetterne alcun aspetto, né convertirne gli elementi costitutivi. È coessenziale al principio della domanda di parte, altresì, il **principio della *causa petendi***, che individua tale elemento costitutivo della domanda quale criterio di riparto di giurisdizione tra G.O. e G.A.

▶ 6.2. Le parti del rapporto processuale.

Il processo amministrativo è un **processo di parti**, retto dal **principio dispositivo**, nel quale il giudice adito, che non dispone di poteri inquisitori, non è legittimato ad accertare d'ufficio la legittimità o l'illegittimità del provvedimento della P.A. intimata, ma solo a verificare la fondatezza o l'infondatezza delle censure proposte dal ricorrente e delle eccezioni dedotte dal resistente (*Cons. St., A.P., 27 aprile 2015, n. 5*). Le parti si distinguono in: **necessarie** (ricorrente, amministrazione e soggetti alla stessa equiparati o, comunque, tenuti al rispetto dei principi del procedimento amministrativo, controinteressati); **eventuali** (cointeressati e interventori). Dunque, sono parti nel processo amministrativo:

1. il **ricorrente**, che adisce il giudice per la tutela di una propria posizione giuridica di interesse legittimo o, nei casi di giurisdizione esclusiva, anche di diritto soggettivo. A ricorrere può essere anche una P.A. avverso gli atti posti in essere da altro soggetto pubblico e in ipotesi invasivi della sua sfera di competenze;
2. il **resistente**, ossia la P.A. che ha adottato l'atto impugnato o nei cui confronti il ricorrente fa valere una pretesa. Se ad essere impugnato è un atto complesso, tutte le P.A. che hanno partecipato alla sua adozione devono essere evocate in giudizio, ma non anche quelle che hanno partecipato solo alle fasi prodromiche, rilasciando un parere, salvo che l'atto emanato in queste fasi sia autonomamente lesivo, nel qual caso lo stesso dovrà essere impugnato evocando in giudizio la P.A. che lo ha adottato (si veda, in merito, Cons. St., A.P., 18 maggio 2018, n. 8);
3. i **controinteressati**, cioè coloro che dal provvedimento hanno tratto un vantaggio e che hanno interesse a partecipare al giudizio al fine di conservarlo. La qualità di controinteressato presuppone la presenza di un elemento, c.d. *sostanziale*, consistente nella titolarità di un interesse qualificato alla conservazione dell'atto impugnato, di natura uguale e contraria a quella del ricorrente, e c.d. *formale*, ossia l'indicazione nominativa del titolare di detto interesse nel testo del provvedimento, o quanto meno la sua facile identificabilità *aliunde* (Cons. St., sez. IV, 12 aprile 2017, n. 1701). Ai fini dell'ammissibilità del ricorso, è sufficiente la **notifica ad uno solo** dei

controinteressati, salvo l'onere di procedere all'**integrazione del contraddittorio**, su ordine del giudice (art. 27, co. 2, c.p.a.), a pena di improcedibilità *ex* artt. 49, co. 3, e 35, co. 1, lett. c), c.p.a., nei termini perentori dallo stesso fissati ai fini della notifica e del deposito della prova dell'avvenuto adempimento. L'art. 49, co. 2, dispone che l'integrazione non deve essere ordinata nel caso in cui il ricorso sia manifestamente irricevibile, inammissibile, improcedibile o infondato;

4. i **cointeressati**, cioè coloro che hanno un interesse analogo a quello del ricorrente all'annullamento dell'atto impugnato. Gli stessi sono tenuti a presentare ricorso autonomo, salva la possibilità di chiederne la riunione a quello già pendente. Non essendo parti necessarie del processo, nel caso in cui rimangano inerti, non possono avvantaggiarsi degli effetti dell'eventuale accoglimento del ricorso, salvo che l'atto impugnato non abbia natura indivisibile (*Cons. St., A.P., 20 dicembre 2017, n. 11*);
5. gli **interventori**. L'art. 28 c.p.a. distingue due forme di intervento: l'**intervento volontario**, esperito da coloro che hanno un interesse solo mediato e riflesso all'annullamento (intervento *ad adiuvandum*) o alla conservazione (intervento *ad opponendum)* dell'atto impugnato e l'**intervento *jussu judicis***, previsto dall'art. 28, co. 3. *Cons. St., A.P., 3 luglio 2017, n. 3*, ha precisato che non è sufficiente a consentire l'intervento *ad adiuvandum* la sola circostanza per cui il proponente l'istanza d'intervento sia parte di un giudizio in cui venga in rilievo una *quaestio iuris* analoga a quella controversa nel giudizio principale.

6.2.1. La legittimazione e l'interesse.

Il processo amministrativo è un processo ad istanza di parte. Per tale ragione, al fine di poter instaurare un valido giudizio, occorre la presenza di due requisiti:

- la **legittimazione a ricorrere**, intesa quale titolarità di una situazione soggettiva meritevole di tutela alla stregua dell'ordinamento giuridico sostanziale;
- l'interesse **a ricorrere**, che, in base all'art. 100 c.p.c., consiste nella utilità concreta o nel vantaggio che il ricorrente può conseguire attraverso l'instaurazione del giudizio. L'interesse al ricorso presuppone sia la **sussistenza di una lesione**, effettiva e concreta alla sfera patrimoniale del ricorrente; sia il **vantaggio**, anche solo potenziale, derivante dall'annullamento del provvedimento impugnato. L'interesse a ricorrere deve essere caratterizzato dai **requisiti** di *personalità, attualità* e *concretezza.*

6.3. L'articolazione del processo

6.3.1. La fase introduttiva

Il processo amministrativo si instaura con il **ricorso**, ossia con l'**istanza rivolta al giudice** (***vocatio judicis***) affinché annulli, sulla base dei motivi proposti, il provvedimento impugnato, ovvero accerti l'esistenza di un diritto rivendicato dal

ricorrente e negato o, comunque, illegittimamente compromesso o pregiudicato dall'amministrazione intimata.
Il ricorso va proposto al **giudice competente** per *grado, territorio* e *materia*. Quanto alla **competenza per grado**, competenti a giudicare in *primo grado* sono i Tar, mentre il Consiglio di Stato è organo di *ultimo grado* della giurisdizione amministrativa. Una delle principali novità del c.p.a. è rappresentata dall'introduzione del **principio dell'inderogabilità della competenza (anche territoriale) del giudice di primo grado** e dalla possibilità riconosciuta a quest'ultimo di sollevare la questione di competenza d'ufficio.
Ai sensi dell'art. 29 c.p.a., il ricorso deve essere **notificato** entro il termine decadenziale di **sessanta giorni** (per i giudizi annullatori, art. 41, co. 2). Il termine per impugnare il provvedimento amministrativo decorre dalla piena conoscenza dell'atto e dei suoi effetti (Cons. St., A.P., 20 dicembre 2017, n. 11*)*. Differenti i termini da rispettare nell'intentare **specifiche azioni: 120 giorni per l'azione di condanna al risarcimento** (art. 30 c.p.a.), 1 anno per l'azione avverso il silenzio della P.A. (art. 31 c.p.a).

▶ 6.3.2. La costituzione

Ai sensi dell'art. 46, co. 1, c.p.a., le parti intimate possono **costituirsi** in giudizio entro **sessanta giorni** dal perfezionamento nei loro confronti della notificazione del ricorso, depositando memorie, istanze e documenti. Pur nel silenzio della norma, sembra potersi ritenere che detto termine ha carattere ordinatorio (cfr. *Cons. St., A.P., 25 febbraio 2013, n. 5*), con la conseguenza che la costituzione può avvenire **fino all'udienza di discussione**. In tale ultima ipotesi, però, la parte potrà espletare solo **difese orali**, atteso che, ai sensi dell'art. 73 c.p.a., il **deposito dei documenti** è consentito fino a *quaranta giorni* liberi prima dell'udienza, quello delle **memorie** fino a *trenta giorni* liberi e delle **repliche** ai nuovi documenti e alle nuove memorie depositate in vista dell'udienza fino a *venti giorni* liberi prima dell'udienza stessa.

▶ 6.3.3. Il giudizio cautelare

L'effettività della tutela, principio ispiratore di tutti i riti passati in rassegna, non può prescindere da un'adeguata tutela cautelare, punto nevralgico del processo amministrativo ordinario e di quelli speciali.
Con la disciplina dettata dalla l. n. 205 del 2000, è stato definitivamente consacrato in via legislativa il **principio di atipicità ed elasticità** delle tecniche di tutela cautelare utilizzabili nel processo amministrativo, originariamente limitate alla sola sospensiva dell'esecuzione dell'atto impugnato. Invero, l'art. 3, l. n. 205 del 2000 (ora confluito con modificazioni nell'art. 55 c.p.a.) dispone che il giudice amministrativo può adottare, sempre che ricorrano i presupposti richiesti, le *"misure cautelari, compresa l'ingiunzione a pagare una somma, che appaiono, secondo le circostanze, più idonee ad assicurare interinalmente gli effetti della decisione sul ricorso"*. I **presupposti** delle misure cautelari indicati dall'art. 55, co. 9, c.p.a. sono: il c.d. ***periculum in mora***, ossia un *"**pregiudizio grave e irreparabile** derivante dall'esecuzione dell'atto impugnato, o dal comportamento inerte dell'amministrazione, durante il tempo necessario a giungere ad una decisione sul ricorso"*; il c.d. ***fumus boni iuris***, ossia l'indicazione, nell'imposta motivazione

dell'ordinanza cautelare, dei *"profili che, ad un sommario esame, inducono a una* ***ragionevole previsione sull'esito del ricorso****"*. Ulteriore condizione per la pronuncia cautelare è che il giudice adito sia **munito di giurisdizione e di competenza**. Inoltre, affinché la domanda cautelare possa essere esaminata, è necessario che il ricorrente abbia presentato **istanza di fissazione d'udienza**, salvo che quest'ultima debba essere fissata d'ufficio.

Le **caratteristiche** ontologiche dei provvedimenti cautelari sono state tradizionalmente individuate nella:

- *strumentalità* della misura cautelare, che ha **natura servente rispetto alla decisione di merito**, di volta in volta anticipandone provvisoriamente gli effetti;
- *interinalità*, ossia la naturale **provvisorietà degli effetti** che la misura cautelare può produrre; effetti destinati a consolidarsi solo in conseguenza del successivo accoglimento nel merito del ricorso.

Il codice del processo amministrativo distingue tra:

- **tutela cautelare collegiale: in questo caso, il** giudice può *fissare la data di trattazione del merito*; *accogliere l'istanza cautelare* (in questo caso deve fissare l'udienza di trattazione del merito); *respingere l'istanza cautelare*; *definire nel merito la causa* con sentenza in forma semplificata, al ricorrere delle condizioni individuate dall'art. 60 c.p.a.;
- **tutela cautelare monocratica**: destinata ad anticipare le determinazioni di competenza collegiale. Tale misura può essere richiesta, in corso di causa, **contestualmente alla domanda cautelare** o con **autonoma istanza** notificata alle controparti. Il **Presidente** del Consiglio di Stato, al pari del Presidente del Tar o della sezione cui il ricorso è assegnato, può decidere personalmente con **decreto monocratico**. Il presupposto per l'esercizio dei poteri presidenziali è costituito dall'esistenza di un pregiudizio di *"****estrema gravità ed urgenza*** *tale da non consentire neppure la dilazione fino alla data della camera di consiglio"* (art. 56, co. 1);
- **tutela cautelare *ante causam*:** prevista dall'art. 61 c.p.a. consente di ottenere la sospensione dell'atto impugnato **prima ancora che il ricorso sia notificato**. La concessione di tale misura è invocabile solo nel **giudizio di primo grado**. Presupposti per la concessione della misura sono: la *notifica dell'istanza cautelare*; l'*eccezionale gravità e urgenza*; la *competenza del giudice adìto*. Non è, dunque, sufficiente che la gravità e l'urgenza siano "estreme" (presupposto della misura monocratica *ex* art. 56); esse devono apparire **"eccezionali"**.

▶ 6.3.4. Lo speciale regime introdotto dall'art. 3, d.l. 7 luglio 2022, n. 85, abrogato e confluito nell'art. 12 *bis*, l. 5 agosto 2022, n. 108, per il contenzioso PNRR.

Un regime processuale speciale è stato introdotto dall'art. 3, d.l. 7 luglio 2022, n. 85, abrogato e confluito nell'art. 12 *bis*, l. 5 agosto 2022, n. 108, con l'obiettivo di assicurare una accelerazione nella definizione del merito dei giudizi vertenti su qualsiasi **procedura amministrativa riguardante interventi finanziati in tutto o in parte con le risorse previste dal PNRR**.

Quanto all'**ambito applicativo**, la disciplina speciale si applica alle controversie per le quali risulti, anche sulla base di quanto rappresentato dalle amministrazioni o dalle altre parti del giudizio, che il ricorso abbia ad oggetto qualsiasi procedura amministrativa che riguardi interventi finanziati in tutto o in parte con le risorse previste dal PNRR. E' al riguardo fatto obbligo alle pubbliche amministrazioni di rappresentare che il ricorso ha ad oggetto una procedura amministrativa riguardante gli interventi finanziati in tutto o in parte con le risorse previste dal PNRR.
Per tali giudizi, il legislatore del 2022 detta **regole del tutto peculiari**.
In primo luogo, quanto ai criteri di cui tener conto nella valutazione della domanda cautelare, oltre che nel fissare l'udienza di merito, .si prescrive che il giudice motivi espressamente sulla compatibilità della misura e della data dell'udienza con il rispetto dei termini previsti dal PNRR.
Quanto alle regole processuali in senso stretto, instaurato il contraddittorio e celebrata la camera di consiglio per la domanda cautelare, **in caso di accoglimento**, il tribunale amministrativo regionale, con la medesima ordinanza, fissa la data di discussione del merito alla prima udienza successiva alla scadenza del termine di trenta giorni dalla data di deposito dell'ordinanza, disponendo, altresì, il deposito dei documenti necessari e l'acquisizione delle eventuali altre prove occorrenti.
Diversamente, **in caso di rigetto dell'istanza cautelare e di sua riforma in appello**, il Consiglio di Stato ne ordina la trasmissione al T.A.R. per la fissazione dell'udienza di merito nel rispetto dei trenta giorni come previsti per il giudizio di primo grado, decorrenti, in questo caso, dalla data di ricevimento dell'ordinanza da parte della segreteria del tribunale amministrativo regionale, che ne dà avviso alle parti.
Nel caso in cui l'udienza di merito non si svolga entro i termini sopra indicati, la misura cautelare perde efficacia, anche qualora sia diretta a determinare un nuovo esercizio del potere da parte della pubblica amministrazione.
Per i suddetti giudizi si applicano, in ogni caso, gli **articoli 119, comma 2**, e 120, comma 9, del c.p.a.. Il comma 2 dell'art. 119 c.p.a. prevede il dimezzamento dei termini ordinari salvo, nei giudizi di primo grado, quelli per la notificazione del ricorso introduttivo, del ricorso incidentale e dei motivi aggiunti, nonché quelli di cui all'articolo 62, comma 1, e quelli espressamente disciplinati dallo stesso art. 119 c.p.a.
L'art. 120 c.p.a., nel disciplinare il rito in materia di contratti pubblici, prevede, al comma 9, l'obbligo per il giudice di depositare la sentenza con la quale definisce il giudizio entro quindici giorni dall'udienza di discussione. Quando la stesura della motivazione è particolarmente complessa, il giudice pubblica soltanto il dispositivo nel termine dei quindici giorni, indicando anche le domande eventualmente accolte e le misure per darvi attuazione, depositando la sentenza entro trenta giorni dall'udienza.

▶ 6.4. La fase istruttoria.

Nella **fase istruttoria**, resta fermo il principio dispositivo attenuato dal metodo acquisitivo. Spetta alle parti l'onere di fornire gli **elementi di prova** che siano nella loro disponibilità riguardanti i fatti posti a fondamento delle domande e delle eccezioni (art. 64, co. 1, c.p.a.); il giudice, infatti, salvi i casi previsti dalla legge, deve porre a fondamento della decisione le prove proposte, nonché i fatti non specificatamente contestati dalle parti costituite (art. 64, co. 1, c.p.a.). È fatta salva la possibilità per il giudice di disporre, anche d'ufficio, **l'acquisizione di informazioni e documenti**

utili che siano nella disponibilità della P.A. (art. 64, co. 3, c.p.a.), disponendo **incombenti istruttori**. L'art. 63 generalizza il ricorso alla **prova testimoniale**, seppure solo in forma scritta. Si può fare ricorso a tutti i mezzi di prova del processo civile, **esclusi il giuramento e l'interrogatorio formale**. Una disciplina dettagliata è prevista per la **verificazione** (art. 66) e la **consulenza tecnica d'ufficio** (art. 67).

▶ 6.5. Estinzione.

Il giudizio può concludersi per una causa diversa dalla decisione di merito. Costituiscono, infatti, **cause di estinzione** del giudizio:

- **a.** la sua mancata prosecuzione o riassunzione nel termine perentorio fissato dalla legge o assegnato dal giudice;
- **b.** la *perenzione* del ricorso (artt. 81, 82 c.p.a. e 1 dell'all.to 3), per mancata presentazione dell'istanza di fissazione di udienza;
- **c.** la *rinuncia* al ricorso (e non a singoli motivi dello stesso), ai sensi dell'art. 84 c.p.a.

▶ 6.6. Udienza.

Ai sensi dell'art. 71, co. 1, c.p.a., per la trattazione nel merito del ricorso, è necessario che una delle parti costituite presenti la **domanda di fissazione di udienza**. Non è necessaria la presentazione di detta domanda: per i casi in cui è stata già svolta una fase istruttoria, allorquando è il giudice che nella stessa ordinanza interlocutoria fissa la successiva fase di trattazione del merito, e per le cause relative all'affidamento di gare pubbliche (art. 120, co. 6). Inoltre, ai sensi dell'art. 87, co. 2 e 3, c.p.a., non è necessaria la domanda di fissazione d'udienza per i giudizi: in materia di *silenzio*; in materia di *accesso* ai documenti amministrativi; di *ottemperanza*; di *opposizione* ai decreti che pronunciano l'estinzione o l'improcedibilità del giudizio. La mancata presentazione della domanda di fissazione di udienza entro un anno comporta l'estinzione del processo per **perenzione.** La parte più interessata alla trattazione nel merito della causa può presentare una o più **istanze di prelievo** (art. 71, co. 2) con le quali sollecitare il Presidente del Tribunale (o della Sezione presso la quale la causa è stata incardinata) a fissare la data dell'udienza di discussione.
Regola generale è che le cause devono essere trattate in **pubblica udienza**, ferme restando alcune eccezioni specificamente previste dalla normativa vigente. Alcuni giudizi vanno tuttavia trattati **in camera di consiglio**. Tra questi i giudizi: cautelari (art. 55); relativi all'esecuzione delle misure cautelari collegiali (art. 59); in materia di competenza del giudice adito (art. 15); in materia di silenzio (art. 117); in materia di accesso ai documenti amministrativi e di violazione degli obblighi di trasparenza amministrativa (v. l'art. 87, co. 2, lett. c) e l'art. 116); in materia di ottemperanza (art. 114); di opposizione ai decreti che pronunciano l'estinzione o l'improcedibilità del giudizio (art. 85); di correzione di errore materiale di sentenza (art. 86).

6.7. Decisione del ricorso.

Il giudizio si conclude con la pronuncia del giudice adito, che può essere resa con strumenti giuridici diversi: sentenza, ordinanza o decreto.
Ai sensi dell'art. 74 c.p.a., la **sentenza in forma semplificata** può essere adottata nel caso in cui si ravvisi la *manifesta fondatezza* o la *manifesta irricevibilità, inammissibilità, improcedibilità o infondatezza* del ricorso. La **motivazione della sentenza** può consistere in un sintetico riferimento al punto di fatto o di diritto ritenuto risolutivo ovvero, se del caso, ad un precedente conforme.
Le sentenze possono essere di **merito** o di **rito**. Le **sentenze di merito** sono quelle che pronunciano sulla pretesa sostanziale formulata dal ricorrente, **accogliendola o rigettandola** *in tutto* o *in parte*. Le **sentenze di rito** sono, invece, quelle che definiscono il giudizio decidendo su **questioni pregiudiziali** (art. 35 c.p.a.). La causa è definita in rito, e non nel merito, se il ricorso è: *irricevibile*, per notifica o deposito tardivo; *inammissibile*, quando è carente l'interesse o sussistono altre ragioni ostative ad una pronuncia sul merito; *improcedibile*, quando nel corso del giudizio sopravviene il difetto di interesse delle parti alla decisione, o non sia stato integrato il contraddittorio nel termine assegnato, ovvero sopravvengano altre ragioni ostative ad una pronuncia sul merito.

6.8. I mezzi di impugnazione.

I **mezzi di impugnazione** nel processo amministrativo sono disciplinati nel Libro III del Codice. Essi sono:

- l'**appello**, esperibile avverso le decisioni di primo grado. Competente è il Consiglio di Stato in sede giurisdizionale;
- la **revocazione**, rimedio eccezionale esperibile contro le sentenze emesse dal giudice di primo grado e contro le sentenze di appello, nei casi, modi e termini previsti dagli artt. 395 e 396 c.p.c. (artt. 106 e 107 c.p.a.). Deve essere proposta dinanzi allo stesso giudice che ha pronunciato la sentenza impugnata;
- l'**opposizione di terzo**, mezzo di impugnazione di carattere straordinario – proponibile, cioè, anche avverso sentenze già passate in giudicato – esperibile nei casi tassativamente previsti dalla legge da chi non è stato parte del processo a conclusione del quale la sentenza è stata emanata. L'art. 108, co. 1, c.p.a. disciplina la c.d. **opposizione di terzo ordinaria**, che può essere proposta avverso una sentenza del giudice di primo o di secondo grado pronunciata fra altri soggetti, anche se passata in giudicato, da un soggetto che si ritiene essere stato leso dalla predetta decisione, adottata a conclusione di un giudizio al quale non è stato chiamato a partecipare. Il comma 2 dell'art. 108 c.p.a. disciplina, invece, l'**opposizione di terzo c.d. revocatoria**, esperibile da aventi causa e creditori di una delle parti avverso la sentenza effetto di dolo o collusione a loro danno)
- il **ricorso per cassazione per i soli motivi inerenti alla giurisdizione** (art. 91 c.p.a.).

6.9. Il giudizio di ottemperanza.

Il **giudizio di ottemperanza** è lo strumento da attivare per ottenere l'esecuzione di una sentenza pronunciata nei confronti della P.A. sulla quale grava, quindi, l'obbligo di conformarsi. Si tratta della più importante ipotesi di **giurisdizione estesa al merito** attribuita al giudice amministrativo, potendo quest'ultimo **sostituirsi alla P.A. inadempiente** nell'adozione dei provvedimenti necessari a dare attuazione alla pronuncia giurisdizionale non eseguita, direttamente o – come di regola avviene – a mezzo di **commissario *ad acta***. Ai sensi degli artt. 59 e 112 c.p.a., se la P.A. non ottempera in tutto o in parte alle misure cautelari concesse, ovvero alla sentenza di primo grado del Tar non sospesa dal Consiglio di Stato, l'interessato può esperire il rimedio in esame.
Le **pronunce sindacabili** in sede di ottemperanza ai sensi dell'art. 112, co. 2, lett. *a-e*), al fine di ottenerne l'attuazione, sono: le *sentenze del giudice amministrativo passate in giudicato*; le *sentenze esecutive* e gli *altri provvedimenti esecutivi del giudice amministrativo*; le *sentenze passate in giudicato* e gli *altri provvedimenti ad esse equiparati del giudice ordinario*, al fine di ottenere l'adempimento dell'obbligo della pubblica amministrazione di conformarsi al giudicato; le *sentenze passate in giudicato* e gli *altri provvedimenti ad esse equiparati per i quali non sia previsto il rimedio dell'ottemperanza*, al fine di ottenere l'adempimento dell'obbligo della P.A. di conformarsi alla decisione; i *lodi arbitrali esecutivi divenuti inoppugnabili* al fine di ottenere l'adempimento dell'obbligo della Pubblica amministrazione di conformarsi, per quanto riguarda il caso deciso, al giudicato.
Per l'azionabilità del rimedio si richiede:

- una *decisione passata in giudicato* (anche una pronuncia esecutiva, un lodo arbitrale esecutivo inoppugnabile);
- la *necessità di un provvedimento dell'amministrazione*, non essendo azionabile il rimedio in esame allorché l'esecuzione del giudicato non passi per l'adozione di un atto dell'amministrazione, come nel caso di sentenze c.d. *autoesecutive*;
- la *successiva inottemperanza*.

La pronuncia che definisce il giudizio di ottemperanza può essere di **rito** o di **merito**. Trattandosi di un'ipotesi di giurisdizione di merito (art. 134, co. 1, lett. a, c.p.a.), il giudice dell'ottemperanza dispone di poteri estremamente ampi, potendosi **sostituire all'amministrazione** inadempiente nell'adozione dei provvedimenti necessari a dare attuazione al giudicato, anche qualora ciò implichi l'adozione di atti a contenuto discrezionale.
Si suole distinguere, a proposito delle possibili decisioni del giudice dell'ottemperanza, tra: *misure intimidatorie* (ordini o inviti rivolti alla P.A.); *repressive* (annullamento dell'atto già adottato); *sanzionatorie* (denuncia al giudice contabile della condotta di inadempimento); *sostitutive*, in via diretta o indiretta.

Nella prassi, tuttavia, il G.A. non adotta direttamente i provvedimenti attuativi, ma concede alla P.A. un **termine per provvedere**, nominando un **commissario *ad acta*** per l'ipotesi di ulteriore inerzia della P.A.
L'art. 21 c.p.a. include il commissario *ad acta* tra gli **ausiliari del giudice**, risolvendo così il contrasto formatosi nella vigenza della pregressa disciplina in relazione alla sua **natura giuridica** e al regime **di impugnazione dei suoi provvedimenti**. Gli **atti** posti in

essere dal commissario *ad acta* hanno pertanto natura giurisdizionale e, quindi, non sono autonomamente impugnabili dinanzi al G.A. in sede di legittimità, ma **reclamabili dinanzi allo stesso giudice dell'ottemperanza**. I terzi estranei al giudicato possono invece impugnare gli atti del commissario *ad acta* ai sensi dell'articolo 29, con il rito ordinario (art. 114, co. 6 c.p.a.).
Secondo ***Cons. St., A.P., 25 maggio 2021, n. 8,*** il commissario ad acta deve considerarsi investito di un **potere di natura autenticamente giurisdizionale**, finalizzato all'esecuzione della pronuncia del giudice e diverso da quello di cui è titolare l'amministrazione inadempiente. Ciò comporta che, anche a seguito dell'insediamento e della nomina del commissario, **l'amministrazione non perda il potere di provvedere**.

▶ 6.10. I riti speciali.

Al rito ordinario si affiancano i c.d. **riti speciali**, ai quali il Codice del processo amministrativo ha dedicato una disciplina organica, tesa a razionalizzare le molteplici forme di tutela differenziata.
I riti speciali sono quelli in materia di: **accesso** (art. 116); **silenzio inadempimento** (art. 117): procedimento per **decreto ingiuntivo** (art. 118); procedimenti relativi a **settori di particolare rilevanza** (art. 119); **contratti pubblici** (artt. 120-125); contenzioso elettorale (artt. 126-132); azione per l'efficienza della pubblica amministrazione.
Di particolare rilievo è il c.d. **rito abbreviato** di cui all'art. 119 c.p.a., connotato da termini dimezzati ed esperibile nelle sole materie tassativamente indicate dal menzionato art. 119 c.p.a.
Caratteristica principale del rito speciale è che **tutti i termini processuali ordinari sono dimezzati**. Fanno **eccezione** i termini riguardanti: la *notifica dell'atto introduttivo del giudizio di primo grado*, che resta di sessanta giorni; la *notifica dei motivi aggiunti in primo grado*, che resta di sessanta giorni; la *notifica del ricorso incidentale di primo grado*, che resta di sessanta giorni; la *notifica dell'appello avverso le ordinanze cautelari del giudice di primo grado*, che resta di trenta giorni dalla notificazione dell'ordinanza, o di sessanta giorni dalla sua pubblicazione.
Alla luce dell'art. 32 c.p.a., il **rapporto tra riti speciali e rito ordinario** è regolato dal principio generale di **prevalenza di quest'ultimo**, a meno che una delle domande non segua il binario del rito abbreviato, ipotesi in cui trova applicazione quest'ultimo.

Capitolo 12
NORMATIVA IN MATERIA DI SOCIETÀ A PARTECIPAZIONE PUBBLICA

SOMMARIO:

1. Il fenomeno delle società in mano pubblica: le ragioni del riordino attuato con d.lgs. 19 agosto 2016, n. 175

Sempre più di frequente è utilizzato, anche per l'esercizio di attività pubbliche, il modulo societario.
Nonostante la volontà ripetutamente manifestata dal Legislatore di ridimensionare sul piano anche quantitativo il fenomeno – volontà confermata dal d.lgs. 19 agosto 2016, n. 175, che, in attuazione dei principi contenuti negli artt. 16 e 18 della legge delega 7 agosto 2015, n. 124, è intervenuto a semplificare e razionalizzare il quadro delle regole vigenti in materia di società partecipate – sono sempre più ricorrenti le ipotesi in cui l'ente pubblico si avvale di strutture societarie dallo stesso partecipate per lo svolgimento di attività a connotazione decisamente pubblicistica.
Si tratta di una galassia che nel corso del tempo si è accresciuta non solo per numero ma anche per ambiti di intervento, nonostante negli anni più recenti si stia assistendo ad una progressiva riduzione del numero delle partecipazioni societarie detenute dalle amministrazioni pubbliche, come dimostrano le rilevazioni periodicamente effettuate.
Sennonché, non sempre i dati e le ricognizioni riescono a fornire una fotografia nitida di ciò che davvero si muove nella galassia delle società partecipate.
È il primo aspetto di cui occorre tener conto, quello cioè della estrema **disomogeneità del fenomeno**, non integrante certo una categoria omogenea, ma al contrario, come è stato osservato, una "non categoria", se si esclude l'unico elemento comune della partecipazione pubblica e della forma societaria.
Al suo interno si muovono: società statali e locali; società a vocazione internazionale, di cui

talune ben collocate nei mercati globali, altre di segno opposto; società che operano in settori monopolistici o oligopolistici e altre che operano nel mercato aperto; soprattutto, società che incarnano vere imprese e altre che (per funzioni esercitate o per intensità dei vincoli che le legano all'Amministrazione) sono così pesantemente segnate in senso pubblicistico da essere state incluse nella coniata espressione di "*semi amministrazioni*" (*in house*, società cui vengono attribuite funzioni pubbliche o che prestano servizi strumentali alle funzioni pubbliche esercitate da autorità amministrative).
Di questa evidente disomogeneità non sempre si è tenuto conto nell'elaborazione della spesso disordinata regolazione del settore.
Passando allora dal fenomeno a taluni **cenni sull'evoluzione** che, negli ultimi anni, ha interessato la relativa disciplina, viene in considerazione, da un lato, un certo "disordine regolativo", dovuto alla frammentarietà, non organicità se non estemporaneità di frequenti interventi legislativi, dall'altro e soprattutto, il proliferare di discipline "speciali" rispetto alla disciplina generale delle società commerciali.
Scontato osservare che la specialità delle società a partecipazione pubblica e della relativa disciplina non è certo un fenomeno nuovo nel nostro ordinamento, manifestandosi già alla fine del XIX secolo e nei primi decenni del secolo scorso: si pensi, ai noti casi di Banca d'Italia, Agip, Agecontrol.
I regimi speciali introdotti dalla legislazione degli ultimi anni si sono andati tuttavia intensificando, introducendo sempre più vistose deviazioni dal modello societario.
Si tratta di **specialità** che, volendo schematizzare, hanno riguardato:

- tanto il comportamento dell'azionista pubblico, per esempio con il subordinare l'esercizio dei poteri dell'azionista a previe delibere amministrative o con il prevedere limiti alla cedibilità;
- quanto direttamente lo statuto della società e la sua capacità operativa, con la definizione *ex lege* del capitale e dell'oggetto, la previsione di vincoli alla composizione azionaria o di poteri di direttive del ministro vigilante.

Soprattutto, nella legislazione più recente, si sono moltiplicate le **deroghe al diritto comune**, introdotte con riguardo non più a singole società ma a macrocategorie e in funzione di distinte finalità, in specie quelle di:

- ridimensionare il fenomeno, con previsioni volte a incidere sulla capacità stessa degli enti pubblici di costituire società o di entravi a far parte o di ridurne l'impatto nella finanza pubblica (limiti alla composizione degli organi sociali, ai compensi, al ricorso ad arbitrati);
- moralizzarlo, con l'estensione delle normative in tema di trasparenza e anticorruzione (si rinvia a Parte II, Cap. I, par. 2.1);
- evitare l'elusione dei vincoli propri dell'Amministrazione pubblica, con l'introduzione per esempio di regole selettive per l'assunzione del personale;
- limitare distorsioni concorrenziali, con previsioni volte a restringere gli ambiti entro i quali le società possono operare.

Si tratta di un complesso di regole speciali che ha reso ancora più incerta la sottile linea di demarcazione tra pubblico e privato, ulteriormente stimolando il dibattito relativo alla riconoscibilità di natura pubblica a talune di siffatte società in mano pubblica e, a monte, alla stessa configurabilità di "enti pubblici in forma societaria".
Questione non certo teorica se solo si considerano le numerose **implicazioni**

applicative derivanti dal riconoscimento di natura pubblica a strutture societarie: ne può derivare, invero, la qualificazione dei relativi atti come soggettivamente riferibili a un'Amministrazione (e quindi come atti soggettivamente amministrativi) e l'assoggettamento degli stessi, pertanto, al corrispondente regime giuridico, tanto sostanziale (si pensi alla disciplina in tema di accesso di cui agli artt. 22 e ss. l. 7 agosto 1990, n. 241) quanto processuale (il riferimento è al regime di impugnabilità e, per quel che più conta, all'individuazione del giudice innanzi al quale portare la controversia).
La tematica assume carattere di particolare problematicità, dovendo la stessa essere esaminata anche tenendo conto dell'impatto, spesso dirompente, che sulla nozione nazionale di Amministrazione ha sortito il diritto dell'Unione Europea, che all'interno dei confini nazionali ha trapiantato figure soggettive pubbliche elaborate alla stregua di parametri sostanziali, teleologici e indifferenti al profilo formale: si ha riguardo, in particolare, alle figure di derivazione europea, ma ormai ampiamente penetrate nell'ordinamento nazionale, dell'organismo di diritto pubblico, dell'impresa pubblica e del soggetto c.d. *in house*, su cui cfr. Cap. I, par. 12.2.
Prima di esaminare il tema cui da ultimo si è fatto cenno è necessario tuttavia esaminare la **nuova disciplina ora contenuta nel citato d.lgs. n. 175 del 2016**, che, nel tentativo di raccogliere in un *corpus* unitario (ancorché non indifferenziato), in attuazione dei principi contenuti nei già citati artt. 16, comma 1, lett. b), e 18 della legge delega n. 124 del 2015, è intervenuto a semplificare e razionalizzare il quadro delle regole vigenti, al precipuo scopo di assicurare l'efficiente gestione delle partecipazioni pubbliche, la tutela e la promozione della concorrenza e del mercato, nonché di ridurre e razionalizzare la spesa pubblica.

Si consideri che, con sentenza *25 novembre 2016, n. 251*, la **Corte costituzionale** ha dichiarato l'incostituzionalità di alcune disposizioni della l. n. 124 del 2015 nella parte in cui prevedevano che i decreti legislativi fossero adottati previo parere della Conferenza unificata in luogo dell'intesa. La Corte, pur riconducendo le disposizioni sulle società partecipate alla materia dell'"ordinamento civile", di competenza legislativa esclusiva statale, nonché a quella della "tutela della concorrenza", ha tuttavia richiamato la giurisprudenza costituzionale formatasi in relazione a disposizioni statali che, imponendo a tutte le Amministrazioni, ivi comprese quelle regionali, di sciogliere o privatizzare proprio le società pubbliche strumentali, sottraggono alle medesime Regioni la scelta in ordine alle modalità organizzative di svolgimento delle attività di produzione di beni o servizi strumentali alle proprie finalità istituzionali, in violazione, quindi, della competenza legislativa regionale residuale in materia di organizzazione amministrativa regionale.
Sulla base di tali premesse, la Corte costituzionale ha ritenuto incostituzionale "*un intervento del legislatore statale, come quello operato con le disposizioni impugnate dell'art. 18, finalizzato a dettare una disciplina organica delle partecipazioni azionarie delle amministrazioni pubbliche, (il quale) coinvolge, inevitabilmente, profili pubblicistici, che attengono alle modalità organizzative di espletamento delle funzioni amministrative e dei servizi riconducibili alla competenza residuale regionale, anche con riguardo alle partecipazioni degli enti locali che non abbiano come oggetto l'espletamento di funzioni fondamentali. Tale intervento coinvolge anche profili privatistici, inerenti alla forma delle società partecipate, che trova nel codice civile la sua radice, e aspetti connessi alla tutela della concorrenza, riconducibili alla competenza esclusiva del legislatore statale. Da qui la "concorrenza" di competenze statali e regionali, disciplinata mediante l'applicazione del principio di leale collaborazione. Ai principi e criteri direttivi il Governo deve dare attuazione solo dopo aver svolto idonee trattative con Regioni e*

enti locali nella sede della Conferenza unificata. Quest'ultima è la sede (...) più idonea a consentire l'integrazione dei diversi punti di vista e delle diverse esigenze degli enti territoriali coinvolti, tutte le volte in cui siano in discussione temi comuni a tutto il sistema delle autonomie, inclusi gli enti locali".
La stessa Corte, tuttavia, ha espressamente precisato che la pronuncia di illegittimità costituzionale resta circoscritta alle disposizioni di delegazione dettate dalla l. n. 124 del 2015 e non si estende ai decreti legislativi adottati in attuazione delle stesse, chiarendo altresì che "*nel caso di impugnazione di tali disposizioni, si dovrà accertare l'effettiva lesione delle competenze regionali, anche alla luce delle soluzioni correttive che il Governo riterrà di apprestare al fine di assicurare il rispetto del principio di leale collaborazione*".
Proprio alla luce di tale sentenza, recependo l'intesa raggiunta in sede di Conferenza unificata nella seduta del 16 marzo 2017, il Governo ha emanato il d.lgs. 16 giugno 2017, n. 100, recante "*Disposizioni integrative e correttive al decreto legislativo 19 agosto 2016, n. 175, recante testo unico in materia di società a partecipazione pubblica*" che, oltre a introdurre modifiche correttive al testo unico al fine di risolvere criticità emerse in fase applicativa, ha sanato il vizio procedimentale censurato dalla Corte costituzionale, altresì rafforzando il coinvolgimento delle Regioni nel processo di riforma delle partecipazioni societarie detenute dalle Pubbliche amministrazioni.

2. La disciplina dettata dal d.lgs. n. 175 del 2016: ambito applicativo e rapporti tra disciplina speciale e diritto comune.

L'art. 1 del d. lgs. n. 175 del 2016 dispone che le disposizioni in esso contenute hanno ad oggetto "*la costituzione di società da parte di amministrazioni pubbliche, nonché l'acquisto, il mantenimento e la gestione di partecipazioni, da parte di tali amministrazioni, in società a totale o parziale partecipazione pubblica, diretta o indiretta*".
Con specifico riferimento all'**ambito soggettivo di applicazione** dell'intero articolato normativo, lo stesso articolo, dopo aver individuato il *genus* "omnicomprensivo" delle "*società a totale o parziale partecipazione pubblica*", tuttavia, in omaggio all'esigenza di tener conto della disomogeneità del fenomeno delle società in mano pubblica cui si è fatto cenno nel precedente par. 1, da un lato prevede che le disposizioni del decreto in esame si applicano alle "**società quotate**" solo se espressamente previsto (segnatamente, trovano specifica applicazione a tale tipologia societaria le disposizioni relative all'acquisto di partecipazioni in società già costituite nonché quelle disciplinanti la condotta dell'azionista pubblico); dall'altro lato, assegna un rilievo significativo, in sede di perimetrazione dell'estensione applicativa di numerose delle regole in esso contenute, alla distinzione tra:

- **società controllate** (specificamente denominate come "*società a controllo pubblico*");
- ***altre* società partecipate** (che potremmo definire "semplicemente" partecipate), dettando per le prime più stringenti regole di *governance* interna.

In particolare, secondo la definizione recata dall'art. 2, lett. b) e m), devono ritenersi **controllate** da una Pubblica amministrazione tutte le società che si trovino in una delle situazioni di controllo descritte dall'art. 2359 c.c., anche ove detto controllo sia esercitato congiuntamente da più Amministrazioni (art. 2).
In caso di più Amministrazioni socie, il requisito del **controllo *congiunto*** può considerarsi altresì sussistente, oltre che al ricorrere delle ipotesi previste dall'art. 2359

c.c., anche qualora, in applicazione di una previsione di legge, dello statuto, ovvero di patti parasociali, per l'assunzione delle decisioni finanziarie e gestionali strategiche relative all'attività sociale sia richiesto il consenso unanime di tutte le parti che condividono il controllo. Secondo un orientamento fatto proprio sia dal Consiglio di Stato sia dalla Corte dei Conti perché possa ritenersi sussistente il controllo da parte dei soci pubblici (detentori ciascuno singolarmente di partecipazioni al capitale di modesta entità) è necessario un coordinamento formalizzato tra i soci pubblici stessi – sotto forma di patto parasociale o altro strumento negoziale che richieda il consenso unanime o maggioritario delle amministrazioni partecipanti – da cui derivi l'effettiva capacità dei medesimi di incidere sulle decisioni finanziarie e strategiche della società. Ancora, le Sezioni riunite della Corte dei Conti, con delibera n. 11/2019, hanno ritenuto sufficiente, ai fini della configurabilità del controllo pubblico congiunto, che le pubbliche amministrazioni dispongano della maggioranza dei voti esercitabili nella assemblea ordinaria della società. Quest'ultimo orientamento è stato fatto proprio anche dall'Anac che, nella delibera n. 859 del 25 settembre 2019, considera la partecipazione pubblica maggioritaria al capitale sociale quale indice presuntivo della situazione di controllo pubblico, con la conseguente applicabilità delle norme previste per le società a controllo pubblico nella legge 6 novembre 2012, n. 190 (anticorruzione) e nel d.lgs. 14 marzo 2013, n. 33 (trasparenza). La società interessata che intenda rappresentare la non configurabilità del controllo pubblico è tenuta a dimostrare l'assenza del coordinamento formalizzato tra i soci pubblici, desumibile da norme di legge, statutarie o da patti parasociali, ovvero l'influenza dominante del socio privato, ove presente nella compagine societaria.
Viceversa, una società può definirsi **partecipata** da una Pubblica amministrazione qualora quest'ultima sia titolare di "*rapporti comportanti la qualità di socio in società o la titolarità di strumenti finanziari che attribuiscono diritti amministrativi*", ai sensi dell'art. 2, lett. f), potendo detta partecipazione anche essere indiretta, qualora sia detenuta per il tramite di una società o di un altro organismo sottoposto al controllo della medesima Pubblica amministrazione, ai sensi della successiva lett. g).
Quanto al regime giuridico e ai rapporti tra la disciplina speciale dettata dallo stesso decreto e la disciplina comune, l'art. 1, comma 3, dispone che all'intero *genus* delle società a partecipazione pubblica (siano esse controllate o meno) si applicano "*le norme sulle società contenute nel codice civile e le norme generali di diritto privato*", salve le espresse deroghe previste dal decreto.
Lo stesso art. 1, comma 4, precisa, tuttavia, che "*Restano ferme:*

- *le specifiche disposizioni, contenute in leggi o regolamenti governativi o ministeriali, che disciplinano società a partecipazione pubblica di diritto singolare costituite per l'esercizio della gestione di servizi di interesse generale o di interesse economico generale o per il perseguimento di una specifica missione di pubblico interesse;*
- *le disposizioni di legge riguardanti la partecipazione di amministrazioni pubbliche a enti associativi diversi dalle società e a fondazioni*".

Conclusivamente, sembra dunque possibile ritenere che il testo unico si riferisca a **tre tipologie di società pubbliche**, il cui elemento discretivo è costituito dalla entità della partecipazione detenuta dal socio pubblico:

1. le società a controllo pubblico (art. 2, lett. m);
2. le società a partecipazione pubblica o "*altre società partecipate*" (art. 2, lett. n);
3. le società *in house* (art. 2, lett. o).

La sussistenza o meno del controllo pubblico è particolarmente rilevante, poiché **le disposizioni derogatorie alla disciplina di diritto comune sono prevalentemente disposte nei confronti delle società controllate**.
Tra queste si rammentano:

1. le previsioni sulla *governance* di cui all'art. 11, commi 1-3 e 4-15 (vincolo del numero dei componenti del consiglio di amministrazione, definizione di limiti al trattamento economico degli amministratori, regole sulla incompatibilità/inconferibilità degli incarichi);
2. i principi fondamentali sull'organizzazione e sulla gestione (art. 6);
3. la disciplina delle crisi d'impresa (art. 14, commi 2 e 3);
4. le regole sulla gestione dei rapporti di lavoro (art. 19, commi 1-4);
5. i criteri in tema di trasparenza (art. 22).

▶ 2.1. I limiti, sostanziali e procedimentali, alla costituzione di una società a partecipazione pubblica e all'acquisto di partecipazioni in società già costituite.

Passando all'esame delle principali regole speciali dettate dal d.lgs. n. 175 del 2016, vengono in considerazione quelle riguardanti la stessa possibilità, per le Amministrazioni pubbliche, di procedere alla costituzione di dette società o di entrare a farne parte, anche in posizione minoritaria.
In primo luogo, l'art. 3, comma 1, prevede, quanto alle **forme societarie consentite**, che le Amministrazioni pubbliche possono partecipare esclusivamente a società, anche consortili, costituite in forma di società per azioni o di società a responsabilità limitata, anche in forma cooperativa.
Quanto invece al perimetro delle **attività consentite alle partecipate**, l'art. 4 prescrive che "*le amministrazioni pubbliche non possono, direttamente o indirettamente, costituire società aventi per oggetto attività di produzione di beni e servizi non strettamente necessarie per il perseguimento dei propri scopi istituzionali, né acquisire o mantenere partecipazioni, anche di minoranza, in tali società*".

La disposizione riproduce *in parte qua* il citato art. 3, comma 27, l. n. 244 del 2007, ora abrogato dall'art. 28 del decreto.
Si consideri che, nel regime anteriore all'entrata in vigore di detta legge, era principio acquisito, sia in giurisprudenza sia in dottrina, che agli enti pubblici, in quanto soggetti giuridici, dovesse essere riconosciuta la stessa piena capacità giuridica e di agire che l'art. 11 c.c. riconosce a ogni persona giuridica, compresa, quindi, quella negoziale da esercitarsi, in sede di adozione di atti non autoritativi, secondo le norme di diritto privato e con utilizzo degli strumenti propri del diritto comune, fatto salvo naturalmente il rispetto delle regole dell'evidenza pubblica in sede di formazione della volontà negoziale.
Da questa premessa, che trovava conferma anche nell'art. 1, comma 1 *bis*, l. 7 agosto 1990, n. 241, si faceva discendere la possibilità per dette amministrazioni di costituire nuove società ovvero di entrare a far parte, in posizione maggioritaria o minoritaria, di società già costituite e aventi ad oggetto la produzione di beni o servizi di interesse generale.
Per vero, ancorché non fosse in discussione - già prima dell'entrata in vigore della citata l. n. 244 del 2007 - la possibilità per gli enti pubblici di attendere, per il perseguimento dei propri fini

istituzionali, alla costituzione di organismi societari, si tendeva viceversa a non ammettere la costituzione, da parte di un ente pubblico, di società commerciali destinate a operare, non con l'ente socio, ma sul mercato, in concorrenza con operatori privati, e accettando commesse sia da enti pubblici sia da privati: si riteneva, infatti, che la società commerciale facente capo a un ente pubblico, operante sul mercato in concorrenza con operatori privati, necessitasse di previsione legislativa espressa, e non potesse quindi ritenersi consentita in termini generali.
La stessa *Corte cost., 1° agosto 2008, n. 326*, nel ribadire l'intangibilità in via di principio della libertà di iniziativa economica privata degli enti pubblici, ha tuttavia rimarcato la necessità di "*evitare che soggetti dotati di privilegi operino in mercati concorrenziali*".

Il d.lgs. n. 175 del 2016, allo scopo di tutelare la concorrenza e il mercato, ma anche per ragioni di ordine finanziario connesse alla necessità di contenere entro limiti fisiologici la spesa pubblica, conferma il divieto per le Pubbliche amministrazioni di costituire società aventi ad oggetto attività di produzione di beni e di servizi "*non strettamente necessarie per il perseguimento delle proprie finalità istituzionali*", nonché di assumere partecipazioni, anche solo di minoranza, in società già costituite.
Si è inteso in sostanza condizionare la libertà negoziale degli enti pubblici, nella suddetta materia, all'esistenza di un interesse pubblico rientrante fra quelli ad essi statutariamente affidati, assegnando rilievo determinante al nesso da riscontrare fra lo scopo concretamente perseguito dall'organismo societario partecipato e la competenza istituzionale del singolo ente partecipante (cd "vincolo di scopo").
Sennonché, diversamente dall'abrogato art. 3, comma 27, l. n. 244 del 2007, l'art. 4 del d.lgs. n. 175 del 2016 non si limita a indicare l'illustrato criterio di "*stretta necessarietà*", ma, con l'intento di rendere più stringente la disciplina rispetto all'obiettivo di riduzione del fenomeno della proliferazione di società pubbliche o miste, prevede anche un "vincolo di attività", disponendo, al comma 2, che le Amministrazioni pubbliche possono, direttamente o indirettamente, costituire società e acquisire o mantenere partecipazioni in società **esclusivamente per lo svolgimento delle seguenti attività**:

a) la produzione di un servizio di interesse generale, ivi inclusa la realizzazione e la gestione delle reti e degli impianti funzionali ai servizi medesimi;
b) la progettazione e realizzazione di un'opera pubblica sulla base di un accordo di programma fra Amministrazioni pubbliche, ai sensi dell'art. 193 d.lgs. n. 50 del 2016;
c) la realizzazione e gestione di un'opera pubblica ovvero l'organizzazione e la successiva gestione di un servizio d'interesse generale attraverso un contratto di partenariato di cui all'art. 180 d.lgs. n. 50 del 2016 con un imprenditore privato selezionato con una procedura di gara a doppio oggetto (cd. società a partecipazione mista pubblico-privata);
d) l'autoproduzione di beni o servizi strumentali all'ente o agli enti pubblici partecipanti o allo svolgimento delle loro funzioni, nel rispetto delle condizioni stabilite dalle direttive europee in materia di contratti pubblici e della relativa disciplina nazionale di recepimento;
e) servizi di committenza, ivi incluse le attività di committenza ausiliarie, apprestati a supporto di enti senza scopo di lucro e di Amministrazioni aggiudicatrici.

Accanto a tali ipotesi, è altresì ammessa la costituzione di società a partecipazione pubblica preordinate all'esclusiva valorizzazione del patrimonio immobiliare dell'Amministrazione partecipante tramite il conferimento di beni immobili (comma 3), alla costituzione di gruppi di azione locale per l'elaborazione di strategie di sviluppo locale (comma 6), alla gestione e all'organizzazione di eventi fieristici, alla realizzazione e alla gestione di impianti di trasporto a fune eserciti in aree montane, nonché alla produzione di energia da fonti rinnovabili (comma 7), alla realizzazione di *spin off* e *start up* universitarie previste dall'art. 6, comma 9, l. 30 dicembre 2010, n. 240, nonché alla gestione di aziende agricole con funzioni didattiche (comma 8), alla produzione, trattamento, lavorazione e immissione in commercio del latte, comunque trattato, e dei prodotti lattiero-caseari (comma 9 *quater*).

Ancora, ai sensi del comma 9 *bis*, introdotto dal d.lgs. n. 100 del 2017, nel rispetto della disciplina europea, è fatta salva la possibilità per le Amministrazioni pubbliche di acquisire o mantenere partecipazioni in società che producono servizi di interesse economico generale a rete, anche al di fuori dell'ambito territoriale della collettività di riferimento, in deroga alle previsioni di cui al comma 2, lett. a), purché l'affidamento dei servizi, in corso e nuovi, avvenga tramite procedure di evidenza pubblica.

Inoltre, ai sensi del successivo comma 9 *ter*, è fatta salva la possibilità per le amministrazioni pubbliche di acquisire o mantenere partecipazioni, comunque non superiori all'1 per cento del capitale sociale, in società bancarie di finanza etica e sostenibile, come definite dall'articolo 111 *bis* del testo unico delle leggi in materia bancaria e creditizia, di cui al decreto legislativo 1° settembre 1993, n. 385.

Un'ulteriore categoria di attività per cui è consentita la partecipazione pubblica è stata prevista dal c.d. decreto Crescita: possono essere effettuati interventi «nel capitale di rischio delle imprese» iscritte nel registro dei marchi storici di interesse nazionale o comunque in possesso dei predetti requisiti; interventi effettuati a condizioni di mercato e nel rispetto di quanto previsto dalla Comunicazione della commissione recante orientamenti sugli aiuti di Stato (art. 31 *bis*, d.l. 30 aprile 2019, n. 34, convertito, con modifiche, dalla l. 28 giugno 2019, n. 58).

Da ultimo, ai sensi del neo-introdotto art. 4 *bis*, tra le attività perseguibili ai sensi del citato comma 2 dell'art. 4 rientrano anche le attività di ricerca svolte dalle società a partecipazione pubblica e dagli enti pubblici di ricerca di cui all'articolo 1, comma 1, del decreto legislativo 25 novembre 2016, n. 218, per la realizzazione degli interventi compresi nel quadro di attuazione del Piano nazionale di ripresa e resilienza (PNRR).

Passando ai **vincoli di tipo procedimentale**, al fine di assicurare che la costituzione di una società a partecipazione pubblica o l'acquisto di una quota sociale sia strettamente funzionale al perseguimento delle predette finalità istituzionali, l'atto deliberativo, emanato con decreto dell'organo di vertice dell'Amministrazione interessata, deve essere **congruamente e analiticamente motivato** in relazione alle ragioni e alle finalità che giustificano la predetta scelta, anche sul piano della convenienza economica e della sostenibilità finanziaria, dando altresì conto della compatibilità dell'operazione con i principi di efficienza, di efficacia e di economicità dell'azione amministrativa e con la disciplina europea, con particolare riferimento a quella in materia di aiuti di Stato (art. 5 del testo unico).

L'atto di delibera deve essere **trasmesso alla Corte dei Conti**, per fini meramente conoscitivi, e all'**Autorità garante della concorrenza e del mercato**, che, ove ravvisi una violazione delle norme *antitrust*, può esercitare le prerogative di cui all'art. 21-*bis*, l. 10 ottobre 1990, n. 287.

Nel caso in cui la società a partecipazione pubblica sia costituita in assenza della predetta delibera ovvero tale atto sia dichiarato nullo o annullato, l'art. 7, comma 6, del testo unico impone all'Amministrazione partecipante di liquidare la propria partecipazione societaria; qualora, poi, detta partecipazione risulti essenziale ai fini del conseguimento dell'oggetto sociale, la nullità o l'assenza della deliberazione travolge necessariamente l'intera compagine societaria, dovendo trovare applicazione le disposizioni di cui all'art. 2332 c.c. in tema di nullità della società.
Del pari, in caso di acquisto di una partecipazione pubblica in società già esistenti, l'eventuale mancanza o invalidità dell'atto deliberativo ha l'effetto di rendere inefficace il contratto di acquisto della partecipazione medesima da parte dell'Amministrazione partecipante.
Ove l'Amministrazione intenda procedere all'alienazione delle partecipazioni sociali ovvero alla costituzione di vincoli sulle stesse, il relativo atto deliberativo deve essere adottato con le stesse modalità previste per la costituzione di una società a partecipazione pubblica o per l'acquisto di una quota sociale, nel rispetto dei principi di pubblicità, trasparenza e non discriminazione.
In via eccezionale, derogando all'obbligo di esperire una procedura a evidenza pubblica, previa deliberazione dell'organo competente, analiticamente motivata in relazione alla convenienza economica dell'operazione, l'alienazione può essere effettuata anche mediante negoziazione diretta con un singolo acquirente.

▶ 2.1.1. La costituzione di società di progettazione da parte delle Università: Cons. St., A.P., 4 giugno 2011, n. 10.

Merita considerare che, vigente l'ormai abrogato (ma in parte riprodotto) art. 3, comma 27, della l. n. 244 del 2007, ci si è chiesti se le Università, aventi finalità di insegnamento e di ricerca, possano dare vita a società, nell'ambito della propria autonomia organizzativa e finanziaria, solo per il perseguimento dei propri fini istituzionali, o anche per erogare servizi contendibili sul mercato.
La questione è stata esaminata da *Cons. St., A.P., 4 giugno 2011, n. 10,* che ha preso le mosse da quanto chiarito da *Corte cost., 4 maggio 2009, n. 148*, intervenuta a dichiarare infondata la questione di legittimità costituzionale relativa ai commi 27 e 29 del citato art. 3, l. n. 244 del 2007, osservando che con quella disposizione si è inteso rafforzare la distinzione tra l'esercizio dell'attività amministrativa in forma privatistica (posta in essere da società che operano per una Pubblica amministrazione con effettivo carattere di strumentalità, configurandosi nei fatti quali mere modalità organizzative per l'esercizio di compiti tipici dell'Ente pubblico di riferimento) e l'esercizio dell'attività di impresa da parte degli enti pubblici, mirando altresì a evitare che quest'ultima possa essere svolta beneficiando dei privilegi dei quali un soggetto può godere in quanto pubblica amministrazione.
Proprio muovendo dall'assunto secondo cui la società commerciale facente capo a un ente pubblico, operante sul mercato in concorrenza con operatori privati, necessita di previsione legislativa espressa, e non può ritenersi consentita in termini generali, quanto meno nel caso in cui l'ente pubblico non ha fini di lucro, la Plenaria ha concluso sostenendo che la riconosciuta e indiscussa autonomia organizzativa e finanziaria delle Università incontra il limite interno invalicabile della rigorosa strumentalità rispetto alle finalità istituzionali.
In assenza di una disposizione di legge in senso contrario, opera quindi anche per le Università il generale divieto di istituire società di capitali con scopo meramente lucrativo.
Viceversa, anche le Università possono costituire società a condizione che le stesse siano strettamente necessarie al perseguimento delle finalità di ricerca e insegnamento

istituzionalmente proprie delle Università medesime: l'istituzione delle società deve quindi giovare al progresso della ricerca e dell'insegnamento o essere volta a procacciare risorse economiche da destinare a ricerca e insegnamento, non potendo giammai rispondere a finalità meramente lucrative.

▶ 2.1.2. La razionalizzazione periodica delle partecipazioni pubbliche.

Sempre per quel che attiene ai vincoli posti all'Amministrazione (più che all'organizzazione o all'attività della società), l'art. 20 del testo unico introduce una procedura ordinaria di **razionalizzazione delle partecipazioni pubbliche** che gli enti pubblici sono chiamati ad attivare con cadenza annuale.
In particolare, le Amministrazioni pubbliche sono tenute a predisporre annualmente un'analisi dell'assetto complessivo delle società in cui detengono partecipazioni, dirette o indirette, ivi predisponendo un piano di riassetto per la razionalizzazione, la fusione o la soppressione delle proprie partecipazioni societarie qualora, in sede di analisi, abbiano rilevato:

a) partecipazioni societarie che non rientrino in alcuna delle categorie di cui all'art. 4 del testo unico;
b) società che risultino prive di dipendenti o abbiano un numero di amministratori superiore a quello dei dipendenti;
c) partecipazioni in società che svolgono attività analoghe o similari a quelle svolte da altre società partecipate o da enti pubblici strumentali;
d) partecipazioni in società che, nel triennio precedente, abbiano conseguito un fatturato medio non superiore a un milione di euro;
e) partecipazioni in società diverse da quelle costituite per la gestione di un servizio d'interesse generale che abbiano prodotto un risultato negativo per quattro dei cinque esercizi precedenti;
f) necessità di contenimento dei costi di funzionamento;
g) necessità di aggregazione di più società aventi ad oggetto le attività consentite all'art. 4 del testo unico.

Ove ricorra una delle predette ipotesi, quindi, l'Amministrazione è indefettibilmente tenuta a adottare un piano di riassetto che preveda la dismissione delle proprie partecipazioni societarie, comprese quelle acquisite per espressa previsione normativa.
Sia i provvedimenti di analisi dell'assetto societario che i piani di riassetto devono essere adottati annualmente e trasmessi alla struttura del Ministero dell'economia incaricata del controllo e monitoraggio sull'attuazione del decreto in esame e alla competente sezione di controllo della Corte dei conti.
Nel caso in cui l'Amministrazione abbia adottato il piano di riassetto, ai medesimi soggetti deve essere trasmessa, entro il 31 dicembre dell'anno successivo a quello in cui viene adottato il piano di riassetto, la relazione sull'attuazione del piano, nella quale vengono evidenziati i risultati conseguiti.
Qualora l'Amministrazione sia un Ente locale e non adotti i predetti provvedimenti, è irrogata una sanzione fino a un massimo di 500.000 euro, salvo il danno eventualmente rilevato in sede di giudizio amministrativo contabile.
In aggiunta a tale meccanismo di razionalizzazione ordinario, l'art. 24 del testo unico aveva previsto una *revisione straordinaria delle partecipazioni* detenute, direttamente o indirettamente, dalle Amministrazioni pubbliche che, alla data di entrata in vigore

del decreto: a) non siano riconducibili ad alcuna delle categorie previste dall'art. 4; b) non soddisfino i requisiti motivazionali e di compatibilità con la normativa europea; c) ricadano nelle ipotesi per le quali l'art. 20, comma 2 impone l'adozione di un piano di razionalizzazione.
Entro sei mesi dall'entrata in vigore del testo unico, ciascuna Amministrazione avrebbe dovuto effettuare una ricognizione di tutte le partecipazioni possedute, individuando le partecipazioni che avrebbero dovuto essere alienate o oggetto delle misure di cui all'art. 20, comma 1, del decreto.
In caso di mancata adozione dell'atto ricognitivo ovvero di mancata alienazione entro i termini previsti, il socio pubblico non può esercitare i diritti sociali nei confronti della società, e, salvo in ogni caso il potere di alienare la partecipazione, la medesima è liquidata in denaro, con l'osservanza dei criteri e del procedimento di cui, rispettivamente, agli artt. 2437 *ter*, comma 2, e 2437 *quater* c.c.

Come ritenuto dalla giurisprudenza contabile, *"l'iter che deve essere percorso a valle dell'accertamento da parte dell'Amministrazione partecipante dell'assenza dei requisiti per il mantenimento della partecipazione in una società appare, dunque, interamente e inderogabilmente definito a livello legislativo, non residuando, conseguentemente, come adombrato dall'Amministrazione istante alcun margine per procedure alternative a quelle ora richiamate. Ove, infatti, non si riesca a cedere sul mercato la partecipazione o la stessa non venga acquisita dagli altri soci e la società non abbia le risorse per procedere al riacquisto delle azioni, residua l'obbligo di deliberare lo scioglimento della società, avviandone la liquidazione".*
La Corte dei Conti sottolinea che *"la cogenza di tale percorso è, peraltro, rafforzata dalla modifica introdotta dall'art. 1, comma 723, l. 30 dicembre 2018, n. 145, che ha aggiunto all'art. 24, d.lgs. n. 175 del 2016 il comma 5 bis, a norma del quale "a tutela del patrimonio pubblico e del valore delle quote societarie pubbliche, fino al 31 dicembre 2021 le disposizioni dei commi 4 e 5 non si applicano nel caso in cui le società partecipate abbiano prodotto un risultato medio in utile nel triennio precedente alla ricognizione. L'amministrazione pubblica che detiene le partecipazioni è conseguentemente autorizzata a non procedere all'alienazione". La norma ha, infatti, introdotto una deroga temporanea che, a condizione che la società sia stata in utile nel triennio precedente alla ricognizione, consente di non procedere alla alienazione senza incorrere nelle conseguenze previste dal quinto comma dell'art. 24."* Pertanto, allo scadere del termine del 31 dicembre 2021, tornano ad applicarsi i commi 4 e 5 dell'art. 24, per cui, se la partecipazione non risulta essere stata alienata a tale data, viene sterilizzato l'esercizio dei diritti sociali da parte del socio pubblico e la partecipazione deve essere liquidata.

▶ 2.1.3. Il contenzioso sulle delibere di costituzione, acquisto o estinzione della società.

Per concludere l'esame degli aspetti problematici che la costituzione così come l'estinzione di società a partecipazione pubblica pongono giova dare atto di alcuni significativi **profili di giurisdizione**.
L'Adunanza plenaria del Consiglio di Stato, con *sentenza 3 giugno 2011, n. 10*, ha chiarito che **spettano alla giurisdizione di legittimità del G.A.** le controversie aventi ad oggetto gli atti amministrativi prodromici a una vicenda societaria, con cui un ente pubblico delibera di costituire una società o di parteciparvi o di procedere a un atto modificativo o estintivo della società medesima, ivi compresa la scissione, che comporta la costituzione di una nuova società.
Si tratta invero di scelta organizzativa discrezionale dell'ente, afferente al

perseguimento dell'interesse pubblico, che si esercita mediante un atto di natura pubblicistica, rientrante perciò nella giurisdizione del giudice amministrativo.
Sul piano logico, cronologico e giuridico, detti atti prodromici devono essere tenuti nettamente distinti dai successivi atti negoziali che si pongono a valle della decisione di fondo di utilizzo del modello societario, con cui l'ente pubblico, spendendo la sua capacità di diritto privato nella veste di azionista, pone in essere un atto societario, di cui è chiamato a conoscere il G.O.

Tanto premesso, l'Adunanza Plenaria ha osservato che nei casi in cui un negozio di diritto privato, posto in essere da una pubblica amministrazione, è preceduto da un procedimento amministrativo, l'annullamento degli atti del procedimento amministrativo non comporta, di regola, l'automatica caducazione del negozio giuridico a valle (c.d. effetto caducante), producendo piuttosto una invalidità derivata (c.d. effetto viziante), che deve essere dedotta davanti al giudice avente giurisdizione sull'atto negoziale. Difatti, al di fuori dei casi in cui l'ordinamento attribuisce espressamente al giudice amministrativo la giurisdizione (esclusiva) sulla "sorte del contratto" a valle di un procedimento amministrativo viziato (v. art. 133, comma 1, lett. e, n. 1, c.p.a., in tema di contratti pubblici relativi a lavori, servizi, e forniture), secondo l'ordinario criterio di riparto di giurisdizione spetta al giudice amministrativo conoscere dei vizi del procedimento amministrativo e al giudice ordinario dei vizi del contratto, anche quando si tratti di invalidità derivata dal procedimento amministrativo presupposto dal contratto stesso.
Ne consegue che il G.A., ravvisata l'illegittimità degli atti amministrativi prodromici, non può dichiarare la nullità dei conseguenti negozi societari. Tuttavia, la stessa Adunanza Plenaria ha evidenziato come non venga comunque meno l'interesse a impugnare detti atti dinanzi al giudice amministrativo, atteso che il relativo annullamento produce un effetto viziante del negozio societario a valle, con la conseguente possibilità di azionare i rimedi risarcitori, impugnare il negozio societario davanti al giudice ordinario perché ne dichiari la nullità, o ancora invocare l'autotutela pubblicistica da parte dell'autorità che ha emanato gli atti impugnati.

Conclusivamente, è opportuno richiamare anche *Cass. civ., Sez. un., 30 dicembre 2011, n. 30167*, secondo cui spettano alla giurisdizione esclusiva del giudice amministrativo le controversie aventi ad oggetto i provvedimenti di natura autoritativa, preliminari e funzionali rispetto alle successive deliberazioni societarie, con cui gli enti locali esprimono la funzione di indirizzo e di governo nei confronti degli organismi preposti alla produzione, gestione e erogazione dei servizi pubblici di loro pertinenza e quindi, in concreto, l'attività unilaterale prodromica a una vicenda societaria, considerata dal Legislatore di natura pubblicistica, con cui un ente pubblico delibera di costituire una società, o di parteciparvi, o di procedere a un atto modificativo o estintivo della stessa.
Sono invece attribuite alla giurisdizione ordinaria le controversie aventi ad oggetto gli atti societari a valle della scelta di ricorrere al modello societario (dalla sottoscrizione del contratto di costituzione della società alla successiva attività della compagine societaria partecipata con cui l'ente esercita, dal punto di vista soggettivo e oggettivo, le facoltà proprie del socio, fino al suo scioglimento), le quali restano interamente soggette alle regole del diritto commerciale.
La Cassazione ha precisato che restano dunque attratte alla giurisdizione del G.O. le controversie volte ad accertare l'intero spettro delle patologie e inefficacie negoziali, siano esse inerenti alla struttura del contratto sociale, ovvero estranee e/o alla stessa sopravvenute, e derivanti da irregolarità-illegittimità della procedura amministrativa a monte. Sono sottoposti alla cognizione del G.O. anche i profili di illegittimità degli atti consequenziali compiuti dalla società già istituita, i quali costituiscono espressione non

di potestà amministrativa, bensì del sistema della invalidità-inefficacia del contratto sociale che postula una verifica, da parte del giudice ordinario, di conformità alla normativa positiva delle regole in base alle quali l'atto negoziale è sorto ovvero è destinato a produrre i suoi effetti tipici.

▶ 2.2. L'organo amministrativo delle società a controllo pubblico.

Proseguendo nell'esame delle principali disposizioni "speciali" contenute nel d.lgs. n. 175 del 2016 vengono in rilievo quelle che attengono all'**organo amministrativo**.
Con esclusivo riferimento alle **società a controllo pubblico**, l'art. 11 prescrive che i componenti dell'organo amministrativo siano in possesso degli specifici requisiti di onorabilità, professionalità e indipendenza stabiliti con decreto del Presidente del Consiglio dei Ministri, su proposta del Ministro dell'Economia e delle Finanze, previa intesa in Conferenza unificata, assicurando altresì il rispetto del principio di equilibrio di genere nella misura almeno pari a un terzo del numero complessivo delle designazioni e delle nomine effettuate in corso d'anno.
Di regola, l'organo amministrativo delle società a controllo pubblico deve essere costituito da un amministratore unico, salvo che l'assemblea non ritenga di disporre, ove ricorrano specifiche ragioni di adeguatezza organizzativa e tenendo conto delle esigenze di contenimento dei costi, che la società sia amministrata da un consiglio di amministrazione composto da tre o cinque membri, ovvero che sia adottato uno dei sistemi alternativi di amministrazione e controllo previsti del codice civile.
Al fine di evitare potenziali conflitti di interesse, è fatto **divieto ai dipendenti delle Amministrazioni pubbliche controllanti o vigilanti di assumere la carica di amministratori delle società controllate**.
È invece consentito ai dipendenti delle società a controllo pubblico la facoltà di assumere l'incarico di componente dell'organo di amministrazione delle stesse, a condizione di essere collocati in aspettativa non retribuita, con sospensione della loro iscrizione ai competenti istituti di previdenza e di assistenza, salvo che rinuncino ai compensi dovuti a qualunque titolo in relazione alla carica di amministratore.
Con riferimento alle società a controllo pubblico indiretto, i dipendenti della società controllante possono assumere la carica di amministratore, a condizione di riversare, in virtù del principio di onnicomprensività della retribuzione, i relativi compensi alla società di appartenenza.
Sempre in relazione alle società controllate indirettamente, il testo unico consente altresì la nomina, nei consigli di amministrazione, degli amministratori della società controllante, purché agli stessi siano attribuite deleghe gestionali a carattere continuativo ovvero a condizione che la nomina risponda all'esigenza di rendere disponibili alla società controllata particolari competenze tecniche degli amministratori della società controllante o di favorire l'esercizio dell'attività di direzione e coordinamento.

Secondo quanto previsto dal comma 6 dell'art. 11 del testo unico, con decreto del Ministro dell'economia e delle finanze, sentita la Conferenza unificata per i profili di competenza, sono definiti indicatori dimensionali quantitativi e qualitativi che consentano la classificazione delle società a controllo pubblico in un numero di fasce fino a cinque, determinando per ciascuna fascia il limite dei compensi massimi al quale le società devono fare riferimento per la

determinazione del trattamento economico annuo onnicomprensivo da corrispondere agli amministratori, ai titolari e componenti degli organi di controllo, ai dirigenti e ai dipendenti, che non potrà comunque eccedere il limite massimo di euro 240.000 annui, tenuto conto anche dei compensi corrisposti da altre amministrazioni o da altre società a controllo pubblico.
Sempre nell'ottica di razionalizzare la spesa pubblica, è fatto divieto alle società a controllo pubblico di corrispondere ai propri amministratori e dirigenti indennità o trattamenti di fine mandato diversi o ulteriori rispetto a quelli previsti dalla normativa vigente (legge o contrattazione collettiva), ovvero di stipulare patti o accordi di non concorrenza anche ai sensi dell'art. 2125 c.c.
Il comma 13 limita, poi, ai soli casi previsti dalla legge la possibilità, per le società a controllo pubblico, di costituire comitati con funzioni consultive o di proposta; in tali casi ai componenti dei comitati può essere riconosciuta una remunerazione non superiore al trenta per cento del compenso deliberato per la carica di componente dell'organo amministrativo e in linea con la qualificazione professionale e l'impegno richiesto.

▶ 2.3. La gestione dei rapporti di impiego nelle società a controllo pubblico e i profili di giurisdizione.

In base all'art. 19 del testo unico, per quanto non espressamente previsto dal decreto, **i rapporti di lavoro alle dipendenze delle società a controllo pubblico sono disciplinati dalle disposizioni del codice civile e dalle altre leggi sui rapporti di lavoro subordinato nell'impresa**.
Nonostante la disciplina del rapporto di lavoro sia attratta entro lo schema privatistico, tuttavia, le società a controllo pubblico sono tenute a definire preventivamente i **criteri e le modalità per il reclutamento del personale**, assicurando il rispetto dei principi, anche di derivazione europea, di trasparenza, pubblicità e imparzialità, nonché dei principi di cui all'art. 35, comma 3, d.lgs. 30 marzo 2001, n. 165. Qualora i contratti di lavoro siano stipulati in violazione dei predetti principi, essi sono nulli, salvo quanto previsto dall'art. 2126 c.c. con riferimento al diritto del lavoratore al percepimento della retribuzione maturata nello svolgimento delle prestazioni lavorative già svolte (comma 2).
Quanto alla **sorte dei contratti di lavoro stipulati in violazione** di quanto disposto dall'art. 19, commi 2 e 4, del testo unico, la Corte di Cassazione, con sentenza *n. 4358 del 2018* (poi confermata anche da *Cass., n. 4897 del 2018*), ha statuito che *"l'omesso esperimento delle procedure concorsuali previste dal comma 1 e di quelle selettive richiamate nel comma 2 determini la nullità del contratto ai sensi dell'art. 1418 c.c., comma 1, perché la violazione attiene al momento genetico della fattispecie negoziale e, quindi, la stessa non può essere solo fonte di responsabilità a carico del contraente inadempiente"*. Dunque, *"il legislatore del Testo Unico pur ribadendo la non assimilabilità delle società partecipate agli enti pubblici e l'inapplicabilità ai rapporti di lavoro dalle stesse instaurati delle disposizioni dettate dal d.lgs. n. 165 del 2001, ha previsto significative deroghe alla disciplina generale, che trovano la loro giustificazione nella natura del socio unico o maggioritario e negli interessi collettivi da quest'ultimo curati, sia pure attraverso il ricorso allo strumento societario"*. Sussistendo dunque *"un inscindibile legame fra la procedura concorsuale ed il rapporto di lavoro con l'amministrazione pubblica"*, come già confermato da *Cass. n. 13884 del 2016*, *"poiché la prima costituisce l'atto presupposto del contratto individuale, del quale condiziona la validità, posto che sia la assenza sia la*

illegittimità delle operazioni concorsuali si risolvono nella violazione della norma inderogabile dettata dal d.lgs. n. 165 del 2001, art. 35, attuativo del principio costituzionale affermato dall'art. 97, comma 4, della Carta fondamentale", va dunque esclusa *"la portata innovativa del d.lgs. n. 175 del 2016, art. 19, comma 4, che, nel prevedere espressamente la nullità dei contratti stipulati in violazione delle procedure di reclutamento, ha solo reso esplicita una conseguenza già desumibile dai principi (...) in tema di nullità virtuali"*.
A differenza di quanto previsto per i dipendenti pubblici, l'art. 19, comma 4, ultima parte, del testo unico incardina in capo al **giudice ordinario** la giurisdizione per le controversie relative ai provvedimenti e alle procedure di reclutamento del personale anche in caso di società *in house*, con ciò definitivamente avallando le conclusioni condivise dall'orientamento maggioritario della giurisprudenza di legittimità.

La questione aveva costituito oggetto di un acceso dibattito di cui è utile brevemente ripercorrere le tappe salienti con l'intento di valutare l'impatto della riforma.
In particolare, secondo *Cass. civ., Sez. un., 22 dicembre 2011, n. 28329*, essendo la RAI-Radiotelevisione Italiana una società per azioni, deve escludersi che, con riferimento alla stessa, possa applicarsi la riserva della giurisdizione del giudice amministrativo, "*in materia di procedure concorsuali per l'assunzione dei dipendenti delle pubbliche amministrazioni*", di cui all'art. 63, d.lgs. n. 165 del 2001. A parere del giudice di legittimità, la RAI, infatti, non è in alcun modo annoverabile tra le pubbliche amministrazioni indicate nell'art. 1, comma 2, dello stesso decreto. Né appare utile il richiamo all'art. 7, comma 2, c.p.a. il quale, così come chiarito dalla Relazione di accompagnamento al Codice, definisce la giurisdizione del giudice amministrativo in ossequio alle norme costituzionali e ai noti principi dettati dalla Corte costituzionale (in particolare nelle sentenze nn. 204 del 2004 e 191 del 2006), secondo cui ciò che è comunque essenziale, al fine di radicare la giurisdizione del giudice amministrativo, è la riconducibilità dell'atto, del provvedimento o del comportamento all'esercizio di un pubblico potere, esercizio che è del tutto assente - ad avviso della Sezioni unite - in capo alla RAI. Inoltre, quanto all'art. 18, comma 2, d.l. n. 112 del 2008, secondo cui "*le altre società a partecipazione pubblica totale o di controllo adottano, con propri provvedimenti, criteri e modalità per il reclutamento del personale e per il conferimento degli incarichi nel rispetto dei principi, anche di derivazione comunitaria, di trasparenza, pubblicità e imparzialità*", la Corte osserva che l'art. 7, comma 2, c.p.a. non contiene alcun rinvio al citato art. 18, comma 2, con la conseguenza che tale ultima disposizione, di natura chiaramente sostanziale, non può assumere di per sé alcuna rilevanza processuale, tanto meno al fine di un ampliamento della giurisdizione del giudice amministrativo prevista dall'art. 63, comma 4, d.lgs. n. 165 del 2001. L'obbligo, poi, di adottare i detti "*criteri e modalità per il reclutamento del personale e per il conferimento degli incarichi*", si inserisce pur sempre nell'agire *jure privatorum* della società, senza comportare esercizio di pubbliche potestà e senza incidere quindi sulla giurisdizione. Infine, - aggiungono le Sezioni unite - non può ignorarsi che la riserva della giurisdizione del giudice amministrativo in materia di procedure concorsuali presuppone la finalità dell'instaurazione di un rapporto di lavoro pubblico, seppure contrattualizzato, alle dipendenze di una Pubblica amministrazione e non può affatto configurarsi in funzione della insorgenza di un rapporto di lavoro privato alle dipendenze di una società per azioni.
Secondo *Cons. St., Sez. V, 1 dicembre 2014, n. 5949* esula dalla giurisdizione del giudice amministrativo, per rientrare in quella del giudice ordinario, una controversia avente a oggetto una selezione per il reclutamento di personale bandita da una società a totale partecipazione pubblica comunale dal momento che "*la giurisdizione del giudice amministrativo presuppone la finalità dell'instaurazione di un rapporto di lavoro pubblico, seppure contrattualizzato, alle dipendenze di una pubblica amministrazione e non può ipotizzarsi in relazione all'insorgenza di un rapporto di lavoro alle dipendenze di una società privata*".

Con specifico riferimento all'ipotesi di una società *in house*, invece, *Cons. St., Sez. VI, 11 dicembre 2015, n. 5643*, ha invece ritenuto di attrarre entro la giurisdizione amministrativa le controversie in materia di reclutamento del personale.
In primo luogo, il Consiglio di Stato ha censurato l'equiparazione, compiuta dal giudice di primo grado, tra società pubbliche, anche a controllo pubblico totalitario, e le società *in house*, in quanto solo queste ultime devono possedere i due cosiddetti "requisiti *Teckal*", ovvero il controllo analogo e l'attività prevalentemente svolta a favore dell'Ente affidante.
In particolare, richiamando la pronuncia *Cass. civ., Sez. un., 25 novembre 2013, n. 26283*, secondo cui le società *in house* hanno solo la forma esteriore delle società, costituendo in realtà articolazioni in senso sostanziale della Pubblica amministrazione da cui promanano e non soggetti giuridici esterni e autonomi, il Consiglio di Stato ha concluso che tutti gli organismi *in house* di Pubbliche amministrazioni sono qualificabili, a propria volta, come Pubbliche amministrazioni. Di conseguenza, prosegue la sentenza, restano necessariamente devolute alla giurisdizione del giudice amministrativo tutte le controversie in materia di procedure concorsuali per l'assunzione dei dipendenti delle pubbliche amministrazioni, in virtù del disposto dell'art. 63, comma 4, d.lgs. n. 165 del 2001.
Peraltro, i giudici amministrativi traggono altresì conferma dell'esposto assunto dall'art. 7, comma 2, c.p.a., laddove, nel disporre che "*per pubbliche amministrazioni, ai fini del presente codice, si intendono anche i soggetti ad esse equiparati o comunque tenuti al rispetto dei principi del procedimento amministrativo*", comproverebbe la giurisdizione del G.A. in relazione ad atti di soggetti che, pur avendo una natura privatistica, sono preposti all'esercizio di attività amministrative, e, quindi tenuti al rispetto dei principi del procedimento amministrativo ai sensi dell'art. 1, comma 1-*ter*, l. n. 241 del 1990, come avviene nel caso delle società *in house*.
Cassando tale pronuncia, *Cass. civ., Sez. un., 27 marzo 2017, n. 7759* ha affermato, all'opposto, che sussiste la giurisdizione ordinaria in materia di controversie relative alle procedure di assunzione alle dipendenze di società *in house*. In via preliminare, ribadendo il principio già espresso da *Cass. civ, 1° dicembre 2016, n. 24591*, la Suprema Corte ha chiarito che quanto sostenuto da *Cass. civ., Sez. un., 25 novembre 2013, n. 26283*, è privo di portata generale, essendo riferito alla sola materia del danno erariale.
Ciò premesso, la Corte ha richiamato il principio affermato con la propria precedente ordinanza del *22 dicembre 2011, n. 28330*, in relazione all'art. 18, d.l. 25 giugno 2008, n. 112, ossia che "*il d.l. 25 giugno 2008 art. 18 (convertito, con modificazioni, nella L. 6 agosto 2008, n. 193), il quale detta regole diverse per le procedure di reclutamento del personale da parte, da un lato, delle società in mano pubblica di gestione dei servizi pubblici locali (comma 1), e, dall'altro, delle altre società a partecipazione pubblica totale o di controllo (comma 2), è una norma di diritto sostanziale, la quale non incide in alcun modo sui criteri di riparto della giurisdizione in materia di assunzione dei dipendenti, che rimane devoluta, in entrambe le fattispecie anzidette, al giudice ordinario, trattandosi ugualmente di società non equiparabili alle pubbliche amministrazioni*".
Siffatto principio, ha concluso la Corte, trova definitiva conferma nell'art. 19, d.lgs. n. 175 del 2016 che, nel ribadire i principi della normativa del 2008, "*mostra l'intenzione del legislatore di non obbligare le società a controllo pubblico ad indire pubblici concorsi e di voler applicare (cfr. art. 1) per quanto non espressamente derogato le norme del codice civili e quelle del diritto privato: il che necessariamente comporta la perdurante giurisdizione del Giudice ordinario per quanto sopra esposto*".

Al fine di razionalizzare i costi di gestione, secondo quanto previsto dall'art. 19, comma 5, del testo unico, l'Amministrazione controllante è tenuta a determinare periodicamente obiettivi specifici, annuali e pluriennali sul complesso delle spese di funzionamento delle società controllate, ivi incluse le spese per il personale, anche attraverso il contenimento degli oneri contrattuali e delle assunzioni di personale.

Infine, qualora l'Amministrazione abbia proceduto a reinternalizzare funzioni o servizi precedentemente esternalizzati a favore di società partecipate, prima di effettuare nuove assunzioni, essa è obbligatoriamente tenuta - nei limiti dei posti vacanti nelle dotazioni organiche e nell'ambito delle facoltà assunzionali disponibili - al riassorbimento del personale, già dipendente a tempo indeterminato presso Amministrazioni pubbliche, transitato alle dipendenze della società partecipata interessata dal processo di reinternalizzazione.

▶ 2.4. La responsabilità degli amministratori delle società partecipate e delle società *in house*: il concorso di azioni.

Ai sensi dell'art. 12, comma 1, del testo unico, **i componenti degli organi di amministrazione e di controllo delle società partecipate sono soggetti alle azioni civili di responsabilità previste dalla disciplina ordinaria delle società di capitali, salva la giurisdizione della Corte dei Conti**, nei limiti della quota di partecipazione pubblica, per il danno erariale cagionato alla Pubblica amministrazione socia, con ciò esclusivamente intendendosi, ai sensi del successivo comma 2, "*il danno, patrimoniale o non patrimoniale, subito dagli enti partecipanti, ivi compreso il danno conseguente alla condotta dei rappresentanti degli enti pubblici partecipanti o comunque dei titolari del potere di decidere per essi, che nell'esercizio dei propri diritti di socio abbiano con dolo o colpa grave pregiudicato il valore della partecipazione*".
Lo stesso comma 1 dell'articolo fa salva la **giurisdizione della Corte dei conti per il danno erariale causato dagli amministratori e dai dipendenti delle società *in house*.**
Si tratta di disciplina che, nonostante l'apparente chiarezza, pone problemi interpretativi che è necessario mettere a fuoco. Nel farlo, è utile verificare se la stessa sia ricognitiva dei principali approdi esegetici raggiunti in sede giurisprudenziale a partire dal *Cass. civ., Sez. un., 19 dicembre 2009, n. 26806* e, per le società *in house*, da *Cass. civ., Sez. un., 25 novembre 2013, n. 26283*, o se, invece, innovi almeno in parte rispetto agli stessi.

Alla ricostruzione del percorso evolutivo seguito al riguardo in giurisprudenza giova anteporre taluni chiarimenti relativi agli aspetti salienti della disciplina cui è assoggettata l'azione contabile di responsabilità sì da coglierne, da subito, le differenze fondamentali rispetto all'azione civile di responsabilità.
L'azione contabile, invero, in quanto volta a soddisfare un interesse spiccatamente pubblico, quale è quello alla reintegrazione delle finanze pubbliche pregiudicate da condotte di cattiva gestione amministrativa, ha connotazioni sanzionatorie: è quanto spiega l'attivabilità solo in caso di dolo o colpa grave, il riconoscimento in capo al giudice contabile di un potere riduttivo e l'intrasmissibilità del debito agli eredi.
Aspetti che, con evidenza, distinguono l'azione di responsabilità erariale da quella civilistica, che resta primariamente tesa, invece, a garantire un effetto pienamente riparatorio, in specie delle ragioni dei creditori sociali, oltre che dei soci.
Tanto premesso, le Sezioni unite, con la richiamata sentenza *19 dicembre 2009, n. 26806*, nel sostenere la giurisdizione del giudice ordinario, hanno rimarcato la distinzione tra la posizione della società partecipata, a cui è riconducibile il rapporto di servizio instaurato con la Pubblica amministrazione, e la posizione personale degli amministratori (nonché dei sindaci o degli organi

di controllo della stessa società), i quali non si identificano con la società, "*sicché nulla consente di riferire loro,* sic et simpliciter, *il rapporto di servizio di cui la società medesima sia parte*". Esclusa, quindi, la sussistenza di un rapporto di servizio tra l'ente pubblico partecipante e l'amministratore (o componente di un organo di controllo) della società partecipata, il cui patrimonio sia stato leso dall'atto di *mala gestio* compiuto dall'amministratore medesimo, le Sezioni unite hanno chiarito che, in presenza di un atto di *mala gestio* perpetrato dagli organi societari, non è configurabile un *danno erariale*, quale pregiudizio direttamente arrecato al patrimonio dello Stato o di altro ente pubblico partecipante al capitale azionario della società. La distinzione tra la personalità giuridica della società di capitali e quella dei singoli soci, in uno alla piena autonomia patrimoniale dell'una rispetto agli altri, non consentono di riferire al patrimonio del socio pubblico il danno che l'illegittimo comportamento degli organi sociali abbia eventualmente arrecato al patrimonio dell'ente privato.
Muovendo da dette considerazioni, la Suprema Corte ha, quindi, affermato che spetta al G.O. la giurisdizione in ordine all'azione di risarcimento dei danni subiti da una società a partecipazione pubblica per effetto di condotte illecite degli amministratori o dei dipendenti. Le Sezioni unite hanno invece ritenuto configurabile l'azione del procuratore contabile (e dunque la giurisdizione della Corte dei conti) nei confronti di colui il quale, nella veste di rappresentante dell'ente partecipante o comunque titolare del potere di decidere per esso, abbia colpevolmente trascurato di esercitare i propri diritti di socio, *in tal modo pregiudicando il valore della partecipazione*.
Nel solco tracciato dalla citata pronuncia, *Cass. civ., Sez. un., 12 dicembre 2013, n. 27733* ha, quindi, individuato due fattispecie in relazione alle quali è configurabile la giurisdizione della Corte dei conti.
La prima riguarda l'azione del procuratore contabile volta a fare valere "*la responsabilità dell'amministratore o del componente di organi di controllo della società partecipata dall'ente pubblico che sia stato danneggiato dall'azione illegittima non di riflesso, quale conseguenza indiretta del pregiudizio arrecato al patrimonio sociale, bensì direttamente*". In questi casi, sottolinea la Cassazione, si è "*in presenza di un cosiddetto danno erariale, ossia di un danno provocato dall'agente al patrimonio dell'ente pubblico, come ad esempio accade nel caso del danno all'immagine della pubblica amministrazione*".
Accanto a detta ipotesi i giudici della Suprema Corte hanno affermato che è parimenti configurabile l'azione del procuratore contabile a fronte di comportamenti, tenuti dall'amministratore o dal componente di organi di controllo della società partecipata che "*abbia colpevolmente trascurato di esercitare i propri diritti di socio, così pregiudicando il valore della partecipazione*". Ciò può accadere "*quando il socio pubblico, in presenza di atti di* mala gestio *imputabili agli amministratori o agli organi di controllo della società partecipata, trascuri ingiustificatamente di esercitare le azioni di responsabilità alle quali egli sia direttamente legittimato, ove ne sia derivata una perdita di valore della partecipazione*".
In casi siffatti si consentiva, quindi, un concorso di azioni, anche a fronte dello stesso fatto: di responsabilità erariale a cura della Procura contabile per il danno direttamente prodotto al patrimonio dell'ente pubblico partecipante e di responsabilità civile per il danno cagionato al patrimonio della società.
Un diverso orientamento è stato espresso da *Cass. civ., Sez. un., 25 novembre 2013, n. 26283*, con riferimento alle società *in house*. Proprio il requisito del controllo analogo ha indotto la Suprema Corte a ritenere evidente "l'anomalia" della fattispecie dell'*in house* nell'ambito del diritto societario, in ragione della completa divergenza rispetto alla ordinaria conformazione della società di capitali quale persona giuridica autonoma, distinta, quindi, dai soggetti che in essa agiscono.
Alla luce delle richiamate considerazioni, le Sezioni unite hanno escluso che l'orientamento espresso in precedenza, con riguardo ai limiti della giurisdizione del giudice contabile nelle controversie concernenti la responsabilità degli organi di società a partecipazione pubblica, possa essere mutuato in presenza di società *in house*. Più nel dettaglio, la Cassazione ha affermato che gli organi di dette società siano personalmente legati alla Pubblica amministrazione da un vero e

proprio rapporto di servizio. Inoltre, l'assenza di una effettiva alterità tra ente pubblico partecipante e società partecipata *in house* implica "*che anche la distinzione tra il patrimonio dell'ente e quello della società si può porre in termini di separazione patrimoniale, ma non di distinta titolarità*". Sicché, "*il danno eventualmente inferto al patrimonio della società da atti illegittimi degli amministratori, cui possa aver contribuito un colpevole difetto di vigilanza imputabile agli organi di controllo, è arrecato ad un patrimonio (separato, ma pur sempre) riconducibile all'ente pubblico: è quindi un danno erariale, che giustifica l'attribuzione alla Corte dei conti della giurisdizione sulla relativa azione di responsabilità*".
In caso di società *in house*, pertanto, non si ammetteva in nessun caso un concorso di azioni di responsabilità: la natura *solo separata* del patrimonio della società *in house* rispetto a quello dell'ente pubblico partecipante e la ritenuta non differenziabilità della *titolarità* dell'uno e dell'altro inducevano, infatti, a considerare sempre *erariale* il danno cagionato al patrimonio della società dagli amministratori della stessa, con conseguente esperibilità della *sola* azione di responsabilità erariale a cura della Procura della Corte dei conti.
L'indirizzo riportato - fondamentalmente ruotante attorno all'assunto secondo cui non è consentito distinguere, non solo sul piano *operativo* ma anche sul versante *patrimoniale*, le società *in house* dall'ente pubblico controllante, sicché il danno al patrimonio della società è sempre *erariale* perché destinato a incidere direttamente sul patrimonio (*separato*, ma non *distinto* quanto a *titolarità*) dell'ente pubblico - non si è sottratto a critiche.
È stato, invero, osservato che le società a partecipazione pubblica, comprese quelle *in house*, sono sottoposte alla disciplina di diritto privato (come oggi confermato dall'art. 1, comma 3, d.lgs. n. 175 del 2016), sicché conservano propria personalità giuridica e autonomia patrimoniale; la natura *in house* sarebbe, in tale prospettiva, neutra ai fini della definizione della giurisdizione sulle azioni di responsabilità, il danno cagionato direttamente al patrimonio della società *in house* non potendo considerarsi erariale.
A sostegno di tali obiezioni, si è anche evidenziato come la soluzione seguita da *Cass. civ., Sez. un., 25 novembre 2013, n. 26283*, finisca per garantire la massima protezione al socio pubblico, lasciato tuttavia privi di adeguata protezione gli eventuali soci privati e i creditori della società *in house*.
Di recente, la giurisprudenza è tornata sul tema con posizioni che, se da un lato sembrano volte a tutelare più adeguatamente i *creditori* della società *in house* rispetto a quanto non facesse l'indirizzo inaugurato da *Cass. civ., Sez. un., 25 novembre 2013, n. 26283*, dall'altro, non è parso a taluni poggiare su solide basi teoriche nella parte in cui ammette il concorso di azioni (contabile e civilistica) senza tuttavia superare l'orientamento espresso dalle stesse Sezioni unite del 2013, volto a considerare sempre *erariale* il danno cagionato al patrimonio della società, per il solo fatto della sua natura *in house*.
In particolare, ad avviso di *Cass. civ., Sez. un., 13 settembre 2018, n. 22406*, intervenuta a definire vicenda *ratione temporis* non assoggettata alla nuova disciplina dettata dal succitato art. 12, d.lgs. n. 175 del 2016, in caso di fallimento di una società *in house* (nella specie partecipata esclusivamente da un Comune), "*l'azione di responsabilità nei confronti degli amministratori e dei direttori generali esercitata dal curatore, ai sensi dell'articolo 146, comma 2, della legge fallimentare, appartiene alla giurisdizione del giudice ordinario senza precludere il possibile concorso della giurisdizione contabile in caso di azione di responsabilità promossa dal Procuratore della Repubblica presso la Corte dei conti. Pur riguardando gli stessi fatti, la proposizione delle due azioni non viola il principio del* ne bis in idem, *stante la diversità di oggetto e di funzione tra i due giudizi: l'azione ex articolo 146, comma 2, che cumula le diverse azioni previste dagli articoli 2393 e 2394 c.c., a favore della società e dei creditori sociali, opera quale strumento di reintegrazione del patrimonio sociale unitariamente considerato a garanzia sia degli stessi soci che dei creditori sociali; l'azione concernente la responsabilità erariale, invece, mira a ristorare il danno causato all'erario. Sulla base dei medesimi principi, appartiene sempre alla giurisdizione del giudice ordinario, l'azione di responsabilità esercitata dal curatore, ai sensi dell'articolo 2497 c.c., per attività di direzione e coordinamento, nei confronti dell'ente pubblico unico socio della società fallita*".

Del ricostruito percorso evolutivo seguito in giurisprudenza è necessario tener conto in sede di interpretazione del riportato art. 12, d.lgs. n. 175 del 2016.
Come chiarito in apertura, la disposizione citata, se sottopone i componenti degli organi di amministrazione e di controllo delle società partecipate alle *azioni civili* di responsabilità previste dalla disciplina ordinaria delle società di capitali, salva la giurisdizione della Corte dei Conti, nei limiti della quota di partecipazione pubblica, per il **solo danno erariale** cagionato alla Pubblica amministrazione socia (comma 1), ossia per "*il danno, patrimoniale o non patrimoniale, subito dagli enti partecipanti, ivi compreso il danno conseguente alla condotta dei rappresentanti degli enti pubblici partecipanti o comunque dei titolari del potere di decidere per essi, che nell'esercizio dei propri diritti di socio abbiano con dolo o colpa grave pregiudicato il valore della partecipazione*" (comma 2), dall'altro, fa salva la giurisdizione della Corte dei conti per il *danno erariale* causato dagli amministratori e dai dipendenti delle società *in house*.
La riportata previsione si presta a differenti e contrapposte ricostruzioni interpretative. Se, sulla base di una prima lettura, la disposizione - ricognitiva degli approdi interpretativi inaugurati in giurisprudenza da *Cass. civ., Sez. un., 25 novembre 2013, n. 26283* - ha inteso qualificare come ***sempre erariale*** il danno cagionato al patrimonio della società *in house*, inferendone la giurisdizione della Corte dei conti, per differente impostazione, viceversa, l'espressa attribuzione alla giurisdizione contabile delle azioni di responsabilità per danno *erariale* deve indurre a ritenere che ci sia spazio per un'azione volta a ottenere il ristoro di un ***danno diverso, non erariale***, arrecato al patrimonio della società e da intentare innanzi al giudice ordinario.
Secondo tale lettura interpretativa, quindi, il citato art. 12, lungi dal positivizzare la posizione espressa dalla Sezioni unite nel 2013, ne segnerebbe il superamento.
Recentemente, ***Cass. civ., sez. un., ord. 15 gennaio 2021, n. 614***, ha riaffermato il principio secondo cui l'azione di responsabilità promossa nei confronti degli organi di amministrazione e di controllo per i danni cagionati al patrimonio della società spetta alla Corte dei conti solo quando si riscontrino tutti i requisiti necessari per la qualificazione della partecipata come società *in house províding*. Infatti, la mera assunzione della qualità di socio da parte dello Stato o di un ente pubblico non costituisce una ragione sufficiente ai fini della devoluzione dell'azione di responsabilità alla giurisdizione contabile, non essendo qualificabile come danno erariale il danno subito a causa della *mala gestio* degli amministratori, tranne che per le società *in house* e le società c.d. legali (quelle, cioè, attraverso le quali l'ente pubblico svolge un'attività amministrativa in forma privatistica), nelle quali non è dato riscontrare un vero e proprio rapporto di alterità soggettiva tra la società partecipata e l'ente pubblico.
In tali casi, inoltre non è esclusa la possibilità di un concorso tra la giurisdizione ordinaria e quella contabile, laddove sia prospettato sia un danno erariale che un danno arrecato alla società. Secondo la Cassazione, tali conclusioni sono coerenti con l'elaborazione giurisprudenziale e trovano conferma nelle disposizioni di cui all'art. 12, d.lgs. n. 175 del 2016 che, nell'assoggettare i componenti degli organi di amministrazione e controllo delle società a partecipazione pubblica alle azioni civili di responsabilità previste dalla disciplina ordinaria delle società di capitali, fa salva la giurisdizione della Corte dei conti per il danno erariale causato dagli amministratori e dai dipendenti delle società *in house*.
Nell'ordinanza in questione la Cassazione rappresenta infine che, in considerazione del fatto che le due giurisdizioni sono reciprocamente indipendenti nei loro profili

istituzionali, e tenuto altresì conto della tendenziale diversità di oggetto e di funzione tra i relativi giudizi, il rapporto tra le due azioni si pone in termini di alternatività e non di esclusività. Ciò non dà quindi luogo a questioni di giurisdizione ma, eventualmente, di proponibilità della domanda, con salvaguardia del limite di cui al divieto di duplicazione del risarcimento, di cui ciascuno dei Giudici deve tener conto, nella liquidazione, di quanto eventualmente già riconosciuto nell'altra sede.

▶ 2.5. La gestione della crisi d'impresa.

L'art. 14 del testo unico disciplina le ipotesi di **crisi aziendale nelle società a controllo pubblico**, dettando specifiche procedure per prevenire l'aggravamento del dissesto, correggerne gli effetti ed eliminarne le cause.
Segnatamente, la disposizione in esame stabilisce espressamente che le società a partecipazione pubblica – ivi incluse, dunque, le società a controllo pubblico e *in house* - soggiacciono alla **disciplina fallimentare e al concordato preventivo** nonché, ove ne ricorrano i presupposti, a quella in materia di **amministrazione straordinaria** delle grandi imprese in stato di insolvenza, così definitivamente avallando l'impostazione "privatistica" seguita dalla giurisprudenza maggioritaria.

Prima della novella di cui al d.lgs. n. 175 del 2016, in mancanza di espresse previsioni normative, la dottrina e la giurisprudenza si erano lungamente confrontate in ordine all'applicabilità alle società a partecipazione pubblica della normativa in materia di procedure concorsuali.
Secondo l'orientamento interpretativo prevalente, le società a partecipazione pubblica manterrebbero una natura privata, restando, come tali, assoggettabili al fallimento e al concordato preventivo.
Per i fautori di tale tesi, il fatto che, attraverso la disciplina *ex* art. 2449 c.c., il Legislatore abbia scelto di regolare solo taluni profili della materia, ossia quelli concernenti la nomina e la revoca di rappresentanti dello Stato o degli enti pubblici negli organi di amministrazione e di controllo, sarebbe coerente con la volontà di assoggettare, per il resto, la società partecipate al diritto comune.
In questo senso, *Cass. civ., 6 dicembre 2012, n. 21991*, dopo aver precisato che le società per azioni a partecipazione pubblica non mutano la loro natura di soggetto privato, ha sottolineato come le stesse, se costituite nelle forme previste dal Codice Civile e aventi ad oggetto un'attività commerciale, "*sono assoggettabili a fallimento indipendentemente dall'effettivo esercizio di una siffatta attività, in quanto esse acquistano la qualità di imprenditore commerciale dal momento della loro costituzione, non dal momento del concreto esercizio dell'attività di impresa, al contrario di quanto avviene per l'imprenditore commerciale individuale*".
Più in particolare, *Cass. civ., Sez. un., 15 maggio 2013, n. 22209*, ha evidenziato che proprio dall'esistenza di specifiche normative di settore, le quali, negli ambiti da esse delimitati, attraggono nella sfera del diritto pubblico anche soggetti di diritto privato, deve ricavarsi "*a contrario, che, ad ogni altro effetto, tali soggetti continuano a soggiacere alla disciplina privatistica*". Ciò senza considerare che, ad avviso della Corte, l'art. 4 della l. 20 marzo 1975, n. 70, nel prevedere che nessun nuovo ente può essere istituito o riconosciuto se non per legge, impedisce ogni tentativo di riqualificazione di società private in enti pubblici in assenza di un'esplicita previsione legislativa. Né, tantomeno, hanno soggiunto i giudici di legittimità, l'eventuale mancanza dello scopo di lucro che si ravvisa in talune società in mano pubblica può condurre a risultati diversi, atteso che "*il modello societario è andato negli anni assumendo connotati sempre più elastici, sostanzialmente svincolandosi dalla tradizionale alternativa fra causa di lucro e causa mutualistica*".
Conclusivamente, la Corte ha ritenuto che la scelta del Legislatore di consentire l'esercizio di

determinate attività a società di capitali — e quindi di perseguire l'interesse pubblico attraverso lo strumento privatistico — comporta anche "*che queste ultime assumano i rischi connessi alla loro insolvenza, pena la violazione dei principi di uguaglianza e di affidamento dei soggetti che con esse entrano in rapporto ed ai quali deve essere consentito di avvalersi di tutti gli strumenti di tutela posti a disposizione dell'ordinamento, ed attesa la necessità del rispetto delle regole della concorrenza, che impone parità di trattamento tra quanti operano all'interno di uno stesso mercato con le stesse forme e le stesse modalità*".
Secondo un differente e contrapposto approccio, seguito da una parte della giurisprudenza di merito, invece, la qualificazione giuridica di un ente, ai fini della ricostruzione della disciplina a esso applicabile, andrebbe operata sulla base di elementi sostanziali, avendo precipuamente riguardo al carattere strumentale o meno dell'ente societario rispetto al perseguimento di finalità pubblicistiche e all'esistenza di una specifica disciplina derogatoria rispetto a quella propria dello schema societario.
Di talché, in presenza di taluni indici sintomatici – quali la partecipazione pubblica totalitaria, l'ingerenza pubblica nella nomina degli amministratori o l'erogazione di risorse finanziarie per il conseguimento di fini pubblicistici – dovrebbe affermarsi la natura sostanzialmente pubblica della compagine societaria, con conseguente non assoggettabilità alla disciplina fallimentare.
Secondo una rinnovata e più limitata versione di tale tesi, il problema non sarebbe tanto quello di qualificare la società in mano pubblica come ente privato o ente pubblico, quanto quello di stabilire se, nella specifica materia di riferimento, debba trovare applicazione la disciplina privatistica o quella pubblicistica.
L'applicazione di questo criterio alla materia fallimentare conduce ad affermare che l'esenzione dal fallimento riguarderebbe le sole società in mano pubblica che svolgono servizi pubblici essenziali, la cui eventuale apertura della procedura concorsuale lederebbe inevitabilmente quegli interessi pubblici che la clausola di esonero prevista dall'art. 1 legge fall. vuole salvaguardare.
Conseguentemente, quando gli interessi pubblicistici emergono e devono ritenersi prevalenti, potrà essere utilizzato il criterio interpretativo su richiamato che, superando il dato formale, prescrive, al fine di tutelare tali interessi, l'applicazione del particolare regime pubblicistico che prevede l'esclusione dal fallimento.
In questo senso, il *discrimen* tra enti che possono fallire ed enti che rientrano invece nel raggio di applicazione dell'art. 1, l. fall., andrebbe pertanto ricercato nel carattere necessario della loro attività rispetto alla tutela di finalità pubblicistiche, piuttosto che nella loro natura pubblica o privata.
In giurisprudenza è tuttavia prevalso il primo dei riportati indirizzi, di recente confermato da *Cass. civ., sez. I, 22 febbraio 2019, n. 5346*, secondo cui "*la legge fallimentare, all'art. 1, esclude dall'area della concorsualità gli enti pubblici, non anche le società pubbliche; per queste trovano applicazione le norme del codice, nonché quelle sul fallimento, sul concordato preventivo e sull'amministrazione straordinaria delle grandi imprese in crisi*". La società di capitali con partecipazione in tutto o in parte pubblica è, quindi, assoggettabile al fallimento in quanto soggetto di diritto privato agli effetti dell'art. 1 l.fall ., "*essendo la posizione dell'ente pubblico all'interno della società unicamente quella di socio in base al capitale conferito, senza che gli sia consentito influire sul funzionamento della società avvalendosi di poteri pubblicistici, né detta natura privatistica della società è incisa dall'eventualità del cd. controllo analogo, mediante il quale l'azionista pubblico svolge un'influenza dominante sulla società, così da rendere il legame partecipativo assimilabile ad una relazione interorganica che, tuttavia, non incide affatto sulla distinzione sul piano giuridico-formale, tra P.A. ed ente privato societario, che è pur sempre centro di imputazione di rapporti e posizioni giuridiche soggettive diverso dall'ente partecipante*".

Risolta dunque la pregiudiziale questione relativa alla fallibilità o meno delle società a partecipazione pubblica, l'**attuale disciplina sulla crisi d'impresa** è contenuta nel combinato disposto dagli artt. 14 e 6, commi 2 e 4, del testo unico.

Ma prima delle vere e proprie modalità di gestione della crisi delle società in esame, vengono in rilievo, da un lato, le **tecniche di allerta**, volte a rilevare l'imminenza della crisi e, dall'altro, le **tecniche di prevenzione**, dirette invece a evitarne l'aggravamento. Quanto alle prime, è da considerare l'art. 6, comma 2, il quale impone agli amministratori l'obbligo di redigere programmi di valutazione del rischio di crisi aziendale, al fine di monitorare la prudente gestione della società. Tali programmi di valutazione, ai sensi dell'art. 6, comma 4, sono oggetto di apposito obbligo informativo in favore dell'assemblea dei soci nell'ambito della relazione sul governo societario da predisporre annualmente a chiusura dell'esercizio sociale e da pubblicare contestualmente al bilancio d'esercizio.
Quanto alle tecniche di prevenzione della crisi, qualora emergano degli indizi in tal senso *ex* art. 6, comma 2, al precipuo fine di evitarne l'aggravamento, di correggerne gli esiti ed eliminarne le cause, l'art. 14, comma 2 prevede che l'organo amministrativo della società sia tenuto a adottare tutti i provvedimenti a tal fine necessari, ivi predisponendo un adeguato piano di risanamento.
In punto di responsabilità è previsto inoltre che *"la mancata adozione di provvedimenti adeguati, da parte dell'organo amministrativo, costituisce grave irregolarità ai sensi dell'art. 2409 del codice civile"* (art. 14, comma 3).
Come per i programmi di valutazione del rischio, anche per quanto concerne i piani di risanamento il Legislatore nulla dispone, in positivo, in ordine al loro contenuto. Quanto a questi ultimi, però, l'art. 14, comma 4, segnala quali provvedimenti non possano in alcun modo considerarsi adeguati, quali *"la previsione di un ripianamento delle perdite da parte dell'amministrazione o delle amministrazioni pubbliche socie, anche se attuato in concomitanza a un aumento di capitale o ad un trasferimento straordinario di partecipazioni o al rilascio di garanzie o in qualsiasi altra forma giuridica, a meno che tale intervento sia accompagnato da un piano di ristrutturazione aziendale, dal quale risulti comprovata la sussistenza di concrete prospettive di recupero dell'equilibrio economico delle attività svolte (...)"*. Tale elencazione è da ritenersi non tassativa.

Importante, viste le inevitabili implicazioni con le regole di bilancio e di salvaguardia dei conti pubblici e quelle in tema di aiuti di Stato (art. 106 TFUE), l'istituto previsto dall'art. 14, comma 5 (c.d. **soccorso finanziario**), che rappresenta una regola speciale la cui *ratio* riposa sulla natura pubblica del socio.
In particolare, salvo quanto previsto dagli artt. 2447 e 2482-*ter* c.c., è fatto divieto alle Amministrazioni di sottoscrivere aumenti di capitale, effettuare trasferimenti straordinari, aperture di credito, né rilasciare garanzie nei confronti delle società partecipate - con esclusione delle società quotate e degli istituti di credito - che abbiano registrato, per tre esercizi consecutivi, perdite di esercizio ovvero che abbiano fatto ricorso a riserve disponibili per il ripianamento di perdite.
Tale divieto non si applica tuttavia in presenza di convenzioni, contratti di servizio o di programma relativi allo svolgimento di servizi di pubblico interesse ovvero alla realizzazione di investimenti, a condizione che le misure adottate siano contemplate in uno specifico piano di risanamento approvato dall'Autorità di settore e sottoposto al vaglio della Corte dei Conti.
Inoltre, anche al di fuori delle predette ipotesi, i richiamati interventi straordinari di sostegno possono, comunque, essere autorizzati, su richiesta dell'Amministrazione

interessata, con decreto del Presidente del Consiglio dei ministri nei casi in cui ciò sia strettamente necessario al fine di salvaguardare la continuità nella prestazione di servizi di pubblico interesse, a fronte di gravi pericoli per la sicurezza pubblica, l'ordine pubblico e la sanità.
L'attuale disciplina riprende sostanzialmente quanto già disposto dall'art. 6, comma 19, d.l. 31 maggio 2010, n. 78, sicché, consideratane la sostanziale coincidenza, si ritiene che possa trovare applicazione il consolidato indirizzo della Magistratura contabile che impone uno stringente obbligo motivazionale all'intervento finanziario del socio pubblico.

Superate negativamente le fasi volte alla previsione e alla prevenzione della crisi, segue quelle relativa alla sua **gestione**.
Quanto alla concreta disciplina applicabile, l'art. 14 contiene un totale rinvio *"alle disposizioni sul fallimento e sul concordato preventivo, nonché, ove ne ricorrano i presupposti, a quelle in materia di amministrazione straordinaria delle grandi imprese in stato di insolvenza di cui al d.lgs. 8 luglio 1999, n. 270, e al d.l. 23 dicembre 2003, n. 347, convertito, con modificazioni, dalla l. 18 febbraio 2004, n. 39"*, non provvedendo a modificare, come pure era stato suggerito dalla legge di delega, i presupposti applicativi della disciplina.
Si ritiene che l'esigenza fondamentale della salvaguardia dell'attività di impresa, e degli interessi che essa coinvolge, cui è improntata l'intera disciplina fallimentare, trovi piena applicazione anche al caso delle società partecipate dal soggetto pubblico, ponendosi dunque la liquidazione della società quale *extrema ratio*.
A tali finalità sono chiaramente ispirati il **concordato preventivo** e l'**amministrazione straordinaria**; anche l'applicabilità della disciplina fallimentare, di per sé improntata alla liquidazione del patrimonio sociale, sottende l'esigenza di salvaguardare i complessi produttivi, giusta l'applicabilità degli istituti conservativi dell'esercizio provvisorio dell'impresa (art. 104 l. fall.) e dell'affitto dell'azienda (art. 104-*bis*), in conseguenza della dichiarazione di fallimento e dello spossessamento del debitore.

Oltre alla disciplina del fallimento, del concordato preventivo e dell'amministrazione straordinaria, si ritiene che, in assenza di indicazioni contrarie, e in virtù di interpretazione sistematica, possano trovare applicazione anche altre procedure previste p**er la gestione della crisi d'impresa.**
Così, gli accordi di ristrutturazione del debito di cui all'art. 182-*bis* l. fall., pur non costituendo oggetto di previsione espressa, non sembrerebbero incompatibili con la fallibilità delle società pubbliche. Qualunque sia la natura giuridica degli accordi in questione, procedure propriamente concorsuali oppure – secondo la prevalente impostazione – negozi di natura privatistica, nulla osterebbe alla loro inclusione nel campo applicativo del citato art. 14.
Analoghe considerazioni si ritiene possano farsi in relazione alla **transazione fiscale** (art. 182-*ter* l. fall.) che può aver luogo all'interno di un concordato preventivo, espressamente previsto dall'art. 14, o di un accordo di ristrutturazione dei debiti.

▶ 2.6. Sulla applicabilità del modello 231 alle società a partecipazione pubblica.

Il testo unico nulla dispone in punto di applicabilità della disciplina di cui al d.lgs. 8 giugno 2001, n. 231, nonostante il d.lgs. n. 175 del 2016 si occupi della funzione di controllo all'art. 6.
Si pone quindi il problema dell'applicabilità della disciplina sulla responsabilità amministrativa

degli enti a società a partecipazione pubblica tanto più quando si tratti di organismi societari preposti alla gestione di servizi pubblici in settori che si connotano per il coinvolgimento di valori dal rilievo spiccatamente costituzionale (sanità, informazione, istruzione).
La questione è stata esaminata in giurisprudenza con specifico riferimento alle società miste.
Nel dare risposta positiva al quesito, la Cassazione ha preso le mosse dal dato letterale dell'art. 1, d.lgs. n. 231 del 2001, laddove esclude dall'ambito di operatività della introdotta disciplina della responsabilità amministrativa delle persone giuridiche, delle società e delle associazioni anche prive di personalità giuridica soltanto lo Stato, gli enti pubblici territoriali, gli enti che svolgono funzioni di rilievo costituzionale e gli "altri enti pubblici non economici".
Ad avviso della seconda Sezione di Cassazione, il tenore testuale della norma è inequivocabile nel senso che la natura pubblicistica di un ente è condizione necessaria, ma non sufficiente, all'esonero dalla disciplina in discorso, dovendo altresì concorrere la condizione che l'ente medesimo non svolga attività economica.
Ebbene, la veste societaria preclude a monte, ad avviso dei supremi giudici, la possibilità di riscontrare la prima condizione, vale a dire l'assenza di attività economica: tanto sul rilievo per cui ogni società, proprio in quanto tale, è costituita pur sempre per l'esercizio di un'attività economica al fine di dividerne gli utili (v. art. 2247 c.c.), a prescindere da quella che sarà - poi - la destinazione degli utili medesimi, se realizzati.
Solo *ad abundantiam*, pertanto, la Cassazione soggiunge che le società miste preposte alla gestione di servizi pubblici locali sono state già qualificate come autenticamente "private" con le note *sentenze nn. 4989 e 4990 del 6 maggio 1995*, sicché difetterebbe comunque il requisito della natura pubblica dell'ente.
Nonostante il carattere perentorio dei passaggi argomentativi sopra riportati, i giudici di legittimità si danno peraltro carico di ribattere a un rilievo non poco penetrante, mosso dalla difesa della società nel corso della specifica vicenda processuale: quello con cui è stata dedotta l'inapplicabilità della disciplina del d.lgs. n. 231 del 2001 a un soggetto, che, in disparte la veste societaria assunta, in quanto preposto alla gestione del servizio sanitario, attende istituzionalmente alla tutela di un valore di rango costituzionale.
Sostengono, al riguardo, che il richiamato art. 1, d.lgs. n. 231 del 2001, laddove esclude dal raggio di operatività della disciplina introdotta gli enti che svolgono "funzioni di rilievo costituzionale" mira a preservare enti rispetto ai quali le misure cautelari e le sanzioni applicabili ai sensi del d.lgs. n. 231 del 2001, sortirebbero l'effetto di sospendere funzioni indefettibili negli equilibri costituzionali: è quanto non accade, ad avviso della Suprema Corte, rispetto a mere attività di impresa.
In realtà – soggiunge la seconda Sezione – non può confondersi il valore - pur indubbiamente di spessore costituzionale - della tutela della salute con il rilievo costituzionale dell'ente o della relativa funzione, riservato esclusivamente a soggetti (almeno) menzionati nella Carta costituzionale; né si può qualificare come di rilievo costituzionale la funzione di una s.p.a., che è pur sempre quella di realizzare un utile economico.
D'altro canto, concludono i giudici di legittimità, supporre che basti - per l'esonero dal d.lgs. n. 231 del 2001 - la mera rilevanza costituzionale di uno dei valori più o meno coinvolti nella funzione dell'ente è opzione interpretativa che condurrebbe all'aberrante conclusione di escludere dalla portata applicativa della disciplina un numero pressoché illimitato di enti operanti non solo nel settore sanitario, ma in quello dell'informazione, della sicurezza antinfortunistica e dell'igiene del lavoro, della tutela ambientale e del patrimonio storico e artistico, dell'istruzione, della ricerca scientifica, del risparmio e via enumerando valori (e non "funzioni") di rango costituzionale.

PARTE IV
ORDINAMENTO FINANZIARIO E CONTABILE DELLE REGIONI

Capitolo 1
ORDINAMENTO FINANZIARIO E CONTABILE DELLE REGIONI

SOMMARIO:

Introduzione alla materia

Il **diritto finanziario** è quel settore del diritto pubblico che studia il complesso degli istituti afferenti, in senso lato, alle risorse dello Stato e degli altri enti pubblici.

La **scienza delle finanze**, invece, costituisce espressione della scienza economica e studia sotto il profilo teorico i medesimi istituti di cui si occupa il diritto finanziario, e in ambito accademico è per questo ad esso accompagnata.
La **contabilità pubblica** rappresenta il settore della scienza giuspubblicistica che ha come oggetto di studio gli aspetti organizzativi e funzionali che attengono alla gestione del denaro e, in generale, dei beni pubblici ordinati alla produzione di altri beni o alla erogazione di servizi pubblici. Per contabilità pubblica, quindi, si intende il sistema delle norme che regolano le attività di acquisizione, conservazione e impiego delle risorse da parte di soggetti pubblici, l'insieme delle procedure di formazione dei documenti di bilancio e i relativi criteri di contabilizzazione e di controllo delle operazioni (Monorchio). La nozione di contabilità pubblica contiene in nuce l'oggetto della materia, che comprende tutte le attività dei soggetti che prelevano e erogano pubbliche risorse e studia, tradizionalmente, l'organizzazione dei soggetti citati, i beni

e le risorse di loro competenza, la gestione delle relative finanze nonché, quale forma di raccordo finale, i controlli su tali soggetti e la responsabilità di coloro che operano per loro conto.

L'ambito della contabilità pubblica, pertanto, tende a coincidere con l'ambito della **finanza pubblica**: con tale termine si intende la disciplina relativa all'attività finanziaria svolta dallo Stato e dalle altre amministrazioni pubbliche, destinata alla produzione di beni e alla erogazione di servizi a favore della collettività, nella prospettiva funzionale della formazione e della distribuzione della ricchezza nazionale. L'oggetto della contabilità pubblica, quindi, viene così a comprendere tutte le attività rientranti nel settore della finanza pubblica, cioè le attività di tutto l'apparato dei soggetti che prelevano ed erogano pubbliche risorse.
Tale considerazione giustifica il passaggio terminologico, da quello, tradizionale, di contabilità di Stato, a quello, più conforme all'assetto ordinamentale, di contabilità pubblica, relativa cioè al complesso dei soggetti che incidono sulla distribuzione e redistribuzione delle risorse pubbliche.

Premessa

Il titolo I e il titolo III del Decreto legislativo del 23/06/2011, n. 118 (di seguito *Decreto*), disciplinano l'armonizzazione dei **sistemi contabili** e degli schemi di bilancio delle Regioni, degli enti locali e dei loro organismi.
In particolare, il titolo III del Decreto, introdotto ad opera del d.lgs. 126 del 10/08/2014, disciplina i **bilanci delle regioni** ai sensi dell'art. 117, comma 2, lettera e), della Costituzione.

1. Il "nuovo" D.lgs. n. 118/2011

L'**oggetto** del "nuovo" D.lgs. n. 118/2011, così come modificato dal Decreto legislativo n. 126 del 10/08/2014 è **l'armonizzazione dei sistemi contabili e degli schemi di bilancio di Regioni** (ad eccezione dei casi previsti dal Titolo II), **enti locali ed enti e organismi strumentali degli EE.LL.** (art. 11-ter).
La necessità di armonizzare sistemi contabili e schemi di bilancio degli enti territoriali e dei loro organismi e enti strumentali è resa ancor più evidente dal fatto che la finanza regionale concorre con la finanza statale e locale al perseguimento degli obiettivi di convergenza e di stabilità derivanti dall'appartenenza dell'Italia all'Unione europea e opera in coerenza con i vincoli che ne derivano.

2. Principi contabili generali e applicati (artt. 3 e 36 del Decreto)

La gestione delle AA.PP. (*amministrazioni pubbliche*) è conformata ai **Principi Contabili Generali** contenuti nell'allegato 1 (*principio dell'annualità, principio dell'unità, principio della veridicità, attendibilità, correttezza e comprensibilità, principio della prudenza, principio della continuità e della costanza, principio della comparabilità e della verificabilità, principio dell'equilibrio di bilancio, principio della competenza finanziaria, principio della competenza economica, principio della* *prevalenza della sostanza sulla forma, etc.*) ed ai seguenti **principi contabili applicati**:

– della **programmazione** (allegato n. 4/1);
– della **contabilità finanziaria** (allegato n. 4/2); rileva l'aspetto finanziario della gestione, con determinazione dei risultati di amministrazione e di cassa;
– della **contabilità economico-patrimoniale** (allegato n. 4/3); tale principio dimostra un forte allineamento con quello di impresa, richiamando le norme del Codice Civile in tema di bilancio e i principi contabili dell'OIC.
– del **bilancio consolidato** (allegato n. 4/4).

▶ 2.1. Principio della programmazione

DEFINIZIONI:

*La **programmazione** è il processo di analisi e valutazione che, comparando e ordinando coerentemente tra loro le politiche e i piani per il governo del territorio, consente di organizzare, in una dimensione temporale predefinita, le attività e le risorse necessarie per la realizzazione di fini sociali e la promozione dello sviluppo economico e civile delle comunità di riferimento.*
*Il **bilancio** è il documento in cui si riassume una **situazione contabile** in un determinato momento oppure il movimento di particolari operazioni economiche.*
*Il **bilancio di previsione** è il **documento contabile che espone in maniera sistematica il reperimento e l'impiego delle risorse pubbliche, come definiti dalle norme vigenti**, rappresentando perciò il principale riferimento per l'allocazione, la gestione e il monitoraggio di entrate e spese dello Regioni.*

Il principio cardine del nuovo sistema contabile delle Regioni e degli altri enti territoriali, concernente la **programmazione di bilancio** (allegato 4/1 del d.lgs. 118/2011, di recente modificato dal **Decreto 2 agosto 2022**, del MEF), si caratterizza per:
a) la valenza pluriennale del processo;
b) la lettura non solo contabile dei documenti nei quali le decisioni politiche e gestionali trovano concreta attuazione;
c) la coerenza ed interdipendenza dei vari strumenti della programmazione.

Valenza pluriennale del processo
Il concorso al perseguimento degli obiettivi di finanza pubblica, sulla base dei principi fondamentali dell'armonizzazione dei bilanci pubblici e del coordinamento della finanza pubblica e la condivisione delle conseguenti responsabilità, **rendono necessaria una consapevole attività di programmazione con un orizzonte temporale almeno triennale**.
La necessità di estendere al medio periodo l'orizzonte delle decisioni da assumere e delle verifiche da compiere va al di là, quindi, del carattere "autorizzatorio" del

bilancio di previsione e significa, per ciascuna amministrazione, porre attenzione a:
a) affidabilità e incisività delle politiche e dei programmi,
b) chiarezza degli obiettivi,
c) corretto ed efficiente utilizzo delle risorse.

Lettura non solo contabile dei documenti
Per assicurare che la programmazione svolga appieno le proprie funzioni: politico-amministrativa, economico-finanziaria ed informativa, occorre dare rilievo alla chiarezza e alla precisione delle finalità e degli obiettivi di gestione, alle risorse necessarie per il loro conseguimento e alla loro sostenibilità economico-finanziaria, sociale ed ambientale.
Pertanto, in fase di programmazione, assumono particolare importanza il **principio della comprensibilità**, finalizzato a fornire un'omogenea informazione nei confronti dei portatori di interesse e il principio della competenza finanziaria, che costituisce il criterio di imputazione agli esercizi finanziari delle obbligazioni giuridicamente perfezionate attive e passive (accertamenti e impegni).

Coordinamento e coerenza dei documenti di bilancio
Il principio di coerenza implica una considerazione "complessiva e integrata" del ciclo di programmazione, sia economico che finanziario, e un raccordo stabile e duraturo tra i diversi aspetti quantitativi e descrittivi delle politiche e dei relativi obiettivi - inclusi nei documenti di programmazione.
In particolare il **bilancio di previsione**, momento conclusivo della fase di previsione e programmazione, deve rappresentare con chiarezza non solo gli effetti contabili delle scelte assunte, ma anche la loro motivazione e coerenza con il programma politico dell'amministrazione, con il quadro economico-finanziario e con i vincoli di finanza pubblica.
La presenza degli elementi costitutivi di ciascun documento di programmazione e la loro integrazione risulta necessaria, al fine di garantire in termini comprensibili la valenza programmatica, contabile ed organizzativa dei documenti in oggetto, nonché l'orientamento ai portatori di interesse nella loro redazione.
Il principio è applicato solo a quei documenti di natura finanziaria che compongono il sistema di bilancio di ogni pubblica amministrazione che adotta la contabilità finanziaria, e attua il contenuto autorizzatorio degli stanziamenti del bilancio di previsione.

3. Il Titolo III del D.lgs. 118/2011

DEFINIZIONI

*Il **bilancio di previsione finanziario** è redatto secondo le disposizioni in materia di armonizzazione dei sistemi contabili e degli schemi di bilancio delle Pubbliche Amministrazioni introdotte dal D.Lgs. 118/2011 e **rappresenta il quadro delle risorse che la Regione prevede di acquisire e di impiegare, riferite ad un orizzonte temporale almeno triennale**.*
La Regione adotta ogni anno il bilancio di previsione finanziario, le cui previsioni, riferite ad un orizzonte temporale almeno triennale, sono elaborate sulla base delle linee

strategiche e delle politiche contenute nel ***Documento di economia e finanza regionale*** ***(DEFR)****.*
Le previsioni riguardanti il primo esercizio costituiscono il bilancio di previsione finanziario annuale e sono redatte in termini di competenza e di cassa mentre le previsioni degli esercizi successivi sono espresse nei soli termini della competenza.
Il bilancio di previsione finanziario ha ***carattere autorizzatorio*** *in quanto gli stanziamenti di entrata costituiscono limite alle accensioni di prestiti, mentre gli stanziamenti di spesa costituiscono limite agli impegni ed ai pagamenti.*
Nel bilancio della Regione ***le entrate sono ripartite in****:*
- titoli, definiti in base alla fonte di provenienza delle entrate (tributarie, da trasferimenti correnti, extratributarie, in conto capitale, ecc.);
- tipologie, definite in base alla natura delle entrate, nell'ambito di ciascuna fonte di provenienza (ossia di ciascun titolo).
Le spese sono invece classificate in*:*
- *missioni che rappresentano le funzioni principali e gli obiettivi strategici perseguiti dalla Regione utilizzando risorse finanziarie, umane e strumentali ad essa destinate;*
- *programmi che rappresentano gli aggregati omogenei di attività volte a perseguire le finalità individuate nell'ambito di ciascuna missione. I programmi sono ripartiti in titoli.*

Il nuovo Titolo III del Decreto, introdotto dal d.lgs. 126/2014, disciplina l'**ordinamento contabile delle Regioni**.
Nel rispetto del principio cardine della programmazione e della gestione, le Regioni adottano ogni anno il **bilancio di previsione finanziario**, le cui previsioni, riferite ad un orizzonte temporale almeno triennale, sono elaborate sulla base delle linee strategiche e delle politiche contenute nel **Documento di economia e finanza regionale** (DEFR).
In relazione alle esigenze derivanti dallo sviluppo della fiscalità regionale, le Regioni adottano altresì una legge di stabilità regionale che contiene il quadro di riferimento finanziario per il periodo compreso nel bilancio di previsione.
Il sistema contabile garantisce la rilevazione unitaria dei fatti gestionali sotto il profilofinanziario, economico e patrimoniale.
Il sistema di bilancio si avvale del bilancio di previsione finanziario che rappresenta il quadro delle risorse della Regione su base almeno triennale, del Documento tecnico di accompagnamento del bilancio, costituito dalla ripartizione delle unità di voto del bilancio in categorie e macroaggregati, e del bilancio finanziario gestionale in base al quale si provvede alla ripartizione in capitoli, ai fini della gestione e della rendicontazione. Per ciascun esercizio, il bilancio di previsione è deliberato in pareggio finanziario di competenza.
Per consentire la comparazione dei bilanci, è predisposto il Piano degli indicatori e dei risultati attesi di bilancio presentato dalla Regione entro 30 giorni dall'approvazione del bilancio di previsione e del rendiconto.

Il titolo III del Decreto (dall'art 36 all'art 73 del Decreto) - ***Ordinamento finanziario e contabile delle regioni*** - disciplina i bilanci delle regioni, quindi il risultato di amministrazione (in merito alla ripartizione in fondi e all'accertamento), l'esercizio e la gestione provvisoria, la classificazione delle entrate in titoli e tipologie e la classificazione delle spese in missioni e programmi, il Fondo crediti di dubbia

esigibilità, il Fondo di riserva, i Fondi speciali.
Gli organismi e enti strumentali di cui si avvale la Regione per conseguire i propri obiettivi, sono soggetti a specifiche norme relative ai sistemi contabili.
L'assestamento delle previsioni di bilancio è approvato dalla Regione con legge, entro il 31 luglio, dando atto del permanere degli equilibri generali di bilancio e, in caso di accertamento negativo, assume i necessari provvedimenti di riequilibrio.
Gli artt. 52-60 entrano nello specifico delle **fasi di gestione delle entrate, delle uscite e dei residui**.
Il Titolo III richiama i limiti posti dal quadro normativo per il ricorso al debito e disciplina le condizioni per l'autorizzazione di nuovo indebitamento.
I risultati della gestione sono dimostrati dal **Rendiconto generale**, che conclude il sistema di bilancio, da approvarsi entro il 30 aprile dell'anno successivo all'esercizio di riferimento da parte della Giunta, ed entro il 31 luglio da parte del Consiglio con legge regionale, mentre per quanto attiene i rendiconti degli enti strumentali, lo statuto e l'ordinamento contabile regionale ne definiscono i termini. Infine, il **bilancio consolidato** relativo al Gruppo della Regione costituito dagli enti strumentali, le aziende e le società controllate e partecipate deve essere approvato entro il 30 settembre dell'anno successivo.
Le disposizioni finali del Titolo III disciplinano inoltre il servizio di Tesoreria, la responsabilità degli amministratori e dei dipendenti della Regione, il collegio dei revisori dei conti e il riconoscimento di legittimità di debiti fuori bilancio delle Regioni.
Le disposizioni relative all'ordinamento finanziario e contabile delle Regioni di cui al Decreto si applicano a decorrere dall'esercizio finanziario 2015, con la predisposizionedei bilanci relativi all'esercizio 2015 e successivi.

▶ 3.1. Principi generali

La finanza regionale concorre con la finanza statale e locale al perseguimento degli obiettivi di convergenza e di stabilità derivanti dall'appartenenza dell'Italia all'Unione europea ed opera in coerenza con i vincoli che ne derivano.

*Il **Documento di economia e finanza regionale** (DEFR) contiene le linee strategiche e le politiche in base alle quali le Regioni elaborano ogni anno il bilancio di previsione finanziario che viene adottato, con previsioni almeno triennali.*

Il DEFR è approvato con delibera del consiglio regionale. Il primo DEFR è adottato con riferimento agli esercizi 2016 e successivi, mentre per gli enti che hanno partecipato alla sperimentazione la disciplina relativa a tale documentazione decorre dal 1° gennaio 2015.
La Regione adotta una legge di stabilità regionale contenente esclusivamente norme tese a realizzare effetti finanziari per il periodo compreso nel bilancio di previsione.

▶ 3.2. Sistema contabile

DEFINIZIONI

> ***Per garantire la rilevazione unitaria dei fatti gestionali sotto i profili finanziario ed economico-patrimoniale*** *il legislatore prevede che il sistema di contabilità finanziaria adottato dalle Regioni, dagli enti locali, e da alcuni enti strumentali, sia affiancato da un* ***sistema di contabilità economico-patrimoniale,*** *mentre gli enti strumentali in regime di contabilità civilistica predispongano un budget economico e riclassifichino i propri dati contabili secondo regole uniformi a quelle degli enti in contabilità finanziaria.* ***Inoltre, le aziende speciali, le istituzioni e gli altri organismi strumentali delle Regioni e degli enti locali sono tenuti ad adottare lo stesso sistema contabile dell'amministrazione di cui fanno parte.***
>
> *Il* ***piano dei conti integrato*** *costituisce uno strumento strategico per il consolidamento e il monitoraggio dei conti pubblici, e il miglioramento della raccordabilità dei conti delle amministrazioni pubbliche in contabilità finanziaria con il Sistema europeo dei conti nazionali. La definizione del piano è stata novellata con l'entrata in vigore del d.lgs. 126/2014.*
>
> *Il* ***sistema di bilancio*** *è volto a salvaguardare il processo di programmazione, previsione, gestione e rendicontazione. In particolare, sono disciplinati i bilanci di previsione finanziari, annuale e pluriennale, i* ***comuni schemi di bilancio e di bilancio consolidato****, l'articolazione delle spese per missioni e programmi e delle entrate per titoli, i termini di approvazione dei bilanci. L'ottimale utilizzazione delle risorse è assicurata tra l'altro, dalla* ***flessibilità degli stanziamenti di bilancio*** *entro i limiti definiti dal provvedimento, che prevede in sede di gestione, la possibilità di variazioni compensative tra le dotazioni delle missioni e dei programmi, limitatamente al trasferimento del personale all'interno dell'amministrazione e, in sede di gestione o di predisposizione del progetto di bilancio di previsione, variazioni tra le dotazioni finanziarie rimodulabili nel programma o rimodulazioni tra programmi di missioni diverse.*

Il sistema contabile garantisce la rilevazione unitaria dei fatti gestionali sotto il profilofinanziario, economico e patrimoniale, attraverso l'adozione:

- della contabilità finanziaria, che ha natura autorizzatoria e consente la rendicontazione della gestione finanziaria
- della contabilità economico-patrimoniale per la rilevazione, a fini conoscitivi, degli effetti economici e patrimoniali dei fatti gestionali che consente la rendicontazione economica e patrimoniale.

Le previsioni di competenza e di cassa e i risultati della gestione di competenza e di cassa aggregati secondo l'articolazione del piano dei conti, sono trasmessi alla bancadati unitaria delle amministrazioni pubbliche.

▶ 3.3. Leggi regionali di spesa

Le leggi regionali che **prevedono spese a carattere continuativo**:

- quantificano l'onere annuale previsto per ciascuno degli esercizi compresi nel bilancio di previsione e indicano l'onere a regime oppure,
- nel caso non si tratti di spese obbligatorie, possono rinviare la quantificazione dell'onere annuo alla legge di bilancio.

Nel caso di spese a carattere pluriennale, le leggi regionali indicano l'ammontare complessivo della spesa e la quota eventualmente a carico del bilancio in corso e degli esercizi successivi. Tale quota può essere annualmente rimodulata nella legge di stabilitàregionale, nei limiti dell'autorizzazione complessiva di spesa.

▶ 3.4. Sistema di bilancio

Nel sistema di bilancio troviamo i seguenti documenti:

- ***Bilancio di previsione finanziario***, approvato ogni anno con legge dal Consiglio regionale, rappresenta il quadro delle risorse della Regione, su base almeno triennale. Le previsioni riguardanti il primo esercizio costituiscono il bilancio di previsione finanziario annuale. Il bilancio di previsione finanziario ha carattere autorizzatorio.
- ***Documento tecnico di accompagnamento del bilancio***, approvato ogni anno dalla Giunta, contestualmente all'approvazione della legge di bilancio, è costituito dalla ripartizione delle unità di voto del bilancio in categorie e macroaggregati.
- ***Bilancio finanziario gestionale***: documento in base al quale la Giunta o il segretario generale provvedono alla ripartizione delle categorie e dei macroaggregati del Documento tecnico di accompagnamento del bilancio in capitoli, ai fini della gestione e della rendicontazione.

Nella sito internet della Regione sono pubblicati:

- il bilancio di previsione finanziario;
- il Documento tecnico di accompagnamento;
- il bilancio finanziario gestionale;
- le variazioni del bilancio di previsione;
- le variazioni del Documento tecnico di accompagnamento;
- il bilancio di previsione assestato;
- il Documento tecnico di accompagnamento assestato;
- il bilancio gestionale assestato.

▶ 3.5. Equilibrio dei bilanci

DEFINIZIONI

*Nella legislazione italiana riguardante le amministrazioni pubbliche, l'***equilibrio** *è rappresentato dal raggiungimento di un saldo finale (fondo di cassa) tra le entrate e le spese previste nel bilancio di previsione* ***non negativo****, a cui si aggiunge l'obbligo di coprire le spese correnti (ovvero di gestione) con le sole entrate correnti (Entrate tributarie, Entrate derivanti da trasferimenti, Entrate extratributarie).*

Per ciascuno degli esercizi in cui è articolato, il **bilancio di previsione** è deliberato in **pareggio finanziario di competenza**, comprensivo dell'utilizzo dell'avanzo di amministrazione e del recupero del disavanzo di amministrazione, garantendo un fondo di cassa finale non negativo. Inoltre, le previsioni di competenza relative alle spese correnti sommate alle previsioni di competenza relative ai trasferimenti in c/capitale, al saldo negativo delle partite finanziarie, alle quote di capitale delle rate di ammortamento dei mutui e degli altri prestiti, con l'esclusione dei rimborsi anticipati, non possono essere complessivamente superiori alle previsioni di competenza dei primi tre titoli dell'entrata, ai contributi destinati al rimborso dei prestiti e all'utilizzo dell'avanzo di competenza di parte corrente, salvo le eccezioni tassativamente indicate nel principio applicato alla contabilità finanziaria necessarie a garantire elementi di flessibilità degli equilibri di bilancio ai fini del rispetto del principio dell'integrità.
Nelle more dell'applicazione del capo IV della legge 24 dicembre 2012, n. 243, il totale delle spese di cui si autorizza l'impegno può essere superiore al totale delle entrate che si prevede di accertare nel medesimo esercizio, purché il relativo disavanzo sia coperto da mutui e altre forme di indebitamento autorizzati con la legge di approvazione del bilancio nei limiti di cui all'art. 62 del Decreto.
A decorrere dal 2016, il disavanzo di amministrazione derivante dal debito autorizzato e non contratto per finanziare spesa di investimento, risultante dal rendiconto 2015 può essere coperto con il ricorso al debito che può essere contratto solo per far fronte ad effettive esigenze di cassa (art. 40, c. 2, del Decreto).

▶ 3.6. Piano degli indicatori e dei risultati attesi di bilancio

DEFINIZIONI

Il ***Piano degli indicatori e dei risultati attesi di bilancio*** *illustra il contenuto di ciascun programma di spesa ed espone informazioni sintetiche relative ai principali obiettivi da realizzare, con riferimento agli stessi programmi del bilancio per il triennio della programmazione finanziaria, e riporta gli indicatori individuati per quantificare tali obiettivi, nonché la misurazione annuale degli stessi indicatori per monitorare i risultati conseguiti.*

Il Piano degli indicatori e dei risultati attesi di bilancio è un documento presentato dalla Regione entro 30 giorni dall'approvazione del bilancio di previsione e del rendiconto, **al fine di consentire la comparazione dei bilanci**.

▶ 3.7. Risultato di amministrazione

Il risultato di amministrazione è pari al fondo di cassa aumentato dei residui

attivi ediminuito dei residui passivi e si distingue in:
- *fondi liberi*
- *fondi accantonati*
- *fondi destinati agli investimenti*
- *fondi vincolati.*

Tale risultato è accertato con l'approvazione del rendiconto della gestione dell'ultimo esercizio chiuso.
Vengono inoltre disciplinati l'impiego dell'eventuale quota del risultato di amministrazione "svincolata", l'utilizzo delle quote del risultato di amministrazione presunto dell'esercizio precedente costituito da accantonamenti dell'ultimo consuntivo approvato o derivanti da fondi vincolati, le variazioni di bilancio in attesa dell'approvazione del consuntivo, il disavanzo di amministrazione accertato e presunto.

▶ 3.8. Esercizio provvisorio e gestione provvisoria

L'**esercizio provvisorio**, di cui all'art. 43 del Decreto, è concesso per legge se il bilancio di previsione non è approvato dal Consiglio entro il 31 dicembre dell'anno precedente e per periodi non superiori complessivamente a quattro mesi.
Nel corso dell'esercizio provvisorio non è consentito il ricorso all'indebitamento.

▶ 3.9. Classificazione delle entrate

Nel bilancio delle Regioni, **le entrate** sono classificate in:

- titoli, definiti secondo la fonte di provenienza delle entrate;
- tipologie, definite in base alla natura delle entrate, nell'ambito di ciascuna fonte di provenienza, ai fini dell'approvazione in termini di unità di voto. Ai fini della gestione, le tipologie sono ripartite in categorie (cfr. allegato 13 del Decreto), in capitoli ed eventualmente in articoli.

Le entrate in c/capitale e derivanti da debito sono destinate esclusivamente al finanziamento di spese di investimento e non possono essere impiegate per la spesa corrente.

▶ 3.10. Classificazione delle spese

Nel bilancio delle Regioni, le spese del bilancio di previsione sono classificate in:

- **missioni** per le funzioni principali e gli obiettivi strategici;
- **programmi** per gli aggregati omogenei di attività volte a perseguire gli obiettivi definiti nell'ambito delle missioni, ai fini dell'approvazione in termini di unità di voto. I programmi sono ripartiti in titoli. Ai fini della gestione, i programmi sono ripartiti in macroaggregati, capitoli ed eventualmente articoli.

3.11. Fondo crediti di dubbia esigibilità

Il Fondo crediti di dubbia esigibilità è collocato nella missione "Fondi e Accantonamenti". L'ammontare del Fondo è determinato in considerazione dell'importo degli stanziamentidi entrata di dubbia e difficile esazione.
Le Regioni hanno la facoltà di accantonare nel programma "Altri fondi" ulteriori accantonamenti riguardanti passività potenziali, sui quali non è possibile impegnare e pagare.

3.12. Sistemi contabili degli organismi e degli enti strumentali della Regione

Per conseguire i propri obiettivi, la Regione si avvale di:

- *organismi strumentali*, ossia articolazioni organizzative, anche a livello territoriale, dotate di autonomia gestionale e contabile, prive di personalità giuridica, escluso il consiglio regionale. Tali organismi adottano lo stesso sistema contabile della Regione. Il comma 3 dell'articolo 47 disciplina gli organismi pagatori dei fondi UE;
- *enti strumentali*, ossia le aziende e gli enti, pubblici e privati, dotati di personalità giuridica (art. 11-ter).

I bilanci degli enti e degli organismi strumentali della Regione sono approvati annualmente nei termini e nelle forme stabiliti dallo statuto e dalle leggi regionali e sonopubblicati nel sito internet della Regione.

3.13. Fondi di riserva

Nel bilancio della Regione sono iscritti:

- un Fondo di riserva per spese obbligatorie, nella parte corrente nel quale sono iscritte le spese relative al pagamento di stipendi, assegni, pensioni ed altre spese fisse, le spese per interessi passivi, le spese derivanti da obblighi comunitari e internazionali, le spese per ammortamenti di mutui, e le altre spese obbligatorie per espressa disposizione normativa. I prelievi da questo Fondo sono disposti con decreto dirigenziale;
- un Fondo di riserva per spese impreviste, nella parte corrente, per eventuali deficienze delle assegnazioni di bilancio. I prelievi da questo Fondo sono disposti da delibere della giunta regionale;
- il Fondo di riserva per le autorizzazioni di cassa, iscritto nel bilancio di cassa. I prelievi e relative destinazioni ed integrazioni degli altri programmi di spesa, nonché dei relativi capitoli del bilancio di cassa, sono disposti con decreto dirigenziale.

3.14. Fondi speciali

I fondi speciali sono destinati a far fronte agli oneri derivanti da provvedimenti legislativi regionali che si perfezionano dopo l'approvazione del bilancio. Tali fondi

non sono utilizzabili per l'imputazione di atti di spesa ma solo ai fini del prelievo di somme da iscriversi in aumento alle autorizzazioni di spesa dei programmi esistenti o dei nuovi programmi dopo l'entrata in vigore dei provvedimenti legislativi che ne autorizzano la spesa.
Riguardo la loro struttura, i fondi speciali sono tenuti distinti a seconda che siano destinati al finanziamento di spese correnti o di spese in conto capitale.

▶ 3.15. Assestamento di bilancio

L'art. 50 del Decreto (modif. da ultimo dalla L. 30 dicembre 2020, n. 178, a decorrere dal **1° gennaio 2021**), dispone che entro il 31 luglio, la regione approva con legge **l'assestamento delle previsioni di bilancio**, anche sulla scorta della consistenza dei residui attivi e passivi, del fondo pluriennale vincolato e del fondo crediti di dubbia esigibilità, accertati in sede di rendiconto dall'esercizio scaduto il 31 dicembre precedente (fermi restando i vincoli di cui all'art. 40).
La **legge di assestamento del bilancio** dà atto del permanere degli equilibri generali di bilancio e, in caso di accertamento negativo, assume i necessari provvedimenti di riequilibrio.
Alla legge di assestamento è allegata una **nota integrativa** nella quale sono indicati:

a) la destinazione del risultato economico dell'esercizio precedente o i provvedimenti atti al contenimento e assorbimento del disavanzo economico;
b) la destinazione della quota libera del risultato di amministrazione;
c) le modalità di copertura dell'eventuale disavanzo di amministrazione tenuto conto della struttura e della sostenibilità del ricorso all'indebitamento, con particolare riguardo ai contratti di mutuo, alle garanzie prestate e alla conformità dei relativi oneri alle condizioni previste dalle convenzioni con gli istituti bancari e i valori di mercato, evidenziando gli oneri sostenuti in relazione ad eventuali anticipazioni di cassa concesse dall'istituto tesoriere.

Nelle more della conclusione del **giudizio di parificazione del rendiconto dell'esercizio precedente da parte della Corte dei conti**, i consigli regionali e delle province autonome di Trento e di Bolzano approvano la legge di assestamento del bilancio anche sulla base delle risultanze del rendiconto approvato dalla giunta, fermo restando l'obbligo di apportare le eventuali variazioni di bilancio che si dovessero rendere necessarie a seguito dell'approvazione definitiva del rendiconto dopo la decisione di parificazione. In ogni caso, l'eventuale avanzo di amministrazione libero e quello destinato agli investimenti possono essere applicati al bilancio di previsione solo a seguito dell'approvazione con legge del rendiconto che ne certifica la sussistenza.

▶ 3.16. Variazione del bilancio di previsione, del documento tecnico di accompagnamento e del bilancio gestionale

Nel corso dell'esercizio la giunta, con provvedimento amministrativo, autorizza le variazioni del documento tecnico di accompagnamento e le variazioni del bilancio di

previsione.
Le materie oggetto di variazione sono elencate nell'art. 51, comma 2 (l'istituzione di nuove tipologie di entrata; le variazioni del fondo pluriennale vincolato; le variazioni compensative tra le dotazioni delle missioni e dei programmi riguardanti l'utilizzo di risorse comunitarie e vincolate o limitatamente alle spese per il personale, etc.).
L'ordinamento contabile regionale disciplina le modalità con cui la giunta regionale o il Segretario generale, con provvedimento amministrativo, autorizza le variazioni di bilancio gestionale che non sono di competenza dei dirigenti e del responsabile finanziario.
L'articolo 51 riporta, inoltra, la casistica delle possibili variazioni che possono essere e non essere effettuate, i termini entro cui approvare tali variazioni e l'iter con cui sono trasmesse al tesoriere.

▶ 3.17. Gestione delle entrate

La gestione delle entrate si attua attraverso le fasi di:

- **accertamento** (art. 53), con la registrazione nelle scritture contabili;
- **riscossione** (art. 54), con il materiale introito da parte del tesoriere o di altri eventuali incaricati della riscossione delle somme dovute. La riscossione è disposta a mezzo di ordinativo d'incasso;
- **versamento** (art. 55), con il trasferimento delle somme riscosse nelle casse della Regione.

▶ 3.18. Gestione delle spese

La gestione delle spese si attua attraverso le fasi di:

- **impegno** (art. 56), con la registrazione nelle scritture contabili quando l'obbligazione è perfezionata, con imputazione all'esercizio in cui l'obbligazione viene a scadenza. Il comma 6 fornisce indicazioni per evitare ritardi nei pagamenti e la formazione di debiti pregressi;
- **liquidazione** (art. 57), con la registrazione contabile effettuata quando l'obbligazione diviene effettivamente esigibile, a seguito della acquisizione completa della documentazione necessaria a comprovare il diritto del creditore e a seguito del riscontro operato sulla regolarità della fornitura o della prestazione e sulla rispondenza della stessa ai requisiti quantitativi e qualitativi, ai termini ed alle condizioni pattuite;
- **ordine al pagamento dal tesoriere** (art. 58): il pagamento delle spese è ordinato al tesoriere entro i limiti delle previsioni di cassa, mediante l'emissione di mandati di pagamento numerati in ordine progressivo;
- **pagamento delle spese** (art. 58), conseguenti alle deliberazioni o agli atti con i quali sono assunti i relativi impegni: si provvede ai pagamenti sole se tali deliberazioni o atti siano divenuti esecutivi, ovvero risultino immediatamente eseguibili.

Le modalità di pagamento (art. 59): i mandati di pagamento possono essere estinti mediante:

a) accreditamento in conto corrente postale intestato al creditore;
b) commutazione in vaglia cambiario o in assegno circolare, non trasferibile, all'ordine del creditore;
c) accreditamento in conto corrente bancario;
d) altre forme di pagamento previste dai sistemi bancari e postali.

▶ 3.19. Gestione dei residui

I *residui attivi* sono costituiti dalle somme accertate e non riscosse e versate entro il termine dell'esercizio, da iscriversi nel bilancio di previsione.
I *residui passivi* sono costituiti dalle somme impegnate, liquidate o liquidabili, e non pagate entro il termine dell'esercizio, da iscriversi nel bilancio di previsione dell'esercizio successivo.

▶ 3.20. Fondi statali per interventi speciali.

Nel caso di assegnazioni dello Stato per interventi speciali, la Regione ha la facoltà di stanziare e di erogare somme eccedenti quelle assegnate dalla Stato, di compensare tali maggiori spese con minori erogazioni per lo stesso scopo nei due esercizi immediatamente successivi.

▶ 3.21. Mutui e altre forme di indebitamento.

Il ricorso al debito da parte delle Regioni, fatto salvo quanto previsto dall'art. 40, comma 2, è ammesso esclusivamente nel rispetto dei limiti posti dalla legislazione vigente in materia, con particolare riferimento agli articoli 81 e 119 della Costituzione, all'art. 3, comma 16, della legge 24 dicembre 2003, n. 350, e, a decorrere dal 1° gennaio 2016,
dagli articoli 9 e 10 della legge 24 dicembre 2012, n. 243.
Le condizioni per l'autorizzazione di nuovo indebitamento sono le seguenti:

- è necessaria l'approvazione dal consiglio regionale dell'esercizio di due anni precedenti a quello al cui il nuovo bilancio si riferisce;
- è concessa con la legge di approvazione del bilancio o con leggi di variazione del bilancio e decade al termine dell'esercizio cui il bilancio si riferisce.

▶ 3.22. Rendiconto generale.

Il **rendiconto generale annuale** della Regione dimostra i risultati della gestione ed è composto:

- dal conto del bilancio relativo alla gestione finanziaria e relativi riepiloghi;
- dai prospetti riguardanti il quadro generale riassuntivo e la verifica degli equilibri;
- dal conto economico e dallo stato patrimoniale.

Contestualmente al rendiconto, la Regione approva il **rendiconto consolidato**.
L'art. 63 del Decreto disciplina anche gli allegati al rendiconto tra cui il prospetto relativoalla gestione del perimetro sanitario.
Il rendiconto generale è approvato con legge regionale il 31 luglio dell'anno successivo all'esercizio cui si riferisce (art. 66 del Decreto).
La versione integrale del rendiconto della gestione, con il relativo allegato concernente la gestione del perimetro sanitario, del rendiconto consolidato e del rendiconto semplificato per il cittadino è pubblicata nel sito internet della Regione.

▶ 3.23. Inventari

Gli inventari costituiscono la principale fonte descrittiva e valutativa dello stato patrimoniale.
I beni sono valutati secondo le norme del codice civile e conformemente ai criteri diiscrizione e valutazione del principio applicato alla contabilità economico-patrimoniale.
Ricognizione e rinnovo degli inventari. La Regione provvede alla ricognizione e al rinnovo degli inventari:

- almeno ogni 5 anni per i beni mobili;
- almeno ogni 10 anni per i beni immobili.

▶ 3.24. Rendiconti degli enti strumentali della Regione.

I rendiconti degli enti e degli organismi strumentali della Regione sono sottoposti al Consiglio regionale, entro i termini e per le determinazioni previsti dallo statuto e dall'ordinamento contabile regionale e sono pubblicati nel bollettino ufficiale e nel sito internet della Regione.

▶ 3.25. Autonomia contabile del consiglio regionale.

Le Regioni assicurano l'autonomia contabile del consiglio regionale.
Il consiglio regionale adotta lo stesso sistema contabile e gli schemi di bilancio e di rendiconto della Regione.
La presidenza del consiglio regionale sottopone all'assemblea consiliare il rendiconto del consiglio regionale, che approva il rendiconto entro il 30 giugno dell'anno successivo. Le relative risultanze finali del rendiconto approvato confluiscono nel rendiconto consolidato.

▶ 3.26. Bilancio consolidato.

DEFINIZIONI

*Il **Bilancio consolidato** è predisposto in attuazione di quanto previsto dal D.Lgs. 118/2011 e successive modifiche. E' un documento contabile **consultivo** che dà evidenza della situazione finanziaria e patrimoniale nonché del risultato economico della complessiva attività svolta dalla Regione attraverso le proprie articolazioni organizzative, i propri enti strumentali e le proprie società controllate e partecipate ricomprese nel perimetro di consolidamento.*

La regione redige il bilancio consolidato con i propri enti ed organismi strumentali, aziende, società controllate e partecipate, che costituiscono il "*Gruppo della regione*" (lo schema è contenuto all'allegato 11 del Decreto).
Sono allegati al bilancio consolidato:

- la relazione sulla gestione che comprende la nota integrativa;
- la relazione del collegio dei revisori dei conti.

Il bilancio consolidato è approvato dal Consiglio regionale entro il 30 settembre dell'anno successivo, secondo le modalità previste dalla disciplina contabile della Regione.

▶ 3.27. Servizio di Tesoreria della Regione.

Il servizio di tesoreria delle Regioni **è affidato a imprese autorizzate all'esercizio dell'attività bancaria**.
Il servizio è aggiudicato secondo le modalità previste nell'ordinamento contabile regionale, con apposita gara ad evidenza pubblica, secondo i principi di concorrenza.
Il tesoriere, che gestisce ogni deposito o conto corrente comunque costituito e intestato alla regione, risponde con tutte le proprie attività e con il proprio patrimonio per eventuali danni causati alla regione o a terzi.
Eventuali anticipazioni di tesoreria si possono contrarre solo per fronteggiare temporanee mancanze di cassa, per un importo non eccedente il 10 per cento dell'ammontare complessivo delle entrate di competenza del titolo "*Entrate correnti di natura tributaria, contributiva e perequativa*". Le suddette anticipazioni devono essere estinte nell'esercizio finanziario in cui sono contratte.

▶ 3.28. Cooperazione Stato-Regioni

La cooperazione Stato-Regione riguarda la fornitura di notizie utili allo svolgimento delle proprie funzioni nella materia del Decreto, anche con l'utilizzazione comune dei rispettivi sistemi informativi e altre forme di collaborazione.

▶ 3.29. Responsabilità degli amministratori e dei dipendenti, competenza della Cortedei Conti e obblighi di denunzia

Gli amministratori e i dipendenti della Regione, per danni arrecati nell'esercizio delle loro funzioni, sono responsabili verso l'ente. L'art. 71 ribadisce, inoltre, la competenza della Corte dei Conti e i relativi obblighi di denuncia.

3.30. Collegio dei revisori dei conti

Il Collegio dei revisori dei conti svolge la funzione di vigilanza sulla regolarità contabile, finanziaria ed economica della gestione della Regione, delle sue articolazioni organizzative dotate di autonomia contabile e di bilancio, compreso il Consiglioregionale se privo di organo di revisione.
Nello svolgimento dell'attività di controllo, il collegio si conforma ai principi di onorabilità, professionalità e indipendenza di cui all'art. 2387 del codice civile.
Al fine di garantire lo svolgimento delle proprie funzioni, il collegio dei revisori ha diritto di accesso agli atti e documenti della Regione. I singoli componenti hanno diritto di eseguire ispezioni e controlli individuali.
Registro dei verbali. Il registro dei verbali è custodito presso la sede della Regione. Copia del verbale è inviata al presidente della Regione, al consiglio regionale, alla sezione regionale di controllo della Corte dei Conti e al responsabile finanziario della Regione.

3.31. Riconoscimento di legittimità di debiti fuori bilancio delle Regioni

Il consiglio regionale riconosce, con legge, la legittimità dei debiti fuori bilancio derivantida:

- sentenze esecutive;
- copertura dei disavanzi derivanti da fatti di gestione di enti, società ed organismi controllati o dipendenti dalla Regione;
- ricapitalizzazioni nei limiti della legge, delle società controllate;
- procedure espropriative o di occupazione d'urgenza per opere di pubblica utilità;
- acquisizione di beni e servizi in assenza del preventivo impegno di spesa.

L'art. 73 disciplina il pagamento dei debiti fuori bilancio, anche nel caso di insufficientidisponibilità finanziarie, e il riconoscimento della legittimità dei debiti.

PARTE V
NOZIONI IN MATERIA DI DOCUMENTAZIONE AMMINISTRATIVA

SOMMARIO

Introduzione

Di recente si è avvertita l'esigenza di andare a snellire la procedura relativa ai rapporti tra operatori e P.A.
Una prima svolta si è avuta per mezzo del D.P.R. n° 445/2000, c.d. Testo unico in materia di documentazione amministrativa, che ha racchiuso al suo interno per l'appunto tutta la normativa in materia di documentazione amministrativa, ne ha predisposto l'informatizzazione e ha previsto autocertificazioni e dichiarazioni sostitutive.
Molte di queste disposizioni sono confluite nel D.Lgs. n. 82/2005 (Codice dell'amministrazione digitale) poi modificato dal D.Lgs. 253/2010 e da ultimo dal D.Lgs. 179/2016: entrambe vertono sull'informatizzazione della P.A.
Altre norme in materia sono:

- D.L. n. 5/2012 (c.d. Semplifica Italia), convertito con legge n. 35/2012;
- il D.L. n. 179/2012 (c.d. Decreto Sviluppo), convertito con legge n. 221/2012;
- il D.L. n. 69/2013 (c.d. Decreto del Fare), convertito con legge n. 98/2013;
- il D.L. 90/2014, convertito con legge n. 144/2014.

I principi sui quali si muove il legislatore sono: semplificazione dell'attività amministrativa, decertificazione, dematerializzazione.

1. Il testo unico sulla documentazione amministrativa

L'art. 2 del D.P.R. n. 445/2000 indica l'oggetto della normativa che si sostanzia nella: formazione, rilascio, tenuta e conservazione, gestione, trasmissione di atti e documenti da parte degli organi della Pubblica amministrazione. Ha poi ad oggetto la produzione

di atti e documenti agli organi della Pubblica amministrazione nonché quelli relativi ai rapporti con gestori di pubblici e con l'utenza, e ai privati che vi consentono.
Dal punto di vista soggettivo la normativa si applica ai cittadini italiani e comunitari, alle persone giuridiche, alle società di persone, alle pubbliche amministrazioni e agli enti, alle associazioni e ai comitati aventi sede legale in Italia o in uno dei Paesi dell'Unione europea.

▶ 1.1. La redazione degli atti pubblici

All'articolo 7 del Testo Unico vengono indicati i requisiti per redigere e stendere gli atti amministrativi.
In base alla normativa i decreti, gli atti ricevuti dai notai, tutti gli altri atti pubblici e le certificazioni sono redatti con qualsiasi mezzo che sia in grado di assicurarne la conservazione nel tempo.
Inoltre, il testo non deve contenere lacune, aggiunte, abbreviazioni, correzioni, alterazioni o abrasioni; sono ammesse abbreviazioni, acronimi, ed espressioni in lingua straniera, di uso comune; in caso di variazioni al testo, la precedente stesura deve essere leggibile.
L'art. 23-ter del Codice dell'amministrazione digitale si occupa più approfonditamente dei documenti amministrativi informatici. Essi rappresentano informazione primaria ed originale dai quali è possibile effettuare, tramite diversi o identici tipi di supporto, duplicazioni e copie per gli usi consentiti dalla legge.
La copia sui supporti ha lo stesso valore giuridico dell'originale in quanto il funzionario competente vi appone la propria firma digitale.
Per quanto riguarda invece la **trasmissione dei documenti della p.a.** in materia di notificazioni e comunicazioni, ex art. 15 bis, si applicano le norme del codice di procedura civile previste dall'art. 137, terzo comma.

▶ 1.2. Le copie dei documenti: l'autenticazione

L'autenticazione della copia consiste nell'attribuire a quest'ultima la stessa validità dell'originale mediante attestazione del pubblico ufficiale che abbia alternativamente emesso il documento originale, presso il quale è depositato o al quale tale documento deve essere prodotto.
A seconda del tipo di documento, l'autenticazione può poi essere effettuata dal notaio, cancelliere, segretario comunale o altro funzionario incaricato dal sindaco.
Una procedura semplificata per l'autenticazione di copie è prevista dal terzo comma dell'art. 18 che prevede che nei casi in cui l'interessato debba presentare alle amministrazioni o ai gestori di pubblici servizi copia autentica di un documento, l'autenticazione della copia può essere fatta dal responsabile del procedimento o da qualsiasi altro dipendente competente a ricevere la documentazione, esibendo l'originale e senza l'obbligo di deposito dello stesso presso l'amministrazione procedente. Tuttavia la copia autentica potrà essere usata solamente nel procedimento in corso.
Il pubblico ufficiale nell'attestare la conformità della copia all'originale deve indicare: la data, il luogo del rilascio, il numero dei fogli impiegati, il proprio nome e cognome, la qualifica rivestita, siglare l'attestazione con la firma per esteso ed il timbro

dell'ufficio. Se la copia dell'atto o documento è formata da più fogli il pubblico ufficiale appone la propria firma a margine di ciascun foglio intermedio.
Vi sono alcune circostanze in cui l'interessato al posto dell'autenticazione può procedere tramite dichiarazione sostitutiva dell'atto di notorietà.
Ex art. 19 del Testo unico, ciò può avvenire per:
- copie di un atto o di documenti conservati o rilasciati da una Pubblica amministrazione;
- copie di pubblicazioni;
- copie di titoli di studio o di servizio;
- copie di documenti fiscali che devono essere obbligatoriamente conservati dai privati.

2. Le istanze alla P.A.

L'art. 38 del D.P.R. 445 del 2000 considera valide le istanze e dichiarazioni telematiche purché
- siano sottoscritte mediante la firma digitale o la firma elettronica qualificata, il cui certificato è rilasciato
- da un certificatore qualificato;
- quando l'istante o il dichiarante è identificato attraverso il sistema pubblico di identità digitale (SPID) o strumenti simili;
- sono sottoscritte e presentate insieme alla copia del documento d'identità (lett. c);
- se trasmesse dall'istante o dal dichiarante tramite la propria PEC purché le relative credenziali di accesso
- siano state rilasciate previa identificazione del titolare
- siano trasmesse attraverso gli specifici sistemi di trasmissione telematica previsti nel settore tributario;
- siano trasmesse con le modalità stabilite dall'art. 38, comma 3, del D.P.R. n. 445.

In base all'art. 1 del DPCM 22 luglio 2011 a decorrere dal 1° luglio 2011 la presentazione di istanze, dichiarazioni, dati e lo scambio di informazioni e documenti, anche a fini statistici, tra le imprese e le amministrazioni pubbliche deve avvenire esclusivamente in via telematica.

3. Autenticazione delle sottoscrizioni

L'autenticazione della sottoscrizione consiste nell'attestazione da parte di un pubblico ufficiale che la sottoscrizione è stata apposta alla sua presenza dopo aver accertato l'identità della persona che la sottoscrive.
L'istituto dell'autenticazione di firma si riferisce ad oggi ad un elenco tassativo. In particolare l'autenticità della sottoscrizione di qualsiasi istanza o dichiarazione sostitutiva di atto di notorietà da produrre agli organi della Pubblica amministrazione o ai gestori di servizi pubblici è garantita attraverso tre modalità:
- sottoscrizione dell'interessato alla presenza del dipendente addetto;
- sottoscrizione e presentazione del documento insieme a copia fotostatica non autenticata di un documento di identità del sottoscrittore;

- utilizzo delle modalità di presentazione delle istanze per via telematica disciplinate dall'art. 65 del D.Lgs. n. 82/2005 (CAD).

L'autenticazione delle firme è pertanto dovuta:

- qualora l'istanza o la dichiarazione sostitutiva di atto di notorietà siano presentate a soggetti privati che non siano gestori di servizi pubblici;
- qualora l'istanza o la dichiarazione sostitutiva di atto di notorietà siano presentate ad organi della PA o a gestori di servizi pubblici, al fine della riscossione da parte di terzi di benefici economici.

In tali casi l'autenticazione è redatta da un notaio, cancelliere di Tribunale, segretario comunale, o dal dipendente addetto a ricevere la documentazione o altro dipendente incaricato dal Sindaco.
In quest'ultimo caso, l'autenticazione viene redatta di seguito alla sottoscrizione e il pubblico ufficiale, che provvede ad autenticarla, attesta che la sottoscrizione sia stata apposta in sua presenza, accertando prima l'identità del dichiarante, indicando le modalità di tale identificazione, la data ed il luogo di autenticazione, il proprio nome, cognome e la qualifica rivestita, nonché apponendo la propria firma e il timbro dell'ufficio.

▶ 3.1. La legalizzazione delle firme

La legalizzazione delle firme consiste nell'attestazione ufficiale, da parche di chi ha apposto la propria firma su atti ecc. circa la qualità legale della stessa. Affinché ciò avvenga, ex art 30 del D.P.R. n. 445 del 2000 ai fini della legalizzazione è necessaria l'indicazione del nome e cognome di colui che firma. Il pubblico ufficiale legalizzante deve indicare la data, il luogo della legalizzazione, il proprio nome e cognome, la qualifica rivestita e apporre la propria firma per esteso ed il timbro dell'ufficio.
Non sono ovviamente soggette alla legalizzazione, le copie rilasciate da essi. Per quanto riguarda invece la legalizzazione delle firme di documenti prodotti dalla P.A. italiana da presentare all'estero, questa avverrà ad opera degli organi competenti; nel caso opposto (documenti esteri da produrre in Italia) la legalizzazione avviene per mezzo delle rappresentanze diplomatiche o consolari italiane. Bisogna poi ricordare che in caso di documenti in lingua straniera, è necessario allegare un documento con la traduzione in italiano con certificazione conforme a quella in lingua originale.

4. I certificati e la decertificazione

L'art. 1 del D.P.R. n. 445/2000 definisce il certificato come *il documento rilasciato da un'amministrazione pubblica avente funzione di ricognizione, riproduzione o partecipazione a terzi di stati, qualità personali e fatti contenuti in albi, elenchi o registri pubblici o comunque accertati da soggetti titolari di funzioni pubbliche*. Essi sono utilizzabili solo nei rapporti tra privati. Come anticipato all'inizio della trattazione, di recente si è avvertita l'esigenza non soltanto di snellire le procedure amministrative ma anche di procedere ad un'informatizzazione e ad una dematerializzazione delle stesse. Ciò ha portato ad esempio a prevedere (art. 40 del Testo Unico) che nei rapporti con gli organi della p.a. e i gestori di pubblici servizi i certificati e gli atti di notorietà siano sostituiti da autocertificazioni o dichiarazioni sostitutive di atto di notorietà.

Inoltre, sulle certificazioni da produrre ai soggetti privati bisogna apporre, a pena di nullità, la dicitura: "*Il presente certificato non può essere prodotto agli organi della Pubblica amministrazione o ai privati gestori di pubblici servizi.*" Il mancato ottemperamento di tali disposizioni costituisce per il funzionario uan violazione dei doveri d'ufficio.
In base all'articolo 41 del Testo Unico la validità dei certificati è **illimitata** qualora questi attestino stati, qualità personali e fatti non soggetti a modificazioni; e **di sei mesi** dalla data del rilascio per le restanti certificazioni, salvo diverse disposizioni di legge.

5. L'acquisizione diretta dei documenti

▶ 5.1. Accertamento d'ufficio

Il processo di dematerializzazione ha avuto come conseguenza che i dati in possesso della p.a. devono essere messe a disposizione di gestori e altre p.a. per cui l'acquisizione dei documenti deve avvenire direttamente per mezzo di accertamenti d'ufficio. Per quanto riguarda la tutela della privacy, la materia rientra tra le operazioni di rilevante interesse pubblico, per cui può essere esercitata anche nel caso in cui abbia ad oggetto dati sensibili e giudiziari purché ne rispetti i principi in materia.
Nel caso in cui la p.a. consenta l'accesso diretto ai propri archivi, rilascia un'autorizzazione nella quale sono indicati i limiti e le condizioni dell'accesso. Le modalità di accesso a tali dati da preferire è quella informatica nonostante la norma preveda l'utilizzo di *qualsiasi mezzo idoneo*: ciò avviene sempre nell'ottica del principio di dematerializzazione.

▶ 5.2. Acquisizione di estratti degli atti dello stato civile e regolarità contributiva

Gli estratti degli atti dello stato civile sono documenti autocertificabili e possono essere richiesti soltanto per i procedimenti relativi cambiamento dello stato civile e, se formati o tenuti dagli uffici dello stato civile in Italia o dalle autorità consolari italiane all'estero, sono acquisiti d'ufficio. Eccettuate tale ipotesi, le amministrazioni possono procedere con l'acquisizione d'ufficio degli estratti solo qualora ciò sia indispensabile per fini istruttori.
La documentazione relativa alla **regolarità contributiva** viene acquisita d'ufficio mediante l'accesso diretto al DURC (Documento unico di regolarità contributiva), salvo il caso in cui la normativa di settore preveda la presentazione della dichiarazione sostitutiva. Quest'ultimo costituisce una dichiarazione di scienza, rientrante tra gli atti di certificazione o di attestazione redatti da un pubblico ufficiale con carattere meramente dichiarativo di dati in possesso della p.a., valido fino a querela di falso. Il DURC, come indicato nella nota del Ministero del Lavoro e delle politiche sociali del 16 gennaio 2012, non rientra tra gli atti di autocertificazione.

▶ 5.3. Lo sportello unico per le attività produttive

In base al D.L. n. 70/2011 che ha inserito l'art. 43- bis del D.P.R. n. 445/2000, lo sportello unico per le attività produttive:

a) trasmette alle altre p.a. facenti parte del procedimento le comunicazioni e i documenti attestanti atti, fatti, qualità, stati soggettivi, nonché gli atti di autorizzazione, licenza, concessione, permesso o nulla osta comunque denominati rilasciati dallo stesso sportello unico per le attività produttive o acquisiti da altre amministrazioni o comunicati dall'impresa o dalle agenzie per le imprese, comprese le certificazioni di qualità o ambientali;
b) invia alla camera di commercio, industria, artigianato e agricoltura territorialmente competente, ai fini del loro inserimento nel Repertorio delle notizie economiche e amministrative (REA) e al fine della raccolta e conservazione in un fascicolo informatico per ciascuna impresa, il duplicato informatico dei documenti di cui alla lettera a).
Tali comunicazioni devono avvenire soltanto in modalità telematica.

▶ 5.4. Lo sportello unico per l'edilizia

Il D.L. n. 83/2012 ha semplificato le procedure relative al rilascio di titoli abilitativi e ha potenziato lo Sportello unico per l'edilizia.
In particolare l'art. 5, comma 1-bis considera lo sportello unico per l'edilizia l'unico punto di accesso per il privato interessato in relazione a tutte le vicende amministrative relativo al titolo abilitativo e all'intervento edilizio oggetto dello stesso. Esso, poi, acquisisce presso le amministrazioni competenti, anche mediante conferenza di servizi, gli atti di assenso, comunque denominati, delle amministrazioni preposte alla tutela ambientale, paesaggisticoterritoriale, del patrimonio storico-artistico o alla tutela della salute e della pubblica incolumità.
Il D.Lgs. n. 222/2016, in vigore dall'11/12/2016, amplia l'elenco delle opere di edilizia libera e contiene l'individuazione dei procedimenti oggetto di autorizzazione, segnalazione certificata di inizio di attività (SCIA), silenzio assenso e comunicazione e la definizione dei regimi amministrativi applicabili, in attuazione della delega contenuta nell'art. 5 della legge 7 agosto 2015, n. 124.

6. Le dichiarazioni sostitutive di certificazione

Le dichiarazioni sostitutive di certificazione permettono all'interessato di sostituire le certificazioni amministrative tramite una dichiarazione. Questa deve essere sottoscritta e riguardare fatti, stati e qualità risultanti da registri detenuti da una Pubblica amministrazione. Il D.P.R. n. 445/2000 prevede che l'interessato autocertifica stati, qualità e personali (ex art. 46 T. U.), quali:

- data e il luogo di nascita;
- residenza;
- cittadinanza;
- godimento dei diritti civili e politici;
- stato di celibe, coniugato, vedovo o stato libero;
- stato di famiglia;
- esistenza in vita;
- nascita del figlio, decesso del coniuge, dell'ascendente o discendente;
- iscrizione in albi, in elenchi tenuti da pubbliche amministrazioni;

- appartenenza a ordini professionali;
- titolo di studio, esami sostenuti;
- qualifica professionale posseduta, titolo di specializzazione, di abilitazione, di formazione, di aggiornamento e di qualificazione tecnica;
- situazione reddituale o economica anche ai fini della concessione dei benefici di qualsiasi tipo previsti da leggi speciali;
- assolvimento di specifici obblighi contributivi con l'indicazione dell'ammontare corrisposto;
- possesso e numero del codice fiscale, della partita
- IVA e di qualsiasi dato presente nell'archivio dell'anagrafe tributaria;
- stato di disoccupazione;
- qualità di pensionato e categoria di pensione;
- qualità di studente;
- qualità di legale rappresentante di persone fisiche o giuridiche, di tutore, di curatore e simili;
- iscrizione presso associazioni o formazioni sociali di qualsiasi tipo;
- tutte le situazioni relative all'adempimento degli obblighi militari, ivi comprese quelle attestate nel foglio matricolare dello stato di servizio;
- di non aver riportato condanne penali e di non essere destinatario di provvedimenti che riguardano l'applicazione di misure di sicurezza e di misure di prevenzione, di decisioni civili e di provvedimenti amministrativi iscritti nel casellario giudiziale ai sensi della vigente normativa;
- di non essere a conoscenza di essere sottoposto a procedimenti penali;
- di non essere l'ente destinatario di provvedimenti giudiziari che applicano le sanzioni amministrative di cui al decreto legislativo 8 giugno 2001, n. 231;
- qualità di vivenza a carico;
- tutti i dati a diretta conoscenza dell'interessato contenuti nei registri dello stato civile;
- di non trovarsi in stato di liquidazione o di fallimento e di non aver presentato domanda di concordato.

Trattasi di elenco tassativo. Hanno la medesima validità temporale degli atti che sostituiscono e sono esenti da imposta di bollo.

7. Le dichiarazioni sostitutive dell'atto di notorietà

Ex art. 47 del D.P.R. n. 445/2000, le dichiarazioni sostitutive dell'atto di notorietà rappresentano il documento sottoscritto dall'interessato, relativo a stati, qualità personali e fatti, che siano a diretta conoscenza di questi. La norma ha portata generale (non costituisce elenco tassativo) e tali documenti sono esenti da bollo.
Tali dichiarazioni sostitutive per essere valide ed efficaci possono alternativamente:
- essere sottoscritte dall'interessato alla presenza del dipendente addetto;
- essere sottoscritte e presentate insieme ad una copia fotostatica non autenticata di un documento di identità del sottoscrittore.

L'art. 49 T.U., prevede che non possono essere sostituiti da dichiarazione sostitutiva, eccetto specifiche eccezioni previste dalla normativa di settore, i seguenti documenti:
- i certificati medici;

- i certificati sanitari;
- i certificati veterinari;
- le certificazioni di origine;
- le certificazioni di conformità CE;
- le certificazioni relative a marchi e brevetti.

8. Controlli e sanzioni

Le p.a., e più precisamente gli uffici a ciò preposti, che ricevono le dichiarazioni sostitutive ex artt. 46 e 47 del D.P.R. n. 445/2000 devono controllare la veridicità delle informazioni in esse contenute. I controlli possono essere a campione o mediante verifiche mirate in tutti i casi in cui sorgono fondati dubbi sulla veridicità delle dichiarazioni. Le amministrazioni certificanti devono consentire l'esecuzione dei controlli anche ai soggetti privati, diversi dai gestori di servizi, che abbiano autorizzato l'uso delle dichiarazioni sostitutive per l'accesso ai propri servizi e alle proprie prestazioni. Devono poi possedere idonee misure organizzative e di modalità per la loro esecuzione di cui deve essere data notizia tramite la pubblicazione sul sito istituzionale dell'amministrazione.

L'articolo 74 TU prevede quali conseguenze:

- la non accettazione delle dichiarazioni sostitutive di certificazione o di atto di notorietà;
- il rifiuto di accettare l'attestazione di stati, qualità personali e fatti mediante l'esibizione di un documento di riconoscimento;
- la richiesta e la produzione, da parte rispettivamente degli ufficiali di stato civile e dei direttori sanitari, del certificato di assistenza al parto ai fini della formazione dell'atto di nascita;
- il rilascio di certificati non conformi a quanto previsto all'art. 40, comma 2;

Inoltre in caso di mancata risposta alle richieste di controllo entro trenta giorni ciò sarà valutato ai fini della misurazione e valutazione della performance individuale dei responsabili dell'omissione.

Ne deriva che le p.a. e i loro dipendenti siano responsabili per gli atti emanati, soltanto in caso di dolo o colpa grave, qualora l'emanazione derivi da false dichiarazioni o da documenti falsi o contenenti dati non più rispondenti a verità, prodotti dall'interessato o da terzi.

9. Il Codice dell'amministrazione digitale

Il CAD (D.Lgs. n. 82/2005) modificato da ultimo dalla legge n. 124/2015 e dal D.Lgs. n. 179/2016 si occupa dell'interazione tra cittadino e amministrazione e dell'esigibilità dei diritti digitali di cittadini ed imprese. Esso definisce il diritto all'uso delle tecnologie nei rapporti con la PA e con i gestori di servizi pubblici:

- garantendo la partecipazione al procedimento amministrativo informatico;
- prevedendo le modalità di effettuazione dei pagamenti verso le pubbliche amministrazioni con modalità informatiche;
- stabilendo le modalità di partecipazione democratica e di controllo sulla qualità dei servizi resi.

L'ambito di applicazione soggettivo delle disposizioni contenute nel Codice è ampio, e riguarda in particolare:

- le pubbliche amministrazioni di cui all'art. 1, comma 2 del D.Lgs. 30 marzo 2001, n. 165;
- le società a controllo pubblico, come definite nel D.Lgs. 175/2016, escluse le società quotate;
- i gestori di servizi pubblici e gli organismi di diritto pubblico, con riferimento soltanto alle disposizioni previste dal capo V, relative all'accesso di documenti informatici e l'utilizzo delle informazioni digitali.

10. I documento informatico

Ex art. 1 del CAD il documento informatico è il documento elettronico che contiene la rappresentazione informatica di atti, fatti o dati giuridicamente rilevanti e il documento analogico come la rappresentazione non informatica di atti, fatti o dati giuridicamente rilevanti. In tema probatorio essi sono liberamente valutabili in giudizio, tenuto conto delle loro caratteristiche oggettive di sicurezza, integrità, immodificabilità e qualità.
Qualora al documento informativo venga apposta la firma elettronica avanzata, qualificata o digitale, esso avrà efficacia ex art. 2702 c.c..
Eccetto quanto previsto dal D. Lgs. n. 110/2010 per gli atti pubblici informatici redatti da Notaio, ogni altro atto pubblico redatto su documento informatico deve essere sottoscritto dal pubblico ufficiale con firma qualificata o digitale, a pena di nullità. Le parti, i fidefacenti, l'interprete e i testimoni sottoscrivono personalmente l'atto, in presenza del pubblico ufficiale, con firma avanzata, qualificata o digitale ovvero con firma autografa acquisita digitalmente e allegata agli atti.

11. Duplicati e copie del documento informatico

I documenti informatici sono documenti originali a tutti gli effetti, il CAD però ne esplica anche il valore giuridico caso per caso.

- **Copie informatiche di documenti analogici (art. 22 comma 1)**

I documenti informatici che contengono copia di atti pubblici o scritture private o di altri documenti in genere posseggono piena efficacia ex artt. 2714-2715 del c.c., qualora vi sia apposta o associata la firma digitale da parte di colui che li spedisce o rilascia, o altra firma elettronica qualificata. Possono essere esibite e prodotte validamente al posto dell'originale.

- **Copia per immagine su supporto informatico di documento cartaceo (art. 22 commi 2-3)**

Nel caso in cui la loro conformità sia attestata da un notaio o da altro pubblico ufficiale autorizzato, con dichiarazione asseverata secondo le regole tecniche di cui all'art. 71 e allegata al documento informatico, le copie per immagine assicurano la medesima efficacia probatoria degli originali dai quali sono estratte. Tali documenti hanno la medesima efficacia probatoria degli originali da cui sono tratte se la loro conformità non è espressamente disconosciuta.

Sono però individuate delle ipotesi, contenute nel DPCM 21 marzo 2013, in cui è necessario possedere il documento digitale.

- **Copie analogiche di documenti informatici (art. 23)**

Le copie su supporto analogico di documento informatico posseggono la medesima efficacia probatoria dell'originale da cui sono tratte se la loro conformità all'originale è attestata da pubblico ufficiale autorizzato. Rimane salvo l'obbligo di conservazione dell'originale informatico, ove previsto. In base al D.Lgs. n. 179/2016 è previsto che sulle copie analogiche di documenti informatici può essere apposto a stampa un contrassegno (che sostituisce la sottoscrizione autografa), per mezzo del quale è possibile accedere al documento informatico o verificare che esso corrisponda alla copia analogica

- **Copia e duplicato informatico di documento informatico (art. 23-*bis*)**

Qualora la loro conformità all'originale, in tutte le sue componenti, sia attestata da un pubblico ufficiale autorizzato o se la conformità non è espressamente disconosciuta, la copia e gli estratti informatici del documento informatico, in conformità alle regole tecniche, hanno la medesima efficacia probatoria dell'originale da cui sono tratte

12. La firma digitale

La firma digitale è un particolare tipo di firma qualificata fondata su un sistema di chiavi crittografiche, una pubblica e una privata, che sono tra loto correlate. In base ad essa il titolare, per mezzo della chiave privata, e il destinatario, per mezzo della chiave pubblica, possono rendere manifesta e verificare la provenienza e l'integrità di un documento informatico o di un insieme di documenti informatici. La firma digitale deve riferirsi univocamente ad un singolo soggetto ed al documento o all'insieme di documenti cui è apposta la firma o associata. La firma digitale viene rilasciata tramite certificato da rinnovare (solitamente ogni tre anni) che se risulta revocato, scaduto o sospeso equivale a mancata sottoscrizione, salvo che lo stato di sospensione sia stato annullato.
L'art. 25 del CAD si occupa della c.d. **firma autenticata** in virtù della quale la firma elettronica o qualsiasi altro tipo di firma elettronica avanzata autenticata dal notaio o da altro pubblico ufficiale a ciò autorizzato, si intende come riconosciuta ex art. 2703 cc. (sottoscrizione autenticata). Essa consiste nell'attestazione, da parte del pubblico ufficiale, che la firma sia stata apposta alla sua presenza dal titolare, avendo prima accertato la sua identità personale, la validità dell'eventuale certificato elettronico utilizzato e il mancato contrasto del documento sottoscritto con l'ordinamento giuridico. Qualora al documento informatico autenticato debba essere allegato un altro documento formato in originale su un altro tipo di supporto, il pubblico ufficiale può allegare copia informatica autenticata dell'originale.

13. La posta elettronica certificata (PEC)

La PEC è il sistema di comunicazione capace di attestare l'invio e l'avvenuta consegna di un messaggio di posta elettronica e di fornire ricevute opponibili a terzi.
Ex art. 65 le istanze e le dichiarazioni presentate alle pubbliche amministrazioni e ai

gestori di pubblici servizi per via telematica sono valide:
a) se sottoscritte mediante la firma digitale o la firma elettronica qualificata, il cui certificato è rilasciato da un certificatore qualificato;
b) ovvero, quando l'istante o il dichiarante è identificato attraverso il sistema pubblico di identità digitale (SPID), nonché attraverso uno degli altri strumenti di cui all'art. 64, comma 2-novies del CAD, nei limiti ivi previsti;
c) ovvero ovvero sono sottoscritte e presentate unitamente alla copia del documento d'identità;
c-bis) ovvero se trasmesse dall'istante o dal dichiarante mediante la propria casella di posta elettronica certificata purché le relative credenziali di accesso siano state rilasciate previa identificazione del titolare, anche per via telematica secondo modalità definite con regole tecniche adottate ai sensi dell'art. 71, e ciò sia attestato dal gestore del sistema nel messaggio o in un suo allegato.
Il CAD in virtù del principio per cui i documenti trasmessi da chiunque a una p.a. con qualsiasi mezzo telematico o informatico, idoneo ad accertarne la fonte di provenienza, soddisfano il requisito della forma scritta, prevede che la trasmissione telematica di comunicazioni che necessitano di una ricevuta di invio e di una ricevuta di consegna avviene mediante la posta elettronica certificata o per mezzo di altre soluzioni tecnologiche individuate con le regole tecniche adottate ai sensi dell'art. 71.
L'invio tramite PEC equivale alla notificazione per mezzo posta.
In particolare la PEC garantisce: l'identità del mittente e del destinatario, l'ora di invio e di consegna del messaggio e sull'integrità dello stesso, l'attestazione, con valore legale, dell'invio e della consegna - o della mancata consegna - di documenti digitali.
A ciò si aggiunge la previsione al cittadino della facoltà di indicare al comune di residenza un proprio **domicilio digitale** al quale ricevere le comunicazioni. Questo, in particolare, è inserito nell'Anagrafe nazionale della popolazione residente e reso disponibile a tutte le pubbliche amministrazioni e agli esercenti di pubblici servizi.
Tramite il D.L. n. 179/2012, è poi istituito presso il Ministero dello sviluppo economico, l'Indice nazionale degli **indirizzi di posta elettronica certificata (INI-PEC).** A ciò si aggiunge l'obbligo per ogni p.a. di rendere noto, per mezzo del proprio sito web istituzionale, almeno un indirizzo di posta elettronica certificata cui il cittadino possa rivolgersi per trasmettere istanze e ricevere informazioni circa i provvedimenti e i procedimenti amministrativi che lo riguardano.

14. La gestione documentale: il protocollo

Ogni amministrazione, ex art. 50 del T.U. deve individuare l'ufficio competente a gestire i documenti.
Ai sensi dell'art. 52, D.P.R. n. 445/2000, il sistema di gestione informatica dei documenti deve:
- *assicurare la sicurezza e l'integrità del sistema;*
- *assicurare la corretta e puntuale registrazione di protocollo dei documenti in entrata e uscita;*
- *fornire informazioni sul collegamento tra ciascun documento ricevuto dall'amministrazione e i documenti formati nell'adozione del provvedimento finale;*

- *consentire di reperire le informazioni sui documenti registrati;*
- *consentire in condizioni di sicurezza, l'accesso alle informazioni da parte dei soggetti interessati, nel rispetto delle regole sulla privacy;*
- *garantire la corretta organizzazione dei documenti nell'ambito del sistema di classificazione d'archivio adottato.*

Il D.P.R. n. 445/2000 e il D.Lgs. n. 82/2005 si occupano del c.d. **protocollo informatico**. La sua finalità è quello di rendere efficiente e trasparente la relazione tra il sistema del protocollo ed il sistema di gestione dei flussi documentali. L'amministrazione deve prevedere un manuale riguardante la gestione e conservazione dei documenti, nonché degli archivi informatici che dovrebbero ormai aver sostituito quelli cartacei.

Per poter gestire correttamente tali documenti è necessaria la c.d. **segnatura di protocollo**, che ha come finalità quello di individuare ciascun documento in modo univoco, e che il T.U. definisce come "*l'apposizione o l'associazione, all'originale del documento, in forma permanente e non modificabile, delle informazioni riguardanti il documento stesso*".

Le informazioni minime che ciascun documento deve riportare sono:
- il progressivo di protocollo (numerazione progressiva composta da almeno sette numeri, rinnovati ogni anno solare);
- la data di protocollo;
- l'identificazione in via sintetica dell'amministrazione o area organizzativa omogenea, individuata nel sistema di gestione documentale.

La registrazione di protocollo deve avvenire per ogni documento ricevuto o spedito dalle p.a.. Sono oggetto di registrazione obbligatoria i documenti ricevuti e spediti dall'amministrazione e tutti i documenti informatici.

L'art. 53 del D.P.R. n. 445/2000 descrive l'azione di registrazione del protocollo come la memorizzazione per ogni documento delle seguenti informazioni:
- numero di protocollo generato dal sistema e registrato in modo non modificabile;
- data di registrazione di protocollo assegnata dal sistema e registrata in forma non modificabile;
- mittente o destinatario registrato in forma non modificabile;
- oggetto del documento registrato in forma non modificabile;
- data e protocollo del documento ricevuto, se disponibili;
- impronta del documento informatico, se trasmesso in modalità telematica, costituito dalla sequenza di simboli binari in grado di individuarne univocamente il contenuto, sempre in forma non modificabile.

Il sistema di gestione informatica dei documenti deve consentire la produzione del registro giornaliero di protocollo, costituito dall'elenco delle informazioni inserite con l'operazione di registrazione di protocollo nell'arco di ciascun giorno.

Il sistema deve poi assicurare la completezza dell'intera operazione di modifica o registrazione dei dati tramite l'assegnazione delle informazioni nelle operazioni di registrazione di protocollo in unica soluzione, ad esclusione di interventi intermedi, anche indiretti, da parte dell'operatore.

Il comma 5 dell'art. 53 stabilisce quali documenti siano esclusi dalla procedura di registrazione di protocollo, in particolare:
- le gazzette ufficiali,

- i bollettini ufficiali e i notiziari della Pubblica amministrazione,
- le note di ricezione delle circolari e altre disposizioni,
- i materiali statistici,
- gli atti preparatori interni,
- i giornali, le riviste, i libri, i materiali pubblicitari, gli inviti a manifestazioni,
- tutti i documenti già soggetti a registrazione particolare dell'amministrazione.

Le informazioni eventualmente annullate e indicate tramite dicitura o segno in posizione visibile tale da consentire la lettura di tutte le informazioni originarie insieme a data, utente e estremi del provvedimento che hanno consentito l'annullamento.

Ciascuna amministrazione deve prevedere e creare un servizio atto alla tenuta del protocollo informatico, della gestione dei flussi documentali e degli archivi in ciascuna delle grandi aree organizzative omogenee ex art. 50. Il servizio è alle dirette dipendenze della stessa area organizzativa omogenea. Al suo vertice vi sarà un dirigente o un funzionario, in possesso di idonei requisiti professionali o di professionalità tecnico archivistica acquisiti in base alla normativa in materia.

Il servizio, come dettato dalla normativa, svolge i seguenti compiti:

- *attribuisce il livello di autorizzazione per l'accesso alle funzioni della procedura, distinguendo tra abilitazioni alla consultazione e abilitazioni all'inserimento e alla modifica delle informazioni;*
- *garantisce che le operazioni di registrazione e di segnatura di protocollo si svolgano nel rispetto delle disposizioni di legge;*
- *garantisce la corretta produzione e la conservazione del registro giornaliero di protocollo;*
- *cura che le funzionalità del sistema, in caso di guasti o anomalie, siano ripristinate entro ventiquattro ore dal blocco delle attività e, comunque, nel più breve tempo possibile;*
- *cura la conservazione delle le copie di sicurezza dei dati;*
- *garantisce il buon funzionamento degli strumenti e dell'organizzazione delle attività di registrazione di protocollo, di gestione dei documenti e dei flussi documentali;*
- *autorizza le operazioni di annullamento delle informazioni riportate nelle registrazioni di protocollo;*
- *vigila sull'osservanza procedure definite in attuazione del Testo unico da parte del personale autorizzato e degli incaricati.*

▶ 14.1. Il procedimento e il fascicolo informatico

In base al CAD le p.a. formano gli originali dei propri documenti, inclusi quelli inerenti albi, elenchi e pubblici registri, con mezzi informatici, nel rispetto delle regole tecniche di cui all'art. 71.

In caso di procedimenti si usano gli strumenti informatici e la p.a. titolare del procedimento compie le seguenti attività:

- raccoglie in un fascicolo informatico gli atti, i documenti e i dati del procedimento stesso da chiunque formati;

- avviato il procedimento comunica agli interessati le modalità per esercitare in via telematica i diritti di partecipazione al procedimento amministrativo. Tutte le amministrazioni coinvolte devono poter accedere al fascicolo.

Il fascicolo informatico reca l'indicazione:
- dell'amministrazione titolare del procedimento, che cura la costituzione e la gestione del fascicolo medesimo;
- delle altre amministrazioni partecipanti;
- del responsabile del procedimento;
- dell'oggetto del procedimento;
- dell'elenco dei documenti contenuti, salvo quanto disposto dal comma 2-quater;
- dell'identificativo del fascicolo medesimo.

Il fascicolo informatico può contenere parti alle quali hanno accesso solamente l'amministrazione titolare e gli altri soggetti da essa individuati; esso è formato in maniera tale da garantire la corretta collocazione, la facile reperibilità e la collegabilità, in relazione al contenuto ed alle finalità, dei singoli documenti.

▶ 14.2. I requisiti per la conservazione dei documenti informatici

Il sistema di conservazione dei documenti informatici assicura (così come dettato dalla normativa):
- *l'identificazione certa del soggetto che ha formato il documento e dell'amministrazione o dell'area organizzativa omogenea di riferimento;*
- *la sicurezza e l'integrità del sistema e dei dati e documenti presenti;*
- *la corretta e puntuale registrazione di protocollo dei documenti in entrata e in uscita;*
- *la raccolta di informazioni sul collegamento esistente tra ciascun documento ricevuto dall'amministrazione e i documenti dalla stessa formati;*
- *l'agevole reperimento delle informazioni riguardanti i documenti registrati;*
- *l'accesso, in condizioni di sicurezza, alle informazioni del sistema, nel rispetto delle disposizioni in materia di tutela dei dati personali;*
- *lo scambio di informazioni con sistemi di gestione documentale di altre amministrazioni al fine di determinare lo stato e l'iter dei procedimenti complessi;*
- *la corretta organizzazione dei documenti nell'ambito del sistema di classificazione adottato;*
- *l'accesso remoto, in condizioni di sicurezza, ai documenti e alle relative informazioni di registrazione tramite un identificativo univoco; - il rispetto delle regole tecniche di cui* all'art. 71.

Il sistema di gestione e conservazione dei documenti informatici viene gestito da un responsabile il quale opera d'intesa con il dirigente responsabile del coordinamento dell'azione digitale, con il responsabile del trattamento dei dati personali e con il responsabile del servizio per la tenuta del protocollo informatico, della gestione dei flussi documentali e degli archivi, nella definizione e gestione delle attività di rispettiva competenza. Il responsabile della conservazione può poi chiedere ad altri soggetti, pubblici o privati, che offrano adeguate garanzie organizzative e tecnologiche, la conservazione dei documenti informatici o la certificazione della conformità del relativo processo di conservazione

▶ 14.3. Procedure di salvataggio e il registro di emergenza

L'art. 62 del T.U. prevede che il responsabile per la tenuta del sistema di gestione informatica dei documenti dispone per la corretta esecuzione delle operazioni di salvataggio dei dati su supporto informatico rimovibile.
In caso di procedimenti conclusi si possono trasferire su supporto informatico rimovibile delle informazioni di protocollo relative ai fascicoli che vi fanno riferimento.
Il responsabile si occupa della riproduzione delle informazioni del protocollo informatico su nuovi supporti informatici con cadenza quanto meno quinquennale.
Egli poi autorizza la registrazione di protocollo su uno o più **registri di emergenza** tutte le volte che non sia possibile utilizzare la normale procedura informatica.
Sul registro di emergenza sono indicate la causa, la data e l'ora di inizio dell'interruzione nonché la data e l'ora del ripristino della funzionalità del sistema. Se la procedura informatica non possa essere utilizzata oltre ventiquattro ore, per cause di eccezionale gravità, il responsabile per la tenuta del protocollo può autorizzare l'uso del registro di emergenza per un periodo più lungo che non sia però superiore ad una settimana. Sul registro andranno riportati gli estremi del provvedimento di tale autorizzazione, nonché il numero totale di operazioni registrate manualmente. Le informazioni riguardanti i documenti protocollati durante la situazione di emergenza sono inseriti nel sistema informatico, utilizzando un'apposita funzione di recupero dei dati, una volta ripristinato il sistema. Durante il ripristino, ad ogni documento registrato in emergenza viene attribuito un numero di protocollo del sistema informatico ordinario, che permette di collegarlo col numero utilizzato in emergenza.

15. Gli atti amministrativi

In materia di atti amministrativi è stata prevista una guida definita "*Guida alla redazione degli atti amministrativi, Regole e suggerimenti*". Essa è suddivisa in tre parti:
- una prima parte relativa alle regole linguistiche per la scrittura degli atti amministrativi;
- una seconda parte relativa alla struttura essenziale del provvedimento amministrativo.;
- una terza parte relativa alle tecniche di redazione delle citazioni per il rinvio agli atti, mutuate dalle regole di tecnica legislativa.

Per struttura del provvedimento si intende la sua organizzazione interna.
Il provvedimento amministrativo si suddivide, principalmente, in **tre parti**.
1) La parte iniziale, o intestazione nella quale troviamo: la denominazione formale del tipo di provvedimento amministrativo (es. decreto, deliberazione, determinazione ecc.), l'autorità emanante, l'oggetto (che indica la funzione del provvedimento nel caso concreto) e gli estremi, che comprendono l'eventuale data e il numero che indica il codice di protocollo che permette l'identificazione univoca del provvedimento;

2) La parte centrale che comprende: il preambolo, la motivazione e il dispositivo.
3) La parte finale, o conclusione, che comprende: il luogo in cui il provvedimento è stato adottato, la data di adozione del provvedimento e la sottoscrizione

L'intestazione coincide con l'autorità emanante l'atto amministrativo. Se si tratta di organo monocratico si indica la denominazione dell'organo che ha adottato l'atto; se l'organo è collegiale si indica la denominazione dell'organo deliberante indicando sia le persone che hanno partecipato alla seduta e di quelli che pur assenti fanno parte dell'organo.

L'oggetto indica la funzione del provvedimento nel caso concreto e tutti gli argomenti principali trattati dal provvedimento.

Il preambolo contiene gli elementi di fatto e di diritto pertinenti e rilevanti per lo specifico provvedimento amministrativo adottato quali:

- fatti, atti, accertamenti e norme giuridiche;
- l'indicazione delle fasi significative del procedimento amministrativo svolto quali: iniziativa (istanza di parte, iniziativa d'ufficio ecc.), comunicazione dell'avvio del procedimento, conferenza di servizi, parere e valutazione tecnica.

Esso è composto da uno o più paragrafi e ciascun paragrafo è introdotto dal termine "Visto". Sono posizionati in base ai concetti e alle informazioni che contengono, secondo una precisa sequenza: si comincia con gli elementi che hanno determinato l'avvio del procedimento, passando poi agli elementi di diritto e altri elementi quali proposte, raccomandazioni, progetti, domande e pareri pertinenti e rilevanti. Si prosegue con gli elementi obiettivi, che l'ente emanante riporta così come sono, sia che si siano realizzati in seno all'ente, sia che si siano realizzati all'esterno dell'ente.

Si arriva, così, agli accertamenti, le verifiche, le circostanze, i fatti, i comportamenti, le istanze, i pareri e i controlli da registrare dopo le attività di verifica, per finire con la valutazione su elementi accertati o noti, che spesso introduce la motivazione vera e propria.

Ogni provvedimento deve essere **motivato**. Sono esclusi dall'obbligo di motivazione gli atti a contenuto generale (es bilanci preventivi, conti consuntivi ecc.). La motivazione deve indicare i presupposti di fatto e le ragioni giuridiche che hanno determinato la decisione dell'amministrazione in relazione alle risultanze dell'istruttoria, richiamando espressamente quanto esposto nel preambolo.

Anch'essa si suddivide in paragrafi. Ciascun paragrafo è introdotto dal termine "Considerato" che introduce l'esposizione di fatti, interessi e norme che motivano il provvedimento amministrativo o il richiamo ai presupposti di fatto e alle ragioni giuridiche che inquadrano il provvedimento amministrativo.

Le ragioni giuridiche combaciano con le argomentazioni di supporto al provvedimento amministrativo e si riportano in base alla seguente sequenza: in primis le disposizioni normative, rispettando la gerarchia fra le fonti, e a seguire gli eventuali orientamenti giurisprudenziali (prima le magistrature superiori); infine gli eventuali indirizzi dottrinari.

Il **dispositivo** contiene la parte prescrittiva dell'atto amministrativo che, a seconda delle varie tipologie di atto, può esplicarsi o in una manifestazione di volontà oppure in una manifestazione di scienza-conoscenza o in una manifestazione di valutazione. Il dispositivo è introdotto da verbi quali: "delibera", "decreta", "determina", "dispone" a seconda del tipo di provvedimento e dell'autorità emanante.

Il dispositivo indica poi l'autorità e i termini ai fini del ricorso contro il provvedimento. Possono poi essere previste formule che indicano: l'esecutività del provvedimento, i soggetti cui il provvedimento va comunicato, notificato o trasmesso, nonché i soggetti ai quali compete provvedere all'esecuzione o che devono controllare
L'atto amministrativo deve riportare la **sottoscrizione** (autografa, a stampa o digitale) dell'autorità che lo ha adottato.
Il testo del provvedimento contiene le informazioni essenziali alla sua immediata comprensione, le altre informazioni, spesso di natura tecnica, sono inserite negli **allegati**, che saranno menzionati nell'atto e che dovranno essere posti alla fine di questo.

16. I documenti di identità

L'art. 1 del D.P.R. n. 445/2001 dà le seguenti definizioni:
- **documento di riconoscimento**: *ogni documento munito di fotografia del titolare e rilasciato, su supporto cartaceo, magnetico o informatico, da una Pubblica amministrazione italiana o di altri Stati, che consenta l'identificazione personale del titolare*;
- **documento d'identità:** *la carta d'identità ed ogni altro documento munito di fotografia del titolare e rilasciato, su supporto cartaceo, magnetico o informatico, da una Pubblica amministrazione competente dello Stato italiano o di altri Stati, con la finalità prevalente di dimostrare l'identità personale del suo titolare*;
- **documento d'identità elettronico**: *il documento analogo alla carta d'identità elettronica rilasciato dal comune fino al compimento del quindicesimo anno di età*.

L'art. 1 del D.Lgs. n. 82/2005 definisce la carta d'identità elettronica (CIE) come *il documento d'identità munito degli elementi per l'identificazione fisica del titolare rilasciato su supporto informatico dalle amministrazioni comunali con la prevalente finalità di dimostrare l'identità anagrafica del suo titolare.*
Il **decreto 23 dicembre 2015 del Ministro dell'Interno, di concerto con i Ministeri dell'Economia e delle Finanze e per la Semplificazione e la Pubblica Amministrazione**, recante modalità tecniche per il rilascio della Carta d'identità elettronica (CIE), prevede quanto segue:
- la richiesta di rilascio della CIE deve essere presentata presso l'anagrafe del comune di residenza o di dimora, o presso il Consolato se cittadino italiano residente all'estero, o online tramite il portale CIEonLine;
- Le carte d'identità in formato cartaceo ed elettronico rilasciate fino all'emissione della "nuova" CIE mantengono infatti la propria validità fino alla scadenza;
- All'atto della richiesta l'ufficio anagrafico procede all'acquisizione dei dati biometrici e delle informazioni obbligatorie e facoltative da riportare sul documento o registrare nel microchip, utilizzando le postazioni dedicate connesse con il CIEonLine;
- Entro sei giorni lavorativi viene consegnata presso l'indirizzo indicato, la CIE e la seconda parte dei codici PIN/PUK ad essa associati.

Il D.L. n. 179/2012, come convertito in legge n. 221/2012, ha previsto **il documento digitale unificato**, con lo scopo di unire la carta d'identità elettronica e la tessera sanitaria (CNS-TS).
Sono equipollenti alla carta di identità:

- il passaporto;
- la patente di guida, rilasciata dal Dipartimento dei Trasporti Terrestri (ex Motorizzazione civile)
- ovvero dagli uffici decentrati SIIT (servizi integrati infrastrutture e trasporti);
- la patente nautica, rilasciata, secondo le rispettive competenze, dagli Uffici Circondariali Marittimi, dalle Capitanerie di porto, oppure gli uffici provinciale del DTT;
- il libretto di pensione, rilasciato dall'INPS;
- il patentino di abilitazione alla conduzione di impianti termici;
- il porto d'armi, rilasciato da Questura o Prefettura;
- le altre tessere di riconoscimento, purché munite di fotografia e di timbro o di altra segnatura equivalente, rilasciate da un'amministrazione dello Stato.

Il comma 3 dell'art. 35 del D.P.R. n. 445/2000 prevede la facoltatività dell'indicazione o dell'attestazione dello stato civile nei documenti d'identità o di riconoscimento.
Secondo il disposto dell'art. 47, comma 4, lo smarrimento dei documenti di riconoscimento o comunque attestanti stati e qualità personali dell'interessato è comprovato da chi ne richiede il duplicato mediante dichiarazione sostitutiva, salvo il caso in cui la legge preveda espressamente che la denuncia all'Autorità di Polizia Giudiziaria è presupposto necessario per attivare il procedimento amministrativo di rilascio del duplicato di documenti medesimi.

▶ 16.1. La scadenza dei documenti di identità

La normativa sul rilascio e la durata della carta d'identità è contenuta nell'art. 3 del Testo unico delle leggi di pubblica sicurezza (c.d. TULPS regio decreto n. 773 del 18 giugno 1931).
Con il D.L. n. 112/2008 si è estesa la validità della carta di identità da 5 a 10 anni.
L'art. 10 del D.L. n. 70/2011 prevede che:

- per i minori di età inferiore a tre anni, la validità della carta d'identità sia di tre anni;
- per i minori di età compresa fra tre e diciotto anni, la validità sia di cinque anni.

In base al D.L. n. 135/2009 anche il passaporto ha validità decennale. Inoltre:

- la validità del passaporto è di tre anni per i minori di età inferiore a tre anni;
- per i minori di età compresa tra tre e diciotto anni la validità del passaporto è di cinque anni.

È previsto inoltre il rilascio di un passaporto temporaneo, di validità pari o inferiore a dodici mesi in caso di urgenza ovvero in caso di impossibilità temporanea alla rilevazione delle impronte digitali.
I documenti di identità e di riconoscimento sono rilasciati o rinnovati con validità fino alla data, corrispondente al giorno e mese di nascita del titolare, immediatamente successiva alla scadenza che sarebbe altrimenti prevista per il documento medesimo.

Tale disposizione si applicano ai documenti rilasciati o rinnovati dopo l'entrata in vigore del D.L. n. 5/2012.
Le disposizioni introdotte dal D.L. n. 5/2012:

- si applicano anche alle tessere di riconoscimento rilasciate dalle amministrazioni dello Stato ai dipendenti civili e ai militari, in servizio e in quiescenza;
- non si applica alle patenti rilasciate per le categorie superiori C e D e a quelle la cui durata è fissata in misura ridotta, rispetto alla durata ordinaria, dalla Commissione medica legale;
- non si applica neanche alla cd. Carta di qualificazione del conducente (CQC), in quanti non è un documento di identità;
- si applica alle patenti di categoria AM, A1, A, B1, B e BE che hanno una durata ordinaria.

▶ 16.2. I documenti per l'espatrio dei minori

A seguito dell'attuazione di una Raccomandazione formulata dall'Unione Europea, a partire dal 26 giugno
2012 i minori italiani devono essere muniti, per l'attraversamento delle frontiere, di un documento di
viaggio individuale o, se il paese attraversato la riconosce, di carta d'identità valida per l'espatrio o altro documento personale equipollente.
I documenti validi per l'espatrio dei minori sono pertanto:

- il passaporto individuale, per il cui rilascio è necessario l'assenso di entrambi i genitori.
- la carta d'identità valida per l'espatrio. Per i minori di età inferiore a quattordici anni, l'uso della carta d'identità ai fini dell'espatrio è subordinato alla condizione che questi viaggino in compagnia di uno dei genitori o di chi ne fa le veci, o che venga indicata l'autorizzazione a favore di chi sono affidati (c.d. dichiarazione di accompagno);
- il lasciapassare, utilizzabile fino a 15 anni, formato da un certificato contestuale di nascita e cittadinanza, rilasciato dal Comune di residenza, con fotografia del minore vidimata dal Questore.

17. L'imposta di bollo sulla documentazione amministrativa

L'imposta di bollo è una imposta indiretta. Essa è regolata dal D.P.R. n. 642/1972 in base al quale sono oggetto di imposta *gli atti, i documenti e i registri indicati nell'annessa tariffa*, tassativamente elencati nell'allegato A al decreto.
La Tariffa è suddivisa in due parti, che disciplinano rispettivamente:
1) gli atti soggetti all'imposta sin dall'origine, che sono elencati nella parte dell'allegato A - Tariffa - parte prima (artt. 1 - 21);
2) atti soggetti all'imposta solo in caso d'uso, che sono indicati nella parte dell'allegato A - Tariffa - parte seconda (artt. 22 - 32).

Non sono oggetto di imposta di bollo tutti gli atti legislativi e, se non espressamente previsti nella Tariffa, gli atti amministrativi posti in essere dallo Stato, dalle Regioni, dalle Province, dai Comuni e loro consorzi.
Nell'allegato B del decreto è prevista un'elencazione di atti che sono esenti in modo assoluto dall'imposta (elenco tassativo).
L'art. 32 della Tariffa prevede un'imposta fissa in caso d'uso di euro 16,00 per ogni esemplare dell'atto, ovvero per ogni 100 pagine o frazione del registro o del relativo estratto gli atti, i registri ed ogni altro scritto, per i quali non siano espressamente previsti il pagamento dell'imposta sin dall'origine o l'esenzione in modo assoluto.
Dal 26 giugno 2013 le misure fisse dell'imposta di bollo già stabilite dalla legge in euro 1,81 e 14,62, ovunque ricorrano, sono rideterminate, rispettivamente, in euro 2,00 ed in euro 16,00.
Soggetti all'imposta di bollo sono non solo gli originali di documenti ma anche le rispettive copie conformi. L'art. 5 del D.P.R. definisce la copia come la riproduzione, parziale o totale, di atti, documenti e registri dichiarata conforme all'originale da colui che l'ha rilasciata. Per le copie conformi, l'imposta, fatto salvo diversa disposizione, è dovuta indipendentemente da quanto previsto per l'originale.
La copia conforme costituisce dunque un autonomo presupposto dell'imposta di bollo rispetto al suo originale.
Tuttavia, a norma dell'art. 27-bis dell'allegato B al decreto sono esenti dall'imposta di bollo:

- gli atti,
- i documenti,
- le istanze,
- i contratti delle ONLUS e dalle federazioni sportive ed enti di promozione sportiva riconosciuti dal CONI, nonché le loro copie, se dichiarate conformi all'originale.

La prima parte della Tariffa contenuta nell'allegato A al decreto elenca pertanto gli atti, i documenti e i registri soggetti all'imposta di bollo fin dall'origine.
La parte seconda della Tariffa contenuta nell'allegato A al D.P.R. n. 642/1972 contiene l'enumerazione degli atti e documenti soggetti all'imposta solo in caso d'uso, cioè "quando gli atti, i documenti e i registri sono presentati all'ufficio del registro per la registrazione" (art. 2, secondo comma). Il presupposto per l'applicazione dell'imposta è quindi in questo caso il concreto impiego dell'atto, documento o registro.
Nell'imposta di registro si intende per uso l'utilizzazione del documento in sede amministrativa, ossia il momento nel qaule l'atto è utilizzato per il deposito in cancelleria giudiziaria o presso le amministrazioni dello Stato o gli enti pubblici territoriali ed i rispettivi organi di controllo, purché tale deposito non sia obbligatorio per legge o regolamento. Per quanto attiene all'imposta di bollo il caso d'uso è letteralmente definito come la presentazione all'ufficio del Registro (da intendersi come il competente ufficio dell'Agenzia delle entrate) per la registrazione.
Da ciò consegue che per gli atti, i documenti e i registri in questione l'imposta di bollo non deve essere corrisposta al momento in cui gli stessi sono formati, ma solo quando siano sottoposti alla formalità della registrazione.
Ulteriore conseguenza è che l'imposta è dovuta nella misura vigente al momento della presentazione dell'atto e non al momento della sua redazione.

Il decreto definisce esplicitamente i caratteri formali che lo stesso deve rispettare per la corretta applicazione del tributo.
L'imposta di bollo, nella misura di € 16,00, è dovuta per ogni "foglio" dell'atto. Il foglio si intende composto da quattro facciate, corrispondenti a 100 righe di foglio protocollo.
Per i tabulati meccanografici l'imposta è dovuta per ogni facciata effettivamente utilizzata.
Per le riproduzioni con mezzi meccanici, fotografici, chimici e simili il foglio si intende composto da quattro facciate sempreché queste siano unite o rilegate tra loro in modo da costituire un unico atto recante nell'ultima facciata la dichiarazione di conformità all'originale.
L'art. 3 del decreto, prima della modifica introdotta dalla legge n. 191/2004, di conversione del D.L. n.
168/2004 prevedeva quattro modalità di assolvimento dell'imposta di bollo:
1. in modo ordinario, cioè quando l'atto veniva predisposto su carta bollata o filigranata, prodotta e venduta dallo Stato;
2. in modo straordinario, cioè apponendo la marca, il visto per bollo o il bollo a punzone sull'atto o documento formato su carta comune, per le categorie di atti individuate dal D.M. 7 giugno 1973, e per gli
atti soggetti all'imposta solo in caso d'uso;
3. in modo virtuale, attraverso il pagamento all'ufficio dell'Agenzia delle entrate o altri uffici autorizzati, o mediante versamento su conto corrente postale;
4. tramite intermediario convenzionato con l'Agenzia delle entrate, che rilascia, attraverso apposite emettitrici, un contrassegno che sostituisce a tutti gli effetti la marca da bollo.
Dal primo gennaio 2007 si applica la nuova formulazione dell'art. 3, per cui l'assolvimento dell'imposta di bollo è consentita solo tramite intermediario convenzionato o in modo virtuale.
L'applicazione delle marche da bollo (ora del contrassegno sostitutivo della marca da bollo) deve precedere l'eventuale sottoscrizione e, per i registri e repertori, qualsiasi scritturazione.
L'annullamento delle marche avviene mediante perforazione o apposizione della sottoscrizione di una delle parti o della data o di un timbro parte su ciascuna marca, e parte sul foglio.
Ogni rinnovazione o proroga, anche se messa su atti o documenti formati in precedenza, è soggetta ad imposta di bollo in base a quanto previsto dalla normativa vigente.
Inoltre, questa disposizione ammette la possibilità che più atti siano contenuti nello stesso foglio, a condizione che sia corrisposta la relativa imposta.
La norma prevede un elenco non tassativo di ipotesi in cui ciò è consentito:

- *gli inventari, processi verbali e gli altri atti che sono compiuti in più sedute;*
- *la ratifica apposta sull'atto cui si riferisce;*
- *la dichiarazione di conferma e di asseverazione del contenuto di un atto e la dichiarazione di concordanza con l'originale;*
- *la dichiarazione di vedovanza scritta sul certificato di esistenza in vita;*
- *gli estratti rilasciati dai pubblici funzionari e desunti dai registri dei rispettivi uffici, purché riguardino una sola persona o più persone coobbligate o*

cointeressate nell'affare cui si riferisce il contenuto degli estratti che si rilasciano;
- *l'autenticazione o la legalizzazione delle firme apposte sullo stesso foglio che contiene le firme da*
- *autenticare o da legalizzare;*
- *le certificazioni dei pubblici uffici apposte sul duplicato e sul secondo originale delle domande;*
- *gli atti contenenti più convenzioni, istanze, certificazioni o provvedimenti, se redatti in un unico contesto.*

▶ 17.1. Il bollo virtuale

Le categorie di atti e documenti per le quali può essere consentito il pagamento dell'imposta di bollo virtuale sono individuate dal D.M. 7 giugno 1973, con allegato A contenente le tariffe, annessa al D.P.R. n. 642/1972.
I documenti sono i seguenti:
- *atti di protesto redatti dagli ufficiali giudiziari (art. 1);*
- *certificati, copie dichiarate conformi all'originale, estratti di qualunque atto o documento rilasciati da*
- *notai o da altri pubblici ufficiali a ciò autorizzati per legge (art. 2);*
- *scritture private contenenti convenzioni o dichiarazioni anche unilaterali con le quali si creano, si modificano, si estinguono, si accertano o si documentano rapporti giuridici di ogni specie (art. 4);*
- *atti degli organi dell'amministrazione dello Stato, delle regioni, delle province e dei comuni, compresi gli atti degli enti pubblici incaricati della tenuta di pubblici registri, rilasciati a privati che ne abbiano fatto richiesta, in originale, in estratto ovvero in copia dichiarata conforme all'originale (art. 6);*
- *assegni bancari emessi con l'osservanza dei requisiti di cui ai numeri 1, 2, 3 e 5 dell'art. 1 del R.D. 21 dicembre 1933, n. 1736 (art. 15, lett. a);*
- *libretti di risparmio nominativi ed al portatore (art. 18);*
- *ricevute, quietanze, note, conti, fatture, distinte e simili, anche se non sottoscritti, quando la somma supera €5,16 ovvero sia indeterminata o a saldo per somma inferiore al debito originario senza l'indicazione di questo o delle precedenti quietanze (art. 19);*
- *estratti di conti, lettere e ricevute di accreditamento o di addebitamento di somme, portanti o meno la causale dell'accreditamento o dell'addebitamento e relativi benestare quando la somma supera € 5,16 (art. 20);*
- *ricevute, lettere e ricevute di accreditamento e simili, anche se non sottoscritte, consegnate per l'incasso o altrimenti negoziate presso aziende ed istituti di credito (art. 20-bis); carte di credito, buoni di acquisto ed altri simili titoli in circolazione di importo superiore ad € 5,16 (art. 21);*
- *note di trascrizione, iscrizione, rinnovazione e annotazione nei registri di cui all'art. 23 della stessa tariffa, nonché nei registri navale, aeronautico e automobilistico (art. 24);*

- *note di trascrizione del patto di riservato dominio, nonché del privilegio nelle vendite di macchine di cui agli artt. 1524 e 2762 del codice civile (art. 25);*
- *atti di notorietà e pubblicazioni di matrimonio (art. 28).*

Le modalità di pagamento in via telematica dell'imposta di bollo dovuta per le istanze e per i relativi atti e provvedimenti trasmessi in via telematica sono state definite, ai sensi dell'art. 1, comma 596, della legge n. 147/2013, con il Provvedimento del Direttore dell'Agenzia delle entrate del 19 settembre 2014.

In base all'art. 19 i dipendenti della p.a. devono in ogni caso accettare i documenti privi della marca da bollo (pena relative sanzioni). Ovviamente la marca andrà comunque prodotta. Coloro che hanno ricevuto la documentazione priva della marca entro trenta giorni dal ricevimento, dovranno inviarne l'originale o la copia all'Agenzia delle Entrate ai fini della regolarizzazione ed erogazione delle sanzioni amministrative. La regolarizzazione verrà annotata sull'originale o sulla copia inviata.

Anche ai fini della regolarizzazione sono obbligati in solido per il pagamento dell'imposta e delle eventuali sanzioni:

- tutte le parti che hanno sottoscritto, ricevuto, accettato o negoziato atti e documenti non in regola con il pagamento dell'imposta;
- tutti coloro che fanno uso di un atto non soggetto al bollo fin dall'origine senza prima farlo munire del bollo.

È esente da responsabilità solo la parte che non abbia partecipato alla formazione dell'atto, e che lo regolarizzi entro quindici giorni dalla ricezione.

L'art. 31 del Decreto disciplina la condizione degli atti e documenti per i quali l'imposta dovuta non sia stata assolta in tutto o in parte, stabilendo che questi debbono sempre essere regolarizzati mediante il pagamento dell'imposta non corrisposta o della maggiore imposta dovuta nella misura vigente al momento dell'accertamento della violazione. La regolarizzazione è eseguita esclusivamente dal competente ufficio dell'Agenzia delle entrate, mediante annotazione sull'atto o documento della sanzione amministrativa riscossa.

▶ 17.2. Esenzioni

Sono atti esenti dall'imposta di bollo:

- tutti gli atti legislativi e, se non espressamente previsti nella Tariffa, gli atti amministrativi posti in essere dallo Stato, dalle Regioni, dalle Province, dai Comuni e loro consorzi (art. 1, comma 2 del decreto);
- gli atti esenti dall'imposta di bollo in modo assoluto inclusi nell'allegato B al decreto;
- gli atti esenti dall'imposta di bollo in base a disposizioni speciali;
- le dichiarazioni sostitutive di cui agli artt. 46 e 47;
- quando per le leggi vigenti sia esente da bollo l'atto sostituito ovvero quello nel quale è apposta la firma da legalizzare;
- la legalizzazione delle fotografie prescritte per il rilascio dei documenti personali.

PARTE VI
NORMATIVA IN MATERIA DI CONTRATTI PUBBLICI

SOMMARIO

Capitolo 1
I CONTRATTI DELLA P.A.

SOMMARIO

1. La capacità di diritto privato della P.A. e contratti

Nel curare gli interessi pubblici che la legge le affida la Pubblica Amministrazione agiscono anche con modalità di condotta disciplinate dal diritto privato, essendole riconosciuta una **generale capacità di diritto privato**, che la abilita a concludere ogni tipo di contratto, sempre che sia compatibile con le finalità istituzionali assegnate al singolo ente.
L'art. 1, comma 1 *bis*, l. 7 agosto 1990, n. 241, prevede, infatti, che *la Pubblica amministrazione, nell'adozione di atti di natura non autoritativa, agisce secondo le norme del diritto privato, salvo che la legge disponga diversamente*.

ESEMPIO

È quanto l'Amministrazione fa quotidianamente quando acquista beni (per esempio, materiale di cancelleria per i propri uffici o autovetture, comprese le c.d. auto blu) o servizi (per esempio, di pulizia o portierato per gli edifici nei quali si svolge l'attività) o lavori (per esempio, necessario per la costruzione di una scuola pubblica o di una caserma).

▶ 1.1. Contratti attivi e passivi dell'Amministrazione

Importante è distinguere tra contratti passivi e contratti attivi stipulati dall'Amministrazione.
I contratti **attivi** *producono un'entrata per l'ente* determinando un'entrata su un apposito capitolo di bilancio (per esempio, l'alienazione di un immobile); all'opposto, i contratti **passivi** *producono una spesa* provocando un impegno di spesa, imputato ad un apposito capitolo di bilancio.
Diversa è la **normativa di riferimento** per l'una e l'altra tipologia di contratti.
I contratti **attivi** (vendite, locazioni attive) trovano la loro disciplina, oltre che in leggi speciali, nelle norme di **contabilità pubblica** (r.d. n. 2440 del 1923), prevalentemente derogatoria rispetto al diritto comune.
Per i contratti **passivi**, mediante i quali la P.A. si procura beni, servizi e lavori di cui ha bisogno, la disciplina è posta principalmente dal Codice dei contratti pubblici (d.lgs. 18 aprile 2016, n. 50), che rinvia al codice civile per i profili non regolati.
Per la stipula degli uni e degli altri, tuttavia, l'Amministrazione soggiace ad alcuni limiti connessi alla sua natura pubblica che comporta la costante necessità per la P.A., quali che siano le forme pubblicistiche o privatistiche di azione, di perseguire le **finalità di interesse pubblico** stabilite dalla legge.
Il che comporta che, *diversamente dal privato*, libero di scegliere gli interessi da soddisfare con il contratto, sempre che leciti, la P.A. non dispone di tale libertà dovendo perseguire, anche quando agisce secondo le norme del diritto privato, gli interessi pubblici indicati dalla legge.
A ciò si aggiunge che, a *garanzia dell'imparzialità* che deve contraddistinguere l'operato della P.A., pubbliche o private che siano le modalità del suo agire, l'Amministrazione deve quasi sempre seguire, nella **scelta del suo contraente**, procedure pubbliche (c.d. di **evidenza pubblica**) disciplinate dalla legge talvolta anche minuziosamente non solo perché la P.A. ottenga le condizioni migliori, ma anche perché non siano commessi favoritismi, fonte tra l'altro di distorsioni nel funzionamento del mercato.

2. Il Codice dei contratti pubblici: principi e ambito di applicazione. La legge 21 giugno 2022, n. 78, delega per la riforma della disciplina dei contratti pubblici

La disciplina dei contratti passivi dell'Amministrazione è oggi contenuta nel **Codice dei contratti pubblici** emanato con d.lgs. 18 aprile 2016, n. 50, con cui è stata data attuazione alle direttive europee nn. 23, 24 e 25 del 2014.
All'analisi della disciplina dettata dal Codice, è utile anteporre una breve illustrazione dei principali criteri dettati dalla **l. 21 giugno 2022, n. 78**, con la quale il Governo è stato delegato a razionalizzare, riordinare e semplificare la disciplina vigente in materia di contratti pubblici relativi a lavori, servizi e forniture, anche al fine di adeguarla al diritto europeo e ai principi espressi dalla giurisprudenza della Corte costituzionale e delle giurisdizioni superiori, interne e sovranazionali. La delega, da esercitare entro marzo 2023, interviene su molteplici aspetti della disciplina dettata dal codice.
Il legislatore dovrà in particolare attenersi a ben 31 criteri direttivi, tra i quali quelli in tema di:

- **divieto di *gold plating***, dovendo la nuova disciplina garantire una "stretta aderenza alle direttive europee, mediante l'introduzione o il mantenimento di livelli di regolazione corrispondenti a quelli minimi richiesti dalle direttive stesse";
- revisione delle competenze dell'**Autorità nazionale anticorruzione** , al fine di rafforzarne le funzioni di vigilanza sul settore e di supporto alle stazioni appaltanti;
- **sistemi di qualificazione delle stazioni appaltanti e degli operatori economici**, con la ridefinizione e rafforzamento della relativa disciplina al fine di conseguire la loro riduzione numerica, nonché l'accorpamento e la riorganizzazione delle stesse;
- criteri premiali per l'**aggregazione di impresa**, diretti a favorire la partecipazione da parte delle micro e piccole imprese;
- di **suddivisione degli appalti in lotti** sulla base di criteri qualitativi o quantitativi, con obbligo di motivare la decisione di non procedere a detta suddivisione e con divieto di accorpamento artificioso dei lotti;
- **semplificazione** della disciplina applicabile ai **contratti sotto soglia**, nel rispetto dei principi di pubblicità, trasparenza, concorrenzialità, rotazione, non discriminazione, proporzionalità;
- obbligo per le stazioni appaltanti di inserire nei bandi di gara, negli avvisi e inviti, in relazione alle diverse tipologie di contratti pubblici, un **regime obbligatorio di revisione dei prezzi** al verificarsi di particolari condizioni di natura oggettiva e non prevedibili al momento della formulazione dell'offerta, compresa la variazione del costo derivante dal rinnovo dei contratti collettivi nazionali di lavoro;
- **riduzione e certezza dei tempi** relativi alle procedure di gara, alla stipula dei contratti, anche attraverso contratti-tipo predisposti dall'Anac, e all'esecuzione degli appalti, anche attraverso la digitalizzazione e l'informatizzazione delle procedure;
- razionalizzazione e semplificazione delle **cause di esclusione**, al fine di rendere le regole di partecipazione chiare e certe;
- **criteri di aggiudicazion**e con l'individuazione delle ipotesi in cui le stazioni appaltanti possono ricorrere ad automatismi nella valutazione delle offerte e tipizzazione dei casi in cui si potrà ricorrere al solo criterio del prezzo o del costo;
- **programmazione dei lavori e modernizzazione del Consiglio superiore dei lavori pubblici,** da attuare rivedendo la normativa primaria in materia di programmazione, localizzazione delle opere pubbliche, anche attraverso modifiche alla disciplina del dibattito pubblico e di approvazione dei progetti.

► 2.1. I principi comuni alle fasi dell'affidamento e dell'esecuzione

L'art. 30 del Codice detta i principi cui devono uniformarsi l'affidamento e l'esecuzione dei contratti pubblici, distinguendo i principi applicabili alla fase, pubblicistica, di affidamento del contratto, da quelli da osservare invece nella fase, privatistica, di

esecuzione del contratto.
Tra i **principi comuni** alle due fasi quello a che sia garantita la *qualità delle prestazioni* da acquisire, nonché quelli di *economicità, efficacia, tempestività e correttezza.*

▶ 2.1.1. Principi relativi alla fase dell'affidamento

Per la sola fase dell'**affidamento** del contratto, sono indicati i principi fondamentali del Trattato Ce, quelli cioè di *libera concorrenza, parità di trattamento, non discriminazione* e *trasparenza, proporzionalità* e *pubblicità*.
La tutela della **concorrenza**, considerata quale elemento centrale delle gare pubbliche, si realizza in primo luogo favorendo la *massima partecipazione degli operatori economici.*
Il principio di **pubblicità** – strumentale alla realizzazione della parità di trattamento e di massima partecipazione alla procedura, oltre che finalizzato a realizzare la massima trasparenza, in applicazione dei principi costituzionali di imparzialità e buona amministrazione – è sotteso all'intera disciplina della c.d. evidenza pubblica, a partire dalla fase preliminare all'indizione della gara, con l'*obbligo di pubblicazione del bando*, fino al termine della gara, con l'*obbligo di comunicarne l'esito a tutti i partecipanti entro un termine ragionevole.*

▶ 2.1.2. Ambito di applicazione: appalti e concessioni

Quanto all'**ambito di applicazione**, il Codice ricomprende tanto i contratti di appalto quanto quelli di concessione.
La **concessione** (di lavori o di servizi) è il contratto a titolo oneroso stipulato per iscritto in virtù del quale l'ente affida l'esecuzione di lavori o la gestione del servizio ad uno o più operatori economici riconoscendo a titolo di corrispettivo unicamente il *diritto di gestire l'opera realizzata o il servizio o tale diritto accompagnato da un prezzo*: il concessionario assume quindi il *rischio operativo* legato alla gestione dell'opera o del servizio.
Gli **appalti pubblici** (di lavori, servizi o forniture, cioè beni) sono contratti a titolo oneroso, stipulati per iscritto tra l'ente e uno o più operatori economici, aventi per oggetto l'esecuzione di lavori, la fornitura di prodotti, la prestazione di servizi.
Gli appalti possono avere quindi ad **oggetto**:
- **lavori**, ossia l'esecuzione di lavori, ma anche, unitamente a questa, la loro progettazione (si pensi ai lavori di manutenzione delle strade o di costruzione di ospedali o di restauro di immobili di pregio storico);
- **forniture**, cioè l'acquisto, la locazione finanziaria, la locazione o l'acquisto a riscatto, con o senza opzione per l'acquisto, di prodotti (per esempio, siringhe, aghi o farmaci per ospedali; computer per uffici; vestiario per le forze di polizia);
- **servizi**, nozione residuale che comprende le prestazioni diverse dai lavori e dalle forniture (per esempio, portierato, pulizia degli edifici, informatizzazione dell'ente).

Sul piano *soggettivo*, rilevano le nozioni di **appaltatore** e di **amministrazione aggiudicatrice**. L'**appaltatore** può essere, per gli appalti di servizi e forniture, il *"prestatore di servizi o forniture"*, quindi una persona fisica o giuridica, ed anche un ente

pubblico, salvi i limiti di compatibilità fra oggetto dell'appalto ed i fini istituzionali dell'ente; deve essere, inoltre, per quanto riguarda i lavori, un *"operatore economico"*.
La **differenza tra concessione e appalto** attiene alla *diversa imputazione del rischio*: nel contratto di concessione, il concessionario essendo in tutto o in parte retribuito con il riconoscimento del diritto di gestire l'opera o il servizio, assume su di sé il rischio che quella gestione non remuneri gli oneri sostenuti per la realizzazione dell'opera o la gestione del servizio (si pensi, al concessionario del servizio di trasporto di linea, il quale assume il rischio che il prezzo del trasporto corrisposto dagli utenti non sia remunerativo). Nel contratto di appalto, viceversa, l'appaltatore è retribuito con il prezzo (definito già al momento del contratto) dei lavori, dei servizi o dei beni che si impegna a prestare.
A distinguere ulteriormente la concessione dall'appalto è anche, normalmente, *la natura trilaterale del rapporto* che la stessa instaura: rapporto di cui sono parti l'ente concedente, il privato concessionario e i terzi utenti del servizio; *bilaterale*, invece, è il rapporto che si instaura per effetto del contratto di appalto, che intercorre solo tra committente e appaltatore.

▶ 2.1.3. Il contratto di disponibilità

Diverso tanto dall'appalto quanto dalla concessione è il **contratto di disponibilità** con il quale sono affidate, dietro corrispettivo e a rischio e spese dell'affidatario, la costruzione e la messa a disposizione a favore dell'amministrazione aggiudicatrice di un'opera che resta di proprietà privata ma che è destinata all'esercizio di un pubblico servizio. L'affidatario, quindi, mette a disposizione dell'amministrazione la costante fruibilità dell'opera, garantendone la manutenzione oltre che la gestione dei servizi connessi.

3. I contratti atipici

Si ammette da tempo in giurisprudenza la possibilità per la P.A. di stipulare contratti atipici essendo alla stessa riconosciuta l'autonomia negoziale di cui all'art. 1322, comma 2, c.c., purché siano strettamente funzionali alla realizzazione del fine pubblico perseguito dall'ente (vincolo di scopo). Ci si è a lungo interrogati in merito all'applicabilità, allorché la P.A. intenda concludere contratti atipici, della disciplina pubblicistica che impone l'osservanza delle procedure di evidenza pubblica per la scelta del contraente. I principali contratti atipici stipulati dalla P.A. sono:

A. Il contratto di brokeraggio

Questo si instaura tra l'assicurando (che non si esclude possa essere una P.A.) e un professionista-imprenditore, per lo svolgimento di una prestazione di contenuto misto, in parte di consulenza e in parte di intermediazione nel mercato assicurativo. Si tratta di un contratto oneroso, essendo posta a carico della P.A., sotto forma di compenso indiretto – attraverso un caricamento nel premio assicurativo della provvigione del broker – la percentuale dovuta al broker per la sua attività di intermediazione; lo stesso è quindi assoggettato alle regole pubblicistiche dettate per l'affidamento degli appalti di servizi dal Codice dei contratti pubblici.

B. I contratti che l'amministrazione conclude con l'Advisor

L'Advisor è il consulente di cui si avvale la P.A. per l'individuazione del proprio interlocutore in una data operazione economica, quale la scelta del socio privato di una s.p.a. in una procedura di privatizzazione.

C. Il contratto di sponsorizzazione

Si tratta di un contratto in cui un soggetto (detto *sponsee* o sponsorizzato) assume, normalmente verso corrispettivo, l'obbligo di associare a proprie attività il nome o il segno distintivo di altro soggetto (detto *sponsor* o sponsorizzatore), divulgandone così l'immagine o il marchio presso il pubblico. Si tratta di un contratto atipico, consensuale, normalmente a titolo oneroso e a prestazioni corrispettive.

D. Il leasing pubblico

È il contratto con il quale una parte, dietro corrispettivo di un canone periodico determinato in relazione al recupero del prezzo ed al conseguimento di un utile, concede il godimento di un bene all'altra, con facoltà di questa, alla scadenza del termine fissato, di restituirlo o di acquistarlo per una specificata somma residua. Si suole distinguere tra:

- **leasing operativo**, in cui si realizza un'operazione bilaterale, venendo a coincidere nello stesso soggetto le figure di produttore e locatore;
- **leasing finanziario**, in cui si attua, invece, un rapporto trilaterale, essendo coinvolte, oltre al soggetto utilizzatore, l'impresa venditrice del bene e la società di leasing, che, dopo aver acquistato il bene da quest'ultima, lo concede in godimento all'utilizzatore.

Nell'ambito dei rapporti con la p.a. opera esclusivamente il **leasing finanziario**, la cui applicazione risulta ulteriormente circoscritta nella prassi ai beni immobili, riguardando prevalentemente opere pubbliche da realizzare ed integrando così la figura del cd. leasing in costruendo. Inoltre, per la scelta del contraente deve essere rispettata la procedura ad evidenza pubblica, posto che il Codice dei contratti pubblici ha ricondotto alla nozione di "appalti pubblici" quelli "aventi ad oggetto l'acquisto, la locazione finanziaria, la locazione o l'acquisto a riscatto, con o senza opzione per l'acquisto, di prodotti".

4. La struttura di evidenza pubblica

Quanto alla struttura, la procedura ad evidenza pubblica si articola nelle seguenti **fasi**:

- delibera a contrarre;
- bando di gara;
- procedura di scelta del contraente;
- atto di aggiudicazione e stipula del contratto;
- approvazione ed eventuali controlli del contratto stipulato.

▶ 4.1. La delibera a contrarre

La **delibera a contrarre** è l'atto con il quale la P.A., esponendo le *ragioni di pubblico interesse* che sostengono la decisione amministrativa, esprime l'intento di stipulare un contratto di un certo tipo e contenuto. L'art. 30, co. 2, del Codice dei contratti pubblici prevede che è necessaria una formale determinazione a contrarre, che indichi *gli elementi essenziali del contratto ed i criteri di selezione degli operatori economici e delle offerte*. La delibera a contrarre interviene, quindi, prima dell'avvio della procedura di affidamento ed è un *atto meramente interno*, normalmente inidoneo a far nascere diritti o interessi legittimi in capo ai terzi, che non potranno pretendere che la stessa sia necessariamente eseguita. Fino alla pubblicazione del bando o all'inoltro delle lettere di invito ai vari concorrenti la delibera è infatti *revocabile* liberamente (*ad nutum*) dalla P.A. Tuttavia, la sua *mancanza* provoca l'illegittimità di tutti gli atti successivi del procedimento di evidenza pubblica.

▶ 4.2. Il bando

Alla delibera a contrarre segue il **bando di gara** (art. 129 del Codice dei contratti pubblici), con il quale, in *attuazione della delibera a contrarre*, la P.A. indice la gara *rendendo nota l'intenzione di aggiudicare un appalto pubblico*. L'art. 71 del Codice dei contratti impone che tutte le procedure di scelta del contraente siano indette mediante bandi di gara e affida all'Autorità nazionale anticorruzione (ANAC) l'adozione di bandi tipo ai quali le stazioni appaltanti sono normalmente tenute ad adeguarsi.

▶ 4.3. La scelta del contraente: le procedure di selezione

Il Codice dei contratti pubblici distingue le **procedure di selezione** del contraente in:

a. **procedure aperte (asta pubblica)** in cui ogni operatore economico interessato può presentare un'offerta;
b. **procedure ristrette (licitazione privata)** in cui possono presentare un'offerta soltanto gli operatori invitati dalle stazioni appaltanti. In tal caso, la gara si realizza soltanto tra le imprese già selezionate dall'amministrazione aggiudicatrice attraverso la *lettera di invito*;
c. **procedure negoziate (trattativa privata)** nelle quali le stazioni appaltanti consultano gli operatori economici scelti e negoziano con uno o più degli stessi le condizioni dell'appalto; queste ultime procedure possono anche svolgersi **senza bando** nei soli ed eccezionali casi previsti dalla legge, per esempio quando, espletata una procedura aperta, non sia pervenuta alcuna offerta o quando, per ragioni di natura tecnica o artistica ovvero attinenti alla tutela di diritti esclusivi, l'appalto può essere affidato unicamente ad un operatore economico determinato o quando, per l'estrema urgenza derivante da eventi imprevedibili per l'ente aggiudicatore, i termini stabiliti per le procedure aperte o ristrette o per le procedure negoziate con previa indizione di gara non possono essere rispettati.

▶ 4.3.1. Accordo quadro, aste elettroniche, dialogo competitivo, partenariato per l'innovazione, project financing

Il Codice dei contratti ha introdotto e disciplinato **nuovi meccanismi** di affidamento:

1. **accordo quadro** concluso tra una stazione appaltante ed uno o più operatori

economici, i quali, selezionati con gara, si impegnano ad applicare talune clausole (per lo più riguardanti il prezzo del bene o servizio da fornire e le caratteristiche tecniche degli stessi) nel concludere i contratti di appalto con le singole amministrazioni; consente, pertanto, alla stazione appaltante di individuare uno o più fornitori vincolati a determinate condizioni, da osservare nel concludere i singoli contratti con le amministrazioni che decideranno di acquistare quei beni o servizi;

2. **aste elettroniche** espletate mediante l'utilizzo di mezzi informatici e telematici, idonei a snellire le procedure concorsuali assicurando la razionalizzazione della spesa pubblica;
3. **dialogo competitivo**, procedura con cui la stazione appaltante, in specie per progetti particolarmente complessi, avvia un dialogo preventivo con i candidati ammessi definendo le soluzioni più adeguate a soddisfare le sue esigenze; quelle stesse soluzioni sono poi messe a gara in una procedura aperta a tutti;
4. ***partenariato per l'innovazione***: costituisce una procedura di scelta del contraente – ristretta e con negoziazione – cui le stazioni appaltanti possono fare ricorso nelle ipotesi in cui l'esigenza di sviluppare e/o acquistare prodotti, servizi o lavori innovativi non può, in base a una motivata determinazione, essere soddisfatta ricorrendo a soluzioni già disponibili sul mercato.
5. ***project financing***: riguarda prevalentemente il settore dei lavori pubblici e consiste in una complessa operazione negoziale plurilaterale, in base alla quale un soggetto privato (cd. **promotore**) propone alla P.A. la **realizzazione di un'opera di pubblico interesse o di pubblica utilità**, accollandosi il relativo onere economico (artt. 183 ss. del Codice dei contratti). Il vantaggio che trae il privato dall'operazione sta nel fatto che, dopo aver realizzato l'opera a proprio carico, ottiene dalla P.A. il diritto di gestirla.

5. L'aggiudicazione

La fase di scelta del contraente culmina nell'**aggiudicazione**, atto finale dei procedimenti di gara pubblica, mediante il quale, in base alle risultanze della gara, è accertato e proclamato il vincitore

All'aggiudicazione la stazione appaltante deve procedere applicando i **criteri di aggiudicazione** previsti dal bando.

Il Codice dei contratti pubblici prevede, al riguardo, due criteri di aggiudicazione: il **prezzo più basso** e l'**offerta economicamente più vantaggiosa,** accordando netta preferenza al secondo.

A differenza del criterio del prezzo più basso, che impone all'Amministrazione di scegliere l'offerta che contiene il maggior ribasso rispetto al prezzo indicato nel bando senza che la stessa possa valutare altri elementi dell'offerta stessa, in particolare quelli relativi alla qualità della prestazione da eseguire, il criterio dell'offerta economicamente più vantaggiosa, invece, impone alla stazione appaltante di valutare oltre alla componente economica dell'offerta (il prezzo offerto, ma anche le singole voci che concorrono a comporlo tra cui i costi della manodopera e i costi interni per la sicurezza del lavoro), la sua parte tecnica, contenente le indicazioni relative alla qualità della prestazione, ai tempi di esecuzione della stessa, agli eventuali servizi aggiuntivi che i partecipanti propongono rispetto a quelli minimi richiesti dal bando.

▶ 5.1. Le offerte anormalmente basse

Può accadere che l'offerta migliore indichi un prezzo eccessivamente basso. La legge si occupa delle c.d. **offerte anomale** perché *troppo basse rispetto all'entità delle prestazioni* richieste dal bando; le stesse, infatti, laddove non assicurino all'imprenditore un profitto (o un adeguato profitto), possono suscitare il sospetto di una scarsa serietà dell'offerente e di una possibile non corretta esecuzione della prestazione contrattuale. A fronte di offerte siffatte è imposta alla stazione appaltante *un'attenta verifica della loro serietà. Dopo la fase dell'apertura delle buste e prima dell'aggiudicazione dell'appalto*, la stazione appaltante deve pertanto: individuare le offerte sospettate di anomalia; chiedere adeguate giustificazioni all'impresa che l'ha formulata che può, quindi presentare chiarimenti, precisazioni e eventuali elementi giustificativi; verificare e valutare le giustificazioni e i chiarimenti.

6. La partecipazione alla procedura di gara: i requisiti soggettivi e il soccorso istruttorio

Il Codice prevede una serie di **requisiti soggettivi** che legittimano a partecipare alla gara di appalto, distinti in "requisiti generali" di ordine *morale* e "requisiti speciali" di *idoneità professionale*, di *capacità economico-finanziaria* e di *capacità tecnica*.
I **requisiti generali di ordine morale** sono desumibili *a contrario* dall'art. 80 del Codice, che disciplina le cause di esclusione dalla partecipazione alle gare. La disposizione elenca in particolare talune **condizioni soggettive o circostanze** (*es.* l'intervenuta condanna per determinati reati, la commissione di gravi inadempimenti o infrazioni in precedenti contratti pubblici) suscettibili, ove accertate, di precluderne la partecipazione alla gara (o di impedire la stipulazione qualora intervengano a procedura in corso), trattandosi di requisiti di cui tutti i concorrenti devono disporre per poter contrattare con la P.A.
I requisiti soggettivi non vanno confusi con i **requisiti di idoneità professionale, di capacità tecnica ed economica**.
L'**idoneità professionale** attiene alla titolarità di un requisito abilitativo comprovato dall'iscrizione in appositi registri e albi professionali.
I **requisiti di capacità tecnico-organizzativa ed economico-finanziaria** attengono invece al **concreto grado di esperienza e capacità professionale del concorrente**, cioè alla sua idoneità sotto il profilo tecnico ad espletare l'attività oggetto di gara, o alla sua solidità finanziaria e, quindi, alla sua idoneità a far fronte agli impegni contrattuali assunti.
Con riguardo ai requisiti di capacità economico-finanziaria e tecnico-organizzativa (e non anche a quelli di ordine generale), è attribuito alla stazione appaltante il potere di controllare, nel corso della procedura di affidamento, che le imprese partecipanti posseggano effettivamente i requisiti dichiarati.
Per quanto riguarda la possibilità per la stazione appaltante di far ricorso al **soccorso istruttorio**, l'art. 83, comma 9, d.lgs. n. 50 del 2016, prevede che, in caso di mancanza, incompletezza e di ogni altra irregolarità essenziale degli elementi e del documento di gara unico europeo, con esclusione di quelle afferenti all'offerta economica e all'offerta tecnica, la stazione appaltante assegna al concorrente un termine, non superiore a dieci

giorni, perché siano rese, integrate o regolarizzate le dichiarazioni necessarie, indicandone il contenuto e i soggetti che le devono rendere. In caso di inutile decorso del termine di regolarizzazione, il concorrente è escluso dalla gara. Costituiscono irregolarità essenziali non sanabili le carenze della documentazione che non consentono l'individuazione del contenuto o del soggetto responsabile della stessa.

▶ 6.1. Partecipazione in forma associata alla gara: i raggruppamenti temporanei di impresa

In un'ottica di massima apertura alla partecipazione, il Codice (**art. 48, d.lgs. n. 50 del 2016**) consente la **partecipazione associata alla gara**, riconoscendo l'accesso ai **raggruppamenti temporanei di imprese** (RTI o anche ATI).
Il raggruppamento può essere:

orizzontale quando le riunioni di concorrenti sono finalizzate a realizzare i lavori della stessa categoria (art. 48, co. 1) o ad eseguire il medesimo tipo di prestazione nell'appalto di fornitura o servizi (art. 48, co. 2);

verticale quando la suddivisione è qualitativa (art. 48, co. 1) o quando il mandatario esegua le prestazioni di servizi o di forniture indicate come principali anche in termini economici e i mandanti quelle indicate come secondarie (art. 48, co. 2).

- Sul piano del regime della responsabilità, nei RTI orizzontali ciascuna delle imprese riunite è responsabile solidalmente nei confronti della stazione appaltante, mentre nei RTI verticali le mandanti rispondono ciascuna per le prestazioni assunte e la mandataria risponde in via solidale con ciascuna delle imprese mandanti in relazione alle rispettive prestazioni secondarie.

▶ 6.2. I consorzi ordinari e i consorzi stabili

La disciplina prevista per la qualificazione delle ATI si applica anche ai **consorzi ordinari**, ammessi a partecipare alle gare di appalto, oggi anche di servizi e forniture; gli stessi si distinguono dal RTI in quanto forniti di autonoma soggettività giuridica, oltre che per la **rilevanza esterna dell'organizzazione consortile**.
Diversa disciplina è prevista per i **consorzi stabili** caratterizzati da una struttura d'impresa comune, rispondente a determinati requisiti legislativi. Mentre il consorzio ordinario è di regola costituito per la partecipazione alla gara e lo svolgimento di un singolo appalto, il consorzio stabile è per natura destinato a svolgere una serie di attività permanenti nel tempo, certamente ultrattive rispetto alla singola vicenda.
I consorzi, in quanto muniti di una propria soggettività giuridica, devono possedere e documentare in proprio i requisiti di idoneità tecnica e finanziaria.

▶ 6.3. Il contratto di avvalimento

Il contratto di **avvalimento** è un contratto atipico assimilabile al mandato, per mezzo del quale l'impresa ausiliaria pone a disposizione dell'impresa partecipante alla gara la propria azienda, intesa notoriamente quale complesso di beni organizzato per l'esercizio delle attività di impresa (cfr. art. 2555 c.c.); il contratto concluso dalle parti ben può

essere configurato quale contratto unilaterale con obbligazioni assunte da una sola delle parti e nel quale la presunzione di onerosità può essere superata da una prova contraria o dalla prassi. Si parla anche di "qualificazione indiretta".
L'avvalimento può essere **di garanzia** o **tecnico-operativo**.

- Nell'avvalimento **di garanzia**, l'impresa ausiliaria garantisce con il proprio patrimonio l'esatto adempimento delle obbligazioni che la società concorrente dovrà affrontare per eseguire l'appalto facendo sorgere così un'ipotesi di responsabilità solidale tra i due soggetti;
- L'avvalimento **tecnico operativo**, invece, costituisce l'ipotesi classica in cui l'impresa ausiliaria mette direttamente a disposizione della concorrente le proprie risorse materiali (strutture, strumentazione, risorse umane) e immateriali (*know how*) per consentire la corretta esecuzione dell'appalto.

L'avvalimento non può essere utilizzato per supplire alla carenza di qualsiasi requisito in capo al concorrente, essendo il suo ambito applicativo limitato ai **requisiti oggettivi di ordine speciale, economico-finanziari e tecnico-organizzativi**, ivi compresa l'attestazione SOA per i lavori pubblici purché in quest'ultimo caso, tra l'impresa che si avvale dei requisiti e l'impresa ausiliaria esista un rapporto di controllo.

▶ 6.4. Il subappalto: le novità introdotte dal d.l. n. 77 del 2021

Il **subappalto** non rileva nella fase di partecipazione e non interferisce con la disciplina dei requisiti tecnici e morali richiesti per l'aggiudicazione, se non per il fatto che, nell'ambito degli stringenti limiti in cui è consentito il ricorso allo stesso *ex* art. 105 del Codice, la stazione appaltante già nel progetto e nel bando di gara deve precisare quali saranno le prestazioni subappaltabili.
Il subappalto attiene piuttosto alle **vicende esecutive** del contratto aggiudicato, le cui prestazioni sono eseguite dal subappaltatore attraverso il complesso organizzato di beni e persone che costituisce la sua azienda; si realizza pertanto un'eccezione alla regola, sancita dall'art. 105, co. 1, secondo la quale i soggetti affidatari dei contratti pubblici sono tenuti ad eseguire in proprio le opere ed i lavori. Il **ricorso al subappalto**, ritenuto dal legislatore nazionale strumento suscettibile di determinare una compressione dei diritti dei lavoratori e di favorire le infiltrazioni mafiose nell'ambito degli appalti pubblici, è stato per lungo tempo limitato ad una determinata quota dell'importo complessivo del contratto (prima il trenta, poi il cinquanta percento). La Corte di Giustizia (***CGUE, 27 novembre 2019, C-402/2018***) ha però considerato contrario al diritto europeo il limite al subappalto previsto dal Codice, perché misura inidonea a raggiungere le finalità dichiarate dallo Stato italiano. Applicando tali pronunce, il giudice nazionale (vedi le pronunce *Cons. St., sez. V, 16 gennaio 2020, n. 389* e *Cons. St., sez. V, 17 dicembre 2020, n. 8101*) ha **disapplicato** l'art. 105, nella parte in cui pone limiti al subappalto, in quanto incompatibile con l'ordinamento euro-unitario. Da ultimo anche il legislatore (con il d.l. 77 del 2021) ha **eliminato ogni limite al subappalto,** a partire dal 1° gennaio 2021.
Con il d.l. **n. 77/2021 è stata modificata la disciplina del subappalto nei contratti pubblici di cui all'art. 105 del D.Lgs. n. 50/2016**.
Dal 1° novembre 2021, è infatti eliminato il limite di utilizzo del subappalto pari al 30% (già innalzato con lo stesso decreto n. 77 al 50%), in favore di un regime di liberalizzazione dello stesso, seppur con dei limiti e delle garanzie. Nonostante l'abolizione del

tetto massimo, la stessa legge ha introdotto una serie di **limiti di carattere qualitativo.** Nello specifico, il nuovo comma 2 dell'art. 105 del D.Lgs. 50/2016 prevede che *"le stazioni appaltanti [...] indicano nei documenti di gara le prestazioni o le lavorazioni oggetto del contratto di appalto da eseguire a cura dell'aggiudicatario in ragione delle specifiche caratteristiche dell'appalto"* al fine di *"garantire una più intensa tutela delle condizioni di lavoro e della salute e sicurezza dei lavoratori, ovvero di prevenire il rischio di infiltrazioni criminali, a meno che i* ***subappaltatori*** *siano iscritti nell'****elenco dei fornitori, prestatori di servizi ed esecutori di lavori*** *di cui al comma 52 dell' articolo 1 della legge 6 novembre 2012, n. 190, ovvero nell'anagrafe antimafia degli esecutori istituita dall'articolo 30 del decreto-legge 17 ottobre 2016, n. 189, convertito, con modificazioni, dalla legge 15 dicembre 2016, n. 229"*.
Lo stesso d.l. n. 77/2021 ha modificato anche l'art. 105, comma 14 del D.Lgs. n. 50/2016, prevedendo che *"il* ***subappaltatore****, per le prestazioni affidate in subappalto, deve* ***garantire gli stessi standard*** *qualitativi e prestazionali* ***previsti nel contratto di appalto*** *e riconoscere ai lavoratori un trattamento economico e normativo non inferiore a quello che avrebbe garantito il contraente principale,* ***inclusa l'applicazione dei medesimi contratti collettivi nazionali di lavoro****, qualora le attività oggetto di subappalto coincidano con quelle caratterizzanti l'oggetto dell'appalto ovvero riguardino le lavorazioni relative alle categorie prevalenti e siano incluse nell'oggetto sociale del contraente principale"*.

7. Stipula e controlli

All'aggiudicazione segue la **stipula del contratto**, da concludere *con atto pubblico notarile informatico*, ovvero, in *modalità elettronica* secondo le norme vigenti per ciascuna stazione appaltante, in *forma pubblica amministrativa* a cura dell'Ufficiale rogante della stazione appaltante, o mediante *scrittura privata in caso di procedura negoziata*, ovvero, per gli affidamenti di importo non superiore a 40.000 euro, con *scambio di lettere*, anche tramite posta elettronica certificata. Il contratto è *nullo* se stipulato senza le forme prescritte.

▶ 7.1. Il c.d. termine di stand still

Il contratto non può comunque essere stipulato prima di *trentacinque giorni* dall'invio dell'ultima delle comunicazioni del provvedimento di aggiudicazione, salve motivate ragioni di particolare urgenza che non consentono all'amministrazione di attendere il decorso del predetto termine (termine di ***stand still***).
Se è proposto ricorso avverso l'aggiudicazione con contestuale domanda cautelare, il contratto non può essere stipulato, dal momento della notificazione dell'istanza cautelare alla stazione appaltante e per i successivi venti giorni.

▶ 7.2. La fase del controllo

Il contratto è sottoposto alla condizione sospensiva dell'esito positivo dell'eventuale approvazione e degli altri controlli previsti dalle norme proprie delle stazioni appaltanti; controlli principalmente volti a verificare il possesso dei requisiti prescritti per la

partecipazione alla gara.
L'esecuzione del contratto può avere inizio solo dopo che lo stesso è divenuto efficace, salvo che, in casi di urgenza, la stazione appaltante ne chieda l'esecuzione anticipata.

▶ 7.3. Interdittive antimafia

Si consideri che, prima di stipulare il contratto, l'Amministrazione è tenuta a chiedere la c.d. **documentazione amministrativa antimafia**, attestante che per l'impresa non ricorrano le situazioni di pericolosità specifica indicate dalla legge (per esempio, l'essere stato l'amministratore condannato per taluni reati) o, comunque, che non sussistano eventuali tentativi di infiltrazione mafiosa tendenti a condizionare le scelte e gli indirizzi dell'impresa stessa (art. 84, d. lgs., 6 settembre 2011, n. 159, c.d. Codice antimafia). Qualora queste condizioni sussistano il Prefetto emette comunicazione o informativa ad effetto interdittivo e l'Amministrazione non può stipulare il contratto; qualora il contratto sia stato già concluso, l'Amministrazione è tenuta a recedere dal contratto.

8. L'esecuzione del contratto

Stipulato il contratto **si apre la fase dell'esecuzione.** A differenza della *fase dell'evidenza pubblica*, i cui atti sono sottoposti al *regime pubblico del diritto amministrativo*, perché la stazione appaltante seleziona il proprio contraente non come un comune soggetto di diritto privato, ma esercitando i poteri (autoritativi ed unilaterali) che la legge le conferisce, nella **fase esecutiva del contratto** *il rapporto è tendenzialmente paritario*: questa seconda fase è, in linea generale, disciplinata dal diritto privato, in particolare dalle norme del codice civile, salvo che la legge (in particolare, il d.lgs. n. 50 del 2016) non disponga diversamente. L'art. 30, co. 8, del Codice dei contratti stabilisce, infatti, che, p*er quanto non espressamente previsto nel codice, alle procedure di affidamento e alle altre attività amministrative in materia di contratti pubblici si applicano le disposizioni di cui alla legge 7 agosto 1990, n. 241, alla stipula del contratto e alla fase di esecuzione si applicano le disposizioni del codice civile.*

▶ 8.1. La diversità di disciplina rispetto ai contratti di diritto privato

Ciò nonostante, non vi è comunque una totale equiparazione con i contratti di diritto privato.

▶ 8.1.1. Immutabiltà del prezzo, dell'oggetto e dell'esecutore

Per questi ultimi, il prezzo, l'oggetto dell'appalto e il soggetto esecutore possono mutare con il consenso delle parti; nella disciplina sui contratti pubblici, invece, l'oggetto, il prezzo e l'esecutore del contratto sono tendenzialmente **immutabili**, al fine di evitare che, per effetto di tali variazioni, siano eluse le regole della gara pubblica; si consideri, infatti, che alla gara partecipano imprese che proprio sulla base di quelle condizioni di prezzo, qualità della prestazione, requisiti soggettivi dell'aggiudicatario hanno visto prevalere l'offerta di quest'ultimo rispetto a quelle dalla stesse proposte.

► 8.1.2. Le modifiche possibili

L'art. 106 del Codice dei contratti pubblici prevede tuttavia specifici casi in cui è ammissibile la modifica del contratto di appalto senza una nuova procedura di affidamento, ossia:

- se le modifiche *sono state previste nei documenti di gara iniziali* in clausole chiare, precise e inequivocabili, che possono comprendere clausole di revisione dei prezzi;
- per *prestazioni supplementari* non incluse nell'appalto iniziale ma che si sono rese necessari nel corso dell'esecuzione, a condizione che il cambio del contraente risulti impraticabile per motivi economici o tecnici, o comporti per l'amministrazione notevoli disguidi o una consistente duplicazione dei costi;
- quando la necessità di modifica è determinata da *circostanze impreviste e imprevedibili* per l'amministrazione aggiudicatrice.

► 8.1.3. La proroga del contratto

La stessa **durata del contratto** può essere modificata solo se la possibilità di proroga è prevista nel bando e nei documenti di gara. La proroga è peraltro limitata al tempo strettamente necessario alla conclusione delle procedure necessarie per l'individuazione del nuovo contraente. In caso di proroga del contratto, il contraente è tenuto all'esecuzione delle prestazioni previste nel contratto agli stessi prezzi, patti e condizioni o più favorevoli per la stazione appaltante.

Scheda di sintesi

La pubblica amministrazione può realizzare un fine pubblico anche mediante l'attività contrattuale ordinaria. I **contratti** conclusi dalla pubblica amministrazione sono distinti in: **attivi** (comportanti un'entrata); **passivi** (produttivi di una spesa). I contratti attivi, che comportano una entrata, trovano la disciplina nella leggi speciali e nelle norme di contabilità pubblica (R.D. n. 2440/1923); i contratti passivi, mediante i quali la P.A. acquista lavori, beni e servizi, sono disciplinati dal Codice dei contratti pubblici, che rinvia al codice civile per i profili non regolati.
L'art. 30 del Codice dei contratti pubblici detta i principi cui devono uniformarsi l'affidamento e l'esecuzione dei contratti pubblici, distinguendo i principi applicabili alla fase, pubblicistica, di affidamento del contratto, da quelli da osservare invece nella fase, privatistica, di esecuzione del contratto. Principi comuni alle due fasi sono quelli della *qualità delle prestazioni* da acquisire, nonché quelli di *economicità, efficacia, tempestività e correttezza.*
Nella categoria dei contratti pubblici, il Codice ritaglia la **nozione di appalto pubblico**, assoggettandola ad una disciplina peculiare. Quanto all'**oggetto** si distingue tra appalto di lavori, forniture e servizi. Nella categoria dei contratti pubblici il nuovo Codice ricomprende anche i **contratti di concessione**. La concessione è il contratto a titolo oneroso stipulato per iscritto in virtù del quale l'ente affida l'esecuzione di lavori o la gestione del servizio ad uno o più operatori economici riconoscendo a titolo di

corrispettivo unicamente il diritto di gestire l'opera realizzata o il servizio o tale diritto accompagnato da un prezzo, con assunzione quindi in capo al concessionario del rischio operativo legato alla gestione dell'opera o del servizio. La **differenza tra concessione e appalto** attiene alla *diversa imputazione del rischio*: nel contratto di concessione, il concessionario essendo in tutto o in parte retribuito con il riconoscimento del diritto di gestire l'opera o il servizio, assume su di sé il rischio che quella gestione non remuneri gli oneri sostenuti per la realizzazione dell'opera o la gestione del servizio. Nel contratto di appalto, viceversa, l'appaltatore è retribuito con il prezzo (definito già al momento del contratto) dei lavori, dei servizi o dei beni che si impegna a prestare.
A garanzia dell'imparzialità che deve contraddistinguere il suo operato, l'Amministrazione deve quasi sempre seguire, nella **scelta del suo contraente**, procedure pubbliche (c.d. di **evidenza pubblica**) disciplinate dalla legge talvolta anche minuziosamente. La procedura ad evidenza pubblica si articola in diverse ***fasi***, in specie quelle: della delibera a contrarre, della pubblicazione del bando di gara, della scelta del contraente, dell'aggiudicazione e stipula del contratto, dell'approvazione e degli eventuali controlli.
Stipulato il contratto **si apre la fase dell'esecuzione.** A differenza della fase dell'evidenza pubblica, i cui atti sono sottoposti al regime pubblico del diritto amministrativo, perché la stazione appaltante seleziona il proprio contraente non come un comune soggetto di diritto privato, ma esercitando i poteri (autoritativi ed unilaterali) che la legge le conferisce, nella **fase esecutiva del contratto** il rapporto è tendenzialmente paritario.

Questionario

1. Cos'è il contratto di disponibilità?
2. Qual è la differenza fra appalto pubblico e concessione?
3. Quali sono i nuovi meccanismi di affidamento introdotti dal Codice dei contratti?
4. Quali sono le fasi della procedura ad evidenza pubblica?
5. Cosa è l'avvalimento?
6. Entro che limiti è ammesso il subappalto?
7. La delibera a contrarre è irrevocabile?
8. Quando può avere inizio l'esecuzione del contratto?
9. Quali modifiche del rapporto contrattuale con la P.A. sono ammesse nella fase di esecuzione?
10. Può essere modificata la durata del contratto?

PARTE VII
NORME GENERALI IN MATERIA DI PUBBLICO IMPIEGO

SOMMARIO

Capitolo 1
IL RAPPORTO DI IMPIEGO ALLE DIPENDENZE DELLA PUBBLICA AMMINISTRAZIONE

SOMMARIO:

1. Il dipendente pubblico e i caratteri del rapporto con la P.A.

Il **rapporto di impiego** lega alla Pubblica Amministrazione i dipendenti pubblici, così inseriti nella struttura organizzativa.
A caratterizzare il rapporto sono i tratti della:

- **stretta personalità**, essendo lo stesso costituito *intuitu personae*. E' infatti determinante la *fiducia* dell'ente nei confronti del proprio dipendente, nelle sue capacità intellettive e nelle sue abilità tecniche;
- **volontarietà**, essendo richiesta per la sua costituzione la *volontà dei due soggetti coinvolti*;
- **sinallagmatico**, la prestazione lavorativa del dipendente e la retribuzione a lui dovuta dall'ente essendo legate da un *nesso di reciprocità*;
- **subordinazione**, il dipendente dovendo svolgere la sua prestazione *alle dipendenze della P.A.*

▶ 1.1. Rapporto di impiego e rapporto onorario.

Dal **rapporto di impiego** va distinto il **rapporto onorario.** Si differenziano:
- nella *natura*, il primo presuppone un rapporto di impiego, il secondo un *incarico*;
- nelle modalità di *accesso*, al primo si accede mediante *concorso*, al secondo in ragione di *incarico assegnato sulla base di una scelta politico-discrezionale*;
- nella *durata*, è *indeterminata* nel primo, *a termine* nel secondo;
- nella *professionalità*, solo il primo è svolto in modo *esclusivo*, nel secondo tale requisito manca;
- nel *corrispettivo,* nel primo caso assume le forme della *retribuzione*, nel secondo caso, dell'*indennizzo.*

2. La c.d. privatizzazione del rapporto di pubblico impiego.

Il rapporto di impiego, tradizionalmente sottoposto ad una *disciplina di diritto pubblico* ed *instaurato mediante provvedimento amministrativo*, è oggi prevalentemente *costituito mediante contratto di diritto privato* e regolato, salvo che per alcune categorie di dipendenti pubblici, dalle *norme del codice civile* e dalle norme sul lavoro subordinato, incluse quelle *della contrattazione collettiva*. E' questo l'esito del c.d. **processo di privatizzazione della disciplina dell'impiego alle dipendenze della P.A.** che, iniziato con il d.lgs. 3 febbraio 1993, n. 29, e culminato nell'attuale disciplina, contenuta nel d.lgs. 30 marzo 2001, n. 165, ha portato ad una *tendenziale parificazione* della disciplina del rapporto dei dipendenti dell'Amministrazione pubblica a quella dei lavoratori privati. L'art. 5, co. 2, d.lgs. 30 marzo 2001, n. 165, prevede infatti che le determinazioni relative alla organizzazione e alla direzione del lavoro alle dipendenze della Pubblica Amministrazione sono assunte con la **capacità e i poteri del privato datore di lavoro**.

▶ 2.1. Atti di macro organizzazione e categorie sottratte alla privatizzazione.

Fanno eccezione gli atti di c.d. **macro organizzazione** con i quali sono definite le linee fondamentali di organizzazione degli uffici, individuati gli uffici di maggiore importanza e i modi con cui conferire la titolarità degli incarichi, oltre che le dotazioni organiche complessive. Questi atti sono infatti adottati nell'esercizio di *poteri pubblicistici* (non con gli ordinari poteri del datore di lavoro privato), con veri e propri

provvedimenti amministrativi, come tali *impugnabili innanzi al giudice amministrativo*.
Sono rimasti, in ogni caso, **assoggettati alla disciplina pubblicistica** e **sottratti**, quindi, **alla privatizzazione alcune categorie di dipendenti pubblici**, in particolare magistrati ordinari, amministrativi e contabili, avvocati e procuratori dello Stato, personale militare e delle forze di polizia di Stato, personale della carriera diplomatica e della carriera prefettizia, dipendenti della Banca d'Italia, della CONSOB e dell'Autorità *antitrust*, dell'Autorità per i servizi di pubblica utilità e dell'Autorità per le garanzie nelle comunicazioni, professori e ricercatori universitari, personale del Dipartimento delle informazioni per la sicurezza, personale del Corpo nazionale dei vigili del fuoco, personale dirigenziale penitenziario.
Sul **versante processuale**, la privatizzazione della disciplina sostanziale del rapporto di impiego ha comportato l'**attribuzione al giudice ordinario** del relativo contenzioso con sottrazione dello stesso, quindi, alla giurisdizione del giudice amministrativo, salvi alcuni aspetti. E' rimasto, in particolare, attratto alla cognizione del giudice amministrativo il **contenzioso sulle modalità di selezione dei dipendenti pubblici**, che riguarda, quindi, una fase che precede l'instaurazione del rapporto.

3. I rapporti tra legge e contrattazione nella disciplina del rapporto di lavoro: evoluzione.

L'art. 2, co. 3, d.lgs. n. 165 del 2001 prevede espressamente che i rapporti individuali di lavoro sono **regolati contrattualmente**.
La disciplina del rapporto di pubblico impiego privatizzato è passata attraverso **quattro successive fasi**:
- in origine era demandata **esclusivamente alla legge e ad atti regolamentari**;
- successivamente, il **contratto**, individuale e collettivo, è diventato la **fonte privilegiata** di disciplina del rapporto di lavoro pubblico, affiancandosi alla legge e ai poteri riconosciuti al datore di lavoro dall'art. 2086 c.c.;
- con la cd. riforma Brunetta (l. 4 marzo 2009, n. 15) il rapporto tra legge e contrattazione è cambiato nuovamente. La disciplina di **fonte normativa** del rapporto di lavoro pubblico contrattualizzato diviene **prevalente** su quella di fonte contrattuale, anche se quest'ultima è successiva, e le disposizioni poste da atti normativi **possono essere derogate dalla contrattazione successiva soltanto nel caso in cui la legge espressamente lo prevede**. La riforma Brunetta ha quindi rimesso al legislatore la competenza esclusiva ad "autorizzare" volta per volte le deroghe, "rilegificando" la materia del pubblico impiego in controtendenza rispetto al processo di "privatizzazione" del rapporto di lavoro pubblico avviato negli anni Novanta.
- con il successivo **d.lgs. n. 75 del 2017**, è stato tuttavia modificato nuovamente il ruolo della contrattazione collettiva nazionale: si prevede, infatti, che le disposizioni poste da atti normativi **possono essere derogate dalla contrattazione successiva nelle materie espressamente affidate alla contrattazione di cui all'art. 40 del d.lgs. n. 165/2001**. La riforma del

2017 ha quindi "riespanso" gli spazi rimessi alla contrattazione collettiva, introducendo una sorta di "autorizzazione preventiva" alla deroga in relazione a specifici ambiti. L'art. 40, co. 1, del d.lgs. n. 165/2001, come modificato dal d.lgs. n. 75/2017, quanto al **campo di applicazione oggettivo** dei contratti collettivi, lo estende "*alla disciplina del* ***rapporto di lavoro*** *e alle* ***relazioni sindacali***". Nel dettaglio, resta **devoluta alla contrattazione collettiva** la disciplina della struttura contrattuale, dei rapporti fra i diversi livelli e della durata dei contratti collettivi nazionali e integrativi, nonché la competenza a determinare i trattamenti economici; nella materia della responsabilità disciplinare ed in quella della valutazione ai fini del trattamento accessorio, della mobilità e delle progressioni economiche, la contrattazione collettiva può invece intervenire **nei limiti stabiliti dalle norme di legge**. Sono, invece, **escluse** le materie inerenti all'organizzazione degli uffici, i compiti e i poteri dei dirigenti, il conferimento e la revoca degli incarichi dirigenziali, nonché quelle già riservate alla legge in occasione della c.d. prima privatizzazione.

▶ 3.1. Ambito soggettivo di applicabilità della contrattazione collettiva.

Sul **versante soggettivo**, l'applicabilità dei contratti è **generalizzata**, sia rispetto alla sfera del **singolo lavoratore** che a quella del **datore di lavoro pubblico**, a prescindere dal recepimento dei contratti da parte dell'amministrazione.
Per il singolo lavoratore, infattti, il vincolo di efficacia del contratto collettivo trova fondamento nel rinvio operato dal comma 3 dell'art. 2 al menzionato principio di **parità di trattamento** e di **inderogabilità** ***in pejus*** del contratto collettivo da parte del contratto individuale previsto dal comma 2 dell'art. 45, che impegna le amministrazioni a garantire, in ogni caso, trattamenti non inferiori a quelli previsti dai rispettivi contratti collettivi.
Con riferimento all'**efficacia dei contratti collettivi nei confronti delle PP.AA.**, l'art. 40, co. 3-*quinquies*, impone alle stesse di adempiere agli obblighi assunti con i contratti collettivi nazionali o integrativi, assicurandone l'osservanza nelle forme previste dai rispettivi ordinamenti; a sua volta, l'art. 45, co. 2, impegna le stesse a garantire la parità di trattamento contrattuale e, in ogni caso, trattamenti non inferiori a quelli previsti dai rispettivi contratti collettivi; l'art. 46, co. 1, infine, attribuendo all'**ARAN** (Agenzia per la rappresentanza negoziale delle pubbliche amministrazioni) la rappresentanza legale obbligatoria delle amministrazioni pubbliche, vincola queste ultime all'applicazione dei contratti collettivi siglati.

▶ 3.2. La disciplina speciale di stampo pubblicistico. Abuso di contratti a tempo determinato.

Come si è detto, principale fonte del rapporto di lavoro alle dipendenze della Pubblica amministrazione diventa la disciplina giuridica di tipo privatistico largamente intesa, comprensiva delle disposizioni contenute nel codice civile e delle disposizioni contenute nelle leggi sui rapporti di lavoro subordinato nell'impresa (in tal senso l'art. 2, comma 2, d.lgs. n. 165 del 2001).
Permane, tuttavia, una significativa specialità di disciplina rispetto all'ordinario regime di diritto privato, ben giustificabile in presenza di ragioni inerenti all'organizzazione della P.A.

Regole speciali sono dettate, tra l'altro, in tema di:

- **mansioni** (dettata dall'art. 52, d.lgs. n. 165 del 2001, anziché dall'art. 2103 c.c.: cfr. *infra*, §. 5;
- **contratti a termine**, atteso che ai sensi dell'art. 36, comma 5, d.lgs. n. 165 del 2001 (a differenza che nel settore privato) l'abuso di tale forma contrattuale "*non può comportare la costituzione di rapporti di lavoro a tempo indeterminato*" in ragione del principio del pubblico concorso (in tema, Cass. civ., Sez. un., 15 marzo 2016, n. 5072, secondo cui, al fine di assicurare attuazione al diritto dell'Unione Europea, "*nel regime del lavoro pubblico contrattualizzato in caso di abuso del ricorso al contratto di lavoro a tempo determinato da parte di una p.a. il dipendente, che abbia subito la illegittima precarizzazione del rapporto di impiego, ha diritto, fermo restando il divieto di trasformazione del contratto di lavoro da tempo determinato a tempo indeterminato posto dall'art. 36, comma 5, d.lgs. 30 marzo 2001, n. 165, al risarcimento del danno*"; in termini, Cass. civ., Sez. lav., 11 maggio 2022, n. 15027).

4. L'accesso all'impiego pubblico.

Ai sensi dell'art. 97, co. 4, Cost., agli impieghi nelle pubbliche amministrazioni si accede mediante **concorso**, salvo i casi stabiliti dalla legge. La regola è volta, da un lato, ad assicurare la selezione dei profili più adeguati, dall'altro, ad evitare favoritismi destinati a compromettere sin dall'instaurazione del rapporto di impegno la fondamentale esigenza di imparzialità del funzionario pubblico.
Sulla base dell'art. 35, co. 1, d d.lgs. 30 marzo 2001, n. 165, le procedure di reclutamento devono rispondere alle seguenti caratteristiche:

1. **adeguata pubblicità** della selezione;
2. adozione di **meccanismi oggettivi e trasparenti**;
3. rispetto delle **pari opportunità** tra lavoratrici e lavoratori, imposto dall'art. 51, co. 1, Cost.;
4. **decentramento** delle procedure di reclutamento;
5. composizione delle **commissioni** esclusivamente con **esperti di provata esperienza.**

La regola del pubblico concorso si estende anche alle ipotesi di passaggio da un'area funzionale all'altra ed alle progressioni di carriera; pertanto, sono da considerarsi illegittime le progressioni di carriera che si discostano dal modello del pubblico concorso, salvo limitate eccezioni.
Ai sensi dell'art. 51, co. 1, Cost., l'accesso ai pubblici uffici è garantito ai cittadini italiani.
E per i **cittadini di Paesi dell'Unione europea**?
In applicazione del principio di libera circolazione delle persone, l'art. 45 del Trattato sul Funzionamento dell'Unione Europea (c.d. TFUE), dopo aver vietato *qualsiasi discriminazione, fondata sulla nazionalità, tra i lavoratori degli Stati membri, per quanto riguarda l'impiego, la retribuzione e le altre condizioni di lavoro, eccettua gli impieghi nella pubblica amministrazione (è la c.d.* ***riserva di nazionalità*** *di cui all'art. 45, par. 4): secondo l'interpretazione che di tale eccezione è stata fornita dalla costante giurisprudenza dei giudici europei e italiani, un divieto di accesso dei cittadini di altri Paesi europei è da considerare coerente con il principio di libera*

circolazione solo se riferito a ***posti pubblici*** **nei quali sia assolutamente prevalente e costante l'esercizio di poteri di matrice pubblicistica, autoritativa e coercitiva**. In tal senso, l'art. 38, co. 1, d. lgs. 30 marzo 2001, n. 165, stabilisce che *i cittadini degli Stati membri dell'Unione europea possono accedere ai posti di lavoro presso le amministrazioni pubbliche che non implicano esercizio diretto o indiretto di pubblici poteri, ovvero non attengono alla tutela dell'interesse nazionale.*

ESEMPIO

Possono cittadini di altri Paesi europei concorrere in Italia quali **dirigenti di musei statali**? L'Adunanza plenaria del Consiglio di Stato, con sentenza 25 giugno 2018, n. 9, ha escluso che tutti i posti dei livelli dirigenziali delle amministrazioni dello Stato siano qualificabili sempre e comunque come posti con funzioni di vertice amministrativo, implicanti l'esercizio prevalente di funzioni di stampo autoritativo, come tali ad accesso escluso per i cittadini di altri Paesi europei ai sensi dell'art. 45, par. 4, TFUE. In particolare, secondo il Consiglio di Stato, dall'esame delle attribuzioni dei direttori dei musei statali emerge che le stesse consistono prevalentemente in compiti attinenti ai profili organizzativo-gestionale e di valorizzazione delle risorse, per i quali non è legittimamente apponibile la riserva di nazionalità.

▶ 4.1. Le stabilizzazioni.

Una deroga alla regola del concorso si ha in caso di c.d. **stabilizzazioni**, coincidenti con le procedure bandite da una pubblica amministrazione con previsione di una riserva di posti a favore del personale in precedenza assunto con contratti a tempo.
La giurisprudenza costituzionale *(*Corte cost. 26 maggio 2006, n. 205*)* ha precisato che la stabilizzazione del personale precario in deroga alla regola del concorso non è legittima incondizionatamente, ma solo in presenza di esigenze obiettive, quali la necessità di valorizzare le esperienze lavorative maturate all'interno della P.A., che sole possono giustificare la validità di procedure selettive diverse rispetto al concorso pubblico. E' in ogni caso necessario che il principio del buon andamento della P.A. sia assicurato in via alternativa con adeguati criteri selettivi idonei a garantire la professionalità dei soggetti prescelti. La fonte primaria, che stabilisca sistemi alternativi di reclutamento, ha il compito di stabilire a tal fine percentuali rigorose e selezionare attentamente la platea di destinatari (*es.* soggetti che abbiano già dato lunga e reiterata prova di servizio e verso cui finora non v'erano state certi e tempestivi metodi di reclutamento ordinario. Cfr. Cons. St., sez. VI, 23 dicembre 2020, n. 8275*)*.

▶ 4.2. Modalità di svolgimento dei concorsi pubblici: le novità del Decreto c.d. PNRR 2 (d.l. 30 aprile 2022, n. 36). Portale unico di reclutamento

Il Decreto c.d. PNRR2 (d.l. 30 aprile 2022, n. 36, convertito, con modificazioni, dalla l. 29 giugno 2022, n. 79) ha introdotto importanti modifiche nel settore dell'impiego pubblico, al fine di realizzare gli obiettivi stabiliti dalla direttiva *Milestone* M1C1-56, che richiede l'entrata in vigore entro il secondo trimestre del 2022 della *enabling legislation* per la riforma del pubblico impiego.
Punti centrali della riforma sono l'innovazione, la digitalizzazione e la valorizzazione

delle risorse umane.
In particolare, è introdotto il nuovo articolo 35-*ter*, d.lgs. n. 165 del 2001, relativo all'accesso al pubblico impiego mediante il **Portale unico di reclutamento**, strumento istituito originariamente dalla l. n. 56 del 2019, inserito nel PNRR e disciplinato definitivamente dal d.l. n. 80 del 2021. Il Portale unico (denominato anche "inPA") è un sito *web* nel quale i cittadini potranno caricare il proprio *curriculum vitae*, consultare i concorsi pubblici attivi in Italia, effettuare una ricerca delle opportunità lavorative nella PA secondo criteri geografici, candidarsi *online*, previa registrazione tramite Spid o CIE o CNS. Con la riforma viene stabilito che tutte le assunzioni a tempo determinato e indeterminato nella pubblica amministrazione dovranno essere effettuate attraverso il Portale unico, destinato così a diventare il punto di riferimento per tutto il settore pubblico, sia per le amministrazioni che pubblicano i bandi di concorso sia per chi è alla ricerca di informazioni sulle offerte di lavoro disponibili nella P.A.

▶ 4.3. Modalità di svolgimento dei concorsi pubblici: le novità del Decreto c.d. PNRR 2 (d.l. 30 aprile 2022, n. 36). Portale unico di reclutamento

Il Decreto c.d. PNRR2 (d.l. 30 aprile 2022, n. 36, convertito, con modificazioni, dalla l. 29 giugno 2022, n. 79) ha introdotto una serie di importanti modifiche nel settore dell'impiego pubblico, al fine di realizzare gli obiettivi stabiliti dalla direttiva *Milestone* M1C1-56, che richiede l'entrata in vigore entro il secondo trimestre del 2022 della *enabling legislation* per la riforma del pubblico impiego.
Punti centrali della riforma sono l'innovazione, la digitalizzazione e la valorizzazione delle risorse umane.
In particolare, è introdotto il nuovo articolo 35-*ter*, d.lgs. n. 165 del 2001, relativo all'accesso al pubblico impiego mediante il **Portale unico di reclutamento**, strumento istituito originariamente dalla l. n. 56 del 2019, inserito nel PNRR e disciplinato definitivamente dal d.l. n. 80 del 2021. Il Portale unico (denominato anche "inPA") è un sito *web* nel quale i cittadini potranno caricare il proprio *curriculum vitae*, consultare i concorsi pubblici attivi in Italia, effettuare una ricerca delle opportunità lavorative nella PA secondo criteri geografici, candidarsi *online*, previa registrazione tramite Spid o CIE o CNS. Con la riforma viene stabilito che tutte le assunzioni a tempo determinato e indeterminato nella pubblica amministrazione dovranno essere effettuate attraverso il Portale unico, destinato così a diventare il punto di riferimento per tutto il settore pubblico, sia per le amministrazioni che pubblicano i bandi di concorso sia per chi è alla ricerca di informazioni sulle offerte di lavoro disponibili nella P.A.

▶ 4.4. Tipologie di concorsi. Concorsi interni.

Occorre, a questo punto, dar conto di alcune **ipotesi problematiche** emerse in riferimento al riparto di giurisdizione in tema di concorsi:
L'espressione **concorsi interni** è utilizzata per indicare i concorsi indetti dalla P.A. per soggetti che siano già dipendenti pubblici e finalizzati alla loro progressione orizzontale o verticale. Il problema si pone perché il citato art. 63, co. 4, riconosce la **giurisdizione amministrativa** con esclusivo riferimento alle controversie riguardanti le **procedure concorsuali per l'assunzione**. Ci si è interrogati, pertanto, sul significato da ascrivere al termine **"assunzione"** e se in esso possano

considerarsi incluse anche le procedure volte alla selezione dei dipendenti pubblici allo scopo di consentire il **passaggio a qualifiche superiori** o se vi rientrino solamente le procedure finalizzate a consentire **per la prima volta** l'ingresso del vincitore nei ruoli dell'amministrazione. Le ricadute sul **riparto di giurisdizione** sono in tal senso notevoli. Le Sezioni Unite della Cassazione (Cass., S.U., 7 luglio 2014, n. 15428), valorizzando le diverse pronunce della **Corte costituzionale** *(*Corte cost., 30 ottobre 1997, n. 320; Corte cost., 20 luglio 1994, n. 314*)*, hanno precisato che il **passaggio ad una fascia funzionale superiore** costituisce l'accesso ad un **nuovo posto di lavoro** e che la selezione deve rimanere soggetta alla regola del pubblico concorso. Pertanto, la giurisdizione del **G.A.** si radica sulle controversie relative ai **concorsi pubblici per soli esterni**, ed ai **concorsi interamente riservati al personale già in servizio**, che comportino il **passaggio ad un'area funzionale diversa** (**progressioni verticali**). Alla "residuale" giurisdizione del **G.O.** sono attribuite le controversie attinenti a **concorsi per soli interni**, che prevedano il passaggio da una qualifica ad un'altra, ma nell'ambito della stessa area funzionale di appartenenza del dipendente che aspiri alla progressione (**progressioni orizzontali**).

▶ 4.5. Scorrimento della graduatoria.

Le norme sul pubblico impiego hanno spesso introdotto la possibilità, per le P.A., di utilizzare una graduatoria anche **oltre i termini della singola procedura concorsuale**, con lo scopo di ovviare tempestivamente alla **vacanza sopravvenuta di posti in organico** attingendo alle risultanze di un precedente concorso, piuttosto che bandendo un nuovo procedimento concorsuale. Naturalmente, tale prerogativa è volta al perseguimento dell'interesse pubblico ad evitare un allungamento dei tempi e un ulteriore dispendio di risorse, in ossequio all'art. 97, co. 1 e 4, Cost.
L'art. 35, co. 5 *ter*, d.lgs. n. 165/01, introdotto dalla l. n. 244 del 2007, prescrive che "*Le graduatorie dei concorsi per il reclutamento del personale presso le amministrazioni pubbliche rimangono vigenti per un termine di tre anni dalla data di pubblicazione. Sono fatti salvi i periodi di vigenza inferiori previsti da leggi regionali*". Si tratta di un **istituto ordinario** ("a regime") delle procedure di reclutamento del personale pubblico ed è riferito, indistintamente, **a tutte le amministrazioni.**
Ci si è da tempo interrogati in merito alla natura del rapporto intercorrente tra le due possibili modalità di reclutamento del personale pubblico rispettivamente consistenti nella: utilizzazione dei candidati idonei, collocati in graduatorie concorsuali ancora efficaci, attraverso il meccanismo dello **"scorrimento"**; indizione di un **nuovo concorso**. Ci si è chiesti, in particolare, se sussista un **rapporto di regola ad eccezione**.
La giurisprudenza prevalente ritiene che lo scorrimento delle graduatorie valide costituisce oggi **modo preferenziale di copertura dei posti vacanti (**Cons. St., sez. IV, 18 settembre 2017, n. 4353**)**, suscettibile di deroghe in presenza di specifiche esigenze (ad es. il mutamento del contenuto professionale delle mansioni proprie del profilo lavorativo richiesto, v. Cons St., sez. IV, 6 luglio 2017, n. 3329 o le ipotesi in cui disposizioni normative impongano una precisa cadenza periodica del concorso, v. Cons. St., sez. IV, 24 agosto 2017 n. 4057).

5. Le mansioni. Mansioni superiori e demansionamento.

Ai pubblici dipendenti, all'atto dell'assunzione, sono attribuite determinate **mansioni**, in relazione alle quali è determinata, a livello di contratto collettivo nazionale, la **retribuzione** dovuta.
Ai sensi dell'art. 52, d. lgs. n. 165 del 2001, "*il prestatore di lavoro deve essere adibito alle mansioni per le quali è stato assunto o alle mansioni equivalenti nell'ambito dell'area di inquadramento ovvero a quelle corrispondenti alla qualifica superiore che abbia successivamente acquisito per effetto delle procedure selettive ... L'esercizio di fatto di mansioni non corrispondenti alla qualifica di appartenenza non ha effetto ai fini dell'inquadramento del lavoratore o dell'assegnazione di incarichi di direzione*".
Una questione da sempre al centro di contrasti giurisprudenziali è quella relativa alla possibilità di assegnare rilevanza **giuridica ed economica** alle mansioni svolte, qualora **superiori** a quelle proprie della qualifica di appartenenza. L'attuale art. 52, d.lgs. n. 165 2001, prevede espressamente la possibilità che il prestatore di lavoro possa essere adibito a mansioni superiori rispetto a quelle per le quali è stato assunto, seppure in soli **casi tassativi** (*vacanza* del posto in organico; *sostituzione* di altro dipendente con diritto alla conservazione del posto). In questi casi, l'esercizio di fatto di mansioni superiori **non ha effetto ai fini dell'inquadramento del lavoratore**, il quale ha però diritto al corrispondente **trattamento economico**.
Diversa e speculare è l'ipotesi del **demansionamento**. In giurisprudenza è stato al riguardo sostenuto che non si applica l'art 2103 c.c., essendo la materia compiutamente disciplinata dall'art. 52, d. lgs. n. 165 del 2001, il quale assegna rilievo solo al criterio della equivalenza formale con riferimento alla qualificazione prevista in astratto dai contratti collettivi, indipendentemente dalla professionalità concretamente acquisita dal dipendente sino a quel momento. Nel verificare se vi è **demansionamento**, pertanto, è necessario verificare l'area professionale e la fascia di appartenenza del dipendente. Non può essere considerato demansionato il pubblico dipendente adibito a mansioni inferiori ma rientranti nella stessa area professionale di appartenenza (Cass., 26 gennaio 2017, n. 2011). Qualora le attività svolte siano relative ad aree professionali inferiori, oppure si sia operato nei suoi confronti lo svuotamento della mansione costringendolo all'assoluta inattività, il dipendente potrà chiedere il "danno da perdita di *chance*", da parametrare alla retribuzione di riferimento e da quantificare in misura percentuale rispetto al tipo e all'entità del demansionamento.

6. Le vicende del rapporto di lavoro. Mobilità, sospensione, estinzione.

Il rapporto di lavoro alle dipendenze della P.A. è un rapporto di lunga durata destinato a subire modificazioni *oggettive* (con riguardo alla prestazione lavorativa) o *soggettive* (con riguardo alla P.A. datrice di lavoro).

▶ 6.1. Mobilità. Le modifiche introdotte nel 2022.

Una vicenda modificativa del rapporto di impiego è quella legata all'istituto della **mobilità**. Questa può essere:

- **individuale**, implicante il passaggio del dipendente da un'amministrazione all'altra, su base volontaria o obbligatoria;
- **collettiva**, disciplinata per le ipotesi di eccedenza di personale.

La **mobilità individuale** è disciplinata dall'art. 30, d. lgs n. 165 del 2001, modificato, di recente, da ultimo dal d.l. **30 aprile 2022, n. 36, conv. in l. 29 giugno 2022, n. 79**. Alla stregua del citato art. 30, le amministrazioni possono ricoprire posti vacanti in organico mediante passaggio diretto di dipendenti appartenenti a una qualifica corrispondente e in servizio presso altre amministrazioni, che facciano domanda di trasferimento.

È richiesto il **previo assenso** dell'amministrazione di appartenenza solo nel caso in cui si tratti di:

- **posizioni dichiarate motivatamente infungibili** dall'amministrazione cedente;
- di **personale assunto da meno di tre anni**;
- qualora la mobilità determini una **carenza di organico** superiore al 20 per cento nella qualifica corrispondente a quella del richiedente.

Le amministrazioni, *prima di procedere all'espletamento di procedure concorsuali*, finalizzate alla copertura di posti vacanti in organico, devono attivare le procedure di mobilità, provvedendo, in via prioritaria, all'immissione in ruolo dei dipendenti, provenienti da altre amministrazioni, in posizione di comando o di fuori ruolo, appartenenti alla stessa area funzionale, che facciano domanda di trasferimento nei ruoli delle amministrazioni in cui prestano servizio.

La disciplina descritta non si applica al personale delle aziende e degli enti del servizio sanitario nazionale e degli enti locali con un numero di dipendenti a tempo indeterminato non superiore a 100 per i quali è comunque richiesto il previo assenso dell'amministrazione di appartenenza. La disciplina non si applica inoltre al personale della scuola.

La **mobilità individuale** può essere anche **obbligatoria**. I dipendenti possono essere infatti essere trasferiti all'interno della stessa amministrazione o, previo accordo tra le amministrazioni interessate, in altra amministrazione, in sedi collocate nel territorio dello stesso comune ovvero a distanza non superiore a cinquanta chilometri dalla sede cui sono adibiti.

La **mobilità collettiva** è un istituto previsto per la gestione dei casi di eccedenza di personale. L'art. 33, d. lgs. n. 165 del 2001, prevede infatti che le pubbliche amministrazioni devono procedere annualmente alla ricognizione di situazioni di soprannumero o rilevino comunque eccedenze di personale, in relazione alle esigenze funzionali o alla situazione finanziaria. In caso di esubero, il dirigente responsabile è tenuto a darne *informativa preventiva* alle rappresentanze unitarie del personale e alle organizzazioni sindacali firmatarie del contratto collettivo nazionale del comparto o area. Decorsi dieci giorni, deve risolvere unilateralmente il contratto con i dipendenti in possesso dei requisiti pensionistici ovvero, in subordine, verificare la ricollocazione totale o parziale del personale in soprannumero o eccedenza nell'ambito della stessa amministrazione, anche mediante il ricorso a forme flessibili di gestione del tempo di lavoro o a contratti di solidarietà, ovvero presso altre amministrazioni, previo accordo con le stesse, comprese nell'ambito della regione.

▶ 6.2. Sospensione. Aspettativa, disponibilità, comando, distacco, collocamento fuori ruolo, assenza per malattia.

Taluni fattori possono, peraltro, determinare la **sospensione** dell'obbligo della prestazione lavorativa, quali:
- l'**aspettativa** (per servizio militare; comprovati motivi di famiglia o personali; mandato parlamentare, amministrativo o sindacale; svolgimento di attività presso organismi pubblici o privati anche internazionali);
- la **disponibilità**, disposta dalla P.A. temporaneamente per ragioni di tipo organizzativo previste dalla legge;
- il **comando** (con assegnazione temporanea presso un'altra amministrazione), **distacco** (con assegnazione temporanea presso un ufficio diverso della stessa Amministrazione), **collocamento fuori ruolo** (con assegnazione temporanea all'espletamento di funzioni diverse da quelle ordinarie, come per esempio per i magistrati collocati fuori ruolo presso i gabinetti dei Ministeri).
- l'**assenza per malattia** con corresponsione della retribuzione: intera per i primi nove mesi; al 90% per i successivi tre mesi; al 50% per gli ulteriori sei mesi del periodo di conservazione del posto.

▶ 6.3. La prestazione dell'attività lavorativa "a distanza" e lo *smart working*.

L'art. 4, l. n. 191 del 1998, dispone che "le *amministrazioni pubbliche di cui all'articolo 1, comma 2, del decreto legislativo 3 febbraio 1993, n. 29 possono avvalersi di forme di lavoro a distanza*". Con tale espressione tradizionalmente si intende il c.d. **telelavoro**, modalità di svolgimento della prestazione che ha posto, tuttavia, diversi problemi applicativi, a causa della sua rigidità, richiedendo una postazione fissa con videoterminale. Per ovviare a tali problematiche, l'art. 18, l. n. 81 del 2017 – che si applica anche al pubblico impiego – ha introdotto il lavoro agile (c.d. ***smart working***) quale modalità di esecuzione del rapporto di lavoro subordinato stabilita mediante accordo tra le parti "*eseguita in parte all'interno di locali aziendali e in parte all'esterno senza una postazione fissa*". A differenza del telelavoro, lo *smart working* consente modalità di svolgimento della prestazione lavorativa più flessibili.
In conseguenza dell'emergenza COVID-19 il lavoro agile è stato incentivato sia nel settore pubblico, sia privato.

▶ 6.4. L'estinzione del rapporto di pubblico impiego.

Il rapporto di lavoro è soggetto a vicende che ne determinano l'**estinzione**, previste in tre fonti di disciplina differenti.

A. Cause di estinzione previste dalla contrattazione collettiva

Quanto alla **disciplina contrattuale**, la cessazione del rapporto di lavoro ha luogo per effetto di:
- licenziamento disciplinare;
- raggiungimento dei limiti di età;
- dimissioni volontarie manifestate con atto scritto e accettate

dall'Amministrazione;
- decesso del dipendente;
- superamento, in caso di malattia, del c.d. periodo di comporto stabilito dai contratti collettivi, periodo durante il quale il dipendente ha diritto alla conservazione del posto.

B. Cause di estinzione di stampo pubblicistico

Quanto alla disciplina **pubblicistica**, l'estinzione del rapporto ha luogo nei casi di decadenza dall'impiego per:
- perdita della cittadinanza italiana;
- accettazione di una missione o di un incarico presso una Autorità straniera senza accettazione del Ministero competente;
- mancata cessazione della situazione di incompatibilità tra obblighi di servizio e attività svolte dal dipendente, nonostante la diffida della P.A.;
- accertata permanente inidoneità psicofisica all'impiego.

C. Cause di estinzione di impronta privatistica

Infine, si estende al rapporto di impiego alle dipendenze della P.A. la disciplina dettata dal **codice civile** in materia di:
- licenziamento per giusta causa, avendo il dipendente tenuto una condotta di tale gravità da non consentire la prosecuzione del rapporto (art. 2119 c.c.);
- licenziamento per giustificato motivo soggettivo (ossia per rilevante inadempimento) e giustificato motivo oggettivo, ossia per fatti non riconducibili alla volontà del dipendente ma comunque riguardanti l'organizzazione di lavoro (art. 3, l. n. 604 del 1966).

7. La dirigenza.

Anche il rapporto tra Pubblica Amministrazione e suoi dirigenti è stato oggetto del descritto **processo di privatizzazione** sorgendo, quindi, con contratto ed essendo prevalentemente sottoposto alla disciplina privatistica.
Ai dirigenti è però assegnato un ruolo di primaria importanza nella struttura organizzativa dell'Amministrazione, in specie per effetto dell'affermarsi del **principio di separazione tra politica**, abilitata solo a formulare le *linee di indirizzo amministrativo*, con la messa a punto degli obiettivi da perseguire, **e amministrazione**, ai cui dirigenti è assegnata, pertanto, la *responsabilità in via esclusiva dell'attività amministrativa*, della gestione e dei relativi risultati.
La dirigenza pubblica è stata oggetto di profonde **riforme**. L'attuale assetto è quello risultante dalla c.d. **riforma Brunetta**.
Il d.lgs. 27 ottobre 2009, n. 150), ha, da un lato, **responsabilizzato** i dirigenti, con l'introduzione di specifiche ipotesi di responsabilità, e, dall'altra, ne ha **ampliato le prerogative**, mediante l'attribuzione di poteri effettivi e concreti nel controllo della quantità e della qualità del lavoro svolto dal personale assegnato ai loro uffici. Con la riforma sono stati anche introdotti nuovi **meccanismi meritocratici**, nella selezione della classe dirigente e nella sua remunerazione.
Con il **d.lgs. 8 aprile 2013, n. 39**, emanato in attuazione della delega di cui ala l. 6

novembre 2012, n. **190**, sono stati disciplinati i casi di **non conferibilità e di incompatibilità** degli incarichi dirigenziali, al fine di prevenire i fenomeni di corruzione e cattiva amministrazione. È stata sancita in particolare l'incompatibilità tra i detti incarichi e lo svolgimento di cariche pubbliche elettive o la titolarità di interessi privati che possano porsi in conflitto, anche solo potenziale, con l'esercizio imparziale delle funzioni pubbliche affidate.

▶ 7.1. La responsabilità dirigenziale.

La **responsabilità dirigenziale** si atteggia come una *responsabilità specifica ed aggiuntiva*, riferibile solo ai dirigenti della PA e destinata ad affiancarsi alle altre forme di responsabilità previste per tutti i pubblici dipendenti (penale, civile, disciplinare, amministrativo-contabile). Si tratta di responsabilità che *non presuppone specifiche condotte illecite e colpose del dipendente*, ricollegandosi direttamente ai **risultati conseguiti** dal dirigente nell'espletamento del proprio incarico, conducendo alla sua tempestiva **rimozione** in quanto non in grado di raggiungere i risultati prefissati. In giurisprudenza, detta responsabilità è qualificata come una sorta di **responsabilità oggettiva**, svincolata dalla colpa del dipendente, oltre che dall'accertamento della causazione di un danno. Il comma 1 dell'art. 21 d.lgs. n. 165 del 2001 tipizza due **condotte** che possono essere **fonte di responsabilità**: il **mancato raggiungimento degli obiettivi** e l'**inosservanza di direttive**. La cd. riforma Brunetta ha introdotto **nuove fattispecie di responsabilità dirigenziale**, funzionalmente collegate al **ciclo di gestione della *performance***.
La l. 18 giugno 2009, n. 69 ha poi espressamente che i ritardi possono essere **causa di responsabilità dei dirigenti amministrativi**. Pertanto, il rispetto dei termini per la conclusione dei procedimenti rappresenta un **elemento di valutazione dei dirigenti** e di esso si tiene conto anche al fine della corresponsione della **retribuzione di risultato**.
La responsabilità dirigenziale va accertata avendo riguardo non tanto alla legittimità formale dei singoli atti posti in essere, bensì alla **qualità degli obiettivi raggiunti.** Pertanto, mentre nel rapporto dirigenziale privato vale il principio della recedibilità *ad nutum*, *ex* art. 2118 c.c., nel pubblico impiego il mancato raggiungimento degli obiettivi **non comporta la possibilità di risoluzione *ad nutum* del rapporto**, ma tre distinte conseguenze a seconda della gravità del caso: l'**impossibilità di rinnovo dell'incarico**; la **revoca** dello stesso; il **recesso** dal rapporto di lavoro.

▶ 7.2. Conferimento e revoca degli incarichi dirigenziali.

Nel settore pubblico vi è una **scissione**, ignota al diritto privato, fra **l'acquisto della qualifica di dirigente** (con rapporto di lavoro a tempo indeterminato) ed il successivo **conferimento delle funzioni dirigenziali** a tempo.
L'**acquisto della qualifica** di dirigente avviene tramite **concorso** per esami (art. 28, co. 1, d.lgs. n. 165 del 2001). La giurisdizione sulla procedura concorsuale compete quindi senz'altro al **giudice amministrativo** (art. 63, co. 4, d.lgs. citato).
Il **conferimento di funzioni,** a differenza dell'acquisto della qualifica, assume carattere temporaneo; alla scadenza dell'incarico è previsto, in mancanza di riconferma, il "**collocamento in disponibilità**" dell'interessato. Pertanto, il

dirigente svolge le funzioni inerenti alla qualifica solo per effetto del **conferimento**, a termine, di un incarico dirigenziale. L'**art. 19**, d.lgs. n. 165 del 2001 prevede l'emanazione di:

1. un **atto di conferimento** da parte della P.A., con cui vengono definiti l'oggetto, gli obiettivi e la durata dell'incarico;
2. la successiva stipulazione di un **contratto**, con cui si provvede alla definizione del trattamento economico.

La previsione di due distinti momenti ha dato luogo ad un dibattito concernente la **natura dell'atto di conferimento** e, dunque, il **riparto di giurisdizione** per le controversie ad esso inerenti.
Secondo la prevalente impostazione (Cass. civ., S.U., 20 ottobre 2017, n. 24877; Cass. civ. Sez. Lav., 14 settembre 2022, n. 27126; Cass. civ., S.U., 23 settembre 2013, n. 21671; Cass. civ., S.U., 23 aprile 2012, n. 6330), atti siffatti sarebbero atti negoziali adottati "*con la capacità e i poteri del privato datore di lavoro*" come previsto art. 5, co. 2, d.lgs. n. 165 del 2001 e le relative controversie sarebbero dunque di pertinenza del giudice ordinario.

▶ 7.3. Lo *spoyls sistem.*

Il meccanismo dello ***spoils system***, nell'originario quadro normativo di riferimento, era disciplinato dall'**art. 19, co. 8**, d. lgs n. 165 del 2001, che, nella **previgente versione**, prevedeva la **decadenza automatica**, entro 90 giorni dal voto sulla fiducia del nuovo Governo, poi portati an 60 giorni dalla **l. n. 145 del 2002** che ne ha anche esteso l'ambito di applicazione. Con sentenza *23 marzo 2007, n. 103*, la Corte costituzionale ha dichiarato l'**illegittimità** della norma per violazione degli artt. 97 e 98 Cost. sul rilievo che detta disposizione, determinando un'interruzione automatica del rapporto di ufficio ancora in corso prima dello spirare del termine stabilito violasse, in carenza di garanzie procedimentali, il **principio di continuità e di buon andamento** dell'azione amministrativa. Peraltro, i giudici costituzionali rimarcano l'assenza di qualsivoglia *"momento procedimentale di confronto dialettico tra le parti"*, contrastante con il **diritto di difesa** dell'interessato e con il modello della **distinzione tra politica e amministrazione**. Il **meccanismo di decadenza permanente (a regime)** introdotto nel 2006 (anch'esso, peraltro, censurato da Corte. cost. 11 aprile 2011, n. 124 e da Corte cost. 25 luglio 2011, n. 246) è stato successivamente abrogato dal legislatore, che, con l'art. 40, d.lgs. n. 150 del 2009, ha ripristinato **l'originario ambito di applicazione dell'art. 19, co. 8, d.lgs. n. 165 del 2001**, attualmente applicabile ai soli **incarichi dirigenziali di vertice**. La Corte costituzionale, nelle numerose pronunce di illegittimità costituzionale richiamate, ha ritenuto **costituzionalmente legittimo lo *spoils system* quando riferito a posizioni apicali**, del cui supporto l'organo di governo si avvale per svolgere l'attività di indirizzo politico amministrativo (Corte cost., 28 ottobre 2010, n. 304).

8. I diritti e i doveri del lavoratore pubblico. Codice di comportamento e *whistleblowing.*

In quanto a carattere bilaterale e sinallagmatico, su ciascuna delle due parti del rapporto gravano diritti e doveri

Quanto ai **diritti del dipendente** possono essere distinti a seconda che abbiano o meno contenuto patrimoniale.

A. I diritti patrimoniali

Il più importante dei **diritti patrimoniali** è quello alla **retribuzione**, consistente in una prestazione periodica in denaro cui è tenuta la P.A.

La retribuzione consta di un:

- *trattamento economico fondamentale* costituito da voci fisse (stipendio);
- *trattamento economico accessorio* legato alla *performance* individuale, organizzativa ed ai rischi dell'attività svolta.

Tra i diritti patrimoniali, inoltre, quelli:

- al trattamento di quiescenza (**pensione**), ossia alla prestazione periodica e continuativa dovuta dalla P.A. a partire dalla fine del rapporto;
- al trattamento di fine rapporto (**buonuscita**), ossia ad una somma di denaro, solitamente *una tantum*, dovuta dalla P.A. al momento dell'estinzione del rapporto.

B. I diritti non patrimoniali

Tra i **diritti non patrimoniali** figurano:

- il *diritto all'ufficio*, ossia il diritto a che permanga il rapporto di lavoro;
- il *diritto allo svolgimento delle mansioni*, avente ad oggetto il fatto di essere adibito alle mansioni per le quali si è assunti o a quelle superiori in caso di progressione;
- il *diritto alla progressione di carriera*;
- il *diritto al riposo*;
- il *diritto alla riservatezza*, cioè alla non divulgazione di taluni dati personali;
- il *diritto alle pari opportunità* tra uomini e donne sul luogo di lavoro.

I **doveri** del pubblico dipendente possono essere raggruppati in due ampie categorie.

Alla prima appartengono i **doveri di tipo pubblicistico**, in particolari quelli di:

- **fedeltà**, dovendo svolgere le mansioni nell'interesse dell'amministrazione di appartenenza (51 Cost.);
- **imparzialità**, intesa come disinteresse personale ed obiettività nell'espletamento delle mansioni (97 Cost.).

La seconda categoria raggruppa i **doveri posti dalla disciplina codicistica** quali quelli di:

- **diligenza**, commisurata alla natura delle mansioni svolte;
- **obbedienza** alle disposizioni formulate da chi ricopre una posizione più elevata nell'organizzazione amministrativa (artt. 2104 e 2105 c.c.);

► 8.1. Esclusività e Codice di comportamento.

Ulteriore dovere è quello di **esclusività** nel prestare la propria attività a favore dell'amministrazione.

Al riguardo, l'art. 54, d. lgs. 30 marzo 2001, n. 165, rimette al Governo l'approvazione di un **Codice di comportamento dei dipendenti delle pubbliche amministrazioni** al fine di assicurare la qualità dei servizi, la prevenzione dei fenomeni di corruzione, il rispetto dei doveri costituzionali di diligenza, lealtà, imparzialità e servizio esclusivo alla cura dell'interesse pubblico. Il Codice prevede per tutti i dipendenti pubblici il divieto di chiedere o di accettare, a qualsiasi titolo, compensi, regali o altre utilità, in connessione con l'espletamento delle proprie funzioni o dei compiti affidati, fatti salvi i regali d'uso, purché di modico valore e nei limiti delle normali relazioni di cortesia. La violazione dei doveri contenuti nel codice di comportamento, compresi quelli relativi all'attuazione del Piano di prevenzione della corruzione, è fonte di responsabilità disciplinare.

▶ 8.2. *Whistleblowing.*

Di rilievo, la previsione dell'art. 54-*bis*, d. lgs. 30 marzo 2001, n. 165, che ha introdotto la figura del ***whistleblowing***: In particolare, l'articolo citato (eccetto i casi di responsabilità a titolo di calunnia o diffamazione) tutela dal rischio di essere sanzionato, licenziato o sottoposto ad una misura discriminatoria, il pubblico dipendente che denuncia all'autorità giudiziaria o alla Corte dei conti o all'Autorità nazionale anticorruzione (ANAC), o riferisce al proprio superiore gerarchico condotte illecite di cui sia venuto a conoscenza in ragione del rapporto di lavoro. Nell'ambito del procedimento disciplinare attivato in conseguenza della segnalazione, l'identità del segnalante non può essere rivelata, senza il suo consenso, sempre che la contestazione dell'addebito disciplinare sia fondata su accertamenti distinti e ulteriori rispetto alla segnalazione. Qualora la contestazione sia fondata, in tutto o in parte, sulla segnalazione, l'identità può essere rivelata ove la sua conoscenza sia assolutamente indispensabile per la difesa dell'incolpato.

9. La responsabilità dell'impiegato.

Diverse le forme di responsabilità contestabili al pubblico dipendente: penale, civile, erariale e contabile, disciplinare.
Ai sensi dell'art. 28 Cost., *i funzionari e i dipendenti dello Stato e degli enti pubblici sono direttamente responsabili, secondo le leggi penali, civili e amministrative, degli atti compiuti in violazione di diritti. In tali casi la responsabilità civile si estende allo Stato e agli enti pubblici*

▶ 9.1. Responsabilità penale.

La responsabilità **penale** dell'impiegato, a carattere personale ai sensi dell'art. 27 Cost., può aversi quando lo stesso commetta condotte che integrano taluno dei reati descritti dal codice penale, in particolare quelli contro la P.A., tra i quali quelli di:

- **peculato**, per appropriazione di beni di cui il dipendente ha disponibilità per ragioni di ufficio o servizio;
- **abuso di ufficio**, addebitabile al dipendente che cagioni intenzionalmente un danno ingiusto o un ingiusto vantaggio patrimoniale violando norme di legge o regolamento o doveri di astensione;

- **omissione di atti di ufficio**, consistente nel non compiere o nel compiere in ritardo un atto dell'ufficio;
- **rivelazione o utilizzazione di segreti di ufficio**;
- **corruzione**, reato del pubblico ufficiale o dell'incaricato di pubblico servizio il quale si faccia promettere o dare un'utilità indebita a fronte delle funzioni pubbliche svolte o da svolgere (corruzione c.d. **impropria**) o del compimento di un atto contrario ai doveri di ufficio (c.d. corruzione **propria**);
- **concussione**, contestabile al dipendente il quale, abusando della sua qualità o dei suoi poteri, *costringa* taluno a dargli o promettere denaro o altra utilità;
- **indebita induzione**, consistente nel fatto del dipendente il quale, abusando della sua qualità o dei suoi poteri, *induca* taluno a dargli o promettere denaro o altra utilità.

▶ 9.2. Responsabilità civile.

Il dipendente pubblico può incorrere in **responsabilità civile**, dovendo risarcire i danni ingiusti che dolosamente o con colpa grave cagioni ai terzi. La responsabilità del dipendente, tuttavia, si estende all'Amministrazione, il terzo danneggiato potendo, quindi, agire contro la P.A, la quale, in caso di condanna, potrà rivalersi sul dipendente, autore della condotta illecita.

▶ 9.3. Responsabilità erariale: elementi costitutivi.

La **responsabilità erariale** si ha quando, a causa di **inosservanza dolosa** (la prova del dolo richiede, comunque la dimostrazione della volontà dell'evento dannoso) **o gravemente colposa** dei propri obblighi di servizio, il dipendente abbia cagionato un **pregiudizio alla P.A**. La responsabilità **per danno erariale** presuppone un pregiudizio alle finanze pubbliche ed è assoggettata alla giurisdizione della Corte dei Conti *ex* art. 103, comma 2, Cost. e ai sensi dell'art. 1 legge 14 gennaio 1994, n. 20.
Uno dei principali principi caratterizzanti tale forma di responsabilità è quello della ***compensatio lucri cum damno*** prevista dall'art. 1, comma 1-*bis*, l. n. 20 del 1994, secondo cui "*nel giudizio di responsabilità, fermo restando il potere di riduzione, deve tenersi conto dei vantaggi comunque conseguiti dall'amministrazione di appartenenza, o da altra amministrazione, o dalla comunità amministrata in relazione al comportamento degli amministratori o dei dipendenti pubblici soggetti al giudizio di responsabilità*".

▶ 9.3.1. Gli elementi costitutivi della fattispecie di danno erariale e le principali tipologie: il danno all'immagine.

Sono **elementi costitutivi** della responsabilità amministrativa:

- il **vincolo funzionale** tra il soggetto che ha cagionato il danno e la P.A.;
- la **violazione dei doveri** d'ufficio e l'inosservanza di obblighi di servizio per il tramite di una condotta attiva od omissiva;
- il verificarsi del **danno erariale**, ossia di un pregiudizio economicamente valutabile nei confronti della P.A. che può consistere nel depauperamento

patrimoniale (danno emergente) o nella mancata acquisizione di incrementi patrimoniali che la P.A. avrebbe potuto conseguire in assenza della condotta illecita (lucro cessante);
- il **nesso di causalità** tra fatto del dipendente e danno all'erario
- l'**imputabilità** a titolo di dolo o colpa grave.

▶ 9.3.1.1. Il nuovo regime introdotto dai d.l. 16 luglio 2020, n. 76, e 31 maggio 2021, n. 77. La disciplina della responsabilità nel Codice dei contratti pubblici del 2023.

Il cd. decreto semplificazioni (d.l. 16 luglio 2020, n. 76, convertito in L. 11 settembre 2020, n. 120) ha inserito importanti novità nella disciplina della responsabilità erariale, contenuta nell'art. 1 della L. 14 gennaio 1994, n. 20, secondo il quale la responsabilità dei dipendenti pubblici soggetti alla giurisdizione della Corte dei Conti in materia di contabilità pubblica ricorre in relazione a fatti ed omissioni commessi con dolo o colpa grave.
Il Decreto semplificazioni del 2020 ha invero:
- precisato che ai fini della **prova dell'elemento soggettivo del dolo** occorre dimostrare la volontà dell'evento dannoso. Sono stati così neutralizzati quegli orientamenti della giurisprudenza contabile che reputano sufficiente, per la responsabilità erariale, la prova del dolo in relazione alla sola condotta;
- introdotto una normativa temporanea secondo la quale **la responsabilità erariale è limitata ai soli casi di dolo**, salvo le ipotesi in cui il danno sia cagionato da omissione o inerzia dell'agente. In altri termini, è temporaneamente abolita la responsabilità erariale per colpa grave, salva l'ipotesi di danni causati dal dipendente pubblico con *omissione o inerzia*. L'intento è quello di stigmatizzare le inerzie e i ritardi amministrativi in un momento in cui non è tollerabile che le iniziative economiche private subiscano stalli per effetto di lungaggini amministrative.

Tale disciplina trova applicazione limitatamente ai fatti commessi dalla data di entrata in vigore del decreto e fino al 31 luglio 2021, termine esteso al 30 giugno 2023 dal d.l. 31 maggio 2021, n. 77, convertito in l. 29 maggio 2021, n. 108, con cui il Parlamento ha approvato il Piano nazionale di ripresa e resilienza (PNRR).

PER APPROFONDIRE

LA RESPONSABILITÀ AMMINISTRATIVA NEL SETTORE DEI CONTRATTI PUBBLICI. COSA CAMBIA CON IL NUOVO CODICE DEI CONTRATTI PUBBLICI DEL 2023?

L'art. 222 dello schema di decreto legislativo approvato dal Consiglio dei Ministri il 16 dicembre 2022, sulla base della delega di cui alla l. 21 giugno 2022, n. 78, destinato ad entrare in vigore il 1 aprile 2023, con efficacia a partire dal 1 luglio 2023, introduce una speciale disciplina della responsabilità del funzionario nel settore dei contratti pubblici. Dopo aver previsto al comma 1 che "l'attribuzione e l'esercizio del potere nel settore dei contratti pubblici si fonda sul principio della reciproca fiducia nell'azione legittima, trasparente e corretta dell'amministrazione, dei suoi funzionari e degli operatori economici", il successivo comma 3 prevede invero che "nell'ambito delle attività svolte nelle fasi di programmazione, progettazione, affidamento ed esecuzione dei contratti, ai fini della responsabilità amministrativa costituisce ***colpa grave*** *la violazione di norme di diritto e degli auto-vincoli amministrativi, nonché la palese violazione di regole di prudenza, perizia e diligenza e l'omissione delle cautele, verifiche ed informazioni preventive normalmente richieste nell'attività amministrativa, in quanto esigibili nei confronti dell'agente pubblico in base alle specifiche competenze e in relazione al caso concreto.* ***Non costituisce colpa grave*** *la violazione o l'omissione determinata dal riferimento a indirizzi giurisprudenziali prevalenti o a pareri delle autorità competenti".*

▶ 9.3.1.2. Le tipologie di danno erariale. Il danno da disservizio e il danno all'immagine.

Il danno erariale può, inoltre, essere **diretto** (il dipendente pubblico commette un illecito che arreca un danno direttamente lesivo della sfera giuridica della P.A.) od **indiretto** (la P.A., in forza del vincolo di solidarietà obbligatoria passiva di cui all'art. 28 Cost., viene condannata a risarcire il terzo danneggiato dalla condotta illecita del proprio agente nell'esercizio delle sue funzioni o comunque durante l'attività di servizio).

Passando alle **tipologie di danno erariale**, la Corte dei Conti ha identificato:

- un **danno erariale "atipico" di natura patrimoniale**;
- un **danno da disservizio**, inteso come "spreco" qualitativo delle risorse pubbliche conseguente al mancato raggiungimento di quell'utilità che sarebbe stata perseguita ove il servizio fosse stato legalmente espletato (*ex multis,* Corte Conti, Lazio, sez. giurisd., 2 febbraio 2015, n. 80);
- un **danno all'immagine della P.A.,** il quale incide in via immediata sulla fiducia che lega la cittadinanza agli amministratori ed in via mediata sulla capacità di realizzazione dei fini istituzionali. Con riferimento ai profili che attengono all'*an* del danno all'immagine, si chiarisce che: sul piano oggettivo, la condotta deve contraddistinguersi per una sua **intrinseca capacità offensiva**; sul piano soggettivo, deve essere sostenuta dal **dolo**, se non penale almeno contrattuale; sul piano teleologico, deve avere ad oggetto un **bene-valore particolarmente sensibile**, quale la giustizia, la salute, l'ordine pubblico, la sicurezza; sul piano sociale, infine, la condotta deve procurare un certo **allarme tra i consociati** (c.d. *clamor fori*).

▶ 9.3.1.3. Il giudizio innanzi alla Corte dei conti

Il giudizio di responsabilità è disciplinato dal **d.lgs. 26 agosto 2016, n. 174**, recante "*Codice di giustizia contabile*".

L'azione di responsabilità erariale è esercitata dal **Pubblico ministero contabile**, sulla base di **notizie specifiche e concrete di danno erariale.** Al contempo, incombe su determinati soggetti (organi di vertice, organi di controllo e revisione) un **obbligo di denuncia del danno erariale**.

L'**attività del P.M. presso la Corte dei conti** si estende ad ogni attività utile per l'esercizio dell'azione (richieste documenti e informazioni, consulenze tecniche, audizioni ecc.).

All'esito dell'istruttoria il P.M. contabile potrà disporre l'**archiviazione del fascicolo**

istruttorio, quando siano carenti elementi sufficienti per sostenere il giudizio di responsabilità.
Qualora non venga disposta l'archiviazione, il P.M. emette l'**atto di citazione in giudizio** e il processo si svolgerà nelle forme del rito ordinario dinanzi alla Corte dei conti.

▶ 9.4. La responsabilità dell'Amministrazione.

Ai sensi dell'art. 28 Cost., nei casi di responsabilità dei funzionari e i dipendenti dello Stato e degli enti pubblici per danni cagionati con atti compiuti in violazione di diritti, *la responsabilità civile si estende allo Stato e agli enti pubblici*.
L'art. 28 Cost. pare porre, quindi, in primo piano la responsabilità personale del dipendente pubblico e solo in via subordinata, per estensione, la **responsabilità civile dell'Amministrazione;** questa, almeno apparentemente, sarebbe destinata ad assumere **carattere sussidiario**, nel senso che il danneggiato dovrebbe chiedere il risarcimento del danno prima nei confronti del funzionario e, solo in caso di incapienza del suo patrimonio personale, nei confronti dell'apparato amministrativo.
Da tempo ormai è prevalsa una diversa interpretazione dell'art. 28 Cost.
Si ritiene, infatti, che la responsabilità dell'amministrazione sia **solidale**, *non sussidiaria*, sicché il terzo danneggiato può agire per l'intero danno *indifferentemente* nei confronti del dipendente o dell'ente, e anche quindi in prima battuta nei confronti di quest'ultimo.
Inoltre, la responsabilità dell'ente *non è considerata indiretta*, come è, ai sensi dell'art. 2049 c.c. quella dei *padroni o committenti per i danni arrecati dal fatto illecito dei loro domestici e commessi nell'esercizio delle incombenze a cui sono adibiti*, ma **diretta**, collegata quindi ad atti o comportamenti posti in essere dall'ente stesso. La responsabilità civile dell'Amministrazione è stata ritenuta diretta valorizzando il **rapporto di immedesimazione organica** che intercorre tra la stessa e i suoi dipendenti, in forza del quale gli atti compiuti da questi ultimi sono giuridicamente imputati direttamente all'ente, sicché è come se fosse l'ente a compierli.
Si rinvia a Parte III, cap. 5 par. 3 e ss. per la disamina della responsabilità da lesione di interessi legittimi.

▶ 9.5. Responsabilità disciplinare.

Infine, i dipendenti pubblici possono incorrere nella **responsabilità disciplinare.**
Una responsabilità, aggiuntiva rispetto a quella penale, civile, amministrativo-contabile e dirigenziale, in cui incorre il lavoratore che non osserva gli obblighi assunti e stabiliti nella contrattazione collettiva e recepiti nel contratto individuale, dalla legge o dal codice di comportamento. Tale responsabilità comporta l'applicazione da parte del datore di lavoro di *sanzioni conservative* (richiamo, multa, sospensione dal servizio e dalla retribuzione) o *espulsive* (licenziamento con o senza preavviso).
Il d.lgs. 20 giugno 2016, n. 116 (**decreto Madia**), ha accentuato la gravità disciplinare di talune condotte, in particolare quella di *falsa attestazione della presenza del dipendente in servizio*, ora comportante la sospensione cautelare immediata senza stipendio del dipendente entro quarantotto ore (art. 55- *quater*, co. 3 *bis*, d. lgs. 30 marzo 2001, n. 165), e, se confermata, il licenziamento del dipendente ritenuto

colpevole entro trenta giorni (art. 55-*quater*, co. 3 *ter*).

Il **procedimento disciplinare** nel pubblico impiego si fonda su alcuni basilari principi:

- **a.** l'*obbligatorietà dell'azione disciplinare*. A differenza di quanto previsto nell'impiego privato, dove la scelta del datore di sanzionare o meno il lavoratore è discrezionale (nei limiti del divieto di discriminazioni), nell'impiego presso la P.A. l'azione disciplinare è obbligatoria;
- **b.** la *proporzionalità della sanzione disciplinare rispetto ai fatti commessi*;
- **c.** la *tempestività dell'azione disciplinare*. Come nell'impiego privato, anche in quello pubblico l'attivazione e la conclusione del procedimento disciplinare deve essere tempestiva, e cioè immediata;
- **d.** la *tassatività delle sanzioni disciplinari*, che sono solo quelle stabilite;
- **e.** la *gradualità sanzionatoria*. Il sistema sanzionatorio disciplinare deve ispirarsi alla progressiva e graduale crescita delle sanzioni comminabili di pari passo rispetto alla crescente gravità dei fatti commessi;
- **f.** il *contraddittorio procedimentale*, in forza del quale va data la possibilità all'incolpato di esporre le sue ragioni e di difendersi.

PARTE VIII
ELEMENTI DI DIRITTO PENALE CON RIGUARDO AI REATI CONTRO LA PUBBLICA AMMINISTRAZIONE
Parte generale

SOMMARIO

PARTE I ▶ LA LEGGE PENALE

Capitolo 1
IL PRINCIPIO DI LEGALITÀ E I SUOI COROLLARI

SOMMARIO:

1. Il principio di legalità: *nullum crimen sine lege*.

Il principio di legalità in materia penale (*nullum crimen sine lege*), è sancito in primo luogo **dall'art. 25, comma 2, Cost.**, in base al quale "***nessuno può essere punito se non in forza di una legge che sia entrata in vigore prima del fatto commesso***".
Il principio è enunciato da molteplici **fonti normative:** a livello **costituzionale**, nel citato art. 25, co. 2 e 3; a livello **normativo primario**, nelle seguenti disposizioni: art. 1 c.p., art. 199 c.p.; art. 1, l. 24 novembre 1981, n. 689; art. 2, d.lgs. 8 giugno 2001, n. 231, in materia di responsabilità degli enti; a livello **sovranazionale**, in numerose fonti europee ed internazionali, come l'art. 49 della Carta dei diritti fondamentali dell'Unione europea e l'art. 7 della Convenzione europea dei diritti dell'uomo (CEDU).

Il principio di legalità presenta i seguenti corollari:
- il principio di **riserva di legge;**
- il principio di **determinatezza** (o di **tassatività** o ancora di **precisione**);
- il **divieto di analogia** in materia penale;
- il principio di **irretroattività** della legge penale.

2. Riserva di legge.

La riserva di legge: funzione e oggetto.

Il principio della riserva di legge esprime il divieto di punire un determinato fatto in assenza di una **legge dello Stato** (peraltro **preesistente**) che lo configuri come reato (*nullum crimen, nulla poena sine lege poenali scripta*).
L'oggetto della riserva di legge è costituito dalle sole **norme incriminatici,** volte ad individuare i presupposti dai quali dipende il "se", il "come" ed il "quanto" della punizione.

3. Norme penali in bianco.

Alla problematica della riserva di legge è strettamente correlato il tema delle c.d. **norme penali in bianco**, il cui precetto è posto, in tutto o in parte, da una **norma**

diversa da quella che contempla la sanzione.
Sono individuate tre ipotesi di "norma penale in bianco":

a) **il precetto è contenuto in una norma legislativa statuale**, alla quale rinvia la legge che prevede la sanzione. A fronte del pari rango delle due fonti, in tale ipotesi non si presenta alcun problema di riserva di legge;
b) **il precetto è posto da un atto generale e astratto del potere esecutivo o da una fonte sublegislativa,** richiamati da una legge statale. In tal caso, il rinvio appare costituzionalmente legittimo solo ove la fonte sottordinata apporti un intervento tecnico meramente integrativo;
c) **i casi in cui la legge penale sanziona la violazione di provvedimenti individuali e concreti** dell'autorità amministrativa o dell'autorità giudiziaria. Ne costituisce esempio la **contravvenzione dell'inosservanza dei provvedimenti dell'Autorità di cui all'art. 650 c.p.**

4. Le fonti del diritto penale.

Dalla disamina della portata della riserva di legge discende che le fonti del diritto penale possono essere così individuate:

1) la **legge costituzionale** (*ex* art. 138 Cost.);
2) la **legge ordinaria formale** (*ex* artt. 70-74 Cost.);
3) i **decreti-legge** (*ex* art. 77 Cost.);
4) i **decreti legislativi** (*ex* art. 76 Cost.).

Le fonti sub 3) e 4) (c.d. **leggi in senso materiale**), sono compatibili con la riserva di legge, in quando dotati di forza di legge, seppur adottati dal Governo.

5. Il principio di determinatezza.

Il principio in questione, rivolto **al legislatore**, gli impone **di descrivere il precetto in modo preciso e univoco** (così da evitare che lo stesso risulti ambiguo), mediante concetti capaci di trovare **riscontro nella realtà empirica**, suscettibili di essere accertati dal giudice. In tal modo, il principio di determinatezza garantisce il **rispetto sostanziale del principio di legalità** in materia penale: una descrizione vaga ed inesatta del precetto non consentirebbe ai destinatari di comprendere esattamente il divieto penale, vanificando le stesse finalità garantistiche del principio di riserva di legge. Del resto, il principio di determinatezza trova parimenti **fondamento nell'art. 25, co. 2, Cost.**

6. Il divieto di analogia in materia penale.

Il principio di legalità *ex* art. 25, co. 2 Cost., rivolto sia al legislatore che al giudice, impone implicitamente il divieto di estendere la disciplina contenuta nelle norme incriminatrici oltre i casi in esse espressamente previsti, individuando il connesso principio del **divieto di analogia in materia penale**, identificato da parte della dottrina con il "**principio di tassatività**".

Scheda di sintesi

Principio di legalità (*nullum crimen sine lege*). Nessuno può essere punito se non per un fatto che sia tassativamente ed espressamente previsto come reato da una legge che sia entrata in vigore prima che quel fatto sia stato commesso.
In virtù della **riserva di legge,** imposta dagli artt. 25, co. 2, Cost. e 1 c.p., solo la legge può stabilire cosa è reato e prevedere la relativa sanzione. Oggetto della riserva di legge sono solo le norme incriminatici, che individuano i presupposti dai quali dipende il "se", il "come" ed il "quanto" della punizione.

Norme penali in bianco. Norme il cui precetto è posto, in tutto o in parte, da una **norma diversa da quella che contempla la sanzione.** Sono tradizionalmente individuate tre ipotesi di "norma penale in bianco": **a)** il precetto è contenuto in una **norma legislativa statuale**, alla quale rinvia la legge che prevede la sanzione; **b)** il precetto è posto da un **atto generale e astratto del potere esecutivo o da una fonte sublegislativa**, richiamati da una legge statale. Un tale rinvio è costituzionalmente legittimo solo ove la fonte secondaria apporti un intervento tecnico meramente integrativo, secondo i principi illustrati in tema di riserva di legge tendenzialmente assoluta; **c)** i casi in cui la legge penale sanziona la violazione di **atti individuali dell'autorità amministrativa o giudiziaria**.

Le fonti del diritto penale. Le fonti del diritto penale sono: 1) la ***legge costituzionale*** (*ex* art. 138 Cost.); 2) la ***legge ordinaria formale*** (*ex* artt. 70-74 Cost.); 3) i ***decreti-legge*** (*ex*-art. 77 Cost.); 4) i ***decreti legislativi*** (*ex* art. 76 Cost.).

Il principio di determinatezza. Il principio di tassatività (o di determinatezza o di precisione) impone al legislatore di delineare con **sufficiente precisione** il contenuto della norma penale, sì da offrire alla conoscenza dei consociati un **quadro normativo certo e ben definito.**

Analogia in materia penale. Per ***analogia legis*** si intende l'operazione attraverso la quale si estende l'ambito di operatività di una disposizione ad un caso non previsto, ma simile a quello espressamente contemplato; lo stesso procedimento sorregge l'***analogia iuris*** che utilizza quale parametro di somiglianza i principi generali dell'ordinamento. Nel nostro ordinamento vige il **divieto di analogia in materia penale.** Tale divieto garantisce **la libertà del singolo contro gli arbitrii del potere giudiziario**, in quanto vieta al giudice la possibilità di applicare la disposizione penale ad ipotesi non puntualmente contemplate dalla legge. Il fondamento costituzionale del divieto in esame è rinvenuto nell'**esigenza di tassatività** della fattispecie di cui all'art. 25 Cost.

Capitolo 2
L'EFFICACIA DELLA LEGGE PENALE NEL TEMPO

SOMMARIO:

1. La successione di leggi penali nel tempo.

Si ha successione di leggi penali nel tempo ogniqualvolta l'emanazione di un atto normativo determini la modifica **della disciplina penale**. In casi siffatti si pone il problema di individuare le norme applicabili ai reati compiuti nel vigore della disciplina precedente. Il fenomeno è regolato da una pluralità di fonti normative: art. 25, co. 2, Cost.; art. 11 disp. prel. c.c.; art. 2 c.p., art. 49, co. 1, **della Carta dei diritti fondamentali dell'Unione europea**, proclamata a Nizza il 7 dicembre 2000; art. 7 **CEDU.**

▶ 1.1. La disciplina codicistica: l'art. 2 c.p.

L'art. 2 c.p. enuncia principi espressi anche a livello costituzionale e sovranazionale, disciplinando in modo specifico la successione di leggi penali nel tempo. Segnatamente, la norma codicistica prevede:

- **al comma 1: irretroattività della norma penale incriminatrice;**
- **al comma 2: retroattività della norma penale abolitrice dell'incriminazione;**
- **ai commi 3 e 4: irretroattività della norma sfavorevole e retroattività della norma favorevole in caso di successione di norme modificative.** L'ipotesi regolata è quella di una nuova norma penale che introduca una **disciplina diversa** per un reato già previsto dall'ordinamento. Se le modifiche sono in senso **sfavorevole** al reo, vale il principio di irretroattività della norma; se, al contrario, le stesse sono in senso **favorevole** al reo, vale quello della **retroattività.** Tuttavia, ai sensi del **comma 4**, in quest'ultima ipotesi l'applicazione della legge più favorevole **non opera se è intervenuta sentenza di condanna passata in giudicato. Il comma 3** (introdotto dall'art. 14, l. 85/2006) sancisce che, se vi è stata condanna a pena detentiva e la legge posteriore dispone esclusivamente **la pena** pecuniaria, la **pena detentiva inflitta si converte immediatamente nella corrispondente pena pecuniaria;**
- al **comma 5:** inapplicabilità dei co. 2, 3 e 4 alle **leggi eccezionali e temporanee;**
- al **comma 6:** applicabilità della disciplina successoria alle ipotesi **di decreti-legge non convertiti o convertiti con modificazioni.**

Scheda di sintesi

L'art. 2 c.p. enuncia principi espressi anche a livello costituzionale e sovranazionale, disciplinando in modo specifico la successione di leggi penali nel tempo:
Nessuno può essere punito per un fatto che, secondo la legge del tempo in cui fu commesso, non costituiva reato.

Nessuno può essere punito per un fatto che, secondo una legge posteriore, non costituisce reato; e, se vi è stata condanna, ne cessano l'esecuzione e gli effetti penali.

Se vi è stata condanna a pena detentiva e la legge posteriore prevede esclusivamente la pena pecuniaria, la pena detentiva inflitta si converte immediatamente nella corrispondente pena pecuniaria, ai sensi dell'articolo 135.

Se la legge del tempo in cui fu commesso il reato e le posteriori sono diverse, si applica quella le cui disposizioni sono più favorevoli al reo, salvo che sia stata pronunciata sentenza irrevocabile.

Se si tratta di leggi eccezionali o temporanee, non si applicano le disposizioni dei capoversi precedenti.

Le disposizioni di questo articolo si applicano altresì nei casi di decadenza e di mancata ratifica di un decreto-legge e nel caso di un decreto-legge convertito in legge con emendamenti.

Parte II
IL REATO

Capitolo 1
LA STRUTTURA DEL REATO

SEZIONE I ▶ LA STRUTTURA DEL REATO

SOMMARIO:

1. Nozione e categorie di reato.

In generale, il reato è un **comportamento esteriore dell'uomo**, vietato da una fonte normativa di rango primario sotto minaccia di una sanzione penale.

■ **Delitti e contravvenzioni**. I reati si dividono in due categorie. In mancanza di una nozione specifica fornita dal legislatore, il criterio distintivo accolto è quello formale ***ex* art. 39 c.p.,** che guarda al **tipo di sanzione prevista.** In particolare, l'art. 17 c.p. prevede che le pene principali stabilite **per i delitti** sono l'ergastolo, la reclusione e la multa, mentre quelle **per le contravvenzioni** sono l'arresto e l'ammenda.

2. L'oggetto del reato.

Secondo una concezione **sostanziale** del reato o dello stesso principio di legalità, l'intervento penale dello Stato si giustifica solo a presidio di determinati **beni giuridici,** coincidenti con valori essenziali della società, preesistenti alla norma incriminatrice e tutelati a livello costituzionale.
Detto altrimenti, **il bene giuridico coincide con l'interesse protetto dalla norma penale, integrando il c.d. oggetto giuridico del reato.** Quest'ultimo può consistere in un bene materiale (es. il patrimonio, nei delitti di cui al titolo XIII) o immateriale (ad es. la pubblica fede nei reati di falso).
In relazione all'**oggetto giuridico** della fattispecie di reato è possibile distinguere:
a) reati monoffensivi: posti a presidio di un solo bene giuridico (es. ingiuria);
b) **reati plurioffensivi**: posti a presidio di una pluralità di beni giuridici (es. peculato, lesivo di patrimonio e buon andamento della P.A.).

SEZIONE II ▶ I SOGGETTI DEL REATO

SOMMARIO:

1. Il soggetto passivo del reato.

Soggetto passivo del reato è il titolare del bene o interesse che la norma penale intende proteggere, cioè la persona sulla cui sfera giuridica si ripercuote la condotta del reo. Soggetti passivi possono essere le persone fisiche, le persone giuridiche o le collettività di individui non personificate, non potendosi configurare titolarità di posizioni giuridiche al di fuori della sfera umana.

▶ 1.1. Il danneggiato dal reato.

Il danneggiato è qualunque soggetto che, in conseguenza del reato, subisce un danno patrimoniale o non patrimoniale risarcibile.
Soggetto passivo e danneggiato possono coincidere.
La distinzione tra **persona offesa** e mero danneggiato assume rilievo sul piano applicativo: se anche al mero danneggiato è riconosciuta la facoltà di costituirsi parte civile nel processo penale (art. 74 c.p.p.), alla sola persona offesa, per converso, sono ascritte altre facoltà, come quella di sporgere querela (art. 120 c.p.).

2. La persona fisica come soggetto attivo del reato.

A seconda della tecnica di descrizione del soggetto attivo, le fattispecie incriminatrici possono essere divise in:
a) reati c.d. "comuni", il cui soggetto attivo, identificato con la generica locuzione "chiunque" (o con altra similare), coincide col *quisque de populo*, senza che assuma rilevanza la qualifica rivestita (es. l'omicidio);
b) reati c.d. "propri", il cui soggetto attivo è più specificamente identificato facendo riferimento a particolari qualifiche naturalistiche o giuridiche. In questo caso la qualifica soggettiva assume il ruolo di elemento costitutivo del reato, valendo a determinare la rilevanza penale del fatto o ad integrare un diverso titolo di reato: la qualifica può rivestire carattere normativo o derivare da una situazione di fatto o da un dato naturalistico che giustifica la soggezione ad obblighi particolari.

SEZIONE III ▶ IL PRINCIPIO DI MATERIALITÀ

SOMMARIO:

1. La condotta.

Il **principio di materialità** costituisce un corollario dell'art. 25, co. 2 Cost. (*"nessuno può essere punito se non in forza di una legge che sia entrata in vigore prima del* ***fatto commesso****"*) volto a bandire dall'ordinamento ogni forma di c.d. diritto penale dell'autore (diretto a sanzionare modi di essere anziché comportamenti). In base a detto principio, le fattispecie di reato possono essere preordinate a punire soltanto dei **fatti** umani, estrinsecatisi nel mondo materiale e contrassegnati da una dimensione di **corporeità.**
Per condotta si intende quindi un comportamento umano punito dalla legge come reato, tradizionalmente considerata quale **minimo indefettibile del fatto tipico.**

2. L'evento.

Il concetto di evento in ambito penalistico è inteso in una duplice accezione.
a) Secondo la ***concezione naturalistica***, l'evento è un accadimento esteriore causalmente collegato a una condotta del soggetto attivo del reato (es. l'evento morte nel delitto di omicidio).
b) Secondo la ***concezione giuridica***, l'evento coinciderebbe con l'offesa al bene giuridico tutelato.
Come è evidente, aderendo alla seconda impostazione sarebbe ravvisabile un evento in ogni fattispecie incriminatrice (posto che un reato inoffensivo sarebbe costituzionalmente illegittimo), mentre aderendo all'impostazione naturalistica gli illeciti penali sarebbero divisibili in due categorie (reati di evento e reati di mera condotta), a seconda che il divieto penale concerna la sola condotta od anche il suo risultato.

3. Presupposti della condotta.

Sono presupposti della condotta gli **elementi di fatto e di diritto che preesistono alla condotta** e che, in determinate fattispecie, costituiscono l'antecedente logico necessario perché il comportamento umano assuma rilevanza penale. Essendo pur sempre elementi della fattispecie criminosa, in caso di reato doloso gli stessi dovranno essere conosciuti dall'agente. Tuttavia, la loro preesistenza alla condotta fa sì che i presupposti possano essere oggetto di **sola rappresentazione, non anche di volizione.**

4. Le condizioni obiettive di punibilità.

Le **condizioni obiettive di punibilità** sono elementi presenti nella descrizione del fatto tipico di talune fattispecie incriminatrici. Le stesse trovano disciplina nell'art. 44 c.p., Tale disposizione, pur senza offrire una compiuta definizione dell'istituto, lascia desumere che le condizioni in parola sono integrate da eventi estranei a un reato in sé perfetto, rispetto ai quali non è richiesto **alcun nesso psicologico con l'agente**: è sufficiente, la mera verificazione oggettiva degli stessi per la punibilità del reato.

SEZIONE IV ▶ IL RAPPORTO DI CAUSALITÀ

SOMMARIO:

1. Il rapporto di causalità: generalità e disciplina.

Ogni fattispecie criminosa volta a punire la causazione di un **evento naturalistico** (contemplando un c.d. **reato di evento**), annovera tra i propri elementi costitutivi il **nesso di causalità** tra la **condotta** del soggetto attivo e l'**evento** medesimo: senza la certezza che l'evento vietato derivi causalmente dal comportamento del reo, si corre il rischio che taluno risponda penalmente per fatti riferibili ad altre cause, in aperta frizione con i principi costituzionali di materialità del reato (art. 25, co. 2, Cost.) e di personalità della responsabilità penale (art. 27 Cost.). La causalità è regolata da due disposizioni del codice penale: l'art. **40, co. 1 c.p.** e l'**art. 41 c.p.**

2. La teoria della *condicio sine qua non*: ricostruzione e limiti.

L'orientamento nettamente prevalente in dottrina e giurisprudenza avalla la teoria della ***condicio sine qua non,*** muovendo dalla constatazione che ogni evento deriva dall'interazione di una larga gamma di fattori. In base a tale lettura (anche detta teoria **condizionalistica** o dell'**equivalenza delle condizioni**), per causa deve intendersi **ogni singola condizione dell'evento**: ogni fattore senza il quale l'evento non si sarebbe verificato. Pertanto, tutti gli antecedenti **necessari** dell'evento sono cause dello stesso: in tale ottica, si **equivalgono**.
La condotta umana è, quindi, da reputare eziologicamente legata all'evento quando, alla stregua di una **valutazione *ex post*** (svolta dopo la produzione dell'evento), possa essere considerata, sia pure unitamente ad altri fattori, *condicio sine qua non* dell'evento medesimo.
Tale valutazione è operata mediante un **giudizio c.d. controfattuale** (che va "contro" i fatti, manipolandoli), svolto eliminando mentalmente la condotta umana verificando se, senza di essa, l'evento si sarebbe ugualmente prodotto.
Se senza la condotta umana l'evento non si sarebbe verificato, la stessa può

dirsi causa dell'evento; se invece senza l'intervento umano l'evento sarebbe ugualmente avvenuto, quest'ultimo è stato cagionato da altri fattori.

SEZIONE V ▶ IL PRINCIPIO DI OFFENSIVITÀ

SOMMARIO:

1. Il principio di offensività: ratio e fondamento.

In base al principio di offensività (***nullum crimen sine iniuria***) il ricorso alla sanzione penale è ammesso soltanto in via di reazione all'**offesa di un bene giuridico.** In particolare, a seconda della struttura delle fattispecie incriminatrici, l'offesa può presentarsi tanto come ***lesione*** di un bene (**nocumento effettivo**), quanto come esposizione a ***pericolo*** del medesimo (**nocumento potenziale**).

2. Il ruolo dell'offesa nella consumazione del reato: reati di danno e di pericolo.

Il principio di offensività pone dei problemi interpretativi in riferimento a talune ipotesi criminose. In via preliminare, va tratteggiata la seguente classificazione.

- **REATI DI DANNO**, la cui consumazione esige l'effettiva lesione del bene;
- **REATI DI PERICOLO**, volti a punire, in un'ottica di **anticipazione della soglia di punibilità**, condotte dalle quali derivi la semplice **esposizione a pericolo** dei beni giuridici, cioè un **pregiudizio potenziale** alla loro integrità.

Questi ultimi, a loro volta, possono essere suddivisi in:

- **REATI DI PERICOLO CONCRETO,** la cui consumazione è subordinata alla **effettiva presenza del pericolo**, elemento tipico espresso che il giudice è tenuto ad accertare in concreto (es., l'incendio di cosa propria *ex* art. 423, co. 2, c.p.);
- **REATI DI PERICOLO PRESUNTO O ASTRATTO**, ove il pericolo di lesione del bene non costituisce autonomo elemento di fattispecie: lo stesso non va accertato in concreto, in quanto **presunto *iuris et de iure.***

3. La particolare tenuità del fatto.

L'art. 131-*bis* c.p., rubricato "*esclusione della punibilità per particolare tenuità del*

fatto", dispone che "*Nei reati per i quali è prevista la pena detentiva non superiore nel minimo a due anni, ovvero la pena pecuniaria, sola o congiunta alla predetta pena,* ***la punibilità è esclusa*** *quando, per le modalità della condotta e per l'esiguità del danno o del pericolo, valutate ai sensi dell'articolo 133, primo comma, anche in considerazione della condotta susseguente al reato,* ***l'offesa è di particolare tenuità e il comportamento risulta non abituale***".
Il **d.lgs. 10 ottobre 2022, n. 150** (**c.d. decreto Cartabia**), ha esteso l'ambito di applicabilità dell'istituto ai **reati per i quali è prevista la pena detentiva non superiore nel minimo a due anni**.
Per effetto dell'intervento di riforma, la causa di non punibilità può quindi applicarsi in relazione ai reati puniti con pena detentiva edittale determinata nel minimo in misura **non superiore a due anni**, *indipendentemente dall'entità del massimo edittale della stessa pena detentiva*.
Quanto alla **particolare tenuità dell'offesa**, i commi 2 e 3, la esclude espressamente:

- *quando l'autore* ***ha agito*** *per motivi abietti o futili, o con crudeltà, anche in danno di animali, o ha adoperato sevizie o, ancora, ha profittato delle condizioni di minorata difesa della vittima, anche in riferimento all'età della stessa ovvero quando la condotta ha cagionato o da essa sono derivate, quali conseguenze non volute, la morte o le lesioni gravissime di una persona;*
- *quando* ***si procede****:*

1) per delitti, puniti con una pena superiore nel massimo a due anni e sei mesi di reclusione, commessi in occasione o a causa di manifestazioni sportive;
2) per i delitti previsti dagli articoli 336, 337 e 341-bis, quando il fatto è commesso nei confronti di un ufficiale o agente di pubblica sicurezza o di un ufficiale o agente di polizia giudiziaria nell'esercizio delle proprie funzioni, nonché per il delitto previsto dall'articolo 343;
3) per i delitti, consumati o tentati, previsti dagli articoli 314, primo comma, 317, 318, 319, 319-bis, 319-ter, 319-quater, primo comma, 320, 321, 322, 322-bis, 391-bis, 423, 423-bis, 558-bis, 582, nelle ipotesi aggravate ai sensi degli articoli 576, primo comma, numeri 2, 5 e 5.1, e 577, primo comma, numero 1, e secondo comma, 583, secondo comma, 583-bis, 593-ter, 600-bis, 600-ter, primo comma, 609-bis, 609-quater, 609-quinquies, 609-undecies, 612- bis, 612-ter, 613-bis, 628, terzo comma, 629, 644, 648-bis, 648-ter;
4) per i delitti, consumati o tentati, previsti dall'articolo 19, quinto comma, della legge 22 maggio 1978, n. 194, dall'articolo 73 del decreto del Presidente della Repubblica 9 ottobre 1990, n. 309, salvo che per i delitti di cui al comma 5 del medesimo articolo, e dagli articoli 184 e 185 del decreto legislativo 24 febbraio 1998, n. 58.

Quanto invece alla **abitualità della condotta**, il comma 4 dispone che la stessa sussiste (con conseguente non applicabilità della disposizione):

1. quando è stata dichiarata la professionalità o la abitualità;
2. quando sono stati commessi reati della stessa indole anche se ciascuno, isolatamente considerato, sia di particolare tenuità;
3. nel caso di reati commessi con condotte plurime, reiterate e abituali.

SEZIONE VI ▶ LE CAUSE DI GIUSTIFICAZIONE DEL REATO

SOMMARIO:

1. Nozione.

Le cause di giustificazione (c.d. scriminanti) sono integrate da particolari situazioni che comportano la liceità penale di fatti di per sé conformi a una fattispecie incriminatrice, non costituenti reato in quanto **imposti** o **consentiti** dalla legge.

2. La disciplina.

La disciplina generale delle scriminanti si articola in due aspetti fondamentali.
A mente dell'art. 59, co. 1, c.p., *"le circostanze che (...) escludono la pena sono valutate a favore dell'agente anche se da lui non conosciute, o per errore ritenute inesistenti"*.
Il giudizio sull'antigiuridicità ha **carattere** puramente **oggettivo**: la concreta sussistenza di una causa di giustificazione esclude la rilevanza penale del fatto a prescindere dalla conoscenza dei relativi presupposti da parte dell'agente.
A mente dell'art. 59, co. 4, c.p., *"se l'agente ritiene per errore che esistano circostanze di esclusione della pena, queste sono sempre valutate a favore di lui. Tuttavia, se si tratta di errore determinato da colpa, la punibilità non è esclusa, quando il fatto è preveduto dalla legge come delitto colposo"*.
Il legislatore ha dato rilevanza alla c.d. **scriminante putativa,** equiparando la situazione di chi agisce confidando **erroneamente** (ma **incolpevolmente**) nella esistenza della scriminante, alla situazione in cui quest'ultima sia effettivamente presente.

3. Il consenso dell'avente diritto.

Ai sensi dell'art. 50 c.p., *"non è punibile chi lede o pone in pericolo un diritto, col consenso della persona che può validamente disporne"*.

Per l'opinione maggioritaria il fondamento dell'art. 50 c.p. risiederebbe nella **rinunzia del titolare alla tutela del bene** medesimo. In altri termini, l'ordinamento accorda preminenza alla autodeterminazione del singolo piuttosto che al bene giuridico presidiato, purché quest'ultimo coincida con un **diritto disponibile** da parte del titolare.
La scriminante opera per delitti e contravvenzioni. Tuttavia, la stessa non trova applicazione ove il dissenso del titolare del bene sia un **elemento costitutivo** della fattispecie incriminatrice: in tali ipotesi il consenso determina infatti il venir meno della stessa tipicità. Si pensi, ad es., alla **violazione di domicilio** *ex* art. 614 c.p.

4. Esercizio del diritto.

L'art. 51 c.p. (*L'esercizio di un diritto (...) esclude la punibilità*), in coerenza con il principio di non contraddizione, rende lecito il fatto di chi abbia realizzato una condotta sussumibile in una fattispecie di reato nell'esercizio di un **diritto riconosciuto dall'ordinamento**.
Il diritto rilevante *ex* art. 51 c.p. può trovare fonte nella generalità degli atti normativi: la **Costituzione**, la **legge**, i **regolamenti** e tutti gli atti pubblici o privati ai quali la legge riconosce l'effetto di generare situazioni giuridiche soggettive attive, come taluni **provvedimenti giurisdizionali**, gli **atti amministrativi** e i **contratti**.

5. L'adempimento del dovere.

L'art. 51 c.p. dispone che *l'adempimento di un dovere imposto da una norma giuridica o da un ordine legittimo della pubblica autorità, esclude la punibilità*.
I commi successivi precisano che se un fatto costituente reato è commesso per ordine dell'autorità, del reato risponde sempre il pubblico ufficiale che ha dato l'ordine. Risponde del reato altresì chi ha eseguito l'ordine, salvo che, per errore di fatto, abbia ritenuto di obbedire a un ordine legittimo. Non è punibile chi esegue l'ordine illegittimo, quando la legge non gli consente alcun sindacato sulla legittimità dell'ordine.
La disposizione, peetanto, esige la ***legittimità dell'ordine*** sotto i profili formale e sostanziale.
I requisiti di validità **formale** sono:
- la **competenza** del **superiore** ad emanare l'ordine;
- la **soggezione** dell'**inferiore** ad obbedirvi;
- il rispetto delle **forme** previste dalla legge.

La legittimità **sostanziale** dell'ordine, invece, deriva dal rispetto delle norme che disciplinano l'**esercizio del potere** (es. l'ordine di eseguire un fermo in assenza dei presupposti di cui all'art. 384 c.p.p.).

6. La legittima difesa.

L'art. 52, co. 1, c.p. dispone che *Non è punibile chi ha commesso il fatto, per esservi stato costretto dalla necessità di difendere un diritto proprio od altrui contro il pericolo attuale di una offesa ingiusta, sempre che la difesa sia proporzionata all'offesa*.
Gli ***elementi costitutivi*** della scriminante sono, pertanto, la **situazione aggressiva** e la **reazione difensiva**.

A) Situazione aggressiva

La situazione che abilita la difesa è delineata dal legislatore in termini di **pericolo attuale** di un'**offesa ingiusta** ad un **diritto proprio** o **altrui**.

B) Reazione difensiva

Anche la reazione difensiva è ancorata alla ricorrenza di specifiche condizioni:

- **la necessità di difendersi**;
- **la proporzione** (la reazione difensiva dev'essere **proporzionata all'offesa**).

▶ 6.1. La legittima difesa domiciliare.

I co. 2, 3 e 4, dell'art. 52 c.p. disciplinano la c.d. legittima difesa domiciliare.
Presupposto della scriminante è la sussistenza di una **violazione di domicilio** *ex* art. 614 c.p., cui viene espressamente equiparata l'introduzione in **altri luoghi** dove è esercitata attività commerciale, professionale o imprenditoriale.
Oltre agli elementi enucleati dall'art. 52, co. 1 (eccezion fatta per la proporzione), è necessaria la compresenza delle seguenti **condizioni**:
- **legittima presenza** all'interno dei luoghi di cui all'art. 614 c.p. (o in quelli ad essi assimilati *ex* art. 52, co. 3 c.p.) del soggetto che si difende (proprietario, detentore, o chiunque vi si trovi senza il suo dissenso);
- **legittima detenzione dell'arma** utilizzata, che postula il possesso di una valida autorizzazione regolata dalla l. 2 ottobre 1967, n. 895.

La condotta descritta dall'art. 52, co. 2, è lecita se compiuta al fine di difendere: a) la **propria o altrui incolumità**; b) i **beni propri o altrui**. In questa seconda ipotesi, sono necessari due **ulteriori requisiti:** la **mancata desistenza** dell'offensore e il **pericolo di aggressione**.

7. L'uso legittimo delle armi.

Non è punibile il **pubblico ufficiale** che, al fine di adempiere un dovere del proprio ufficio, fa uso ovvero ordina di far uso delle armi o di un altro mezzo di coazione fisica, quando vi è costretto dalla necessità di respingere una violenza o di vincere una resistenza all'autorità e comunque di impedire la consumazione dei delitti di strage, di naufragio, sommersione, disastro aviatorio, disastro ferroviario, omicidio volontario, rapina a mano armata e sequestro di persona. La stessa disposizione si applica a qualsiasi persona che, legalmente richiesta dal pubblico ufficiale, gli presti assistenza.
La legge determina gli altri casi, nei quali è autorizzato l'uso delle armi o di un altro mezzo di coazione fisica (art. 53 c.p.).

I presupposti legittimanti l'uso della coazione sono i seguenti:
1) il fine di adempiere un dovere d'ufficio.
2) la necessità di respingere una violenza, vincere una resistenza all'autorità o impedire la consumazione di determinati reati, laddove il riferimento alla necessità sottolinea il carattere di *extrema ratio* connaturato all'uso delle armi, precluso ove sia dato ricorrere a strumenti meno offensivi.
La **necessità di usare le armi** *ex* art. 53 può essere indotta da tre distinte esigenze:
- ***a) necessità di respingere una violenza***;
- ***b) necessità di vincere una resistenza***;
- ***c) necessità di impedire la consumazione dei delitti*** *di strage, di naufragio, sommersione, disastro aviatorio, disastro ferroviario, omicidio volontario, rapina a mano armata e sequestro di persona*.

8. Lo stato di necessità.

Non è punibile chi ha commesso il fatto:
- per esservi stato costretto dalla necessità di salvare sé od altri dal **pericolo attuale di un danno grave alla persona**,
- pericolo da lui non volontariamente causato, né altrimenti evitabile,
- sempre che il fatto sia **proporzionato** al pericolo (art. 54 c.p.).

Questa disposizione non si applica a chi ha un particolare dovere giuridico di esporsi al pericolo.

La disposizione della prima parte dell'art. 54 c.p. si applica anche se lo stato di necessità è determinato dall'altrui minaccia; ma, in tal caso, del fatto commesso dalla persona minacciata risponde chi l'ha costretta a commetterlo.

Capitolo 2
L'ELEMENTO SOGGETTIVO

SOMMARIO:

SEZIONE I ▶ LA COLPEVOLEZZA E L'IMPUTABILITÀ

1. Il principio di colpevolezza.

Il principio di colpevolezza svolge il ruolo di **fondamento** e **limite** della potestà punitiva, consentendo la punizione dei soli fatti **riconducibili psicologicamente** ad un determinato autore e **canone di graduazione della pena**.

2. Fondamento costituzionale: il principio della responsabilità personale.

Il principio di colpevolezza presenta un ***fondamento costituzionale***, individuato nell'**art. 27 Cost.**, secondo cui *"la responsabilità penale è personale"*.

3. La c.d. *suitas* della condotta.

L'art. 42, co. 1, c.p. stabilisce che *"nessuno può essere punito per un'azione od omissione preveduta dalla legge come reato se non l'ha commessa con coscienza e volontà"*. La norma stabilisce il principio della ***suitas* della condotta**: un'azione od un'omissione può assumere rilievo penale in quanto dominata o almeno dominabile dalla **volontà**. Occorre, quindi, accertare in via preventiva se l'azione od omissione sia qualificabile come condotta riferibile all'agente, posto che senza **coscienza e volontà** non vi può essere responsabilità penale.

Cause di esclusione della *suitas*
Tra esse si suole ricondurre: la **forza maggiore**, il **costringimento fisico e** l'**incoscienza indipendente dalla volontà**.

4. L'imputabilità.

A) La capacità di intendere e di volere - art. 85 c.p.

La ***capacità di intendere*** è l'attitudine del soggetto a **comprendere il significato del proprio comportamento**, rendendosi conto del valore sociale delle proprie azioni nel contesto della realtà in cui agisce.
La ***capacità di volere*** si identifica con il **potere di controllo dei propri stimoli e impulsi ad agire**, attivando meccanismi psicologici di impulso e inibizione secondo il motivo che appare più ragionevole.

5. Le cause di esclusione o di diminuzione dell'imputabilità.

Le cause di esclusione o diminuzione dell'imputabilità si distinguono in:
- condizioni di natura *fisiologica* (**minore età**);
- condizioni di natura *patologica* (**infermità mentali** e **sordomutismo**);
- condizioni di natura *tossica* (**ubriachezza** e **intossicazione da sostanze stupefacenti**).
- minore età. Si tratta di una **presunzione legale assoluta** di non imputabilità per i minori di anni 14: è, dunque, **preclusa la prova contraria** volta a dimostrare che il minore, nonostante l'età, fosse capace d'intendere e di volere. Per i minori di anni 18 che abbiano compiuto i 14 anni, l'art. 98 c.p. richiede, invece, un **accertamento in concreto** della capacità di intendere e volere del soggetto, volto a verificare se il minore abbia raggiunto un **grado di maturità fisica e psichica** tale da consentirgli di rendersi conto del disvalore sociale del fatto posto in essere);
- vizio di mente. Stato di mente tale da escludere o diminuire la capacità di intendere o di volere. Il legislatore ha distinto il vizio di mente ***totale*** (art. 88 c.p.) da quello ***parziale*** (art. 89 c.p.). La **differenza** non è qualitativa ma **quantitativa**, concernendo l'intensità della lesione arrecata dalla infermità alla capacità di intendere e volere: nel vizio *totale* di mente l'infermità è tale da **escludere** totalmente la capacità di intendere e di volere del soggetto; nel vizio *parziale* di mente il grado della infermità è idoneo non ad escludere la capacità ma solo a **limitarla**, scemandola grandemente);
- ubriachezza e intossicazione da stupefacenti (solo quella **accidentale** e quella **cronica** escludono l'imputabilità);
- sordomutismo.

6. Determinazione in altri dello stato di incapacità. Art. 86 c.p.

Tale disposizione è dedicata alla **incapacità procurata da terzi**.
Il **determinatore** può essere ritenuto **responsabile:**
- a titolo di **dolo**, ove abbia agito con la volontà di far commettere il reato;
- di **colpa** se ha previsto o comunque doveva o poteva prevedere le conseguenze dannose o pericolose che sarebbero potute derivare dal comportamento tenuto dal soggetto da lui reso incapace.

7. L'incapacità preordinata di intendere e di volere (c.d. *actio libera in causa*).

Lo stato preordinato di incapacità di intendere e di volere è regolato dall'art. 87 c.p., secondo cui *"la disposizione della prima parte dell'art. 85 c.p. non si applica a chi si è messo in stato di incapacità d'intendere e volere al fine di commettere il reato, o di prepararsi una scusa"*.

SEZIONE II ▶ IL DOLO

SOMMARIO:

1. Nozione e struttura, oggetto del dolo.

Il dolo costituisce la **forma più grave di colpevolezza** e il **criterio normale di imputazione soggettiva** (art. 42, co. 2, c.p.). Ai sensi dell'art. 43 c.p., "*il delitto è doloso, o secondo l'intenzione, quando l'evento ... è dall'agente preveduto e voluto come conseguenza della propria azione od omissione*". La definizione normativa evidenzia i ***due elementi strutturali*** del dolo:

1) la ***rappresentazione*** (*momento conoscitivo*), consistente nella ***previsione*** dell'evento;
2) la ***volontà*** (*momento volitivo*) del fatto di reato.

Secondo l'impostazione accolta dalla dottrina prevalente (Mantovani, Fiandaca-Musco, Pagliaro), il dolo è **volontà consapevole di realizzare il fatto tipico**.

2. Forme del dolo.

Nell'ambito dell'*animus* doloso vi sono numerose distinzioni. Innanzitutto, quella in relazione alla particolare **struttura materiale della fattispecie**.

A) Dolo di danno e dolo di pericolo

Avuto riguardo alla **natura dell'offesa** che il soggetto agente ha voluto o si è rappresentato nei confronti del bene tutelato dalla norma, si distingue tra:

- ***dolo di danno***, da ravvisarsi nell'ipotesi in cui il reo ha per obiettivo la **completa lesione** dell'interesse giuridico;
- ***dolo di pericolo***, che ricorre laddove, invece, l'*intentio agendi* sia programmata esclusivamente per la **messa in pericolo** del bene tutelato.
- In questa distinzione di base s'inscrive, poi, quella fra:
- i ***reati di pericolo con dolo di danno*** (ad es. nel delitto tentato e nei delitti di attentato);
- i ***reati di danno con dolo di pericolo*** (es.: delitti preterintenzionali)

B) Dolo iniziale, concomitante e successivo

In relazione allo specifico **momento temporale** in cui è maturata la previsione e la volontà dell'evento criminoso, si distingue tra:

- ***dolo iniziale***: presente solo nel momento dell'azione o dell'omissione;
- ***dolo concomitante***: perdura durante tutto lo svolgimento dell'*iter* causale che conduce all'evento;
- ***dolo successivo***: interviene dopo il compimento dell'azione o dell'omissione.

C) Dolo generico e dolo specifico

Con riguardo, infine, allo **scopo** che si pone il reo, occorre distinguere tra:

- ***dolo generico***, che ricorre nelle ipotesi in cui il soggetto si rappresenta, o vuole cagionare, gli elementi oggettivi del fatto di reato **senza rappresentarsi altresì uno scopo preciso e ultroneo** rispetto alla struttura materiale della fattispecie;
- ***dolo specifico***, da ravvisarsi, al contrario, quando la **norma incriminatrice esige** che la condotta sia posta in essere per un **fine particolare**, che non deve necessariamente realizzarsi in quanto estraneo alla struttura oggettiva del reato (es. il fine di trarre profitto nel delitto di furto).

D) Il dolo generale

Distinto dal dolo generico è il **dolo generale**, categoria creata al fine di consentire la punibilità a titolo di dolo anche nei casi in cui **l'evento morte**, pur rappresentato e voluto dal soggetto, **non sia stato la conseguenza del decorso causale attivato dalla condotta iniziale**.

▶ 2.1. Le gradazioni del dolo. Dolo intenzionale, diretto ed eventuale.

È possibile individuare diverse **gradazioni del dolo**, le quali giustificano una graduazione sanzionatoria *ex* art. 133 c.p. in punto di intensità.

A) Dolo di proposito, d'impeto e di premeditazione

Con specifico riguardo alle gradazioni sotto il **profilo rappresentativo**, il dolo può manifestarsi in tre forme.

a) Il ***dolo di proposito*** che esprime un **maggior disvalore normativo**, stante il robusto **margine temporale** frapposto tra momento ideativo e momento perfezionativo del reato, a rivelazione di una ***voluntas criminis* consolidata** e, come tale, più riprovevole del soggetto agente.
b) Il ***dolo d'impeto*** che, stante il carattere assolutamente **repentino** della risoluzione criminosa, privo di ogni macchinazione criminosa a monte, presenta un'**intensità decrescente**.
c) Il ***dolo di premeditazione***, la cui precisa definizione, in assenza di sussidi legislativi, ha impegnato a lungo dottrina e giurisprudenza.

B) Dolo intenzionale, diretto ed eventuale

Con riguardo alla ***componente volontaristica***, è possibile distinguere **tre livelli decrescenti** di intensità dolosa.

a) Il ***dolo intenzionale*** (o di primo grado) che si pone al livello più alto, di massima intensità, e ricorre allorché la volontà è **rivolta direttamente al perseguimento dell'evento** (o della condotta criminosa, nei reati di pura condotta), fine dell'azione o omissione posta in essere dall'agente.
b) Il ***dolo diretto*** (o di secondo grado) che si colloca ad un livello intermedio e ricorre nell'ipotesi in cui l'evento, pur non essendo direttamente preso di mira, è dall'agente previsto come **conseguenza certa o altamente probabile** della sua condotta e, dunque, **voluto quale evento accessorio e collaterale al risultato perseguito**.
c) Il ***dolo eventuale*** che occupa il gradino più basso della scala di intensità dolosa e ricorre quando l'evento ulteriore, non perseguito direttamente, è dall'agente previsto come **conseguenza eventuale, possibile o probabile**, della sua condotta; malgrado ciò, l'autore, perseverando nella sua azione, **accetta il rischio** di cagionarlo.

▪ La ***linea di demarcazione tra dolo diretto e dolo eventuale***, entrambi caratterizzati dalla mancanza di finalizzazione della condotta a realizzare (quale scopo finale o mediato) il risultato criminoso, è ormai da tempo individuata nel **diverso grado di possibilità o probabilità di verificazione dell'evento**, sulla base di un **criterio quantitativo-probabilistico** di tipo **soggettivo**. In particolare:

- ricorre il **dolo diretto** se l'evento è previsto dall'agente come conseguenza **certa o altamente probabile** della sua condotta e lo accetta come strumento per perseguire un fine ulteriore;
- si ha **dolo eventuale** quando manca la certezza, ma l'agente si rappresenta **serie possibilità** (o **concrete probabilità**) che dalla sua condotta discendano eventi ulteriori e, ciò nonostante, decide di agire "a costo di" cagionarli.

SEZIONE III ▶ LA COLPA

SOMMARIO:

1. Nozione e struttura.

Ai sensi dell'art. 43, co. 3, c.p., il delitto è "*colposo, o contro l'intenzione, quando l'evento, anche se preveduto, non è voluto dall'agente, e si verifica a causa di negligenza o imprudenza o imperizia ovvero per inosservanza di leggi, regolamenti, ordini o discipline*". Il comma 2 sancisce la c.d. **clausola di doppia tassatività** della colpa: "*nessuno può essere punito per un fatto preveduto dalla legge come delitto, se non l'ha commesso con dolo, salvi i casi di delitto preterintenzionale o colposo espressamente preveduti dalla legge*".
La colpa può definirsi:

-in negativo, come **assenza di volontà** del fatto di reato;
-in positivo, come **violazione di una regola *cautelare*** scritta (inosservanza di leggi, regolamenti, ecc.) oppure generica (negligenza, imprudenza o imperizia), costituente causa dell'evento.

In merito agli **elementi essenziali** della nozione di colpa, vi è stato il superamento delle ***teorie soggettive*** (della *prevedibilità* o *prevenibilità* dell'evento) e delle ***teorie oggettive*** (correlate *all'inosservanza di regole cautelari di condotta*), a favore della ***teoria mista***. In base a quest'ultima, la colpa da un lato è rapportata ad una condotta di **violazione di una oggettiva regola cautelare**, dall'altro è commisurata alla **capacità del singolo di osservare quella regola**.

Il riconoscimento di un reato colposo postula un **addebito di "leggerezza"** mosso nei riguardi del soggetto per aver realizzato, non volutamente, un fatto di reato che sarebbe stato evitato mediante l'osservanza di quelle prescrizioni, esigibile dal medesimo soggetto.

2. La violazione di regole cautelari: colpa generica e colpa specifica.

Nel descrivere le regole cautelari la cui violazione rappresenta un elemento costitutivo della nozione di colpa, il codice penale rimanda alle **fonti scritte** ed a quelle **non scritte**, così distinguendo tra **colpa specifica** e **colpa generica**.

a) Le ***regole scritte*** sono le *leggi*, i *regolamenti*, gli *ordini* e le *discipline*. Si consideri che non sempre la violazione di una norma integra la colpa: deve trattarsi di regole di **natura cautelare**, fissate per **prevenire determinate situazioni di pericolo**, per cui vi sarà responsabilità colposa allorquando l'agente abbia realizzato l'**evento che la norma mirava ad evitare (colpa specifica)**.

b) Le ***regole non scritte*** sono invece legate dal legislatore ai concetti di:
- **negligenza**, ravvisabile nel difetto di attenzione, nella trascuratezza dell'osservanza di predeterminati protocolli di comportamento;
- **imprudenza**, data dall'insufficiente ponderazione o dalla scarsa considerazione degli interessi altrui;
- **imperizia**, consistente nell'inosservanza di regole tecniche per insufficiente preparazione culturale, inattitudine personale, scarsa dimestichezza o inadeguata applicazione (**colpa generica**).

■ La diversità della **fonte** delle regole è alla base della distinzione tra:
- ***colpa generica***, in cui si ha violazione di **regole di natura sociale**. I giudizi di prevedibilità ed evitabilità del fatto sono formulati sulla base di **regole di esperienza** ricavate dalla percezione e dall'osservazione nel corso del tempo della pericolosità di determinate condotte di vita, nonché dalla previsione degli strumenti più adeguati a scongiurarne la verificazione;
- ***colpa specifica***, in cui si ha violazione di **regole di natura giuridica**: il giudizio prognostico sul pericolo e sui mezzi idonei ad evitare il danno è posto direttamente **dall'autorità** competente a formulare la norma.

SEZIONE IV ▶ LA RESPONSABILITÀ OGGETTIVA

SOMMARIO:

1. La responsabilità oggettiva in generale.

A) Generalità

L'art. 42, co. 3, c.p. dispone che "*la legge determina i casi nei quali l'evento è posto altrimenti a carico dell'agente come conseguenza della sua azione ed omissione*". Tale disposizione concerne i casi di responsabilità oggettiva, tradizionalmente configurata come terzo criterio di attribuzione dell'illecito, derivazione del brocardo *qui in re illicita versatur, tenetur etiam pro casu*. Una figura connotata dall'**assenza di un rimprovero per dolo o per colpa** in relazione al fatto antigiuridico commesso, imputato all'agente in base al solo **rapporto di causalità**; è pur sempre necessaria la **coscienza e volontà** della condotta.

B) Il problema della compatibilità costituzionale delle responsabilità oggettiva

Si è posta la questione della ***compatibilità*** di tale figura ***con il principio di personalità della responsabilità penale*** *ex* art. 27 Cost. In particolare, si è osservato che la responsabilità in forma oggettiva contrasta con il principio costituzionale ***nulla poena sine culpa*** quando è riferita agli **elementi più significativi della fattispecie**. Tali sono considerati gli elementi fondanti **rispetto all'offesa**, nonché quelli significativi **rispetto alla pena**. L'area degli **elementi meno significativi** risulta, quindi, ridotta: comprenderebbe solo le **condizioni di punibilità estranee all'offesa.** Si è così avvertita l'esigenza di una **reinterpretazione adeguatrice** delle fattispecie originariamente concepite in termini di responsabilità oggettiva, per ricondurle al principio di colpevolezza: **è necessaria la ricorrenza di un collegamento soggettivo rispetto all'agente**.

C) Classificazioni e casi di responsabilità oggettiva

La dottrina, per ricondurre ad un'unica nozione di responsabilità oggettiva istituti difficilmente assimilabili, ha operato varie **distinzioni.** Tra queste vi è quella tra:

- ***responsabilità oggettiva pura***, in cui l'evento non voluto si verifica in luogo di quello voluto;
- ***responsabilità oggettiva mista***, in cui l'offesa non voluta si aggiunge all'illecito doloso realizzato.

■ Rientrano nell'alveo della responsabilità oggettiva, le seguenti **ipotesi**:

- la ***preterintenzione***, intesa come dolo misto a responsabilità oggettiva;
- la categoria dei ***reati aggravati o qualificati dall'evento***;
- la ***responsabilità del concorrente per il reato proprio in caso di mutamento del titolo del reato*** di cui all'art. 117 c.p.;
- l'***aberratio delicti*** di cui all'art. 83 c.p.;
- la ***finzione di imputabilità*** di cui all'art. 92, co. 1, c.p.;

- l'***irrilevanza dell'ignoranza dell'età*** del soggetto passivo infra-quattordicenne, sancita dall'art. 609-*sexies* c.p.;
- le ***condizioni obiettive di punibilità a contenuto offensivo o intrinseche***, anche se ultimamente in dottrina si va decisamente affermando la tesi volta a ravvisare in esse veri e propri elementi costitutivi;
- l'***aberratio ictus*** **monoffensiva**, di cui all'art. 82, co. 1, c.p. e **bioffensiva** di cui all'art. 82, co. 2, c.p.

2. La preterintenzione.

A mente dell'art. 43 c.p.: ***il delitto è preterintenzionale, o oltre l'intenzione, quando dall'azione od omissione deriva un evento dannoso o pericoloso più grave di quello voluto dall'agente.***
Tale delitto è composto da tre elementi:
- la volontà di un **evento meno grave** (rispetto a quello realizzato);
- la realizzazione di un **evento più grave** (di quello voluto dall'agente);
- la sussistenza del **nesso causale** tra la condotta dell'agente e l'evento più grave realizzatosi.

La legge definisce come preterintenzionali solo due ipotesi: l'**omicidio preterintenzionale** (art. 584 c.p.); l'**aborto preterintenzionale** (art. 593-ter c.p.).

SEZIONE V ▶ LE CAUSE DI ESCLUSIONE DELLA COLPEVOLEZZA

SOMMARIO:

1. Le cause di esclusione della colpevolezza in generale.

Le **cause di esclusione della colpevolezza** o **scusanti** rendono **non colpevole** un fatto **tipico**: in determinate **situazioni anomale**, la persona è esposta ad una **particolare pressione psichica**, che influisce sul processo motivazionale alla base della condotta tipica, impedendo al soggetto di conformare il proprio comportamento alla regola obiettiva di diligenza da osservare nel caso concreto.
Tra le cause di esclusione della colpevolezza sono ricondotte diverse situazioni caratterizzate dall'idoneità ad influire sul processo di formazione della volontà del soggetto: il *caso fortuito*, la *forza maggiore*, il *costringimento fisico*, l'*errore*.

2. Caso fortuito e forza maggiore. Art. 45 c.p.

A) Caso fortuito: Il **caso fortuito** rappresenta un ***quid* imponderabile ed imprevedibile** che si inserisce d'improvviso nell'azione del soggetto, soverchiando ogni possibilità di resistenza e di contrasto.
B) Forza maggiore: La **forza maggiore** si concreta in un evento derivante dalla natura o dall'uomo che, pur se preveduto, **non può essere** impedito; in particolare, opera come **violenza sulla persona**, ponendosi come la *vis cui resisti non potest*.

3. Il costringimento fisico. Art. 46 c.p.

Con tale norma il legislatore ha previsto la non punibilità del soggetto che abbia commesso il fatto costituente reato perché **costretto da altri**: in tale ipotesi, colui che "commette il fatto" solo apparentemente ne è l'autore; in realtà, è un mero **strumento dell'agire altrui** (il coartato *non agit sed agitur*). Il potere di agire è cancellato dalla **violenza fisica** esercitata da altro soggetto, che risponderà del reato.

4. L'errore.

A) Generalità

Tra le cause di esclusione della colpevolezza, un ruolo di rilievo assume l'errore, da intendersi quale **inesatta rappresentazione della realtà naturalistica o normativa**. Il soggetto, agendo sul presupposto di una situazione (di fatto o di diritto) diversa e dunque non corrispondente a quella reale, non acquisisce la "consapevolezza" del disvalore penale del fatto e dunque la volontà colpevole: l'errore **esclude** l'imputazione del reato a titolo di **dolo (art. 47 c.p.)**.

B) Errore-motivo e errore-inabilità

Dall'***errore-motivo*** va nettamente distinto il c.d. ***errore-inabilità***, che investe il **momento esecutivo del reato** (specifici casi di tale tipologia di errore sono disciplinati dagli artt. 82 e 83 c.p.). L'*errore-motivo* incide, invece, sulla fase - prodromica rispetto alla realizzazione del reato - della **ideazione del progetto criminoso**, determinando il formarsi di una **volontà "viziata"**.

▶ 4.1. Errore sul precetto ed errore sul fatto.

L'errore penalmente rilevante può cadere *sul fatto* o *sul diritto*:
- l'***errore sul fatto*** (art. 47, co. 1, c.p.) viene riferito alle vicende di **divergenza** tra il **fatto rappresentato e voluto** dall'agente e quello **descritto dalla fattispecie**;
- si ha invece ***errore sul precetto*** (art. 5 c.p.) quando il soggetto si rappresenta e vuole un fatto perfettamente identico a quello previsto dalla norma penale che, per errore su questa, reputa **non penalmente illecito**.

▶ 4.2. L'errore sulla legge extrapenale.

L'ultimo capoverso dell'art. 47 c.p. disciplina l'errore che cade su *"legge diversa dalla legge penale"*, disponendo che **esclude la punibilità** dell'agente ove determini un **errore sul fatto costitutivo di reato**.

▶ 4.3. L'errore determinato dall'altrui inganno.

L'art. 48 c.p. ***estende la disciplina generale dettata in materia di errore*** all'ipotesi in cui l'**errore sul fatto** che costituisce il reato sia determinato **dall'altrui inganno**. La seconda parte della norma in esame sancisce la ***responsabilità del determinatore*** per il fatto commesso dal soggetto indotto in errore: questi sarà l'unico chiamato a rispondere del reato materialmente commesso dalla persona ingannata, salvo che l'errore sia determinato da **colpa del *deceptus*** e il fatto sia previsto dalla legge come delitto colposo, nel qual caso del fatto risponderanno entrambi, pur se con diversi elementi soggettivi (v. art. 47, co. 1, secondo inciso, c.p.).

5. Il reato aberrante.

Il reato aberrante è disciplinato dagli **artt. 82 e 83 c.p**. Il legislatore ha tipizzato **due fattispecie di reato aberrante**: l'*aberratio ictus* e l'*aberratio delicti;* la dottrina ha elaborato una terza ipotesi (l'*aberratio causae*).

5.1. L'*aberratio ictus*.

Tale ipotesi ricorre quando l'errore, dipendente dall'uso nei mezzi di esecuzione del reato o da altra causa, provoca la lesione o la messa in pericolo di un **soggetto diverso** da quello che l'agente voleva colpire: l'art. 82 c.p. dispone che il colpevole risponde come se avesse commesso il reato in danno della persona che voleva offendere, salve, per quanto riguarda le circostanze aggravanti e attenuanti, le disposizioni dell'art. 60 c.p. (*aberratio* **monolesiva**); qualora, oltre a quella diversa, sia **offesa anche la persona alla quale l'offesa era diretta**, il colpevole soggiace alla pena stabilita per il reato più grave, aumentata sino alla metà (*aberratio* **plurilesiva**). L'**art. 82 c.p.** prevede, dunque, **due ipotesi di condotta**:

- con la prima, si offende una persona diversa da quella che si voleva;
- con la seconda, si offendono sia la persona cui era diretta l'offesa, sia quella diversa.

▶ 5.2. L'*aberratio delicti*.

Anche l'*aberratio delicti* realizza una divergenza fra il voluto e il realizzato causata da un **errore-inabilità** incidente nel processo esecutivo. È **monolesiva** quando, ai sensi dell'art. 83, co. 1, c.p. "*per errore nell'uso dei mezzi di esecuzione del reato, o per un'altra causa, si cagiona un evento diverso da quello voluto*"; **plurilesiva**, *ex* art. 83, co. 2, c.p., quando "*il colpevole cagiona altresì l'evento voluto*".
Sul piano delle conseguenze sanzionatorie, l'art. 83 c.p. stabilisce che:

- nell'ipotesi *monolesiva*, il colpevole risponde, **a titolo di colpa**, dell'evento non voluto, quando il fatto è preveduto dalla legge come delitto colposo (comma 1);
- nell'ipotesi *plurilesiva*, si applicano le **regole sul concorso dei reati** (comma 2).

▶ 5.3. L'*aberratio causae*.

Oltre alle fattispecie definite in via normativa, la dottrina ha elaborato una terza ipotesi: *l'aberratio cause,* ricorrente quando l'*error* incide sul processo causale, che si svolge in modo diverso da come l'agente aveva previsto, pur ugualmente realizzandosi l'evento voluto. Tale figura assume rilevanza pratica nei **reati a forma vincolata**, in cui il legislatore seleziona e tipizza le modalità di aggressione del bene protetto, idonee a far scattare la responsabilità penale.

Capitolo 3
LE FORME DI MANIFESTAZIONE DEL REATO

SOMMARIO:

SEZIONE I ▶ LE CIRCOSTANZE DEL REATO

1. Le circostanze: nozione e funzione.

Le circostanze sono elementi che stanno intorno o accedono ad un **reato già perfetto** nella sua struttura, implicando la sola **modificazione della cornice edittale della pena** (loro caratteristica è, quindi, l'**accessorietà**). Assolvono alla funzione di **adeguare la pena** al reale disvalore dei fatti concreti, individualizzando la responsabilità dell'agente: sono idonee a provocare la variazione della quantità della pena del reato semplice, oltre i limiti edittali (c.d. **efficacia di extraedittalità**).

2. La classificazione delle circostanze.

Le circostanze sono classificabili sulla base di numerosi criteri: appare opportuno distinguere tra ***criteri a base normativa***, dettati dal legislatore per particolari finalità di disciplina del fenomeno, e ***criteri di matrice dottrinaria***, rispondenti alle più diverse esigenze di inquadramento della materia.

▪ Quanto ai ***criteri a base normativa***, il codice penale distingue tra:
a) circostanze ***aggravanti*** e circostanze ***attenuanti***, a seconda che il loro effetto sia un **inasprimento** o una **diminuzione** della pena;
b) circostanze ***comuni*** e circostanze ***speciali***, a seconda che siano riferibili a tutti i reati (salvo incompatibilità strutturali per singole figure criminose) oppure soltanto a una o più fattispecie. In particolare, sono *comuni* le circostanze aggravanti e attenuanti di cui agli artt. 61 e 62 c.p., nonché quelle concernenti il concorso di persone di cui agli artt. 112 e 114 c.p. Sono *speciali,* ad esempio, le aggravanti del furto o della rapina;
c) circostanze ***soggettive*** e ***oggettive***. La distinzione, posta dall'art. 70 c.p., assumeva particolare importanza nel concorso di persone ai fini della comunicabilità delle circostanze ai concorrenti secondo l'originaria disciplina dell'art. 118 c.p., perdendo

tuttavia gran parte della sua rilevanza pratica dopo la riforma di tale articolo (operata con legge n. 19/1990). In base all'art. 70 c.p., sono ***oggettive*** le circostanze che concernono: la natura, la specie, i mezzi, l'oggetto, il tempo, il luogo e ogni altra modalità dell'azione; la gravità del danno e del pericolo; le condizioni o le qualità personali dell'offeso. Sono invece ***soggettive*** quelle che riguardano: le condizioni o le qualità personali del colpevole; l'intensità del dolo o il grado della colpa; i rapporti tra colpevole e offeso; le circostanze inerenti alla persona del colpevole (imputabilità e recidiva);

d) circostanze ***ad effetto comune*** e circostanze ***ad effetto speciale***. Sono *ad effetto comune* le circostanze che importano una variazione o una diminuzione **fino a un terzo**. Sono *ad effetto speciale* le circostanze che importano un aumento o una diminuzione della pena **superiore a un terzo** (art. 63, co. 3, c.p., come riformulato dall'art. 5, l. n. 400/1984). Tratto comune di entrambe le ipotesi è che la variazione di pena determinata dalla circostanza è **dipendente dalla pena ordinaria del reato** (è, cioè, **frazionaria** rispetto alla pena del reato semplice). In relazione a quest'ultimo profilo, le circostanze ad effetto comune o speciale si **differenziano** dalle: ***circostanze c.d. autonome***, che prescindono dalla pena ordinaria del reato, imponendo una pena di specie diversa (art. 63, co. 3, c.p.); ***circostanze c.d. indipendenti***, che implicano una pena (della stessa specie, ma) determinata dalla legge in misura indipendente da quella del reato semplice (previste espressamente nella versione originaria dell'art. 63, co. 3, c.p.; ora, per unanime dottrina, ricomprese tacitamente nel medesimo art. 63, co. 3, c.p.).

La **distinzione** tra circostanze *ad effetto comune, ad effetto speciale, autonome* e *indipendenti* assume rilievo non solo ai fini dell'**applicazione degli aumenti o delle diminuzioni di pena** (art. 63 c.p.) e dei **limiti** nel caso di **concorso omogeneo di circostanze** (artt. 66 e 67 c.p.), ma anche ai fini della determinazione del tempo di **prescrizione** dei reati (art. 157 c.p.) e della **competenza** per materia (art. 4 c.p.p.), nonché ai fini della determinazione della pena agli effetti dell'applicazione delle **misure cautelari** (art. 278 c.p.p.).

■ Quanto ai ***criteri di matrice dottrinaria,*** si suole distinguere tra:

a) circostanze ***antecedenti***, ***concomitanti*** e ***susseguenti***, secondo la **relazione cronologica con la condotta** dell'agente. Ad esempio, è *antecedente* l'aggravante di cui all'art. 61 n. 3 c.p. (avere nei delitti colposi agito nonostante la previsione dell'evento), *concomitante* quella di cui all'art. 61 n. 4 (avere adoperato sevizie o agito con crudeltà verso le persone) e *susseguente* l'attenuante di cui all'art. 62 n. 6 c.p. (l'avere, prima del giudizio, riparato interamente il danno);

b) circostanze ***intrinseche*** ed ***estrinseche***, a seconda che attengano alla **condotta** (ad es.: avere adoperato sevizie) o **altri elementi del fatto tipico**, oppure riguardino dati che, pur contribuendo ad una caratterizzazione complessiva del fatto di reato, rimangono comunque **"esterni"** rispetto ad esso (ad es., avere aggravato le conseguenze del delitto);

c) circostanze ***definite*** e circostanze ***indefinite***, a seconda che la legge si soffermi o meno a descrivere il dato circostanziale al quale è collegata la variazione di pena (si pensi, ad esempio, alle attenuanti generiche *ex* art. 62-bis c.p. quale esempio di circostanze indefinite);

d) circostanze ***obbligatorie*** e circostanze ***facoltative***, a seconda che il giudice debba o possa procedere alla variazione della pena.

3. Il regime di imputazione delle circostanze.

L'art. 59 c.p., come modificato dall'art. 1, l. 7 febbraio 1990, n. 19, ha introdotto una **disciplina differenziata** delle circostanze a seconda che siano **aggravanti** o **attenuanti**.

-Per le *attenuanti* vale il principio della **rilevanza oggettiva** (sono valutate a favore dell'agente anche se da lui **non conosciute** o da lui **per errore ritenute inesistenti**);

-per le *aggravanti* è stata accolta la regola opposta, per cui esse sono valutate a carico dell'agente soltanto se da lui **conosciute** o **ignorate per colpa** o **ritenute inesistenti per errore determinato da colpa**.

■ Nel co. 3 dell'art. 59 c.p. è rimasto, invece, inalterato il principio dell'***irrilevanza delle attenuanti e delle aggravanti putative***: *"Se l'agente ritiene per errore che esistano circostanze aggravanti o attenuanti, queste non sono valutate contro o a favore di lui"*. Tale regola trova piena giustificazione per le circostanze aggravanti, rappresentando un corollario del principio di materialità in virtù del quale il fatto materiale è la base prima e imprescindibile di ogni giudizio di disvalore penale (Mantovani). L'irrilevanza delle circostanze putative suscita, invece, qualche perplessità per le attenuanti. Secondo una parte della dottrina (Grosso), infatti, anche tale regola, pur senza identificarsi come una vera e propria ipotesi di responsabilità oggettiva in senso stretto, presenterebbe comunque **margini di contrasto con il principio di colpevolezza**, che sarebbe violato dalla mancata valutazione favorevole di quanto il soggetto si sia rappresentato per errore non colposo. La regola dell'irrilevanza del putativo trova un'importante deroga nell'ipotesi prevista dall'art. 60, co. 2, c.p.: in caso di **errore sulla persona dell'offeso**, sono valutate a favore dell'agente le **circostanze attenuanti**, erroneamente supposte, che concernono le condizioni o le qualità della persona offesa o i rapporti tra offeso e colpevole.

A) Il regime di imputazione delle circostanze aggravanti

Il comma 2 dell'art. 59 c.p. stabilisce che le circostanze aggravanti debbono essere valutate **a carico dell'agente** *"soltanto se da lui conosciute ovvero ignorate per colpa o ritenute inesistenti per errore determinato da colpa"*. Perché le circostanze aggravanti possano essere accollate all'agente, occorre ora un **coefficiente soggettivo** costituito da tre parametri, fra loro alternativi: la **conoscenza**, l'**ignoranza colposa** e l'**erronea rappresentazione dovuta a colpa**.

B) Il regime di imputazione delle circostanze attenuanti

L'art. 59, co. 1, c.p. sancisce il principio dell'**imputazione oggettiva** delle circostanze attenuanti, in forza del quale esse sono valutate **a favore dell'agente** anche se **non conosciute** o da lui **per errore ritenute inesistenti**. Tale regola, lasciata invariata dalla riforma del 1990, non pone alcun problema di coordinamento con il principio di colpevolezza *ex* art. 27 Cost.: determina, infatti, un'incidenza **favorevole** sul trattamento punitivo.

4. Il concorso omogeneo di circostanze e il giudizio di comparazione in caso di concorso eterogeneo.

L'art. 63 c.p. prevede le modalità del procedimento con cui operano in concreto le **variazioni di pena** indotte dalle circostanze, aggravanti o attenuanti: alla stregua del comma 1, il giudice che ravvisa l'esistenza di una circostanza comportante una variazione entro limiti determinati procede all'aumento o alla diminuzione corrispondente, dopo avere fissato la **pena base** da irrogare se il reato fosse semplice. La commisurazione della pena assume, quindi, una **struttura bifasica**: il giudice deve prima determinare la **pena** entro i limiti edittali e poi calcolare su tale entità la **variazione** imposta dalla circostanza.

A) Concorso di circostanze omogenee

I commi 2, 3, 4, 5, dell'art. 63, disciplinano il c.d. ***concorso omogeneo*** di circostanze, che si verifica quando ricorrono più circostanze, **tutte attenuanti** o **tutte aggravanti**.

B) Concorso di circostanze eterogenee

Il concorso di circostanze ***eterogenee*** (cioè di attenuanti e di aggravanti) è disciplinato dall'art. 69 c.p., che impone al giudice un **giudizio di prevalenza o di equivalenza** fra le stesse.

5. Le aggravanti comuni.

L'**art. 61 c.p.** prevede una serie di aggravanti comuni, così dette perché applicabili, in linea di principio, **a qualsiasi reato**; alcune di esse, per vero, presentano una **sfera d'applicazione circoscritta** (ad es., la circostanza relativa al danno di rilevante gravità è applicabile ai soli delitti contro il patrimonio).

- **1. Motivi abietti o futili.**
- **2. Connessione di reati.**
- **3. Colpa cosciente.**
- **4. Sevizie e crudeltà verso le persone.**
- **5. Minorata difesa.**
- **6. Commissione del reato in stato di latitanza.**
- **7. Danno di rilevante gravità.**
- **8. Aver aggravato o tentato di aggravare le conseguenze del delitto.**
- **9. Abuso di poteri o violazioni di doveri.**
- **10. Avere commesso il fatto contro un pubblico ufficiale o una persona incaricata di un pubblico servizio, o rivestita della qualità di ministro del culto cattolico o di un culto ammesso nello Stato, ovvero contro un agente diplomatico o consolare di uno Stato estero, nell'atto o a causa dell'adempimento delle sue funzioni o del servizio.**
- **11. Avere commesso il fatto con abuso di autorità o di relazioni domestiche, ovvero con abuso di relazioni d'ufficio, di prestazione d'opera, di coabitazione, di ospitalità.**
- **11-bis. Aggravante della clandestinità (dichiarata**

costituzionalmente illegittima).
- **11-ter. Aver commesso un delitto contro la persona ai danni di un soggetto minore all'interno o nelle adiacenze di istituti di istruzione o di formazione.**
- **11-quater. Aver commesso un delitto non colposo durante il periodo in cui era ammesso ad una misura alternativa alla detenzione in carcere.**
- **11-quinquies. Commissione del fatto, nei delitti non colposi contro la vita e l'incolumità individuale e contro la libertà personale, in presenza o in danno di un minore di anni diciotto ovvero in danno di persona in stato di gravidanza.**
- **11-sexies. L'avere, nei delitti non colposi, commesso il fatto in danno di persone ricoverate presso strutture sanitarie o presso strutture sociosanitarie residenziali o semiresidenziali, pubbliche o private, ovvero presso strutture socio-educative.**
- **11-septies. L'avere commesso il fatto in occasione o a causa di manifestazioni sportive o durante i trasferimenti da o verso i luoghi in cui si svolgono dette manifestazioni.**
- **11-octies. L'avere agito, nei delitti commessi con violenza o minaccia, in danno degli esercenti le professioni sanitarie e socio-sanitarie nonché di chiunque svolga attività ausiliarie di cura, assistenza sanitaria o soccorso, funzionali allo svolgimento di dette professioni, a causa o nell'esercizio di tali professioni o attività.**
- **art. 61-bis c.p.: circostanza aggravante del reato transnazionale.**

▶ 5.1. La recidiva.

La recidiva (dal termine latito "*recidivum*", ossia "colui che ricade") indica la condizione di chi essendo già stato in precedenza **condannato per un reato**, ne **commette uno o più altri**. Essa, in termini più specifici, designa la situazione in cui viene a trovarsi chi, avendo già subito una condanna penale accertata con una **sentenza definitiva passata in giudicato**, commette un altro reato. Tale ipotesi è regolata agli artt. 99 ss. c.p., nell'ambito delle disposizioni dedicate al reo: il suo effetto principale è riconducibile all'**aumento di pena**.

Il codice penale adotta una ***classificazione*** a seconda delle modalità con cui il soggetto torna a commettere reati. Si distingue tra:

• ***recidiva semplice***, ricorrente quando il soggetto, dopo essere stato condannato con sentenza irrevocabile per aver commesso un reato, ne commette un altro di tipo diverso;

• ***recidiva aggravata***, configurabile in tre diverse ipotesi: ***a)*** recidiva cd. ***specifica***, quando il nuovo reato commesso dal soggetto corrisponde nelle sue caratteristiche essenziali a quello compiuto in precedenza (è, cioè, della stessa indole); ***b)*** recidiva ***infraquinquennale***, quando il reato è stato commesso nell'arco dei 5 anni dalla condanna precedente; ***c)*** recidiva cd. ***vera***, quando il nuovo reato è stato commesso durante o dopo l'esecuzione della pena, durante il tempo in cui il condannato si sottrae volontariamente alla esecuzione della pena;

• ***recidiva reiterata***, allorché il reato sia commesso da una persona già qualificata come recidiva e, cioè, da un recidivo; può essere reiterata *semplice* ovvero *aggravata*.

6. Le aggravanti speciali.

Due ipotesi di aggravanti speciali sono quelle previste dall'art. 1 del **d.l. 15 dicembre 1979, n. 625** convertito in l. 6 febbraio 1980, n. 15, in tema di **terrorismo**, articolo abrogato dall'art. 7, comma 1, lett. *f*), d.lgs. 1° marzo 2018, n. 21 (*disposizioni di attuazione del principio di delega della riserva di codice nella materia penale*), oggi trasfuso, a norma di quanto disposto dall'art. 8, comma 1, del medesimo d.lgs., nell'art. 270-*bis*.1 c.p., e dall'art. 7 del **d.l. 13 maggio 1991, n. 152** convertito in l. 12 luglio 1991, n. 203, in tema di **associazioni mafiose**, articolo abrogato dall'art. 7, comma 1, lett. *i*), d.lgs. 1° marzo 2018, n. 21 (*disposizioni di attuazione del principio di delega della riserva di codice nella materia penale*), oggi trasfuso, a norma di quanto disposto dall'art. 8, comma 1, del medesimo d.lgs., nell'art. 416-*bis*.1 c.p.

7. Le attenuanti comuni.

L'**art. 62 c.p.** contiene l'elencazione delle attenuanti comuni.
- **1. Motivi di particolare valore.**
- **2. Provocazione.**
- **3. Suggestione della folla in tumulto.**
- **4. Danno patrimoniale di speciale tenuità.**
- **5. Fatto doloso della persona offesa.**
- **6. Avvenuto risarcimento del danno o eliminazione o attenuazione delle conseguenze dannose o pericolose del reato. L'avere partecipato a un programma di giustizia riparativa con la vittima del reato, concluso con un esito riparativo.**

8. Le attenuanti generiche.

A) Nozione e fondamento

Le c.d. "attenuanti generiche" consentono il migliore **adeguamento della pena al caso concreto** (art. 62-*bis*, co. 1, c.p.): si lascia al giudice non soltanto la determinazione della misura concreta della variazione della pena base fissata per il reato, ma la stessa individuazione del dato circostanziale nel caso concreto.

SEZIONE II ▶ CONSUMAZIONE E TENTATIVO

SOMMARIO:

1. La consumazione del reato.

La consumazione del reato coincide con il **momento in cui si esaurisce l'*iter criminis*** (riconoscibile per la **corrispondenza** tra il **fatto concreto** ed il **tipo astratto** descritto dalla norma incriminatrice speciale).

2. Il delitto tentato.

La fattispecie del delitto tentato costituisce il ***prius* logico e cronologico della fattispecie del delitto consumato**. Ai sensi dell'art. 56 c.p., ricorre qualora l'agente compia "*atti idonei, diretti in modo non equivoco a commettere un delitto*", qualora "*l'azione non si compie o l'evento non si verifica*". Pur derivando dalla combinazione dell'art. 56 c.p. con le singole norme incriminatrici speciali e conservando il *nomen iuris* della corrispondente figura di delitto consumato, il tentativo configura un **autonomo titolo di reato**. Ne consegue che gli effetti giuridici previsti per singole norme incriminatrici, salvo specificazioni espresse, valgono solo per la forma consumata.

Dalla formulazione dell'art. 56 c.p. si evincono i ***tre dati costitutivi*** della condotta del tentativo.

I) *Il mancato compimento dell'azione o il mancato verificarsi dell'evento.*
II) *Gli atti univoci.*
III) *Gli atti idonei.*

3. Desistenza e recesso attivo.

L'ipotesi della *desistenza volontaria* è disciplinata dal co. 3 dell'art. 56 c.p., che vi ricollega la **non punibilità del tentativo**, a meno che gli atti posti in essere abbiano integrato un altro reato consumato.

L'ipotesi del *recesso attivo* è disciplinata dal comma 4 dello stesso articolo, che vi ricollega una **riduzione della pena** stabilita sempre per il delitto tentato.

In base al dettato normativo, la *desistenza volontaria* ricorre nel caso di interruzione dell'attività criminosa. Viceversa, il *recesso attivo* si sostanzia nell'impedimento dell'evento.

SEZIONE III ▶ UNITÀ E PLURALITÀ DI REATI

SOMMARIO:

1. Il concorso di reati.

La **plurima violazione** da parte di uno **stesso soggetto** della legge penale comporta la sua responsabilità in ordine **a ciascuno dei reati commessi**: con l'espressione **concorso di reati** si indica, appunto, l'ipotesi in cui uno stesso soggetto deve rispondere di **più reati** e deve espiare la **pena irrogata per ciascuno di essi** (artt. 71 e 80 c.p.). Non sempre è facile stabilire se una determinata fattispecie concreta integri la commissione di uno o più reati: ciò, in particolare, relativamente all'ipotesi in cui con un'**unica condotta** vengano violate **più norme incriminatrici** o si pongano in essere **più violazioni della stessa norma incriminatrice** (***concorso formale di reati***, art. 81 c.p.).
Il codice applica un diverso trattamento sanzionatorio a seconda che il concorso di reati sia ***materiale*** (*1.1.*) o ***formale*** (*1.2.*).

▶ 1.1. Il concorso materiale di reati.

Si ha concorso materiale di reati quando un soggetto compie **più reati** con una **pluralità di azioni o di omissioni**. Il concorso materiale è:
• ***omogeneo***, quando l'agente viola più volte la **stessa fattispecie incriminatrice** (es. Tizio commette più omicidi);
• ***eterogeneo***, quando le norme violate sono diverse (es. Tizio prima ruba un'autovettura e poi compie una rapina).
Il codice Rocco, privilegiando una funzione di tipo repressivo-retributivo ed al contempo specialpreventivo della sanzione penale, ha adottato il sistema sanzionatorio del **cumulo materiale** (cumulo di tutte le pene previste), temperato dalla previsione di **limiti agli aumenti**, fissati, in particolare, dagli artt. 78 e 79 c.p.

▶ 1.2. Il concorso formale di reato

Il concorso formale (o ideale) di reati si configura, secondo il dettato dell'art. 81 c.p., quando uno stesso soggetto compie, con **una sola azione o omissione**, **più reati**.
Si distingue il concorso formale:
• ***omogeneo***, che sussiste quando l'agente viola *contestualmente* più volte **la stessa norma incriminatrice** (es. Tizio con un ordigno esplosivo uccide più persone);
• ***eterogeneo***, che implica invece la *contemporanea* violazione di **fattispecie**

differenti (es. Tizio incendia la propria abitazione per conseguire il prezzo di un'assicurazione contro infortuni, rendendosi in tal modo responsabile dei delitti *ex* artt. 423 e 642 c.p.).

- Il concetto di **unica azione o omissione**, mediante la quale si compiono più reati, è il tratto caratterizzante il concorso *formale* rispetto al concorso *materiale* di reati.

Quanto al ***trattamento sanzionatorio*** del concorso formale, l'art. 81, co. 1, c.p. prevede il regime del **cumulo giuridico**: all'autore di più reati in concorso formale si applica *"la pena che dovrebbe infliggersi per la violazione più grave, aumentata fino al triplo"*.

2. Il concorso apparente di norme.

Il fenomeno del concorso apparente di norme ricorre quando **più norme** sembrano *prima facie* disciplinare **un medesimo fatto**, ma una sola di esse è **effettivamente applicabile** al caso concreto. I **presupposti** perché possa ravvisarsi il concorso apparente di norme sono dunque:
a) la *pluralità di norme penali incriminatrici*, tra loro non antinomiche;
b) l'*identità del fatto incriminato*;
c) la circostanza, infine, per cui *solo una* di queste norme è *concretamente applicata*, cosicché si ha *unicità* e non pluralità di reati.

▶ 2.1. Criteri regolatori: specialità, sussidiarietà, consunzione o assorbimento.

Il primo punto di riferimento di ordine logico-sistematico, ai fini dell'identificazione dell'apparenza del concorso e della relativa distinzione dal concorso effettivo di reati, è l'**art. 15 c.p.** La disposizione ravvisa nella **specialità** il criterio da applicare nel delimitare l'ambito riservato al fenomeno del concorso apparente di norme.

A) Il principio di specialità

La specialità sussiste allorché una norma (speciale) contenga tutti gli elementi costitutivi di un'altra disposizione (generale) con l'aggiunta di un contenuto ulteriore cd. **specializzante**, sul presupposto indefettibile che ambo le prescrizioni regolamentino la "stessa materia".

B) Il principio di sussidiarietà

In forza del principio di sussidiarietà (Frosali, Moro), la **legge primaria deroga alla legge sussidiaria**. Tale principio verrebbe in rilievo ogniqualvolta tra le fattispecie astratte sia ravvisabile un **rapporto di complementarietà**, in modo tale che la norma sussidiaria si applichi solo quando la primaria non sia applicabile.

C) Il principio di assorbimento o consunzione

Altro criterio invocato è quello di assorbimento o consunzione, per cui **la norma consumante prevale sulla norma consumata**, intendendosi per consumante quella il cui fatto **comprende in sé** il fatto previsto dalla consumata, **esaurendo per intero il disvalore del caso concreto**.

3. Il reato complesso

Sotto la rubrica "reato complesso" di cui all'art. 84 c.p., si prendono in considerazione i casi in cui più **fatti di reato**, anziché mantenere la propria autonomia concettuale, si fondono in **un solo reato**, rispetto al quale si atteggiano quali **elementi costitutivi** o **circostanze aggravanti**: ai sensi dell'art. 84, al reato complesso non si applicano "*le disposizioni degli articoli precedenti*" (ossia le disposizioni relative al concorso di reati).

Il reato autonomo può reputarsi "conglobato" ed assorbito nel reato complesso se non supera i c.d. **limiti della continenza**: alla stregua del principio di proporzione, non sarebbe compatibile la confluenza nel reato continente di fatti per i quali il legislatore prevede una pena più elevata rispetto a quelli riguardanti il reato contenente (ad es. forme di violenza omicida non sono assorbite dalla rapina); in tali casi, la giurisprudenza ritiene applicabile il **concorso** tra reato complesso (ad es. la rapina) e singolo reato (ad es. la lesione personale).

4. Il reato continuato: ratio e struttura. Il medesimo disegno criminoso

All'art. 81 c.p., subito dopo la disciplina del concorso formale di reati, il legislatore riconosce la figura del reato continuato.

Il reato continuato rappresenta **una particolare figura** di **concorso materiale di reati** (essendo caratterizzato, sul piano strutturale, dalla ***pluralità di azioni od omissioni***), ***unificati dal "medesimo disegno criminoso***" che sta alla base della loro commissione.

Ai sensi dell'art. 81 c.p., il reato continuato "*è punito con la pena che dovrebbe infliggersi per la violazione più grave aumentata sino al triplo*"; risulta quindi assoggettato alla disciplina sanzionatoria più mite del ***cumulo giuridico*** (comune al concorso formale di reati), nonostante sia caratterizzato dall'elemento della pluralità di azioni od omissioni (che, in assenza di una disciplina specifica in materia di continuazione, renderebbe applicabile il regime del concorso sostanziale di reati con conseguente assoggettamento alla regola sanzionatoria del cumulo materiale).

▶ 4.1. Disciplina e natura giuridica del reato continuato.

L'art. 81 stabilisce ai co. 2 e 3 le modalità di determinazione della pena per il reato continuato precisando che, individuata la **violazione più grave**, si applica la pena stabilita per quest'ultima **aumentata fino al triplo**, non superando tuttavia la sommatoria delle singole pene previste per le fattispecie unificate. Occorre quindi una preliminare **valutazione dei reati singoli**, per individuare il reato più grave in base al quale determinare la pena base.

Quanto alla individuazione della violazione più grave, la stessa va condotta secondo **criteri astratti**, sulla base della pena edittale prevista dal **legislatore**, al quale soltanto spetta stabilire se una condotta contraria alla legge debba essere qualificata più o meno grave di un'altra.

L'individuazione della violazione più grave è necessaria, a fini pratici, per stabilire la pena base in relazione alla quale operare l'***aumento*** indicato dall'art. 81 c.p. La norma prevede che l'aumento possa avvenire *"fino al triplo"*, affidando al giudice il compito di stabilire il *quantum* effettivo di aumento.

SEZIONE IV ▶ IL CONCORSO DI PERSONE NEL REATO

SOMMARIO:

1. Il concorso di persone: nozione e fondamento, elementi costitutivi.

Nozione e fondamento

Il c.d. "concorso di persone" ricorre quando più soggetti realizzano un reato: rappresenta la **manifestazione plurisoggettiva** di un **reato astrattamente monosoggettivo**. Tale figura è indicata come **concorso *eventuale*** di persone per distinguerla dal concorso ***c.d. necessario***, in cui la pluralità dei soggetti attivi è imposta dal legislatore tra gli elementi costitutivi del reato.
La figura del reato concorsuale nasce, quindi, dall'integrazione tra la norma generale di cui all'art. 110 c.p. e la singola norma incriminatrice di parte speciale (teoria della c.d. fattispecie plurisoggettiva eventuale). La fattispecie si compone dei seguenti elementi: a) sul piano ***oggettivo***: la **pluralità di agenti**, la **realizzazione di un fatto materiale di reato**, il **contributo di ciascun soggetto alla realizzazione di esso**; sul piano ***soggettivo***: il **dolo** o la **colpa** della partecipazione.

▶ 1.1. L'elemento oggettivo.

A) Pluralità di agenti

Costituisce il primo dei requisiti della figura *ex* art. 110 c.p., in quanto connaturato al concorso: nei reati *monosoggettivi* può trattarsi di **due** soli individui; nei reati *plurisoggettivi* occorre la partecipazione di almeno una persona **in più** rispetto a quelle che sono essenziali per la realizzazione della fattispecie criminosa.

B) Realizzazione di un fatto costituente reato

Perché si abbia concorso nel reato, occorre che siano realizzati i requisiti necessari per la sussistenza di una **fattispecie penalmente rilevante**, consumata o tentata, essendo riconosciuta la punibilità del **concorso nel delitto tentato**, non invece del tentativo di concorso.
Logico corollario è la **non punibilità**, espressamente consacrata dall'art. 115 c.p., del **mero accordo** finalizzato a commettere un reato e della **mera istigazione**, anche se accolta, sempre che il **reato non sia commesso**. Tali figure divengono tuttavia punibili nei **casi espressamente previsti**, fatti salvi dalla clausola di riserva

contenuta nello stesso art. 115 c.p. (*"salvo che la legge disponga altrimenti"*).
Al di fuori dei casi di espressa punibilità, l'accordo o la mera istigazione conservano una rilevanza penale ai soli fini dell'applicazione di una **misura di sicurezza**, in quanto sintomo di pericolosità sociale.

C) Il contributo di ciascun concorrente

Perché un soggetto risponda della commissione di un reato a titolo di concorso, è necessario che abbia apportato un contributo alla realizzazione dello stesso: deve trattarsi di una **condotta materiale esteriore**, non potendo attribuirsi alcun rilievo ad una mera adesione psicologica al fatto illecito, ostandovi il principio *cogitationis poenam nemo patitur*. Il contributo del concorrente può assumere la forma del ***concorso materiale*** o del ***concorso morale***.

■ ***Concorso materiale.*** Ricorre questa ipotesi nel caso in cui il soggetto contribuisce personalmente al compimento di uno o più atti costituenti l'elemento materiale del reato.

■ ***Concorso morale***. Ricorre questa seconda ipotesi di concorso quando la condotta dell'agente si esplica sotto forma di **impulso psicologico** ad un fatto materialmente commesso da altri.

▶ 1.2. L'elemento soggettivo.

Il **dolo di concorso** postula: - la **coscienza e volontà del fatto criminoso**; - la **volontà di concorrere con altri** alla realizzazione del reato.

Parte III

LE CONSEGUENZE DEL REATO

Capitolo 1
LE PENE

SOMMARIO

1. La pena. - 2. Pene principali e pene accessorie. - 3. Le cause di estinzione del reato. - 4. Le cause di estinzione della pena. - 5. Le sanzioni sostitutive. - 6. La conversione delle pene pecuniarie. - 7. Le misure alternative alla detenzione. - 8. La giustizia riparativa.

1. La pena.

La **pena** rientra nella categoria delle ***sanzioni punitive***: consiste nella misura afflittiva irrogata coattivamente all'autore di un reato, in conseguenza dell'accertamento giurisdizionale di tale illecito.

2. Pene principali e pene accessorie.

Il codice Rocco suddivide le pene in *principali* e *accessorie.*

A) Pene principali

Le **pene principali** consistono in sanzioni ***detentive*** e sanzioni ***pecuniarie***; vengono suddivise dall'art. 17 c.p. a seconda che accedano ad un **delitto** ovvero ad una **contravvenzione**.

a) Per i ***delitti*** sono previsti:

1) l'**ergastolo**: è la pena più grave tra quelle disciplinate dal nostro codice e consiste nella privazione della libertà personale per tutta la durata della vita. Il carattere perpetuo della sanzione è temperato da vari istituti concessi al condannato, previsti dalla l. sull'Ordinamento penitenziario (*v. infra*) (art. 22 c.p.);

2) la **reclusione**: può estendersi da quindici giorni a ventiquattro anni (art. 23 c.p.);

3) la **multa**: è la sanzione pecuniaria prevista per i delitti e consiste, ai sensi dell'art. 24 c.p., nel pagamento allo Stato di una somma non inferiore ad € 50 né superiore ad € 50.000.

b) Per le ***contravvenzioni*** sono previsti:

1) l'**arresto**: si estende da cinque giorni a tre anni (art. 25 c.p.);

2) l'**ammenda**: consiste nel pagamento allo Stato di una somma non inferiore ad € 20 né superiore ad € 10.000 (art. 26 c.p.).

B) Pene accessorie

Le **pene accessorie** sono sanzioni ***interdittive***, che comportano la **perdita** o la **limitazione** della **capacità giuridica**, di un **potere** o dell'**attività** del soggetto che le subisce. Sono elencate dall'art. 19 c.p. e descritte nel loro contenuto e nelle loro modalità di applicazione dagli artt. 28-37, 139 c.p.; si distinguono a seconda che vengano irrogate per un *delitto* o per una *contravvenzione*. Sono comminate sempre congiuntamente ad altre pene: presentano quindi natura **complementare** ed **accessoria**.

Sotto il profilo della ***durata***, le pene accessorie possono essere **perpetue** o **temporanee** (art. 37 c.p.).
Tra le pene accessorie temporanee, sono *obbligatorie* quelle la cui durata è stabilita dalla legge ovvero è uguale alla durata della pena principale inflitta o che dovrebbe scontarsi; sono *facoltative* le pene la cui durata è fissata dal giudice discrezionalmente, in base agli artt. 132 e 133 c.p., entro i limiti edittali.

a) Sono pene accessorie per i ***delitti***:
1) *l'interdizione dai pubblici* uffici (art. 28 c.p.).
2) *l'interdizione da una professione o da un'arte*(art. 30 c.p.).
3) *l'interdizione legale* (art. 32 c.p.).
4) *l'interdizione temporanea dagli uffici direttivi delle persone giuridiche e delle imprese* (art. 32-bis c.p.).
5) *l'incapacità di contrattare con la pubblica amministrazione* (art. 32-ter c.p.).
6) *l'estinzione del rapporto di lavoro o di impiego* (art. 32-quinquies c.p.).
7) *la decadenza o la sospensione dall'esercizio della responsabilità genitoriale* (art. 34 c.p.).
b) Sono pene accessorie per le ***contravvenzioni***:
1) *la sospensione dall'esercizio di una professione o di un'arte* (art. 35 c.p.).
2) *la sospensione dagli uffici direttivi delle persone giuridiche e delle imprese* (art. 35-bis c.p.).
c) Pena accessoria **comune** ai delitti e alle contravvenzioni è, infine, la *pubblicazione della sentenza penale di condanna* (art. 36 c.p.).

3. Le cause di estinzione del reato.

Le cause di estinzione del reato incidono sulla c.d. **"punibilità astratta"**: operano in un momento antecedente l'intervento di una sentenza definitiva di condanna, estinguendo la potestà statale di applicare la pena minacciata.

Le **cause generali** sono:
a) ***la morte del reo prima della condanna*** (art. 150 c.p.).
b) ***l'amnistia propria*** (art. 151 c.p.).
c) ***la remissione della querela*** (art. 152 c.p.).
d) ***la prescrizione***. Istituto di **natura sostanziale** che collega l'effetto estintivo del reato al **decorso del tempo** prescritto dalla legge, senza che sia intervenuta una sentenza di condanna irrevocabile (artt. 158 e ss. c.p.).
e) ***l'oblazione nelle contravvenzioni*** (artt. 161 e 162-bis c.p.).

f) ***estinzione del reato per condotte riparatorie*** (art. 162-ter c.p.).
g) ***la sospensione condizionale della pena*** (artt. 163 e 164 c.p.).
h) ***il perdono giudiziale per i minori degli anni diciotto*** (art. 169 c.p.).
i) ***l'esito positivo dell'affidamento in prova del minore.***
l) ***esito positivo della messa in prova dell'imputato*** (art. 168-bis c.p.).

4. Le cause di estinzione della pena.

Le cause di estinzione della pena, a differenze delle cause estintive del reato, non incidono sul potere punitivo statale, operando **solamente sulla pena concretamente inflitta** al reo con la sentenza di condanna: più precisamente, estinguono la c.d. **punibilità in concreto**, paralizzando la sanzione irrogata dall'autorità giudiziaria. Anche le cause di estinzione della pena soggiacciono alle regole dell'**efficacia soggettiva**, del ***favor rei*** (in caso di concorso tra più cause) e dell'**immediata declaratoria nel processo**.
Nell'ipotesi di **concorso di una causa** estintiva della pena con una causa di estinzione del reato prevale quest'ultima, anche se intervenuta successivamente.
Le cause di estinzione della pena contemplate dal codice penale sono:
a) ***la morte del reo dopo la condanna*** (art. 171 c.p.);
b) ***l'amnistia impropria***;
c) ***la prescrizione della pena*** (artt. 172 e 173 c.p.);
d) ***l'indulto*** (art. 174 c.p.);
e) ***la grazia*** (art. 87, co. 11, Cost.);
f) ***la liberazione condizionale*** (art. 176 c.p.);
g) ***la riabilitazione*** (art. 178 c.p.);
h) ***la non menzione della condanna nel certificato del casellario giudiziale*** (art. 175 c.p.).

5. Le sanzioni sostitutive.

La legge 24 novembre 1981 n. 689 ha introdotto e disciplinato le sanzioni sostitutive delle pene detentive brevi, modificate di recente dal decreto legislativo 10 ottobre 2022, n. 150 (la cui entrata in vigore è stata fissata al 30 dicembre 2022 dal d.l. 31 ottobre 2022, n. 162) attuativo della legge delega **27 settembre 2021, n. 134** (riforma Cartabia), che ne hanno esteso notevolmente l'ambito di applicazione.
Le pene sostitutive sono oggi annoverate dal **nuovo art. 20-bis c.p.,** volto ad elencare le diverse pene sostitutive del sistema, delineandone i tratti essenziali e rinviando, per la disciplina analitica, alla legge 24 novembre 1981, n. 689 (contestualmente revisionata sotto plurimi profili).
Evidenziando incidentalmente che l'inserimento del citato art. 20-bis nel codice penale testimonia sotto il profilo sistematico la rinnovata centralità delle pene sostitutive nel sistema penale, si segnala che la disposizione codicistica individua oggi le seguenti pene sostitutive:
1) la **semilibertà sostitutiva**, applicabile dal giudice in caso di condanna alla reclusione o all'arresto non superiori a quattro anni;
2) la **detenzione domiciliare sostitutiva**, applicabile dal giudice in caso di condanna alla reclusione o all'arresto non superiori a quattro anni;

3) il **lavoro di pubblica utilità sostitutivo** applicabile dal giudice in caso di condanna alla reclusione o all'arresto non superiori a tre anni;
4) la **pena pecuniaria sostitutiva**, applicabile dal giudice in caso di condanna alla reclusione o all'arresto non superiori a un anno.
Peraltro, il citato art. 20-bis fa comunque "salvo quanto previsto da particolari disposizioni di legge", secondo una clausola riferita alle pene sostitutive previste da leggi speciali, come ad esempio l'espulsione dello straniero condannato alla pena detentiva non superiore a due anni *ex* art. 16 d. lgs. 25 luglio 1998, n. 286.

Venendo all'esame delle singole sanzioni sostitutive, ai sensi dell'art. 55 l. 24 novembre 1981, n. 689 la **semilibertà sostitutiva** comporta: l'obbligo di trascorrere almeno otto ore al giorno negli istituti penitenziari e di svolgere, per la restante parte del giorno, attività di lavoro, di studio, di formazione professionale o comunque utili alla rieducazione ed al reinserimento sociale, secondo il programma di trattamento predisposto e approvato dal c.d. U.E.P.E.
Trattandosi della pena sostitutiva dalla componente detentiva più accentuata, è concepita come *extrema ratio*, e potrà essere applicata soltanto laddove le altre pene sostitutive (come ad esempio la detenzione domiciliare sostitutiva, sottoposta al medesimo limite edittale di quattro anni) risultino inidonee.
La **detenzione domiciliare sostitutiva,** di converso, sulla falsariga dell'omonima misura alternativa alla detenzione contemplata dall'art. 47-ter l. 26 luglio 1975, n. 354, comporta "l'obbligo di rimanere nella propria abitazione o in altro luogo di privata dimora ovvero in luogo pubblico o privato di cura, assistenza o accoglienza ovvero in comunità o in case-famiglia protette, per non meno di dodici ore al giorno, avuto riguardo a comprovate esigenze familiari, di studio, di formazione professionale, di lavoro, o di salute del condannato. In ogni caso, il condannato può lasciare il domicilio per almeno quattro ore al giorno, anche non continuative, per provvedere alle sue indispensabili esigenze di vita e di salute.". È in ogni caso prevista l'attuazione di un programma di trattamento elaborato dall'U.E.P.E.
Il "**lavoro di pubblica utilità sostitutivo**", contemplato per la prima volta come pena sostitutiva generalizzata (prevista in precedenza solo per alcuni reati, come la guida in stato di ebbrezza) è invece definito dall'art. 56-bis l. 24 novembre 1981, n. 689 come la "prestazione di attività non retribuita in favore della collettività da svolgere presso lo Stato, le regioni, le province, le città metropolitane, i comuni o presso enti o organizzazioni di assistenza sociale e di volontariato", svolta per non meno di sei ore e non più di quindici ore di lavoro settimanale (salvo che il condannato richieda di svolgerlo per un tempo superiore, comunque entro le otto ore giornaliere), da eseguire con modalità e tempi che non pregiudichino le esigenze di lavoro, di studio, di famiglia e di salute del condannato. Ai fini del computo della pena, un giorno di lavoro di pubblica utilità consiste nella prestazione di due ore di lavoro.
La **pena pecuniaria sostitutiva** è attualmente disciplinata dall'art. 56-quater l. 24 novembre 1981, n. 689, il valore giornaliero è ricompreso tra i 5 e i 2.500 euro, secondo una cornice edittale particolarmente ampia che dovrà essere commisurata dal giudice in relazione alle peculiarità del caso concreto, dovendo corrispondere "alla quota di reddito giornaliero che può essere impiegata per il pagamento della pena pecuniaria, tenendo conto delle complessive condizioni economiche, patrimoniali e di vita dell'imputato e del suo nucleo familiare.".

6. La conversione delle pene pecuniarie.

Contestualmente alla revisione delle pene sostitutive delle pene detentive brevi, il citato **decreto legislativo n. 150/2022**, ha profondamente innovato la disciplina dedicata alla riscossione delle pene pecuniarie, articolandola in stretta connessione con la prima. Il legislatore del 2022 ha inteso differenziare strutturalmente la pena pecuniaria dagli altri crediti vantati dallo Stato, e prevedere una conversione della pena rimasta ineseguita (non solo nei confronti del soggetto insolvibile, ma) anche **nei confronti degli insolventi,** il cui inadempimento si rivela a maggior ragione colpevole, in quanto riconducibile a soggetti titolari delle risorse per far fronte al pagamento doveroso.
In altri termini, il legislatore muove dall'auspicio che la minaccia di conseguenze gravi ed effettive in caso di mancato pagamento possa aumentare il tasso di riscossione della pena pecuniaria.
I tratti essenziali della disciplina sono ravvisabili nel novellato art. 660 c.p.p., che assoggetta l'esecuzione della pena pecuniaria all'impulso del pubblico ministero, chiamato ad emettere (come per le pene detentiva) un **ordine di esecuzione** che contenga l'intimazione a pagare entro il termine di **novanta giorni**, con l'avviso che nel caso contrario la pena pecuniaria sarà convertita (ad opera del magistrato di sorveglianza ed in base ai criteri *ex* art. 135 c.p.) in **semilibertà sostitutiva**, ovvero (nel solo caso di **insolvibilità**) nelle meno gravi sanzioni **del lavoro di pubblica utilità sostitutivo** o (se il condannato si oppone) della detenzione domiciliare sostitutiva, ai sensi dei (contestualmente innovati) artt. 102 e seguenti della l. 24 novembre 1981, n. 681.
Ad ulteriore garanzia dell'effettività del sistema, si prevede espressamente che le pene sostitutive risultanti dalla conversione **non siano sostituibili da misure alternative alla detenzione** (così l'art. 103-bis l. 24 novembre 1981, n. 681) e che la violazione "grave e reiterata" delle prescrizioni ad esse inerenti ne comporta la revoca, con conversione della pena in reclusione o in arresto, a seconda della specie di pena pecuniaria originariamente inflitta (così l'art. 108 l. 24 novembre 1981, n. 681).
È stato del pari riformato il citato art. 136 c.p., che – a scopo di offrire un coordinamento sistematico – rinvia ai citati artt. 102 e 103 l. 24 novembre 1981, n. 681.

7. Le misure alternative alla detenzione.

Le misure alternative alla detenzione sono state introdotte dalla legge di riforma dell'ordinamento penitenziario n. 354/1975, allo scopo di offrire strumenti e rimedi per arginare la crisi della pena detentiva. Consistono in un insieme di **benefici** rispetto alla pena carceraria e di **incentivi** per i condannati che mostrino di essersi definitivamente dissociati dall'ambiente criminale di provenienza, dando prova di rispondere al trattamento rieducativo.
Le misure alternative previste dalla l. n. 354/1975 sono:

- *affidamento in prova al servizio sociale;*
- *detenzione domiciliare;*
- *detenzione domiciliare speciale;*

- *misure alternative alla detenzione nei confronti dei soggetti affetti da AIDS conclamata o da grave deficienza immunitaria;*
- *semilibertà;*
- *liberazione anticipata.*

La legge n. 199/2010 ha poi introdotto la misura dell'*esecuzione presso il domicilio delle pene detentive non superiori a diciotto mesi.*

8. La giustizia riparativa.

Tra le principali novità introdotte dal decreto legislativo10 ottobre 2022, n. 150 (la cui entrata in vigore è stata fissata al 30 dicembre 2022 dal d.l. 31 ottobre 2022, n. 162), attuativo della legge delega 27 settembre 2021, n. 134 (riforma Cartabia) va senz'altro annoverata l'introduzione di una "**disciplina organica della giustizia riparativa**" (secondo la locuzione dell'art. 1, comma 18, lett. a, della legge delega), ospitata dagli articoli 42 e seguenti del medesimo decreto, formulati in linea con la Direttiva in materia di diritti, assistenza e protezione delle vittime di reato (2012/29/UE) e con la Dichiarazione di Venezia adottata dalla Conferenza dei Ministri della Giustizia del Consiglio d'Europa il 13 dicembre 2021.
Secondo la definizione tracciata dal citato art. 42, la giustizia riparativa consiste in "ogni programma che consente alla vittima, alla persona indicata come autore dell'offesa e ad altri soggetti appartenenti alla comunità di partecipare liberamente, in modo consensuale, attivo e volontario, alla risoluzione delle questioni derivanti dal reato, con l'aiuto di un terzo imparziale, adeguatamente formato, denominato mediatore".
Si è dunque di fronte ad un sistema che **si affianca, senza sostituirsi, al processo e all'esecuzione penale**, e che nell'intenzione del legislatore risulta suscettibile di concorrere all'efficienza della giustizia penale in vari modi: agevolando la riparazione dell'offesa e la tutela dei beni offesi dal reato; incentivando la remissione della querela; facilitando il percorso di reinserimento sociale del condannato; riducendo i tassi di recidiva e il rischio di reiterazione del reato nei rapporti interpersonali.
Nei suoi tratti essenziali, la disciplina di nuovo conio prevede la possibilità di accedere ai programmi di giustizia riparativa "**senza preclusioni in relazione alla fattispecie di reato o alla sua gravità**" (così l'art. 44), in ogni stato e grado del procedimento, come anche in fase esecutiva o dopo l'integrale esecuzione della pena o della misura di sicurezza.
In particolare, la persona indicata come autore dell'offesa e la vittima del reato sono titolari del diritto ad essere informate (art. 47) "da parte dell'autorità giudiziaria, in ogni stato e grado del procedimento penale o all'inizio dell'esecuzione della pena detentiva o della misura di sicurezza, in merito alla facoltà di accedere ai programmi di giustizia riparativa e ai servizi disponibili." (così l'art. 47).
Ai sensi dell'art. 48, presupposto imprescindibile per la partecipazione ad un programma di giustizia riparativa è la prestazione, da parte di tutti i soggetti coinvolti, del **consenso** personale, libero, consapevole, informato, espresso in forma scritta e sempre revocabile (anche per fatti concludenti).
Capisaldi della disciplina sono, accanto alla imparzialità ed "equiprossimità" (locuzione scelta in contrapposizione alla "equidistanza" del giudice) dei mediatori, la riservatezza dei procedimenti di mediazione e la radicale **inutilizzabilità degli atti compiuti sia**

nel processo penale che in fase esecutiva (art. 55).
Di converso, l'eventuale raggiungimento di un "esito riparativo" è suscettibile di determinare effetti di favore nei confronti della persona indicata come autore dell'offesa.
La nozione di "**esito riparativo**" è delineata dal citato art. 42 come "qualunque accordo, risultante dal programma di giustizia riparativa, volto alla riparazione dell'offesa e idoneo a rappresentare l'avvenuto riconoscimento reciproco e la possibilità di ricostruire la relazione tra i partecipanti":
In particolare, ai sensi del successivo art. 56, tale esito può essere "simbolico" o "materiale", a seconda che consista in "dichiarazioni o scuse formali, impegni comportamentali anche pubblici o rivolti alla comunità, accordi relativi alla frequentazione di persone o luoghi" ovvero che comprenda "il risarcimento del danno, le restituzioni, l'adoperarsi per elidere o attenuare le conseguenze dannose o pericolose del reato o evitare che lo stesso sia portato a conseguenze ulteriori."
In ogni caso, a mente dell'art. 57, al termine del programma il mediatore redige una relazione riepilogativa delle attività svolte e dell'esito raggiunto, che viene trasmessa all'autorità giudiziaria, la quale potrà tenerne conto ai fini di determinazione della pena *ex* **art. 133 c.p.**, fermo restando che "In ogni caso, la mancata effettuazione del programma, l'interruzione dello stesso o il mancato raggiungimento di un esito riparativo non producono effetti sfavorevoli nei confronti della persona indicata come autore dell'offesa." (così l'art. 58, comma 2).
Peraltro, la conclusione del programma con esito riparativo comporta la **remissione tacita della querela** ai sensi del novellato art. 152 c.p. ovvero (nei reati procedibili d'ufficio) l'applicazione della **circostanza attenuante *ex* art. 62, n. 6 c.p.,** laddove detto esito non comprenda l'assunzione di impegni comportamentali da parte del querelato, ovvero laddove tali impegni comportamentali siano stati onorati. Nel caso in cui sia inflitta una pena non superiore ad un anno, il raggiungimento di un "esito riparativo" potrà inoltre determinare una **sospensione condizionale della pena "breve"** ai sensi dell'art. 163, ultimo comma, c.p.
Per la concreta attuazione della riforma in materia di giustizia riparativa, si prevede l'istituzione, in ogni distretto di Corte di Appello, di una Conferenza locale per la giustizia riparativa, chiamata ad individuare, mediante protocollo d'intesa, uno o più enti locali cui affidare l'istituzione e la gestione dei Centri per la giustizia riparativa.
L'una e gli altri sono sottoposti alla vigilanza del Ministero della Giustizia.

Capitolo 2
LE MISURE DI SICUREZZA E LE MISURE DI PREVENZIONE

SOMMARIO:

1. Le misure di sicurezza.

Il legislatore del 1930 ha inserito nel c.p. il sistema del **doppio binario**, affiancando alla sanzione penale la misura di sicurezza, destinata a **neutralizzare la pericolosità sociale** di determinate categorie di soggetti, allo scopo di potenziare la difesa sociale mediante la **prevenzione del pericolo di recidiva** del reo.
Quanto alle singole ***tipologie***, il codice penale prevede *misure di sicurezza personali*, che presuppongono la pericolosità dell'autore, e *misure di sicurezza patrimoniali*, tra cui la confisca, che presuppone la pericolosità della cosa.

2. I presupposti di applicazione delle misure di sicurezza.

L'applicazione delle misure di sicurezza richiede l'esistenza di **due presupposti** (art. 202, co. 1, c.p.).
1) Il presupposto ***oggettivo*** consiste nella **commissione di un fatto previsto dalla legge come reato**. L'art. 202, co. 2, c.p., prevede un'**eccezione**: *"La legge penale determina i casi nei quali a persone socialmente pericolose possono essere applicate misure di sicurezza per un fatto non preveduto dalla legge come reato"*. Le ipotesi, **tassativamente** individuate, sono **due**:
a) il **reato impossibile** (art. 49 c.p.);
b) l'**accordo criminoso** non eseguito o l'**istigazione** a commettere un delitto, se l'istigazione non viene accolta (art. 115 c.p.). In questi casi si tratta di situazioni prossime al reato, a tal punto da giustificarne la definizione di c.d. **quasi reati**. Non si richiede che il fatto preveduto dalla legge come reato sia anche punibile: è possibile applicare una misura di sicurezza al soggetto **non imputabile**, purché il reato gli sia soggettivamente riferibile.
L'art. 164 c.p. dispone, inoltre, che la sospensione condizionale della pena rende inapplicabili le misure di sicurezza, tranne che si tratti della confisca.
2) Il presupposto ***soggettivo*** è rappresentato dall'**accertamento** in ordine alla **pericolosità sociale del reo**. La nozione di pericolosità sociale è data dall'art. 203

c.p.: *"... è socialmente pericolosa la persona, anche se non imputabile o non punibile, la quale ha commesso taluno dei fatti indicati nell'articolo precedente* [vale a dire un reato o un quasi reato], *quando è probabile che commetta nuovi fatti preveduti dalla legge come reati"*. La qualità di persona socialmente pericolosa si desume dalle circostanze indicate nell'art. 133 c.p., ossia dai **criteri previsti per la determinazione della pena**. I due giudizi, però, si collocano su piani diversi:
-in sede di *commisurazione della pena*, gli indici offerti dall'art, 133 c.p. saranno valutati in funzione del **giudizio di responsabilità**;
-in sede di *accertamento della pericolosità sociale*, i medesimi parametri saranno utilizzati ai fini della **prognosi criminale**.
La pericolosità sociale è il risultato di un **giudizio prognostico** effettuato dal giudice circa la probabilità che il soggetto compia in futuro ulteriori atti criminosi. Tale giudizio consta di **due momenti**: a) l'analisi della **personalità del soggetto**, compiuta con gli elementi indicati dall'art. 133 c.p.; b) la formulazione della **prognosi criminale**.

▶ 2.1. I tipi legali di delinquenti pericolosi (abituali, professionali o per tendenza).

Il codice prevede ***tre tipi legali di delinquenti pericolosi***, destinati a riflettere altrettante **forme di pericolosità sociale specifica**: il *delinquente abituale*, il *delinquente professionale* e il *delinquente per tendenza*. Questi tipi criminologici normativi corrispondono a **soggetti imputabili** e, al tempo stesso, **pericolosi**, nei cui confronti la misura di sicurezza è applicabile **in aggiunta alla pena**.

A) Il delinquente abituale

Sulla base della legge dell'esperienza, la **ripetuta attività criminosa** dell'individuo nel tempo dimostra una notevole **attitudine al reato** che attenua sempre di più i freni inibitori, rendendo più facile la commissione di delitti. Il codice distingue tre forme di abitualità:
a) **abitualità nel delitto presunta dalla legge.** L'art. 102 c.p. prevede la presunzione assoluta di pericolosità. Secondo un'interpretazione diffusa, la l. n. 663/1986 avrebbe avuto l'effetto di trasformare la presunzione assoluta di pericolosità in **presunzione relativa**, con la conseguenza per cui, accertata la sussistenza dei requisiti indicati dall'art. 102 c.p., il giudice deve verificare se il soggetto sia in concreto socialmente pericoloso;
b) **abitualità nel delitto ritenuta dal giudice**. È pronunciata, ai sensi dell'art. 103 c.p.;
c) **abitualità nelle contravvenzioni**. Prevista dall'art. 104 c.p.

B) Il delinquente professionale

È un tipo particolare di delinquente abituale, portatore di una più deplorevole forma di abitualità criminosa. Secondo la definizione dell'art. 105 c.p., è delinquente professionale *"chi, trovandosi nelle condizioni richieste per la dichiarazione di abitualità, riporta condanna per un altro reato (...) qualora, avuto riguardo alla natura dei reati, alla condotta e al genere di vita del colpevole e alle altre circostanze indicate nel capoverso dell'art. 133, deve ritenersi che egli viva abitualmente, anche in parte soltanto, dei proventi del reato"*. Per la dichiarazione di professionalità non occorre che il reo sia già stato dichiarato delinquente abituale. Si richiede, invece, che i vari reati commessi forniscano al reo una **fonte stabile di mantenimento**.

C) Il delinquente per tendenza

Ai sensi dell'art. 108, tale è *"chi, sebbene non recidivo o delinquente abituale o professionale, commette un delitto non colposo, contro la vita o l'incolumità individuale, anche non preveduto dal capo I del titolo dodicesimo del libro II di questo codice, il quale, per sé e unitamente alle circostanze indicate nel capoverso dell'art. 133, riveli una speciale inclinazione al delitto, che trovi la sua causa nell'indole particolarmente malvagia del colpevole"*. Secondo la definizione tradizionale, si tratta di soggetti capaci di intendere e di volere, che manifestano **mancanza di senso morale** e forti spinte ai delitti di sangue, dipendenti dalla costituzione del soggetto o dall'ambiente in cui è vissuto.

D) Effetti della dichiarazione

Quanto agli ***effetti***, la dichiarazione di abitualità, professionalità o tendenza a delinquere comporta **conseguenze pregiudizievoli per il reo**: *a*) gli **aumenti di pena** dipendenti dalla recidiva e dall'elevato grado di capacità a delinquere; *b*) l'applicazione di una **misura di sicurezza**.
La dichiarazione produce, inoltre, una serie di ***effetti secondari***: interdizione perpetua dai pubblici uffici (art. 29, co. 2 c.p.); inapplicabilità dell'amnistia e dell'indulto, se il decreto non dispone diversamente (artt. 151 e 174 c.p.); divieto di sospensione condizionale della pena (art. 164 c.p.) e del perdono giudiziale (art. 169 c.p.); esclusione della prescrizione della pena per i delitti e raddoppio del termine di prescrizione delle pene per le contravvenzioni (artt. 172 e 173 c.p.); termine di dieci anni per ottenere la riabilitazione (art. 179 c.p.).

3. Le misure di sicurezza personali.

Le misure di sicurezza personali si dividono in *detentive* e *non detentive*.

A) Misure di sicurezza personali detentive

In via preliminare, occorre segnalare con **d.l. 31 marzo 2014, n. 52**, conv. con modif. in l. 30 maggio 2014, n. 81, è stato previsto che la loro durata non può oltrepassare "il tempo stabilito per la pena detentiva prevista per il reato commesso, avuto riguardo alla previsione edittale massima", aggiungendo altresì che tale disposizione non si applica "per i delitti puniti con la pena dell'ergastolo".
a) ***Assegnazione ad una colonia agricola o ad una casa di lavoro*** *(art. 216 c.p.).*
b) ***Assegnazione in una casa di cura e custodia*** *(art. 219 c.p.).*
c) ***Ricovero in un ospedale psichiatrico giudiziario*** *(art. 222 c.p.).*
d) ***Ricovero dei minori in un riformatorio giudiziario*** *(art. 223 c.p.).*

B) Misure di sicurezza personali non detentive

a) ***Libertà vigilata*** *(art. 228 c.p.).*
b) ***Divieto di soggiorno*** *(art. 233 c.p.).*
c) ***Divieto di frequentare osterie e pubblici spacci di bevande alcoliche*** *(art. 234 c.p.).*
d) ***Espulsione dello straniero dallo Stato*** *(art. 235 c.p.*, come riscritto ad opera della l. n. 125/2008).

4. Le misure di sicurezza patrimoniali.

Sono misure di sicurezza patrimoniali, oltre quelle stabilite da particolari disposizioni di legge: 1. la cauzione di buona condotta; 2. la confisca.

A) La cauzione di buona condotta (art. 237 c.p.)

Consiste nel deposito presso la Cassa delle Ammende di una somma di denaro non inferiore a 103, 29 euro e non superiore a 2.065, 83 euro, oppure nella prestazione di una garanzia mediante ipoteca o fideiussione solidale. Essa dovrebbe dispiegare effetto deterrente dalla commissione di nuovi reati atteso il timore di perdere la somma depositata o di subire l'escussione della garanzia.

B) La confisca

Consiste **nell'espropriazione delle cose che servirono o furono destinate a commettere il reato ovvero ne rappresentano il prodotto, il profitto o il prezzo (art. 240 c.p.).**
a) Il prodotto indica le cose materiali che traggono origine dal reato stesso.
b) Il profitto corrisponde al guadagno o vantaggio economico che si trae dall'illecito penale.
c) Il prezzo indica la somma di denaro o qualsiasi altra utilità data o promessa come corrispettivo del reato.
d) Un carattere onnicomprensivo tende a riconoscersi alla locuzione "provento del reato", che ricomprenderebbe le diverse nozioni di "prezzo", "prodotto" e "profitto".
Non sono confiscabili le cose appartenenti a persone estranee al reato, a meno che non si tratti di cose la cui fabbricazione, uso, porto, possano essere consentiti mediante autorizzazione amministrativa.
La confisca è l'unica misura di sicurezza "reale" prevista nel nostro ordinamento: essa concerne esclusivamente cose, mobili o immobili. Tende a prevenire la commissione di nuovi reati, mediante l'espropriazione a favore dello Stato di cose che, provenendo da illeciti penali o comunque collegati alla loro esecuzione, "mantengono viva l'idea e l'attrattiva del reato".
A differenza delle altre misure di sicurezza, la confisca prescinde dal requisito della pericolosità sociale dell'autore, avendo come presupposto la pericolosità oggettiva della cosa; è un provvedimento irrevocabile, avente carattere istantaneo e permanente (non si applica la disposizione *ex* art. 207 c.p. in tema di revoca).
L'art. 240 c.p. distingue due forme di confisca:
a) facoltativa: è la regola generale dettata dal co. 1 dell'art. 240 c.p. Possono essere oggetto di confisca facoltativa le cose che servirono o furono destinate a commettere il reato e le cose che ne sono il prodotto o il profitto. Si tratta di cose legate al fatto di reato da un nesso eziologico diretto ed essenziale;
b) obbligatoria: nelle ipotesi indicate dal co. 2 dell'art. 240 c.p.

■ **Per alcune tipologie di reati, il codice penale prevede la confisca per equivalente**, che permette di espropriare le somme di denaro, beni o altre utilità in misura proporzionale al prezzo o al profitto del reato, in assenza di qualsiasi prova di un rapporto di pertinenzialità tra i beni appresi ed il fatto illecito cui si riferisce la

sentenza di condanna. Il presupposto logico e giuridico della confisca per equivalente è costituito dalla mancata individuazione ed apprensione dei beni che, fisicamente, costituiscano il prezzo od il profitto del reato preso in considerazione.
La confisca per equivalente è stata introdotta, per la prima volta, in relazione al reato di usura, dalla l. n. 108/1996. Altra ipotesi contemplata dal codice è quella riferita ad alcuni delitti contro la pubblica amministrazione, ai sensi dell'art. 322-ter c.p. (con estensione ad alcune ipotesi di truffa in danno dello Stato *ex* art. 640-quater c.p.).

L'articolo 240-bis c.p. prevede la **c.d. confisca in casi particolari:** ***nei casi di condanna o di applicazione della pena su richiesta*** *a norma dell'articolo 444 del codice di procedura penale, per taluno dei delitti previsti dall'articolo 51, comma 3-bis, del codice di procedura penale, dagli articoli 314, 316, 316-bis, 316-ter, 317, 318, 319, 319-ter, 319-quater, 320, 322, 322-bis, 325, 416, realizzato allo scopo di commettere delitti previsti dagli articoli 453, 454, 455, 460, 461, 517-ter, 517-quater, 518-quater, 518-quinquies, 518-sexies e 518-septies, nonché dagli articoli 452-quater, 452-octies, primo comma, 493-ter, 512-bis, 600-bis, primo comma, 600-ter, primo e secondo comma, 600-quater.1, relativamente alla condotta di produzione o commercio di materiale pornografico, 600-quinquies, 603-bis, 629, 640, secondo comma, n. 1, con l'esclusione dell'ipotesi in cui il fatto è commesso col pretesto di far esonerare taluno dal servizio militare, 640-bis, 640, secondo comma, n. 1, con l'esclusione dell'ipotesi in cui il fatto è commesso col pretesto di far esonerare taluno dal servizio militare, 640-bis,644, 648, esclusa la fattispecie di cui al quarto comma, 648-bis, 648-ter e 648-ter.1, dall'articolo 2635 del codice civile, o per taluno dei delitti commessi per finalità di terrorismo, anche internazionale, o di eversione dell'ordine costituzionale,* ***è sempre disposta la confisca del denaro, dei beni o delle altre utilità di cui il condannato non può giustificare la provenienza e di cui, anche per interposta persona fisica o giuridica, risulta essere titolare o avere la disponibilità a qualsiasi titolo in valore sproporzionato al proprio reddito, dichiarato ai fini delle imposte sul reddito, o alla propria attività economica. In ogni caso il condannato non può giustificare la legittima provenienza dei beni sul presupposto che il denaro utilizzato per acquistarli sia provento o reimpiego dell'evasione fiscale, salvo che l'obbligazione tributaria sia stata estinta mediante adempimento nelle forme di legge****. La confisca ai sensi delle disposizioni che precedono è ordinata in caso di condanna o di applicazione della pena su richiesta per i reati di cui agli articoli 617-quinquies, 617-sexies, 635-bis, 635-ter, 635-quater, 635-quinquies quando le condotte ivi descritte riguardano tre o più sistemi.*
Nei casi previsti dal primo comma dell'art. 240-bis c.p. (sopra descritti), quando non è possibile procedere alla confisca del denaro, dei beni e delle altre utilità di cui allo stesso comma, il giudice ordina la ***confisca di altre somme di denaro, di beni e altre utilità di legittima provenienza per un valore equivalente, delle quali il reo ha la disponibilità, anche per interposta persona****.*

5. L'applicazione e l'esecuzione.

Le misure di sicurezza sono ***ordinate***, di regola, dal giudice nella **sentenza di**

condanna o di proscioglimento. Possono essere disposte con **provvedimento successivo** in tre ipotesi:
1) nel caso di condanna, durante l'esecuzione della pena o il tempo in cui il condannato si sottrae volontariamente all'esecuzione della pena;
2) nel caso di proscioglimento, qualora si tratti delle fattispecie di pericolosità presunta (ora da accertare in concreto) e non sia decorso un tempo corrispondente alla durata minima della relativa misura di sicurezza;
3) in ogni tempo, nei casi stabiliti dalla legge.
Le misure di sicurezza personali sono ***applicate*** dal giudice **previo accertamento della pericolosità sociale della persona**. Alla scadenza del termine minimo della misura, il giudice procede al riesame della pericolosità sociale ed effettua una nuova prognosi, la c.d. **prognosi di rilascio**. Se l'esito della prognosi è negativo, il giudice ordina la revoca della misura, altrimenti stabilisce un nuovo termine minimo di durata, scaduto il quale viene effettuata un'ulteriore prognosi di pericolosità sociale, e così via fino a quando il giudizio di pericolosità sarà negativo. Il riesame può essere effettuato anche prima della scadenza del termine minimo, quando vi siano ragioni per ritenere che il pericolo sia cessato (art. 208, co. 2, c.p.).
Le misure di sicurezza vengono ***eseguite***:
- dopo che la pena detentiva è stata scontata se sono applicate congiuntamente alla pena detentiva (art. 211, co. 1, c.p.);
- dopo che la sentenza è passata in giudicato se applicate congiuntamente a pena non detentiva (art. 211, co. 2, c.p.);
- dopo il passaggio in giudicato della decisione se applicate con sentenza di proscioglimento o di non luogo a procedere (art. 650 c.p.p.).

L'esecuzione della misura di sicurezza viene ***sospesa*** se la persona ad essa sottoposta deve scontare una pena detentiva e riprende il suo corso dopo l'esecuzione della pena (art. 212, co. 1, c.p.).
Se l'internato è colpito da un'infermità psichica, il giudice deve ***trasformare*** la misura ordinando il ricovero in ospedale psichiatrico giudiziario o in casa di cura e custodia (art. 212, co. 2, c.p.). Nel corso dell'esecuzione, il giudice può altresì **modificare le modalità di esecuzione** della misura senza mutarne la specie.
L'***estinzione del reato*** impedisce l'applicazione delle misure di sicurezza e ne fa cessare l'esecuzione, ad eccezione della confisca (artt. 210 e 236 c.p.). Parimenti, l'***estinzione della pena*** impedisce l'applicazione delle misure di sicurezza, ad eccezione di quelle per le quali la legge stabilisce che possono essere applicate in ogni tempo, ma non impedisce l'esecuzione delle misure di sicurezza già ordinate dal giudice come misure accessorie di una condanna alla pena della reclusione superiore a dieci anni.

6. Le misure di prevenzione: nozione e ambito di operatività.

Le misure di prevenzione sono **misure special-preventive** applicabili a soggetti considerati a vario titolo **socialmente pericolosi**, finalizzate a **controllarne la pericolosità** in modo da **prevenire la commissione dei reati**.
Esse **si distinguono** dalle *pene* in senso stretto ovvero dalle affini *misure di sicurezza* sul **piano strutturale**, essendo applicabili **indipendentemente dalla commissione di un precedente reato (misure *ante* o *praeter delictum*)**.

■ **Presupposto** indefettibile per l'applicazione della misura di prevenzione personale è la **pericolosità sociale**, che postula la formulazione di un giudizio involgente l'intera personalità del soggetto inteso a verificare la probabilità che lo stesso compia nel futuro quelle attività antisociali e ponga in essere quei modi di vita che la legge riconosce idonei all'applicazione della misura, in funzione di prevenzione. Connotato essenziale della pericolosità sociale è quello dell'**attualità**. In caso di accertata appartenenza di un soggetto ad un **sodalizio di tipo mafioso**, la pericolosità sociale deve ritenersi *in re ipsa* (**pericolosità sociale c.d. qualificata**): occorre accertare la ricorrenza di elementi certi da cui far discendere l'affermazione della probabile appartenenza ad un sodalizio di tipo mafioso, ma non occorre che quegli indizi siano pure idonei a fondare un giudizio di responsabilità penale. L'indagine dev'essere, infatti, orientata ad accertare, mediante un procedimento valutativo di tipo sintomatico, il modo di essere di una persona e, quindi, la sua abituale condotta di vita nella illegalità.
■ Per quanto concerne il ***quadro normativo***, l'avvertita esigenza di un'organica rivisitazione del sistema delle misure di prevenzione è stata attuata con il d.lgs. 6 settembre 2011, n. 159 (c.d. **Codice antimafia**).

La nuova disciplina continua a prevedere un **sistema misto** in cui l'applicazione delle misure di prevenzione è attribuita in parte all'**Autorità di pubblica sicurezza**, in parte all'**Autorità Giudiziaria.**

▶ 6.1. Le singole misure di prevenzione.

Le misure di prevenzione si distinguono in *personali* e *patrimoniali*.

A) Misure di prevenzione personali

La normativa vigente prevede un insieme di misure di prevenzione personali a carattere **amministrativo e giurisdizionale**.
Sono di competenza del **questore**: il *rimpatrio con foglio di via obbligatorio* e l'*avviso orale* (c.d. "misure di polizia").
Sono, invece, di competenza del **Tribunale**: - la misura *di prevenzione della sorveglianza speciale di pubblica sicurezza*, al quale può essere aggiunto, ove le circostanze del caso lo richiedano, il *divieto di soggiorno in uno o più comuni, diversi da quelli di residenza o di dimora abituale, o in una o più regioni*; - l'*obbligo di soggiorno*.

B) Misure di prevenzione patrimoniali

La misura preventiva patrimoniale è volta a **sottrarre definitivamente i beni di origine illecita dal circuito giuridico e dai traffici economici** del soggetto e dell'associazione in cui è inserito.
La pericolosità sociale del soggetto che ha la disponibilità diretta o indiretta di quei valori patrimoniali e l'illecita provenienza degli stessi costituiscono una **condizione obiettiva di pericolosità**: pericolosità della persona che si trasmette ai valori e ai beni patrimoniali. Dunque, la necessità di aggredire i beni di illecita provenienza degli indiziati di mafia risponde essenzialmente a esigenze di **carattere preventivo**, tra cui quella di evitare che l'ulteriore utilizzazione di ricchezze illecite da parte di persona pericolosa possa accrescerne la capacità delinquenziale, nonché quella di evitare forme

di alterazione del nostro sistema economico, tendenzialmente concorrenziale.
I **soggetti destinatari** sono individuati dall'art. 16 d.lgs. 159/2011:
1) nei soggetti già destinatari delle misure di prevenzione personali giurisdizionali di cui all'art. 4;
2) alle persone fisiche e giuridiche segnalate al Comitato per le sanzioni delle Nazioni Unite, o ad altro organismo internazionale competente per disporre il congelamento di fondi o di risorse economiche, quando vi sono fondati elementi per ritenere che i fondi o le risorse possano essere dispersi, occultati o utilizzati per il finanziamento di organizzazioni o attività terroristiche, anche internazionali.
L'art. 19 del Codice antimafia attribuisce ai procuratori della Repubblica presso il tribunale del capoluogo del distretto ove dimora la persona, al procuratore nazionale antimafia e antiterrorismo, al questore o al direttore della Direzione investigativa antimafia, il **potere di procedere ad indagini** sul tenore di vita, sulle disponibilità finanziarie, sul patrimonio e sulle attività economiche facenti capo all'indiziato di mafia, al coniuge, ai figli e ai conviventi del predetto nell'ultimo quinquennio, nonché nei confronti delle persone fisiche o giuridiche e di altri enti del cui patrimonio gli indiziati di mafia risultano disporre direttamente o indirettamente.
Se risulta che il prevenuto dispone di beni di illecita provenienza, il Tribunale può ordinare:
a) il *sequestro;* **b)** la *confisca.*
a) Il ***sequestro*** è un provvedimento di natura provvisoria e cautelare, avente ad oggetto i beni nella disponibilità diretta o indiretta del proposto, *"quando il loro* ***valore risulta sproporzionato*** *al reddito dichiarato o all'attività economica svolta ovvero quando, sulla base di sufficienti indizi, si ha motivo di ritenere che gli stessi siano il* ***frutto di attività illecite o ne costituiscano il reimpiego****"* (art. 20 d.lgs. 159/2011).
b) La ***confisca*** dei beni sequestrati è un provvedimento a **carattere ablativo** che comporta la devoluzione allo Stato dei beni appartenenti al prevenuto. Essa ha duplice natura **sanzionatoria e preventiva.** L'**oggetto** del provvedimento risulta particolarmente esteso in quanto comprende sia beni mobili, che immobili, crediti, quote sociali, società, aziende, ecc. In particolare, la confisca è disposta sui *"beni sequestrati di cui la persona nei cui confronti è instaurato il procedimento* ***non possa giustificare la legittima provenienza*** *e di cui, anche per interposta persona fisica o giuridica, risulti essere titolare o avere la disponibilità a qualsiasi titolo in* ***valore sproporzionato*** *al proprio reddito, dichiarato ai fini delle imposte sul reddito, o alla propria attività economica, nonché dei beni che risultino essere frutto di attività illecite o ne costituiscano il reimpiego. In ogni caso il proposto non può giustificare la legittima provenienza dei beni* ***addducendo che il denaro utilizzato per acquistarli sia provento o reimpiego dell'evasione fiscale****..."* (art. 24 d.lgs. 159/2011). Può essere altresì applicata relativamente ai beni, nella disponibilità dei medesimi soggetti, che possono agevolare in qualsiasi modo le attività di chi prende parte attiva a fatti di violenza in occasione o a causa di manifestazioni sportive.
Essa, pertanto, differisce dalla *confisca quale misura di sicurezza patrimoniale* in quanto si applica indipendentemente dall'accertamento della commissione di un reato e, di conseguenza, non è limitata soltanto alle cose che costituiscono il prezzo, il prodotto o il profitto del reato.

PARTE VIII
ELEMENTI DI DIRITTO PENALE CON RIGUARDO AI REATI CONTRO LA PUBBLICA AMMINISTRAZIONE
Parte speciale

SOMMARIO

Capitolo 1
REATI CONTRO LA PUBBLICA AMMINISTRAZIONE

SOMMARIO

1. I delitti contro la pubblica amministrazione. Le qualificazioni soggettive.

A) Collocazione sistematica e nozione penalistica di p.a.

Il Titolo II del libro secondo del c.p. è dedicato ai delitti contro la pubblica amministrazione.

B) Nozione di "pubblico ufficiale"

Quanto al concetto di ***pubblico ufficiale***, il **nuovo** art. 357 c.p., nell'intento di porre fine ai richiamati contrasti, stabilisce che "*agli effetti della legge penale, sono pubblici ufficiali coloro i quali* ***esercitano una pubblica funzione legislativa, giudiziaria o amministrativa****. Agli stessi effetti è pubblica la funzione amministrativa disciplinata da norme di diritto pubblico e da atti autoritativi e caratterizzata dalla formazione e dalla manifestazione della volontà della pubblica amministrazione o dal suo svolgersi per mezzo di poteri autoritativi o certificativi*".
Il capoverso dell'art. 357 distingue poi, all'interno della funzione amministrativa, la pubblica funzione dal **pubblico servizio (*parametro di delimitazione interna*)**. Nella prima categoria, il legislatore vi fa rientrare quelle attività che alternativamente rappresentano l'esercizio di:
a) **poteri deliberativi**, b) **poteri autoritativi,** c) **poteri certificativi.**

C) Nozione di "persona incaricata di un pubblico servizio"

La qualifica di ***persona incaricata di un pubblico servizio*** si identifica in via residuale e per esclusione rispetto a quella di pubblico ufficiale. Il pubblico servizio è

caratterizzato **in negativo** rispetto alla pubblica funzione per la **mancanza dei poteri tipici** di quest'ultima, pur essendo disciplinato nelle stesse forme. Il pubblico servizio può essere esercitato **sia da pubblici impiegati che da semplici privati**.
Nozione di "persona esercente un servizio di pubblica necessità".
Ulteriore qualifica soggettiva rilevante ai fini dell'applicazione delle norme del Titolo II del libro II è quella, delineata dall'art. 359 c.p., della ***persona esercente un servizio di pubblica necessità***.
Due le categorie di persone cui essa fa riferimento:
1) la prima è quella dei **privati** che esercitano **determinate professioni** il cui esercizio sia per legge vietato senza una speciale **abilitazione**;
2) la seconda è costituita dai **privati** che, non svolgendo una pubblica funzione né un pubblico servizio, adempiono un **servizio dichiarato di pubblica necessità** mediante un atto della p.a.

▶ 1.1. I delitti dei pubblici ufficiali contro la pubblica amministrazione.

▶ 1.1.1. Peculato e peculato d'uso (art. 314 c.p.).

A) Natura e bene giuridico

▪ La fattispecie prevista dall'art. 314 c.p., secondo la dottrina prevalente e la giurisprudenza, costituisce un esempio di ***reato plurioffensivo***, essendo leso non solo il **regolare funzionamento** e il **prestigio della p.a.**, ma anche e soprattutto gli **interessi patrimoniali** di quest'ultima (e, dopo la riforma del 1990, anche dei privati). Parte della dottrina, tuttavia, non concorda con questa ricostruzione, sostenendo che l'interesse tutelato sia esclusivamente quello concernente il **buon andamento** della p.a. (Manzini).
Si ricorda che il reato in esame è stato modificato, nei profili che attengono i limiti edittali, anche dalla legge 27 maggio 2015 n. 69.
▪ Si tratta di ***reato proprio***, che può essere commesso esclusivamente da un **pubblico ufficiale** o **incaricato di pubblico servizio.**

B) Elemento materiale

▪ ***Soggetto passivo*** può essere tanto la **pubblica amministrazione** quanto il **privato cittadino**, a seconda dell'appartenenza della cosa oggetto dell'appropriazione.
▪ La ***condotta incriminata*** consiste nell'**appropriazione di denaro o altra cosa mobile altrui.**
La condotta di **appropriazione** consiste in un comportamento *uti dominus* dell'agente nei confronti della cosa, che si materializzi in atti incompatibili con il titolo per cui si possiede, sì da realizzare l'*interversio possessionis* e l'interruzione della relazione funzionale tra il bene e il suo legittimo proprietario.
▪ **Presupposto** della condotta di peculato è, innanzitutto, **il possesso o la disponibilità di denaro o di altra cosa mobile altrui**.
Altro requisito è **la ragione d'ufficio o servizio** che deve qualificare il possesso della cosa fatta propria. Si richiede, infine, l'**altruità della cosa** oggetto del reato, rientrando in questo concetto non solo la proprietà altrui ma anche *"qualsiasi altrui*

diritto, reale o personale, sulla cosa che abbia, nel caso concreto, un valore economico-sociale maggiore della proprietà" (Seminara).

C) Consumazione e tentativo

■ Quanto al ***momento consumativo***, il peculato si realizza nel momento in cui si perfeziona l'appropriazione, con conseguente irrilevanza dell'avvenuta restituzione in cassa della cosa sottratta (**reato istantaneo**). Si ritiene configurabile il ***tentativo***.

D) Elemento soggettivo

■ Quanto all'***elemento soggettivo***, quello di peculato è pacificamente considerato un delitto a **dolo generico**.

E) Confisca per equivalente

■ Con la legge 6 novembre 2012, n. 190 (c.d. legge anticorruzione), è stato ampliato l'ambito di applicazione della **confisca per equivalente** (art. 322-ter c.p.), consentendone il ricorso anche nei confronti di quei beni che rappresentino un valore pari al profitto del reato (non più al solo prezzo).

F) Peculato d'uso

■ Con la riforma del 1990, è stato introdotto il **secondo comma** dell'**art. 314 c.p.**, disciplinante la fattispecie del **peculato d'uso,** che ricorre quando *"il colpevole ha agito al solo scopo di fare uso momentaneo della cosa e questa, dopo l'uso momentaneo, è stata immediatamente restituita"*. Quanto alla sua ***natura giuridica***, l'orientamento prevalente ritiene il peculato d'uso **figura** del tutto **autonoma** per impianto strutturale rispetto al reato base di cui al primo comma dell'art. 314 c.p. e non, quindi, una semplice attenuante. L'**elemento specializzante** andrebbe rinvenuto nel **dolo specifico consistente nello scopo di usare temporaneamente la cosa sottratta.**
L'**uso momentaneo** richiesto dalla norma deve essere di **breve durata**. L'***elemento psicologico*** richiesto è il **dolo specifico** dell'intenzione di usare momentaneamente dei beni in oggetto.

▶ 1.1.2. Malversazione di erogazioni pubbliche (art. 316-bis c.p.).

Il delitto di cui all'art. 316-bis c.p. è stato introdotto al fine di colmare il vuoto di tutela rispetto al caso di chi ottenesse una sovvenzione pubblica in maniera lecita e senza frode, utilizzando (sempre senza frode) la somma ricevuta per un fine diverso da quello per cui la sovvenzione era stata concessa.

A) Natura e bene giuridico

■ Il ***bene giuridico*** protetto è l'**interesse al corretto impiego degli strumenti di sostegno alle attività economiche di pubblico interesse**. Si è osservato che il delitto in esame offende, oltre al buon andamento della p.a., **l'aspetto tipicamente patrimoniale del finanziamento pubblico**, sostenendosi così la sua natura plurioffensiva.

■ Il delitto *de quo* è annoverato tra i **reati propri**, sull'assunto per cui ***soggetto***

agente può essere soltanto chi abbia ricevuto un finanziamento pubblico tra quelli espressamente indicati.

B) Elemento materiale

■ ***Soggetto passivo*** del reato è invece la pubblica amministrazione o l'Unione europea.

■ ***Presupposti*** indefettibili della condotta punibile sono:

a) l'ottenimento di *"contributi, sovvenzioni, finanziamenti, mutui agevolati o altre erogazioni dello stesso tipo, comunque denominate"*;

b) la destinazione alla realizzazione di una o più finalità.

■ La ***condotta incriminata*** consiste nel fatto di chi, avendo ottenuto contributi, sovvenzioni, finanziamenti, mutui agevolati o altre erogazioni dello stesso tipo, comunque denominate, destinati alla realizzazione di una o più finalità, non li destina alle finalità previste (**reato omissivo puro**).

C) Consumazione

■ Quanto al ***momento consumativo***, la giurisprudenza ha affermato che esso coincide con la **scadenza del termine entro cui avrebbero dovuto essere realizzate le opere per le quali erano stati concessi i pubblici finanziamenti**, non potendosi escludere, fino a quando detta scadenza non si sia verificata, che l'agente, pur se abbia nel frattempo destinato quei finanziamenti ad altra finalità, non provveda comunque alla realizzazione delle opere con altri mezzi economici (*Cass. pen., n. 4037/2002*).

D) Elemento soggettivo

■ Quanto all'***elemento soggettivo***, si tratta di reato a **dolo generico**.

▶ 1.1.3. Indebita percezione di erogazioni pubbliche (art. 316-ter c.p.).

Il reato di cui all'art. 316-ter c.p. è stato inserito nel c.p. dalla l. n. 300/2000 per completare la tutela apprestata contro le frodi allo Stato ed all'Unione europea, dando così attuazione alla Convenzione sulla tutela degli interessi finanziari delle Comunità Europee stipulata a Bruxelles nel 1995.

A) Bene giuridico

■ Il ***bene giuridico*** protetto dalla norma è costituito dagli **interessi finanziari della pubblica amministrazione, nazionale e sovranazionale**, e dunque dal buon andamento della pubblica amministrazione sotto il particolare profilo della corretta allocazione delle risorse pubbliche. A seguito della novella del 2020 (v. *infra*), l'art. in questione tutela anche gli interessi finanziari dell'Unione europea.

B) Elemento materiale e consumazione

■ Quanto ai ***soggetti attivi***, si presenta come **reato comune**, potendo essere compiuto da chiunque.

■ ***Soggetti passivi*** del reato sono invece lo Stato, gli enti pubblici o l'Unione europea.

■ Il reato si realizza con il conseguimento indebito di erogazioni pubbliche ottenuto con particolari modalità di azione, indicate dalla norma che si concretizzano in **comportamenti positivi** (utilizzo e presentazione) e **omissivi** (omissione di informazioni).

■ Il ***momento consumativo*** coincide con l'ottenimento del finanziamento, non con l'assunzione dell'obbligazione.

C) Elemento soggettivo e configurabilità dell'illecito amministrativo

■ L'***elemento psicologico*** richiesto è il **dolo generico.**

■ In base al secondo comma dell'art. 316-ter c.p., inoltre, il conseguimento di una somma pari o inferiore ad euro 3999,96 non integra la condotta penalmente rilevante, ma **solo un illecito amministrativo.**

▶ 1.1.4. Concussione (art. 317 c.p.).

A) Generalità

Il reato di cui all'art. 317 c.p., figura chiave dell'apparato di tutela penalistica del corretto esercizio dei pubblici poteri, si presenta come una sorta di **estorsione qualificata** dalla natura del **soggetto agente**.

La **legge n. 190/2012**, contenente disposizioni per la prevenzione e repressione della corruzione e dell'illegalità nella pubblica amministrazione, ha modificato la struttura della norma e, successivamente, la **legge 27 maggio 2015 n. 69**, recante disposizioni in materia di delitti contro la pubblica amministrazione, di associazioni di tipo mafioso e di falso in bilancio, è intervenuta nuovamente sulla norma, in merito al soggetto attivo del reato, reinserendo l'incaricato di pubblico servizio oltre al pubblico ufficiale.

B) Bene giuridico

■ Quanto al ***bene giuridico*** tutelato, l'indirizzo maggioritario tende a qualificare la concussione come **reato plurioffensivo**: da un lato, essa reca offesa agli **interessi della p.a.**, al suo **prestigio**, al suo **decoro** ed alla **correttezza** e **probità** imposti ai pubblici funzionari, dall'altro produce **anche la lesione della sfera privatistica del cittadino**, **dell'integrità del suo patrimonio** e della **libertà del suo consenso**.

C) Elemento materiale

■ Quanto ai ***soggetti attivi*** del reato, si tratta dei pubblici ufficiali e degli incaricati di un pubblico servizio.

■ ***Soggetti passivi*** del reato sono, dunque, sia la pubblica amministrazione, sia la persona che, costretta dal pubblico funzionario, dà o promette il denaro o altra utilità.

■ La condotta è descritta dal legislatore attraverso **due momenti distinti**: *a*) lo **strumento** utilizzato dall'agente (**l'abuso della qualità o dei poteri**); *b*) l'**effetto** cui l'abuso è preordinato.

Quanto all'**abuso**, è qualificato dal fine perseguito e può assumere due forme:

- l'abuso **della qualità** e l'abuso **dei poteri.**

La **concussione mediante costrizione** è tradizionalmente definita "esplicita o violenta", in contrapposizione a quella "implicita o fraudolenta" caratterizzata dall'induzione ed oggi non più contemplata nell'art. 317 c.p.

Essa comprende ogni forma di coazione che sia in grado di alterare il procedimento di formazione della volontà del soggetto passivo. Tale effetto può essere prodotto attraverso **violenza** o, più di frequente, mediante **minaccia.** Tra i requisiti necessari per la configurabilità del reato di concussione viene tradizionalmente indicato il ***metus publicae potestatis***, cioè il **timore del pubblico potere** che porta ad uno **stato di soggezione** la vittima, che per paura dà o promette l'indebito.

▪ L'***evento*** del reato è rappresentato dalla **indebita dazione** o dalla **promessa** di denaro o altra utilità da parte del concusso.

La **dazione** consiste nel passaggio di un bene dalla sfera di disponibilità di un soggetto a quella di un altro; può assumere in concreto varie forme, dalla consegna materiale alla ritenzione di un bene ricevuto ad altro titolo. La **promessa** consiste invece nella manifestazione, in qualsiasi modo e senza forme particolari, di un impegno ad effettuare in futuro la prestazione. Entrambe devono essere dirette allo stesso pubblico funzionario o ad un terzo.

Per **denaro** devono intendersi sia la moneta vera e propria, italiana o straniera, avente corso legale, sia le carte di pubblico credito previste dall'art. 358 c.p.

Sul significato di **altra utilità** si scontrano, invece, diverse interpretazioni: l'indirizzo prevalente propende per identificarla in tutto ciò che può soddisfare un bisogno umano.

D) Consumazione e tentativo

▪ La giurisprudenza di legittimità afferma, da un lato, che il reato di concussione ***si consuma*** al momento della **promessa** e rimane unico anche se questa sia seguita dalla dazione; dall'altro, ammette lo **spostamento in avanti** del momento consumativo sia in coincidenza con la **dazione** medesima, sia nel caso in cui ad una prima promessa seguano altre promesse aventi il medesimo oggetto. Pacifica appare la configurabilità del ***tentativo***.

E) Elemento soggettivo

▪ Per ciò che attiene all'***elemento soggettivo***, è richiesto il **dolo generico**.

F) Confisca per equivalente

▪ Per effetto della l. n. 190/2012, può essere disposta la ***confisca per equivalente***, *ex* art. 322-ter, co. 1, ultima parte, c.p., non solo del prezzo ma **anche del profitto** del reato di concussione.

▶ 1.1.5. Le diverse tipologie del reato di corruzione (art. 318 e ss.). Induzione indebita a dare o promettere utilità (art. 319-quater).

A) Generalità

La crescente diffusione del fenomeno criminale in esame ha condotto il legislatore al varo della **legge 6 novembre 2012 n. 190**. Con essa è stato introdotto il nuovo *traffico di influenze illecite* (art. 346-bis c.p., modif. successivamente dalla l. n. 3/2019, c.d. spazzacorrotti), che persegue condotte prodromiche a successivi accordi corruttivi; è stata introdotta la figura di *corruzione per l'esercizio della funzione*, prevista al riscritto art. 318 c.p., che consente la reazione dell'ordinamento penale ogni volta che si concretizzi il pericolo di asservimento della pubblica funzione ad interessi privati;

sono state riscritte ed integrate ipotesi criminose già contemplate (prima tra tutte la concussione *ex* art. 317 c.p.); infine, sono state inasprite alcune delle pene previste per questo genere di reati.
Le ipotesi di corruzione appaiono trattate dal legislatore in diversi articoli del c.p.: **dall'art. 318 all'art. 322 c.p.**
Con la legge 27 maggio 2015 n. 69, recante "**Disposizioni in materia di delitti contro la pubblica amministrazione, di associazioni di tipo mafioso e di falso in bilancio**", sono state introdotte rilevanti modifiche agli articoli 318, 319, 319-ter e 319-quater c.p.
Ancora, la **legge 9 gennaio 2019, n. 3**, recante "**Misure per il contrasto dei reati contro la pubblica amministrazione, nonché in materia di prescrizione del reato e in materia di trasparenza dei partiti e movimenti politici**", c.d. **spazzacorrotti**, ha previsto l'aumento della pena della reclusione per il delitto di corruzione per l'esercizio della funzione (art. 318, c.p., c.d. **corruzione impropria**), sia nel limite edittale minimo (da 1) a 3 anni che nel limite massimo (da 6) a 8 anni.
Infine, il **decreto legislativo 14 luglio 2020, n. 75**, volto ad adeguare la disciplina penale italiana alla direttiva (UE) 2017/1371 del Parlamento europeo e del Consiglio, del 5 luglio 2017, in tema di lotta contro la frode che leda gli interessi finanziari dell'Unione (c.d. "direttiva PIF" – direttiva per la protezione interessi finanziari), inasprisce le pene per una serie di reati, tra cui anche il reato di **corruzione in atti giudiziari** (art. 319-quater c.p.), quando dalla commissione degli stessi derivi una lesione degli interessi finanziari dell'Unione europea.

Il tratto caratterizzante il delitto di corruzione consiste nell'accordo (***pactum sceleris***) tra il pubblico ufficiale o l'incaricato di pubblico servizio ed il privato, avente per oggetto il compimento da parte del pubblico funzionario di un **atto del suo ufficio** o **l'esercizio delle funzioni o dei poteri** (**corruzione impropria**, *ex* art. 318 c.p.) o di un **atto contrario ai suoi doveri di ufficio** o, ancora, il **mancato compimento di un atto del suo ufficio** (**corruzione propria**, *ex* art. 319 c.p.).
Configura una tipica ipotesi di **reato-contratto**: il legislatore incrimina, cioè, la stipulazione di un contratto a prestazioni corrispettive tra corrotto e corruttore, che presenta in sé profili di marcata illiceità per ciò che attiene all'oggetto, stante il principio generale di incommerciabilità delle funzioni pubbliche. Alla sanzione penale si accompagna, **sul piano civile**, la inevitabile declaratoria di **nullità del contratto** per violazione di norme imperative *ex* art. 1418, co. 1, c.c.
In rapporto al **momento temporale** in cui il pubblico funzionario riceve il denaro o altra utilità o la relativa promessa, si distingue tra:

- **corruzione antecedente**, se l'agente pubblico li riceve per un atto che deve ancora compiere;
- **corruzione susseguente**, se invece il denaro o altra utilità vengono a lui dati per un atto che egli ha già compiuto.
- A seconda del **soggetto** preso in considerazione, è possibile distinguere tra:
- **corruzione attiva**, ad indicare la condotta del privato che dà o promette al pubblico funzionario la retribuzione non dovuta;
- **corruzione passiva**, a descrivere quella dell'agente pubblico che riceve la retribuzione o ne accetta la promessa.

B) Natura giuridica

▪ Quanto alla ***natura giuridica***, secondo la tesi maggioritaria in dottrina e in giurisprudenza, la corruzione è un **reato plurisoggettivo** (o **a concorso necessario**) di natura bilaterale, il cui elemento materiale è dato dalle **condotte convergenti del pubblico funzionario e del privato**, che si integrano reciprocamente; tali condotte, insieme, danno origine ad un unico delitto a compartecipazione necessaria, configurabile a condizione sussistano entrambe.

C) Confisca

▪ Secondo il disposto dell'art. 322-ter c.p., è sempre ordinata la ***confisca* (obbligatoria)** dei beni che rappresentano il **profitto** o il **prezzo** del reato. Se essi appartengono a un soggetto terzo o non è altrimenti possibile per lo Stato appropriarsene, si avrà la **confisca per equivalente**, cioè di quella parte del patrimonio del reo che abbia un valore corrispondente al **prezzo** (o anche al **profitto** a seguito della novella del 2012) della corruzione.

D) Fattispecie di corruzione

▪ Nell'ambito dei delitti di corruzione, si segnalano le seguenti fattispecie: *a)* **corruzione per l'esercizio della funzione** (art. 318 c.p.); *b)* **corruzione per un atto contrario ai doveri d'ufficio** (art. 319 c.p.); *c)* **corruzione in atti giudiziari** (art. 319-ter c.p.); *d)* **induzione indebita a dare o promettere utilità** (art. 319-quater c.p., introdotto dalla **l. n. 190/2012**).

a) Corruzione per l'esercizio della funzione (art. 318 c.p.).

• Bene giuridico.

Quanto al ***bene giuridico***, parte della dottrina ritiene che sia tutelato l'**interesse generale al corretto funzionamento e al prestigio della pubblica amministrazione**, con particolare riferimento alla probità e legittimità dell'agire dei pubblici poteri (Manzini). Si è anche affermato che si intende proteggere l'**interesse dell'amministrazione alla fedeltà e all'onestà dei suoi funzionari**, poiché le indebite retribuzioni percepite o delle quali è accettata la promessa diffondono tra i cittadini la sfiducia nei pubblici poteri. Secondo altro orientamento, l'oggetto giuridico si sostanzierebbe in ogni caso nell'**imparzialità della pubblica amministrazione**, ineluttabilmente lesa quando un pubblico funzionario agisce per una privata utilità.

• Elemento materiale.

Soggetti attivi sono il **privato** ed il **pubblico ufficiale** (o, per effetto dell'estensione effettuata dall'art. 320 c.p., l'incaricato di pubblico servizio; a partire dall'intervento normativo del 2012, l'estensione non è più limitata a chi tra essi rivesta *"la qualità di pubblico impiegato"*).

Il ***soggetto passivo*** del delitto di corruzione impropria non può essere che lo **Stato** o **altro ente** da cui dipende il pubblico funzionario.

Le ***condotte*** incriminate dall'art. 318 c.p. sono quella del *pubblico funzionario*, che **riceve denaro o altra utilità o ne accetta la promessa** per l'esercizio delle sue funzioni o dei suoi poteri, e quella speculare dell'*extraneus*, consistente nel **dare o promettere** al funzionario denaro o altra utilità.

Quanto alla ***prestazione del privato***, essenziale risultava il richiamo al concetto di **retribuzione** - espunto dalla formulazione attuale - che evocava un rapporto di

corrispondenza, anzi di sinallagmaticità tra la prestazione del privato e la controprestazione del funzionario. All'indomani dell'intervento normativo del 2012, per alcuni, una volta eliminato il carattere 'retributivo' della dazione, dovrebbe prescindersi dal requisito della proporzionalità (con rilevanza penale anche dei piccoli donativi); per altri, la proporzionalità del bene ricevuto rispetto all'atto compiuto costituirebbe comunque requisito implicito alla luce del principio di offensività.
Lo scambio deve avere per oggetto **denaro** o **altra utilità**: in tale nozione dovrebbe rientrare qualsiasi vantaggio materiale o morale, patrimoniale o non patrimoniale, che abbia valore per il pubblico agente e quindi anche qualsiasi prestazione di fare o di non fare.
La ***prestazione del funzionario*** è invece rappresentata dall'**esercizio delle sue funzioni o dei suoi poteri**.
• Consumazione e elemento soggettivo.
Per il ***momento consumativo*** valgono le considerazioni *sub* art. 319 c.p.
Quanto all'***elemento soggettivo***, sia per il pubblico funzionario che per il privato il dolo è **generico**.

b) Corruzione per un atto contrario ai doveri d'ufficio (corruzione propria; art. 319 c.p.).
• Bene giuridico.
Dottrina e giurisprudenza individuano il ***bene giuridico***, vuoi nel **dovere d'ufficio** dei pubblici funzionari e nel **prestigio della p.a.**, vuoi nel **regolare funzionamento della p.a.**, ora nel **divieto** per i pubblici funzionari **di accettare una retribuzione privata** per il compimento di atti d'ufficio, ora, infine, in un **'doppio dovere'**, quello "interno" del buon andamento e quello "esterno" di imparzialità della p.a.
• Elemento materiale.
Il ***comportamento incriminato***:
- nella *corruzione propria antecedente*, consiste per il *pubblico funzionario* nel **ricevere per sé o per un terzo denaro o altra utilità o nell'accettarne la promessa** al fine di compiere un atto contrario ai doveri d'ufficio o di omettere o ritardare un atto dell'ufficio; per il *privato* **nel dare o promettere** a tal fine il denaro o altra utilità;
- nella *corruzione propria susseguente*, invece, il fatto punito è rappresentato dalla **ricezione** da parte dell'*intraneus* del denaro o di altra utilità (e dalla relativa **dazione** da parte dell'*extraneus*) **dopo** il compimento dell'attività antigiuridica ed a causa di essa.

Per **atto contrario ai doveri di ufficio** si intende non solo un atto che viola un obbligo specifico del pubblico funzionario ma anche un atto contrario al generico dovere di fedeltà, obbedienza, segretezza, imparzialità, onestà, vigilanza, con esclusione del solo atto contrario al dovere di correttezza.
• Consumazione.
Riguardo al ***momento consumativo*** del reato, la giurisprudenza prevalente ritiene che il delitto *de quo* sia una fattispecie a duplice schema: nella forma ordinaria il reato viene consumato con l'accettazione della promessa ed il **ricevimento del denaro o dell'utilità**, con il quale coincide il momento consumativo; nella specie contratta, invece, che si realizza allorquando la promessa resti inadempiuta, il reato si perfeziona

con la **sola accettazione della promessa**.

• Elemento soggettivo.

Passando all'***elemento soggettivo***, nella *corruzione propria antecedente*, è richiesto il **dolo specifico**; nella *corruzione propria susseguente*, invece, il **dolo** è **generico**.

• Circostanza aggravante specifica.

È prevista una ***circostanza aggravante specifica*** dall'art. 319-bis c.p., quando il fatto ha per oggetto il conferimento di pubblici impieghi, stipendi o pensioni o la stipulazione di contratti in cui sia interessata l'amministrazione alla quale il pubblico ufficiale appartiene nonché il pagamento o il rimborso di tributi.

c) Corruzione in atti giudiziari (art. 319-ter c.p.)

L'art. 319-ter c.p. è stato introdotto dalla l. 86/1990, che ha dedicato una distinta disposizione all'ipotesi in precedenza prevista come sola aggravante dal comma 2 dell'art. 319 c.p. Per la dottrina maggioritaria, la corruzione in atti giudiziari sarebbe una **fattispecie autonoma** (avendo perso la natura di circostanza aggravante).

• Bene giuridico.

Il ***bene giuridico*** tutelato è variamente individuato: per alcuni rimane l'**imparzialità**, per altri la **correttezza** e la **moralità dei giudici**, per altri ancora il **corretto svolgimento dell'attività giudiziaria**.

• Elemento materiale.

Quanto ai ***soggetti attivi*** del reato, nella norma si fa riferimento soltanto al pubblico ufficiale (**reato proprio**). Tale qualifica, oltre che dal giudice, può essere ricoperta anche da periti, testimoni e funzionari di cancelleria (*Cass. pen., 24349/2012*). Punibile, inoltre, anche il necessario concorrente privato.

La ***condotta incriminata*** è descritta in gran parte attraverso un **rinvio** agli artt. 318 e 319 c.p., e quindi ai fatti di corruzione per l'esercizio della funzione o dei poteri e di corruzione propria.

A contraddistinguerla è comunque la **finalità** per cui gli atti corruttivi devono essere commessi: quella di **favorire o danneggiare una parte in un processo civile, penale o amministrativo**.

Indispensabile che sussista un **collegamento funzionale** tra il fatto corruttivo e l'attività giudiziaria svolta.

• Elemento soggettivo.

L'***elemento psicologico*** richiesto è il **dolo specifico**, cioè la finalità di favorire o danneggiare una parte nel processo (in disparte quanto si dirà *infra* per la fattispecie in forma susseguente).

Si propende ormai per l'ammissibilità del ***tentativo***.

• Circostanze aggravanti

Il secondo comma dell'art. 319-ter c.p. contiene, infine, ***due circostanze aggravanti***:

1) che dal fatto di cui al primo comma consegua l'ingiusta condanna di una persona alla reclusione non superiore ai cinque anni;

2) che dal fatto di cui al primo comma consegua l'ingiusta condanna superiore a cinque anni di reclusione o l'ergastolo.

d) Induzione indebita a dare o promettere utilità (art. 319-quater)
L'art. 319-quater c.p., inserito in chiusura delle ipotesi di corruzione passiva, è stato introdotto dalla **legge 6 novembre 2012, n. 190,** che ha dedicato una autonoma disposizione ad una delle due ipotesi delittuose in precedenza disciplinate dall'art. 317 c.p. (ovvero la pregressa concussione per induzione). Successivamente, tale articolo è stato modificato dalla **l. 27 maggio 2015, n. 69** e dal **d.lgs. 14 luglio 2020, n. 75**.

• **Bene giuridico.**
I ***beni giuridici*** protetti dall'art. 319-quater c.p. sono l'**imparzialità** ed il **buon andamento della pubblica amministrazione**.

• **Elemento materiale.**
Quanto ai ***soggetti attivi*** del reato, la nuova figura fa riferimento sia al **pubblico ufficiale** che all'**incaricato di pubblico servizio**; al comma secondo, prevede inoltre la punibilità **anche** di **chi dà o promette** denaro o altra utilità, non più considerato pertanto vittima dell'induzione altrui, bensì correo del fatto corruttivo. Il d.lgs. 14 luglio 2020, n. 75, "**Attuazione della direttiva (UE) 2017/1371, relativa alla lotta contro la frode che lede gli interessi finanziari dell'Unione mediante il diritto penale",** ha introdotto una pena più alta (fino a 4 anni di reclusione), per colui che dà o promette denaro o altra utilità, quando il fatto offende gli interessi finanziari dell'Unione europea e il danno o il profitto sono superiori a euro 100.000 (art. 319-quater, secondo comma, ultimo periodo).
Quanto alla **condotta**, di primaria importanza l'**abuso della qualità o dei poteri**, che contraddistingue l'induzione indebita rispetto alla corruzione propria di cui all'art. 319 c.p.
Per quanto concerne la **nozione di induzione**, essa sembra finalizzata a coprire tutti i comportamenti di **sopraffazione** del privato **non direttamente riconducibili alla violenza** (definizione in negativo). In chiave positiva, sembra preferibile propendere per una accezione dell'induzione **a forma libera**, non vincolata a schemi tassativi: è sufficiente che essa sia in concreto idonea ad influenzare la volontà della vittima, convincendola della opportunità di provvedere all'immediata o differita dazione per evitare conseguenze dannose.
Rientrano nella nozione di induzione sia l'attività di **persuasione** che quella comportante un **inganno** del soggetto privato.
La induzione indebita può anche manifestarsi **in via implicita**, attraverso il riferimento ad una convenzione tacitamente riconosciuta tra le parti, che il pubblico ufficiale sfrutta ed il privato in posizione di inferiorità non può che accettare, consapevole di non avere alternative (cd. **concussione 'ambientale'**): con tale espressione si indica, infatti, il fenomeno in cui il pubblico funzionario non pone in essere una precisa ed esplicita condotta induttiva nei confronti del privato, ma tiene un contegno volto ad irrobustire nel privato, attraverso **comportamenti suggestivi, ammissioni o silenzi**, la convinzione già insorta per effetto di una **prassi consolidata**, della ineluttabilità del pagamento. Il carattere "ambientale" del fenomeno *de quo* deriva dunque dalla notorietà e dalla pacifica accettazione della consuetudine di dare o promettere qualcosa, formatasi in un dato ambito amministrativo.

• **Consumazione e elemento soggettivo.**
Il ***momento consumativo*** coincide con l'accettazione della promessa o la ricezione del denaro o altra utilità.
Il ***dolo*** di entrambi i soggetti autori del reato *de quo* è **generico**.

▶ 1.1.6. Abuso d'ufficio (art. 323 c.p.).

A) Generalità

La disciplina contenuta nell'art. 323 c.p. è stata oggetto di una duplice riforma da parte del legislatore (dapprima con la **l. 86/1990** e poi con la **l. 234/1997**). La **l. 6 novembre 2012 n. 190**, poi, ha investito il solo profilo sanzionatorio, elevando il minimo ed il massimo edittale, rispettivamente ad uno e quattro anni. Infine, il **d.l. 16 luglio 2020, n. 76 (d.l. Semplificazioni)**, convertito, con modif., dalla l. 11 settembre 2020, n. 120, è intervenuto a modificare il primo comma dell'art. in questione. In particolare, l'area penalmente rilevante non viene più ricondotta alle violazioni delle "norme di legge o di regolamento" **ma viene adesso circoscritta all'inosservanza "di specifiche regole di condotta espressamente previste dalla legge o da atti aventi forza di legge"**, così escludendo che il reato in questione sia configurabile in caso di trasgressione di norme di rango secondario, regolamentare o subprimario, ovvero finanche in ipotesi di norme di rango primario, tutte le volte che da queste ultime **non siano ricavabili regole di condotta specifiche ed espresse** per il pubblico ufficiale o l'incaricato di pubblico servizio. In aggiunta, si richiede in ogni caso, sempre ai fini dell'integrazione del delitto *de quo*, che **dalla norma violata non debbano residuare "margini di discrezionalità" in capo al soggetto agente**.

Gli obiettivi cui le riforme tendevano erano quelli di:
- assicurare una maggiore coerenza della fattispecie di abuso con il principio di precisione e di determinatezza imposto dal comma 2 dell'art. 25 Cost.;
- scongiurare o quanto meno stemperare il rischio di "invasione" e di interferenza del giudice penale in aree riservate alla valutazione discrezionale della p.a.

B) Bene giuridico

Discusso è il ***bene giuridico*** tutelato.

Secondo una prima impostazione, bene tutelato sarebbe solo il **buon andamento** e l'**imparzialità della P.A.**, sicché il terzo eventualmente inciso va qualificato come danneggiato e non come persona offesa dal reato (Antolisei, Fiandaca-Musco). Su diverso versante si collocano quanti ritengono che venga in considerazione una **fattispecie plurioffensiva** (Benussi; in giurisprudenza *Cass. pen., 29 marzo 2012, n. 13179*): costoro rinvengono un ulteriore interesse tutelato nel **patrimonio del terzo danneggiato**, che andrebbe considerato persona offesa dal reato.

C) Elemento materiale

▪ ***Soggetti attivi*** del reato sono il pubblico ufficiale e l'incaricato di pubblico servizio (**reato proprio**) nella loro veste pubblica: il legislatore utilizza, difatti, l'espressione "*nello svolgimento delle funzioni o del servizio*". Tale concetto va al di là dei soli provvedimenti amministrativi, comprendendo in sé, a prescindere dalla forma, **qualunque specie di atto** posto in essere dal pubblico agente nell'esercizio delle sue funzioni, sia esso esterno o interno, decisionale o anche consultivo.

▪ L'abuso d'ufficio oggi si presenta come **reato di evento**, il cui nucleo centrale consiste nella effettiva produzione di un ingiusto **vantaggio patrimoniale** o di un **danno** ingiusto (tra loro **alternativi**).

Il **vantaggio** può essere **soltanto patrimoniale**. L'evento di **danno** è enunciato,

invece, senza alcuna specificazione: esso, dunque, non riguarda solo situazioni soggettive di carattere patrimoniale, ma anche *"l'aggressione ingiusta alla sfera della personalità, per come tutelata dalle norme costituzionali"* (*Cass. pen. 4985/2004*).
Sia il vantaggio sia il danno, per essere penalmente rilevanti, devono essere **ingiusti**, rispondere, cioè, alla doppia condizione di essere **prodotti *non iure***, senza fondamento giuridico e per mezzo di un atto illegittimo, e ***contra ius***, contrari all'ordinamento giuridico (c.d. **doppia ingiustizia**, nel senso che ingiusta deve essere la **condotta**, in quanto connotata da violazione di legge, ed ingiusto deve il prodotto della condotta, ossia l'**evento**, in quanto non spettante in base al diritto oggettivo regolante la materia).
Fondamentale innovazione della riforma del 2020 è l'introduzione del parametro per individuare l'**abusività della condotta** del pubblico ufficiale o dell'incaricato di pubblico servizio. Esso si concretizza nella:
a) violazione di specifiche regole di condotta espressamente previste dalla legge o da atti aventi forza di legge e dalle quali non residuino margini di discrezionalità;
b) violazione dell'obbligo di astensione del pubblico funzionario *"in presenza di un interesse proprio o di un prossimo congiunto o negli altri casi prescritti"*.

D) Consumazione e tentativo

▪ Il delitto in parola ***si consuma*** con il verificarsi del vantaggio patrimoniale o del danno. Il ***tentativo*** è ritenuto configurabile.

E) Elemento soggettivo e circostanza aggravante

▪ Circa l'***elemento soggettivo***, il reato in discussione si presenta come delitto di evento a **dolo generico** (non più a dolo specifico, come nella previgente formulazione), caratterizzato dal requisito dell'**intenzionalità**. L'introduzione dell'avverbio *"intenzionalmente"* esclude, quindi, la rilevanza del dolo eventuale.
▪ Al comma 2 è indicata una ***circostanza aggravante*** per le ipotesi di rilevante gravità del vantaggio o del danno.

F) Clausola di riserva

▪ L'attuale fattispecie di abuso conserva la ***clausola di riserva*** *"salvo che il fatto non costituisca più grave reato"*. Essa non fa assumere a tale figura delittuosa carattere sussidiario.

▶ 1.2. I delitti dei privati contro la pubblica amministrazione.

▶ 1.2.1. Causa di non punibilità *ex* art. 393-bis c.p.

Nell'ambito della disciplina dedicata ai delitti dei privati contro la pubblica amministrazione, è prevista una **causa di non punibilità** comune: **la reazione legittima agli atti arbitrari dei pubblici ufficiali (art. 393-bis c.p.).**
La causa di non punibilità concerne i seguenti **delitti**: violenza o minaccia a pubblico ufficiale (art. 336 c.p.); resistenza a pubblico ufficiale (art. 337 c.p.); violenza o

minaccia ad un Corpo politico, amministrativo o giudiziario (art. 338 c.p.); oltraggio a pubblico ufficiale (art. 341-bis c.p.); oltraggio a un Corpo politico, amministrativo o giudiziario (art. 342 c.p.); oltraggio a un magistrato in udienza (art. 343 c.p.).
Nella previsione normativa in esame sono contemplate **due ipotesi** diverse:
a) la ***reazione materiale***, lesiva della sfera di azione della p.a., alla cui base si pone l'offesa di un diritto o di un interesse del soggetto che reagisce, oppure il pericolo di tale offesa.
b) la ***reazione verbale***, che lede il prestigio della p.a. e consiste in uno sfogo che il legislatore reputa scusabile in quanto originato da un atto arbitrario.

▶ 1.2.2. Violenza o minaccia a un pubblico ufficiale (art. 336 c.p.).

A) Bene giuridico

▪ Il ***bene giuridico tutelato*** dall'art. 336 c.p. è tradizionalmente individuato nella necessità di proteggere la **libera formazione della volontà delle pubbliche amministrazioni** contro le eventuali violenze da parte di privati. Attualmente, invece, la dottrina più attenta e la giurisprudenza sostengono la ***natura plurioffensiva*** del delitto in esame, valorizzando, accanto al buon andamento della p.a., anche la **libertà di determinazione della persona fisica che esercita le funzioni o il servizio** e la sua **incolumità fisica**.

B) Elemento materiale

▪ ***Soggetto attivo*** del reato può essere chiunque, trattasi quindi di **reato comune**.
▪ ***Soggetto passivo*** deve essere invece un **pubblico ufficiale o un incaricato di un pubblico servizio**; non è tuttavia necessario che la minaccia sia rivolta alla persona mentre sta svolgendo l'ufficio o espletando il servizio.
▪ Quanto alla ***condotta incriminata***, la disposizione prevede **due diverse fattispecie**:
- la *prima*, in base alla quale è punito chi usa violenza o minaccia al pubblico ufficiale o all'incaricato di p.s. **per costringerlo a compiere un atto contrario ai propri doveri o ad omettere un atto del proprio ufficio o servizio** (parallelismo con la corruzione propria);
- la *seconda*, della quale risponde chi tiene tali comportamenti **per costringere il soggetto passivo a compiere un atto del proprio ufficio o servizio, o comunque per influire su di lui** (parallelismo con la corruzione per l'esercizio delle funzioni).

In ogni caso, per coartare la volontà del soggetto passivo, la norma richiede l'uso della **violenza** o della **minaccia.**
Il requisito della **minaccia** consiste nella prospettazione di un male futuro ed ingiusto come alternativa alla sottomissione alla volontà del reo. Quanto invece al requisito della **violenza**, secondo la tesi tradizionale questa consiste nell'uso di un'energia fisica che arrechi pregiudizio fisico ad altro soggetto, mentre la più recente dottrina ritiene consista nella costrizione della volontà altrui, senza che sia necessaria una coazione fisica in senso stretto (Fiandaca-Musco).

C) Consumazione e tentativo

▪ Il reato ***si consuma*** nel momento in cui è insorta la violenza o percepita la minaccia;

non è necessario che si verifichi il risultato preso di mira dall'agente. Non si dubita, quindi, che il ***tentativo*** sia configurabile.

D) Elemento soggettivo

▪ Quanto all'***elemento soggettivo***, il reato in esame è a **dolo specifico**.

▶ 1.2.3. Resistenza a un pubblico ufficiale (art. 337 c.p.).

Il delitto di cui all'art. 337 c.p. presenta numerose somiglianze con quello di violenza o minaccia già affrontato.

A) Bene giuridico

▪ In primo luogo, è simile l'***interesse protetto*** dalle due norme: nel caso di specie si tratta della **libertà di azione dei pubblici poteri nella fase di esecuzione delle decisioni già adottate**, cui si accompagna, come nel caso della violenza o minaccia, il fine di garantire **la sicurezza e la libertà di azione dei pubblici funzionari contro le altrui azioni violente**. Si tratta dunque di un reato plurioffensivo.

B) Elemento materiale

▪ Per il ***soggetto attivo*** e ***passivo*** si rinvia al precedente paragrafo.

▪ Quanto alla ***condotta***, per i concetti di violenza e minaccia valgono le considerazioni già fatte, con l'avvertenza che è idonea ad integrare il presente reato **anche la c.d. resistenza impropria**, con la quale l'agente, pur non aggredendo direttamente il pubblico funzionario, impedisce o comunque ostacola la sua azione.

C) Consumazione e elemento soggettivo

▪ Valgono le stesse considerazioni della fattispecie precedente anche per il ***momento consumativo*** e l'***elemento psicologico***.

Con la legge n. 105 del 2017 è stato introdotto nel codice penale l'art. 339-bis contenente una nuova circostanza aggravante avente ad oggetto "**Atti intimidatori di natura ritorsiva ai danni di un componente di un Corpo politico, amministrativo o giudiziario**".

▶ 1.2.4. Traffico di influenze illecite (art. 346-bis c.p.).

A) Bene giuridico

▪ Quanto all'***oggettività giuridica***, secondo l'opinione tradizionale si tutela il **prestigio della pubblica amministrazione;** viceversa, la tesi in via di progressiva diffusione polarizza il disvalore sul **mercanteggiamento** in quanto tale **dell'influenza su un pubblico ufficiale o pubblico impiegato.**

B) Elemento materiale

▪ ***Soggetto attivo*** del reato può essere chiunque (**reato comune**). Se il fatto è commesso da un patrocinatore e ne ricorrono i requisiti, sarà applicabile la fattispecie prevista dall'art. 382 c.p.

■ ***Soggetto passivo*** è, secondo la visione tradizionale, la sola pubblica amministrazione; secondo la moderna dottrina, anche il millantato.
■ La norma prevede due fattispecie autonome di reato:
a) la condotta punita dal primo comma è rappresentata da, chiunque, fuori dei casi di concorso nei reati di cui agli articoli 318, 319, 319-ter e nei reati di corruzione di cui all'articolo 322-bis, **sfruttando o vantando relazioni esistenti o asserite** con un pubblico ufficiale o un incaricato di un pubblico servizio o uno degli altri soggetti di cui all'articolo 322-bis, **indebitamente fa dare o promettere, a sé o ad altri, denaro o altra utilità, come prezzo della propria mediazione illecita** verso un pubblico ufficiale o un incaricato di un pubblico servizio o uno degli altri soggetti di cui all'articolo 322-bis, ovvero per **remunerarlo** in relazione all'esercizio delle sue funzioni o dei suoi poteri;
b) il secondo comma punisce, invece, la condotta di chi indebitamente dà o promette denaro o altra utilità.

C) Consumazione e tentativo
■ Il delitto ***si consuma*** nel momento e luogo in cui l'agente riceve il denaro o altra utilità o ne ottiene la promessa. Il ***tentativo*** si ritiene configurabile.

D) Elemento soggettivo
■ Il ***dolo*** richiesto, per entrambe le ipotesi, è **generico**.

▶ 1.3. Le contravvenzioni concernenti l'attività della P.A.

▶ 1.3.1. Inosservanza dei provvedimenti dell'autorità (art. 650 c.p.).

Il libro terzo del codice penale, dedicato alle «contravvenzioni in particolare», si apre con la disposizione dell'art. 650 riguardante l'«*inosservanza dei provvedimenti dell'Autorità*».
L'identificazione del bene giuridico protetto dalla fattispecie di cui all'art. 650 è controversa.
La tesi giurisprudenziale tradizionale ravvisa l'oggetto della tutela nella polizia di sicurezza, strettamente correlata all'ordine pubblico generico, inteso come buon assetto e regolare andamento della convivenza civile che il legislatore ha inteso proteggere contro l'inosservanza individuale di provvedimenti emessi dalla pubblica autorità.
Soggetto attivo del reato è il destinatario del provvedimento legalmente dato dall'Autorità, per tale dovendosi intendere non solo la persona fisica nei confronti della quale l'ordine sia stato emesso, ma anche il legale rappresentante di persona giuridica. Infatti, la Suprema Corte ha avuto modo di chiarire che «*né la lettera né la ratio dell'art. 650, anche interpretato alla luce del principio costituzionale di eguaglianza, autorizzano l'interpretazione della norma come applicabile alle sole persone fisiche* ». Proprio muovendo da tale impostazione, la stessa Corte rimarca che «*nel caso in cui l'ordine venga dato ad una società, il responsabile del reato può essere individuato nella persona fisica incaricata della gestione di fatto dell'impresa, nei cui confronti l'ordine sia stato emesso e non soltanto nel legale rappresentante della stessa*».
Persona offesa è invece l**a collettività** nei cui confronti l'ordine deve essere

adempiuto, per cui, da una parte, è necessario ai fini della configurabilità del reato che il provvedimento sia emesso nell'interesse della collettività e non di privati cittadini.
Quanto all'***elemento oggettivo***, l'inosservanza menzionata dal legislatore si sostanzia nell'inadempimento di uno **specifico provvedimento**. Essa può estrinsecarsi in una condotta omissiva o commissiva, a seconda che il provvedimento consista in un comando o in un divieto.
Assumono rilievo *ex* art. 650 c.p. solo i **provvedimenti individuali e concreti**, diretti ad una o più persone determinate o determinabili, in relazione a contingenze attuali e presenti.
Per essere penalmente rilevante il provvedimento deve essere dato per quattro ragioni:
• **ragioni di giustizia**, come mezzo cioè per premettere l'attività dell'autorità giudiziaria e della polizia giudiziaria; più precisamente, per **provvedimento dato per "ragione di giustizia"** deve intendersi qualunque provvedimento od ordine, autorizzato da una norma giuridica, per la pronta attuazione del diritto obiettivo e diretto a rendere possibile o più agevole l'attività del giudice, del pubblico ministero, degli ufficiali di polizia giudiziaria;
• **ragioni di ordine pubblico**, *id est* riferitesi alla tranquillità e alla pace sociale;
• **ragioni di igiene**, coincidenti con quelli di sanità pubblica.
Ai fini dell'integrazione della contravvenzione di cui all'art. 650 c.p. è necessario che il provvedimento dell'autorità sia **conforme alla legge** ("**provvedimento legalmente dato**"). Si considera **legalmente dato** quel provvedimento emanato nel rispetto delle forme e dei contenuti richiesti dalla legge.
La contravvenzione si consuma, nel caso di ordine-comando, nel momento in cui **scade il termine** entro il quale esso avrebbe dovuto essere osservato; nel caso di ordine-divieto, nel momento in cui esso viene violato con una condotta attiva contraria. La successiva esecuzione d'ufficio del provvedimento non elimina il reato.
Quanto all'**elemento soggettivo**, trattandosi di contravvenzione, esso risulta punibile indifferentemente **a titolo di dolo o di colpa**. Si ritiene che l'ignoranza incolpevole dell'ordine dell'autorità o del suo contenuto escluda la punibilità.

▶ 1.3.2. Rifiuto d'indicazioni sulla propria identità personale (art. 651 c.p.).

L'art. 651 c.p. dispone che *chiunque, richiesto da un pubblico ufficiale nell'esercizio delle sue funzioni, rifiuta di dare indicazioni sulla propria identità personale, sul proprio stato, o su altre qualità personali, è punito con l'arresto fino a un mese o con l'ammenda fino a euro 206*.
La disposizione in esame trova il **proprio fondamento** nell'interesse che lo svolgimento dell'attività di polizia non risulti ostacolato o intralciato.
Occorre evidenziare che:
- la richiesta deve essere legittima e deve al contempo provenire da un pubblico ufficiale, qualifica riconosciuta anche al controllore o al capotreno rispetto al controllo dei titoli di viaggio;
- si tratta di un reato omissivo proprio che difatti si sostanzia in un'attività di inerzia nei riguardi della richiesta di identificazione mossa dall'autorità di polizia.
- è sufficiente ai fini dell'integrazione della norma in esame che il soggetto declini le proprie generalità, non essendo richiesto che fornisca i documenti attestanti la propria identità personale.

NOTE

NOTE

NOTE

NOTE

NOTE

NOTE

NOTE

scopri il nostro

SIMULATORE ON LINE

Per accedere al servizio

1. Registrati gratuitamente su **shop.enneditore.it** nell'area

my Account

2. Entra nella sezione **"La mia libreria"**
3. Attiva il servizio utilizzando la seguente password

SO54BN22